이 책의 한국어판 저작권은 EYA(Eric Yang Agency)를 통해 케임브리지대학교 출판부(Cambridge University Press)와 독점계약한 (주)소와당에 있습니다. 저작권법에 의하여 보호를 받는 저작물이므로 무단전재와 복제를 금합니다.

Korean translation copyright © 2021 by SOWADANG
Korean translation rights arranged with Cambridge University Press through EYA(Eric Yang Agency)

CAMBRIDGE WORLD HISTORY: Volume VII(PART 1)
Copyright © Cambridge University Press 2015

생산, 파괴, 접속 2
정치와 세계의 지역 질서

존 로버트 맥닐·케네스 포메란츠 편집 / 류충기 옮김

기원후 1750년 – 현대

Cambridge World History
VOL. VII Part 1 Ch.11-23

소와당

케임브리지 세계사 시리즈 소개

케임브리지 세계사 시리즈는 활발한 연구가 펼쳐지고 있는 세계사 분야를 새롭게 개괄하는 권위 있는 개론이다. 세계사 및 지구사의 최근 연구 경향을 반영함으로써 포괄하는 시간적 범위를 확대했으며, 문헌 기록 이후의 역사뿐 아니라 인류의 전체 역사를 대상으로 했다. 국제적으로 다양한 분과 학문에서 선도적인 연구 업적을 내는 필자들을 섭외했고, 200명 이상의 저자들이 참여하여 오늘날까지 인류의 과거를 종합적으로 설명했다. 세계사는 다양한 방법론을 통해, 그리고 다양한 시공간적 범위에서 검토되어야 한다는 인식이 성장하고 있음을 감안하여, 시리즈의 각 권에서는 지역별 연구, 주제별 연구, 비교 연구의 성과를 수록했으며, 사례 연구를 더하여 넓은 시각의 연구를 깊이 있게 들여다볼 수 있도록 기획했다. 바로 이런 점이 케임브리지 세계사 시리즈의 특징이라 하겠다.

시리즈 편집 총괄
메리 위스너-행크스(Merry E. Wiesner-Hanks)
- Department of History, University of Wisconsin-Milwaukee

편집위원회
그레이엄 바커(Graeme Barker)
- Department of Archaeology, Cambridge University

크레이그 벤저민(Craig Benjamin)

- Department of History, Grand Valley State University

제리 벤틀리(Jerry Bentley)

- Department of History, University of Hawaii

데이비드 크리스천(David Christian)

- Department of Modern History, Macquarie University

로스 던(Ross Dunn)

- Department of History, San Diego State University

캔디스 가우처(Candice Goucher)

- Department of History, Washington State University

마니 휴스-워링턴(Marnie Hughes-Warrington)

- Department of Modern History, Monash University

앨런 캐러스(Alan Karras)

- International and Area Studies Program, University of California, Berkeley

베냐민 케다르(Benjamin Z. Kedar)

- Department of History, Hebrew University

존 맥닐(John R. McNeill)

- School of Foreign Service and Department of History, Georgetown University

케네스 포메란츠(Kenneth Pomeranz)

- Department of History, University of Chicago

베린 셰퍼드(Verene Shepherd)

- Department of History, University of the West Indies

산자이 수브라마니암(Sanjay Subrahmanyam)
- Department of History, UCLA and Collège de France

스기하라 가오루(杉原 薫)
- Department of Economics, Kyoto University

마르설 판 데르 린던(Marcel van der Linden)
- International Institute of Social History, Amsterdam

에드워드 왕(Q. Edward Wang)
- Department of History, Rowan University

노먼 요피(Norman Yoffee)
- Departments of Near Eastern Studies and Anthropology, University of Michigan; Institute for the Study of the Ancient World, New York University

한국어판 영어판 분권 대조표

케임브리지 세계사 시리즈 영어판은 7권 9책으로 구성되어 있지만, 번역본 한국어판은 18권으로 출간한다. 그 이유는 분량 때문이다. 분량이 워낙 많은 데다 번역하는 과정에서 페이지 수가 더욱 늘어나 때로는 1000페이지가 넘는 경우가 생기므로, 부득이 영어판 각 1권을 한국어판 2권으로 나눴다. 다만 세계사 서술에서는 시대구분 문제가 중요한 주제 중 하나이며, 영어판의 구성 자체가 시리즈 기획자들의 의도를 담고 있으므로, 페이지 분량 문제로 한국어판에서 부득이 분권을 하더라도 영어판의 구성을 최대한 존중하고자 했다. 그리하여 각 권의 표지에서 영어판의 분권 체제를 명시했으며, 또한 아래와 같이 한국어판과 영어판의 분권 구성과 시대구분을 정리했다. ─ 옮긴이

영어판		한국어판
Cambridge World History Vol. I (to 10,000 BCE)	Part 1	케임브리지 세계사 01
	Part 2	케임브리지 세계사 02
Cambridge World History Vol. II (12,000 BCE~500 CE)	Ch.1~7	케임브리지 세계사 03
	Ch. 8~23	케임브리지 세계사 04
Cambridge World History Vol. III (4000 BCE~1200 CE)	Part 1~3	케임브리지 세계사 05
	Part 4~6	케임브리지 세계사 06
Cambridge World History Vol. IV (1200 BCE~900 CE)	Part 1	케임브리지 세계사 07
	Part 2	케임브리지 세계사 08

영어판		한국어판
Cambridge World History Vol. V (500~1500 CE)	Part 1~3	케임브리지 세계사 09
	Part 4~5	케임브리지 세계사 10
Cambridge World History Vol. VI (1400~1800 CE)	Part I Ch. 1~10	케임브리지 세계사 11
	Part I Ch. 11~18	케임브리지 세계사 12
	Part II Ch. 1~12	케임브리지 세계사 13
	Part II Ch. 13~18	케임브리지 세계사 14
Cambridge World History Vol. VII (1750~Present)	Part I Ch. 1~10	케임브리지 세계사 15
	Part I Ch. 11~23	케임브리지 세계사 16
	Part II Ch. 1~11	케임브리지 세계사 17
	Part II Ch. 12~21	케임브리지 세계사 18

케임브리지 세계사 VOL. Ⅶ 소개

1750년 이후 세계는 점점 더 긴밀하게 연결되기 시작했다. 생산과 파괴의 과정은 이제 육지나 바다의 교통과 통신 수단에만 국한되지 않았다. 《케임브리지 세계사》 VOL. 7(한국어판 15~18권)은 갈수록 밀접해지는 인류의 역사를 다양한 시각에서 조명한다. 제15~16권은 현대 세계가 만들어진 구조와 공간, 그리고 그 과정들을 다룬다. 여기에는 환경, 에너지, 기술, 인구, 질병, 법률, 산업화, 제국주의, 탈식민화, 민족주의, 사회주의뿐 아니라 주요 지역의 역사까지 폭넓게 포함된다. 제17~18권은 현대 세계의 변화가 과연 얼마나 전 세계적으로 공유되었는지 질문을 던진다. 이를 위해 도시화, 인구 이동(이주), 가족과 성(性)의 변화 같은 사회적 현상을 살펴본다. 또한 종교, 과학, 음악, 스포츠 등 다양한 문화적 교류도 중점적으로 다룬다. 세계화의 핵심 요소인 고무, 약물, 자동차 등과 같은 상품들에 대해서도 논의하며, 대서양 혁명에서 1989년에 이르는 중요한 역사적 사건들도 함께 다룬다.

책임 편집 / 존 로버트 맥닐(J. R. McNeill)

조지타운(Georgetown) 대학교 역사학 교수. 주요 저서로는 *The Atlantic Empires of France and Spain, 1700-1763* (UNC Press, 1985), *The Mountains of the Mediterranean World* (Cambridge University Press, 1992), *Something New Under the Sun: An Environmental History of the Twentieth-century World* (Norton & Company, 2000), *The Human Web: A Bird's-eye View of World History* (Norton & Company, 2003), *Mosquito Empires: Ecology and War in the Greater Caribbean, 1620-1914* (Cambridge University Press, 2010) 등이 있다.

책임 편집 / 케네스 포메란츠(Kenneth Pomeranz)

시카고(Chicago) 대학교 역사학 교수. 주요 저서로는 *The Great Divergence: China, Europe, and the Making of the Modern World Economy* (Princeton University Press, 2000), *The Making of a Hinterland: State, Society and Economy in Inland North China, 1853-1937* (University of California Press, 1993), *The World That Trade Created: Society, Culture, and the World Economy, 1400 to the Present* (공저, Routledge, 2012) 등이 있다.

15권 저자 목록

케네스 포메란츠(Kenneth Pomeranz), University of Chicago.
존 맥닐(John R. McNeill), Georgetown University.
조반니 페데리코(Giovanni Federico), European University Institute.

스기하라 가오루(杉原 薰, Kaoru Sugihara). 政策研究大学院大学.

폴 조지프슨(Paul Josephson). Colby College.

바츨라프 스밀(Vaclav Smil). University of Manitoba.

마시모 리비-바치(Massimo Livi-Bacci). University of Florence.

앨리슨 배쉬포드(Alison Bashford). University of Cambridge.

마크 해리슨(Mark Harrison). University of Oxford.

에레즈 마넬라(Erez Manela). Harvard University.

16권 저자 목록

앤서니 클라크 아렌드(Anthony Clark Arend). Georgetown University.

아빌 로쉬월드(Aviel Roshwald). Georgetown University.

다니엘 킨지(Danielle Kinsey). Carleton University.

왕국빈(王國斌, R. Bin Wong). University of California, Los Angeles.

프라센짓 두아라(Prasenjit Duara). National University of Singapore.

마크 레빈(Mark Levene). University of Southampton.

로버트 스트레이어(Robert Strayer). California State University, Monterey Bay.

존 오버트 볼(John Obert Voll). Georgetown University.

마크 셀던(Mark Selden). Cornell University.

줄리 찰립(Julie A. Charlip). Whitman College.

프레드릭 쿠퍼(Frederick Cooper). New York University.

이안 티렐(Ian Tyrrell). University of New South Wales.

라이오넬 프로스트(Lionel Frost). Monash University.

케임브리지 세계사 시리즈 서문

케임브리지 역사 시리즈는 오래전부터 역사학의 특정 주제를 선정하여 권위 있는 개론을 제공해왔다. 전문가들이 각 장별로 집필을 맡아서 여러 권으로 구성된 시리즈를 제작하는 방식이었다. 이런 방식으로 만들어진 첫 번째 시리즈는 〈케임브리지 근대사〉였다. 액턴 경(Lord Acton)이 기획을 맡았는데, 그가 사망한 직후 1902년부터 1912년까지 14권으로 출간되었다. 이는 이후 시리즈 구성의 모범이 되었다. 후속 시리즈로는 7권으로 구성된 〈케임브리지 중세사〉(1911~1936), 12권으로 구성된 〈케임브리지 고대사〉(1924~1939), 13권으로 구성된 〈케임브리지 중국사〉(1978~2009) 등이 있었다. 이외에도 국가별, 종교별, 지역별, 사건별, 주제별, 장르별로 전문화된 시리즈가 있었다. 이러한 시리즈들은 〈케임브리지 중국사〉가 표방했듯이 해당 주제에 대해서 영어로 된 "가장 방대하고 가장 종합적인" 역사서였고, 〈케임브리지 정치사상사〉가 주장했듯이 해당 분야의 "주요 주제를 모두" 포괄하고자 했다.

〈케임브리지 세계사〉 시리즈는 위대한 선배들의 업적을 본받았지만 동시에 차이도 있다. "가장 방대하고 가장 종합적인" 세계사 시리즈로서 "주요 주제를 모두" 포괄하려면 적어도 300권 규모가 필요할 것이다(시간은 100년쯤 걸리지 않을까?). 그 대신 이번 시리즈는 세계사 중에서 활발히 논의되는 분야를 개괄하고자 했고, 전체는 7권(volume) 9책(book)으로 구성되었다. 시간 범위는 문자 기록이 발달한 이후로 한정하지 않고 인류의 역사 전체를 포괄했다. 이러한 범위 설정은 최근 세계사 연구 경향을 반영한 것이다. 이처럼 폭넓게 시간 범위를 설정하면 고고학과 역사학의 경계가 모호해지고, 인류의 과거를 밝혀내기 위해 두 학문이 서로 보충적 관계에 놓이게 된다. 그래서 시리즈 각 권의 책임 편집에는 역사학자뿐만 아니라 고고학자도 참여했다. 이들은 미국, 영국, 프랑스, 오스트레일리아, 이스라엘 등지의 대학교에 재직하는 학자다. 또한 저자들의 연구 분야 역시 지역 범위 못지않게 폭이 넓다. 역사학, 미술사, 인류학, 고전학, 고고학, 경제학, 언어학, 사회학, 생물학, 지리학, 지역학 전문가가 참여했다. 이들은 오스트레일리아, 영국, 캐나다, 중국, 에스토니아, 프랑스, 독일, 인도, 이스라엘, 이탈리아, 일본, 네덜란드, 뉴질랜드, 폴란드, 포르투갈, 스웨덴, 스위스, 싱가포르, 미국 등지의 대학교에 재직하는 학자다. 연구를 통해 세계사 분야를 형성하는 데 기여한 원로 학자도 포함되어 있으며, 중견 및 소장 학자는 앞으로 세계사 분야를 만들어갈 사람들이다. 저자들 중 일부는 독립된 학문 분과이자 교육 분과로서의 세계사를 구축하는 데 긴밀한 노력을 기울였다. 학계에서는 이들의 활동을 지구사(global history), 초국사(transnational history), 국제사(international history), 비교사(comparative history) 등으로 일컬었다. (이들 분야는 서로 겹치거나 얽혀 있고 때로는 경쟁 관계에 놓여 있다. VOL. I 에 이 분야의 발전을 추적하는 글이 몇 편 수록되었다.) 대부분의 저자는 자기 분야의 전문가일 뿐이라고 생각하지만, 편집자들이 보기에는 폭넓은 대중에게 해당 분야를 가장 잘 설명할 수 있는 전문가, 혹은 자신에게 익숙한 영역을 넘어 새로운 영역으로 나아갈 수 있는 학자다.

세계사에 접근하는 길은 여러 갈래가 있고, 시공간적 범위를 다양하게 설정해야 한다는 인식이 날로 심화되고 있다. 이를 반영해서 각 권에는 다양한 분야의 글이 수록되었다. 지역 연구, 주제 연구, 비교 연구뿐만 아니라 사례 연구도 포함되었다. 사례 연구는 세계사 특유의 폭넓은 시야에 깊이를 부여해줄 것이다.

VOL. I(한국어판 01~02권)에서는 핵심적인 분석의 틀을 소개한다. 시대를 관통하는 세계사를 어떻게 서술할 것인지, 가장 중요한 접근 방법과 주제는 무엇인지 등에 대한 내용이다. 그리고 인류 역사의 95퍼센트를 차지하는 구석기 시대부터 기원전 1만 년까지를 다룬다. 이후로 각 권이 포괄하는 시간 범위는 갈수록 줄어들 것이며, 각 권별로 시간 범위가 다소 겹칠 수도 있다. 여기에는 복잡한 시대구분 문제가 반영되어 있다. 진정으로 글로벌한 역사를 다루려면 시대구분 문제가 복잡할 수밖에 없다. 편집자들은 겹치는 시간 범위를 억지로 조정하지 않았고, (예컨대 고전기, 근대 등의) 전통적 시대구분에 얽매이지 않았다. 이는 기존의 시대구분에 도전하고자 하는 의미도 있다. 또한 각 권별로 시간 범위를 조금씩 겹치게 함으로써 다양한 지역 간의 고립과 불균형, 서로가 서로에게 영향을 미치는 방식을 강조할 수 있었다. 각 권은 고유의 주제, 혹은 일정한 범위 내의 주제에 집중한다. 주제 선정은 편집자들이 맡았는데, 각 권에서 포괄하는 시대의 핵심인 동시에 세계사 전체를 이해하는 데 기본이 되는 주제들이 선정되었다.

VOL. II(한국어판 03~04권) "농업과 세계사(1만 2000 BCE~500 CE)"는 신석기 시대 이전부터 시작해서 이후 농업의 기원과 세계 여러 지역의 농경 공동체를 살펴본다. 더불어 유목 경제와 사냥·어로·채집 경제 관련 이슈들도 검토한다. 농업을 통해 형성된 더욱 복합적인 사회 구조 및 문화 양식의 공통점을 추적하고, 세계 여러 지역을 개관하며, 해당 지역의 사례 연구를 제시한다.

VOL. Ⅲ(한국어판 05~06권) "고대의 도시들(4000 BCE~1200 CE)"은 초기 도시에 초점을 맞춘다. 도시는 인류 사회 변화의 원동력이었다. 도시 및 공통 이슈 비교 연구를 통해 행정 및 정보 기술의 탄생과 전승, 의례, 권력의 분배, 도시와 그 배후지의 관계를 추적한다. 세계 여러 지역을 대상으로 도시의 발전과 일부 도시가 제국의 수도로 전환되는 과정을 살펴보기 때문에, VOL. Ⅲ이 포괄하는 시간 범위는 매우 폭넓다.

VOL. Ⅳ(한국어판 07~08권) "제국과 네트워크(1200 BCE~900 CE)"는 대규모 정치 단위와 상호 교환 네트워크가 형성되는 과정을 분석한다. 여기에는 "고대 문명"이라고 일컬어지던 내용이 포함된다. 그러나 세계의 다른 지역까지 포함하다 보니 시간 범위가 더 넓어졌다. 노예, 종교, 과학, 예술, 성차별에 대한 장을 포함해 사회·경제·문화·정치·기술 발전의 공통점을 분석한다. 또한 지역별 개관을 제시하는데, 지역별로 한두 군데 사례 연구도 포함되어 있다. 이는 해당 지역을 보다 깊이 있게 들여다보도록 하기 위함이다.

VOL. Ⅴ(한국어판 09~10권) "교역과 분쟁(500~1500 CE)"은 당시 1000년 동안 특징적으로 나타났던 무역 네트워크 및 문화 교류의 확장을 조명한다. 여기에는 경전 중심 종교의 확장과 과학, 철학, 기술의 전파도 포함된다. 사회 구조, 문화 제도, 환경, 전쟁, 교육, 가족, 법정 문화 같은 의미 있는 주제들이 전 지구적 차원 혹은 유라시아 차원에서 논의된다. 그리고 아시아, 아프리카, 유럽, 아메리카의 정치 및 제국 연구에서는 VOL.Ⅳ에서 시작된 국가 형성에 관한 논의가 계속 이어진다.

이상 VOL. Ⅰ~Ⅴ는 모두 각 1책(book)이다. 그러나 VOL. Ⅵ~Ⅶ은 각 2책이다. 기존의 시대구분으로 보면 근현대에 해당하는 부분이다. 최근 500년에 해당하는 이 시대의 특징은 갈수록 복잡해졌다는 데 있다. 전례 없는 세계화가 진행되었기 때문이다. 뿐만 아니라 그리 멀지 않은 과거이기 때문에 자료도 풍부하고 연구 성과도 많이 남아 있다.

VOL. Ⅵ(한국어판 11~14권) "세계화의 시대(1400~1800 CE)"는 갈수록 확대되는 생물학적·상업적·문화적 교류를 추적하고, 정치·문화·지성의 발달을 살펴본다.

VOL.Ⅵ 제1책(한국어판 11~12권)은 갈수록 상호 의존성이 심화되는 세계가 어떻게 만들어지게 되었는지 그 기초를 살펴본다. 여기에는 환경이나 기술 혹은 질병 등의 주제, 카리브해나 인도양 혹은 동남아시아처럼 특히 교류가 집중되었던 지역, 해양 제국이나 러시아 같은 육지 중심의 제국, 이슬람 제국, 대륙과 해양 모두 진출한 이베리아반도의 제국(포르투갈과 스페인) 같은 대규모 정치 체제 등이 연구 대상에 포함된다.

VOL.Ⅵ 제2책(한국어판 13~14권)은 전 세계적 혹은 지역적 이주와 서로의 만남을 검토한다. 이주를 일으킨 경제·사회·문화·제도적 구조를 살펴보고, 또한 이주를 통해 이러한 구조가 어떻게 바뀌었는지 검토한다. 여기에는 무역 네트워크, 법, 생필품 유통, 생산 과정, 종교 체제 등의 논의가 포함된다.

VOL. Ⅶ(한국어판 15~18권) "생산, 파괴, 접속(1750~현재)"은 세계가 화석 연료 사용 단계로 접어드는 과정을 추적하고, 인구 폭발과 세계화 과정을 통한 활발한 교류의 시대를 다룬다.

VOL. Ⅶ 제1책(한국어판 15~16권)은 인구 과잉의 지구가 만들어진 물질적 조건에 대해 논의한다. 여기에는 환경, 농업, 기술, 에너지, 질병 등의 주제와, 국가주의, 제국주의, 탈식민화, 공산주의 등 현대 사회를 만든 정치적 흐름, 그리고 몇몇 핵심 지역 연구가 포함된다.

VOL. Ⅶ 제2책(한국어판 17~18권)은 앞에서 논의된 주제들을 다시 검토한다. 가족, 도시화, 이민, 종교, 과학 등의 주제뿐만 아니라 스포츠, 음악, 자동차 등 이 시대에 특징적으로 나타난 글로벌한 현상, 냉전과 1989년 같은 변화의 특별한 계기 등에 대한 연구가 포함된다.

〈케임브리지 세계사〉 시리즈에는 모두 200여 편의 논문이 수록된 만큼 종합적이라고 할 수 있다. 그러나 결코 충분하지 않다. 각 권별 책임 편집자는 무엇을 포함하고 무엇을 배제할지 고심을 거듭했다. 이는 세계사 연구자라면 누구나 맞닥뜨리는 문제다. 2000년도 더 지난 과거에 헤로도토스(Herodotos)도 그랬고, 사마천(司馬遷)도 마찬가지였다. 각 권에서 논문의 배열 순서는 해당 시대의 특성을 고려하여 책임 편집자(들)가 판단했다. 그래서 각 권의 구성이 조금씩 다르다. 권별로 시대도 조금씩 겹치므로 어떤 주제는 여러 권에 걸쳐서 등장하기도 한다. 이는 각 권의 역사적 흐름을 이해하는 데 모두 중요하다고 판단되는 주제였기 때문이다. 특히 시리즈 편집자들은 중요한 요소의 발전 과정을 각기 다른 관점에서 살펴보는 것이 세계사 연구에 가장 적합한 방향이라고 생각했다. 각주는 다른 케임브리지 역사 시리즈들과 마찬가지로 상대적으로 가볍게 달았고, 처음 이 분야에 주목하는 독자들을 위한 배려로 각 장이 끝날 때마다 "더 읽어보기" 목록을 제시했다. 또한 이 시리즈는 이전의 시리즈들과 달리 전권이 한꺼번에 출간되었다(영어판의 경우 — 옮긴이). 시리즈를 출간하는 데 10여 년씩 걸리던 출판계의 여유로운 속도가 21세기 디지털 시대에 이르러 달라진 것인지도 모르겠다.

다시 말해 〈케임브리지 세계사〉 시리즈는 책이 기획 및 생산되는 시점의 시대상을 반영하고 있다. 〈케임브리지 근대사〉 시리즈도 이와 다르지 않았다. 케임브리지대학교 출판부의 설명에 따르면, 액턴 경이 기획한 것은 "세계사"였다. 그러나 실제로 그 시리즈에 수록된 수백 편의 글 중에서 주인공이나 사건 혹은 정치 단위가 유럽과 북아메리카를 벗어난 경우는 손에 꼽을 정도에 불과했다. 〈새로운 케임브리지 근대사〉(1957~1979) 시리즈도 마찬가지로 세계사를 자처했지만 지역 편중은 별로 개선되지 않았다. 이는 놀라운 일이 아니다. 1957년, 심지어 시리즈의 마지막 권이 출간된 1979년에도 유럽은 곧 "세계"였고, 근대의 모든 것은 유럽에서 비롯되었다고 믿었다. 이런 관점을 우리는 "유럽 중심주의"라 부른다. (다른 언어권에서도 세계사가 집필되는 해당 지역을 중심으로 세계를 바라보는 관점이 없지 않았다.) 20세기 중반에도 유럽 중심은 지속되었고, 세계사와 지구사 분야는 미약했다. 강연회, 학회, 학술지 등 신생 분야를 형성해간 주역들은 1980년대에 이르러서야 등장했다. 그중에는 시작된 지 10년도 안 지난 것들도 있다. 가령 〈세계사 저널(Journal of World History)〉이 1990년 처음 출간되었고, 〈지구사 저널

(Journal of Global History)〉이 2005년, 〈뉴 글로벌 스터디즈(New Global Studies)〉가 2007년 시작되었다.

세계사 혹은 지구사의 발전은 다른 모든 학문 분과에서 치열한 자기반성이 이루어지던 시대와 맥을 같이했다. 자신의 존재를 돌아보지 않고는 어떤 연구도 불가능했고, 기존의 모든 범주가 혼란스러워졌다. 포함과 배제, 다양성에 대한 우려가 역사학의 하위 분야에서 기본으로 자리 잡았고, 이러한 분위기에서 역사학 관련 교육이 이루어졌다. 그래서 이 시리즈의 편집자들은 균형을 추구하려고 노력했다. 전통적으로 세계사 분야에서 중점을 둔 것은 거대 규모의 정치·경제적 과정이었고, 정부나 경제 엘리트들이 주체가 된 역사였다. 이것과 문화적 요인, 사고방식, 의미 등 새로운 관심 주제들의 균형을 고려해야 했다. 뿐만 아니라 우리는 세계 여러 나라의 역사에서 중요한 주제들도 포함시키고자 노력했다. 저자의 구성에서도 지역적 안배와 세대별 안배를 고려했다. 〈케임브리지 근대사〉와 비교하자면 저자군의 지역적 범위가 훨씬 더 넓고, 저자의 성별도 더 균형이 맞는다. 그러나 우리가 원한 만큼 글로벌하지는 못했다. 현재 세계사와 지구사 연구는 영어권에서 압도적으로 많이 진행되고 있다. 그래서 학자들의 분포 또한 영국과 미국의 대학교에 편중되어 있다. 현대 세계의 여러 가지 불평등한 현실도 그렇지만, 세계사 연구의 이 같은 격차는 그야말로 이 시리즈에서 서술하는 세계사의 결과다. 그중 어느 시대가 핵심 요인이었는가, 그리고 어느 정도 비중으로 기원의 문제를 다룰 것인가 하는 문제는 저자마다 의견이 다를 수 있다.

나는 다만 이 시리즈가 액턴 경의 시리즈만큼 편차가 크지 않기를 바랄 뿐이다. 가능하면 2권으로 구성된 〈케임브리지 인도 경제사〉(1982) 정도였으면 좋겠다. 〈케임브리지 인도 경제사〉의 편집자들(Tapan Raychaudhuri, Irfan Habib)은 서문에서 이렇게 말했다. "우리는 감히 우리의 노력이 새로운 지식을 형성하는 데 촉매가 되기를 바랄 뿐이다. 그래서 머지않아 새로운 지식이 이 책에 수록된 내용을 대체할 수 있기를 기원한다." 세계사와 지구사는 활발한 분야라서 머지않아 틀림없이 새로운 지식이 등장할 것이다. 다만 우리의 시리즈가 21세기 초라는 시점에 한해서나마 세계사 분야로 들어가는 문이 되고 전체를 조망할 수 있는 유용한 개론이 되기를 기대해본다.

메리 위스너 행크스(Merry E. Wiesner-Hanks)

케임브리지 세계사 16 차례

케임브리지 세계사 시리즈 소개	4
한국어판 영어판 분권 대조표	7
케임브리지 세계사 VOL. Ⅶ 소개	9
케임브리지 세계사 시리즈 서문	13

PART 3 정치

CHAPTER 11	국제법의 발전	27
CHAPTER 12	민족주의에 대하여	61
CHAPTER 13	제국주의에 대하여	101
CHAPTER 14	유럽의 팽창에 맞선 정치적 대응	
	– 자강운동을 중심으로	159
CHAPTER 15	식민지 해체와 그 유산	205
CHAPTER 16	인종학살	245
CHAPTER 17	공산주의와 파시즘	285

PART 4 세계의 지역 질서

CHAPTER 18	세계사 속의 중동	329
CHAPTER 19	세계사 속의 동아시아	371
CHAPTER 20	세계사 속의 라틴 아메리카	427

CHAPTER 21   세계사 속의 아프리카   481
CHAPTER 22   세계사 속의 미국   533
CHAPTER 23   태평양 경제사   579

케임브리지 세계사 15 차례

PART 1 물질적 기반

CHAPTER 1   서론: 생산, 파괴, 접속: 1750년-현재
CHAPTER 2   에너지, 인구 및 환경 변화: 1750년 이후 인류세 진입
CHAPTER 3   농업경제사
CHAPTER 4   다중심적 관점에서 본 세계의 산업화
CHAPTER 5   기술의 세계사
CHAPTER 6   새로운 에너지의 세계

PART 2 인구와 질병

CHAPTER 7   인구동향과 인구
CHAPTER 8   인구정책
CHAPTER 9   질병과 세계사
CHAPTER 10   천연두 퇴치

그림 목록

14-1. 시암의 왕 출랄롱꼰의 초상화, 1893년   178
14-2. 중국의 조선소(福州船政局), 1864년-1872년   184
15-1. 정신과 의사이자 혁명가였던 프란츠 파농의 초상   223
15-2. 행진 대열에 함께 가는 마하트마 간디   224
15-3. 반둥 회의에서 대화를 나누는 나세르와 네루   239
17-1. 여성의 전쟁 지원을 촉구하는 독일의 나치 홍보 포스터   298
17-2. 무솔리니와 휘하의 장군들   305
17-3. 홍위병   317
21-1. 프랑스인 관리와 아프리카인 귀족, 1920년경   503

지도 목록

13-1. 1750년경의 유라시아 세계   105
13-2. 1783년 유럽의 해양 제국들   108
13-3. 1914년의 주요 해양 제국들   111
18-1. 1750년의 이슬람 세계   335
18-2. 1900년의 이슬람 국가들   350
18-3. 오늘날의 중동 지역   365
19-1. 오늘날의 동아시아   381
20-1. 1800년의 라틴 아메리카   433
20-2. 1830년의 라틴 아메리카   435
20-3. 오늘날의 라틴 아메리카   474
21-1. 아프리카 분할   496

21-2. 아프리카의 탈식민화 519
23-1. 환태평양 587

그림 출처

[그림 14-1] Chicago History Museum/Getty Images. [그림 14-2] SSPL/Getty Images. [그림 15-1] AFP/Getty Images. [그림 15-2] ⓒ Bettmann/Corbis. [그림 15-3] Howard Sochurek/The LIFE Picture Collection/ Getty Images. [그림 17-1] Masterprints/Alamy. [그림 17-2] ZUMA Press, Inc./Alamy. [그림 17-3] Jean Vincent/ AFP/Getty Images. [그림 21-1] Roger Viollet/Getty Images.

CHAPTER 11

국제법의 발전

앤서니 클라크 아렌드
Anthony Clark Arend

오늘날 우리가 국제법(international law)이라고 부르는 것을 1800년도 이전의 외교관이나 학자들은 대개 "만국공법(law of nations)"이라 했다. 예컨대 미국 헌법에서는 의회에 "만국공법(Law of Nations) 위반을 … 규정하고 처벌할" 권한을 부여했다.[1] 사용하는 용어가 어떠하든지 간에 지난 500여 년 동안 국제사회에서는 법적 규칙이 발전해 왔고, 이를 통해 질서와 안전의 그물망을 제공하려 했다.

이 글의 목적은 근대 국가 체제 초기의 기원에서부터 오늘날에 이르기까지 국제법의 발전 과정을 살펴보는 것이다. 다만 국제법의 발전과 관련된 논의에 앞서 주의해야 할 한 가지 사실이 있다. 즉 오늘날 통용되는 국제법 체계의 기본 틀은 서구의 창조물이라는 사실이다. 긍정적이든 부정적이든 서구의 주권적 영토 국가 시스템이 궁극적으로 국제 체제의 기반을 형성했듯이, 유럽의 국제법 개념이 글로벌 차원의 법을 규정하게 되었다. 이러한 통찰은 현재의 국제법 체제가 만들어지기 전 다른 지역에 존재했던 법의 전통을 부정하려는 의도가 결코 아니다.[2] 예

---

1 United States Constitution, art. I, sec. 8.
2 Adda B. Bozeman, *The Future of Law in a Multicultural World* (Princeton University Press, 1971). 이 책에는 법에 대한 다른 식의 접근, 그것과 현대 국제법 체제에 관한 사려 깊은 논의가 포함되어 있다.

컨대 이슬람 율법은 수 세기 동안 여러 가지 형태로 세계 곳곳에서 국제법의 역할을 담당해 왔다. 그러나 오늘날 국가 간의 법 체제는 서구 전통을 계승한 것으로 이해해야 할 것이다.

주의사항을 염두에 두고, 국제법의 발전을 이해하기 위한 첫 번째 질문부터 시작해 보도록 하자. 국제법이란 무엇인가?

정의

여기서 사용되는 국제법이라는 용어는(예전의 만국공법도 그렇지만) 국제적 행위 당사자에게 구속력을 가지는 일련의 규칙을 의미한다. 이와 같은 국제법 정의는 얼핏 단순해 보일 수도 있겠지만 사실은 상세한 부연설명이 필요하다. 첫째, 국제법이라 하면 구체적인 행동 규범을 의미한다. 예를 들면 12해리 영해의 범위, 자위권에 해당하는 무력 사용의 권리, 외교관의 면책특권, 조약 이행의 의무 등이다. 둘째, 국제법 규칙은 국제적인 차원에서 존재하는 다른 종류의 규칙과 달리 구속력과 규범적 지위를 가지고 있다. 그런 점에서 국제법은 에티켓이나 비공식 규범 혹은 도덕 규칙과는 다르다.[3] 규칙의 대상이 되는 행위 당사자는 규칙을 이행해야 할 법적 의무를 지닌다. 현실 속에서 국제법적 규칙이 때로 강제력을 갖지 않을 수도 있다.(국내법 중에도 일부 그런 규칙들이 존재한다.) 그러나 규칙을 제정한 사람들은 적법절차를 거쳐 규칙을 강제하는 것이 타당하다고 믿었다. 이것이 국제법이 에티켓이나 도덕규칙

---

3 See Anthony Clark Arend, *Legal Rules and International Society* (Oxford University Press, 1999), pp. 16-25, for a discussion of types of rules.

과 다른 점이다. 마지막으로 국제법은 국제적 행위 당사자에 대하여 구속력을 가진다. 이는 당연한 말처럼 보일 수도 있지만, 이 부분을 명확히 해두는 것이 중요하다. 일반적으로 국제체제에서는 국가가 행위의 주요 당사자로 간주되지만, 이외에도 다양한 행위자들, 예컨대 다국적 조직(유엔, 아랍연맹, 국제통화기금, 세계보건기구), 초국적 조직(유럽연합), 비정부기구(국제적십자, 국제앰네스티, 그린피스), 다국적 기업(엑손모빌, 지멘스, IBM), 소수민족 혹은 다국에 걸쳐 존재하는 민족(쿠르드인, 바스크인, 이누이트), 초국적 정치집단(알카에다), 심지어 개인(해적, 전쟁범죄자 등)도 포함된다. 모든 규칙이 모든 행위 당사자에게 적용되는 것이 아니라, 앞에서 언급한 각 행위 당사자 유형에 따라 특정 규칙이 적용된다.

베스트팔렌 조약 이전 - 자연법의 시대

그렇다면 국제법의 규칙은 어디서 온 것일까? 근대국가 체제가 등장하기 전에는 진정한 만국공법이 존재할 수는 없다고 주장하는 사람들도 일부 있지만, 대개는 1648년에 체결된 〈베스트팔렌(Westfalen) 조약〉을 국제법의 시작으로 본다. 국가 시스템이 없는 상태에서 "국가 간"의 문제를 다루는 법이 발달할 수 없다는 말도 논리적으로 틀린 말 아니겠지만, 1648년 이전에도 국제적 행위에 구속력을 가지는 일정한 규칙이 이미 존재했다는 주장도 있다. 일반적으로는 그러한 규칙의 근원은 "자연법(natural law)"이라고 하며, 혹은 고대의 텍스트에서 자주 언급되는 "자연의 법칙(law of nature)"이라고도 한다.

전통적으로는 "자연의 법칙" 이론의 기원을 스토아 철학에서 찾았다. 이는 고대 그리스에서 시작되어 로마 고전기까지 이어진 철학이었다. 기본적으로 자연법 철학에서는 행동의 옳고 그름을 판단하는 근본적인 규칙이 존재하며, 그것은 영원불변한 동시에 보편타당한 것이며, 이성적 추론을 통해 그것을 발견할 수 있다고 믿었다.

로마 제국이 멸망하고 기독교가 서구의 지배적 철학으로 자리 잡은 뒤에도 자연법 사상은 그대로 유지되었다. 심지어 초기 기독교 저자들은 자연법과 기독교가 양립할 수 있다고 믿었다. 예컨대 신약성경《로마서》의 저자는, 이방인들이 이스라엘에 주어진 계시를 알지 못했음에도 불구하고, "율법이 요구하는 바가 그들의 마음에 기록되어 있기" 때문에 "본성(nature)에 따라 율법을" 행할 수 있다고 썼다.(로마서 2:14-15) 아우구스티누스(Augustinus)나 아퀴나스(Aquinas) 같은 후대의 기독교 신학자들은 자연법 이론을 더욱 발전시켰다. 중세 후기에 이르러 국가 간 행위에 자연법이 적용되기 시작했다. 프란시스코 데 비토리아(Francisco de Vitoria)나 프란시스코 수아레스(Francisco Suarez) 같은 스콜라 철학자들은 자연법 사상의 통찰을 국제관계에 적용했다. 예컨대 비토리아의 저서(De Indis)에서는 유럽 정복자들이 아메리카 대륙의 비기독교 원주민들과 관계를 맺을 때 어떤 규범에 구속되어야 하는가의 문제를 다루고자 했다. 아직 "국가 간의 법(law among nations)"이라는 개념이 발달하지 않았던 시대에 비토리아는 모든 사람이 구속되는 보편적 자연법의 원칙이 존재하며,[4] 그것이 암묵적으로 국가의 지도자와 대표자에게 적용된다고 주장했다.

---

4 Arthur Nussbaum, *A Concise History of the Law of Nations*, rev. edn (New York: Macmillan, 1954), pp. 79-84.

국가 자체를 대상으로 구속력을 갖는 법의 개념을 최초로 제시한 사상가로 많은 학자들은 후고 그로티우스(Hugo Grotius, 네덜란드어 Huig de Groot)를 손꼽는다. 그로티우스는 "자연의 법칙"이 사회의 기초이며, 법의 궁극적인 기원임을 인정하면서도, 동시에 국가와 국가 사이의 법도 서로의 동의 과정을 통해 만들 수 있다고 주장했다. 이에 대한 그의 설명은 다음과 같다.

> 각 국가의 법이 국가의 이익을 고려하는 것과 마찬가지로, 상호 동의에 의해 모든 국가 혹은 대다수의 국가 사이에 법을 제정하는 것이 가능하다면, 그렇게 만들어진 법은 특정 국가가 아니라 전체 국가를 포괄하는 거대 사회의 이익을 지향한다. 이것이 바로 우리가 자연법과 구별하여 일컫는 만국공법(law of nations)이다.[5]

그로티우스는 30년 전쟁(1618-48년)이 한창이던 1625년에 이 글을 발표했다. 의심할 여지 없이 유럽의 심장부를 덮친 전쟁의 참화가 그로티우스의 열망에 영향을 미쳤을 것이다. 공통의 법에 근거하여 모든 국가를 포괄하는 사회가 바로 그가 꿈꾸던 세상이었다. 국가의 동의를 통해 만들어지는 만국공법 개념은 전쟁이 끝난 뒤 더욱 구체화되어 국제법의 중심적 방향이 만들어졌고, 마침내는 베스트팔렌 조약으로

---

5 Hugo Grotius, "Prolegomena," *De Jure Belli ac Pacis*, reprinted in Robert J. Beck, Anthony Clark Arend, and Robert D. Vander Lugt, *International Rules: Approaches from International Law and International Relations* (Oxford University Press, 1996), p. 43.

이어졌다.

베스트팔렌 조약과 법실증주의의 부상

유럽의 새로운 질서가 형성되는 과정에서 베스트팔렌 조약은 국제관계의 새로운 시스템을 공식적으로 인정했다는 의미가 있었다. 여기서 말하는 새로운 시스템이란, 국제관계에서 영토국가(territorial state)가 주요 행위 당사자로 인정되는 국제 시스템이다. 영토 국가라는 개념 자체가 근본적인 변화를 의미했다. 국가와 국가 사이에는 이론상으로는 분명한 지리적 경계선이 존재한다. 그 경계선 안에서 국가는 최고 주권자로 인정된다. 따라서 국가는 독립적이고 자율적이며, 국가 대 국가는 법적으로 동등한 지위를 가진다. 이와 같은 주권 개념에서는 국가 간 경계가 분명해야 한다. 세계의 다른 지역에서는 음영 지대나 모호한 구석이 인정되는 경우도 있지만, 영토국가의 개념에서는 그런 부분이 없어야 한다. 그래서 국가는 별도로 동의하지 않는 한 다른 상위법에 구속되지 않는다.

국제질서의 원칙으로서 국가의 주권을 인정하는 것, 그와 같은 새로운 인식이 "만국공법"의 기반이었다. 이는 기존 국제관계의 전제에 근본적인 도전을 의미했다. 자연법(natural law)은 동의 여부와 관계 없이 특정 원칙이 국제관계의 행위자에 대하여 구속력을 가진다고 주장했다. 그러나 주권 국가를 인정하는 경우에는 주권 국가가 동의하는 경우에 한해서만 법적 구속력이 인정된다. 이와 같은 동의에 기반하는 법(consent-based law)의 개념은 법실증주의(legal positivism)의 범주에 포함된다. 많은 학자와 실무자들에게 자연법의 원칙은 여전히 남아 있었고, 그것이 국제 도덕 규범의 일부였다. 그러나 법실증주의적 실정법(positive law)은 국가의 동의를 통해 만들어지는 경우에만 존재할 수 있었다.

자연법 기반의 국제법과 법실증주의적 국제법의 단절을 보여주는 고전적 사례로 흔히 언급되는 것이, 바로 1825년 미국 대법원이 판결을 내린 노예무역선 안텔로프(Antelope)호 사건이다. 해당 선박의 노예 거래가 국제법 위반인지 여부를 판단하는 사건이었다. 대법원 판결문에서 대법관 존 마셜(John Marshall)은 노예무역을 부도덕한 행위로 간주하여 "자연법"에 저촉된다고 보았다. 그러나 국가가 노예무역의 관행에 지속적으로 동의해왔기 때문에 국제법 위반은 아니라고 판단했다.[6]

20세기 초, 국제사법재판소는 국제법의 법실증주의적 접근을 재확인해 주었다. 프랑스의 증기선 로투스(Lotus)호 사건에 대하여, 1927년 국제사법재판소는 이렇게 판시했다.(사건 발생은 1926년이다. — 옮긴이)

국제법은 독립국가 사이의 관계를 규율하는 법이다. 국가를 구속하는 법률은 국가의 자유의지로부터 비롯된다. 국가의 자유의지는 조약을 통해 표현되거나, 일반적으로 법의 원칙을 표현한 것으로 간주되는 관습에 의거하기도 한다. 이는 공존하는 독립 공동체 사이의 관계를 규정하기 위해, 혹은 그들의 공통의 목적을 달성하기 위해 만들어진 것이다. 그러므로 국가의 독립성에 대한 제한은 인정되지 않는다.

6 *The Antelope*, 23 U.S. 120-121 (1825).

이것이 법실증주의적 국제법의 고전적 선언문이다. 국가와 국가는 동의의 과정을 거쳐 법을 만든다. 동의하지 않은 경우, 주권 국가는 국제 사회에서 특정 규범에 구속되지 않는다.

베스트팔렌 조약은 동의에 기초한 국제법 체제로서, 그 특징 중 하나는 중앙 통제가 없다는 것이었다. 이후 학자들이 주목한 바와 같이, 이와 같은 국제법 체제는 "무정부적" 상태로,[7] 법을 집행할 "공권력"이 없었다.[8] 이는 국제법에 강제력이 없다는 뜻이 결코 아니다. 그보다는 강제력이 "자발적" 시스템에 의거한다는 의미다. 다시 말해 국제법 위반이 확인되는 경우 국가는 자발적으로 강제력 행사에 나서야 한다. 자발적 집행의 대표적 수단이 바로 "보복조치"다. 기본적으로 보복은 그 자체로 국제법 위반에 해당하지만, 불법행위에 대한 대응 수단으로 사용되는 보복조치는 합법으로 간주된다. 예를 들어 한 국가가 다른 국가와 맺은 무역 협정을 불법적으로 파기하는 경우, 피해 국가가 보복조치로 양자 사이의 다른 협정을 폐기하는 것은 합법적 행위다. 물론 보복조치 중에는 군사적 수단도 포함될 수 있다. 한 국가가 다른 국가의 함정을 침몰시킨 경우, 피해 국가는 가해 국가의 유사한 해군 함정을 침몰시키는 방식으로 보복조치를 취할 수 있다.

---

7 국제 체제가 "무정부적(anarchic)"이라는 관점은 흔히 구조적 현실주의(structural realism) 이론을 주장했던 케네스 N. 월츠(Kenneth N. Waltz)와 관련이 있다. Kenneth N. Waltz, *Theory of International Politics* (New York: Random House, 1979).
8 Robert J. Lieber, *No Common Power: Understanding International Relations*, 4th edn (Upper Saddle River, NJ: Prentice Hall, 2001). 책의 제목은 토머스 홉스의 표현을 따랐다.

근대 국제법과 관습법의 성장

국제법에서 법실증주의적 접근이 확대되면서 국제 공동체는 국가가 국제법을 제정할 수 있는 두 가지 주요 방법이 있다는 것을 알게 되었다. 조약(treaty)과 관습(custom)이 그것이다.

조약(treaty)은 국가가 국제법을 만들 수 있는 가장 확실한 방법이다. 실제로 조약의 역사는 천 년이 넘는다. 조약은 양측 당사자간의 조약(양자 조약)이거나 여러 당사자간의 조약(다자조약)이 될 수 있다. 다자조약의 성격을 표현할 때는 흔히 "협정(convention)"이라는 용어를 사용한다. 어떤 조약은 국제사회의 모든 국가가 비준하는 경우도 있고(집단살해 방지 협약이나 아동 권리 협약 등), 특정 몇몇 국가에 국한된 조약도 있다.(유럽인권협약 또는 미국인권협약 등)

국제법을 제정하는 두 가지 방법 중 두 번째는 관습을 이용하는 것이다. 국제관습법(Customary international law)은 문서로 규정되는 것이 아니라 실제 행동에 따라 만들어진다. 국제관습법은 하나 또는 여러 국가가 특정 국제 행위에 가입하면서 시작되는데, 주로는 순수하게 실용적인 이유일 경우가 많다. 시간이 지나면서 점점 더 많은 국가가 기존의 관행에 참여하면서 결국에는 국제적으로 거의 모든 나라가 그러한 관행에 참여하게 된다. 이런 관행이 널리 확산되면서 각 지역에서는 그러한 관행을 의무로, 즉 법적으로 정해진 것으로 믿기 시작한다. 관행이 거의 보편화되고 동시에 여러 국가들이 일반적으로 그 관행을 의무라고 믿게 되면, 그 관행은 곧 국제관습법(customary international law)으로 간주될 수 있다. 요컨대 국제관습법은 시간이 지나면서 "숙성"되어 법적 지위를 얻게 되는 "관행"을 말한다.[9]

이 과정을 통해 국제관습법이 만들어지기 위해서는 두 가지 필수 요소가 있다는 사실을 알게 된다. 그것은 바로 관습과 믿음이다. 첫째, 국가가 특정 활동에 참여를 해야 한다. 둘째, 참여가 의무라는 믿음이 있어야 한다. 혹은 라틴어로 말하면 오피니오 주리스(opinio juris), 즉 해당 활동이 법에 의해 요구된다는 믿음이 있어야 한다.

이와 같은 국제법의 근원에 대한 기본적인 이해를 바탕으로, 베스트팔렌 조약 체제 아래 관습(custom)은 국제법이 만들어지는 중요한 수단으로 활용되었다. 그에 따라 세계 모든 지역에서 관습법이 발달했다. 예를 들어 국제법적 법인격과 관련하여, 국제법에서 권리와 의무를 행사할 주체가 어느 시점에 발생한 것으로 보아야 하는가의 문제가 있다. 특히 국가의 지위나 국가의 기본권에 관해서 관습법이 발달했다. 영토획득(국가가 해당 영토에서 주권을 행사할 수 있는 상황)도 관습법으로 만들어졌다. 이는 서구 식민지 시대인 17세기, 18세기, 19세기 모두 특히 중요한 문제였다. 국가의 관할권(국가가 개인, 법인격, 사물, 기타 사건에 대하여 권위를 행사할 수 있는 조건)도 관습법으로 만들어졌다. 같은 이유로 면책의 규칙도 개발되었다. 실제로 외교관의 면책특권에 관한 오늘날의 국제법 규정은 이집트, 히타이트, 그리스, 로마의 고대 관행으로부터 선례를 찾아볼 수 있다. 이는 법조인이 아니라도 상식적으로 널리 알고 있는 법의 영역 중 하나다. 관습법이 발달한 또 하나의 영역은 외국인 치료와 관련된 문제로, 국가가 그 책임을 맡았다. 제2차 세계대전 이전까

---

9 여기서 사용한 표현은 유명한 파케테 하바나(Paquete Habana) 사건에서 비롯되었다. 이 사건에서 미 연방대법원은 국제관습법상 전시(戰時)에 어선은 나포 대상에서 면제된다고 판결했다. The Paquete Habana, 175 U.S. 677, 686 (1900).

지는 인권법이 없었고, 다만 자국 영토 안에서 시민권이 없는 사람들을 국가가 어떻게 대해야 할지를 규정한 광범위한 법적 규범은 있었다. 관습법이 특히 발달한 또 다른 하나의 영역은 해양 관련법이다. 이후 "그로티우스의 해양 개념(Grotian notion of the ocean)"이라 불리게 될 이론에서 국제관습법의 특징이 분명하게 확인된다.[10] 즉 국가는 연안에 인접한 좁은 범위의 영해에 한해서만 주권을 가지며, 나머지 광활한 바다는 "공해(公海, high seas)"이므로 어느 국가의 배타적 관할권에 속하지 않는다는 원칙이다. 물론 이외에도 무력 충돌의 수단이나 행위와 관련해서 국가의 관습이 만들어낸 방대한 규칙들이 존재한다.

이러한 관습법의 대부분은 근대 국가 체제가 등장하기 이전부터 존재했던 자연법에 기원을 두고 있다. 예컨대 무력 충돌과 관련된 법은 고대 종교적 가르침, 플라톤, 키케로 등의 고전시기 작가, 아우구스티누스, 토마스 아퀴나스 등 초기 기독교 저자들의 저서에서 그 기원을 찾을 수 있다. 그러나 과거의 자연법에 기반한 규범과 국제관습법이 구별되는 점은, 국가의 동의 과정을 거쳐 국제관습법이 법적 지위를 획득했다는 점이다.

다자조약의 부상

관습법은 오늘날까지도 국제법의 근간을 이루고 있다. 그러나 19세기 이후로는 폭넓은 혹은 거의 보편적인 법을 제정할 수단으로 다자조

---

10 이 주장이 담긴 후고 그로티우스의 책은 초판이 1609년에 출간되었다. 최근의 판본으로는 다음을 참조. Hugo Grotius, *Mare Liberum: 1609-2009* (Leiden: Martinus Nijhoff, 2009), ed. Robert Feenstra.

약(multilateral convention)을 점점 더 많이 활용했다. 다자조약이 1800년대에 처음 만들어진 것은 아니었다. 그 이전의 대표적인 사례가 베스트팔렌 조약(오스나브뤼크 조약과 뮌스터 조약을 합쳐서 부르는 명칭)이었다. 그러나 과거의 조약은 특히 분쟁을 겪은 이후에 평화협정을 체결하고자 할 때 주로 사용되었고, 폭넓게 적용되는 법의 제정을 위한 수단은 아니었다. 국제법을 만들 때 다자조약을 활용한 사례는 일반적으로 19세기에 시작되었다. 다자조약의 전형적인 절차는, 국제회의를 거쳐 채택한 협약의 내용을 각국에 보낸 뒤 비준을 받는 것이었다. 시기적으로 가장 앞서는 사례들 중의 하나가 1864년 제네바에서 개최된 회의였다. 16개국이 참가한 이 회의에서 제네바 협약이 채택되었다. 야전 중 부상자의 처우 개선을 위해 만들어진 내용이었다. 이후 오래도록 제네바 협약은 무장 분쟁을 법적으로 관리하는 토대가 되었다.[11]

국제회의를 통해 주요 당사자 간의 협약을 만들어내는 이와 같은 추세는 19세기 말엽까지도 계속되었다. 러시아의 차르 니콜라이 2세의 제안에 따라 1899년 최초의 만국평화회의(International Peace Conference)가 네덜란드의 도시 덴하흐(Den Haag, 헤이그)에서 개최되었다. 세계 26개국이 이 회의에 참석했다.[12] 이 회의는 몇 가지 측면에서 주목할 만한 점이 있었다. 첫째, 이 회의는 구체적인 전쟁의 결과가 아니라 "보편적

---

11 See, International Committee of the Red Cross, "From the battle of Solferino to the eve of the First World War," at www.icrc.org/eng/resources/documents/misc/57j nvp.htm.
12 Inis L. Claude, Jr, *Swords into Plowshares: The Problems and Progress of International Organization*, 4th edn (New York: Random House, 1971), pp. 28-34.

인 국제 문제"를[13] 주제로 한 최초의 국제 회의였다. 이에 따라 만국평화회의에서는 국제 분쟁을 다루는 여러 가지 협약이 채택되었다. 국제분쟁의 평화적 해결을 위한 협약, 육상전 관련 법과 관습에 대한 협약, 해상전 협약 등이었다.

둘째, 1899년의 만국평화회의는 덴하흐 체제(Hague Conference System)의 시작을 알리는 의미가 있었다. 핵심은 몇 년에 한 번씩 같은 회의를 개최하자는 아이디어였다. 1907년에는 제2회 만국평화회의가 열렸고, 각국의 대표자들은 또 한 번 여러 협약을 채택한 다음 비준을 위해 본국으로 보냈다. 그러나 안타깝게도 제1차 세계대전이 터지면서 1915년 만국평화회의는 개최되지 못했다. 셋째, 만국평화회의는 이전 세기에 열렸던 유럽회의와는 다른 차원의 "보편성"을 요구했다.[14] 열강들뿐만 아니라 일부 약소국들도 회의의 구성원으로 참여했다. 1899년에 참석한 26개국은 대부분이 유럽 국가들이었지만, 1907년에 참석한 44개국 중에는 남아메리카를 포함한 비유럽 지역 국가들이 다수 포함되어 있었다.[15]

제3회 만국평화회의는 개최되지 못했지만 다자간 회의를 통해 법적 장치를 만들어나가는 과정은 20세기와 그 이후까지도 계속 이어졌다. 국제회의를 거쳐 채택된 주요 다자협약으로는, 1949년 국제인도법(International Humanitarian Law)을 위한 4개의 제네바 협약, 1958년 해양법(Law of the Sea)을 위한 4개의 제네바 협약, 1961년 외교관계를 위

---

13 Ibid. p. 30.
14 Ibid. p. 29.
15 Ibid. p. 29.

한 빈(Wien) 협약, 1982년 해양법을 위한 유엔 협약 등이 있었다. 엄밀히 말해서 다자협약은 공식적으로 비준한 국가에서만 구속력을 갖지만, 대부분의 다자간 협약은 워낙 많은 국가들이 비준을 하고 거의 세계적으로 실행이 되기 때문에 대표적인 국제관습법으로 간주되고 있다.

국제기구의 부상

20세기에는 국제법 제정의 새로운 과정이 발달했다. 그것은 바로 국제기구의 설립이었다. 국제기구는 1800년대 초엽부터 존재했지만, 이런 기구들(라인강운항위원회나 만국우편연합 등)은 지역적으로나 기능적으로 매우 제한적인 범위에서 움직였다. 제1차 세계대전 이후 국제연맹(League of Nations)이 창설된 이후에야 비로소 보편적인 과제를 목표로 하며 세계적으로 회원국이 참여할 수 있는 본격적 국제기구가 설립되었다.

국제연맹의 시대

국제연맹(League of Nations)은 다자조약인 베르사이유 협정(Treaty of Versailles, 1919)에 의해 만들어졌다. 국제연맹은 진정한 의미에서 중앙집권적 입법부는 아니었지만, 기존의 국제관습법을 성문화하고, 새로운 법을 제정하기 위한 주요 회의를 조직하는 역할을 할 수 있었다. 예를 들어 국제연맹의 후원으로 1930년 국제법 성문화를 위한 덴하흐(헤이그) 회의가 개최되었다. 여기서 국제관습법의 다양한 영역을 검토하고 이를 성문화하기 위한 협정의 초안을 작성했다.

또한 국제연맹 산하에 상설국제법원(PCIJ)이 설치되었다. 이는 진정한 의미의 "세계 재판소"가 설립된 첫 사례였다. 국제법 발달의 관점에서 상설국제법원은 4가지 측면에서 주목할 만한 일이었다.

첫째, 공식적으로 상설국제법원을 설립하기 위한 조약의 명칭은 "상설국제법원 설립법"이었는데, 여기서 오늘날의 국제법의 근원이 되는 표준적인 항목이 제시되었다. 제38조의[16] 일부를 인용하면 다음과 같다.

제38조. 법원은 다음을 준용한다.
1. 일반적 원리와 특수한 사례를 막론하고, 분쟁 당사국이 명시적으로 인정한 규칙의 근거가 되었던 국제협약.
2. 일반적 관행이 법으로 인정된다는 사실의 근거가 되는 국제 관습
3. 문명국이 인정하는 법의 일반 원칙

처음 두 단락은 익숙한 내용으로, 전통적인 법실증주의적 맥락에 놓여 있다. 즉 조약과 관습이다. 그러나 세 번째 단락인 "문명국이 인정하는 법의 일반 원칙"이란 좀더 설명이 필요한 부분이다. 이 조항은 1920년 법학자 자문위원회에서 마련한 초안이었지만 어떤 의도에서 이런 문안을 만들었는지 명확한 견해가 첨부되지는 않았다.[17] 이 조항이 일부 합

---

16 League of Nations, *Statute of the Permanent Court of International Justice*, December 16, 1920, available at www.unhcr.org/refworld/docid/40421d5e4.html, accessed September 6, 2012.
17 PCIJ의 재판관을 지낸 Manley O'Hudson은 1943년 다음과 같이 지적한 바 있다. "1920년 법률가 위원회(Committee of Jurists) 위원들은 이 조항의 초안 작성 당시 그 의미에 관해 서로 다른 견해를 표명하였으며, 위원회의 보고서에서도 혼란이 해소되지 않았다." Marjorie M. Whiteman, *Digest of International Law*, 14 vols. (Washington, DC: Government Printing Office, 1963), vol. 1, p. 91에서 재인용.

의되지 못한 원칙을 포섭하기 위한 것이라는 견해도 일부 있었지만, 주로는 "법의 일반 원칙"이 국내법 체계에 공통적인 어떤 원칙을 의미하는 것으로 해석했다. 예컨대 사실상 모든 국가가 국내법 체계의 일부로 "이중위험금지(double jeopardy) 원칙"을 가지고 있는데, 그 원칙이 국제적으로 국가 간의 관계에도 적용될 수 있다는 주장도 가능하다. 일반 원칙을 이렇게 해석하더라도 국제법상 기본 원칙은 여전히 동의의 과정이다. 국가가 국내법에서 이런 원칙을 견지한다면, 국제적 차원의 분쟁에 그 원칙이 적용되는 것을 동의하지 않을 리 없다는 전제가 깔려 있는 것이다.

둘째, 법원의 판결은 사건 당사자에게 구속력을 지닌다. 이는 법원이 내린 결정을 이행해야 할 법적 의무가 있다는 것을 의미한다.

셋째, 법원은 국제연맹의 요청에 따라 자문 의견을 제시할 수 있는 권한을 부여받았다.[18] 물론 자문 의견은 어디까지나 "자문"일 뿐, 국가나 연맹에 구속력을 가지는 것은 아니었다.

넷째, 법원의 결정은 기술적으로 당사국들에게만 구속력이 있지만,[19] 법원이 표명한 법적 원칙이 국제관습법의 훌륭한 근거로 간주되기도 한다. 다시 말해 법원의 판결은 권위 있는 법의 선언으로 긍정적으로 인용되는 경향이 있다. 기존에 법원이 내린 판결은 29건의 분쟁과 27건의

---

18 법원의 규정 제65조는 다음과 같이 규정하고 있다. "법원의 권고적 의견이 요청된 사항은 총회의장이나 국제연맹 이사회 의장 또는 총회나 이사회의 지시를 받은 국제연맹 사무총장이 서명한 서면 요청을 통해 법원에 제출되어야 한다. 요청서에는 의견이 요구되는 문제를 정확히 기술해야 하며, 그 문제를 명확히 할 수 있는 모든 관련 문서를 첨부해야 한다." League of Nations, *Statute of the Permanent Court of International Justice*, December 16, 1920, available at www.unhcr.org/refworld/docid/40421d5e4.html.
19 Article 59 of the Statute provides "The decision of the Court has no binding force except between the parties and in respect of that particular case." Ibid.

자문 의견에 불과했지만,[20] 이 판결 중 상당수가 국제관습법의 근거로 계속해서 인용되고 있다.

국제연맹은 또한 국제법 위반에 대한 중앙집권적 통제의 요소를 도입했다. 앞에서도 언급했듯이 베스트팔렌 조약 체제는 국제법의 집행에서 "자발성"에 의존했다. 그러나 제1차 세계대전이 전례 없는 파괴와 사망자 수를 기록하면서 비강제적 체제의 한계가 지적되었고, 집행권한을 가지는 새로운 조직의 필요성이 제기되었다. 그리하여 국제연맹의 창설과 더불어 국제사회는 처음으로 국제법을 집행할 중앙 기구를 보유하게 되었다.

국제연맹의 규약에는 전쟁과 관련하여 복잡한 제한조치가 명시되어 있었다. 이와 같은 제한조치를 위반하여 어느 국가가 전쟁을 개시하게 되면, 국제연맹은 소속된 모든 국가를 동원하여 그 국가에 즉각적으로 경제 및 외교 제재를 가하게 된다. 이 경우 "국제연맹의 규약을 보호하기 위해 이사회는 실질적인 육군, 해군, 공군의 투입을 위하여, 연맹 소속 국가에 무력 제공을 권고할 책임이 있다."[21] 국제연맹의 이사회 결정

---

20 International Court of Justice website, www.icj-cij.org/pcij/index.php?p1=9.
21 국제연맹 규약 제16조 전문.
    Should any Member of the League resort to war in disregard of its covenants under Articles 12, 13 or 15, it shall ipso facto be deemed to have committed an act of war against all other Members of the League, which hereby undertake immediately to subject it to the severance of all trade or financial relations, the prohibition of all intercourse between their nationals and the nationals of the covenant-breaking State, and the prevention of all financial, commercial or personal intercourse between the nationals of the covenant-breaking State and the nationals of any other State, whether a Member of the League or not.
    It shall be the duty of the Council in such case to recommend to the

은 권고에 불과하지만, 그럼에도 불구하고 이는 국제법의 집행 권한의 측면에서 중요한 진전이었다. 비록 이러한 매커니즘이 이탈리아의 에티오피아 침공(1936년), 일본의 만주 침공(1931년), 독일의 여러 주변국 침공(1936년 이후)에 대응하지는 못했지만, 그럼에도 불구하고 국제연맹의 집행 규약은 유엔 체제의 원형이 되었다.

유엔의 시대

국제연맹이 제2차 세계대전을 막아내는 데 실패하자, 연합국 측에서는 기존의 국제연맹을 대신할 더 나은 새로운 국제기구가 필요하다는 공감대가 형성되었다. 실제로 미국, 소련, 영국, 중국 등 전혀 다른 국가들이 전쟁 도중에 효과적으로 협력했던 경험을 통해, 평화의 시기에도 새로운 조직을 통해 그와 같은 협력의 개념이 가능할 것이라는 기대가 생겨났다.

> several Governments concerned what effective military, naval or air force the Members of the League shall severally contribute to the armed forces to be used to protect the covenants of the League. The Members of the League agree, further, that they will mutually support one another in the financial and economic measures which are taken under this Article, in order to minimise the loss and inconvenience resulting from the above measures, and that they will mutually support one another in resisting any special measures aimed at one of their number by the covenant-breaking State, and that they will take the necessary steps to afford passage through their territory to the forces of any of the Members of the League which are co-operating to protect the covenants of the League.
>
> Any Member of the League which has violated any covenant of the League may be declared to be no longer a Member of the League by a vote of the Council concurred in by the Representatives of all the other Members of the League represented thereon.

제2차 세계대전 중에 국제회의가 잇달아 개최된 결과, 1945년 10월 24일 유엔이 공식적으로 출범했다. 유엔 헌장에 명시된 새로운 조직의 여러 목표 중에는 "국제법의 점진적 발전과 성문법 제정을 권장한다"는 내용이 포함되어 있었다.[22] 유엔 조직 전체로 볼 때, 유엔이 국제법의 발전을 권장하는 방식은 여러 가지가 있었다. 기본적으로 유엔의 산하기관 세 곳에서 이를 명확하게 확인할 수 있다. 국제사법재판소(ICJ), 유엔총회, 안전보장이사회 등이었다.

국제사법재판소(ICJ)는 상설국제법원(PCIJ)의 후신으로, 기존의 판결이 국제관습법의 근거를 제공해왔다. 국제사법재판소는 1947년부터 2015년 초까지 총 135건의 분쟁 사건을 판결했고, 26건의 자문 의견을 발표했다. 국제사법재판소의 판결은 국제관습법의 법제화에 도움을 주었다.

유엔총회 또한 국제법의 발전에 결정적인 역할을 했다. 몇 가지 소소한 분야를 제외하고는 유엔총회에서 채택된 결의안은 구속력이 없는 권고사항에 불과했지만, 그것이 몇 가지 경로를 통해 구속력 있는 법의 발전에 영향을 미친 사례가 드물지는 않았다.

첫째, 결의안이 조약의 기초가 되는 경우가 많았다. 예컨대 1948년 유엔총회는 세계인권선언(Universal Declaration of Human Rights)을 채택했다. 이는 구속력이 없는 결의안이었지만 이후 두 가지 조약, 즉 시민적 및 정치적 권리에 관한 국제 규약(International Covenant on Civil and Political Rights)과 경제적, 사회적 및 문화적 권리에 관한 국제 규약

---

22 United Nations Charter, art. 13.

(International Covenant on Economic, Social and Cultural Rights)의 근거가 되었다. 이들 규약은 1966년에 채택되어 각국으로 보내 비준의 과정을 거쳤다.

둘째, 기존의 국제 관습법을 총회의 결의로 성문화하는 경우도 일부 있었다. 이 결의안은 다시 말해 각국에서 이미 관례로 인정하던 내용을 문서로 정리한 것뿐이었다. 그러므로 결의안은 곧 관습 규칙을 요약한 것이었다.

셋째, 총회가 법적 규칙에 대한 주장을 담은 결의안을 채택하는 경우, 이 결의안은 국가적 관습의 근거로 인용될 수 있었다. 즉 어떤 결의안이 관습법이 존재한다는 사실을 입증하는 근거로 활용될 경우, 결의안만으로 그것이 결정되는 것은 아니지만, 국가 관습의 가능성을 보여주는 여러 근거 중의 하나가 될 수 있었다.

국제법 제정의 측면에서 유엔총회의 중요한 업적 중의 하나는 1947년 국제법위원회(ILC)를 설립한 일이었다. 유엔총회에서는 34명의 국제법 전문가를 선출하여 국제법위원회를 구성했으며, 그 목적은 "국제법의 점진적 발전과 성문법화(codification)의 촉진"이었다.[23] 창립 이래로 국제법위원회는 다양한 방식으로 목적을 수행해왔다. 국제협약의 초안을 작성하는 주요 집필자의 역할도 여기에서 맡았다. 그래서 예컨대 국제법위원회에서 준비한 4개의 해양법 조약 초안이 1958년 제1차 해양법회의(UNCLOS)에서 논의와 승인의 과정을 거쳤다. 또한 국제법위원

---

23 Statute of the International Law Commission, art. 1.
  http://untreaty.un.org/ilc/texts/ instruments/english/statute/statute_e.pdf.

회는 1961년 외교 관계에 관한 빈 협약(Vienna Convention on Diplomatic Relations), 1969년 조약법에 관한 빈 협약(Vienna Convention on the Law of Treaties)의 초안도 작성했다.

안전보장이사회도 유엔 시대에 중요한 역할을 담당했다. 과거 국제연맹의 이사회와 달리 안전보장이사회에는 유엔헌장에 따라 구속력 있는 결의안을 채택할 권한이 주어졌다. 이는 곧 안전보장이사회가 국제평화 및 안전보장과 관련된 국제법의 집행을 목표로 하는 조치를 실제로 채택할 수 있게 되었음을 의미한다. 유엔헌장 제39조에 따라 안전보장이사회는 국가의 평화에 대한 위협, 평화의 훼손, 침략 행위를 저질렀는지 여부를 판단할 권한을 가진다.[24] 결의에 따라 안전보장이사회는 위반 국가에 대한 경제 및 외교적 제재를 부과하도록 명령할 수 있다.[25] 만약 이러한 제재가 효과가 없는 것으로 판명되거나, 혹은 처음부터 효과가 없을 것으로 예상되는 경우에도 안전보장이사회는 비협조적 국가에 대하여 군사력 사용을 승인할 수 있다.[26] 냉전 시기에는 5개 상임이사국(중국, 프랑스, 영국, 소련, 미국)의 거부권 행사로 안보리가 강제집행을 위한 군사적 조치를 취하지 못하는 경우가 많았다. 1950년 6월 북한의 남

---

24 유엔헌장 제39조의 해당 조문.
The Security Council shall determine the existence of any threat to the peace, breach of the peace, or act of aggression and shall make recommendations, or decide what measures shall be taken in accordance with Articles 41 and 42, to maintain or restore international peace and security. UN Charter, art. 39 (1945). 여기서 사용된 핵심 용어에 대한 정의가 헌장 내에 별도로 존재하지 않기 때문에, 무엇이 "평화에 대한 위협(threat to the peace)", "평화의 훼손(breach of the peace)", 혹은 "침략행위(act of aggression)"에 해당하는지는 안전보장이사회의 재량에 맡겨져 있다.
25 Ibid. art. 40.
26 Ibid. art. 42.

한 침공에 대응해 안전보장이사회가 무력 사용을 승인한 일은 유일한 예외였다. 당시 대만이 "중국"의 자리를 차지한 것에 불만을 품은 소련이 안전보장이사회 참석을 보이콧하고 있었기 때문에 정작 소련은 무력 사용 결의안 채택에 거부권을 행사하지 못했다. 그러나 냉전 시기에도 안보리는 다양한 조건에서 경제 및 외교적 제재를 가할 수 있었다. 냉전이 종식되면서 안전보장이사회는 몇 가지 중요한 사건에 대하여 무력사용을 승인했다.

경제 및 외교적 제재의 사례는 다음과 같다.

(1) 로디지아(Rhodesia, 1966년 이후)와 남아프리카공화국(1977년 이후)의 공공연한 인종주의에 따른 조치, 안전보장이사회 만장일치 의결.
(2) 이라크의 쿠웨이트 침공에 따른 조치(1990년 이후)
(3) 팬암 103기 폭파 사건 용의자 신병인도를 거부한 리비아에 대한 조치 (1992년 이후)
(4) 핵프로그램 관련 이란에 대한 조치(2006년 이후)

군사력 사용 권한의 승인 사례는 다음과 같다.

(1) 이라크의 쿠웨이트 침공에 따른 조치(1990년 이후)
(2) 발칸 지역에서 세르비아에 대한 조치(1992년 이후)
(3) 아이티 쿠데타에 따른 조치(1994년)
(4) 소말리아 조치(1992년 이후)
(5) 아랍의 봄 이후 리비아에 대한 조치(2011년)

1990년 이후 안전보장이사회의 집행 활동이 급증한 것은 국제 체제 권력 배분의 중요한 변화를 반영하고 있다. 1990년대 초엽부터 소련(이후 러시아)이 동유럽과 그 주변에 관한 영향력을 상실하자 유엔과 같은 다자간 국제기구 협력을 통해 영향력을 유지하려 했다.

    유엔시대에는 국제기구의 전문화 및 기능화가 강화되어, 점점 더 많은 국제기구가 운영되면서 국제법도 더욱 발전하게 되었다. 1800년대의 국제노동조합(Public International Unions)과 1919년에 설립된 국제노동기구(ILO, International Labor Organization)의 사례를 따라 유엔에서는 일정 정도 국제협력이 필요한 문제를 담당할 전문 조직을 구성했다. 세계은행(World Bank), 국제통화기금(IMF, International Monetary Fund), 국제무역기구(WTO, World Trade Organization), 국제민간항공기구(ICAO, International Civil Aviation Organization), 국제해사기구(IMO, International Maritime Organization), 국제보건기구(WHO, World Health Organization), 유네스코(UNESCO, United Nations Educational, Scientific and Cultural Organization), 유엔식량농업기구(FAO, Food and Agriculture Organization), 세계지식재산권기구(WIPO, World Intellectual Property Organization), 국제원자력기구(IAEA, International Atomic Energy Agency), 세계기상기구(WMO, World Meteorological Organization) 등이 그러한 조직들이다. 각 조직마다 유엔과의 관계는 서로 다르다. 각각의 조직은 자체 조약에 따라 설립되었으며, 자체 규정에 따라 움직이고 있다.

    이들 중 일부 조직은 중요한 법 제정 권한을 가지고 있다. 예컨대 세계무역기구(WTO)에서는 회원국에 구속력이 있는 국제법을 제정한다. 국제해저기구(International Seabed Authority)도 마찬가지다. 다른 기구들도 전문 분야와 관련해서 국제 협약으로 제정된 규칙을 시행하기 위해 나름의 조치를 취할 권한을 가지고 있다. 예컨대 화학무기금지기구(Organization for the Prohibition of Chemical Weapons)는 화학무기협약(Chemical Weapons Convention)의 이행을 위한 강제 수단을 사용할 수 있다.

세계적으로 적용되는 '국제법'의 발전과 관련해서 앞에서 언급했지만, 유럽연합(European Union)처럼 "특정 지역과 관련된 국제법(regional international law)"도 주목할 필요가 있다. 유럽연합은 1950년대 유럽석탄철강공동체(European Coal and Steel Community)와 유럽 원자력 공동체(European Atomic Energy Community)에 그 기원을 두고 있다. 이것이 1993년에 이르러 유럽연합으로 발전했다. 국제법의 관점에서 유럽연합의 가장 중요한 점은, 일부 기구가 회원국에 대하여 구속력을 가질 뿐만 아니라, 회원국 내의 개인과 기업을 직접 규제하는 법을 공표할 권한을 가지고 있다는 점이다. 이런 점에서 일부에서는 유럽연합을 "국제" 조직이 아니라 "초국가적" 조직으로 보기도 한다.[27] 지금까지 이런 방식으로 법적 규칙을 제정할 권한을 가진 조직은 국제기구 중에서는 유럽연합이 유일하다. 유럽에서 이처럼 독특한 조직이 만들어진 이후 학자들 혹은 관료들은 다른 지역에서도 유사한 제도적 장치가 출현할 것으로 추측했다. 그러나 그것은 유럽의 특수한 정치사로부터 발전한 것인 만큼, 다른 지역

---

[27] "초국가적 기구(supranational organizations)는 개인이나 기업과 같은 법적 실체(법인격)에 직접 적용되는 조치를 취할 권한을 갖는다." Harold Jacobson, *Networks of Interdependence: International Organizations and the Global Political System* (New York: Knopf, 1979), p. 49.

에서는 유럽연합 같은 법적 지위를 그대로 답습하기는 어려울 것이다.

개인의 부상과 국제 인권법의 발전

유엔 시대 국제법의 실질적 발전 중 가장 중요한 한 가지는 개인의 권리(rights of the individual)에 대한 법의 제정이었다. 앞에서 언급했듯이 제2차 세계대전 이전에는 국가의 자국민 통제 방식을 규제하는 국제법이 사실상 존재하지 않았다. 그러나 전쟁 기간 중 홀로코스트를 비롯해서 대규모 잔학행위가 폭로되자 유엔의 창립자들은 인권 증진을 새로운 국제기구의 주요 목표로 설정했다. 이를 위해 유엔헌장 전문(前文)에서 "유엔은 기본적 인권, 인간의 존엄과 가치, 남성과 여성의 평등에 대한 믿음을 재확인"한다고 명시했다.[28] 따라서 신생 조직의 첫 임무 중 하나는 개인의 권리와 관련된 문서를 개발하는 일이었다. 앞에서도 언급했듯이 이 문서는 1948년 유엔총회 결의안으로 채택되어 세계인권선언이 되었다. 세계인권선언은 연이어 개발된 인권 관련 조약의 발판이 되었다. 1966년의 두 가지 조약(시민적 및 정치적 권리에 관한 국제 규약, 경제사회문화적 권리에 관한 국제 규약) 이외에도 집단살해죄의 방지와 처벌에 관한 협약(Genocide Convention, 1948년), 고문방지협약(Torture Convention, 1984년), 여성에 대한 모든 형태의 차별철폐에 관한 협약(Convention on the Elimination of All Forms of Discrimination against Women, 1979년), 아동의 권리에 관한 협약(Convention on the Rights of the Child, 1989년), 장애인의 권리에 관한 협약(Convention on

---

28 UN Charter, Preamble.

the Rights of Persons with Disabilities, 2006년), 인신매매금지에 관한 협약(Convention for the Suppression of the Traffic in Persons, 1949년), 난민의 지위에 관한 협약(Convention Relating to the Status of Refugees, 1951년) 등의 인권 관련 협약들이 만들어졌다. 이외에도 지역별 기구에서 각 지역을 위해 다양한 인권 협약들을 만들었다. 유럽인권협약(European Convention on Human Rights, 1950년), 미국인권협약(American Convention on Human Rights, 1969년), 아프리카 인권헌장(African Charter on Human and Peoples' Rights, 1981년), 아랍인권헌장(Arab Charter on Human Rights, 2004) 등이었다.

국제사회가 인권 관련 협약을 제정하는 동안에도 인권의 실체를 두고 열띤 논쟁이 이어졌다. 냉전 시기 미국과 그 동맹국들은 시민과 정치적 권리(예컨대 언론의 자유, 표현의 자유, 정치참여의 자유)를 "실질적" 인권으로 보고, 사회문화적 권리(예컨대 고용의 권리, 건강의 권리, 교육의 권리)를 진정한 권리가 아닌 인간의 열망으로 간주하는 경향이 있었다. 반대로 소련과 그 동맹국들은 시민과 정치적 권리보다는 경제, 사회, 문화적 권리를 우선시했다. 결과적으로 냉전 시기에도 이러한 협정을 효과적이고 보편적으로 이행하기 위한 최소한의 진전은 있었다.

그러나 1980년대 말 – 1990년대 초 냉전이 종식되면서 인권 규칙의 이행을 제도화하려는 노력이 이어졌다. 특히 인권침해에 대해 개인에게 책임을 물을 수 있는 새로운 방안을 모색하기 위해 국가 간의 협력이 이루어졌다. 제2차 세계대전 이후 뉘른베르크(Nürnberg) 군사재판소에서 전쟁법 위반 내지는 반인도적 범죄 책임자를 처벌한 선례를 따라 탈냉전 시대에도 특별재판소가 잇달아 설립되어 개인의 책임을 물었다.

그 첫 번째 사례는 유엔안전보장이사회에 의해 설립된 두 곳의 재판소로, 구 유고슬라비아 국제형사재판소와 르완다 국제형사재판소가 그것이었다. 재판소의 설립 목적은 해당 지역의 분쟁 당시 국제 인권법을 위반한 혐의를 받는 사람들을 재판하는 것이었다.

이들 재판소가 설립되는 동안 유엔은 세계 전체를 관할하는 형사재판소 설립 작업을 계속하고 있었다. 국제법위원회와 유엔총회 산하 특별위원회의 노력에 의해 1998년 로마에서 국제형사재판소(ICC) 설립을 위한 유엔외교위원회가 개최되었다.[29] 이 회의에서 국제형사재판소 로마 규정이 제정되어 2002년 7월에 발효되었다. 2015년 초엽, 21건의 사건이 국제형사재판소에 송부되었다.[30] 콩고민주공화국, 중앙아프리카공화국, 우간다, 수단(다르푸르), 케냐, 리비아, 코트디부아르의 상황과 관련된 사건들도 여기에 포함되었다.

이와 같은 상설재판소는 국제인권법 집행에 중요한 진전이었다. 그러나 그 성과는 미미한 수준에 불과했다. 게다가 미국이 로마 규정에 찬성하지 않았고, 국제사회의 주요 구성원인 러시아, 중국, 이스라엘, 이집트, 사우디아라비아도 마찬가지였다. 또한 국제형사재판소는 세계의 다른 지역은 도외시하고 아프리카 문제에만 집중한다는 비판을 받아왔다.

---

29 See Christopher C. Joyner, *International Law in the 21st Century: Rules for Global Governance* (Lanham, MD: Rowman & Littlefield, 2005), p. 156.
30 www.icc-cpi.int/en_menus/icc/situations%20and%20cases/Pages/situations%20 and %20cases.aspx.

21세기와 그 이후 – 새로운 중세 시대?

21세기가 시작되고 나서 많은 시간이 흐르지 않았다. 그러나 국제체제의 본성과 행위 당사자의 권한이 변했기 때문에, 베스트팔렌 조약에 근거한 국제법의 기본 전제는 근본적인 도전에 직면하게 되었다. 앞에서 언급했듯이 베스트팔렌 조약 시스템은 국제체제의 주요 행위 당사자가 국가이며, 국가의 동의를 통해 국제법 규칙이 만들어진다는 전제 위에 놓여 있었다. 그러나 국가가 아닌 행위자들이 급증하고, 이질적인 행위자들 사이의 복잡한 상호작용이 새로운 법적 규칙을 만들어낸다면 어떻게 될까?

1977년에 출간된 헤들리 불(Hedley Bul)의 저서 《무정부 사회(The Anarchical Society)》에서 국제법의 미래를 살펴보는 부분이 포함되어 있었다. 그는 궁극적으로 국가 체제가 존속될 것으로 결론을 내렸지만, 가능성 있는 국제체제 모델의 하나로 "신(新)중세(neo-medieval) 체제"를 언급했다. 중세 유럽의 전형적인 시스템은 그가 보기에 "정해진 범위 내의 영토 또는 정해진 범위 내의 기독교 인구에 대하여 절대권력을 행사한다는 의미를 지닌, 최고주권자로서의 통치자 내지 국가는 존재하지 않았다. 각각의 통치자나 국가는 아래로는 제후들과 위로는 교황 혹은 (독일이나 이탈리아의 경우) 신성로마제국 황제의 권위를 공유하고 있었다."[31] 그는 이와 같은 역사 속의 시스템이 반복될 것으로 예견하지는 않았지만, "그 중심적 성격, 즉 권위의 중첩과 중심의 다원성을 특징으로

---

31 Hedley Bull, *The Anarchical Society: A Study of Order in World Politics* (New York: Columbia University Press, 1977), p. 254.

하는 체제가 오늘날의 세속 질서에서 발달할 것으로 예측한다고 해서 전혀 공상은 아닐 것"이라고 주장했다.[32] 최근 신중세 체제를 언급하는 평론가가 두 명 더 있었다.(Bruce Cronin and Joseph Lepgold) 이들은 신중세 체제를 "행위자들의 다양성과 이질성이 강화되고, 국제적으로 권위의 중첩과 다원적 중심의 충돌을 특징으로 하는" 체제라고 설명했다.[33] 다시 말해 "신중세 체제"에서도 영토국가가 존재하겠지만, 이외에도 개인을 통제할 다양한 비국가적 행위자들도 존재할 수 있는 것이다. 이런 체제 아래에서 개인은 국가뿐만 아니라 다양한 행위 주체에 대하여 충성심을 느낄 것이다. 헤들리 불이 주목했듯이, "만약 현대 국가가 시민 통제 권한과 시민들에게 충성을 요구할 권리를 공유한다면 최고주권의 개념은 더 이상 살아남지 못할 것이다. 공유의 대상은 한편으로는 권역별 기구 혹은 국제기구일 수도 있고, 다른 한편으로는 국가 내부의 혹은 민족 내부의 부분적 권위일 수도 있다. 그렇게 되면 세계정치질서의 신중세 체제가 등장했다고 말할 수 있을 것이다."[34]

최근 수십 년 동안 비국가 행위자들의 수와 다양성과 정치적 영향력이 극적으로 증가 및 강화되었다. 그러한 행위자들 중에는 국가 내부의 부분적 권위 집단(예컨대 쿠르드족이나 바스크족 혹은 이그보Igbo족 같

---

32 Ibid.
33 Bruce Cronin and Joseph Lepgold, "A new medievalism: conflicting international authorities and competing loyalties in the twenty-first century," 미출간 강연. "The Changing Nature of Sovereignty in the New World Order," Center for International Affairs, Harvard University, April 1995의 컨퍼런스에서 발표. 다음에서 인용. Anthony Clark Arend, *Legal Rules and International Society* (Oxford University Press, 1999), p. 171.
34 Bull, *The Anarchical Society*, pp. 254-255.

은 민족 공동체), 초국가적 기구(지금까지는 유럽연합이 유일한 사례다), 여러 국가에 걸친 기구(로마가톨릭 교회, 바하이 국제공동체, 이슬람협력기구 등의 종교 조직), 정부 간 혹은 국가 간 협력기구(알프스-아드리아 실무기구),[35] 다국적 협력단체 혹은 여러 국가에 걸친 정치 조직(알카에다, 헤즈볼라, 바스크 분리주의 그룹 등)이 있었다. 이러한 이질적인 행위자들이 경우에 따라 개인에 대한 권한의 일부를 획득하고 개인의 충성을 얻기도 한다.

이러한 행위자들의 존재 자체가 새로운 것은 아니다. 그러나 이들의 권한이 커지면서 국제법을 제정하는 주체가 더 이상 국가만이라고 할 수는 없게 되었다. 지금으로서도 정부 간 협력조직이 국제협약을 제정할 수 있다. 이외에도 민족 공동체 등 국가가 아닌 다양한 행위자들도 그와 비슷한 조약을 체결하기도 한다. 국제체제에서 행위자들의 다양성이 확대되는 가운데, 미래의 어느 시점에는 이러한 행위자들의 복잡한 상호작용에 의해 만들어지는 행동규범이 관습법으로 발전할 수도 있다. 아직은 그런 일이 일어나지 않았지만 21세기의 남은 시간이 지나는 동안 그런 일은 충분히 발생할 수 있으며, 이는 국제법 입법 과정에 대한 근본적인 도전이 될 것이다.

---

35 알프스-아드리아 실무공동체(Alps-Adriatic Working Community)는 1978년에 설립된 협력체로, 이 지역의 공동 목표 증진을 위해 지역, 도시, 그리고 일부 국가가 회원으로 참여하고 있다. http://www.alpeadria.org/english/index.php?page=home%26f=1%26i=home.

더 읽어보기

Anghie, Antony. *Imperialism, Sovereignty and the Making of International Law.* Cambridge University Press, 2005.

Arend, Anthony Clark. *Legal Rules and International Society.* Oxford University Press, 1999.

Bederman, David J. *Globalization and International Law.* New York: Palgrave, 2008. *International Law in Antiquity.* Cambridge University Press, 2001.

Bozeman, Adda B. *The Future of Law in a Multicultural World.* Princeton University Press, 1971.

Brierly, J. L. *The Law of Nations: An Introduction to the International Law of Peace*, 6th edn. Oxford University Press, 1963.

Buchanan, Allen E. *Justice, Legitimacy, and Self-Determination: Moral Foundations for International Law.* Oxford University Press, 2004.

Bull, Hedley. *The Anarchical Society: A Study of Order in World Politics.* New York: Columbia University Press, 1977.

Cassese, Antonio. *International Law in a Divided World.* Oxford: Clarendon Press, 1986.

Franck, Thomas M. *The Power of Legitimacy among Nations.* Oxford University Press, 1990.

Goldsmith, Jack L., and Eric A. Posner. *The Limits of International Law.* Oxford University Press, 2006.

Higgins, Rosalyn. *The Development of International Law Through the Political Organs of the United Nations.* Oxford University Press, 1963.

Janis, Mark W. *America and the Law of Nations 1776-1939.* Oxford University Press, 2010.

Joyner, Christopher C. *International Law in the 21st Century: Rules for Global Governance.* Lanham, MD: Rowman & Littlefield, 2005.

Khadduri, Majid. *The Islamic Conception of Justice.* Baltimore, MD: Johns Hopkins University Press, 1984.

Koskenniemi, Martti. *The Gentle Civilizer of Nations: The Rise and Fall of International Law, 1870-1960.* Cambridge University Press, 2001.

Nussbaum, Arthur. *A Concise History of the Law of Nations*, rev. edn. New York: Macmillan, 1954.

O'Connell, Mary Ellen. *The Power and Purpose of International Law.* Oxford University Press, 2008.

Russell, Ruth B., assisted by Jeannette Muther. *A History of the United Nations Charter: The Role of the United States, 1940-1945.* Washington, DC: Brookings, 1958.

Tunkin, G. I. *Theory of International Law.* Cambridge, MA: Harvard University Press, 1974.

Walters, F. P. *A History of the League of Nations*, 2 vols. Oxford University Press, 1952.

CHAPTER 12

민족주의에 대하여

아빌 로쉬월드
Aviel Roshwald

근대 민족주의는 보편성(universal)과 특수성(particular)의 교차점에 놓여 있다. 그래서 민족주의에는 최근 몇 세기 동안 세계사를 형성했던 주요 역설 중의 몇 가지가 포함되어 있다. 20세기 말에는 소련의 국제주의(internationalism)가 최종적으로 붕괴되었고, (남극대륙을 제외하면) 거의 전 세계적으로 민족국가(nation state)가 정치-영토 주권 정통성의 표준으로 인식되었다. 민족국가는 비난의 온상이었던 과거 제국주의 체제에 도전하는 과정에서 구조적 헤게모니를 장악하게 되었다. 그러나 민족국가의 확산 속도와 범위는 대개 제국 체제의 팽창 범위 안에서 이루어졌다. 최소한 공적 제도로 구축된 경우, 민족국가는 거의가 대서양 문화를 반영하고 있었다. 즉 국가의 권위, 국민의 동의, 국가의 정체성, 이 세 가지가 서로 연결되는 모델이었다. 이러한 유럽식 사상이 세계적으로 확산되면서, 과연 그것이 세계의 다양한 정체성을 제대로 구현할 수 있을 것인지, 과연 안정적이고 평등한 세계 질서를 구축하는 데 도움이 될 것인지는 여전히 의문으로 남겨져 있다.

이 글의 목적에 비추어 정의를 내려보자면, 민족(nation)이란 개인적 인연의 범위를 넘어서는 대규모 군중이다. 그들은 집단적으로 공통의 정체성을 유산으로 물려받았다고 인식하며, 공동체의 이름으로 일정한 경계 안에서 정치적 권위를 주장한다.[1] 그렇다면 민족주의(nationalism)

는 민족의 공통된 정체성, 독립, 정치권력을 획득하고, 유지하고, 그 범위를 확장하려는 열망 또는 그를 위한 적극적인 노력을 의미한다. 또한 민족성(nationhood)이란 그 민족의 독특한 성격을 말한다. 그들만의 단결과 공통의 기억을 통해 문화적 전통과 패턴이 만들어지고, 이를 통해 공통의 소속감을 드러내며, 또한 이를 통해 전통을 발전시켜 나간다. 민족은 국가(state) 체제와는 별도로 존재하며, 국가가 없더라도 영원히 지속되는 경향이 있다. 그래서 18세기 후기에 폴란드 연방이 분할된 뒤에도 1918년 폴란드 독립 공화국이 탄생할 때까지 여러 세대에 걸쳐, 적어도 특정 사회 계층 안에서는 지속적으로 폴란드 민족 의식이 발달했었다. 반대로 예컨대 미국 델라웨어(Delaware)주의 정체성 같은 것은, 만약에 연방 헌법이 사라지고 미국의 지도가 다시 만들어진다면, 그 뒤에도 유지되기는 어려울 것이다.

　민족의 폭넓은 포괄 범위, 세대를 넘어서는 공동체의 정체성, 영토 주권과 함께 공동체의 정체성을 공유하는 대중의 결합 등의 요소들을 개별적으로 놓고 볼 때, 이 중 어느 것도 오로지 근대 이후에 만들어졌다고 말할 수 있는 것은 없다. 인간의 자아 인식과 집단 소속감 사이에는 모종의 연관관계가 있을 거라는 가설은 충분히 설득력이 있다. 그것은 유전적 뿌리에서 기원해서 문화적으로 강화되어 나타나는 어떤 측면으로서, 세계 어디에서나, 또한 역사상 모든 시대의 기록에서도 확인할 수 있다. 그것의 원형은 친족 관계에 기반을 둔 연대감이 심리적으로 내

1　이 정의는 다음에서 일부를 차용 변형한 것이다. Benedict Anderson, *Imagined Communities: Reflections on the Origin and Spread of Nationalism*, 2nd edn (London: Verso, 1991), p. 6..

면화된 것이라고 추정해볼 수 있다. 더군다나 광범위한 친족 기반의 상호 의무 네트워크는 오늘날까지도 세계 여러 지역에서 사회 구조의 중요한 요소로 남아 있다. 마찬가지로 가능한 모든 증거를 통해 볼 때, 생물학적 종으로서 인간의 독특한 특징 중의 하나는, 공통된 문화적 규범에 집단의 정체성으로 표현되는 어떤 상징적 의미를 더함으로써 친족관계를 강화하려는 성향이 있다는 점이다. 이와 같은 규범은 내부 결속력을 확보하는 수단이며, 집단 간의 차이를 나타내는 지표로 사용된다. 언어, 종교, 복식의 특성은 이러한 규범의 가장 명백한 사례지만, 인류 문화의 유연성 덕분에 이외에도 수많은 지표들이 이와 같은 역할을 할 수 있다.

공동의 노력으로 발달시켜 온 문화는 친족의 유대를 강화시키며, 이를 활용하면 친족이 아닌 집단도 친족 집단처럼 만들 수 있다. 결국 친족 집단보다 훨씬 더 광범위한 사회적 연대의 공동체를 만들 수 있게 되는 것이다. 이것을 가능케 하는 범주는 종교, 카스트, 계급, 민족 등 다양하며(흔히 중첩된다) 이외에도 가능한 범주는 얼마든지 열려 있다. 민족 집단은 공통의 조상으로부터 공통의 유산을 물려받았다고 하는 신화와 관련이 있으며, 상징적인 공통의 문화적 특징을 보유하고 있다. 민족 정체성(Ethnic identity)은 민족주의의 가장 일반적인 사회문화적 기반이다. 동시에 민족주의 자체가 민족(ethnic)과 기타 여러 가지 정체성들이 만들어지는 데 기여하기도 한다.

여러 대륙에 걸쳐, 또한 기록된 역사 시기의 대부분에 걸쳐 민족이 등장했으며, 민족은 (설사 오해라 할지라도) 거의 절대적인 기준으로 작동하여 사회정치적 및 물질적 이해관계를 화해 내지 조정했고, 거의 본능적인 충성심을 이끌어냈다. 그와 같은 인식 때문에 언제 어디서든 국가(state)가 존재하면 그 국가는 민족을 정치적 통제의 핵심 도구로 사용했고 민족은 조작의 주요 대상이 되었다. 기원전 제1천년기 중엽의 아시리아와 신바빌로니아 제국에서도 민족집단 엘리트들을 한꺼번에 이주시키는 일이 제국의 정치-인구 정책의 핵심이었다. 동남아시아의 역사가들은 15세기 이후부터, 민족을 이용하여 왕조의 중앙집권 체제를 강화하는 경향이 곳곳에서 나타났다.(이들이 오늘날 미얀마, 태국, 베트남의 선조가 되었다.)[2] 16세기에 에르난 코르테스(Hernán Cortés)가 목테수마 2세의 왕국을 정복할 때, 아즈텍으로부터 억압과 착취를 당하던 여러 민족의 집단적 탈주가 결정적인 역할을 했었다. 만주족, 몽골족, 한족 사이의 민족적 구분은 17세기 청나라 군대의 차별적 편성 및 주둔 체제(팔기군)를 구축하는 과정에서 그 도구로 활용되었으며 이후 제도적으로 구체화되었다.[3]

민족문화 정체성이 국가 건설에 결정적 역할을 했거나, 정치-영토의 자치, 독립, 정권 교체의 동기로 작용했던 전근대의 사례는 무수히 많을 것이다.[4] 그러한 경우를 두고 전근대 시기의 민족 정체성이 표출되었다거나, 혹은 심지어 그것이 전근대 민족주의라고 말할 수 있을 것이다. 페리클레스(Pericles) 시대(기원전 5세기) 아테네의 자부심, 기원후 1-2세기

---

2 Victor Lieberman, *Strange Parallels: Southeast Asia in Global Context, c. 800-1830*, Vol. 2: *Mainland Mirrors: Europe, Japan, China, South Asia and the Islands* (Cambridge University Press, 2009).
3 Mark Elliott, *The Manchu Way: The Eight Banners and Ethnic Identity in Late Imperial China* (Stanford University Press, 2001).
4 Anthony D. Smith, *The Antiquity of Nations* (New York: Polity Press, 2004).

로마 제국에 저항했던 유대인의 반란, 14세기 중국에서 몽골의 원 제국에 저항했던 한족의 반란, 1320년 스코틀랜드 독립 선언(Declaration of Arbroath)에서 스코틀랜드의 유산과 정체성을 호소했던 일도 모두 여기에 포함되는 사례로 볼 수 있을 것이다.

근대 민족주의의 특징과 기원

근대 민족주의(대개 17-18세기 이후)의 특징이라 하면, 민족이 독립 국가의 이념적 기반이자 사회관계의 모체라는 인식이 세계 전체적으로 확산되었다는 점, 그리고 국민주권 개념과의 밀접한 관계가 있다는 점을 들 수 있다. 내가 보기에는 민족을 정당한 정치적 영토적 권위의 기반으로 이해하는 세계 표준의 강화를 뒷받침한 것이 (정치의 세속화와 함께 진행되었던) 국민주권 사상의 확산이었다. 국가의 정치 권력이 단일한 하나의 원천에서 나오는 것으로 간주된다면(서유럽의 여러 나라에서 등장했던 전형적 절대주의와 후기 절대주의의 경우. 그들의 해외 제국은 세계 곳곳에서 저마다 독특한 정치문화를 형성하는 데 지대한 영향을 미쳤다) 분리 불가능한 절대권력은 군주 개인으로 구현되며, 군주가 신성통치의 기반이 된다. 그러나 신민이 시민이 되었던 곳에서는 어디서나 주권이 군주 개인으로부터 집단적 대중으로 이동했다.(프랑스의 여러 공화국에서처럼 그것이 단지 수사적 표현에 불과한 경우도 있었고, 영국 입헌군주제의 점진적 민주화처럼 실질적인 국민주권도 있었다.) 왕이 하나의 몸을 가졌다면(에른스트 칸토로비츠가[5] 말했던 비유적 의미에서 보더라도 기껏해야 두 개의 몸

---

5 Ernst H. Kantorowicz, *The King's Two Bodies: A Study in Mediaeval Political*

을 가졌을 뿐이다) 대중 주권자는 말 그대로 수천만 명으로 구성될 수 있었다. 주권자가 한 사람이 아니라 다수이고, 신권 통치의 원칙이 더 이상 통용되지 않는다면, 무엇이 국가의 통합을 뒷받침할 것인가? 해답은 국민주권의 원칙이었다. 대중이 어떤 공통의 정체성, 부분을 넘어서는 개념적 통일성을 지닌다는 전제가 있어야 하고 없으면 만들어야 했다. 국민주권과 민족정체성을 주장하기 위한 투쟁은 기존의 정치적 범위를 강화하거나, 혹은 기존의 체제를 뒤엎고 도전하는 역할도 할 수 있었다. 그 결과는 부분적으로는 기존에 존재하던 민족문화적, 언어적, 종교적, 지역적 유대감 및 충성심의 기존 패턴과 겹칠 수도 있다. 또한 그것이 기존의 정치적-영토적 구성과 어느 정도 일치할 수도 있다. 각각의 역사를 형성했던 나름의 독특한 상황과 관계 없이, 근대 이후 정치적 근대화, 국민주권, 민족자결주의, 민족주의를 연결하는 사상과 실천은 갈수록 심화되었다.

그래서 근대 민족주의의 세계적 확산을 이해하기 위해서는 국민주권의 이상형이 확산되는 과정을 반드시 검토할 필요가 있다. 국민주권의 정치문화, 제도, 관행을 이상형으로 삼았던 정권의 유형은 (입헌군주제에서부터 자유민주제 공화국에 이르기까지, 국민의 이름으로 수백만 명을 학살한 억압적 권위주의 정권에 이르기까지) 매우 다양했다.

근대 민족국가(nation state)의 가장 이른 시기, 가장 전형적인 모델이 서유럽의 일부 국가들이었다는 사실은 충격적이다. 그들은 해외에서 상업 및 식민지 제국 문화 건설에 가장 적극적으로 참여하고, 그에 가장

Theology (Princeton University Press, 1957).

적극적으로 의존하던 국가들이었다. 다시 말해 근대 민족국가는 착취, 이주, 문화전파, 경제교류의 글로벌 네트워크가 점점 더 복잡하게 얽히는 가운데에서 탄생했다. 프랑스의 사례는 다소 불분명할 수 있지만, 네덜란드와 잉글랜드/영국은 이러한 상관관계를 가장 극명하게 보여주는 두 사례였다. 글로벌 기업의 형태로 운영되었던 주식회사나 해외무역의 특권에 기대어 자치권을 행사했던 기업들의 경험이 국내 정치 문화에 파급 효과를 가져와서 그와 같은 현상이 나타난 것으로 추정하는 연구자들도 있었다. 같은 이유로 상업 엘리트들을 비롯하여 그들과 재정적 이해관계를 공유하는 사람들은 국가에 대하여 군사적, 외교적, 법적 지원을 요청할 강력한 동기가 있었다. 그들은 위험부담이 큰 해외 벤처 사업에 자원을 투자하여 생계를 이어가야 했기 때문이다. 결국 이러한 요구가 폭력적 경쟁을 배경으로 하는 유럽의 국가 시스템을 만들어냈던 것이다. 찰스 틸리(Charles Tilly)를 비롯한 연구자들이 지적했듯이, 당시 유럽의 국가 시스템은 역사상 최대 규모의 상비군(혹은 영국의 경우 대규모 해군)과 군사적 능력을 유지하기 위해 전례 없이 깊고 넓은 수입원을 개척해야 했다.[6] 그 결과 국가와 사회의 상호침투가 지속적으로 심화되었고, 상업적 식민지 진출(더불어 상호 경쟁)이 활발했던 유럽 대서양 연안 국가들이 이런 경향의 최전선에 놓이게 되었다.

점점 더 많은 세금과 관세가 정부로 흘러들어가면서 그 사회에서 경제적으로 가장 부유한 사람들, 지식인들, 정치적 입김이 강했던 사람들

---

6 Charles Tilly, *Coercion, Capital, and European States, ad 990-1990* (Cambridge, MA: Basil Blackwell, 1990).

(예를 들면 상류층 지주 계급의 일부, 상인과 전문직 중산층, 심지어 귀족들까지)은 그 대가로 국가 사무에 더 큰 발언권을 요구했다. 17세기와 18세기를 거쳐 19세기 초까지는 혁명적 격변과 이념적 패러다임의 변화로 점철된 시기였다. 매번 역사의 분수령이 나타날 때마다 (예를 들면 1640년대의 잉글랜드 내전과 1688년의 명예혁명, 18세기 말의 미국혁명과 프랑스혁명, 19세기 초의 나폴레옹 전쟁과 남아메리카 독립) 국민주권, 대의민주주의, 입헌정부의 원칙이 끊임없이 중요한 문제로 떠올랐다.(물론 간헐적으로 반작용으로 뒤집히는 반동의 움직임이 없지 않았다.) 이는 민족주의 및 민족자결의 원칙과 긴밀하게 얽혀 있었다.

혁명의 위기 상황은 지리적으로 인접한 영토의 범위 안에서 발생했다. 그 지역의 토지 소유주나 도시 엘리트 계층은 오래도록 같은 언어를 사용하며 역사의식을 공유해 왔고, 그것이 누적되어 제도적, 수사학적, 상징적, 교육적 측면에서 민족정체성의 자각이 강화되었다. 이는 상류층과 중류층을 관통했을 뿐만 아니라 사회적으로 소외된 계층도 일부는 개념적으로 그에 동조했다. 1789년 시예스 신부(Abbé Sieyès)의 혁명 팜플렛에 등장했던 유명한 문구 "제3의 국가란 무엇인가(Qu'est-ce que le Tiers-État)?"에 대한 대답은 "민족 전체"였다.[7] (질문의 맥락은 성직자 위주의 제1의 국가, 귀족 위주의 제2의 국가가 아닌 제3의 새로운 대안을 묻는 내용이다. - 옮긴이) 민주주의의 이상형과 민족주의의 이상형은 동전의 양면과 같았다. 서유럽에서 군주정이 유지되거나 혹은 폐지되었다가 다시

---

7 Emmanuel Joseph Sieyès, "Qu'est-ce que le Tiers état?" (1789; Paris: Éditions du Boucher, 2002), p. 2. My translation.

복원된 경우에도 일반적으로는 신권의 형태가 아닌 입헌군주정의 형태였다. 말하자면 군주도 점차 국유화되어, 국가 고유의 미덕을 구현한 존재 혹은 국민들 중 첫 번째 국민으로 묘사되었다.

국가의 소속 주민들이 바다를 사이에 두고 멀리 떨어져 있어서 행정체제가 분리된 경우, 대의정부와 국민주권을 향한 움직임은 "거의 반드시" 정치적 독립 운동으로 이어졌고, 그에 더불어 민족정체성의 분리가 강화되었다. 여기서 "거의 반드시"라고 표현하는 이유는, 18세기와 19세기 초엽의 북아메리카와 남아메리카에서 이 문제에 대한 수많은 정치 개혁가들의 의견은 독립이 아니었기 때문이다. 그들은 독립보다는 오히려 제국의 중앙집권 체제 아래 지방 자치권의 보존 내지 강화를 원했고, 제국의 문제에 대하여 보다 강력한 발언권을 요구했다. 1750년대 벤저민 프랭클린(Benjamin Franklin)은 대서양 양안을 아우르는 대등한 영미제국(Anglo-American Empire)이라는 자신의 비전에 지지를 얻기 위해 많은 시간과 노력을 기울였다.[8] 스페인 제국령 중앙아메리카와 남아메리카의 대표자들은 카디스(Cádiz)에서 개최된, 자유주의자들이 주도하는 입법 의회(Cortes)에 참석했다. 나폴레옹이 스페인의 남서부를 점령하는 동안은 영국 해군이 그곳을 보호하고 있었다. 그들은 스페인 제국 전역에서 국민주권을 인정하는 새로운 입헌 체제 건설에 대등한 목소리를 인정해줄 것을 희망했다. 연방제와 식민지 지역에 대해서도 인구 비례에 따른 의결권을 요구했다. 스페인 본토인 이베리아 반도의 의

---

8 Gordon Wood, *The Americanization of Benjamin Franklin* (New York: Penguin, 2005), chapter 2.

원들이 그 안을 거부하자 식민지 엘리트들은 돌아서서 새로운 길을 모색했고, 정치적 분리와 독립을 요구했다. 나폴레옹 전쟁 이후 복권된 스페인 군주가 중앙집권을 재건하기 위해 군사력을 동원하자, 식민지 엘리트 계층의 새로운 길은 더욱 속도를 내게 되었다. 실제로 독립과 국민주권의 개념이 현실화된 이후, 새로운 히스패닉-아메리카 국가들이 건설되었지만 그들은 저마다 각기 다른, 엄청난 도전에 직면할 수밖에 없었다. 그것은 바로 새로운 국가적(민족적) 정체성을 만들어내는 일이었다. 이를 통해 내부적으로 심각한 사회적, 문화적, 인종적 분열을 극복해야 했고, 신생국가의 정치적 결속력을 다지며 국제적으로도 국가의 정당성을 인정받아야 했다.[9] 이러한 상황이 드문 일은 아니었다. 데이빗 벨(David A. Bell)이 지적했던 것처럼 그것은 민족주의(국가주의)의 특징적 모순 중의 하나였다. 정치 지도자들은 민족(국가) 정체성에 기반해서 움직인다고 말은 하면서, 필요한 경우 집단의 정체성을 애써 만들어내야 하는(필요하면 강제력을 동원해서라도) 처지에 놓이는 것이다.[10]

글로벌 융합과 확산

19세기와 20세기에는 국민주권과 민족주의가 동전의 양면처럼 결합된 사상이 세계적으로 확산되고 또한 발전했다. 이러한 활력의 필수

---

9 Jeremy Adelman, "Iberian passages: continuity and change in the South Atlantic," in David Armitage and Sanjay Subrahmanyam, eds., *The Age of Revolutions in Global Context, c. 1760-1840* (Houndsmills: Palgrave Macmillan, 2010), pp. 59-82.
10 David A. Bell, *The Cult of the Nation in France: Inventing Nationalism, 1680-1800* (Cambridge, MA: Harvard University Press, 2001), p. 200.

요소는 분명 근대 국민국가 세력이었다. 영국, 혁명 이후의 프랑스, 신생 미국 등 국민국가의 정부는 과거의 왕정에 비해 인적 물적 잠재력을 훨씬 더 원활하게 이끌어냈다. 왕정의 통치 대상은 충성스러운 신하였지만, 국민국가의 통치 대상은 국가의 시민이었다.(물론 영국인들은 명목상으로는 오늘날까지도 왕의 신하로 남아 있다. 그러나 존 브루어(John Brewer)가 말했던 영국식 "재정-군사" 국가(fiscal-military state)의 힘은, 19세기와 20세기를 거치는 동안 점차 더 강해졌던 민주화 개혁에 힘입어, 의회와 민족정서의 역동성에 직접적이고도 명백하게 연결되어 있다.[11] 행정의 중앙집권화, 높은 수준의 세금, 그에 따른 대규모 육군과 해군의 보유, 이 모든 요소는 강대국의 지위에 필수적이었다. 강력한 의무를 부과하는 동시에 (단지 소극적 보호만이 아니라) 국민 대중의 정체성을 구현한다고 주장하는 정부가 그러한 강대국의 지위를 훨씬 더 쉽게 달성할 수 있었다. 국가 권력이 대중적 동의에 의존하는 정도가 커질수록, 국민에 대한 의무의 부과도 더 자유로웠다.

치열한 경쟁이 계속되는 글로벌 정치 환경에서 국민국가 모델은 상당히 매력적이었다. 근대 민족주의(nationalism)가 최초로 강력한 힘을 갖게 된 곳은 세계무역과 식민지 팽창에 적극적으로 개입하던 지역이었다. 그래서 국민국가(nation state) 체제는 경제적 번영, 기업의 산업화, 정치군사적 역량과도 연결이 되었다. 즉 다른 어떤 사회 혹은 국가가 영국과 같은 번영을 따라잡기 위해서는 민족주의와 보호무역을 결합시켜야

---

11 John Brewer, *The Sinews of Power: War, Money and the English State, 1688-1783* (Cambridge, MA: Harvard University Press, 1988); Linda Colley, *Britons: Forging the Nation, 1707-1837* (New Haven, CT: Yale University Press, 1992).

했다.(19세기 영국은 이론상으로는 자유무역을 신봉할 때였다.) 더욱이 민족주의는 멀리 떨어진 이상적 모델을 모방해서 만들어진 것이 아니었다. 오히려 영국과 프랑스처럼, 세력의 팽창을 추구하는 국가들이 직접적으로, 때로는 폭력적으로 충돌하는 과정에서 형성된 것이었다. 짧은 기간 동안 나폴레옹이 유럽을 정복한 뒤로 독일과 이탈리아의 광범위한 문맹자 계층에서 민족주의가 일어났다. 수십 년 후 야망의 군주국가(독일의 프로이센, 이탈리아의 피에몬테)들은 초보적 의회 체제와 함께 성장하는 민족주의의 열망을 활용하고자 했다. 그래서 민족의 이름으로 전쟁을 벌이고 외교 관계를 맺었으며, 국내외 여론을 모으고 원하는 방향으로 여론을 이끌어 갔다.

    19세기와 20세기 초에 걸쳐 대서양 주요국 중의 일부와 일본이 주도하는 제국주의의 새로운 물결이 일었다. 프랑스가 알제리를 정복했고, 영국은 남아시아에서 기존 식민지를 공고히 하는 동시에 팽창을 통해 공적 체제를 수립해 나갔다. 네덜란드는 동인도제도에서 세력을 더욱 강화했다. 19세기 말에는 아프리카를 유럽 각국이 나누어 가졌고, 프랑스가 인도차이나(베트남, 라오스, 캄보디아)를 병합했다. 미국은 필리핀을, 일본은 한국과 대만을 정복했다. 제1차 세계대전 이후 과거 오스만 제국령이었던 중동은 영국과 프랑스가 나누어 가졌다. 이와 같은 팽창주의 열강들에 의해 이례적인 광경이 연출되었다. 당시의 열강들은 세계에서 가장 자유로운 민주국가였다. 그럼에도 불구하고 그들은 권리를 박탈당한 수억 명의 식민지 국민을 대상으로 제국주의적 통치를 행사했다. 피정복민의 굴욕과 해외에서 들어온 낯선 자들의 통치는 언제든 저항을 불러일으킬 수밖에 없었다. 20세기 전반기를 거치는 동안 식민지 민중의 저항은 갈수록 첨예화되었다. 특히 서양식 교육을 받은 엘리트 계층(마하트마 간디나 호찌민 같은 인물)은 반식민주의적 민족주의를 대단히 효과적으로 불러일으켰다.

같은 시기 가까스로 독립을 유지하던 비서구 국가들, 혹은 명목상 독립국들은 서구 식민지 열강의 위협과 압박에 맞서기 위해 유럽의 국내 통치 체제로부터 일부를 도입하거나 적응해 나갔다. 구체적으로 예를 들자면 정부의 중앙집권화, 능력위주의 행정 시스템, 토지, 자원, 인구의 통계 및 파악, 경제개발의 촉진, 헌정 질서 개혁, 국제법에 따른 서구 국가와의 대등한 지위 요구 등이었다. 또한 근본적이고 급격한 변화의 거대한 압력으로부터 사회를 유지하기 위한 애국심의 고취도 빼놓을 수 없다. 19세기 일본과 태국은 모두 이와 같은 강도 높은 개혁을 추진한 반면, 오스만 제국과 중국은 구체제를 고수하는 반열에 속했다. 오래도록 사회 및 행정 분야 엘리트 계층이 공유하는 독특한 문화와 정체성(빅터 리버먼Victor Lieberman이 말했던 "정치화된 민족성"[12])이 존재하는 곳에서는 개혁주의 정권이 민족의식에 호소할 때 잠재력이 특히 날카로웠다. 일본이 바로 그런 경우였고, 태국도 마찬가지였다. 노골적인 민족 차별로 통치자와 피통치자가 분리되거나(만주족이 통치하던 1644년-1912년의 중국) 혹은 지식인, 행정 분야, 경제 분야의 엘리트들이 다양한 언어와 종교와 민족 집단으로 분열되는 경우(오스만 제국과 합스부르그 제국)에는 민족주의 카드를 쓰기는 어렵고 위험스럽기도 했다.(아래에서 다시 논의함)

---

12 Lieberman, *Strange Parallels*, p. 41.

간단히 말해 19세기에서 20세기 초까지 국가 체제를 가장 효율적으로 운영하고 정통성을 강화하려면 민족 정체성을 구현해야 하며, 이를 통해 민중의 에너지를 흡수해야 한다는 사상이 확산되었다. 근대 국민(민족)국가의 개념은 군사 및 경제적 경쟁의 역학관계를 통해 확산되었다. 세계 전역의 모든 사회 혹은 국가는 이 모델을 받아들여서 부국강병을 하거나 아니면 몰락하는 길 중 양자택일을 해야 할 입장에 놓였다. 증기선, 전신, 언론통신, 철도 등으로 정보망과 교통망이 과거의 그 어느 때보다 긴밀해졌고, 문화, 이데올로기, 제도가 전파 및 교환되는 속도도 가속화되었다. 전 세계적으로 기존의 정치-영토적 실체와 민족-문화적 집단의 구성이 긴밀하게 연결되지 않는 곳이 많았다. 그런 곳에서는 민족주의가 근본적이며 흔히 폭력을 동반했던 변화의 전형적인 매개가 되곤 했다.[13] 일본처럼 역사적으로 오래도록 공통의 문화와 정치 제도를 가지고 있었던 지역에서는 민족주의가 정치 권력의 강화 및 경제 근대화를 촉진하는 도구가 되었다. 나중에 세계화라는 이름으로 불리게 될 과정의 19세기적 단계가 진행되는 동안, 유럽-대서양 권역의 문화가 세계의 다른 지역에 투영되면서 세계적으로 중앙집권이 강화되고 그 결과로 애국심이 고취되는 비슷한 흐름이 나타났다. 그런 점에서 당시의 세계에서는, 베일리(C. A. Bayly)가 지적했듯이, 확산의 요소와 함께 수렴의 요소도 강하게 작용했다.[14]

---

13 민족주의를 적극적 변혁을 추구하는 정치적 운동으로 이해하는 관점에 대해서는 John Breuilly, *Nationalism and the State*, 2nd edn (University of Chicago Press, 1994)를 참조하라.
14 C. A. Bayly, *The Birth of the Modern World, 1780-1914* (Oxford: Blackwell,

근대 민족주의의 정치지리적 함의는 매우 다양했다. 다른 많은 요소들도 그렇겠지만, 특히 정치와 언어-민족 사이의 경계는 끊임없이 변하는 것이기 때문에, 정치지리적 의미는 언제나 임시적이라고 말할 수 있다. 예컨대 독일 민족의 신성로마제국을 계승했던 독일 연방에 소속된 국가들, 혹은 1860년대 이전의 이탈리아 반도, 오스만 제국이 멸망한 뒤 20세기의 아랍 국가들이 그랬던 것처럼, 공통의 문자언어 혹은 역사적 기억의 공유 범위가 기존의 정치적 경계를 넘어서는 경우, 민족주의 논리는 여러 정치단위를 하나로 묶어주는 통합의 방향에 힘을 실어주었다.(현실적으로는 통합이 되는 경우도 있었고 그렇지 않은 경우도 있었다.) 한편 사회, 경제, 문화, 행정 부문의 엘리트들이 언어나 종교, 혹은 기타 공동체의 정체성을 표시하는 분명한 지표를 통해 나누어질 때, 민족주의는 원심력으로 작용할 우려가 있었다. 전형적으로 합스부르크 제국, 오스만 제국, 로마노프 왕조가 그랬다. 이들 제국 안에는 다양한 집단들이 지리적으로는 서로 붙어 있었지만 민족-문화적으로 분리되어 있었다. 1947년 인도 독립 당시의 국가 분할도 대표적으로 여기에 해당하는 사례였다.

민족주의의 이념적 가변성과 만연성, 공산주의의 경우

근대 민족주의의 호소력은 세계적으로 대단히 광범위했다. 그래서 정치세력, 사회집단, 국가, 사회운동 등 다양한 수많은 분야의 도구로 사용되었다. 정권이나 통치 당국이 이를 악용할 소지도 충분했다. 내부 혼

2004), chapter 6.

란의 원인이 될 수도 있고, 정치적 통합을 위한 매커니즘이 될 수도 있고, 국가 간 갈등의 요인이 될 수도 있었다. 또한 민족주의는 1848년에 일어났던 유럽의 여러 혁명, 1919년 윌슨의 민족자결주의(Wilsonian moment),[15] 인도 독립을 위한 국민회의(Congress Party)의 투쟁 등의 민주화 운동과도 지속적으로 연결되었다. 19세기와 20세기를 통틀어, 나폴레옹의 프랑스, 비스마르크의 프로이센-독일, 히틀러의 나치 독일, 무솔리니의 이탈리아부터 사담 후세인의 이라크, 도조 히데키의 일본, 바르가스의 브라질에 이르기까지, 권위주의 정권들은 권력 강화를 위한 수단으로 이용하기 위해 민족주의에 군침을 흘렸으며, 결국은 그것을 집어삼켰다. 20세기 후반에 이르러 국민(민족)국가의 틀 속에서 국민주권의 개념은 범 세계적인 규범이 되었다. 이 시대의 민족주의는 하나의 특징적인 이데올로기가 아니라 근대 정치의 정신적 측면에서 벗어날 수 없는 무엇이 되어 있었다. 사실상 모든 정치 이데올로기의 기반에 민족주의가 포함되어 있었고, 모든 국가의 수많은 정당이 이를 이용하려 했으며, 거의 모든 운동 세력과 정권이 이를 두고 경쟁해야 했다. 민족주의 정치가 활약했던 세계적 및 역사적 맥락은 워낙 다양했고, 민족주의와 연관되거나 민족주의를 바탕으로 유지되었던 이데올로기 또한 그만큼 다양했다.

근대 세계에서 민족주의의 논리와 힘은 피할 수 없는 것이었다. 이를 비합리적이고 파괴적인 세력으로 비판하려는 운동이나 정권은 자리를

---

15 Erez Manela, *The Wilsonian Moment: Self-Determination and the International Origins of Anticolonial Nationalism* (Oxford University Press, 2007).

유지하기가, 불가능하지는 않더라도 어렵다는 사실을 깨닫게 되었다. 20세기에 세계적으로 민족주의에 대한 가장 강력한 대안이었던 공산주의가 바로 대표적인 사례였다.

마르크스주의는 민족주의를 자본주의적 생산양식과 관련된 과도기적 현상으로 보았다. 그것이 봉건주의에 대한 부르주아지의 승리와 관련이 있는 데다가, 예를 들면 독일이나 이탈리아의 통일 혹은 미국 남북전쟁에서 연방국의 승리에서 보듯이, 정치경제적으로 파편화된 지역을 통일하여 통합 시장을 만들어내기 때문에, 민족주의는 마르크스주의가 말하는 역사의 각본에서 진보적인 역할을 하는 것으로 이해되었다. 그러나 마르크스주의 진영의 집단적 이해관계와 역사적 원동력의 가장 근본적인 범주는 민족이 아니라 계급이었다. 산업 노동자 계급의 객관적 이익은 국가적 차이와 정치적 경계를 초월했으며, 이 사실을 노동자들에게 일깨우는 것이 사회주의자들의 임무였다. 다가올 프롤레타리아 혁명은 국제주의(internationalism)의 정신으로 수행해야 할 일이었다.

그러나 1914년 사회주의자들은 제1차 세계대전의 발발을 막지 못했을 뿐만 아니라 각국의 사회주의 정당은 국가별 대의를 수용하고 군사적 조치에 지지를 보냈다.(이탈리아는 예외적으로 1914년이 아닌 1915년에 전쟁 지지 입장으로 돌아섰다.) 전쟁을 반대한다는 것은 곧 상당수 유권자들과 단절되고 정부에서는 반역자로 낙인찍히는 일이었다. 게다가 최고위 사회주의 정치 지도자들조차, 개전 초기부터 주요 참전국의 도심을 휩쓸었던 민족적 연대의식에 사로잡혀, 노동자 계급과 정당의 내부적 갈등을 일거에 쓸어버릴 것 같은 행복감을 느꼈다. 사회주의자 입장에서는 적대국보다 자국의 사회 및 정치 체제가 더 진보적이라고 주장하면서 자국의 전쟁을 쉽게 합리화할 수 있었다. 또한 그러한 논쟁의 저변에 민족주의가 깔려 있다는 사실은 두말할 나위도 없었다.

이런 상황에서 사회주의 주류 세력은 레닌의 비난에 취약한 입장에 놓였다. 레닌은 그들을 위선자라고 비난했다. 제1차 세계대전이 장기화되고 막대한 피해로 사회적 분열이 그 어느 때보다 광범위하게 일어나면서 비난의 목소리는 더욱 힘을 얻었다. 1917년 볼셰비키 혁명 이후 러시아의 신생 정권은 공산주의 인터내셔널, 약칭 코민테른(Comintern)을 창설했다. 이는 마르크스주의의 정통성을 주장하고 세계 혁명에 전력을 다하겠다는 선언이었다. 코민테른의 구성원으로 참여하는 정당은 자국의 이익을 뒤로 미루고 단일 공산당의 지도를 받도록 했다. 그 역할은 이미 정치권력을 잡았고 이를 유지할 수 있는 정당, 즉 소련 공산당(CPSU)이 자임했다.

그러나 민족주의의 힘은 워낙 거셌다. 국가와 사회는 민족주의와 훨씬 더 강력하게 결합되어 있었다. 소련 공산주의는 처음부터 이 문제를 어떻게 해결해야 할지 난관에 봉착했다. 소련의 민족주의 정책은, 최소한 처음에 레닌이 의도했던 바는, 제국주의 정체성을 파괴하고 탈민족주의에 도달하는 것이었다. 차르 제국의 영토적 응집력은 제국의 운영노선에 러시아 민족주의가 개입되면서 약화되었다는 것이 레닌의 분석이었다. 민족주의가 개입되면 러시아 민족이 아닌 제국의 다른 민족들은 소외되고 적대감을 품게 되기 때문이다. 1917년 혁명과 함께 일어났던 분리주의 운동이 이를 극명하게 보여주는 사례였다. 체계적인 탈-러시아 과정을 통해 과거 제국에 소속되었던 민족들은 문화적 다양성을 초월하는 소비에트의 정치적 정체성을 공유할 수 있었다.

1920년대에는 러시아 우월주의 유산에 맞서 이를 보상해주기 위한 투쟁이 전개되었다. 과거 러시아 제국에 소속되었던 민족들에게 개별적으로 공화국을 세워주고 영토와 자치독립권을 주려는 운동이었다. "형식은 민족주의, 내용은 사회주의"라고 하는 정치 사상(예컨대 스탈린주의—옮긴이)의 전제는, 민족문화의 정체성이 중성적인 것이라서 어떤 정치 사상이든 민족주의를 통해 유통할 수 있다는 믿음이었다. 기독교 복음이 다양한 언어로 번역될 수 있듯이 마르크스-레닌주의도 민족주의로 번역될 수 있다고 믿었다. 이는 기적 같은 변증법적 변질이 아닐 수 없었다. 공통의 계급의식과 공통의 사회주의 개혁 참여 의지는 민족국가의 특수성을 초월하게 될 것이다. 모스크바는 이를 제도화하여 초국가적 소비에트 남성과 소비에트 여성의 이미지를 만들어냈다.

실제로 소련의 민족주의 정책은 변증법적 사고는커녕 일관성도 없었고 자기모순으로 판명되었다. 표면상의 평등주의와 계몽주의적 체제 아래 분리주의를 거론하면 곧 부르주아 반동으로 낙인찍혔고, 무자비한 폭력이 날아왔다. 스탈린 치하에서 선제적으로 또한 대규모로 무력을 사용하는 경향이 강화되었다. 레닌식 민족-연방제가 형식적으로 유지되는 가운데, 스탈린식 통치는 장기적 관점에서 구심력보다는 원심력으로 작용했다. 즉 민족 국가별로 국경이 공식화되고 관료 체제가 갖추어지면서 민족적 차이는 완화되기보다는 오히려 강화되었다.[16]

---

16 Ronald Grigor Suny, *The Revenge of the Past: Nationalism, Revolution, and the Collapse of the Soviet Union* (Stanford University Press, 1993); Rogers Brubaker, *Nationalism Reframed: Nationhood and the National Question in the New Europe* (Cambridge University Press, 1996), chapter 1.

소련의 민족 초월 정책은 소련의 정체성이 만들어지는 과정에서 순수한 국제주의의 발판이 아니라 일종의 영토적 민족주의, 혹은 신제국주의적 러시아 민족주의로 작동했다. 세계 수많은 나라의 공산당은 자국에서 집권에 성공하지 못한 경우, 수십 년 동안 놀라울 정도로 일관되게 모스크바에 충성했다. 그러나 유고슬라비아나 중국처럼 공산당이 그 국가의 정권을 획득한 경우, 그들은 독자적으로 해당 국가의 공산주의적 민족주의를 내세웠으며, 모스크바로부터 빠르게 멀어져 갔고, 심지어 모스크바에 맞서 싸우는 경향도 보였다. 북한, 북베트남(이후의 베트남), 쿠바는 예외였다. 이들은 지정학적 위치 때문에 소련의 지원 없이는 독립을 유지하기 어려운 상황이었다. 그들은 나름의 민족주의를 추진하는 과정에서 소련의 도움을 받아들였다. 또 다른 예외적인 범주에 속하는 국가로, 바르샤바 조약기구에 소속된 동유럽 국가들처럼, 직간접적 강요에 의해 공산주의 체제를 선택한 나라들이 있었다. 1989년 소련의 지원이 철회되자 그들의 정권은 자유주의적 민족주의 혁명으로 무너지고 말았다. 바르샤바 조약기구를 통해 강요된 국제주의는 하나의 원리를 증명해 주었다. 제아무리 공산주의라도 민족주의적 정서와 애국심에 호소하지 않고서는 안정적으로 권력을 장악할 수 없다는 원칙이었다.

20세기의 민족주의와 제국, 그리고 민족 갈등

민족주의 이데올로기가 아무리 가변성이 있다고 하더라도, 근대 국가의 이념과 관련해서 떼놓을 수 없는 두 가지 요소가 존재한다. (a)국가는 평등한 국민들의 수평적 공동체라는 사상, (b)나의 국가는 지구상의 어떤 나라와도 (권리뿐만 아니라 역사문화적 차원에서도) 동등하다는 사상이다. 이 개념은 당연하게 보일지도 모르지만, 이 개념에 부합하는 정치 체제로 전환되는 과정은 혼란스러웠고 흔히 폭력이 난무했다. 거의 모두가 공식적으로 위계질서에 입각한 사회정치적 지배구조를 가지고 있던 과거의 세계로부터 근대로 전환했고, 첨예한 민족 갈등은 근대의 전환과 맞물려 발생했던 복잡한 위기의 한 측면을 구성했다.

전근대의 수많은 정치 시스템에서는 종교 내지 민족문화적 소속이 다양한 집단의 지위, 권리, 의무를 나타내는 지표들 중의 하나였다. 근대 이전 유럽 전역에서 유대인은 이자를 받고 돈을 빌려줄 수는 있었지만 토지를 소유할 수는 없었다. 19세기 개혁 이전, 오스만 제국에서 무슬림이 아니었던 "경전의 사람들"(Ahl al-Kitāb, 즉 기독교인과 유대인)은 열등한 법적 지위를 스스로 인정하고 제도화된 형태의 굴욕을 감내하면서 특정 세금을 납부하면 국가의 보호를 받을 수 있었다. 만주족과 몽골족은 청 제국의 군대에서 엘리트 부대에 소속되어, 제국 전역에 산재하던 특별 주둔지에서 근무했다. 공식적 불평등 정책이 폐지된 뒤에도 그들의 유산은 사회경제적 기능과 지위의 차별 속에 오래도록 남아 있었다. 합스부르크 제국 치하의 헝가리에서 젠트리 계층의 절대다수가 마자르인(Magyars)이었고, 슬로바키아 인구의 절대다수는 농민이었다. 아르메니아와 그리스의 기독교인들은 오스만 제국의 국제 무역에서 주도적인 역할을 담당했으며, 무슬림은 주로 무력과 행정 분야에 종사했다. 이러한 시스템적 요소들은 19세기와 20세기에도 세계의 많은 지역에서 유지되고 있었으며, 러시아 제국 같은 일부 유럽 국가들도 마찬가지였다. 정치적으로 가장 진보적이었던 유럽 국가들도 해외 제국에서는 비슷한 면모를 보였다. 영국인 치하의 군대에서도 시크교도를 비롯하여 "전투

종족"으로 일컬어지던 집단 출신들이 특히 많았다. 당시 시리아를 통치하던 프랑스인들이 보충부대 인력으로 무슬림의 소수 종파였던 알라위파에 소속된 사람들을 선호했다. 이는 이라크에서 영국인들이 전통적으로 소수 종파였던 수니파를 고용했던 것과 같은 일이었다. 중국 한족은 네덜란드령 동인도(훗날의 인도네시아)에서 경제적 중개인으로 환영을 받았다.

    19세기에서 20세기 초엽까지 단일 영토 안에서 여러 민족을 포괄하고 있던 제국에서는, 성별이나 연령 이외에 별도로 백성들을 구분하는 범주에 대하여, 법적 불평등을 완화하거나 철폐하라는 요구가 제국의 안팎으로부터 거세어졌다. 합스부르크, 오스만, 로마노프 제국 정부에서는 왕조의 정통성과 권위주의적 행정부의 통치가 지속되었지만, 그럼에도 불구하고 선거나 대의 정치 요소들이 도입되었다. 출신성분 위주의 사회에서 능력 위주의 사회로 전환되기란 쉽지 않았고 가장 좋은 환경이라 하더라도 분쟁이 빈번했다. 출신성분과 종교, 언어, 인종, 민족(말하자면 가장 근본적이며 생물학적 혹은 문화적으로 상속되며 때로는 결코 벗어날 수 없는 지표)의 연관이 밀접할수록 폭력전 변화에 직면할 가능성이 높았다. 민족적 문화적으로 소외된 소수민족은 국가에서 강제로 지정해주는 "스스로의 위치"를 받아들이는 한, 다수 민족은 문화적으로 그들을 어렵지 않게 받아들이는 편이었다. 제국의 모든 신민 혹은 국가의 시민에게 평등이라는 개념은 이러한 위계를 흔들 수 있는 위협으로 인식되었다. 제국을 통치하던 정권의 정책 자체가 분쟁에 직간접적인 원인이 되는 경우가 많았다.

    21세기 민족주의 정치의 혼란스러운 과정을 감안할 때 일부 역사가들이 과거의 제국에 대하여 존경까지는 아니더라도 어느 정도 향수를 가지게 된 것은 이해가 가는 측면이 있다. 그 때는 권위주의 통치 아래 통일 제국에 여러 민족이 소속되어 표면상으로는 21세기보다 평온한 세계였다.[17] 그러나 과거의 제국들이 몰락했던 것이 아래로부터의 혁명을 조직했던 민족주의자들의 선동 때문이었다는 단선적인 해석은 오해의 소지가 다분하다. (유럽 제국의 해외 식민지도 마찬가지다.) 과거의 제국들은 민족주의라는 치명적인 독파리에 쏘인 잠자는 거인이 아니었다. 19세기와 20세기 제국들은, 과거 비슷한 운명을 맞이했던 신대륙 진출 제국들이 그랬던 것처럼 상호경쟁에 몰두했고, 그와 관련해서 정치, 경제, 기술적 근대화 프로젝트를 추진했으며, 여러 가지 변증법적 과정과 반작용을 통해 정치의 민족주의화를 추진했고, 그것이 결국 파멸을 초래했다. 더욱이 그들은 백성들 사이에 기존의 불평등을 해소하고, 그럼에도 통치자의 권위를 확고한 기반 위에 세울 수 있는 새로운 형태의 정치문화적 정체성을 만들어보고자 했다. 베네딕트 앤더슨(Benedict Anderson)이 말했던 "관(官) 주도 민족주의(official nationalism)"를 시도하는 제국들도 있었다.[18]

청년 튀르크당(Young Turk reformers)이 1908년 혁명에 성공하여 이스탄불에서 권력을 잡았을 때, 그들이 내세웠던 "오스만주의

---

17 See, for example, Jane Burbank and Frederick Cooper, *Empires in World History: Power and the Politics of Difference* (Princeton University Press, 2010); Dominic Lieven, *Empire: The Russian Empire and its Rivals* (New Haven, CT: Yale University Press, 2002); Karen Barkey, *Empire of Difference: The Ottomans in Comparative Perspective* (Cambridge University Press, 2008).
18 Anderson, *Imagined Communities*, chapter 6.

(Ottomanism)"는 민족주의 비슷한 제국 전체의 정체성을 모든 제국의 백성들에게 주입하려는 시도였다. 그들은 빈 그릇을 채울 수 있는 문화적 실체가 무엇인가를 고민했다. 그러나 현실적으로 오스만주의에는 아랍어, 아르메니아어, 그리스어 등의 언어와 정체성이 아니라 튀르크어 문화가 너무 많이 채워졌다는 사실이 금방 드러났다. 제국의 핵심부와 군사 엘리트 계층에게서 튀르크어가 주류였기 때문이다. 엘리트 계층 중에서도 튀르크어를 사용하지 않는 사람들의 소외는 충분히 예견되는 결과였다. 이에 정권은 더욱 강압적인 형태의 관 주도 민족주의로 대응했고, 1915년에 전쟁으로 위장한 아르메니아 대학살로 정점을 찍었다. 그러나 그들의 민족주의는 제1차 세계대전에서 오스만 제국이 패한 뒤 아나톨리아 지역에 국한된 튀르크 민족 국가 탄생의 발판이 되었다.

오스트리아-헝가리(Austro-Hungary) 이중 군주 체제(1867년-1918년)에서 헝가리어를 사용하는 엘리트들은 슬로바키아인이나 크로아티아인들이 계층 상승을 도모할 때 헝가리어와 문화를 조건으로 내세우고자 했다. 이 또한 충분히 예측 가능한 민족적 반발을 불러 일으켰다. 합스부르크 왕가의 서쪽 절반이었던 독일 지역에서는 민족주의가 대중적 정서로 남아 있었지만, 제국의 관료들은 그로부터 거리를 두고자 했다. 그러나 1800년대 후반에 이르러 정치적으로 선거 제도가 도입되자, 인종적으로 혼합된 지역에서 과연 누구의 이익을 대변해야 하는지를 두고 도발적인 질문들이 제기되었으며, 그 결과 보헤미아(오늘날 체코의 서부)처럼 체코인과 독일인 여러 언어민족이 섞여 살던 지역에서는 민족주의적 긴장이 고조되었다.

러시아 제국 정부는 강압적인 힘을 이용해 러시아어를 사용하지 않는 슬라브인, 특히 과거 폴란드-리투아니아 연방의 일부를 구성했던 지역을 러시아로 편입시키기려 했다. 제1차 세계대전이 발발 1년 전, 러시아 군부의 작전 계획에서는 민족적으로 신뢰할 수 있는 러시아인과, 러시아어를 사용하지 않거나 슬라브인이 아닌 자들을 엄격히 구분했다. 그리고 후자를 정치적 단결(나아가 보다 강력한 훈련에 기반을 둔 징집 군대의 단결) 강화의 장애물로 인식했다.[19]

이처럼 민족주의를 억제하거나 혹은 선점하려는 위로부터의 압력은 오히려 아래로부터의 민족주의적 대응을 자극하는 경향이 있었다. 같은 시기 일반 백성들의 정치 의식은 갈수록 높아지고 있었다. 문해력 보급이 확산되었고, 정보통신의 발달, 도시화, 세계 시장의 통합(불평등 조건에도 불구하고) 등의 요인들로 지역뿐만 아니라 세계적 네트워크가 더욱 강화되었기 때문이다. 또한 제1차 세계대전 이전의 다민족 제국들과 20세기 중엽의 일부 해외 제국들이 대의정치를 강화한 영향도 있었다. 이 모든 움직임의 방향이 국민주권 사상의 확산에 기여했고(전파와 모방뿐만 아니라 통합적 진화의 과정을 거쳤다), 그것이 민족의 정치화를 더욱 촉진했다.[20]

18세기 말과 19세기 초 신대륙에서 일어났던 혁명과 마찬가지로,

---

19 Peter Holquist, "To count, to extract, and to exterminate: population statistics and population politics in late imperial and Soviet Russia," in Ronald Grigor Suny and Terry Martin, eds., *A State of Nations: Empire and Nation-Making in the Age of Lenin and Stalin* (Oxford University Press, 2001), pp. 111-144.
20 See Jörn Leonhard and Ulrike von Hirschhausen, eds., *Comparing Empires: Encounters and Transfers in the Long Nineteenth Century* (Göttingen: Vandenhoeck & Ruprecht, 2011).

20세기 분리주의 운동은 처음에는 제국 내에서 신분의 평등을 위한 운동으로 시작되었던 것이, 의도하지 않은(그렇다고 불가피하지 않았다는 말은 아니다) 결과를 초래한 경우가 많았다. 이는 다민족 제국의 경우도 마찬가지였다. 다만 이중잣대가 해외 제국만큼 노골적이지 않았을 뿐이다. 오스만 제국의 아랍인, 합스부르크 제국의 체코인, 세네갈인, 코트디부아르인, 알제리 무슬림, 인도(1919년 이전) 등의 엘리트 계층은 모두 거의 마지막 단계까지도 제국의 틀을 개혁해서 다만 자치권이나 자기결정권의 확대, 혹은 제국 중앙 정부의 의사결정에 본격적이고 직접적으로 참여할 수 있는 방안을 모색했다. 제국의 전면적 해체는 미온적 개혁안에 대한 반발이 불러일으킨 나중의 이야기였다. 다시 한 번 말하지만, 과거 신대륙에 진출했던 영국과 스페인 제국(이들은 국제분쟁의 영향으로 무너졌다. 영국은 7년 전쟁, 스페인은 나폴레옹 전쟁의 여파였다)의 경우와 마찬가지로, 양차대전이 있었고, 그 여파로 대도시 중심부와 제국의 주변부 사이의 타협은 구조적으로 도저히 도달할 수 없는 목표라는 사실이 강조되었다. 그 결과 많은 사람들이 우려했지만 결코 애초부터 원했던 것이 아닌 절정으로 사태가 치달았다.

무너진 제국의 잔해로부터 민족국가가 등장하면서(중동부 유럽에서는 1918년이후, 이외 아프리카-아시아 세계의 대부분은 1945년 이후 10여 년 동안) 모든 문제가 해결된 것처럼 보였다. 그러나 민족주의의 승리는 (진정한 승리라기보다는 제국의 붕괴에 따른 어부지리라 할지라도) 현실적으로 강렬한 트라우마로 이어졌고 더욱 심각한 딜레마에 빠져들었다. 모든 정치적 이념적 패러다임의 변화가 그러했듯이, 상황이 개선될 기미가 보이기 전에는 더욱 악화되는 측면이 있었다. 국민주권과 민족자결을 기반으로 세계 정치 질서가 재편되면서 소수민족의 지위는 그 어느 때보다 불안정하게 되었다. 같은 이유로 과거 다수자 혹은 지배 집단의 구성원이 하루아침에 종속적 소수자로 전락하는 경우도 흔히 발생했다. 발칸 반도의 무슬림들도 이런 경험을 할 수밖에 없었다. 19세기와 20세기 초를 거치면서 기독교인이 인구의 다수를 차지하는 신생독립국에게 그들은 많은 것을 내주어야 했다. 1918년 이후 폴란드와 체코슬로바키아 지역에 거주하던 독일인들은 새로운 체제 하에서도 개인의 시민적, 정치적, 재산적, 심지어 문화적 권리까지 존중받았지만, 집단으로서의 박탈감은 발칸반도의 무슬림과 크게 다르지 않았다. 알제리에 정착했던 프랑스인들은 독립 알제리에서 다수결의 지배를 받는 현실을 상상하기 어려웠다. 투치족은 르완다에서 벨기에 통치 당시 소수민족 집단으로 특권을 누렸지만 갑자기 취약한 소수민족의 신세로 전락하고 말았다.

로저 피터슨(Roger Petersen)이 말했듯이, 민족의 서열이 갑자기 뒤바뀔 수 있다는 전망 혹은 경험은 격렬한 분노와 공포, 증오를 불러일으키고, 종종 집단 폭력, 인종 청소, 혹은 노골적인 학살의 끔찍한 패턴을 초래하기도 했다.[21] "20세기 세계가 제국에서 민족국가로 전환하는 과정은 대부분 대규모 전쟁의 맥락이나 그 여파 속에서 진행되었으며, 이는 사회의 도덕적 구조를 붕괴시키는 결과를 초래했으며, 너무나 극단적이고 고통스러운 모습을 보여주었다."

---

21 Roger D. Petersen, *Resistance and Rebellion: Lessons from Eastern Europe* (Cambridge University Press, 2006).

민족주의와 세계 체제

언어권에 따라서 민족 간(inter-national)이란 말이 사실상 국가 간(inter-state)이란 말을 대신하는 경우가 많다. 이를 보더라도 민족국가(nation-state)가 어느 정도로 세계적 표준이 되었는지를 알 수 있다. 민족주의, 민족국가, 민족 간 (세계) 체제는 근대를 거치는 동안 서로가 서로를 만들어가는 시기를 거쳤다. 1914년 7월 합스부르크 왕조의 위기는 발칸 지역에서 터져나온 내외부 민족주의의 도전에 적절히 대응하지 못해서 생겨난 결과였다. 앞서 살펴보았듯이 제1차 세계대전 또한 민족국가 체제의 확산과 진화에 막대한 영향을 미쳤다. 격변의 갈등을 겪은 뒤, 우드로 윌슨(Woodrow Wilson) 등이 주장한 자유주의적 국제주의자들은 국제연맹(League of Nations)의 틀 안에서 민족국가를 제도화했다. 그들의 전제는 규모에 관계 없이 크든 작든 모든 민족국가의 법적 평등을 보장하며, 민족국가 사이의 조정과 집단안보협약을 통해 전쟁을 끝낼 수 있다는 믿음이었다. 그러나 현실적으로 국제연맹의 기획은 여러 가지 측면에서 실패로 드러났다. 유럽의 민족국가와 식민지 민족들 사이에는 이중잣대가 적용되었다. 후자가 아직 독립을 준비하지 못했다는 이유에서였다. 또한 미국이 국제연맹에 가입하지 않은 것도 중대한 실패의 원인이었다.

스스로를 지켜내야 했던 신생 혹은 (오랜 역사를 가진) 재건 독립국가들은 금세 현실에 맞닥뜨렸다. 국제법상 상호 평등의 원칙은 약육강식의 세계 속에서 더 강한 국가 혹은 그 연합 세력의 약탈을 막지 못했다. 더욱이 민족 자결(national self-determination)의 원칙은 민족국가의 설립만큼이나 파괴에도 쉽게 적용될 수 있었다. 1938년 히틀러(Hitler)는 민족자결의 원칙을 왜곡해서 활용했다. 초기 이웃 국가(오스트리아와 체코슬로바키아)의 병합 과정에 독일어 사용 인구의 통합이라는 명분을 내세웠다.[22]

사실 처음부터 민족국가 체제가 잠재적으로 내포하고 있었던 모순 중의 하나는, 영토 주권 원칙(이른바 베스트팔렌 체제)의 자의적 훼손 가능성이었다. 민족집단은 대개 민족국가의 경계를 넘어서서 분포하고 있었다. 문화적으로 다양한 인구가 혼재되어 살고 있는 지역이 워낙 많았기 때문이다. 그래서 민족국가 체제를 확립하려면, 초기 근대의 애매했던 국가 간 경계선을 예리하고 분명하게, 근대식 국경선으로 바꾸어야 했다.[23] 뿐만 아니라 민족국가는 민족문화적 동족을 근거로 국경 너머에까지 개입할 권리를 주장했다.[24] 그와 같은 잠재적 폭발력이 대규모 폭력사태로 나타나 민족-인구학적 재설계 프로젝트 혹은 전쟁의 상황으로 번진 경우가 워낙 많았다. 이것이 현대사의 불안정한 속사정이었다. 현대 국가 체제에서 비교적 안정적이었던, 예컨대 유럽연합 같은 몇몇 지역의 평화는, 적어도 부분적으로는 20세기 전반기의 끔찍했던 인종학살 전쟁, 인구 이동, 국경 변화의 토대 위에서 세워진 것이었다. 그 결과로 국가의 민족문화적 동질성이 강화되었고, 국경 너머 불안을 조장할 기회는 그만큼 줄어들었던 것이다.[25]

---

22 See Hitler's January 30, 1939 Reichstag speech in Max Domarus, *Hitler: Reden und Proklamationen, 1932-45* (Würzburg: Mainpresse Richterdruck, 1987), Vol. 3, p. 1049.
23 See Peter Sahlins, *Boundaries: The Making of France and Spain in the Pyrenees* (Berkeley, CA: University of California Press, 1989).
24 Brubaker, *Nationalism Reframed*, chapter 3.

민족주의적 감성과 논리는 교묘한 방식으로 강대국의 도구가 될 수도 있었다. 공식적인 영토 병합 없이도 헤게모니를 행사할 수 있는 방법으로 현대에 가장 인기 있는 방식은 "독립 후원(sponsored self-determination)"이라는 것이다.[26] 이 방식의 기원은 과거 프랑스 혁명 및 나폴레옹 시대에 유럽 일부 지역에서 명목상의 독립(예컨대 바르샤바 공국)을 후원했던 사례나, 영국의 먼로주의(Monroe Doctrine) 반대까지 거슬러 올라간다.(미국 대통령 먼로가 아메리카의 식민지 독립국을 지지하며 유럽 열강의 간섭에 반대한다는 외교 원칙을 발표했는데, 이를 먼로 독트린이라 한다. 미국이 남북전쟁으로 세력이 약화된 틈을 타서 스페인 등 유럽 열강들이 남아메리카로 다시 진출했지만 남북전쟁 이후 미국의 반대로 대부분이 철수했다. ─ 옮긴이) 영국은 먼로주의에 반대하여 남아메리카 독립국을 대상으로 영국의 수출, 투자, 영향력 확대의 기회를 노렸다.

그러나 민족자결이 본격적으로 활성화된 시기는 20세기였다. 1919년 "민족자결주의"는 세계적 화두가 되었다. 에레즈 마넬라(Erez Manela)의 연구에 따르면, 우드로 윌슨의 주장이 부각된 것도 부분적 이유이기도 하지만, 유럽뿐만 아니라 대부분의 식민지 세계에서도 그에 따른 기대가 치솟았다.[27] 볼셰비키 또한 민족주의의 전도사였다. 그들도 윌슨을 상대로 세계의 지지를 얻고자 경쟁했다.[28] 그러나 제1차 세계대전의

---

25 See Jerry Muller, "Us and them: the enduring power of ethnic nationalism," *Foreign Affairs* 87:2 (March/April 2008), 18-35.
26 20세기 제국주의 열강들이 민족 자결주의 원리를 어떻게 조작했는지에 대해서는 다음을 참조. Prasenjit Duara, *Sovereignty and Authenticity: Manchukuo and the East Asian Modern* (Lanham, MD: Rowman & Littlefield, 2003).
27 Manela, *Wilsonian Moment*.

맥락에서 민족주의 개념이 적용되었던 실제 사례를 보면, 과거 억압받던 민족의 독립 국가 건설이 아니었다. 오히려 한 국가가 다른 국가의 영토를 정복하기 위한 명분으로 사용될 뿐이었다. 독일 제국과 러시아가 폴란드를 분할점령할 당시 독일 제국은, 폴란드 군주의 독립 회복이 시작되었다는 미사여구를 동원했다. 독일 제국에 의한 민족자결의 왜곡이 절정에 달했던 사건은 브레스트-리토프스크 조약(Treaty of Brest-Litovsk)이었다. 조약에 따르면 러시아에서 빼앗은 영토는 독일과 오스트리아-헝가리 왕국이 "주민들의 뜻에 따라" 처분하도록 되어 있었다.[29] 서구도 같은 길을 따랐다. 그러나 영국과 프랑스는 국제연맹을 명분으로 내세웠다. (제1차 세계대전 이후) 오스만과 독일 식민지를 국제연맹 위임통치의 명목으로 차지하면서, 스스로의 행태가 노골적인 제국주의와는 달라보이기를 원했다.[30] 한편 앞에서 언급했던 것처럼 볼셰비키는 민족자결의 원칙을 내세워 과거 러시아 제국의 백성들을 대상으로 중앙집권화된 초국가적 통제를 정당화하는 데 훨씬 더 능란했다. 민족주의를 활용할 방안은 여러 가지가 있었다. 소련처럼 민족국가의 연방이라는 형식을 통해 관계를 맺는 등의 공식적인 방안이 있었고, 양차 세계대

---

28 Arno J. Mayer, *Political Origins of the New Diplomacy, 1917-1918* (New Haven, CT: Yale University Press, 1959).
29 조약 제2조에서 인용. 온라인으로 열람 가능하다(http://avalon.law.yale.edu/20th_century/bl34.asp#treatytext). 또한 다음을 참조. Borislav Chernev, "The Brest-Litovsk moment: selfdetermination discourse in Eastern Europe before Wilsonianism," *Diplomacy & Statecraft* 22:3 (September 2011), 369-387.
30 국제연맹(그리고 그 후신인 국제연합의 본래 구상)이 '제국주의적 국제주의(imperia internationalism)'의 실천이었음을 비판한 내용은 다음을 참조. Mark Mazower, *No Enchanted Palace: The End of Empire and the Ideological Origins of the United Nations* (Princeton University Press, 2009).

전 사이 영국이 이집트나 이라크를 대상으로 상당한 독립성을 보장해주거나, 1932년 일본이 만주에서 꼭두각시 정권(만주국)을 세웠던 것처럼 비공식적인 방안도 있었다.

그러나 단기적으로는 민족자결의 원칙이 왜곡되어 제국주의의 명분으로 활용되는 것이 마치 새로운 유행처럼 보일 수도 있겠지만, 장기적으로는 그것이 역효과를 낳은 경우도 많았다. 그 명분을 처음 사용했던 사람들은 상상하지도 못했던 방식으로 민족주의는 뿌리를 내리고 싹을 틔웠다. 아랍 민족주의는 중동에서 영국 패권의 장기적 유지에 결코 도움이 되지 못했다. 소련을 하나로 묶어주던 공산주의 이념과 공산당이 붕괴되자, 모스크바의 중앙집권적 체제를 위한 간편한 도구였던 민족주의에 기초하여 각각의 공화국이 떨어져 나갔다. 반대로 만주국처럼 처음부터 신뢰성에 의문이 제기되는 등, 정치적 정체성 주입이 대중적 공감을 거의 불러일으키지 못하는 경우도 있었다.

국제연맹은 민족자결의 원칙을 옹호하는 동시에 제국의 확장을 정당화하는 이중적인 역할을 수행했다. 반면 제2차 세계대전 이후에 설립된 유엔은 탈식민지화를 옹호하고 권장하는 입장으로 진일보했다.[31] 그러나 민족국가가 세계적으로 확산되면서 체제의 지속가능성에 대한 의문이 제기되는 경우가 많다. 20세기 후반 아프리카와 아시아의 많은 지역에서 민족주의 운동은 정권을 획득하는 데 성공했다. 그러나 그들의 운동은 민족적, 문화적, 역사적, 정치적 정체성에 대한 공유보다는 유럽 식민지 세력의 지배, 착취, 굴욕에 맞선 투쟁으로 정의되는 경우가 많았

---

31 Ibid. chapter 4.

다. 그 원인은 정치적 영토 구성 때문이었다. 대개 정치 및 행정구역의 경계는 일반적으로 제국의 정복 이전에 존재했던 정치의 유산이나, 혹은 민족언어적 혹은 민족종교적 집단의 분포를 제대로 고려하지 않고, 제국주의 세력이 설정해둔 경계를 그대로 반영했다. 제국주의의 굴레가 벗겨진 뒤, 과거 벨기에령 콩고(Congo)나 영국-이집트 공동통치령 수단(Sudan) 같은 경우 민족국가가 수립되었지만, 엘리트 계층 혹은 대중을 하나로 묶어줄 연결고리가 거의 없었다. 반대로 아랍 세계에서는 민족주의의 논리가 개별 국가정치적 경계를 넘어섰다. 그래서 실현불가능할지라도 범아랍 민족주의를 대의로 내세우며 권위를 강화하려는 정권 차원의 시도가 많았다. 아프리카-아시아 정치의 취약성과 달리 국가의 기원이 근대 이전 시기까지 거슬러 올라가는 나라들도 적지 않았다. 태국, 중국, 이란 등이 모두 그런 경우들이었다. 현대의 학자들 사이에서 국가의 정체성이 전근대의 유산으로 비롯되거나 그렇지 않은 경우의 차이가 별로 없다고 주장하는 것이 유행처럼 번진 적이 있었다. 그러나 시간이 지나면서 "활용 가능한 과거(available past)"의 존재 여부와[32] 영토 국가의 안정적 장기지속(국가 간의 갈등이나 내부의 이념적 격변 혹은 정권 교체와 상관 없이) 사이에는 놀라울 정도로 밀접한 관계가 있다는 사실이 드러났다.[33]

오늘날도 세계의 많은 정치단위는 민족을 추구하는 국가라 말할 수 있다. 또한 많은 민족 공동체들이 민족국가를 수립하고자 노력하고 있

---

32 Rogers Brubaker, *Ethnicity without Groups* (Cambridge, MA: Harvard University Press, 2004), p. 204.
33 Bayly, *Birth of the Modern World*, p. 219, makes a similar point.

다. 그러나 냉전의 시대가 끝나고 경제 및 기술의 세계화가 휩쓸고 있는 만큼, 적절한 통치 모델로서 민족국가의 생명력이 과연 지속될 수 있을지 의문이 제기되고 있다. 그러나 이 글에서 강조하고자 했던 것처럼, 근대 민족주의와 민족국가 모델이 발전하고 확산되었던 과정 자체가 과거 세계화의 패턴과 밀접한 연관성을 가지고 있었다. 이런 주장이 시기상조인 면이 없지 않지만, 앞으로 세계사의 전개가 지속될수록, 민족국가와 민족주의는, 생산의 계기와 파괴의 계기를 막론하고, 세계와 지역을 연결하는 매개로서 더욱 중요한 역할을 하게 될 것이다.

더 읽어보기

Primary sources

Domarus, Max. *Hitler: Reden und Proklamationen, 1932-45*, Vol. 3. Würzburg: Mainpresse Richterdruck, 1987.

Sieyès, Emmanuel Joseph. *Qu'est-ce que le Tiers état?* [1789]. Paris: Editions du Boucher, 2002.

"Peace Treaty of Brest-Litovsk." http://avalon.law.yale.edu/20th_century/bl34.asp#treatytext.

Secondary sources

Adelman, Jeremy. "Iberian passages: continuity and change in the South Atlantic." In David Armitage and Sanjay Subrahmanyam, eds., *The Age of Revolutions in Global Context, c. 1760-1840*. Houndsmills: Palgrave Macmillan, 2010, pp. 59-82.

Anderson, Benedict. *Imagined Communities: Reflections on the Origin and Spread of Nationalism*, 2nd edn. London: Verso, 1991.

Barkey, Karen. *Empire of Difference: The Ottomans in Comparative Perspective.* Cambridge University Press, 2008.

Bayly, C. A. *The Birth of the Modern World, 1780-1914*. Oxford: Blackwell, 2004.

Bell, David A. *The Cult of the Nation in France: Inventing Nationalism, 1680-1800.* Cambridge, MA: Harvard University Press, 2001.

Breuilly, John. *Nationalism and the State*, 2nd edn. University of Chicago Press, 1994.

Brewer, John. *The Sinews of Power: War, Money and the English State, 1688-1783.* Cambridge, MA: Harvard University Press, 1988.

Brubaker, Rogers. *Ethnicity without Groups.* Cambridge, MA: Harvard University Press, 2004.

  Nationalism Reframed: Nationhood and the National Question in the New Europe. Cambridge University Press, 1996.

Burbank, Jane, and Frederick Cooper. *Empires in World History: Power and the Politics of Difference.* Princeton University Press, 2010.

Chernev, Borislav. "The Brest-Litovsk moment: self-determination discourse in Eastern Europe before Wilsonianism." *Diplomacy & Statecraft* 22:3 (September 2011), 369-387.

Colley, Linda. *Britons: Forging the Nation, 1707-1837*. New Haven, CT: Yale University Press, 1992.

Duara, Prasenjit. *Sovereignty and Authenticity: Manchukuo and the East Asian Modern.* Lanham, MD: Rowman & Littlefield, 2003.

Elliott, Mark. *The Manchu Way: The Eight Banners and Ethnic Identity in Late Imperial China.* Stanford University Press, 2001.

Gellner, Ernest. *Nations and Nationalism.* Ithaca, NY: Cornell University Press, 1983.

Holquist, Peter. "To count, to extract, and to exterminate: population statistics and population politics in late Imperial and Soviet Russia." In Ronald Grigor Suny and Terry Martin, eds., *A State of Nations: Empire and Nation-Making in the Age of Lenin and Stalin.* Oxford University Press, 2001, pp. 111-144.

Kantorowicz, Ernst H. *The King's Two Bodies: A Study in Mediaeval Political Theology.* Princeton University Press, 1957.

Leonhard, Jörn, and Ulrike von Hirschhausen, eds. *Comparing Empires: Encounters and Transfers in the Long Nineteenth Century.* Göttingen: Vandenhoeck & Ruprecht, 2011.

Lieberman, Victor. *Strange Parallels: Southeast Asia in Global Context, c. 800-1830*, Vol. 2: *Mainland Mirrors: Europe, Japan, China, South Asia and the Islands.* Cambridge University Press, 2009.

Lieven, Dominic. *Empire: The Russian Empire and its Rivals.* New Haven, CT: Yale University Press, 2002.

Manela, Erez. *The Wilsonian Moment: Self-Determination and the International Origins of Anticolonial Nationalism.* Oxford University Press, 2007.

Mayer, Arno J. *Political Origins of the New Diplomacy, 1917-1918.* New Haven, CT: Yale University Press, 1959.

Mazower, Mark. *No Enchanted Palace: The End of Empire and the Ideological Origins of the United Nations.* Princeton University Press, 2009.

Muller, Jerry. "Us and them: the enduring power of ethnic nationalism." *Foreign Affairs* 87:2 (March-April 2008), 18-35.

Petersen, Roger D. *Resistance and Rebellion: Lessons from Eastern Europe.* Cambridge University Press, 2006.

Roshwald, Aviel. *The Endurance of Nationalism: Ancient Roots and Modern Dilemmas.* Cambridge University Press, 2006.

  Ethnic Nationalism and the Fall of Empires: Central Europe, Russia and the Middle East, 1914-1923. London: Routledge, 2001.

Sahlins, Peter. *Boundaries: The Making of France and Spain in the Pyrenees.* Berkeley, CA: University of California Press, 1989.

Smith, Anthony D. *The Antiquity of Nations*. New York: Polity Press, 2004.
Suny, Ronald Grigor. *The Revenge of the Past: Nationalism, Revolution, and the Collapse of the Soviet Union*. Stanford University Press, 1993.
Wood, Gordon. *The Americanization of Benjamin Franklin*. New York: Penguin, 2005.

CHAPTER 13

제국주의에 대하여

다니엘 킨지
Danielle Kinsey

1750년의 세계 정치 지도를 펼쳐본다면, 대개는 민족국가가 아니라 제국이 세계를 차지하고 있는 장면을 볼 수 있을 것이다. 1850년으로 넘어가 보면, 당시 유럽의 민족국가 대부분은 제국이었거나 제국이 되려는 야심을 품고 있었다. 당시 제국과 민족국가는 배타적인 개념이 아니었다. 1850년경의 사람들은 이 두 가지 개념을 역사적 차이나 대립의 관계가 아니라, 공존과 상호 이익의 관계로 이해하고 있었다. 1950년대의 세계지도를 보면, 특히 1945년 유엔의 설립과 함께 민족국가가 패권을 행사하고 있는 장면을 확인할 수 있다. 그러나 이 때도 여전히 세계에는 제국이 존재하고 있었다. 당시 미국과 소련의 세력 확장은 그 자체로 나름의 제국주의적 패러다임으로 평가할 수 있다. 따라서 제국은 수천 년 동안 세계사의 근본 구조였고, 최근 수 세기 동안, 근대에도 그 사실은 변함없이 지속되었다. 제인 버뱅크(Jane Burbank)와 프레데릭 쿠퍼(Frederick Cooper)의 저서《세계사의 제국들(Empires in World History)》(2010)이란 책에서 말했듯이, "비교하자면 민족국가의 출현은 세계사의 일시적 현상일 뿐이며, 제국의 하늘 아래에서 탄생한 것이다. 언젠가 민족국가라고 하는 정치적 상상력은 부분적이거나 일시적이었던 것으로 판명될 것이다."[1]

　이 글에서는 기존의 제국주의 연구 성과 검토와 더불어, 1750년 이후 제국주의의 역사와 관련해서 서로 연결된 네 가지 질문을 논의하고자 한다. 처음 두 질문은 단순해 보이지만 학계와 대중들로부터 열띤 논쟁을 불러일으켰던 주제다. 예를 들어 "제국이란 무엇인가?" 그리고 "제국은 어떻게 작동하는가?" 전통적으로는 제국의 확장을 권력 핵심부의 획일적 팽창으로 보았지만, 최근 학계에서는 제국의 형성이 불완전하고 이질적이며, 지역적 상황에 따라 우발적으로 이루어진 측면을 인정하게 되었다. 이와 관련해서 우리의 세 번째 질문, 즉 "저항이 왜 중요한가?"는 오늘날 제국주의 연구에서 가장 중요한 논점 중의 하나다. 마지막 네 번째 질문은 인류 역사상 제국의 지속성에서 비롯된 것으로, 연속성 속의 변화에 초점을 맞추고 있다. 즉 "근대 제국주의는 과거의 제국주의와 무엇이 다른가?" 이 질문은 제국주의 연구가 어느 하나의 제국이 아니라 초국가적으로, 또한 세계적 차원으로 전환되는 문제와 관련이 있다. 또한 제국주의와 세계화의 관계에 대한 다양한 접근 방식이 논의될 것이다. 어떤 사람들은 제국주의와 세계화가 근본적으로 동일한 과정이었으며, 지금도 마찬가지라고 주장하는 반면, 제국의 구조적 연결 혹은 "지역 특성화"를 연구하는 사람들은 제국주의와 세계화의 관계가 그렇게 결정론적이지는 않았다고 주장한다.

제국이란 무엇인가?

18세기 중엽에도 사람들이 제국으로 인식하는 많은 나라들이 있었

---

1 Jane Burbank and Frederick Cooper, *Empires in World History: Power and the Politics of Difference* (Princeton University Press, 2010), p. 3.

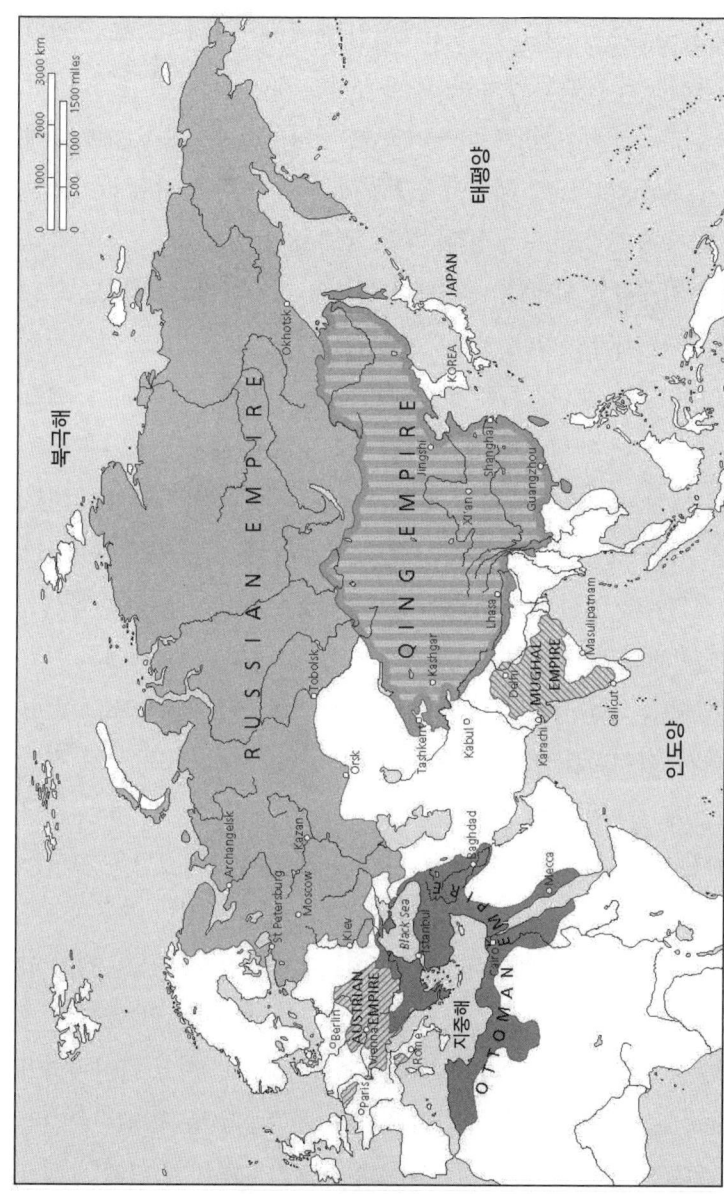

[지도 13-1] 1750년경의 유라시아 세계(러시아, 오스만, 청, 오스트리아, 무굴 제국)

CHAPTER 13 - 제국주의에 대하여

다. 제국은 식민지와 제국 권력의 핵심인 본국(metropoles)으로 구성되었다. 세계사 연구자들은 제국을 "대륙 제국(land empires)"과 "해양 제국(overseas empires)" 두 가지로 나누어 보는 경향이 있다. 대륙 제국 중에는 러시아, 오스만, 청(淸) 제국이 포함된다. 이들은 작은 거점에서 출발하여 수 세기에 걸친 군사적 정복, 병합, 동맹을 통해 광대하고도 연속적인 영토를 지배하게 되었다. 이들보다 영토의 크기는 조금 작지만 오스트리아와 무굴 제국도 같은 범주에 속한다.

    1750년 기준으로 해양 제국은 대개 유럽의 제국들이었다. 15세기 후기에 시작된 해외 식민지 개척의 결과로 형성된 제국들이었다. 포르투갈의 식민지는 브라질이 있었고, 또한 아프리카 동서 해안선을 따라 산재했던 작은 거점들이 있었으며, 고아, 스리랑카, 마카오를 비롯하여 아시아 지역에도 여러 곳에 그들의 거점이 형성되어 있었다. 스페인은 서반구에서 가장 거대한 식민지를 거느린 제국이었고, 필리핀에도 식민지를 건설했다. 17세기에 네덜란드는 스페인으로부터 독립을 쟁취한 뒤 남아프리카, 아메리카, 동남아시아 등지에서 많은 식민지와 무역 거점을 건설했다. 결과적으로 인도양에서는 그들이 가장 강력한 유럽 세력이 되었다. 1660년대에 시작된 제2차 식민지 개척의 유행으로 프랑스와 영국도 북아메리카, 카리브해, 남아시아 등지에서 식민지를 획득했다. 18세기 후반에 여러 차례에 걸친 전쟁으로 영국은 프랑스의 해외 식민지를 넘겨받았고, 인도양의 패권 세력으로 성장했으며, 네덜란드의 세력은 저물어갔다. 영국은 미국의 독립전쟁(1776-83년)으로 북아메리카의 식민지 대부분을 상실했다. 그러나 이후 캐나다가 될 지역은 여전히 영국의 수중에 있었고, 1787년에는 수형자들을 수용하기 위해 오스트

레일리아에도 식민지를 건설했다.(지도 13-2)

　　대륙 제국과 해양 제국을 구분하는 것이 우리의 주제를 소개할 때 장점이 있지만 단점도 있다. 대륙 제국을 전근대적이고 내부지향적이며 "동양적"인 것으로 치부하고, 유럽의 해양 제국을 근대와 세계화의 동력으로 평가하는 경향이 바로 그러한 단점이다. 또한 제국을 둘로 나누어 보는 시각에서는 당시 모든 제국들이 추진했던 대륙과 해양 프로젝트의 동시성을 간과하게 되며, 각각의 범주에 맞지 않는 프로젝트는 무시하는 경향도 또 다른 단점이다. 예컨대 스페인 제국은 아메리카, 유럽, 동남아시아에서 광범위한 영토를 차지하고 있었고, 아프리카 서해안의 무역 거점을 확보하고 있었으며, 카리브해와 필리핀에 플랜테이션 농장을 운영하고 있었다. 동시에 인도양, 대서양, 태평양을 아우르는 광대한 무역 네트워크를 가지고 있었다. 그래서 스페인 제국을 과연 어느 범주의 제국으로 분류해야 할지 상당히 애매했고, 때로는 논의에서 제외되는 경우도 있었다. 영국도 마찬가지였다. 기본적으로 대영제국을 해양 제국으로 생각한다면, 영국이 북아메리카, 남아시아, 오스트레일리아 대륙을 통치하려 했던 노력을 간과하게 된다. 브라질에서 포르투갈 제국, 남북 아메리카와 알제리 및 서아프리카에서의 프랑스 제국도 마찬가지다. "해양" 제국들이 종주권을 주장했던 해외 영토와 인구는 엔클라베(enclave)의 수준을 훨씬 넘어서는 정도였으며, 유럽에 있는 본국의 영토와 인구에 비해서도 훨씬 더 컸다.

　　반대로 오스만 제국은 전통적으로 대륙 제국으로 간주되었다. 그러나 오스만 제국은 해상교통로(홍해, 흑해, 지중해) 장악을 통해 성장했다고 말할 수 있으며, 이탈리아나 스페인 또는 포르투갈이 대서양 탐험에

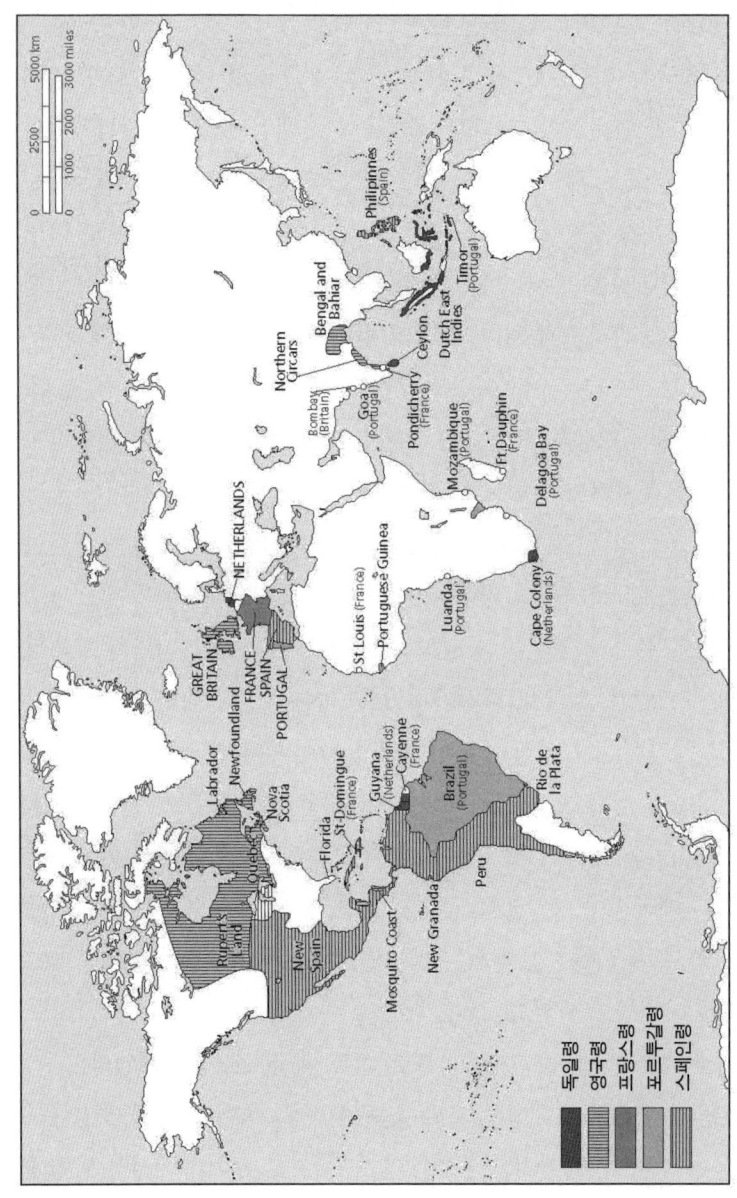

〈지도 13-2〉 1783년 유럽의 해양 제국들(포르투갈, 네덜란드, 프랑스, 영국)

나섰던 이유도 오스만이 지중해를 지배했기 때문이다.[2] 러시아 제국의 경우, 상트페테르부르크에 기반을 둔 상인들이 북해 무역로의 목재 무역을 거의 독점했고, 크림반도는 러시아의 귀중한 흑해 영토였다. 중국의 청 제국은 해상보다는 중앙아시아 및 북아시아 팽창을 우선시했지만, 1839년에 시작된 영국과의 아편전쟁 이전까지는 동아시아 및 동남아시아 해상무역로 통제권을 상당히 성공적으로 유지하고 있었다.[3] 이들만큼 잘 알려지지는 않았지만, 북아메리카의 이로쿼이 연맹, 카메하메하(Kamehameha) 1세의 하와이 왕국, 티푸 술탄(Tipu Sultan)의 남아시아 마이소르 왕국 등의 18세기 제국들도 영토와 해상교역로 권한을 주장하며 스스로를 유지해나가고 있었다. 이처럼 "대륙"과 "해양"으로 제국을 구분하면 우리가 지도상에서 파악하기는 쉽지만, 제국과 관련되는 복잡한 문제를 이해하는 데는 도움이 되지 않는다.

19세기에 창설 또는 확장되었던 제국에서도 마찬가지로 대륙 세력과 해양 세력 세력이 결합되어 있었다. 1858년 영국 정부는 동인도회사로부터 인도의 통치권을 상당 부분 환수했다. 그리고 나서 버마, 말라야, 보르네오의 일부까지 영토를 확장했다. 같은 시기 프랑스는 베트남을 점령했고, 그 뒤 라오스와 캄보디아까지 차지해서 1887년에 프랑스령 인

---

2 Dina R. Khoury and Dane K. Kennedy, "Comparing empires: the Ottoman domains and the British Raj in the long nineteenth century," *Comparative Studies of South Asia, Africa and the Middle East* 27:2 (2007), 233-244. See Peter F. Bang and C. A. Bayly, eds., *Tributary Empires in Global History* (London: Palgrave, 2011), p. 6, for a counter-argument.
3 See Eric Tagliacozzo and Wen-Chin Chang, eds., *Chinese Circulations: Capital, Commodities, and Networks in Southeast Asia* (Durham, NC: Duke University Press, 2011).

도차이나가 형성되었다. 네덜란드 정부는 네덜란드 동인도회사로부터 자와를 포함한 여러 섬들을 회수하여 직접 통치했다. 동남아시아에서는 오직 태국(Siam)만이 독립국으로 남아 있었다. 1880-1914년 사이, 영국, 프랑스, 독일, 벨기에, 스페인, 이탈리아는 아프리카를 차지하기 위해 서로 경쟁했고, 1914년에 이르러서는 에티오피아와 라이베리아를 제외한 아프리카 대륙 거의 전부가 그들의 지배하에 놓였다. 19세기 말엽에는 미국이 과거 스페인의 식민지였던 쿠바, 푸에르토리코, 필리핀을 장악했으며, 일본은 대만과 한국을 보호령으로 편입했다.(지도 13-3)

대륙 제국과 해양 제국의 구분과 상관 없이, 어느 제국을 연구하더라도 주안점은 정치군사적 측면, 즉 기존 국가의 영토 정복 문제였다. 1776년 에드워드 기번의 《로마 제국 쇠망사》 첫 권이 출간된 이후로 제국이란 그 책에서 정의한 대로 인식하는 경우가 많았으며, "제국의 역사(imperial history)"라고 하는 범위가 크고 오랜 전통의 연구 분야에서도 마찬가지였다.[4] 이런 유형의 역사는 "국가사(national history)"와는 다른 것으로 취급되었다. 대개는 군사 전략, 외교 협상, 전쟁에 주목했고, 자신이 섬기는 제국을 위해 영토와 인력과 자원을 획득했던 "현장의 주역들(men on the spot)"의 인품과 동기를 내용으로 다루었다. 일부 역사가들은 제국 건설의 "위인"에 대한 강조를 깨트리고자 했다. 그래서 종교나 무역 등 사회경제적 측면에 초점을 맞추었다. 그러나 그들도 기본적으로 제국은 경계와 특징이 분명한 실체라는 관점을 유지하고 있었

---

4 Edward Gibbon, *The Decline and Fall of the Roman Empire*, abridged (London: Penguin, 1952), pp. 55-59, 89.

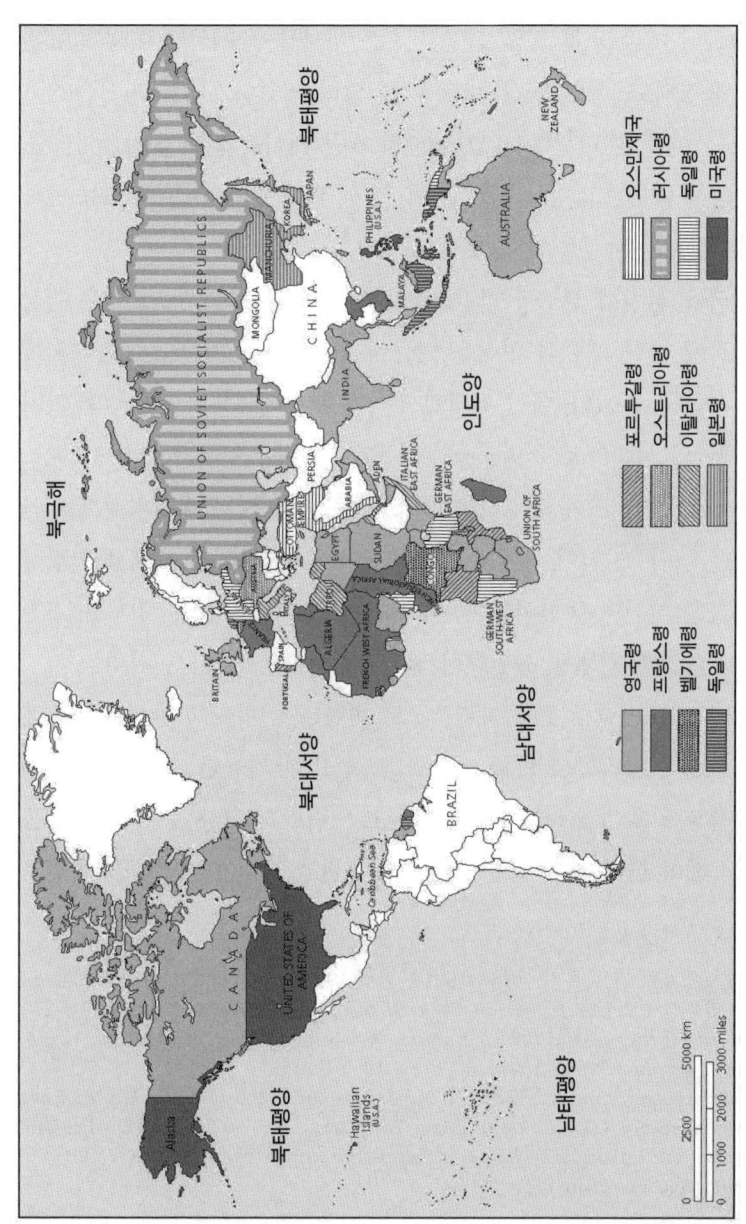

〈지도 13-3〉 1914년의 주요 해양 제국들

CHAPTER 13 - 제국주의에 대하여

다. 그들의 제국 또한 몇몇 선구자 혹은 바보들이, 제국을 어떻게 유지하고, 확장하고, 일부를 상실하느냐에 달려 있었다.[5] 니얼 퍼거슨(Niall Ferguson)이나 존 다윈(John Darwin)의 최근 저서를 읽은 독자들이라면, 그들 역시 학문적 전통에 따라 정치, 경제, 외교, 혹은 영향력 있는 인물을 강조한다는 사실을 알 수 있을 것이다.[6]

제국을 정치적 영토를 기반으로 하는 실체로 보는, 이와 같은 관점은 제국에 대한 대중적 인식을 만들어 왔다. 이는 비디오 게임에서도 쉽게 확인할 수 있다. 이전 세대에서 하던 보드게임에서도 그랬던 것처럼, "제국의 시대(Age of Empires)"라든가 "유로파 유니버살리스(Europa Universalis)" 시리즈에 등장하는 제국은, 동질적이며 사회정치적으로 안정적인 "핵심" 지역이 세계로 자신을 투사하여, 자신의 체제를 확장하고 타자를 자신에 동화시키는 존재로 등장한다. "파란색" 영토를 가진 세력이 다양한 기법을 동원해서 전진하면 지도상의 다른 지역을 차지하게 되고, 그러면 그곳도 파란색으로 변한다. 아마도 파란색은 붉은색이나 노란색 나라들과 싸울 것이고, 그들 또한 가능한 지도의 많은 지역을 붉은색 혹은 노란색으로 바꾸려고 노력할 것이다. 승리는 힘을 통해 획득해야 한다. 만약 붉은색 군대와 노란색 군대가 전멸하면, 파란색

---

5 이 전통에 대한 최신 연구는 다음 학술지를 참조. 1972년에 창간되었으며, 주로 대영제국에 초점을 맞추고 있다. *Journal of Imperial and Commonwealth History*. 또한 The Oxford History of the British Empire, 특히 Robin Winks, ed., *OHBE, Vol. 5: Historiography* (Oxford University Press, 1999)를 보라.
6 Niall Ferguson, *Empire: The Rise and Demise of the British World Order and the Lessons for Global Power* (New York: Basic Books, 2002); John Darwin, *The Empire Project: The Rise and Fall of the British World-System, 1830-1970* (Cambridge University Press, 2009).

은 지도의 나머지 지역도 지배할 수 있을 것이고, 말 그대로 게임이 끝나게 된다.[7]

최근 수십 년 동안, "제국의 역사 다시보기"라는 연구성과를 발표하는 일부 역사가들이 등장했다. 그들은 제국의 개념을 유연하게 발전시켰다. 전통적으로는 학계와 대중 모두 정치, 기술, 군사 문제에 중점을 두었지만, 새로운 제국사를 연구하는 역사가들은 그보다는 세계의 수많은 지역에서 권력의 불평등을 강조했다. 이와 같은 새로운 관점은 저항, 문화적 혼종성, 식민지 폭력의 지속적 영향, 제국 내부의 문화적 차이, 보다 일반적인 사회문화적 문제에 더 많은 관심을 기울였다. 예를 들어 제국의 역사 전문가 안트와네트 버튼(Antoinette Burton)과 토니 발렌타인(Tony Ballantyne)의 저서 《신체 접촉(Bodies in Contact)》에서는 제국을 이렇게 정의했다. "무역, 지식, 이주, 군사력, 정치적 개입의 웹(web, 그물망), 이를 통해 특정 공동체가 다른 집단에 대하여 영향력과 주권을 행사하였다. … 이와 같은 '제국의 웹(그물망)'은 교환, 이동, 전유(appropriation), 착취의 체제로 작동했으며, 제국 건설 세력이 종속 집단의 천연자원, 공산품, 가치 있는 기술을 착취할 수 있도록 만들어졌다."[8] 이처럼 웹(그물망)이라는 개념으로 보면, 영토뿐만 아니라 금융, 문화, 정보의 측면에서도 제국을 들여다볼 수 있다. 이런 관점에서는 제국이 반드시 국가 권력

---

7 비디오 게임에 관한 보다 심도 있는 논의는 다음을 참조. Matthew Wilhelm Kapell and Andrew B. R. Elliott, eds., *Playing With the Past: Digital Games and the Simulation of History* (London: Bloomsbury, 2013).

8 Tony Ballantyne and Antoinette Burton, eds., *Bodies in Contact: Rethinking Colonial Encounters in World History* (Durham, NC: Duke University Press, 2005), p. 3.

일 필요는 없으며, 다국적 기업이나 로마 가톨릭 교회, 혹은 세계은행과 같은 초국적 조직도 제국에 포함될 수 있는 것이다.[9]

제국의 개념을 폭넓게 규정하는 연구는 흔히 문화적 주제에 초점을 맞추는 경우가 많았다. 역사학자들뿐만 아니라 때로는 문학 연구자들이 참여하기도 했다. 예컨대 18세기에는 제국을 살아 있는 신체에 비유하며 팔, 심장, 머리, 혀, 가슴 등을 가지고 있고, 탄생, 성장, 쇠락, 죽음의 과정을 거치는 유기체와 동일시되곤 했다. 이와 같은 육체적 비유에서는 해외 식민지를 부모의 몸에서 태어난 아이들이라고 상상했다. 미국의 독립전쟁 같은 식민지의 반란은 부모의 지나친 방종이나 양육 태만으로 자녀가 부모에게 저항하는 것처럼 묘사되었다. 문학평론가 애나 메이 두웨인(Anna Mae Duane)이 주장한 바와 같이, 미국의 독립으로 부모-자식의 은유가 사라진 것은 아니었다. 그보다는 오히려 18세기 후기를 거쳐 19세기 서구에서 "적절한" 양육과 건강한 아동기의 이상에 대한 강렬한 관심을 불러 일으켰다. 제국의 유지를 위해 (비유적으로) 육아가 중요한 문제로 인식되었던 것이다.[10]

"제국의 웹(그물망)" 개념을 모두가 받아들인 것은 아니었다. 일부 학자들은 국가 체제가 있는 제국과 그렇지 않은 제국을 구분하고자 했다. 후자는 전자만큼 군사화되지 않고 공식화되지 않아서 "영향력의 공간"이나 "비공식 제국"으로, 혹은 때로는 "소프트 제국(soft empire)"으로 일

---

9 Ibid. pp. 1-5.
10 Anna Mae Duane, *Suffering Childhood in Early America: Violence, Race, and the Making of the Child Victim* (Athens, oh: University of Georgia Press, 2010), pp. 129-131.

컬어진다.[11] 그러나 공식 제국과 비공식 제국의 구분은 대륙 제국과 해양 제국의 구분 못지 않게 어려운 일이다. 예컨대 19세기에 대영제국의 경계선을 그어보려 한다면 곧장 그와 같은 문제에 직면하게 될 것이다. 역사학자 안소니 홉킨스(Anthony Hopkins)와 피터 케인(Peter Cain)은, 대영제국 팽창의 근간이 "신사적 자본주의(gentlemanly capitalism)"의 실천 혹은 해외 투자를 촉진하는 성향이었다고 주장한다. 그것이 귀족계층과 영국 정부가 수많은 영유권 주장, 경제적 혁명, 외교적 비상사태에 대처하는 방식이었다. 그들의 연구에 따르면, 특히 브라질을 비롯한 남아메리카의 여러 지역에서 영국 권력의 "비공식적" 위치는, 직접 통치 지역이었던 영국령 인도 못지 않게 대영제국에서 중요한 역할을 담당했다. 그들은 제국 체제의 연구에서 공식과 비공식, 하드와 소프트의 구분을 없애는 것이 중요한 것이 아니라, 그것을 같은 프로젝트의 다른 양상으로 분석해야 한다고 주장했다.[12] 브라질은 이를 극명하게 보여주는 사례였다. 대영제국에서는 1830년대에 공식적으로 노예제도가 폐지되었지만, 영국의 금융인이나 기업 소유주들은 막대한 이권을 소유한 채 브라질 노예 노동 경제로부터 계속해서 이익을 얻고 있었다. 19세기의 브라질은 영국의 비공식 식민지였다. 영국의 금융업자들은 노예폐지운동

---

11 Stephen Howe, ed., *The New Imperial Histories Reader* (London: Routledge, 2009), pp. 3-11.
12 P. J. Cain and A. G. Hopkins, *British Imperialism: 1688-2000*, 2nd edn (New York: Routledge, 2000), pp. 1-61, 271-274. 라틴 아메리카에서 미국 개입 및 비공식적 제국에 대한 논의는 다음을 참조. Gilbert Michael Joseph et al., eds., *Close Encounters of Empire: Writing the Cultural History of US-Latin American Relations* (Durham, NC: Duke University Press, 1998).

에 대항하기 위해 막강한 로비 조직을 구성했다. 브라질에서는 1888년까지도 노예제가 존속되고 있었다. 대영제국의 네트워크 안에서 브라질의 비공식 체제는 공식 체제에서는 얻을 수 없는 수준의 착취를 가능케 하는 방식이었다. 만약 이러한 착취가 대영제국을 연구하는 역사가의 연구 대상이 아니라고 한다면, 이는 제국 경제 체제의 중요한 일부를 간과하는 셈이 될 것이다.[13]

제국의 외곽 경계를 긋는 일이 복잡한 문제라면, 마찬가지로 제국 안에서 제국주의의 손길이 전혀 미치지 않은 지역을 찾으려 해도 역시 쉽지 않은 일이다. 이 문제를 구체적으로 파악하기 위해 역사학에서는 "내부적 식민지(internal colonialism)"라는 개념을 발전시켰다. 이는 제국의 범주 안에서 형성된 식민지, 본국, 민족국가 같은 구조적이고 문화적인 불평등 권력관계를 의미한다. 19세기와 20세기 국가 건설 프로젝트는 대개 "통일"과 "연방"의 서사를 중심으로 추진되었다. 그 과정에서 그들이 주장하는 국경의 범위 안에 있는 특정 집단이 예속관계로 편입되는 것은 불가피한 일이었다. 아메리카, 알제리, 남아프리카, 오스트레일리아, 뉴질랜드 등 많은 지역에서 내부적 식민지와 관련된 고전적인 주제는 "개척지"의 확장, 원주민 정책, 원주민의 저항 운동 등이었다. 뿐만 아니라, 영국, 스페인, 독일, 이탈리아에서의 체제 "강화(forging)"의 과정도 내부적 식민지로 볼 수 있다. 각국의 역사는 팽창주의적 서사로 볼 수 있다. 영국, 카스티야, 프로이센, 피에몬테는 각기 주변을 향한 야심을

---

13 Marika Sherwood, *After Abolition: Britain and the Slave Trade Since 1807* (New York: I. B. Tauris, 2007), pp. 83-110.

가지고 있었고, 한 국가의 패권을 중심으로 주변을 병합하기 위한 작업을 수행했다. 그 과정에서 예컨대 스코틀랜드나 카탈루냐 같은 끈질긴 독립운동은 일어날 수밖에 없는 일이었다. 아이러니하게도 "대륙 제국"이라는 명칭은 내부 식민주의의 현실을 더욱 분명하게 드러내 준다. 결과적으로 러시아, 오스트리아, 무굴, 청 등의 제국들이 내부가 통일적이며 긴장관계가 없는 평화로운 실체라는 개념도 즉시 사라진다.

불평등한 관계의 네트워크로 제국을 이해하면 제국의 개념은 상당히 유연해진다. 자본주의적 비공식 네트워크(상업이나 무역), 공식적인 정치 네트워크(본국과 식민지), 기타 1750년 이후의 여러 형태의 교환(문화교류, 사회적 상호작용)의 경계를 지워버린다면, "제국 연구에 포함되지 않는 게 무엇인가?"라는 질문이 제기될 수 있다. 이 질문은 기존의 어떤 웹(그물망) 혹은 네트워크가 제국주의와 관련이 있다는 선입관을 염두에 두고 있기 때문에 제기되는 것이다. 그보다는 언제 어디서 제국주의가 적용되는지가 중요하다. 그래서 질문은 다음과 같이 바뀌어야 한다. 어떤 네트워크가 존재한다면 그것이 세력(권력)의 불평등에 기여하는가? 그것이 착취의 패턴에서 일부를 차지하는가? 그것이 공적 기관 내지는 개인의 권력 강화에 도움이 되는가? 이러한 관점의 변화가 예컨대 버튼(Burton)과 발렌타인(Ballantyne)의 연구에 반영되어 있다. 그들에 따르면 1750년 이후의 제국은 "단절이 없는 일관된 전체가 아니라 흔히 서로 어울리지 않는 조각들의 집합"에 지나지 않았다.[14] 그들의 시각

---

14 Tony Ballantyne and Antoinette Burton, *Empires and the Reach of the Global, 1870-1945* (Cambridge, MA: Belknap Press of Harvard University Press, 2012), p. 22.

은 인류학자 앤 스톨러(Ann L. Stoler)의 주장을 따랐다. 앤 스톨러는 제국주의 연구에서 식민지 지배 권력이 무소불위의 권력을 가진, 통일된 동기와 체제를 갖춘 잘 정비된 실체였다는 선입관을 가져서는 안 된다고 주장했다. 오히려 제국 안에서는 "불균형하고, 불완전하며, 심지어 서로 상관없는" 요소들이 각기 나름대로 발전해 나가고 있었다. 여기에 시간에 따른 제국주의 네트워크의 변화 연구를 덧붙인다면 제국의 역사는 매우 복잡한 주제가 될 것이다. 앤 스톨러는 제국주의란 다양한 역사적 맥락에서 그것을 이해하고 끊임없이 재평가하기 위한 "임시방편적 개념(working concepts)"에 불과하다고 말했다.[15] 보편적 정의로 제국을 규정하는 것은 불가능한 일이다.

제국은 어떻게 작동하는가?

앞에서 언급했던 비디오 게임에서 파란색 영토는 가능한 많은 지역을 파란색으로 편입하여 동질화하려 했지만, 버뱅크와 쿠퍼의 연구에 따르면 식민 제국은 이와 달리 차별 구조를 만들거나 유지함으로써 제국을 운영하고자 했다. 제국을 건설한다는 것은 최소한 두 집단의 권력 불평등 구조를 만드는 것을 의미한다. 전통적으로 한 집단을 "식민지 지배자(colonizer)"로, 다른 한 집단을 "식민지 피지배자(colonized)"로 지칭했다.[16]

이와 같은 권력 관계를 역사학에서는 대개 "제국 건설 프로젝트

---

15 Ann L. Stoler, *Carnal Knowledge and Imperial Power: Race and the Intimate in Colonial Rule* (Berkeley, CA: University of California Press, 2002), p. 206.
16 Burbank and Cooper, *Empires in World History*, pp. 11–13.

(imperial project)"라 했는데, 그것이 드러나는 방식은 다양했다. 군사력과 영토적 측면에서 물리적으로 분명한 지배력을 보여주는 경우도 있었고, 다른 집단의 역사를 서술하는 등 보다 미묘한 상호작용을 하는 경우도 있었다. 그러나 평등한 제국이란 존재하지 않았고, 지금도 마찬가지다. 그래서 레닌(Lenin)을 비롯한 소련의 건설에 기여했던 사람들은 계급의 평등을 촉진하기 위해서는 제국주의에 맞서 싸워야 한다고 주장했다.[17] 제국이 불평등한 권력 관계라면, 즉 불평등 권력 관계가 만들어지고 정당화되기 위해서는, 제국 내부에 어떤 방식으로든 서로 다른 집단이 존재해야 했다.

제국 연구에서는 제국 본국과 식민지의 관계를 설명하는 모델은 대표적으로 두 가지가 있다. 둘 중에서 더 전통적인 모델은 이른바 "중심축과 바퀴살(hub-and-spoke)" 모델 혹은 "중심부와 주변부(core and periphery)" 모델이다. 이 모델의 설명에 따르면, 중심부는 안정적이고 이미 "문명화"의 형태가 갖추어져 있으며, 그로부터 정부 조직, 인력, 기술, 재정 수단, 종교, 대도시 문화를 비롯한 문명의 모든 요소가 여러 주변부, 식민지 공간으로 투사된다. 반대로 본국에서는 원재료를 획득하여 경제 발전의 계기가 만들어진다. 그래서 이 모델을 통해 1750년 이후에 형성된 혹은 확장된 제국들을 분석할 때는 본국에서 주변부로 전달되는 영향관계 혹은 이를 수행하는 대리인에 주목했다. 그것이 중심축과

---

17 V. I. Lenin, *Imperialism, the Highest Stage of Capitalism* (c. 1916; New York: International Publishers, 1939). 유명한 조지 오웰의 말처럼, 소련의 실제 작동 방식은 소련의 주장과는 달리 일부가 다른 이들보다 더욱 평등했다. George Orwell, *Animal Farm: A Fairy Story* (c. 1945; Los Angeles: Green Light, 2012).

바퀴살 모델에서 바퀴살에 해당하는 요소들이었다. 여기서 "식민지 개척자"와 "식민지 피지배자"의 구분은 그대로 유지되었다. 두 개의 범주는 분명한 시간적 선후관계에 놓여 있는 것으로 간주되었다. 식민지 개척자의 권력이 형성되고, 이들이 외부로 팽창해 나가며, 식민지에 영향을 미치는 순서였다. 그런 점에서 앞에서 언급한 비디오 게임에서 파란색 영역이 확장되는 것과 다를 바가 없었다.[18] 이런 관점에 따르면, 식민지의 역사를 서술하는 역사가는 본국의 형성을 연구해야 하지만, 본국의 역사를 서술하는 역사가는 식민지에 그다지 관심을 둘 필요가 없다. 식민지는 그저 부수적인 의미에 지나지 않기 때문이다.

이와 같은 근대 제국주의 연구 모델은 최소한 19세기부터도 비판의 대상이 되었다. 다다바이 나오로지(Dadabhai Naoroji)나 홉슨(J. A. Hobson) 등의 경제학자들은 영국 경제적 번영의 상당 부분이 특히 인도를 비롯한 제국 체제의 착취 구조에서 비롯되었다는 점을 강조하면서 영국 제국주의를 비판했다.[19] 1944년 에릭 윌리엄스(Eric Williams)는 《자본주의와 노예제(Capitalism and Slavery)》라는 책을 통해 이러한 관점을 더욱 확장시켰다. 그의 책에서는 영국의 산업이 대체로 노예와 제

---

18 Catherine Hall, "Introduction: thinking the postcolonial, thinking the empire," in Catherine Hall, ed., *Cultures of Empire: A Reader* (New York: Routledge, 2000), pp. 1-33. 여기서 나는 중심부/주변부 모델과 식민지/본국 모델을 하나로 통합했다. Kevin Grant, Philippa Levine, and Frank Trentmann, eds., *Beyond Sovereignty: Britain, Empire and Transnationalism, c. 1880-1950* (London: Palgrave, 2007), p. 8을 참조하라.
19 On Dadabhai Naoroji, see Sukanya Banerjee, *Becoming Imperial Citizens: Indians in the Late-Victorian Empire* (Durham, NC: Duke University Press, 2010), pp. 36-74. J. A. Hobson, *Imperialism* (1902; Cambridge University Press, 1992).

국주의를 통한 대서양 목화 무역에 기반을 두었다는 사실을 보여주었다.[20] 프랑스 역사에 관한 논의도 있었다. 제임스(C. L. R. James)는 일찍이 1938년에, 아이티와 프랑스 혁명을 상호 연관된 발전의 과정으로 이해해야 한다고 주장했다.[21] 20세기 중엽 탈식민지의 분위기 속에서 프란츠 파농(Frantz Fanon)이나 에메 세제르(Aimé Césaire) 같은 학자들도 유럽의 발전이 제국주의적 맥락에서 이루어졌다는 주장에 힘을 실었다. 종합하자면 역사학에서 시도했던 유럽 제국주의 비판은 첫째, 유럽과 식민지의 역사를 동일한 분석틀로 가져왔으며, 둘째, 제국-식민지 관계가 유럽 발전에(개념적으로, 경제 및 문화적으로, 물론 정치적으로) 얼마나 기여했는지를 보여주었다. 프란츠 파농의 책 《대지의 저주받은 자들》(Les Damnés de la Terre)에 나오는 유명한 문구처럼, "유럽은 말 그대로 제3세계의 산물이다."[22] 에메 세제르가 《식민주의에 관한 담론》(Discours sur le colonialisme, 1955)에서 보여주었던 것처럼, 양차 세계대전을 거치며 유럽에 벌어졌던 참상, 특히 나치의 인종주의는 식민지에서 처음 만들어졌다. 제국주의의 이름 아래 만들어졌던 폭력적인 문화와 기술이 나중에는 유럽으로 전파되었다.[23] 에메 세제르의 논지는 분명 강제수용소의 역사를 염두에 두었을 것이다. 수용소는 1898년에서 1902년 사이 영국과 스페인 제국에서 거의 동시에 발달했던 제국주의의 산물이었다.

20 Eric Williams, *Capitalism and Slavery* (Chapel Hill, NC: University of North Carolina Press, 1944).
21 C. L. R. James, *The Black Jacobins* (London: Penguin, 2001).
22 Frantz Fanon, *The Wretched of the Earth* (New York: Grove, 1963), p. 58.
23 Aimé Césaire, *Discourse on Colonialism* (New York: Monthly Review Press, 2000), pp. 36-37.

스페인은 쿠바와 필리핀에서 일어났던 반식민지 민족 봉기에(그리고 나중에는 미국과의 전쟁에) 대처하기 위해, 그리고 영국은 남아프리카에서 벌어졌던 제2차 보어전쟁(Second Boer War)에서 보어인을 진압하기 위해 수용소를 만들었다. 히틀러는 보어인의 역사에 심취했던 인물이다.[24]

1980년대와 1990년대에는 이와 같은 20세기 중엽의 저서들로부터 실마리를 얻은 많은 학자들이 등장했다. 그들은 중심축-바퀴살 모델의 논리, 특히 본국-식민지 영향관계의 일방통행에 의문을 제기했다. 영국을 연구한 연구자들이 먼저 두각을 나타내었다. 이들은 영국의 국가 구조와 문화적 양상이 먼저 발달해서 나중에 식민지로 수출된 것이 아니라, 식민지와 영국 제국주의가 동시에 등장했음을 보여주었다. 물질문화를 연구한 학자들은 전형적인 빅토리아 시대와 그 이전 조지 시대의 행동양식(차 문화, 커피하우스, 단 음식, 초콜릿, 마호가니 가구, 상아로 만든 장신구, 코담배, 면직물, 다이아몬드 장신구, 쌀, 커리, 숄, 페이즐리 문양, 아편굴 등)이 모두 제국과 식민지의 상호교류 위에 만들어졌음을 보여주었다.[25] 또 다른 학자들은 소비주의와 산업화, 자유주의, 정부의 통제방식, 젠더와 인종 및 섹슈얼리티에 대한 관념 등 근대 영국의 정치적, 지적, 사회적, 경제적 발전에 제국주의/식민지 관계의 요소들이 내재되어 있음을 보여주었다.[26] 즉, 영국을 만드는 것과 대영제국을 만드는 것이 상호

---

24 H. L. Wesseling, *The European Colonial Empires, 1815-1919* (London: Pearson, 2004), pp. 138-139.
25 James Walvin, *Black Ivory: Slavery in the British Empire* (New York: Wiley, 2001); Elaine Freedgood, *The Ideas in Things: Fugitive Meaning in the Victorian Novel* (University of Chicago Press, 2006).
26 Kathleen Wilson, *A New Imperial History: Culture, Identity and Modernity in*

보완적 발전의 과정을 거쳤던 것이다. 더욱이 식민지들 사이의 네트워크는 본국-식민지 교류만큼 중요한 역할을 했다는 점에서 중심축-바퀴 모델은 제국이 작동한 현실을 설명하기에 적절치 않았다. 현실 속에서는 매우 유동적이고 다양한 방향으로 뻗어나가는 대영제국의 모습이 나타났다. 상품과 사람, 사상은 본국과 식민지, 그리고 식민지들 사이에서 여러 방향으로 흘러갔고, 제국, 식민지, 민족, 거대도시의 발전이 서로 분명하게 구분되지 않았다. 역사학자 므리날리니 신하(Mrinalini Sinha)는 이를 "제국적 전환(imperial turn)"이라 칭하며, 영국과 제국의 상호작용 상황이 만들어지면서 영국 역사 자체가 "제국의 시대"로 접어들 수 있었다는 점을 강조했다.[27] 이와 같은 새로운 관점에 따르면, 영국사를 이해하고자 한다면 반드시 제국과 식민지의 역사를 모두 연구하지 않을 수 없다.

초점을 네트워크에 맞추면 제국의 두 번째 모델, 즉 앞에서 언급했던 웹(그물망)의 형성으로 논의가 이어진다. 웹(그물망) 혹은 네트워크 모델은 제국 안에서 다양한 방향으로의 흐름과 영향관계를 설명할 수 있으며, 제국의 사회에 대해서도 더욱 복합적인 이해가 가능하다. 네트워크 모델에서는 여러 개의 중심지와, 항구, 역(정류장), 그 사이의 긴 구간 등

Britain and the Empire, 1660-1840 (Cambridge University Press, 2004); Philippa Levine, *Prostitution, Race, and Politics: Policing Venereal Disease in the British Empire* (New York: Routledge, 2003); Catherine Hall, *Civilising Subjects: Metropole and Colony in the English Imagination, 1830-1867* (University of Chicago Press, 2002).

27 Mrinalini Sinha, *Specters of Mother India: The Global Restructuring of an Empire* (Durham, NC: Duke University Press, 2007), pp. 17-26.

여러 곳의 개척 지역을 설정할 수 있다. 네트워크 연구는 반드시 특권을 인정하지 않더라도, 심지어 본국에 대한 연구를 포함하지 않더라도 얼마든지 가능하다.[28]

그러나 이 개념 자체의 문제도 없지는 않다. 대영제국을 네트워크로 보면 국가적 발전이 바퀴살과 별개로 자족적인 바퀴축이 발달한 것으로 보는 관점을 어느 정도 벗어날 수는 있지만, 그럼에도 불구하고 여전히 대영제국은 다른 맥락(유럽 대륙이나 세계)과는 어느 정도 동떨어져 있는 분리된 구조라는 인상을 준다는 것이 비평가들의 논지다.[29] 대도시의 권력을 그토록 철저하게 탈중심화하고, 주변부 지역의 주변적인 사건에 집중하면 전체 시스템을 불안정하게 만들 수 있고, 네트워크 모델의 지지자들이 대도시 개척, 특히 정치경제적 측면의 이야기를 모호하게 할 위험이 있다고 주장하는 비평가들도 있다.[30] 이와 같은 두 가지 비판은 네트워크 모델 연구가 내포하는 어려움을 말해주고 있다. 네트워크 모델의 단점을 수정한 새로운 연구 방향들도 있는데, 그 중에 "별자리" 모델이 포함되어 있다. 세계화의 개념을 설명할 때 이미 사용된 적이 있는 모델이다. 이 모델은 네트워크와 네트워크 사이의 축적과 상호작용이라는, 기존에 누락되었던 제3의 차원을 통합하는 연구 방식이다. 이외에도 디지털 역사 방법론의 도움을 받아 예상치 못한 흐름이나 활동의 중심지를 찾아냄으로써 더욱 체계적인 네트워크 분석이 필요하다는 의견

---

28 Tony Ballantyne, *Orientalism and Race: Aryanism in the British Empire* (London: Palgrave, 2002), pp. 1-17.
29 Grant, Levine, and Trentmann, eds., *Beyond Sovereignty*, pp. 6-7.
30 Howe, ed., *New Imperial Histories Reader*, pp. 11-12.

도 있다.³¹ 공간 분석의 중요성이 갈수록 커지면서, 그것이 앞으로 나아가야 할 연구의 방향이라고 주장하는 학자들도 많다.³² 어떤 모델을 이용하든지, 시공간의 측면에서 네트워크의 다양한 규모와, 정치, 경제, 사회, 문화 등 다양한 측면에서 네트워크의 다양한 수준을 연구하고 평가하는 것은 여전히 역사 연구자의 몫으로 남아 있다. 이는 한 명의 학자가 해내기 어려운 작업이므로, 앞으로 역사학자들의 훨씬 더 많은 공동 연구가 필요할 것이다.

영국 이외에도 거대도시 중심지를 보유한 다른 많은 나라에서 제국적 전환(imperial turn)이 일어났다. 특히 미국, 네덜란드, 프랑스, 독일이 이 대열에 합류했다. 대영제국을 이해하기 위해 개발된 모델과 방법론이 유럽의 다른 제국 혹은 유럽이 아닌 다른 지역의 제국에 과연 어느 정도로 적용될 수 있을지는 논란이 있다. 영국사에서 유효했던 "상호적 구성(mutual constitutiveness)" 개념이, 대영제국보다 늦게 형성되었고 존속 기간도 짧았던 독일 제국의 경험에서도 타당할 것인가?³³ "서양" 혹은 유럽의 제국주의 경험을 단일한 하나의 현상으로 말할 수 있을까? 제국 간의 차이를 고려할 때는 무엇이 중요하며, 역사적으로 이러한 차이를 고려했을 때 이득은 무엇인가? 예를 들어 버튼(Burton)과 발렌

---

31 Stephen Morillo, *Frameworks of World History: Networks, Hierarchies, Culture*, combined volume (Oxford University Press, 2013), pp. xxiii–xxxii; Steven Topik, Carlos Marichal, and Zephyr Frank, eds., *From Silver to Cocaine: Latin American Commodity Chains and the Building of the World Economy, 1500-2000* (Durham, NC: Duke University Press, 2006), pp. 1-18.
32 Sanna Turoma and Maxim Waldstein, eds., *Empire De/Centered: New Spatial Histories of Russia and the Soviet Union* (New York: Ashgate, 2013).
33 Shelley Baranowski, *Nazi Empire* (Cambridge University Press, 2011), pp. 1-8.

타인(Ballantyne)의 주장에 따르면, 우리는 영국을 전형적인 현대 제국으로 보기 때문에, 다른 제국들을 연구하면서 어떤 절대적인 차이를 찾아보려 하지만 결국은 영국의 패러다임에 갇히게 되고, 영국의(그 연장선상에서 미국의) 제국주의를 비교의 표준으로 설정하게 된다.[34] 아디브 칼리드(Adeeb Khalid)의 주장에 따르면, 소련 제국주의는 우선순위와 발전 과정이 영국, 프랑스, 네덜란드의 제국주의와 달랐다. 이를 "서양"의 제국주의와 비교하여 어떤 병적인 현상으로 이해하는 것은 냉전적 사고의 연장일 뿐이며, 세계적으로 지난 200년 동안 발전해온 근대의 다양성을 가리는 것일 따름이다.[35]

웹(그물망) 모델은 제국의 역사에서 또 한 가지 중요한 문제, 즉 식민지 지역에서의 타자들 간의 만남이라는 주제의 연구에 잘 들어맞는다. 이를 연구하기 위해서는 식민지 개척자들이 도착하기 이전에 존재했던 중요한 정치, 경제, 문화적 형성의 과정을 고려해야 한다. 버뱅크(Burbank)와 쿠퍼(Cooper)의 연구가 보여주었듯이, 적어도 14세기 몽골 제국의 시대부터, 그리고 분명 스페인, 오스만, 영국, 프랑스, 심지어 미국 제국에 이르기까지, 모든 제국은 해당 지역에 이미 존재하던 구조와 네트워크를 적극적으로 활용하는 것이 표준적인 제국의 운영 방식이었다. 이러한 사례는 대단히 많다. 이른바 "신세계(Nuevo Mundo)"에 진출했던 스페인도 새로운 제국을 건설했다기보다는 잉카와 아즈텍 제국의

---

34 Ballantyne and Burton, *Empires*, p. 14.
35 Adeeb Khalid, "Backwardness and the quest for civilization: early Soviet Central Asia in comparative perspective," *Slavic Review* 65:2 (Summer 2006), 231-233. Wesseling, *European Colonial Empires*, pp. x-xi. Wesseling은 애국주의적 관점에서 대영제국을 지나치게 강조하면 네덜란드와 포르투갈의 노력을 과소평가하게 된다고 주장했다.

기존 웹(그물망)을 장악하고 이를 연결시켰다. 영국, 네덜란드, 포르투갈의 동인도회사들도 무굴 제국의 체제와, 이미 충분히 발달해 있었던 인도양 교역 네트워크를 이용했다. 과거 몽골에 정복된 경험이 있었던 러시아의 제국주의자들은 아시아, 중동, 유럽의 통치 기술을 흡수하여 그들의 제국을 건설했다. 18세기 남인도 지역에 존재했던 티푸 술탄(Tipu Sultan)의 제국은 오스만, 무굴, 프랑스 방식을 독창적이면서도 잔혹하게 결합한 사례였다. 따라서 일반적으로 제국이란, 특히 1750년 이후의 제국들은 기존의 착취 네트워크에 연결된 구조와 지식, 그리고 대부분의 경우 그 인력에 기반하여 건설되었다. 그 결과로 나타난 식민주의 체제는 모든 종류의 지역 발전을 통합한 혼종의 형태였다. 그러므로 근대의 식민지 세계는 "식민지 이전"의 상황에 기반했다기보다는, 비슷비슷한 다른 제국주의 네트워크에 기반하여 만들어졌다. 제국 사회가 형성되는 도가니 속에서 기존의 여러 형태가 번역, 유통, 응용, 재구성의 과정을 거쳤다. 하나의 상황에서 적용된 식민지 전략은 다른 상황에도 적용될 수 있었다. 마찬가지로 성공적인 저항 전술도 제국을 넘나들며 전파될 수 있었다. 특히 근대 유럽 열강들이 아무 것도 없는 허공에서 제국의 웹(그물망)을 만들었다고 생각한다면, 그것은 유럽 예외주의(european exceptionalism)의 신화에 속아넘어가는 것일 뿐이다.

혼종(Hybridization)이란 실제 DNA의 혼합뿐만 아니라 문화, 경제, 정치적 관습의 혼합에도 사용되는 용어로, 모든 제국에서 공통적으로 나타난 현상이었다.[36] 영국 요리에서 커리가 발달한 것도 혼종의 한 사

---

36 Peter Burke, *Cultural Hybridity* (Cambridge: Polity Press, 2009), pp. 1-12; Stoler,

레이며, 남아시아 사람들이 영어를 독특한 인도식 방언으로 사용하는 것 또한 또 다른 하나의 사례다.[37] 혼종을 연구할 때 언어는 특히 좋은 주제가 된다. 주지하듯이 19세기 세계 전역으로 영어가 퍼져 나가면서 식민지 사람들의 다양한 언어로부터 많은 어휘들이 영어로 흡수되었고, 그 반대 방향도 마찬가지였다. 스페인어, 프랑스어를 비롯한 다른 언어에서도 이런 일들이 일어났다. 제국 사회의 형성 과정에서 나타났던 혼종의 문제를 연구함으로써 우리는, 단순한 혼합 내지 결합의 특성을 밝히는 데 그치는 것이 아니라, 제국의 기획자들이 끊임없이 노력을 기울여야 했던 과정을 이해할 수 있다. 그들은 착취의 네트워크가 자연스럽고, 정당하며, 저항할 수 없는 것처럼 보이게 만들어 저항의 싹을 잘라버리기 위해 "식민지 개척자"와 "식민지 피지배자"의 선천적 차이를 강조해야 했다. 혼종의 문제는 제국/식민지의 경험에서 근본적인 부분에 속한다. 혼종의 문제는 지속적으로 "식민지 개척자"와 "식민지 피지배자" 구분이 선천적이라는 주장의 허구성을 드러냈다. 그러므로 혼종이 언제 어떻게 부적절한 것으로 평가되었는지를 연구하는 것은 곧 제국의 네트워크에서 불평등이 어떻게 형성되었는지를 이해하는 데 결정적인 요소가 되는 것이다.

저항이 왜 중요한가?

1950년대 후반, 로널드 로빈슨(Ronald Robinson)과 존 갤러거(John

Carnal Knowledge, p. 110.
37 Shefali Chandra, *The Sexual Life of English: Languages of Caste and Desire in Colonial India* (Durham, NC: Duke University Press, 2012).

Gallagher)는 "제국주의의 공식적 사고방식" 연구에 착수했다. 그들의 목적은 대영제국 전체의 행정 관리 모델을 밝히는 것이었으며, 특히 1870년대 이후 영국령 아프리카에 중점을 두었다. 그들이 발견한 것은 제국의 행정이 기존에 알려진 것과 달리 대개 반응 위주였고, 상당히 분열되어 있었으며, 집중력이 부족했다는 사실이다. "빅토리아 시대 후기에 시작된 이른바 제국주의란 다름이 아니라 아일랜드, 이집트, 트란스발(남아프리카) 사람들의 반란에 방어적으로 대응하면서 시작되었다. … 글래드스톤(Gladstone) 내각의 모순적 행동으로 보건대, 영국 내부에 제국을 향한 강력한 의지가 있었다기보다는 아프리카 민족 운동에 거의 무의식적으로 대응하다 보니 새로운 아프리카 제국의 건설까지 나아갔던 것 같다. (글래드스톤이 이끌던) 자유당을 당황케 했던 결정적 변화는 유럽이 아니라 아프리카에서 일어났다."[38] 로빈슨과 갤러거의 연구 이후 후속 연구들도 나름의 주제들을 검토했지만, 기본적인 논점은 과연 식민지 공간에서 일어났던 저항이 제국의 운영 방식에 영향을 미쳤는가 하는 점이었다. 이는 지금도 제국의 역사 연구에서 가장 중요한 주제 중의 하나로 남아 있다. 이는 앞서 논의한 바와 같이, 식민지가 본국과 다른 식민지에 영향을 미치는 웹(그물망) 그 자체를 제국으로 보는 관점을 가능하게 했다. 또한, 이러한 연구는 학문적 관심의 중점을 변화시켰다. 더이상 제국주의 시대 몇몇 유명 인사의 행동은 연구의 중점이 될 수 없었다. 그보다는 저항이 제국의 웹(그물망)에 장기적으로 미친 영향과 그 본

---

38 Ronald Robinson and John Gallagher, with Alice Denny, *Africa and the Victorians: The Official Mind of Imperialism* (London: Macmillan, 1961), p. 161.

성이 보다 면밀한 연구의 대상이 되었다.

1898년에 시작된 중국의 의화단 운동이나 20세기 초반 인도의 힌드 스와라지(Hind Swaraj) 운동과 같은 대규모 무장 반란 또는 반식민지 정치 운동은 외부 세력의 지배에 대한 명백한 저항의 예로 간주되어 왔다. 이러한 운동의 역사적 중요성에 대해서는 해당 지역에서는 의문의 여지가 없었다. 오늘날에는 이 저항의 국제적, 제국 내부적, 그리고 전 세계적 함의를 평가하는 작업에 논의의 초점이 맞추어지고 있다. 예를 들면 남아프리카 전쟁에서 나타났던 보어 민족주의(Boer nationalism)가 20세기 초 중국 민족주의자들에게 어떤 영향을 미쳤는지, 또는 아이티 혁명이 어떻게 다양한 식민지 환경에서 저항의 영감을 불어넣었는지를 이해하는 연구 등이 있었다.[39]

하지만 이와 같은 전형적인 저항의 순간들만 제국의 작동 방식에 영향을 미친 것은 아니었다. 1985년에 정치학자 제임스 스콧(James C. Scott)은 일상적 저항 또는 "약자의 무기"라는 그의 주장을 발표했다. 그의 주장에 따르면 착취에 대한 저항이 단순히 무장 반란이나 조직적인 정치 시위를 통해서만 나타나는 것이 아니라 그 형태가 오히려 다양했다.[40] 불만을 품은 개인 혹은 공동체가 동원하는 방식은 화려하지는 않

---

39 Rebecca Karl, *Staging the World: Chinese Nationalism at the Turn of the Twentieth Century* (Durham, NC: Duke University Press, 2002), pp. 124-148; David Armitage and Sanjay Subrahmanyam, eds., *The Age of Revolutions in Global Context, c. 1760-1840* (London: Palgrave, 2010); David Omissi and Andrew Thompson, eds., *The Impact of the South African War* (London: Palgrave, 2002).
40 James C. Scott, *Weapons of the Weak: Everyday Forms of Peasant Resistance* (New Haven, CT: Yale University Press, 1985).

지만 실질적 효과가 있는 "사소한" 행위들이었다. 불복종, 사보타주, 회피, 풍자, 모방, 전복 행위 등을 통해 일상적으로 제국을 괴롭힐 수 있었다. 메리 프린스(Mary Prince)의 행동이 바로 그런 사례들 중 하나였다. 카리브해의 노예였던 그녀는 도망을 치거나, 주인의 감시를 벗어나 가족 공동체와 연락하거나, 질병 혹은 학대를 이유로 노동을 거부하거나, 모른 척하거나, 대가를 지불하고 자유를 사려고 하거나, 다른 주인이나 조직에 호소하거나, 주인과 다투는 등의 행동을 했다. 1820년대에는 마침내 영국의 노예폐지운동을 지지하며 자신의 생애 이야기를 저술로 남겼다. 그녀는 다양한 방식으로 체제를 괴롭히고 자아의 정체성을 유지해 나갔다.[41] 그녀는 비록 무기를 들지는 않았지만, 체제 내에 머무르면서 나름의 협상을 진행했다. 즉 어떤 임무는 수행하고 또 어떤 임무는 거부하며 자신만의 목표를 추구했다. 그렇게 함으로써 자신이 소속된 제국 네트워크의 운영 방식에 간접적인 영향을 미쳤다.

이 이야기는 우리에게 모종의 암시를 주고 있다. 제국의 소유주들이 물리력과 군사력으로 지역 혹은 인구를 지배하는 능력은, 제국의 네트워크를 개발 및 유지하는 수많은 방법 중 한 가지 방법이었을 뿐이며, 아마도 그것이 가장 중요한 방법은 아니었던 것 같다. 전투에서 승리하는 것과 영토를 지배하는 것은 다른 문제였다. 정복은 비디오 게임에서 지도의 어떤 부분을 파랗게 혹은 빨갛게 만드는 것처럼 완전할 수는 없었다. 경제적 착취는 제국주의 프로젝트의 핵심이었다. 이를 실현하기

---

41 Moira Ferguson, ed., *The History of Mary Prince, a West Indian Slave, Related by Herself*, rev. edn (Ann Arbor, mi: University of Michigan Press, 2004), pp. 57-125.

위해 식민지 개척자들과 행정 관료들은 노동력을 획득할 방안, 지역 상품과 환경에 관한 정보, 무역에 접근할 방법을 찾아야 했다. 또한 무장 반란도 막아야 했다. 그러므로 신체적 폭력에만 의존할 수는 없었다. 그보다는 장기적으로 효과를 발휘할 수 있는 방식으로 제국의 프로젝트를 유지할 방안을 모색해야 했다. 일상적 저항은 다양한 얼굴을 하고 나타났다. 이에 맞서 제국의 주인은 식민지의 사람들을 피지배자로 만들기 위해 다양한 사회문화적 "통치 기술"을 연구하고, 차용하고, 조정하며, 새로 만들어냈다. 이러한 통치 기술은 미묘할 수도 혹은 직접적일 수도 있었다. 지속적이거나 즉각적일 수 있었고, 의도적이거나 무계획적일 수 있었고, 지성적이거나 감정적일 수 있었다. 조르다노 난니(Giordano Nanni)의 연구는 19세기 남아프리카에서 기독교 안식일 준수가 어떻게 통치 기술로 작용했는지를 설명해 주었다. 유럽 선교사들은 7일 중 하루는 종교 의례를 위해 노동을 쉬는 날로 정했는데, 이를 통해 나머지 6일은 반드시 노동을 해야 하는 날로 규정했다. 그의 주장에 따르면, 그것이 코사족(Xhosa) 개종자들을 유럽식 시간 규율에 강제로 편입시키는 방법이었다. 한편, 같은 논리가 선교 활동에 맞서는 저항 전술로 전환될 수도 있었다. 일부 코사족 사람들은 안식일을 이유로 일요일에는 어떤 긴급 상황에서도 선교사들을 돕지 않았고, 다른 날에는 종교적 전도 이야기를 듣지 않겠다는 사람들도 많았다. 이러한 미묘한 저항 때문에 일부 선교사들은 안식일 준수를 재고하게 되었고, 그 지역의 선교 활동 문화에도 부분적으로 변화가 있었다.[42] 이는 새로운 통치 기술이 새

---

42 Giordano Nanni, *The Colonisation of Time: Ritual, Routine and Resistance in the*

로운 저항 전술과 만나게 되었던 한 가지 사례이며, 식민지 문화가 이처럼 끊임없는 대립을 통해 형성되었다는 점을 보여주는 것이다. 이처럼 점점 더 복잡해지는 권력 게임과 저항의 체계는 제국의 네트워크가 끊임없이 변화하고 있음을 의미했으며, 제국의 주인들은 헤게모니를 확립하려 시도했으나, 그것이 완전히 실현되기 전에 전복되곤 했다. 안토니오 그람시(Antonio Gramsci)의 표현에 따르면, 이는 항상 "미완의 과제 (una questione aperta)"로 남아 있었다.[43] 의도적으로든 아니든, 현지의 저항은 행정적 추진력만큼이나 체제의 발전에 영향을 미쳤다. 따라서 양자는 역사적으로도 동등하게 중요한 의미를 지닌다. 제국이 어떻게 작동했는지를 연구하려면, 수많은 사람들이 일상적으로 벌였던 협상의 과정을 살펴보고, 그 속에서 순응, 전복, 논쟁의 패턴을 찾아야 한다.

제국의 네트워크 속에서 이루어진 만남에서 "협상(negotiation)"의 성격을 강조하는 것은 연구자들에게 일정한 의미가 있다. 당시의 사람들과 그들의 역사를 "저항" 혹은 "협력"의 이분법으로 나누려는 충동은 더 이상 논의가 불가능한 지적 막다른 골목으로 내몰리게 된다. 협상을 강조함으로써 이러한 막다른 골목을 피할 수 있다. 제국의 사회 구조는 그렇게 단순하게 나누기에는 너무나 복잡했다. 앞에서 언급했던 메리 프린스(Mary Prince)의 이야기는 서로 다른 시기에, 서로 다른 목적으로 저항과 순응을 반복했던 하나의 사례이며, 마하트마 간디(Mahatma Gandhi) 또한 마찬가지 사례에 속한다. 인도 독립 운동의 주요 지도자

British Empire (Manchester University Press, 2012), pp. 148-181.
43 Stoler, *Carnal Knowledge*, pp. 18, 150.

중 한 사람이었던 간디는 대중적으로 제국에 대한 대표적인 저항가로 알려져 있다. 그러나 간디는 영국의 남아프리카 식민지가 정당하다는 글을 쓴 적이 있었다. 그 이유는 아프리카인들을 더 높은 수준의 문명으로 이끌어야 하기 때문이라 했다.[44] 개인과 그들의 역사는 '저항과 협력' 혹은 '식민지 지배자와 피지배자' 같은 이분법적 범주로 단순화하기에는 훨씬 더 복잡한 문제였다. 그러므로 당시의 사람들을 고정된 정체성으로 평가하는 대신, 왜 각기 다른 시기마다 다른 입장을 취했는지, 나름의 이유는 무엇이었는지, 왜 선택적으로 체제에 참여했는지를 연구하는 것이 제국주의와 식민지 운영의 역사를 보다 정확하게 서술할 수 있는 방안일 것이다.

"약자의 무기(weapons of the weak)"에 대한 사고는 식민지 공간에서 저항의 문제를 연구하는 시각을 넓혀주는 데 기여했다. 그러나 식민지 공간에서 일어난 모든 일이 식민주의 때문이었다고 볼 수는 없다는 점도 간과해서는 안 된다. 물론 식민주의가 그에 영향을 미쳤을 수는 있지만, 많은 권력 구조와 갈등은 근대 식민주의 이전부터 존재했던 것이며, 이에 관여한 사람들은 제국주의나 식민지 권력의 변동성에 크게 관심이 없었을 수도 있다.[45] 제국주의나 식민지 권력 역시 식민지 인구의 일상적인 삶에 특별히 관심을 두지 않았을 수도 있다. 예를 들어 앨리스 칸클린(Alice Conklin)이 주장한 바에 따르면, 19세기 후반 서아프리카의 프랑스 식민지가 그러한 사례였다. 프랑스 당국은 문명화의 사명

---

44 Banerjee, *Becoming Imperial Citizens*, pp. 75-110.
45 Frederick Cooper, *Colonialism in Question: Theory, Knowledge, History* (Berkeley, CA: University of California Press, 2005), p. 16.

(civilizing mission)을 표방했지만, 실제로는 일상생활을 규제하는 데 거의 신경을 쓰지 않았다.[46] 19세기와 20세기 초까지 아프리카의 사람들은 전통적인 노동 이주 패턴을 따르거나 새로운 경로를 개발하면서 여러 제국(스페인, 영국, 독일, 포르투갈, 벨기에, 프랑스, 이탈리아, 줄루, 아산티 등)에 속해 있음을 깨달을 수 있었다. 하지만 그들에게 언제, 어떻게 이 소속이 중요한 문제가 되었는지는 여전히 의문이다. 식민지 경험은 계급, 젠더, 피부색, 나이, 결혼 여부 및 기타 여러 사회문화적 요인에 따라 다양하게 나타났으므로, 식민지 경험을 하나의 보편적인 경험으로 일반화할 수는 없다.

일부 제국주의자들은 개입주의적 태도를 취하려 했고, 그 효과는 경우에 따라 다양하게 나타났다. 제국주의에 비판적인 입장을 견지하는 대다수 후기 식민지 연구자들의 연구가 보여주었듯이, 사람들에게 특정한 꼬리표를 붙이고, 이를 통해 그들을 제국의 웹(그물망) 안에서 종속적인 특수 지위에 고정시키려 했던 기획은, 제국주의 혹은 식민지 행정 관료들이 창안하고 실시했던 핵심적 통치 기술 중 하나였다.[47] 종교나 카스트, 젠더, 인종, 민족, 언어집단, 심지어 음식 선호도와 같은 차이에 기초한 사회문화적 범주는 이미 식민지 건설 이전에도 존재했지만, 이것이 개인이나 집단을 "식민지 지배자" 혹은 "식민지 피지배자"로 구분하는 기준이 되었다. 예를 들어, 스페인이나 오스만 제국에서 종교적 차이

---

46 Alice Conklin, *A Mission to Civilize: The Republican Idea of Empire in France and West Africa, 1895-1930* (Stanford University Press, 1997).
47 Bernard S. Cohn, *Colonialism and Its Forms of Knowledge: The British in India* (Princeton University Press, 1996), pp. 3-5.

는 누군가를 노예화할 수 있는 정당한 이유로 여겨졌다. 스페인 제국의 경우, 원주민이나 아프리카인이 기독교로 개종하면 이 차이의 범주가 무력화되는 혼란이 발생했다. 일부 노예 소유주는 개종한 노예를 해방했지만, 대부분의 노예 소유주, 식민 행정관, 교회 관계자들은 인종, 젠더, 문명 수준 등 다른 기준을 사용해 노예 제도를 계속 정당화했다. 오스만 제국의 경우, 기독교 소년들은 예니체리로 징집되어 제국의 엘리트 근위대가 되었다. 이들은 법적으로 노예였으나, 비교적 특권적인 지위를 누렸고, 물질적 부를 얻으며 황제를 보호하거나 보호하지 않음으로써 정치적 권한을 행사하기도 했다. 일부는 이슬람으로 개종해 법적 자유를 얻기도 했고, 때로는 쿠데타에 성공하기도 했다.[48] 예니체리들은 노예임에도 특권을 누렸기 때문에, 식민지 지배자와 피지배자의 경계가 모호해졌다. 이들의 상황은 다양한 차별의 범주들이 서로 얽히면서 개인이 체제와 협력하거나 저항하거나 우회할 수 있는 공간이 만들어졌다는 것을 보여주는 사례이다.

    제국주의와 식민지에 관해 진정으로 비판적인 역사를 쓰기 위해서 역사가들이 살펴보아야 할 것은, 제국의 네트워크 안에서 차별의 범주가 어떻게 시행되고 번복되었는지를 확인하고, 그들이 남긴 자료에 제국주의의 사회문화적 위계질서의 선입관이 포함되지 않았는지 심사숙고하며, 얼마나 많은 저항과 협상이 제국의 시스템을 만들어나갔는지를 검토하는 일이다. 그러나 이 모든 것들은 말처럼 쉬운 일이 아니다. 그러한 역사를 서술할 때 가장 큰 도전은 자료를 찾는 일이다. 대규모 반란

---

48 Burbank and Cooper, *Empires in World History*, pp. 132, 138-139.

과 노골적인 정치적 도전은 일상적인 저항이나 문화적 제국주의의 세밀한 작동 방식에 비해 더 많은 기록을 남기는 경향이 있다. 게다가 제국주의는 종종 서로 다른 언어, 문자 표현, 구술 전통, 시간과 역사의 개념을 가진 문화들 사이의 충돌이었다. 이 과정에서 역사 기록 자체도 권력 투쟁에 휘말렸다. 제국주의와 식민지 당국은 자신들의 제국주의 프로젝트를 확장하기 위해 유용한 정보, 기록, 유물을 수집하는 한편, 쓸모없거나 도전적으로 여겨지는 것들은 파괴했다.

아마도 가장 유명한 사례는 유럽 선교사들이 메소아메리카의 문헌을 불태운 사건일 것이다. 그들은 종교재판의 논리에 따라 그것이 신성모독이며 그들의 권력을 위협하는 것으로 보았다. 이것이 식민지 기록 자료에서 토착민의 "목소리"를 파괴한 사건임은 부인할 수 없지만, 그럼에도 불구하고 예를 들어 프란체스코회 수도사 베르나르디노 데 사아군(Bernardino de Sahagún)이 16세기에 작성한 민족지《피렌체 문서(Florentine Codex)》와 같은 자료에서 우리는 여전히 "피지배자"의 관점을 접할 수 있다고 주장하는 사람들도 있다. 사아군은 나우아(Nahua)족 출신 정보 제공자들의 도움을 받아 아즈텍 사회와 신앙에 관한 2,000쪽이 넘는 텍스트와 삽화를 제작했다. 그러나 사회학자 레베카 오버마이어-벨라스케스(Rebecca Overmyer-Velázquez)는《피렌체 문서》가 식민화 이전 사회에 대한 제한 없는 정보를 얻고자 할 때 매우 문제가 많은 자료임을 밝혔으며, 식민지 지배자나 피지배자 모두 단일한 관점만 존재했다는 생각은 최소한 순진한 발상이라고 지적했다. 그녀는 사아군에게 정보를 제공했던 사람들이 자신의 이야기를 객관적으로 전달하는 사람들이 아니라, 나름의 목적을 가지고 사아군과 상호작용한 사람들이었다고 주장한다. 이들은 스페인어를 배우고 기독교로 개종했으며, 사아군의 권위 아래 있던 청소년들이었다. 그들에게는 일부 정보를 전달하고, 또 일부는 생략하는 것이 유리했다. 오버마이어-벨라스케스의 설명에 따르면, 이들은 나우아 사회를 유럽 사회와 유사한 가부장적인 사회로 묘사하려는 의도를 가졌을 수 있다.《피렌체 문서》는 이 소년들의 관점 외에 다른 나우아족의 관점을 전혀 반영하지 않았다.[49]

포스트콜로니얼(Post-colonial) 이론의 연구자 가야트리 스피박(Gayatri Spivak)은 19세기 초에 활동했던 시르무르(Sirmur) 왕국의 왕비와 관련된 정보를 찾는 과정에서 정보의 불평등 문제를 확인하게 되었다. 문제의 왕비는 미망인으로, 아들 파테 파르카쉬(Fateh Parkash)를 대신해 섭정을 하면서 영국과 충돌했던 인물이다. 그러나 관련 기록 중 왕비에 관한 정보는 거의 없었고, 이름조차 온전하게 남아 있지 않았으며, 그녀의 관점에 대한 기록은 전혀 없었다. 반면 그녀의 남편, 아들, 그리고 그녀와 상대했던 영국 남성들에 대한 정보는 풍부하게 남아 있었다. 이처럼 지역 정치에서 중요한 역할을 했던 인도 여성이 이름조차 기록되지 않았다면, 제국주의(식민지) 역사에서 대다수의 사람들 혹은 일상적인 사건들이 충분히 기록되었다고 생각하는 것은 순진한 발상일 수밖에 없다.[50] 역사학자로서, 단순히 식민지 관련 기록의 우선순위를 있는

---

49 Rebecca Overmyer-Velázquez, "Christian morality in New Spain: the Nahua women in the Franciscan imaginary," in Ballantyne and Burton, eds., *Bodies in Contact*, pp. 67-82.
50 Gayatri C. Spivak, "The Rani of Sirmur: an essay in reading the archives," *History and Theory* 24:3 (October 1985), 247-272.

그대로 반영하고, 그 기록이 담고 있는 명백한 대표성의 불평등을 무시한다면, 우리는 애초에 식민지 기록 자체가 만들어질 때 시작된 제국주의적 프로젝트를 재생산할 위험에 놓이게 된다.

그래도 문제는 남아 있다. 우리에게 남아 있는 거의 모든 자료가 제국주의 혹은 식민지 지배자의 기록이라면, 제국의 네트워크에 대한 저항과 그 안에서 이루어졌던 협상을 어떻게 올바른 역사로 서술할 수 있겠는가? 이 문제를 해결하기 위해 많은 연구자들은 전통적인 문서 기록 자료 이외의 출처를 찾기 시작했다. 구술사와 증언, 도자기와 퀼트 같은 물질 문화, 예술 작품, 음악, 춤, 건축, 사진, 영화, 유물, 심지어 신체 문신까지 탐색의 대상이 넓어졌다.[51] 그러나 문헌 자료와 마찬가지로, 이와 같은 다른 유형의 1차 자료들 역시 전달하는 정보의 종류와 그 속에 반영된 관점에 있어서 나름의 도전과 한계를 지니고 있다. 우리는 또한 제국의 역사를 다룬 전통적 자료들을 "뒤집어 읽는" 방법론을 발전시켜 왔으며, 특히 제국의 네트워크 안에서 사람들이 젠더, 인종, 섹슈얼리티(sexuality)에 대해 어떻게 생각했는지를 연구하는 문화학자들이 이 분야에서 선도적인 역할을 해왔다. 식민지 당국의 문화적 프로젝트가 식민지 지배자와 피지배자 간의 차이를 논란의 여지 없이 명확하게 드러내는 방식으로 제국의 지배를 정당화하려 했다면, 우리는 오히려 그들이 언제 불분명했고, 논란을 일으켰으며, 언제 잊혀져 갔는지를 주목함으로써 제국이 일상적으로 작동했던 측면을 파악할 수 있을 것이다. 즉, 이와

---

51 Heidi Gengenbach, "Tattooed secrets: women's history in Magude District, Southern Mozambique," in Ballantyne and Burton, eds., *Bodies in Contact*, pp. 253-273.

같은 문화적 범주들이 제국의 네트워크 안에서 어떻게 작동했는지를 연구함으로써 저항과 순응, 그리고 협상의 증거를 발견할 수 있다.

이 맥락에서 지난 20여 년간 학자들의 연구는 인종, 계급, 젠더, 섹슈얼리티(sexuality) 관련 담론이 서로 상호작용하며 식민지 지배자와 피지배자 간의 차별을 만들어내는 데 활용되었음을 밝혀냈다. 그러나 동시에 이러한 차별을 약화시키는 논리로도 작용하여, 제국주의의 문화적 기획이 불안정했고 끊임없는 보완이 필요했음을 보여주었다. 예를 들어, 유럽 제국의 지배자들은 남성성(masculinity)을 힘, 계몽, 어른스러움, 도덕성, 절제, 그리고 '식민지 지배자'의 정체성과 연관짓는 글을 지속적으로 생산했다. 그들은 식민지 지배를 정당화하기 위해 피지배자를 약하고 여성적이며 유아적인 존재로 묘사했다. 제국적 사회의 형성 과정에서 이러한 젠더 이념은 유럽 내 가부장적 젠더 구성을 강화하는 동시에, 해외 제국주의 프로젝트에도 접목되었다. 유럽 남성성의 "올바른" 수행을 유지하는 것은 식민지 관료의 중요한 의무 중 하나였다. 그가 약하거나 남성성이 손상된 모습으로 보이면, 이는 곧 식민 지배 구조 자체가 약하다는 의미로 해석되었다. 이 문제는 조지 오웰의 수필 《코끼리를 쏘다》에서 중심적으로 다루어졌다. 20세기 초 스리랑카(Ceylon)의 식민지 관료가 자신의 개인적 의사와는 상관없이 무질서한 코끼리를 쏘아야만 하는 상황에 직면하는데, 이는 자신의 권위를 유지하고 공개적인 반란을 막기 위한 불가피한 선택이었다.[52]

---

52 James H. Warren, "Contesting colonial masculinity/constituting imperial authority: Ceylon in mid-nineteenth-century British public debate," *New Zealand Journal of Asian Studies* 6:2 (December 2004), 39-62.

유럽인 여성 또한 식민지 지배자의 위치에 놓일 때가 있었다. 남편이 죽거나 여행을 갔을 때는 여성이 그 자리를 대신해야 했다. 그 때는 젠더화 내지 인종화된 논리를 따라, 어떻게든 스스로가 "올바른" 여성이자 지배자라는 권위를 내보여야 했다. 식민지 지배자의 권위는 유럽식 가부장의 권위에 근거를 두고 있었다. 가정 내에서 그는 자신의 아내와 딸의 신체를 통제하고 보호할 권위가 있었다. 같은 논리로 반대의 상황이 발생하면, 다시 말해 여성의 신체가 그의 통제를 벗어나거나, 혹은 여성이 스스로 신체를 통제하겠다고 나서거나, 혹은 다른 어떤 폭력적 요인이 개입하게 되면, 식민지 체제의 권위 자체가 흔들릴 수 있었다. 그래서 식민지 공간에서는 여성의 신체에 대한 통제가 제국주의 프로젝트의 일환이 되었다. 19세기 인종주의가 강화되면서 이러한 경향은 더욱 뚜렷해졌다. 이러한 맥락에서 많은 연구자들이 강간에 대한 개념과 이미지들을 연구했다. 당시 유럽에서는 비백인 남성이 성적으로 위험하며, 그로부터 백인 여성을 반드시 보호해야 한다는 상상이 널리 퍼졌다. 이는 서구 식민지 지배를 정당화하는 핵심적인 장치로 작용했다. 이러한 상상 속에서 유럽의 가부장적 질서와 인종적 위계질서, 성에 대한 고정관념이 서로 긴밀하게 연결되어 있었다. 1857-58년 인도에서 반란이 일어난 뒤로, 영국에서는 성폭력에 대한 공포가 크게 증폭되었다. 당시 영국 대중문화에서는 인도의 반란군이 백인 여성들을 강간하고 잔혹하게 학대하는 허구적인 이야기가 넘쳐났다. 이는 곧 영국의 인도 통치에 대한 강력한 공격으로 인식되었다. 낸시 팩스턴(Nancy Paxton)과 제니 샤프(Jenny Sharpe)의 연구는, 이러한 반란 묘사가 영국 제국주의의 젠더와 인종에 따른 차별을 분명히 드러냈다고 지적한다. 이 이야기들이 영국

뿐만 아니라 제국 전역에 인종차별적 이데올로기를 확산시키고 강화하는 데 크게 기여했다는 분석이다.[53]

"식민지 지배자"에 속하는 백인 여성과 "식민지 피지배자"에 속하는 비백인 남성 사이의 합의된 혹은 합의되지 않은 성적 행위는 유럽의 가부장제를 약화시키면서 제국주의 프로젝트를 위협할 수 있었다. 동시에 이러한 행위는 인종적 위계질서에 혼란을 가져왔다. 그 위계질서에 따르면 식민지 지배자의 특권은 반드시 "백인(whiteness)"과 연결되어야 했고, 백인의 특권은 곧 식민지 지배자의 특권을 의미했다. 반면, 제국주의자들은 백인 남성과 비백인 여성 사이의 합의된 또는 합의되지 않은 성적 관계를 제국 질서를 유지하는 데 정상적이고 필수적인 것으로 여겼다. 백인 우월주의가 더욱 강화됨에 따라 혼혈 자녀들, 즉 메티사주(métissage) 계층은 그 존재 자체로 식민지 지배자와 피지배자 사이의 경계를 흐리게 했다. 제국 담론에서는 이들을 종종 양쪽 세계에 속한 존재로, 여러 범주 사이를 넘나들 수 있지만 상충하는 충성심으로 인해 혼란스러워하며 궁극적으로 신뢰할 수 없는 존재로 묘사했다. 식민지 공간에서는 생물학적 혼혈과 문화적 혼종이 일상적이었으나, 제국주의자들은 이러한 혼종성을 부정하거나, 최소한 식민지 지배자와 피지배자 사이의 구분에 혼란을 주는 이들을 주변화하거나 그들의 권력을 약화시키는 데 힘을 쏟았다.[54]

53 See Jenny Sharpe, *Allegories of Empire: The Figure of Woman in the Colonial Text* (Minneapolis, mn: University of Minnesota, 1993) and Nancy Paxton, *Writing Under the Raj: Gender, Race and Rape in the British Colonial Imagination, 1830-1947* (New Brunswick, NJ: Rutgers University Press, 1999).

제국주의 사회의 형성 과정에서 모호한 문화적 분위기가 있었다. 그 과정에 참여한 어느 누구에게도 그것은 결코 단순명확하지 않았다. 체제 내의 모순은 다방면에 걸쳐 있었고, 이러한 모순이 식민지 사회에서 표면화될 때마다 즉각적인 주목을 끌었다. 예를 들어, 19세기 후반 남아프리카의 금광과 다이아몬드 광산에서 기회가 주어지자 수만 명의 이주민들이 그곳으로 몰려들었다. 그중에는 동유럽과 남유럽 출신의 백인들이 다수 포함되어 있었으며, 이들은 극심한 빈곤에 시달리며 아프리카로 이주했지만 전문 기술이나 광산 경력은 거의 없었다. 피부색의 측면에서 이들은 자신을 "백인"이라고 주장할 수 있었다. 그러나 1880년대 후반에 그들이 들어선 식민지 공간에서는 "비숙련" 광산 노동이 흑인 아프리카인 남성들의 영역으로, "숙련" 노동이 백인 남성들의 영역으로 구분되어 있었다. 새로 이주해온 "가난한 백인들(poor whites)"은 일자리를 얻지 못했다. 그래서 이들은 백인 특권의 논리를 흔드는 존재로 간주되었다. 백인인 동시에 가난한 그들의 존재는 기존의 인종적 위계질서를 위협하는 도전이었다. 당시 전 세계적으로 인종주의 논쟁이 확산되던 가운데, 평론가들은 남유럽 출신이나 유대인 이주민들의 인종적 결함에 대해 비난하기 시작했다. 그들은 남유럽이나 유대인 배경을 가진 이주민들은 완전한 백인으로 간주할 수 없다고 주장하며, 이미 복잡했던 식민지의 인종적 구조를 더욱 혼란스럽게 만들었다. 이 과정을 통해 우리는 제국의 웹(그물망)을 통해 사상이 어떻게 전파되고 변형되는지를 알 수 있다.[55]

54 Stoler, *Carnal Knowledge*, pp. 79-80.

식민지의 저항을 연구할 때, 식민지 담론 자체가 기존의 고정관념에 근거한 것이기 때문에, 당시의 행위자들이 제국주의자의 편이었는지 그 반대편이었는지를 가늠하기란 언제나 쉬운 일이 아니었다. 예를 들어, 동인도회사는 1828년 인도 내 종교 문제에 개입하지 않는다는 원칙을 뒤집고, 소수의 고위 카스트 힌두 가문에서만 행해지던 사티(sati)를 불법화했다. 사티는 남편이 사망하면 미망인이 화장터에서 스스로 불에 들어가 희생하는 의식으로, 비록 드문 사례였지만 유럽 여행기 작가들과 독자들의 상상력을 사로잡았다. 그러나 인도 내에서는 많은 사람들이 이를 시대에 뒤떨어진, 대체로 무의미한 관습으로 여겼다. 동인도회사 관리들은 사티 금지를 통해 자신들을 인도 여성의 보호자이자 인도를 근대화하는 세력으로 홍보할 수 있다고 생각했다. 이는 영국 내에서 "자유 무역" 담론이 대두되면서 동인도회사가 시대에 뒤떨어진 존재로 묘사되던 상황에서 중요한 홍보 전략이 되었다. 그러나 제국주의 프로젝트가 사티와 연결되면서, 동인도회사의 종교적 문제 개입 결정이 큰 논란을 불러일으켰고, 힌두 전통과 인도 여성의 신체를 누가 보호해야 하는지에 대한 논의로 확산되었다. 일부 힌두 사상가들에게 사티는 동인도회사에 대한 저항의 수단이 되었고, 또 다른 이들에게는 사티 폐지가 동인도회사의 지배를 환영할 이유가 되었다. 라타 마니(Lata Mani)가 지적했듯이, 많은 이들이 미망인을 대변한다고 주장했지만, 실제로 미망인들의 의견을 진지하게 묻는 경우는 거의 없었다. 이 법의 시행으로 사

---

55 Joseph Sherman, "Serving the natives: whiteness as the price of hospitality in South African Yiddish literature," *Journal of Southern African Studies* 26:3 (2000), 505-521.

티 의례 건수가 증가했다는 의견도 있지만, 이는 동인도회사 관리들의 새로운 관심으로 인해 수치만 늘어난 것이라는 주장도 있다.[56] 결국, 힌두 미망인의 신체는 영국 식민지 질서의 강요를 둘러싼 주요 논쟁의 전선이 되었다.

제국주의 혹은 식민지 지배 전선은 젠더, 인종, 섹슈얼리티에 대한 관념을 통해 전개되었다. 이를 일반화하자면 "제국의 웹(그물망)에서 신체의 통제"라는 주제로 묶을 수 있다. 철학자 미셸 푸코(Michel Foucault)는 신체를 권력 투쟁의 근본적인 전선으로 이해하며 이를 "신체 권력(bio-power)"이라 명명했다. 그는 "신체는 … 정치적 영역에 직접적으로 포섭되며, 권력 관계는 즉각적으로 신체를 장악한다. 권력은 신체에 투자하고, 이를 표시하며, 훈련하고, 고문하고, 과업을 수행하게 하고, 의례를 거행하게 하며, 신호를 발신하도록 강요한다"고 설명했다.[57] 불평등한 권력 관계의 형성을 연구하려면, 법률이나 문화 활동이 사람들의 신체를 어떻게 규제했는지를 살펴볼 필요가 있다. 예를 들어, 누가 어떤 옷을 입을 수 있는지, 누구와 성관계를 가질 수 있는지, 어떤 직업을 가질 수 있는지, 어디에서 살 수 있는지를 규제했던 방식을 통해 이러한 권력 관계를 파악할 수 있다. 신체의 역사를 추적함으로써, 제국이 어떻게 산업, 관료제, 군대에 끊임없는 노동력을 공급하기 위해 작동했는지, 그리고 저항을 최소화하기 위해 어떤 방법을 동원했는지를 이해할 수 있

---

56 Lata Mani, *Contentious Traditions: The Debate on Sati in Colonial India* (Berkeley, CA: University of California Press, 1998).
57 Michel Foucault, *Discipline and Punish: The Birth of the Prison* (London: Vintage, 1977), pp. 24-25.

다. 신체는 제국주의 연구에서 한 가지 중요한 주제에 불과하다. 문화사학자들은 제국의 웹(그물망)을 활성화한 저항과 지역의 능동적 행동을 연구하기 위해 다양한 주제를 다루었다. 또 하나 중요한 주제는 이동성(mobility)이다. 제국의 네트워크를 이해하기 위해서는 이동성이 핵심적 요소이다. 제국은 특정 상품, 사람, 사상의 이동을 촉진하면서 다른 대상의 이동을 제한하려 했다. 또한 제국이 공간을 규제하는 방식, 시간 개념과 소비 문화, 통신 구조를 어떻게 관리했는지에 대한 연구도 가능하다.[58] 이러한 연구의 목표는 언제나 동일하다. 제국의 웹(그물망)에 사로잡힌 사람들이 그 시스템을 어떻게 헤쳐 나갔는지를 파악하는 것이며, 이를 통해 제국주의의 복잡성이 일상에서 어떻게 드러났는지를 이해하는 것이다.

근대 제국주의는 과거의 제국주의와 무엇이 다른가?

1750년 전과 후의 제국주의의 차이를 논하고자 한다면 그것은 두 가지 이유로 까다로운 점이 있다. 첫 번째 이유는 근대성과 근대 제국주의 개념에 깊이 자리잡은 유럽중심주의 때문이다. 근대성이란 서구식 발전만을 의미하며, 근대 제국주의를 유럽 제국주의로 축소하는 경우가 워낙 많았다. 그런 관점에서는 유럽 제국들이 역사상 예외적인 역할을 했다고 믿으며, 그들이 전 세계 "나머지" 지역에 서유럽 고유의 생산 방식, 정치 체제, 도덕 관습을 수출하여 전 세계적 근대를 이끌었던 존재로

---

58 See, for example, Ballantyne and Burton, eds., *Bodies in Contact*; Tony Ballantyne and Antoinette Burton, eds., *Moving Subjects: Gender, Mobility, and Intimacy in an Age of Global Empire* (Champaign, i l: University of Illinois Press, 2009).

간주한다. 근대를 산업화와 자유주의를 가져온 진보적 혁신으로 보는 학자들뿐만 아니라, 환경 파괴와 경제적 착취 및 식민지 폭력을 초래한 파괴적 전환으로 보는 학자들도 서구 주도의 근대화에 대해서는 앞에서 언급한 바와 같은 입장이다.[59] 이러한 입장은 과거의 낡은 제국 모델인 중심축과 바퀴살(hub-and-spoke) 이론에 새롭게 생명력을 불어넣었을 뿐만 아니라 유럽 계몽주의 사상가들의 주장을 비판 없이 그대로 받아들였다. 《오리엔탈리즘(Orientalism)》이라고 하는 매우 영향력 있는 저서를 남긴 에드워드 사이드(Edward Said)는 18세기 유럽의 사상가와 작가들이 스스로를 계몽적, 진보적, 근대적, 서구적 존재로 구성하는 데 집착했음을 발견했다. 그들이 기록한 역사에서는 서구 근대의 미덕을 강조했고, 이를 수많은 타자(他者, Others)들과 대비했다. 그들의 역사적 상상 속의 타자들이었다. "동양인(Orientals)"의 특징은 동방의 전통주의, 발전이 없는 정체, 역사를 모르는 비역사성이었다. 아프리카인은 "어두운 대륙(Dark Continent)"에 사는 사람들로, 신비롭고 위험한 원시적 전통에 빠져 있는 존재로 묘사되었다. 아메리카와 오스트랄라시아의 원주민들은 어린아이 같고 병에 잘 걸리는 야만인이었다. 중세 유럽인은 비이성적이고 시대에 뒤떨어진 사람들로 종교와 미신이 지배하던 '암흑의 시대(Dark Ages)'를 살아갔다고 했다. 많은 계몽주의 사상가들은 이러한 어둠의 사람들 혹은 그 지역에 근대의 빛을 가져다준 것이 유럽인이었다고 주장하며 유럽 제국주의를 정당화했다. 그들의 저작은 이후 제

---

59 Ferguson, *Empire*; Paul Gilroy, *The Black Atlantic: Modernity and Double Consciousness* (London: Verso, 1993).

국주의자들에게도 큰 영향을 미쳤다. 이 같은 계몽주의 사상은 오늘날 역사학이라는 학문 분야의 형성에 중요한 역할을 했고, 우리가 과거를 이해하는 데 필요한 자료를 보관하는 기록보관소의 설립에도 기여했으며, 무엇을 보존할지를 결정하는 과정에도 영향을 미쳤다. 그러므로 이후의 역사학에서 유럽의 행위에 과도한 초점을 맞추지 않을 수 없게 되었다.[60] 사실 에드워드 사이드도 유럽중심주의자라는 비판을 피하지 못했다. 그가 타자에 대한 유럽 저자들의 부정적 견해에 집중했을 뿐, 당시 오리엔탈리스트로 알려진 동양 전문가들이 인도와 중국에 찬사를 보냈던 내용은 무시했다는 점이 비판의 요지였다. 근대 제국주의 연구에서 균형에 좀더 가까이 가기 위한 노력은 여전히 진행 중이다. 목표는 세계의 모든 행위자들을 함께 고려하는 것이다.

1750년 이후 제국주의 관련 연구가 맞닥뜨리는 어려움의 두 번째 이유는 사실 모든 역사 연구에서 발생하지만, 특히 "근대"와 관련된 역사 연구에서 큰 영향을 미치는 문제다. 즉 양적 변화 혹은 질적 변화가 어느 정도에 도달했을 때 새로운 범주가 만들어진다고 봐야 하는가? 근대 제국주의는 과거의 제국주의와 비교하여 정도의 차이였는가, 아니면 본질적으로 다른 종류였는가?

시간의 흐름 속에서 제국주의의 지속성을 보여주는 많은 요소들이 있었다. 특히 과거의 제국들이 어떻게 형성되었는지를 이해한다면 지속성이 무엇인지 보다 분명하게 드러날 것이다. 이스탄불, 멕시코시티, 모

---

60 Edward Said, *Orientalism* (London: Vintage, 1978); Dipesh Chakrabarty, *Provincializing Europe: Postcolonial Thought and Historical Difference* (Princeton University Press, 2000).

스크바는 각기 제국의 중심지로서 여러 차례 새롭게 만들어지고 재구성되었다. 그러나 지난 300년간의 제국주의에서 가장 중요한 점은 제국 활동의 규모가 커지고, 그 속도가 빨라졌으며, 전 세계적으로 그 영향이 확대되었다는 사실이다. 역사학자들은 이러한 변화의 가속화와 세계적 통합을 일반적으로 농업, 산업, 금융, 노동, 소비 문화, 통신, 관료제, 군사 조직, 신념, 그리고 물론 정치에서 일어난 여러 가지 혁명의 결과로 설명하며, 이러한 혁명들이 세계를 근대로 이끌었다고 본다. 여기서 "혁명"이라는 용어는 다소 오해의 소지가 있다. 왜냐하면 이러한 모든 발전은 수세기에 걸쳐 서서히 전개되었고, 각각의 혁신에 나름의 중심들이 존재했으며, 전 세계에서 불균등하게, 그리고 다양한 방식으로 전개되었기 때문이다. 단일한 산업 혁명도, 모든 것을 설명할 수 있는 보편적인 근대성의 정의도 존재하지 않았다. 대신, "다중 근대성(multiple modernities)"이라는 개념이 일부 학문 분야에서 주목받고 있는데, 이는 근대성이라는 틀 안에서 우리가 연구할 수 있는 다양한 경험의 스펙트럼을 이해하는 방식으로 인정되고 있다.[61]

어쨌든 이러한 근대적 변화에서 제국은 핵심적인 역할을 했으며, 세계사에서 근대의 시공간적 차이와 발전의 불균등을 설명하는 데 중요한 단서를 제공한다. 그런 점에서 대영제국은 아주 좋은 사례다. 제국 체제는 오늘날 우리가 알고 있는 영국 그 자체를 만들었으며, 근대성이 제국을 변화시켰다. 버뱅크(Burbank)와 쿠퍼(Cooper)의 표현에 따르면, 산업

---

61 C. A. Bayly, *The Birth of the Modern World: 1780-1914* (Oxford: Blackwell, 2004).

화와 서구 정치경제의 발전은 "제국의 하늘 아래"에서 이루어졌다. 대량 생산, 노동 분업, 그리고 "도덕 경제"의 붕괴는 근대 초기 인도, 중국, 메소아메리카에서도 이른바 산업화 직전 사회(proto-industrial societies)의 요소들이었다. 특히 인도는 세계 경제에서 섬유 제조업의 중심지였다. 유럽의 제국들은 이러한 기술들을 도입하여 아메리카에서 그것을 활용했다. 그곳이 그들이 통제할 수 있는 영토였기 때문이다. 그 과정에서 아메리카에서 발생한 전염병은 원주민 사회의 불안정을 야기하거나 심화시켰다. 처음에는 원주민의 노예 노동에 의존했던 "신세계"의 플랜테이션 농장이나 광산 운영자들은 생산량을 극적으로 늘리기 위해 아프리카 노예 노동력을 수입하기 시작했으며, 이를 통해 원자재, 은, 금, 구리, 담배, 설탕, 면화, 커피 등의 생산을 크게 확대했다. 최소 1,200만 명의 남성, 여성, 그리고 어린이가 아프리카에서 아메리카로 강제 이주되어 노예 노동력으로 사용되었다. 이런 규모의 대규모 이주는 역사상 전례가 없었다. 영국에서는 아메리카에서 유입된 비교적 저렴한 원자재와 인도에서 사용된 섬유 생산 모델 덕분에 면직물의 대량 생산을 위한 유리한 조건이 조성되었다. 이러한 요소들이 풍부한 석탄 및 몇 가지 중요한 기술적 돌파구와 결합되면서, 영국은 전례 없는 생산량을 자랑하는 산업화된 섬유 제조 중심지로 변모하게 되었다. 동인도회사가 인도에서 권력을 얻게 되자, 영국은 인도 시장에서 우위를 확보하기 위해 인도의 섬유 산업을 심각하게 방해했다. 노예 무역, 면화, 그리고 "나보브(nabob)"의 이해관계는 영국 정부에서 주요한 목소리가 되었으며, 동시에 산업화의 영향이 공장주와 노동자의 권리 요구로 나타나기 시작했다.(나보브는 무굴 제국의 지방 군주를 가리키는 말이지만, 당시 영국에서는 동인도회사고위직으로 인도에 갔다가 막대한 부를 거머쥐고 귀국한 부자들을 비꼬기 위한 멸칭으로 사용되었다. – 옮긴이) 프랑스, 아이티, 미국의 혁명과 잉글랜드, 아일랜드, 캐나다, 자메이카에서의 주요 봉기, 그리고 인도에서의 심각한 불안은 영국에서 개혁의 시대로 이어졌다. 이로 인해 새로운 빈민법과 동인도회사 통치에 대한 감시 기구가 생겨났고, 식민지와 본국 모두 관료 구조가 확대되었으며, 대영제국 안에서 공식적으로 노예 무역과 노예 제도를 불법화하는 결과를 낳았다. 이러한 조치가 추가적인 무장 반란을 미연에 방지하기 위한 조치로 볼 수 있지만, 동시에 이러한 개혁은 제국의 웹(그물망)에 놓여있는 모든 사람들에 대하여 정부의 개입 수준을 증가시키는 요구도 있었다. 포스트모더니즘을 연구하는 학자들은 이를 통치성(gouvernementalité)의 증가라고 일컫는다.(미셸 푸코의 콜레주 드 프랑스 강연집 참조 – 옮긴이) 즉 대영제국 전역에서 정부의 감시와 일상생활에 대한 규제가 증가했던 현상을 의미한다. 철도, 증기선, 전신 케이블, 비행기, 라디오 전파를 통한 통신망 확장 등 기술적 혁신이 이러한 관료 기구의 성장을 더욱 촉진했다. 정부는 네트워크 기술의 새롭게 확대 발전시켜 정부의 활동 영역을 지원했고, 군대도 강화했다. 이는 물리적 통치 수단으로, 사람들을 통제할 때 사회문화적 수단이나 기술적 수단과 함께 작동하는 것이었다. 군사 기술의 발전은 전쟁을 그 어느 때보다 더 잔인하고 파괴적으로 만들었으며, 20세기의 역사가 이를 생생하게 보여주었다. 이러한 변화의 규모와 속도, 그리고 이 과정에서 발생한 이주민과 상품의 수량, 제국의 네트워크가 일상생활에 개입하는 정도는, 지난 200년 동안 제국주의의 중요성이 얼마나 극적으로 상승했는지를 보여준다. 대영제국은 그 중 하나의 사례에 불과하다. 이외에도 우리는 수많은 혁명, (앞서 설명한 인도의 경우처럼) 좌절된 혁명, 혹은 다른 제국주의적 착취의 네트워크에 휘말린 강제적이고 불균등한 발전 사례들을 말할 수 있을 것이다.

문제는 여전히 남아 있다. 제국주의는 어디에서 끝나고 세계화는 어디에서 시작되는가? 만약 세계화를 시장 경제, 통신망, 문화, 정치 운영의 지속적인 글로벌 통합으로 정의한다면, 세계화는 수천 년에 걸친 인류 발전 과정에서 일어났던 현상이었고, 개별 제국이나 제국주의 네트워크는 그 과정의 일부에 불과했다.[62] 존 다윈(John Darwin)과 니얼 퍼거슨(Niall Ferguson) 같은 일부 저자들은 세계의 통합이 19세기에는 주로 영국의 힘에 의해 이루어졌고, 20세기에는 미국의 힘이 이를 이어받아 더욱 발전했다고 믿는다. 그들이 보기에는 제국주의가 세계화를 가져왔으며, 20세기와 21세기의 국제협력과 글로벌 자본주의에서 나타나는 불평등은 이러한 제국주의의 연장선상에 있었다고 본다.[63] 안토니오 네그리(Antonio Negri)와 마이클 하트(Michael Hardt) 같은 포스트 마르크스주의자들은 여기에 더해, 지난 300년간 국가 기반의 제국들이 비록 부분적이지만 세계의 연결성을 강화함으로써 새로운 형태의 중심 없는 글로벌 제국주의, 최신 군사 기술 및 디지털 기술을 활용하는 초국가적이고 피할 수 없는 절대적 형태의 제국주의, 대문자로 표기되는 제국(Empire)이 등장할 기반을 마련했다고 주장한다. 마르크스주의의 영감을 이어받은 그들은 새로운 글로벌 제국의 단계가 궁극적으로 글로벌

---

62 A. G. Hopkins, ed., *Globalization in World History* (New York: Random House, 2002), pp. 1–5.
63 Ferguson, *Empire*; Darwin, *Empire Project*.

혁명으로 이어질 것으로 믿는다. 즉 세계화는 새로운 형태의 전면적인 제국주의를 가져올 것이며, 결국에는 해방으로 이어질 것이라고 본다.[64]

지나친 결정론보다는 조금 약화된 전망이 필요해 보인다. 문화적, 경제적, 정치적 혁신은 대부분 제국들 사이의 경계와 이동 과정에서 이루어졌다. 그러므로 제국 안에서 일어났던 모든 발전이 지배자들에 의해 결정되었다고 단정해서는 곤란하다. 버턴(Burton)과 발렌타인(Ballantyne)이 주장하듯이, "제국은 단순히 글로벌 과정의 전달자나 촉진자에 그치지 않았으며, 식민지화된 민족과 문화가 제국의 정치적 및 사회적 형태에 대응하거나 저항한 방식 때문에 새로운 혼합 형태의 경제 활동, 정치적 실천, 문화적 표현을 만들어냈고, 이들은 나름의 독자적인 생명력을 가지게 되었다."[65] 세계화와 제국주의의 관계를 제대로 들여다보기 위해, 세계화된 네트워크 속에서 존재하는 권력 불평등과 혁신의 가능성을 이해하기 위해, 우리의 연구는 제국 형성 과정의 복잡성 속으로 과감히 들어가보아야 할 것이다. 그래서 제국의 활동이 완성되지 못했거나 불완전했던, 저항에 직면했거나 우회했던, 혹은 그 활동 자체가 무의미해졌던 순간들을 구체적으로 확인해 보아야 할 것이다. 역사학자들의 과제는 이러한 순간들에 대한 통찰을 제공하기 위해 제국/식민지의 기록을 새로운 방식으로 다루는 방법을 찾는 것이며, 과거뿐만 아니라 현재와 미래 제국주의의 관계가 얼마나 예측불가능한 일인지를 지속적으로 상기시키는 것이다.

---

64 Michael Hardt and Antonio Negri, *Empire* (Cambridge, MA: Harvard University Press, 2000).
65 Burton and Ballantyne, eds., *Bodies in Contact*, p. 4.

더 읽어보기

Armitage, David, and Sanjay Subrahmanyam, eds. *The Age of Revolutions in Global Context*. London: Palgrave, 2010.
Ballantyne, Tony. *Orientalism and Race: Aryanism in the British Empire*. London: Palgrave, 2002.
Ballantyne, Tony, and Antoinette Burton. *Empires and the Reach of the Global, 1870-1945*. Cambridge, MA: Belknap Press of Harvard University Press, 2012.
Ballantyne, Tony, and Antoinette Burton, eds. *Bodies in Contact: Rethinking Colonial Encounters in World History*. Durham, NC: Duke University Press, 2005.
  Moving Subjects: Gender, Mobility, and Intimacy in an Age of Global Empire. Champaign, IL: University of Illinois Press, 2009.
Banerjee, Sukanya. *Becoming Imperial Citizens: Indians in the Late-Victorian Empire*. Durham, NC: Duke University Press, 2010.
Bang, Peter Fibiger, and C. A. Bayly, eds. *Tributary Empires in Global History*. London: Palgrave, 2011.
Baranowski, Shelley. *Nazi Empire: German Colonialism and Imperialism from Bismarck to Hitler*. Cambridge University Press, 2011.
Bayly, C. A. *The Birth of the Modern World, 1780-1914*. Oxford: Blackwell, 2004.
Burbank, Jane, and Frederick Cooper. *Empires in World History: Power and the Politics of Difference*. Princeton University Press, 2010.
Cain, P. J., and A. G. Hopkins. *British Imperialism: 1688-2000*, 2nd edn. New York: Routledge, 2000.
Césaire, Aimé. *Discourse on Colonialism*. New York: Monthly Review Press, 2000.
Chakrabarty, Dipesh. *Provincializing Europe: Postcolonial Thought and Historical Difference*. Princeton University Press, 2000.
Chandra, Shefali. *The Sexual Life of English: Languages of Caste and Desire in Colonial India*. Durham, NC: Duke University Press, 2012.
Cohn, Bernard S. *Colonialism and Its Forms of Knowledge: The British in India*. Princeton University Press, 1996.
Conklin, Alice. *A Mission to Civilize: The Republican Idea of Empire in France and West Africa, 1895-1930*. Stanford University Press, 1997.
Conklin, Alice, and Ian Fletcher, eds. *European Imperialism, 1830-1930*. New York: Houghton Mifflin, 1999.
Cooper, Frederick. *Colonialism in Question: Theory, Knowledge, History*. Berkeley, CA: University of California Press, 2005.

Darwin, John. *After Tamerlane: the Rise and Fall of Global Empires, 1400-2000.* London: Penguin, 2007.
  The Empire Project: The Rise and Fall of the British World System, 1830-1970. Cambridge University Press, 2009.
Duane, Anna Mae. *Suffering Childhood in Early America: Violence, Race, and the Making of the Child Victim.* Athens, ga: University of Georgia Press, 2010.
Fanon, Frantz. *The Wretched of the Earth.* New York: Grove, 1963.
Ferguson, Moira, ed. *The History of Mary Prince*, rev. edn. Ann Arbor, mi: University of Michigan Press, 2004.
Ferguson, Niall. *Empire: The Rise and Demise of the British World Order and the Lessons for Global Power.* New York: Basic Books, 2002.
Freedgood, Elaine. *The Ideas in Things: Fugitive Meaning in the Victorian Novel.* Chicago University Press, 2010.
Gilroy, Paul. *The Black Atlantic: Modernity and Double Consciousness.* London: Verso, 1993.
Grant, Kevin, Philippa Levine, and Frank Trentmann, eds. *Beyond Sovereignty: Britain, Empire, and Transnationalism, c. 1880-1950.* London: Palgrave, 2007.
Hall, Catherine, ed. *Civilising Subjects: Metropole and Colony in the English Imagination, 1830-1867.* Chicago University Press, 2002.
  Cultures of Empire: A Reader. New York: Routledge, 2000.
Hardt, Michael, and Antonio Negri. *Empire.* Cambridge, MA: Harvard University Press, 2000.
Hobson, J. A. *Imperialism.* Cambridge University Press, 1902.
Hopkins, A. G., ed. *Globalization in World History.* New York: Random House, 2002.
Howe, Stephen, ed. *The New Imperial Histories Reader.* London: Routledge, 2009.
James, C. L. R. *The Black Jacobins.* London: Penguin, 2001.
Joseph, Gilbert Michael, Catherine Legrand, and Ricardo D. Salvatore, eds. *Close Encounters of Empire: Writing the Cultural History of US-Latin American Relations.* Durham, NC: Duke University Press, 1998.
Kapell, Matthew W., and Andrew B. R. Elliott, eds. *Playing With the Past: Digital Games and the Simulation of History.* New York: Bloomsbury, 2013.
Karl, Rebecca. *Staging the World: Chinese Nationalism at the Turn of the Twentieth Century.* Durham, NC: Duke University Press, 2002.
Khalid, Adeeb. "Backwardness and the quest for civilization: early Soviet Central Asia in comparative perspective." *Slavic Review* 65:2 (Summer 2006), 231-251.

Khoury, Dina Rizk, and Dane K. Kennedy. "Comparing empires: the Ottoman domains and the British Raj in the long nineteenth century." *Comparative Studies of South Asia, Africa and the Middle East* 27:2 (2007), 233-244.

Lenin, V. I. *Imperialism, the Highest Stage of Capitalism.* New York: International Publishers, 1939.

Levine, Philippa. *Prostitution, Race, and Politics: Policing Venereal Disease in the British Empire.* New York: Routledge, 2003.

Mani, Lata. *Contentious Traditions: The Debate on Sati in Colonial India.* Berkeley, CA: University of California Press, 1998.

Morillo, Stephen. *Frameworks of World History: Networks, Hierarchies, Culture.* Combined Volume. Oxford University Press, 2013.

Nanni, Giordano. *The Colonisation of Time: Ritual, Routine and Resistance in the British Empire.* Manchester University Press, 2012.

Omissi, David, and Andrew Thompson, eds. *The Impact of the South African War.* London: Palgrave, 2002.

Paxton, Nancy. *Writing Under the Raj: Gender, Race, and Rape in the British Colonial Imagination, 1830-1947.* New Brunswick, NJ: Rutgers University Press, 1999.

Robinson, Ronald, and John Gallagher, with Alice Denny. *Africa and the Victorians: The Official Mind of Imperialism.* London: Macmillan, 1961.

Said, Edward. *Orientalism.* London: Vintage, 1978.

Scott, James C. *Weapons of the Weak.* New Haven, CT: Yale University Press, 1985.

Sharpe, Jenny. *Allegories of Empire: The Figure of Woman in the Colonial Text.* Minneapolis, mn: University of Minnesota Press, 1993.

Sherman, Joseph. "Serving the natives: whiteness as the price of hospitality in South African Yiddish literature." *Journal of Southern African Studies* 26:3 (2000), 505-521.

Sherwood, Marika. *After Abolition: Britain and the Slave Trade Since 1807.* New York: I. B. Tauris, 2007.

Sinha, Mrinalini. *Specters of Mother India: The Global Restructuring of an Empire.* Durham, NC: Duke University Press, 2007.

Spivak, Gayatri C. "The Rani of Sirmur: an essay in reading the archives." *History and Theory* 24:3 (1985), 247-272.

Stoler, Ann L. *Carnal Knowledge and Imperial Power: Race and the Intimate in Colonial Rule.* Berkeley, CA: University of California Press, 2002.

Tagliocozzo, Eric, and Wen-Chin Chang, eds. *Chinese Circulations: Capital,*

Commodities, and Networks in Southeast Asia. Durham, NC: Duke University Press, 2011.

Topik, Steven, Carlos Marichal, and Zephyr Frank, eds. *From Silver to Cocaine: Latin American Commodity Chains and the Building of the World Economy, 1500-2000*. Durham, NC: Duke University Press, 2006.

Turoma, Sanna, and Maxim Waldstein, eds. *Empire De/Centered: New Spatial Histories of Russia and the Soviet Union*. New York: Ashgate, 2013.

Walvin, James. *Black Ivory: Slavery in the British Empire*. New York: Wiley, 2001.

Warren, James H. "Contesting colonial masculinity/constituting imperial authority: Ceylon in mid-nineteenth-century British public debate." *New Zealand Journal of Asian Studies* 6:2 (December 2004), 39-62.

Wesseling, H. L. *The European Colonial Empires, 1815-1919*. London: Pearson, 2004.

Williams, Eric. *Capitalism and Slavery*. Chapel Hill, NC: University of North Carolina Press, 1944.

Wilson, Kathleen. *A New Imperial History: Culture, Identity and Modernity in Britain and the Empire, 1660-1840*. Cambridge University Press, 2004.

Winks, Robin, ed. *Oxford History of the British Empire*, Vol. 5: *Historiography*. Oxford University Press, 1999.

CHAPTER 14

유럽의 팽창에 맞선 정치적 대응
- 자강운동을 중심으로

왕국빈(王國斌)
R. Bin Wong

세계사의 어느 시대를 막론하고, 일단 국가라고 하면 통치상 편의를 도모하기 위해 강압적, 물질적, 이데올로기적 도구를 구축해 왔다. 동시에 그들은 통제 범위 밖의 외부 세력으로부터 자신을 방어하려 했으며, 때로는 이웃을 희생하여 팽창에 나서기도 했다. 한편으로는 이웃 혹은 적과의 대립이 있었고, 다른 한편으로는 백성과의 긴장 관계가 형성되기도 했다. 이러한 대립은 항상적인 것이 아니었고, 종종 상황에 따라 변화를 겪었다. 국가는 흥망성쇠를 거듭했다. 그들의 흥망성쇠는 현실적이든 잠재적이든, 가까운 경쟁자든 먼 경쟁자든, 그들을 상대할 국가의 능력에 달려 있었다. 이와 같은 현상은 시대마다 특정한 형태를 띠었으며, 19세기에도 물론 특수한 시대적 현상으로 나타났다.

유럽의 세기, 서구 중심의 세계가 만들어졌다

19세기의 세계는 유럽의 산업화와 제국 건설의 시대였다. 영국은 해상에서 우위를 점하며 아시아와 아프리카에서 공식적인 제국을 수립했으며, 더 광범위한 비공식 제국을 통해 경제적 우위와 정치적 영향력을 행사했다. 유럽의 다른 열강들도 영국의 경제적 성취를 갈망했다. 아프리카와 아시아에서 그들은 수십 년에 걸쳐 공식적인 식민지와 세력권을 형성하기 위해 영국을 따랐다. 19세기 이전에 아메리카 대륙은 이미 대부분의 지역이 식민지화 되어 있었다. 1820년에는 북아메리카와 남아메리카 대부분 지역에 독립 국가들이 세워졌다. 미국의 입장에서 19세기는 대륙 내 경제 확장과, 이민자 및 자본 유입의 시기였다. 20세기에 접어들 무렵, 미국 경제는 세계 최대 규모로 성장했다. 미국 정부는 아메리카를 넘어 세계로 세력을 확장하고자 했고, 과거 독립국이었던 하와이 왕국을 합병했으며, 스페인으로부터 필리핀을 넘겨 받았다.

미국은 유럽 열강에 합세하여 세계 다른 지역의 국가들에게 정치적 압박과 약속이 뒤섞인 모순된 구도를 만들어 나갔다. 아시아와 아프리카의 일부 정치 지도자들은 유럽과 미국의 관행을 모방하고자 했다. 이같은 관행이 서구에 부와 권력을 가져다준 것으로 믿었기 때문이다. 서구의 관행을 받아들이는 과정에서 그들은 외세의 다양한 정치적 권위에 굴복하거나, 서구의 정치경제적 요구와 타협을 모색했다. 19세기 후기의 국제무역은 산업화가 진행 중이던 서구와 세계의 다른 지역 사이에 이루어졌다. 주로 공산품과 원자재 및 농산물을 교환하는 것이 국제무역의 기반이었다. 일부 국가에서는 정치 및 경제 분야 지도자들이 유럽의 경제적 기법과 정치적 관행을 모방할 능력과 의지를 갖추고 있었다. 그들은 간혹 식민지 확장의 압력에 저항할 수 있었다. 19세기 후기의 세계화는 대개 상품, 인구, 자본 흐름의 증가에 의해 촉진되었다. 세계화가 산업화에 기여했다고 하지만, 그로 인해 산업화에 성공한 지역은 서유럽의 몇몇 국가와 백인 정착민들이 진출한 일부 식민지 지역뿐이었다. 다른 많은 나라에서 19세기 후반 세계화는 부유한 사회와 가난한 사회, 강대국과 약소국 간의 격차를 확대하는 역할을 했을 뿐이다.

유럽의 국가 건설 방식은 두 가지 뚜렷한 측면에서 세계 다른 지역에 영향을 미쳤다. 첫째, 19세기 유럽 국가의 다양한 특성들을 다른 지역 사람들은 근대 국가의 기준으로 인식했다. 유럽 외 지역에 백인들이 진출하여 정착한 식민지 사회는 그 기준을 가장 명확하게 충족했다. 19세기 후기까지 전 세계의 정치 엘리트들은 유럽의 이념과 제도의 영향을 받았다. 그럼에도 불구하고 그들이 반드시 자국의 정부를 개혁하는 데 성공한 것은 아니었다. 둘째, 유럽 국가들은 세계의 다른 지역에서 정치적 권력과 경제적 영향력을 놓고 서로 경쟁했다. 19세기 세계 정치사의 대부분은 유럽식 민족국가 모델의 확산과 유럽 정치세력 및 경제적 요구의 확장으로 설명할 수 있다. 유럽과 백인들이 정착했던 식민지에서는 민족국가 모델이 확산되었고, 그 외 지역에서는 유럽의 세력이 확장되었다. 서구의 모범적 발전 모델을 수용할 능력이 없거나 이를 수용하려 하지 않았던 국가들은 정치적 실패를 감수해야 했다. 그러나 일부 연구자들은 이를 정치적 실패가 아니라 서구 자본주의의 성공으로 평가하는 시각도 있다. 서구의 정치경제 세력이 가했던 압박을 고려할 때, 이는 비서구 국가들이 신모델에 부응하지 못한 결과라기보다는, 서구 세력이 지역 사람들 위에 군림하며 현지의 경제를 서구 자본주의의 이익과 욕망에 종속시키는 데 성공한 것이라고 보기 때문이다.[1] 서구의 권력

---

1 1960년대부터 여러 가지 근대화 이론이 제시되었는데, 대개 유럽과 미국의 경험을 토대로 한 역사 변화 모델에 근거를 두었다. 예를 들면 W. W. Rostow, *The Stages of Economic Growth: A Non-Communist Manifesto* (Cambridge University Press, 1960). 가장 큰 영향을 끼친 연구로는 Immanuel Wallerstein, *The Modern World-System*, 4 vols. (Berkeley, CA: University of California Press, 2011), first published in 1974를 꼽을 수 있다. 지난 40년 동안 유럽의 자본주의적 팽창이 다른 지역의 지위와 가능성을 규정하며 근대의 역사적 변화를 주도했다는 주장을 담았다.

과 부에 대한 비서구 국가들의 정치적 대응의 차이가, 해당 지역 정치 지도자들의 한계에서 비롯된 것인지, 아니면 서구 열강이 정치적 및 경제적 이익을 요구하는 능력에서 비롯된 것인지는 분명하지 않으나, 20세기 전환기에 유럽의 성공적인 국가 건설자들과 자본가들이 미국의 동반자들과 함께 세계 엘리트 집단을 형성했던 것만은 분명한 사실이다.

이 간단한 스케치는 19세기 세계 전반에 걸친 서구 세력의 팽창을 설명하며, 19세기 말 미국이 합류한 유럽의 정치적 및 경제적 확장의 몇 가지 큰 윤곽을 그려보인 것이다. 다만 유럽 내 경쟁적인 분열의 중요한 특징들이 누락되어 있다. 정치적 힘의 불균형으로 경쟁 국가들 사이에서 분열이 나타났으며, 모두가 산업화를 수용했지만 그 성과는 상이했다. 국가 건설의 규범적인 모델은 서유럽, 특히 영국과 프랑스의 사례다. 유럽의 동쪽을 살펴보면, 19세기 후기에 통합된 독일과 이탈리아의 소규모 공국들, 쇠퇴하던 폴란드, 취약한 상태로 남아있던 오스트리아-헝가리 합스부르크 제국, 그리고 러시아 제국을 만날 수 있다. 당시 러시아의 인구 규모는 청나라와 대영제국에 이어 세계 세 번째였다. 독일, 이탈리아, 포르투갈은 영국과 프랑스의 뒤를 따라, 19세기 후기의 아프리카 식민지 경쟁에 뛰어들었고, 아시아에서 세력권 및 식민지 확보에 주력했다. 오스트리아 제국(1804-1867)과 오스트리아-헝가리 제국(1867-1918), 그리고 러시아 제국은 19세기 오스만 제국의 이웃 국가들이었다. 오스만 제국은 과거 유럽과 아시아에 걸친 영토를 지배했다. 이러한 제국들이 정치적 경쟁의 장을 형성했다. 그 서쪽에서는 유럽의 다른 국가들이, 동쪽에서는 중앙아시아 국가들이 경쟁에 참여했다. 부와 권력을 장악하는 데 성공한 서유럽의 사례에 자극을 받아, 유라시아의 곳곳에서 정권 강화를 시도했다. 국력의 성장 여부에 국가의 정치적 운명이 달려 있음을 그들은 잘 알고 있었다. 때로는 산업 역량을 발전시키는 것이 국력을 강화하고 사회를 번영시킨다는 사실도 인식하고 있었다. 유라시아 지역의 정치적 경험은 양 극단 사이에 다양하게 나타났다. 한쪽 끝에는 아프리카의 대부분과 아시아의 일부가 그랬던 것처럼 공식적으로 식민지로 전락하는 지역이 있었고, 반대쪽 끝에는 중국, 한국, 일본, 대만처럼 서구 세력으로부터 공식적으로는 독립을 유지한 나라들이 있었다.

독일어권 지역에서는 통일의 과정을 오스트리아가 주도했으나, 1866년 프로이센이 오스트리아를 제압한 뒤부터는 프로이센의 주도 아래 독일 통일이 이루어졌다. 1883년 상업 관세 인하로 경제적 기반이 구축되었다. 인접한 서유럽 국가들과 마찬가지로 독일의 기업가들도 19세기 초 영국에서 시작된 산업 기술을 수용했다. 1830년대 후반 - 1870년대의 철도망 구축이 1870년-1914년의 석탄 채굴, 철강 생산, 화학 산업, 중공업 분야의 대기업 발전에 중요한 기여를 했다.[2] 1870년부터 제1차 세계대전 직전까지의 기술 혁신은 "제2차 산업 혁명"이라고 일컬어진다. 독일은 이러한 변화의 최전선에 있었다. 대기업이 새로운 시장을 주도했고, 은행이 기업 합병과 경제 확장을 촉진하며 혁신을 이끌었다. 이러한 경제적 변화는 식민지 경쟁에서도 독일의 정치적 야망을 뒷받침했다. 식민지 경쟁 자체가 유럽 열강들의 지역 내 경쟁이 전 세계로 확

---

2 Richard Tilly, "German industrialization," in Mikuláš Teich and Roy Porter, eds., *The Industrial Revolution in National Context: Europe and the USA* (Cambridge University Press, 1996), pp. 95-125.

대한 것이었기 때문이다.

  오스트리아가 1866년 프로이센과의 전쟁에서 패한 뒤, 합스부르크 왕가는 헝가리 왕국과 연합하여 오스트리아-헝가리 제국을 건설했다. 이 제국은 제1차 세계대전이 끝난 1918년까지 존속했으며, 그 후 오스트리아, 헝가리, 체코슬로바키아, 유고슬라비아와 같은 보다 작은 국가들로 분리되었다. 개별 국가 안에는 다양한 민족들이 포함되어 있었지만 그중 일부만이 20세기까지 민족적 정체성을 유지할 수 있었다. 제국을 연구하는 일부 학자들이 지적했듯이, 오스트리아-헝가리 제국은 제국 체제의 정치적 약점을 잘 보여주는 사례였다. 왕조를 기반으로 한 정권과 제국 내 여러 민족의 요구 사이의 부조화가 두드러졌기 때문이다.[3] 견고한 중앙 정부나 특히 효율적인 행정 체계는 오스트리아-헝가리 제국의 어느 부분에서도 찾아볼 수 없었다. 그럼에도 불구하고 유럽 다른 지역에서 일어나던 변화와 유사한 경제적 변화가 여기서도 부분적으로 전개되었다. 특히 체코 지역에서는 수공업 생산 체계에서 공장 생산 체계로 산업 전환이 이루어졌으며, 숙련 노동자들이 체코와 오스트리아에서 헝가리로 이주했다. 헝가리에서는 오스트리아 자본을 토대로 한 은행업이 19세기 후기의 철강 산업 발전을 가능케 했다.[4] 당시 정치적 변화가 서유럽 국가들의 변화를 이끌었고 그들의 정치적 영향력을 해외로

---

3 Herbert Matis, "Austria: industrialization in a multinational setting," in Teich and Porter, eds., *Industrial Revolution*, pp. 226-246.
4 Milan Myška, "The Industrial Revolution: Bohemia, Moravia and Silesia," in Teich and Porter, eds., *Industrial Revolution*, pp. 247-264; Ivan Berend, "Hungary: a semi-successful peripheral industrialization," in Teich and Porter, eds., *Industrial Revolution*, pp. 265-289.

확대하고 있었으나, 오스트리아-헝가리 제국은 그러한 정치적 변화로부터 한 걸음 물러나 있었다. 그러나 오스트리아-헝가리 제국의 정치적 에너지는 주로 서유럽 국가들과의 경쟁이 아니라 오스만 제국과의 경쟁에 소모되었다. 그 과정에서 오스만 제국의 영토 일부를 병합하기도 했다.

오스만 제국은 당시 제국에 포함되었던 이집트와 시리아를 포함하여 국력 강화를 위한 개혁을 수십 년에 걸쳐 추진했다. 그럼에도 불구하고 19세기 후반에 이르러 영토의 상당 부분을 상실했다. 1839년부터 1876년까지 실시되었던 탄지마트(Tanzimat, 구조조정) 개혁에는 국가의 군사 및 행정 기능부터 사회의 경제적·종교적 활동에 이르기까지 광범위한 노력이 포함되었다. 정부는 병기고와 섬유 공장을 건설하고, 광업과 농업을 장려했으며, 1866년에는 철도 건설을 시작했다. 개혁이 진행되는 동안 제국의 일부 영토를 둘러싸고 유럽의 경쟁이 심화되었다.[5] 오스만 제국은 19세기에 남동부 유럽의 영토 대부분을 오스트리아-헝가리 제국에 상실했다. 이는 오스만 제국의 군사력이 약했던 탓도 있었으나, 서유럽으로 망명한 엘리트들이 민족주의적 감성을 흡수한 결과와 맞물린 것이었다. 초기 단계의 제한적 산업화가 루마니아와 슬로베니아에서는 1860년대부터, 세르비아에서는 1880년대부터, 남동부 유럽 지역에서는 1890년대부터 시작되었지만, 이 산업화가 오스만 제국의 정치에 긍정적 변화를 가져오기에는 영향력이 매우 미약했으며 시기도 너무 늦었다.[6] 유럽 열강으로부터 자극을 받은 오스만 제국이 정치적 도전

---

5 Carter Vaughn Findley, "The Tanzimat," in Reṣat Kasaba, ed., *The Cambridge History of Turkey*, Vol. 4: *Turkey in the Modern World* (Cambridge University Press, 2008), pp. 11-37.

에 나섰지만, 국내 반대 세력에 가로막혀 개혁에 한계가 있었다. 오스만 제국의 모든 지식인 엘리트들이 유럽식 정치경제 수용에 동의한 것은 아니었다. 다른 방향에서 일부 종교적 사회 개혁의 비전이 제시되었다. 여기서는 목축 사회와 부족 사회를 더 큰 규모의 새로운 정치 사회 체제의 일부로 포함시켰다. 이와 같은 아래로부터의 개혁은 종교를 사회의 중심에 두었다. 이는 유럽식 입헌 정치 체제와는 다른 방식이었다.[7] 오스만 사회에는 서구적 입헌 정치 체제에서 흔히 볼 수 있었던 경제 엘리트가 없었다. 그 대신 종교 엘리트 계층이 국가와 사회 조직을 주도하며 이념적·제도적 전략을 제시했다.

러시아 제국 또한 오스만 제국에 못지않은 야망이 있었다. 오스만 제국의 야망이 정치적 측면이었다면 러시아 제국의 야망은 공간적 측면이었다. 러시아도 오스만처럼 지리적으로 유럽과 아시아 양방향의 영토를 가진 제국이었다. 러시아에서 서유럽의 정치·경제적 관행을 모방하려는 움직임은 18세기 초로 거슬러 올라간다. 특히 표트르 대제는 서유럽, 그중에서도 프랑스의 군주제에 매료되었다. 19세기 중엽 러시아 제국의 지도자들은 독일의 농노 해방 사례를 참조하여 1861년에 농노의 법적 해방 조치를 시행했다. 그러나 이는 사회·경제적 측면에서 긍정적인 결과를 거의 가져오지 못했다. 1864년에는 세금 징수와 일부 지역 공공 서비스를 조직하기 위해 지방 의회(zemstvo)를 설립하는 추가 개혁을

---

6 Ljuben Berov, "The industrial revolution and the countries of southeastern Europe in the nineteenth and early twentieth centuries," in Teich and Porter, eds., *Industrial Revolution*, pp. 290-328.
7 Findley, "The Tanzimat."

실시했지만, 이 또한 오래 지속되지 못했다. 이후 의사결정 권한을 제국의 중앙에 집중해야 한다는 주장이 다시 강하게 대두되었다. 그 뒤로 이에 대한 별다른 도전은 없었으나, 1905년 일본에 굴욕적인 패배를 당한 이후 입헌군주제가 도입되면서 상황은 달라졌다.[8] 19세기 러시아 제국의 국력이나 구조 개혁에는 한계가 있었지만, 그럼에도 광대한 영토 전반에 걸쳐 통제력을 유지하고 있었으며, 그 수준은 오스만이나 합스부르크 제국에 비해 더 강력했다. 정치적 결정에 따라 경제 분야에서는 세르게이 비테(Sergei Witte)의 지도 아래 산업화가 추진되었다. 그는 1889년부터 1891년까지 러시아 철도를 책임졌고, 1892년부터 11년 동안 재무부 장관으로 재임했다. 그가 정부의 지원을 주도하여 외국의 자본과 기술 전문가들을 유치했으며, 모스크바와 상트페테르부르크에 산업화 기업들이 설립되었다. 프랑스는 공학 프로젝트에, 독일은 화학 및 전기 산업에 투자했다. 영국의 자본과 전문 지식은 석유 채굴에 투입되었다. 기술 이전은 더욱 광범위하게 이루어졌다. 벨(Bell)과 에릭슨(Ericsson)의 전화기, 싱어(Singer)의 재봉틀, 인터내셔널 하베스터(International Harvester) 농기계, 그리고 지멘스(Siemens)의 전신 장비가 포함되었다.[9]

19세기 말에는 유럽 곳곳에서 산업화가 진행되었다. 독일과 러시아

---

8 Geoffrey A. Hosking, *The Russian Constitutional Experiment: Government and Duma, 1907-1914* (Cambridge University Press, 1973); James Cracraft, *The Petrine Revolution in Russian Culture* (Cambridge, MA: Harvard University Press, 2004); Terence Emmons and Wayne S. Vucinich, eds., *The Zemstvo in Russia: An Experiment in Local Self-Government* (Cambridge University Press, 1982).
9 Roger Munting, "The Industrial Revolution in Russia," in Teich and Porter, eds., *Industrial Revolution*, pp. 329-349.

처럼 국가의 강력한 지원을 받은 경우도 있었고, 지역마다 달랐던 국내외 기업가들의 노력으로 산업 발전이 이루어지기도 했다. 서유럽 국가들은 행정 역량을 발전시키고 대의(代議) 제도를 확대했다. 기존에는 소수 엘리트에게 국한되었던 정치적 발언권이 점점 더 많은 사람들에게 확대되었다. 유럽 전역과 오스만 제국에서는 서유럽의 사례, 즉 그들의 권력과 경제적 자산(wealth)이 정치 개혁과 경제 발전을 촉진하는 데 영감을 주었다. 당시로서는 가장 진보된 사례로 보이는 관행을 모방하는 것이 바람직해 보였을 뿐만 아니라 때로는 필수적으로 여겨졌다. 정치적 경쟁에서 살아남고 경제적으로도 성공하려면 경제적 자산이 필요했기 때문이다. 그러나 경제적 변화는 정치 지도자들이 목표로 했던 국가를 뒷받침할 사회적 기반을 형성하지 못했다. 산업 변화가 그리 크지 않았고, 농업 부문의 중요성이 여전히 큰 상황에서, 그 상태로 세계 경제에 편입되었을 때, 그 나라가 서유럽의 경제적 변화를 모방하는 데 성공할 가능성은 크지 않았고, 이를 바탕으로 서유럽이나 미국이 주도하는 정치 질서에서 경쟁력을 확보하기는 더욱 어려웠다.

유라시아를 벗어나 아메리카 대륙으로 가면, 세계에서 가장 성공한 강대하고 부유한 국가를 발견할 수 있다. 그러나 19세기 말까지도 아메리카 대륙에는 국가의 행정 역량과 기업의 경제적 자산이 크게 발전하지 못한 나라도 많이 있었다. 미국은 오스트리아-헝가리 제국, 오스만 제국, 러시아 제국과 마찬가지로 매우 거대한 정치 체제가 되었다. 그러나 미국은 이들 제국과 달리 인구는 매우 적었지만, 풍부한 천연자원과 비옥하고 개발되지 않은 광활한 토지를 보유하고 있었다. 게다가 미국은 영국의 관행에서 비롯된 정치 이념과 제도뿐만 아니라 일반적으로 서유럽의 관행에서도 영향을 받았다. 따라서 미국은 1776년 건국 당시부터 강한 국력과 풍부한 경제적 자산을 성취할 기회를 가졌으며, 추구할 모델과 동기도 보유하고 있었다. 미국의 임금은 심지어 영국보다 높았으며, 이런 점에서 유럽의 대부분 지역과 달랐다. 이를 감안하면 이후 영국과 미국이 고임금 노동보다는 자본집약적 산업을 발달시킨 이유를 이해하는 데 도움이 된다. 미국의 섬유산업은 19세기 초 동북부 지역부터 산업화가 시작되었다. 당시 남부는 농업 경제로, 아프리카 출신 노예와 그 후손들이 생산한 면화를 영국으로 수출하고 있었다.

19세기 전반에 서부와 남부 지역이 미국의 영토로 편입되었다. 이로써 알렉산더 해밀턴(Alexander Hamilton)의 연방주의 비전이 구현 및 확장되었으며, 성장을 위한 정치경제적 기반이 구축되었다. 해밀턴의 비전에 반대한 사람은 토머스 제퍼슨(Thomas Jefferson)이었다. 그는 농업을 기반으로 개인의 자유를 강조하는 목가적 비전을 제시했다. 또한 개인은 주(state)에서 정치적 목소리를 내고, 주(state)는 해밀턴의 모델보다 느슨하게 연방(federal)에 소속되기를 원했다. 경제 정책과 관련하여 해밀턴은 전국에 지점을 두는 국립은행을 구상했다. 또한 보호관세를 제안했는데, 유럽 수입품과 경쟁하기 어려운 신생 산업에 성장의 기회를 주기 위해서였다. 이러한 정책들은 정부를 지지하는 사업가 계층을 형성했을 뿐만 아니라, 독일계 미국인 경제학자 프리드리히 리스트(Friedrich List)에게도 영감을 주었다. 그는 《정치경제의 국가적 체계》(Das Nationale System der Politischen Ökonomie, 1841)라는 책을 썼다.(영어 제목은 The National System of Political Economy) 이 저서에서 프리드리히 리스트는 절대적 자유무역의 조건부 제한을 주장하며 해밀턴의 신

산업 보호주의를 지지했다. 독일의 발전을 위해서도 노력했던 리스트는 독일의 경제 발전이 정치적 통합 논리의 바탕이 된다고 주장했다. 통합의 논리는 19세기 미국과 유럽 경제 정책의 상호 영향 속에서 나타난 핵심적 흐름 중의 하나였다.

미국에 적합한 경제 체제를 둘러싸고 벌어졌던 해밀턴과 제퍼슨의 논쟁은, 남북전쟁 직전 노예제를 둘러싼 남부 대 북부 정치적 갈등의 전조였다. 단일 정치체로서 공화국이 유지되는 동안 미국은 국내 경제의 재편과 공간적 통합이 가능했다. 여기에 철도망의 확장과 새로운 생산, 운송, 저장, 통신, 발전 기술이 활용되었다. 철강을 생산하는 미국의 중서부는 제2차 산업혁명의 중심지가 되었다. 남북전쟁 이후에는 이 지역을 비롯해서 다른 지역에서도 노동 인구가 증가했다. 남부에서 이주해 온 사람들도 있었고, 유럽에서 건너 온 이민자들도 있었다. 19세기 말에 이르러 미국인들은 새로운 사업 형태의 창출이나 기술 혁신의 촉진에서 세계적인 선두주자가 되었다. 서유럽 국가들과 함께 미국은 세계의 다른 지역에서 경제력과 정치 권력을 행사하기 시작했다. 이러한 상황은 남아메리카의 "또 다른 서유럽"과 미국을 확연히 구분짓는 요소였다.[10]

1776년 미국 혁명 이후 50년 동안 남아메리카에서는 영국, 프랑스, 스페인, 포르투갈의 식민지가 해체되었다. 제국의 식민 통치에 대한 군사적 도전이 성공한 결과였다. 미국의 경우, 영국의 정치 원칙과 관행에서 영감을 받은 연방 공화국(federal republic)의 이념과 제도가 확립되었

---

10 라틴 아메리카를 지칭하는 이 용어는 Marcello Carmagnani, *The Other West: Latin America from Invasion to Globalization* (Berkeley, CA: University of California Press, 2011)에서 유래한 것이다.

다. 남아메리카 공화국들도 독립국이며 입헌 국가였다. 그러나 남아메리카의 국가들은 독립 전쟁 과정에서 막대한 부채를 떠안게 되었고, 과거 식민지 당국처럼 세금을 효율적으로 징수하지 못하는 문제를 안고 있었다. 남아메리카의 상황은 미국과 달랐다. 남아메리카에서는 지역 세력이 강하고 행정부가 약했다. 입법부는 지주, 도시 전문직, 기업가들의 이권 경쟁을 조정하는 가운데 행정부와 대립했다. 그런 상황에서 정부는 미국에서 해밀턴이 제시했던 것과 같은 경제 제도를 창출하지 못했다. 19세기 미국과 남아메리카의 차이는 정부의 경제정책만이 아니었다. 19세기 후기에 이르러 남아메리카 국가들은 강력한 국가 체제와 산업화 경제를 구축하는 데 필요한 일부 기반시설을 개발하기 시작했다.[11] 19세기 말에 이르러 브라질 같은 대형 국가에서 은행과 금융 부문을 발전시켜, 이를 통해 정부가 철도와 도로 건설 자금을 대출하고, 외국인들이 산업화 기업에 투자할 수 있도록 했다.[12] 남아메리카의 국가들은 대출 상환에 어려움을 겪었고, 채무 불이행의 위협과 대출 상환 요구에 직면했다. 1901-02년 미국, 독일, 영국, 이탈리아의 베네수엘라 해상 봉쇄는 이러한 상황을 명확하게 드러낸 사건이었다.[13] 남아메리카에서는 외국에서 돈을 빌려 철도를 건설했고, 산업화 기업에 외국인 투자를 유치했

---

11 Kenneth Sokoloff and Stanley Engerman, "History lessons: institutions, factor endowments, and paths of development in the New World," *Journal of Economic Perspectives* 14 (2000), 217-232.
12 Carmagnani, *The Other West*, pp. 85-191; William Summerhill, "Railroads in imperial Brazil, 1854-89," in John H. Coatsworth and Alan M. Taylor, eds., *Latin America and the World Economy Since 1800* (Cambridge, MA: Harvard University Press, 1998), pp. 383-406.
13 Carmagnani, *The Other West*, p. 197.

다. 특히 포르피리오 디아스(Porfirio Díaz) 대통령 재위 시기의 멕시코가 그랬다. 당시의 멕시코는 몇 가지 측면에서 유럽을 비롯한 다른 지역 19세기 후기의 발달 양상과 비슷했다. 유럽에서 가장 비슷한 국가는 러시아였다.[14]

유럽의 부와 권력은 아메리카, 유럽, 중동에서 균등하게 확장되지 않았다. 그러므로 19세기 말 서구 헤게모니의 세계적 확산을 "유럽의 세기"라는 단순한 그림으로 설명하기보다는, 유럽, 아메리카, 중동의 여러 국가들이 겪었던 정치경제적 운명을 세밀하게 대조하고 그 변화 양상을 살펴보아야 할 것이다. 유럽에서도 일부 국가들만이 아프리카 분할 경쟁에 참여했다. 동남아시아에서도 소수의 유럽 국가들과 미국만이 식민지를 건설했다. 중국에서 영향력을 어떻게 행사할지 논의했던 이들도 그들뿐이었다. 이외에 유럽의 다른 국가들은 정치경제적으로 종속적인 위치로 전락했다. 그들도 아프리카의 대부분이나 아시아의 일부 지역과 비슷한 처지였다. 많은 유럽 국가들의 입장에서 이웃한 서유럽 국가들은 모방의 대상인 동시에 경쟁의 대상이었다. 중동 지역도 정도의 차이는 있지만 비슷한 상황이었다. 아메리카에서 미국은 서유럽의 방식을 따르고 이를 혁신함으로써 20세기 초 세계 최대 경제 강국이 되었다. 남아메리카의 국가들은 부와 권력 면에서 미국과 서유럽에 비해 열세였다

---

14 William Summerhill, "The development of infrastructure," and Stephen Haber, "The political economy of industrialization," in Victor Bulmer-Thomas, John H. Coatsworth, and Roberto Cortés Conde, eds., *The Cambridge Economic History of Latin America, Vol. 2: The Long Twentieth Century* (Cambridge University Press, 2006), pp. 293-326 and pp. 537-584 respectively.

는 점에서 중부 및 동부 유럽의 대부분 국가들과 유사한 측면이 있었다.

아프리카로 눈을 돌리면, 환경 조건과 경제적 가능성 측면에서 아프리카와 유럽은 뚜렷한 차이가 있음을 알 수 있다. 가레스 오스틴(Gareth Austin)은 아프리카의 농업 생산성이 다른 지역만큼 높을 수 없었던 이유로, 낮은 토양의 질과 체체파리(tsetse fly) 매개 수면병의 만연을 강조했다. 이런 이유로 견인동물 이용 가능 지역이 제한되었다. 그래서 아프리카는 세계의 다른 지역에 비해 농업 생산성이 낮을 수밖에 없었다. 땅은 많고 토양의 질은 낮은 환경 때문에 아프리카의 농부들은 자신의 경작지를 버리고 개간되지 않은 숲을 찾아 새로 개간하여 경작하는 방식을 선호했다. 농업 생산에는 자본 투입이 거의 이루어지지 않았으며, 단위 면적당 노동 투입량도 적었다. 토지는 쉽게 구할 수 있었지만 그 품질이 추가 노동 투입의 부가가치를 제한했기 때문에, 이용 가능한 노동력을 더 많은 토지에 분산시키는 것이 더 합리적이었다. 수공업 생산에도 제한이 있었다. 같은 토지에서 식량을 생산할지 수공업에 필요한 원재료를 생산할지 선택해야 했기 때문이다. 예를 들면 식량과 면화 재배 사이의 충돌이었다. 그래서 아프리카에서는 면화와 같은 수공업 원료 작물에 충분한 토지와 노동력을 할애할 수 없었고, 면화를 기반으로 한 수공업 산업도 발전시키기 어려웠다. 기계 방적으로 생산된 저렴한 실이 수입되었고, 면직물도 함께 들어오자, 노동집약적 산업의 채산성이 더욱 떨어졌기 때문에 면직물 생산을 확대할 아프리카의 기회는 더욱 줄어들었다.[15]

15 Gareth Austin, "Resources, techniques and strategies south of the Sahara: revising

아프리카에서 생산 증대를 통한 부의 확장이 어려웠던 이유는 그들의 경제적 및 환경적 조건만으로도 충분히 설명이 된다. 부와 권력은 전통적으로 부족한 노동력의 수급과 연결되는 문제였다. 그래서 생산이나 판매에 노예 노동이 동원되었던 것이다. 노예는 전쟁이나 기타 폭력을 통해 포획되었다. 유럽 국가들이 아프리카에서 식민지 경쟁에 몰두할 때, 서구의 자본가들은 산업에 활용될 만한 광물이나, 서구 소비자들을 위한 농산물 등의 자원 탐색에 나섰다. 서구 자본주의가 확장되면서 아프리카에 새로운 경제적 기회가 주어졌고, 이에 대응해서 농산물 수출 가능성이 확인된 뒤에도, 그들의 정부는 서유럽이나 미국에서와 같이 부와 권력을 연계시켜 정치 체제와 경제 구조를 구축하는 국가 건설 프로그램을 구상조차 하지 못했다.

19세기 동남아시아의 정치경제적 조건은 아프리카와 일부 유사한 면이 있었다. 아프리카처럼 동남아시아도 토지는 풍부한 대신 노동력은 부족했다. 초기 근대 유럽인들이 주로 무역, 특히 아프리카의 노예와 동남아시아의 향신료 무역에 참여한 뒤로, 동남아시아도 정치적으로 유럽의 영토 제국주의를 경험했다. 그 뒤 동남아시아의 경제상황도 아프리카와 비슷해졌다. 즉 19세기 동남아시아 경제는 아프리카처럼 산업보다는 농업 수출 위주였다. 부족한 노동력은 주로 남아시아와 중국에서 들어온 계약노동자들로 채웠다. 외국 기업가들은 주요 생산 및 교역 거점에서 강한 영향력을 행사하거나 심지어 거점을 점령하기도 했다.[16]

the factor endowments perspective on African economic development, 1500-2000," *Economic History Review* 61:3 (2008), 587-624.

정치적으로 동남아시아 지역은 대개 영국, 네덜란드, 프랑스의 식민 지배하에 놓였다. 인도에서 버마(미얀마)로 확장된 영국의 세력과 베트남에서 라오스와 캄보디아로 확장된 프랑스의 세력은 서쪽과 동쪽에서 시암(태국)을 압박했다. 시암이 독립 왕국으로 생존할 수 있었던 것은 1880년대 영국과 프랑스의 합의 덕분이었다. 동남아시아에서 그들의 경쟁이 평형에 도달한 뒤에 나온 합의였다. 그 내용 중에는 시암 왕국을 독립국으로 유지하여 영국과 프랑스 양국 식민지 사이의 완충지대로 활용하려는 의지가 담겨 있었다. 시암 왕국은 형식적으로는 독립을 유지했지만 실제로는 외국의 제약 아래 경제가 운영되는 "반(半)식민지"에 더 가까웠다. 따라서 공식 식민지가 되었던 주변 국가의 지식인들은 말할 것도 없지만, 시암 왕국의 국내 정치 세력도 서구의 산업화를 모방하는 국가 건설 계획을 추진할 수 없었다. 그런 점에서도 동남아시아의 제한적인 상황은 아프리카와 다를 바가 없었다.

1851년 시암의 몽꿋 왕(라마 4세)이 왕위에 올랐을 때도 왕권의 정치적 위상은 취약한 상태였다. 정부 부처는 여러 귀족 가문의 통제 아래 놓여 있었으며, 각 가문의 아래로 후견 관계에 따른 수직 구조가 파벌을 형성하고 있었다. 왕은 각 집단의 권력 기반을 그대로 두고서는 개혁을 추진하기 어려운 상황이었다. 그의 후계자였던 소년 왕 쭐랄롱꼰(라마 5세, 1853년-1910년)과 섭정 수리야웡은 1873년 통치 권력의 확대를 위해 사법 및 재정 개혁을 시작했다.(그림 14-1)

16 M. C. Ricklefs, Bruce Lockhart, Albert Lau, Portia Reyes, and Maitrii Aung-Thwin, *A New History of Southeast Asia* (London: Palgrave Macmillan, 2010), pp. 165-237.

[그림 14-1] 시암의 왕 출랄롱꼰의 초상화, 1893년

개혁의 영감은 유럽에서 얻었지만, 대중적으로는 불교 윤리로 접근하는 편이 더 쉽게 이해될 수 있었다. 1870년대 중국에서 활동했던 개혁가들이 동도(東道, 중국적 핵심)와 서기(西器, 서양의 기술)를 구분했던 것처럼, 시암의 왕도 서양에서 유래한 개혁이 개념적으로 불교적 정치 윤리와 모순되지 않는다고 보았다.[17] 이후 유럽식 정부를 만들기 위해 보다 과감한 개혁을 추진하자, 지방에 있던 과거의 제후 또는 조공국에 대한 중앙의 통제를 점점 더 강화하는 데 성공했다. 1880년대 말, 런던에서 개최된 빅토리아 여왕 50주년 기념 행사(1887년) 참석을 계기로, 시암의 왕자는 유럽 정부를 모델로 한 개혁을 본격적으로 추진했다. 12개 부처로 구성된 내각이 신설되었는데, 그중 7개 부처는 기존의 부서(내무, 재무, 농업, 외교, 전쟁, 궁정, 수도 지역 행정)를 기반으로 했고, 교육, 사법, 공공사업, 군사 관련 부서는 새로 추가되었다.[18] 새로운 정부 기관의 정비에도 불구하고 시암 왕국의 국력은 충분히 강화되지 못했고, 이웃한 식민지 정권의 침탈을 막아낼 수 없었다. 1850년대를 기준으로 그들의 선조가 직간접적 종주권을 주장했던 영토 중에서 1910년까지 영국과 프랑스에 빼앗긴 영토는 거의 절반에 가까웠다. 오스만 제국이 그랬던 것처럼 태국 왕실도 유럽 열강의 지정학적 압박 속에서 생존하기 위해 규모가 축소된 상태로라도 자신을 변화시키려 고군분투했다.

한편 남아시아의 경우, 19세기에 서구를 모델로 권력을 창출하려 했던 정치경제 지도자들 앞에는 두 가지 제한 조건이 놓여 있었다. 그중

---

17 David K. Wyatt, *Thailand: A Short History* (New Haven, CT: Yale University Press, 1984), pp. 181-198.
18 Ibid. pp. 199-214.

하나는 명확했지만 다른 하나는 잘 드러나지 않았다. 첫째는 동인도회사였다. 동인도회사는 18세기 남아시아에서 무역 통제를 확대하고, 무역 조건을 정치적으로 조작하여 영국의 경제적 이익을 도모했다. 그 결과 남아시아에서 동인도회사의 지위는 단순한 상인의 역할을 넘어섰다. 1858년 이후에는 공식적인 식민지 통치자로서 인도에 군림했고, 세금과 이익을 통해 인도에서 정치경제적 이익을 추구했다. 식민지 정부는 당연히 식민지에서 산업화를 추진하는 데는 관심을 두지 않았다. 같은 시기 유럽의 일부 국가들, 특히 독일과 러시아가 추진했던 산업화가 인도에서는 추진되지 못했다. 이는 충분히 예상할 수 있는 일이었다. 유럽 국가들은 자국의 정치경제적 이익을 지원할 뿐이었기 때문이다. 식민지 당국은 수자원 관리 문제를 해결하려 했고, 라틴 아메리카와 아시아의 다른 지역에서도 그랬던 것처럼 철도를 건설하기 위해 외국의 자본과 기술을 유치하기도 했다. 그러나 이러한 노력이 식민지 경제에는 크게 긍정적인 영향을 미치지 못했으며, 경제를 변혁시킬 만큼의 자극은 전혀 없었다. 구조적 변화가 없었던 두 번째 원인은 첫 번째 원인처럼 뚜렷하게 드러나지는 않지만 추가적으로 설명이 가능한 부분이다. 민간 경제는 현지 기업에 기회를 제공했다. 그들은 생산과 교환을 통해 이익을 얻었다. 수익성이 입증된 경우 산업 생산도 발달했다. 대표적으로 황마와 면화 산업이 그랬다. 충분히 수익을 얻을 수 있는 새로운 생산 방식이 등장했지만, 토착 자본가들은 더 큰 규모의 경제 개발 프로그램을 추진할 의지가 없었다. 특히 그러한 노력을 조직할 정부가 없었기 때문이다. 남아시아와 동남아시아 전체에서 정치 개혁을 구상했던 나라는 시암 왕조뿐이었다. 그들은 서구 세력이 지배하는 세계에서 생존하기 위해서는 정치 제도를 바꾸어야 한다는 사실을 인정했다. 그러나 시암 왕국의 시도에는 중요한 경제적 의제가 포함되지 않았다. 남아시아와 동남아시아 어디에서도 부와 권력을 동시에 추구하는 국가 차원의 조직적인 노력은 존재하지 않았다.

국력 강화와 경제의 산업화, 이 두 가지 변혁이 19세기 서구 세력의 세계적 확산을 가능케 한 원인이었다. 유럽 안팎을 막론하고 세계의 많은 국가에서는 서유럽과 미국에서 자리 잡았던 이념적 및 제도적 혁신을 모방하고자 노력을 기울였다. 아프리카, 중동, 그리고 아시아 대부분의 지역에 먼저 진출했던 서구 세력은 서구의 변화에 대응하려는 현지의 관심과 역량을 가로막았다. 이외에도 제도적 및 환경적 조건도 달랐다. 서유럽이나 미국의 경제 변혁을 가능케 했던 조건이 다른 지역에서는 갖추어지지 않았다. 정치적 자각을 통해 정치·군사적 힘을 강화하고 산업화를 통해 경제를 변화시켜 부와 권력을 동시에 창출하려 했던 노력을 찾아보려면, 동아시아로 눈을 돌려야 한다.

동아시아의 자강운동

동아시아에서는 서구의 위협에 대응하기 위한 의식적인 노력이 이루어졌다. 즉 외국의 정치적 관행을 국내 정책에 도입하고, 외국의 경제적 관행을 사회 전반에 적용하려는 시도가 나타났다. 그로부터 한 세기가 지난 뒤인 19세기, 동아시아에서는 세계에서 가장 빠른 경제 성장을 이룬 강력한 국가들이 등장했다. 이 지역은 또한 오래 전부터 고전 중국 문헌에 담긴 몇 가지 공통된 정치 개념을 공유해 왔다. 19세기의 한국인, 중국인, 일본인은 이를 각기 유사한 방식으로 참조했다. 19세기의 개혁을 중국에서는 "자강(自强, ziqiang)" 등 여러 가지 방식으로 표현했고, 일본에서는 이를 "유신(維新, ishin)"이라고 했다. 후대의 학문적 논의에서는 중국의 "자강"과 일본의 "유신"의 차이점이 강조되곤 했다. 서구 세력 확장에 대한 동아시아의 대응을 19세기 세계 다른 지역과 비교해보면 동아시아의 공통적인 요소들을 찾아볼 수 있다. 또한 서로 간에 차이가 나타난 이유도 알 수 있다. 동아시아에 대한 이해는 기존에 서구 식민주의 혹은 제국주의적 틀에서, 또한 세계 시장 통합의 관점에서 설명되었던 이론에 지역적 차원과 각 국가적 차원을 추가하여 보다 복합적인 이해에 도움을 준다.[19]

오늘날의 중국에서 19세기의 중국을 반(半)봉건적 반(半)식민지라고 규정하는 것은 자본주의 발전 실패의 원인 중 국내적 요인과 외부적 요인을 지칭하는 것이다. 국내적 원인으로 규정된 반봉건이란, 유럽의 변화를 봉건제에서 자본주의로의 이행이라 설명했던 마르크스주의 이론에 부합한다. 이런 관점에서 역사학자는 진보적 변화의 장애물로 간주되는 사회정치적 특징들을 식별할 수 있다. 외부적 원인으로 규정된 반식민지란, 점점 더 글로벌화되는 경제 속에서 중국 경제가 종속적인 역할을 할 수밖에 없었던, 외부로부터 강요된 조건을 말하고자 하는 것이다. 이 이론은 완전히 봉건적이지도, 완전히 식민지화되지도 않았다는 점이 바로 당시 중국의 특수한 상황이라는 입장에 서 있다. 그러나 봉건제에서 벗어나는 과정과 식민지로 나아가는 과정은 사실상 별개인 두

---

19 Michael D. Bordo, Alan M. Taylor, and Jeffrey G. Williamson, eds., *Globalization in Historical Perspective* (University of Chicago Press, 2003).

개의 축을 따라 진행된다. 하나는 국내 권력 조직과 관련되며, 또 하나는 국가가 외부 세력과 맺는 관계와 관련된다. 이 두 개의 축은 물론 서로 영향을 미칠 수 있지만, 연결고리를 더 구체적으로 파악하려면 우선 국가의 활동 중 외부에서 비롯된 것과 내부에서 비롯된 것을 별도로 고려할 필요가 있다.

1860년대부터 청나라는 서구인들과의 문제를 관리하기 위해 정치적 제도를 개발했고, 외국 기술을 도입하기 위해 여러 조직을 신설했다. 이런 노력들을 처음에는 "자강(自强)"과 "양무운동(洋務運動)"이라 했다. 중앙 정부는 외교 업무를 담당할 기관과 번역국을 설립했으며, 외국인들이 참여한 가운데 대외 무역 세금을 관장할 새로운 관청을 조직했다.(각각 總理各國事務衙門, 同文館, 總稅衙門 — 옮긴이) 중앙 정부에서는 외교 및 상업 부문에서 서양인들을 상대하려 했고, 지방 관료들은 같은 목적으로 군수공장, 조선소, 공장 건설을 주도하여 중앙 정부의 활동을 보완했다.(그림 14-2)

이러한 과정의 초기에는 국가의 군사적 역량에 직접 기여하는 산업에 관심이 집중되었다. 그러나 1860년대와 1870년대에는 섬유와 경공업 소비재로까지 범위가 확대되었다.[20] 1880년대에 이르러 국가적 과제는 서로 연관되는 두 가지 방향으로 구체화되었다. 첫째, 외국의 정치적 요구에 맞서 국가를 방어하고 외국 정부와 효과적으로 협상할 수 있는 역량을 구축하는 것, 둘째, 유럽 국가들의 생산력에 필수적인 요소들

---

20 Ting-yee Kuo and Kwang-Ching Liu, "Self-strengthening: the pursuit of Western technology," in John K. Fairbank, ed., *The Cambridge History of China*, Vol. 10: *Late Ch'ing, 1800-1911, Part 1* (Cambridge University Press, 1978), pp. 491-542.

〔그림 14-2〕 중국의 조선소(福州船政局), 1864-72년

을 파악하여 새로운 생산 형태를 개발하는 것이었다. 정부는 유럽에 부와 권력을 안겨준 서양식 무기나 산업 기계와 같은 실질적인 장비를 생산하고자 했다. 또한 새로운 과학 지식을 습득하고 새로운 기술을 관리할 인력 양성의 필요성을 인식했다. 1870년대와 1880년대의 관료들은 더 광범위한 문화적 변화나 근본적인 정치 개혁이 아니더라도 서양식 부와 권력의 기술을 배울 수 있다고 믿었다. 그러나 그들의 뒤를 이었던 1890년대의 개혁 세대는 서구의 정치 이념과 제도에 더 폭넓게 접하면서 의회 제도를 수용하고자 했다.[21]

이러한 시도는 곧바로 실패로 돌아갔다. 그 원인은 일반적으로 정치적 요인과 경제적 요인 모두에서 비롯되었던 것으로 평가된다. 정치적 측면에서는, 1890년대 주요 개혁가들이 의회 제도를 요구했음에도 불구하고 청나라는 의회 제도를 발전시키는 데 실패했다. 경제적 측면에서는, 새로운 산업을 육성하려는 국가적 노력에도 불구하고, 더 광범위한 경제적 변화 과정을 촉발하는 데 성공하지 못했다. 그러나 발생하지 않은 결과에만 초점을 맞추는 이런 식의 해석은 청나라 말기의 관료들이 더 강력한 국가와 번영하는 사회를 만들기 위해 기울였던 현실적인 노력들을 간과하는 것이며, 그들의 성과에 대한 정당한 평가를 방해할 수 있다. 이와 달리 맹열(孟悅, Meng Yue)과 벤저민 엘먼(Benjamin Elman)은 청나라 말기 관료들이 서양 기술, 특히 조선 및 군수 분야를 적극적으로 장려했던 사실을 연구하여 당시 중국 내외적으로 확인되는 큰 성과들을 밝혀냈다. 후대에 이런 노력을 실패로 간주했던 것은 우선 청일전쟁(1894-95년)에서 중국이 패배했기 때문이고, 이후 발전 경로가 달랐던 중국과 일본의 경제로부터도 영향을 받았다.[22]

산업화를 촉진하기 위해 노력을 기울였던 당시 중국 관리들의 행동을 보면 자강의 성격을 더욱 분명하게 이해할 수 있다. 그들은 군비 증

---

21 Hao Chang, *Liang Ch'i-ch'ao and the Intellectual Transition in China, 1890-1907* (Cambridge, MA: Harvard University Press, 1978); Joseph Levenson, *Confucian China and its Modern Fate: A Trilogy* (Berkeley, CA: University of California Press, 1968).

22 Yue Meng, "Hybrid science versus modernity: the practice of the Jiangnan Arsenal, 1864-1897," *EASTM* 16 (1999), 13-52; Benjamin Elman, *On Their Own Terms: Science in China, 1550-1900* (Cambridge, MA: Harvard University Press, 2005), pp. 353-395.

강에 직접 관여하는 정도를 넘어 산업화에 개입했다. 이를 보면 그들이 이해하는 자강(自强)이 무엇이었는지, 그 성격을 더욱 분명하게 이해할 수 있다. 그들은 과거의 정치 경제 관행에 기반하여, 국내 및 대외 정책 목표를 모두 아우르고자 했다. 예를 들면 20세기 초 개혁을 위해 신정(新政)이라는 정책이 실시되었는데(의화단 사건 이후 서구 열강의 압박 속에서 청나라 정부가 실시했던 개혁 조치. 이 또한 충분한 성과를 거두지 못하고 실패함으로써 1911년 신해혁명으로 청나라가 무너지는 배경이 되었다. ─ 옮긴이), 그 일환으로 상회(商會, 상공회의소)가 설립되었다. 외국의 관찰자들이 보기에 그것은 상인의 이익을 대변하는 기구로 보이겠지만, 실제로는 관료들이 의사결정을 주도하는 가운데 상회는 그 아래에서 주어진 역할을 맡았을 뿐이었다. 상회의 주요 기능 중 하나는 상업 분쟁을 처리하고 세금 문제를 관리하는 일이었다. 애초에 상회는 이익을 대변하는 단체로 기획되지 않았다. 이는 중국 학계에서 많은 아쉬움을 자아낸 대목이었다.[23] 관료들은 엘리트 계층의 정치적 요구를 들으려 하지 않았다. 오히려 국가가 중요하다고 판단한 정치적 사안에서 엘리트 계층의 지지를 확보하려 했다. 예를 들어 엘리트 계층에서 아편 퇴치를 촉구하기 위해 처음으로 만국금연회(萬國禁煙會, 아편반대협회)를 조직했을 때, 그들의 유인물에 포함될 내용에 대한 명확한 제한이 설정되었다. "정치 문제나 해당 지역 밖의 주제에 간섭해서는 안 된다." 1906년에 이르러 정부의 아편 억제 노력이 절정에 달했을 때, 금연회는 정부 권력의 연장선상에 놓여 있었다. 칙령에 의해 그들은 "어떤 장소든 출입해 조사

23　馬敏, 朱英, 《傳統與近代的二重變奏: 晚清蘇州商會個案研究》, 巴蜀书社, 1993.

할 수 있는 전권을 부여받았고, 입장을 요구하거나 위원회의 명령에 따라 체포를 집행할 수 있는 관리들이 금연회에 배치되었다."[24] 청나라 말기 관료들은 아편 사용 억제와 같은 사회 공통의 프로젝트에 엘리트의 참여를 이끌어내는 것과, 공식적으로 정치적 발언권을 확대하려는 일부 엘리트 계층의 열망을, 적어도 암묵적으로라도 구분을 두고 있었다.

일반적으로 관리의 입장에서 정치적 프로젝트에 엘리트의 참여를 이끌어내는 것은 곧 통치 아젠다를 관료와 엘리트의 협력을 통해 추진하는 방식이었다. 19세기 중엽 이전에는 그러한 프로젝트가 대개 국내 문제에 집중되어 있었다. 자강(自強)의 목표는 분명히 새로운 외부 위협으로 발생한 정치적 도전에 대응하는 것이었다. 그러나 외세에 맞서 국가의 능력을 강화해야 한다는 정치적 논리에는 국내 통치 문제를 보완하는 역할도 포함되어 있었다. 양 측면의 관계는 산업화를 촉진하는 경제 논리에서 분명하게 드러난다. 군사 역량 강화의 측면에서 추진되었던 모든 사업은 새로운 공장 기반 생산 방식이었고, 수입 기술을 필요로 했다. 군사력 강화에 노력을 기울였던 관료들은 이후 소비재 생산 공장, 특히 면직물 공장의 산업화 프로젝트로 사업을 확장했다. 20세기 초의 중국 관료들은 "공업(工業)"이라 하면, 새로운 방식으로 노동을 조직하고 수입한 기술을 활용하는 새로운 형태의 공장뿐만 아니라, 농가에서 운영하는 부업 형태의 수공업도 포함하는 개념으로 이해하고 있었다.[25]

---

24 R. Bin Wong, "Opium and Chinese State Making," in Timothy Brook and Bob Wakabayashi, eds., *Opium and Asian History* (Berkeley: University of California Press, 2000), pp. 189-211.
25 《直隸工藝志初編》, 1904.

정부는 "공예(工藝)" 정보 수집 및 보급 업무를 전담할 국(局)을 설립하여(機器局, 上海造船局, 廣州機器局, 北洋水利局 등 — 옮긴이) 새로운 산업 기술의 확산을 촉진하려고 했다.[26] 공업에 대한 이와 같은 이해는, 자강운동의 새로운 산업화를 옛날식 수공업 생산과 연결시켰고, 이후 도시와 시골 전역에서 산업을 촉진하려는 정부의 다양한 노력에 동기를 부여하는 결과를 가져왔다.

일본의 경우를 살펴보도록 하자. 처음에는 일본 정부도 근대 공장 방식의 산업을 지원했다. 이후 이를 넘어서는 산업 정책을 펼쳤는데, 일본 관료들 또한 대도시 외곽에서 소규모 노동집약적 산업을 육성하려는 노력을 기울였던 사실이 확인된다.[27] 중국과 일본 정부 모두 소규모 노동집약적 산업 생산의 중요성을 인식했던 것이다. 20세기 초 중국에서의 "공업" 개념은 다양한 형태의 기술을 포함하고 있었다. "자본" 집약적인 공장 기술에서부터 그보다 훨씬 더 "노동" 집약적인 숙련된 수공업 기술에 이르기까지, 소규모 작업장과 가정 내에서 사용되는 다양한 기술들도 포함되었다.[28] 20세기의 처음 30년 동안 나타났던 일본 도시 산업 변화의 특징은 소규모 제조업체의 증가였다. 이는 유럽 수출용 생사(生絲) 생산을 비롯한 노동 집약적 수공업 기술의 발전에 따른 결과였다.[29] 중

26　王奎,《清末商部研究》, 上海人民出版社, 2008, pp. 217-221.
27　Tessa Morris-Suzuki, *The Technological Transformation of Japan: From the Seventeenth to the Twenty-first Century* (Cambridge University Press, 1994).
28　《江苏省实业视察报告书》, 1919.
29　Masayuki Tanimoto, "From peasant economy to urban agglomeration: the transformation of 'labour-intensive industrialization' in modern Japan," in Gareth Austin and Kaoru Sugihara, eds., *Labour-Intensive Industrialization in Global*

국-일본의 산업화 경험은 유럽-미국의 그것과는 달랐다. 양자를 구별 짓는 과정이 바로 노동 집약적 산업화였다. 이는 19세기 후기 자강 운동 시기에 시작된 정부 정책에 의해 의도적으로 촉진된 것이었다. 자강 운동이 촉진한 경제 전략은, 서구에서 수입한 기술적 잠재력을 동아시아에 널리 퍼져 있던 소규모 노동 집약적 생산 방식에 적용하려는 것이었다. 이는 19세기 후반의 유럽과 미국에서는 드물거나 거의 찾아볼 수 없는 방식이었다.

중국과 일본의 경우, 산업화 정책이 비슷했다는 사실이 학계에서 자주 언급되지 않는다. 이는 두 나라의 정부 정책이 달랐을 것이라는 선입견 때문이다. 다시 말해 일본은 산업화를 시작한 반면 중국은 그렇지 않았다는 인식이 있었고, 그 이유는 부분적으로는 정책의 차이 때문이라고 믿어왔기 때문이다. 그러나 19세기 말 국가 정책의 경제적 영향이 중국과 일본에서 매우 다르게 나타났던 주된 이유는, 우선 두 나라의 규모 차이가 컸기 때문이고, 그 다음으로는 산업화의 특성 그 자체 때문이었다. 산업화란 원래 특정 지역에서 발생한 다음 시간이 지나면서 주변으로 확산되는 과정을 거친다. 산업화와 함께 자본과 노동 시장이 형성되고 생산요소의 이동이 촉진된다. 따라서 자원이 부족하거나 기술이 낮은 지역이라도 발전 가능성이 제한되지는 않는다. 만약 일부 지역, 예컨대 상해(上海, 상하이) 주변의 강남(江南, 장난) 지역과 일본을 비교해보면, 두 나라의 20세기 초 산업 변화 양상은 더 유사하게 나타난다.[30] 중

History (London: Routledge, 2013), pp. 144-175; Morris-Suzuki, *Technological Transformation of Japan*, pp. 37-43.

국 전체를 하나의 단위로 고려하고자 한다면, 일본보다는 더 큰 지역 단위를 찾아보아야 한다. 예를 들면 유럽 전체나 혹은 미국 같은 경우다. 이들 두 지역은 모두 개별 유럽 국가보다는 중국과 크기가 더 비슷하며, 여기서도 산업화 초기에는 특정 지역에 산업이 집중되다가 시간이 지나면서 다른 지역으로 확산되었던 현상을 볼 수 있다. 만약 중국이 군벌의 폭력과 혼란, 일본의 침략, 그리고 이어진 내전으로 격변의 시기를 겪지 않았다면, 아마도 중국의 산업화는 실제로 이루어진 것보다 더 빠른 속도로 확산되었을지도 모른다. 이 점에서 중국은 붕괴하던 오스만 제국이나, 정치가 불안정했던 영국령 인도 혹은 브라질의 초기 산업화 단계와 비슷했다. 이들 지역에서는 공통적으로 사회정치적 필요조건이 부족했다. 그래서 산업의 확장이 보다 광범위한 경제적 발전으로 이어질 수 있는 길이 가로막혀 있었다. 중국과 일본 두 나라의 산업화 정책은 핵심적인 특징이 비슷했지만, 두 나라의 공간적·인구학적 규모가 크게 달랐기 때문에 동일한 결과를 낳을 수 없었다. 중국은 지리적 범위가 넓었기 때문에 자강(自强)을 통한 산업화에 일본보다 더 많은 시간이 필요했다. 이는 1900년 이후의 정치적 혼란과 폭력으로, 결국은 충족되지 못한 요구였다.

유사한 규모의 경제 단위를 비교함으로써 유사한 정책의 장기적 결과를 평가하는 방향으로 관점을 전환하고 보면, 오히려 19세기 말의 중국과 일본에서 정치적 프로젝트가 얼마나 다르게 추진되었는지 더 분

---

30 Debin Ma, "Economic growth in the Lower Yangzi region of China in 1911-1937: a quantitative and historical analysis," *Journal of Economic History* 68:2 (2008), 355-392.

명하게 알 수 있다. 규모의 차이로 일본은 중국과 달리 비교적 쉽게 달성할 만한 경제 정책을 선택할 여유가 있었다. 이는 나중에 수입 대체와 수출 촉진 정책의 결합으로 이어졌다.[31] 19세기 말 자강 운동 이후, 정부 정책의 차이는 기업 조직 방식의 차이, 나아가 근본적으로 상이하고 상충되는 정치적 의제와 연관되었다. 19세기 후기부터 중국의 정치적 의제는 부국강병이었다. 외세의 침략과 국내 분열이라는 이중의 위협 속에서 살아남아야 했기 때문이다. 같은 시기 일본의 정치적 의제는 국내 개혁으로 시작되었다. 이후 20세기 초에는 식민지 확장과 지역 패권을 목표로 하는 의제로 발전했으며, 이는 1937년 중국 침략과 태평양 전쟁의 발발로 절정에 이르렀다.

19세기 중엽의 일본에서, 정치 제도의 가장 핵심적인 변화는 중앙 정부에 대한 불신에서 시작되었다. 지방의 엘리트 계층은 중앙 정부가 사회 질서 혼란과 서구 열강의 요구에 대응할 능력이 없다고 판단했다. 일부 지방의 정치 지도자들은 지난 몇 세기 동안 실권 없이 상징적인 역할에 그쳤던 천황의 권력을 회복시킨다는 명분을 내세웠다. 그들은 메이지 유신(明治維新, 1868년)을 주도하여 새로운 정부 기관을 설립하고, 수도에서 지방으로 연결되는 체제를 강화했다. 그 과정에서 일본의 외교관들은 1년 반가량 유럽과 미국을 순방하며 외국의 정부 모델을 연구

---

31 일본의 섬유회사들은 정부와 긴밀한 관계를 맺고 있던 강력한 기업집단(財閥)을 통해 면직물을 중국에 수출했다. 일본 화학 염료 산업체들도 여기에 포함되어 있었다. 일본 정부는 관세를 높여 독일의 염료 수입을 통제했다. William Mass and Hideaki Miyajima, "The organization of the developmental state: fostering private capabilities and the roots of the Japanese 'miracle,'" Business and Economic History 22:1 (1993), 151-168.

했다. 그들은 서구의 관행으로부터 새로운 정치의 수많은 틀을 가져왔다.[32] 그 결과 일본 정부의 정치적 재편은 서구 열강이 기대했던 국가의 형태와 다르지 않았다. 그래서 일본은 보다 쉽게 서구와 교류할 수 있었다. 메이지 정부의 중앙집권식 지방 행정 체제는 과거 도쿠가와 막부(德川幕府) 시기와 현저한 차이를 보였다. 도쿠가와 시대의 사무라이 영주는 자신의 영지 안에서, 더 큰 지역과 인구를 다스리던 쇼군(將軍)과 비슷한 통치 권한을 누리고 있었다. 청나라에서는 중앙집권 방식의 어떠한 행정 개혁도 일본만큼의 효과를 가져오기는 어려웠다. 중국에서는 이미 수 세기 전부터 중앙집권적 행정 체제의 원칙과 관행이 전해오던 중이었기 때문이다.

오스만 제국과 오스트리아-헝가리 제국은 붕괴된 반면, 빈번했던 내란과 수십 년 간 이어진 외세의 압박에도 불구하고 청 제국은 살아남았다. 이를 고려한다면 중국의 문인 관료 통치 전통은, 일본뿐만 아니라 다른 거대 영토 제국의 일반적인 정치상황과 비교하더라도 중대한 차이가 있다. 19세기의 중국은 약 2000년에 걸친 제국 운영의 경험을 정치적 전통으로 보유하고 있었다. 중국에서 통치의 기본 개념은 관료주의 이데올로기와 제도였다. 동일한 제도와 정책으로 대규모 인구를 통제하는 관료주의는 중국 역사상 대부분의 시기에, 영토에 속하는 대부분의 지역에서 적용되었다.[33] 대략 10세기부터 수년간의 학업을 거쳐 과거시

---

32 D. Eleanor Westney, *Imitation and Innovation: The Transfer of Western Organizational Patterns in Meiji Japan* (Cambridge, MA: Harvard University Press, 1987).
33 Yuri Pines, *The Everlasting Empire: The Political Culture of Ancient China and*

험을 통과한 인물들이 문인 관료가 되었으며, 그들이 행정 법규에 따라 결정을 내렸다. 법규의 내용은 시간이 지날수록 풍부해졌다. 특히 청 제국(1644년-1911/12년)은 지방 총독의 역할을 강화하고, 중앙에서부터 1,300개가 넘는 현(縣) 단위까지 이어지는 중앙집권적 관료 체계를 구축했다. 각 현의 인구는 수만-수십만 명에 이르렀다.[34]

광대한 농경 사회를 대상으로 하는 관료주의적 통치를 개념화하고, 현실적으로 유용한 어떤 역량을 개발하는 것은 서구의 관찰자들이 가진 역사적 경험을 훨씬 뛰어넘는 일이었다. 19세기 후반에 개인적으로 청 제국을 방문했던 서구의 관찰자들은 대규모 국내 반란으로 흔들리는 제국의 현실을 목격했다. 그러나 그런 혼란이 없었다 하더라도, 그들이 중국 사회 통치의 문제점과 가능성을 인식하기는 쉽지 않았을 것이다. 물론 서구의 관찰자들이 그러한 문제를 깊이 있게 이해하는 데 큰 관심을 가졌을 리도 없었다. 오히려 서구의 경제적, 정치적 관심사는 주로 현지 정부가 자신들에게 익숙한 환경을 제공하고, 서구의 기준에 따라 비즈니스를 수행하기를, 그들의 정치적 의제를 주장할 수 있는 제도와 관행을 갖추기를 원했다. 서구의 관찰자들에게는 다른 지역에서 국가 개혁의 노력이 어떻게 시도되었는가보다 그 나라에 자신들에게 익숙한 제도적 관행이 존재하는지 여부가 훨씬 더 중요했다.

19세기 후반 동아시아의 정치 지도자들은 서구의 주권 개념과 국제

Its Imperial Legacy (Princeton University Press, 2012).
34 R. Kent Guy, *Qing Governors and Their Provinces: The Evolution of Territorial Administration in China, 1644-1796* (Seattle, WA: University of Washington Press, 2010).

관계를 염두에 두고 영토 확장 및 통합 프로젝트를 추진했다. 국가 건설을 위한 그들의 노력은 처음에는 유럽 열강의 잠재적 침략을 저지하려는 목적이 있었다. 그러나 이후에는 동아시아 국가들 간의 정치적 경쟁으로 방향이 전환되었다. 일본의 지도자들은 유럽의 외교 용어와 주권 원칙을 학습하여 류큐(琉球) 제도에 대한 영유권을 주장했다.

류큐 왕국이 일본의 오키나와 현으로 편입된 과정은 유럽의 제도를 받아들여 성공적인 자강 노력을 가능하게 했다는 점을 보여주었으며, 서구의 위협으로 그 필요성이 더욱 커진 한편, 아시아 내 국가 간의 정치 관계 또한 변화가 불가피했다. 19세기로 접어들면서 류큐 정부의 정치적 지위와 경제적 번영은 중국과 일본 사이에서 균형을 유지하는 데에 달려 있었다. 그러나 서구 열강이 이 지역에 진출하면서 그 균형은 더욱 불안정해졌다.[35] 싱가포르의 사례는 류큐의 지도자들을 더욱 불안하게 만들었다. 영국이 설립한 싱가포르에 주로 중국인들로 구성된 인구가 증가하면서, 영국의 지배가 점점 더 공식적이고 광범위하게 강화되었다. 이는 일본의 보호가 없다면 류큐도 싱가포르와 비슷한 운명에 놓일 수 있다는 경각심을 불러 일으켰다. 이런 상황 속에서 일본 정부와 류큐의 지도자들은 모두 서구 열강에게 류큐가 일본의 일부라고 홍보할 나름의 이유가 있었다.[36]

일본의 지도자들이 남쪽의 오키나와 북쪽의 홋카이도에 대한 지

---

35 Gregory Smits, *Visions of Ryukyu: Identity and Ideology in Early Modern Thought and Politics* (Honolulu: University of Hawai'i Press, 1999).
36 Kazuyuki Tomiyama, *Ryū kyū ōkoku no gaikō to ōken (The Ryū kyū Kingdom's Foreign Relations and Royal Power)* (Tokyo: Yōshikawa Kōbunkan, 2004).

배를 확장하는 과정에서, 그들의 말과 행동은 유럽의 국내 통치 규범으로부터 영향을 받았다. 청 제국의 경우, 주변에 대한 지배권을 주장한 동기는 메이지 시대 일본과는 달랐다. 군사적으로 개척한 영토인 신강(新疆, '새로운 변경')에 표준적인 문관 관료 기관을 설치한 것 또한 국가 건설(state-building) 노력의 일환이었다. 이는 청 제국의 중앙 정부가 제국의 북서부 국경에서 영국과 러시아의 정치군사적 영향력 확장을 우려한 측면에서 촉발된 것이기도 했다.[37] 내륙 아시아와 해안 국경 지대에서 동시에 정치적 도전에 직면했던 청 제국은 1877년 신강 지역에서 대규모 군사작전을 수행한 뒤로는 국경 지역에 정규 문관 통치를 확장하는 정책을 추진했다. 중국과 일본은 다 같이 주변 지역을 편입하고, 그곳에 중앙 정부의 통제를 확대 강화했다. 이는 서구의 규범과 압력에 대응하기 위해 나타났던 국가 건설의 한 형태였다. 청 제국에 맞서려 했던 신강의 정치 지도자들, 그리고 메이지 정부에 대립했던 류큐의 지도자들은 독립을 유지하기에는 너무 약했다. 양측은 분리된 별도의 사례였지만, 이를 통해 중국과 일본 정부는 각자 영토를 확장하고 통제를 강화할 수 있는 능력을 과시했다.

한국에서 정치적 영향력을 강화하고자 경쟁하는 과정에서도 같은 시나리오가 작동했다. 여기서도 그 수사법과 인식에 서구식 정치사상과 논리의 색채가 짙게 드리워져 있었으나, 정치적 결과는 다르게 나타

---

37 Kwang-Ching Liu and Richard Smith, "The military challenge: the north-west and the coast," in John K. Fairbank and Kwang-Ching Liu, eds., *The Cambridge History of China*, Vol. 11: *Late Ch'ing, 1800-1911*, Part 2 (Cambridge University Press, 1980), pp. 202-273.

났다. 19세기 말의 동아시아 지정학을 한국의 관점에서 살펴보자면, 한국 또한 류큐와 마찬가지로 중국과 일본이라는 두 거대 세력 사이에 놓여 있었다. 그러나 18세기에야 비로소 관료 국가를 구축하려 했던 류큐와 달리, 한국은 약 5세기 동안 비교적 안정적으로 통치를 이어온, 체계적인 관료 체제를 보유하고 있었으며, 이는 중국의 정치 전통과 공통된 원칙에 기반을 두고 있었다. 유럽 세력이 동아시아로 팽창하려는 상황을 이해하고, 중국과 일본이 자강의 노력을 기울이고 있다는 사실 또한 파악한 한국의 개혁 관료들은, 동아시아의 두 나라에서 진행되던 것과 같은 방식의 정치적 변화를 추구하기 시작했다. 중국과 일본은 정치적 영향력 확대를 위해 한국에서 경쟁하고 있었다. 양국의 지원으로 한국의 관료들 사이에서는 서로 대립하는 파벌이 형성되었다. 이홍장(李鴻章, 리훙장)과 같은 중국의 주요 인물은 한국에서 일본의 정치경제적 영향력 증가를 완화하기 위해, 한국과 서구 열강 간 조약 체결을 추진하며, 한국과 일본 사이에서 외교적 완충 역할을 시도하기도 했다.[38] 그가 기대했던 조약의 효과는 실현되지 못했다. 유럽 열강들은 동북아시아에서 벌어지는 지정학적 경쟁에, 자국민의 직접적인 이익이 관련되지 않는 한 크게 관심을 두지 않았다.

서양 국가들과 한국 사이에 체결된 조약으로는 일본의 세력을 막지

---

38 이홍장은 당시 정부의 주요 인사로서, 태평천국 반란군 진압을 위한 군대 조직에 중심적인 역할을 했고, 산업 발전을 위해 양무운동을 지원했다. 1886년 청불전쟁과 1895년 청일전쟁을 종결하는 조약 협상 및 외국 선교사들을 공격한 의화단 운동에 대응하여 북경에 진입했던 8개국 연합군과의 협상에서도 중국 측 대표를 맡았다. Michael J. Seth, *A Concise History of Modern Korea: From the Late Nineteenth Century to the Present* (Lanham, MD: Rowman & Littlefield, 2010), pp. 9-42.

못했다. 동아시아에서 일본의 정치적 야망은 대만과 한국의 식민지화로 구체화되었다. 그 과정에서 일본은 과거 유럽 열강이 식민지 확장 과정에서 표명했던 원칙과 감정을 활용했다. 이처럼 서구의 정치적 원칙과 관행은 동아시아에서 수용되고 변형되기도 했다. 이는 국내적으로 국가 건설과 지역 정치 관계에 영향을 미쳤을 뿐만 아니라 동아시아 국가들이 서구 정부와 교류하고자 할 때 그들의 의지와 능력에도 영향을 미쳤다. 서구식 국가 모델을 가장 성공적으로 구현한 나라가 일본이었다. 그들은 국내 제도를 만들 때나 동아시아에서 광범위한 팽창주의적 목표를 정당화할 때 서구의 제도를 효과적으로 활용했다. 한국에게는 서구의 원칙을 활용하거나 중국식 전통에 이를 접목할 기회가 거의 주어지지 않았다. 동아시아 지역의 정치적 경쟁과 갈등 속에서 취약한 위치에 놓여 있었기 때문이다. 중국은 유럽식 정치 제도를 발전시키고 정치 원칙을 적용할 수 있었다. 그러나 서구의 정치적 관행은 농업 제국을 통치하는 데 활용하기에는 한계가 있음을 알게 되었다. 면적으로는 유럽 전체에 필적하며, 인구로는 유럽의 두 배 이상이었던 중국에서는, 사회 질서와 정치적 통제를 유지하기 위한 여러 방안 가운데, 부분적으로 서양식 변화를 수용할 수 있었다. 그래서 중국의 자강 노력은 일본처럼 두드러지거나 성공적이지 못했다. 이는 두 나라가 직면한 정치적 도전과 기회에 다른 점이 워낙 많았기 때문이다.

다른 거대한 제국들과 비교할 때 청나라의 자강 운동은 어느 정도 효과가 있었던 것으로 보인다. 러시아 제국과 오스만 제국도 서유럽의 영향 때문에 어려움을 겪었지만, 동시에 서유럽의 방식을 본받아 나라의 힘과 경제를 키우고자 노력했다. 이런 점에서 두 제국의 노력은 19

세기 중국의 자강 운동과 비슷했다. 이들 제국은 경제 체제와 정치 구조는 서로 달랐지만, 모두 큰 영토를 다스려야 했기 때문에 내부의 문제를 해결하는 것이 중요했다. 이들은 서유럽 국가를 모델로 삼아 강력한 국가와 풍요로운 경제를 이루고자 했으나, 정작 서유럽 국가들은 이런 문제를 경험한 적이 없었다. 광활한 영토를 다스리기 위해 제국들은 보통 중앙 정부의 권한을 지역 당국에 나누어 맡겼다. 이 방식은 제국이 처음 만들어질 때부터 쓰인 방법으로, 지역의 정치 지도자들이 제국의 통치 체계를 받아들이고 그 아래에서 역할을 수행하게 했다. 중국은 이러한 관료적 통치 체제를 다른 어떤 제국보다 발전시켜 수많은 사람들을 효과적으로 통치할 수 있었다. 이 덕분에 중국은 오스만 제국에서 일어난 것과 같은 지역의 독자적인 움직임을 방지할 수 있었고, 러시아 제국에서 흔히 볼 수 있었던 지방 귀족들의 권력도 인정하지 않을 수 있었다. 중국이나 오스만 제국에게 유럽은 따라야 할 모범이면서도 동시에 위협이었다. 이들은 유럽과는 다른 고유한 문화, 경제, 정치 체제를 가지고 있었다. 러시아 제국의 사례는 유라시아 제국 전반에 영향을 미친 자강의 의지를 보여준다. 또한 그것이 작은 국가에서 정치 제도나 경제 원칙으로 성공했지만, 큰 나라에서는 한계가 있다는 사실도 보여준다. 미국은 비록 거대한 영토를 가졌지만, 위에서 아래로 내려오는 방식이 아니라 아래에서 위로 올라가는 방식을 통해 정치 체제가 만들어졌다. 이는 다른 제국들과 매우 달랐다. 미국에서 이러한 방식이 가능했던 이유는 영토에 비해 인구가 적었고 사람들이 쉽게 이동할 수 있었기 때문이다. 또한 권력이 집중되는 것을 경계하면서도 국가 전체가 함께 협력해야 한다는 정치적 원칙을 사람들이 공유했기 때문이다.

일반적으로 19세기는 제국의 확장과 더불어, 과거 식민지였던 국가들이 독립을 이룬 시기였다. 청, 오스만, 러시아 제국의 통치권에 속하지 않은 많은 사람들은 유럽의 식민지배를 받았고, 그 대부분은 아프리카인과 아시아인들이었다. 19세기 당시, 과거에도 식민 지배를 받지 않았고 앞으로도 식민지가 될 가능성이 없었던 나라는 태국처럼 극히 드물었다. 동아시아에서 일본은 한국을 병합하여 나름의 제국을 건설했다. 아메리카 대륙에서 대부분의 식민지는 19세기 초에 독립 국가가 되었다. 아메리카의 백인 이주민 식민지는 유럽인이 극소수였던 다른 지역의 식민지들과는 달랐다. 그들에게 자강은 새롭거나 이질적인 요구가 아니었다. 그런 점에서 동아시아나 동남아시아의 경험과는 달랐다.
　19세기 동아시아에서는 자강(自强), 즉 스스로 강해지려는 의지가 공통적으로 나타났다. 당시 동아시아 국가들이 모두 같은 정도로 서양의 압력을 받은 것은 아니었지만, 서양의 영향이 공통적으로 존재했다. 또한 동아시아 국가들은 이미 유럽과는 다른 전통을 공유하고 있었다. 그래서 서양의 제도를 받아들이는 것은 새롭고 낯선 것을 어떻게 활용할지의 문제로 이어졌다. 하지만 서구의 성공적인 정치 원리와 방식을 도입한 것은 동아시아만의 특징이 아니었다. 세계 어디든, 국력이 약하고 경제적으로 어려웠던 국가들은 서구의 강력한 힘과 부유함을 보고 자강의 길을 선택하는 경우가 많았다. 중국과 일본 역시 서구의 정치적, 경제적 관행을 모방했고, 이를 자국의 정치적 목표와 경제 제도에 맞추어 발전시켰다. 이러한 노력은 단기적이지 않고 오래도록 지속 가능하다는 사실도 입증되었다. 제2차 세계대전 이후 일본의 놀라운 경제 회복과 성장, 최근 중국이 보여준 적극적인 경제 발전과 국력 강화가 그런 사례였다. 19세기 중국과 일본의 자강 운동은 20세기 후반, 동아시아가 전 세계에서 중요한 영향력을 가지게 되는 역사적 흐름의 일부였다. 19세기 세계적 관점에서 보면, 동아시아에서 의식적으로 추진된 자강 노력은, 특정 서구 국가들의 부와 권력에 대한 정치적 대응의 범위 중 어느 한 곳에 위치해 있다. 그러한 대응은 각국의 야망과 효율에 따라 다양하게 나타났다. 그것이 우리 시리즈의 이번 책에서 분석한 여러 가지 글로벌 "연결 고리" 중 하나였다. 서로 다른 정치 체제와 경제 관행은 하나의 "뼈대"와 같았다. 글로벌 연결고리들이 19세기를 거치는 동안 각각의 뼈대를 연결하여 글로벌 세계의 골격을 형성하게 되었다.

더 읽어보기

Austin, Gareth. "Resources, techniques, and strategies south of the Sahara: revising the factor endowments perspective on African economic development, 1500-2000." *Economic History Review* 61:3 (2008), 587-624.

Bordo, Michael D., Alan M. Taylor, and Jeffrey G. Williamson, eds. *Globalization in Historical Perspective*. University of Chicago Press, 2003.

Carmagnani, Marcello. *The Other West: Latin America from Invasion to Globalization*. Berkeley, CA: University of California Press, 2011.

Chang, Hao. *Liang Ch'i-ch'ao and the Intellectual Transition in China, 1890-1937*. Cambridge, MA: Harvard University Press, 1978.

Cracraft, James. *The Petrine Revolution in Russian Culture*. Cambridge, MA: Harvard University Press, 2004.

Elman, Benjamin. *On Their Own Terms: Science in China, 1550-1900*. Cambridge, MA: Harvard University Press, 2005.

Emmons, Terence, and Wayne S. Vucinich, eds. *The Zemstvo in Russia: An Experiment in Local Self-Government*. Cambridge University Press, 1982.

Findley, Carter Vaughn. "The Tanzimat." In Res,at Kasaba, ed., *The Cambridge History of Turkey*, Vol. 4: *Turkey in the Modern World*. Cambridge University Press, 2008, pp. 11-37.

Guy, R. Kent. *Qing Governors and their Provinces: The Evolution of Territorial Administration in China*, 1644-1796. Seattle, WA: University of Washington Press, 2010.

Haber, Stephen. "The political economy of industrialization." In Victor Bulmer-Thomas, John Coatsworth, and Roberto Cortés Conde, eds., *The Cambridge Economic History of Latin America*. Cambridge University Press, 2006, pp. 537-584.

Hosking, Geoffrey A. *The Russian Constitutional Experiment: Government and Duma, 1907-1914*. Cambridge University Press, 1973.

Kuo, Ting-yee, and Kwang-Ching Liu. "Self-strengthening: the pursuit of Western technology." In John K. Fairbank, ed., *The Cambridge History of China, Vol. 10: Late Ch'ing, 1800-1911, Part 1*. Cambridge University Press, 1978, pp. 491-542.

Levenson, Joseph. *Confucian China and its Modern Fate: A Trilogy*. Berkeley, CA: University of California Press, 1968.

Liu, Kwang-Ching, and Richard Smith. "The military challenge: the northwest and the coast." In John K. Fairbank and Kwang-Ching Liu, eds., *The Cambridge History of China*, Vol. 11: *Late Ch'ing, 1800-1911*, Part 2. Cambridge University Press, 1980, pp. 202-273.

Ma, Debin. "Economic growth in the Lower Yangzi region of China in 1911-1937: a quantitative and historical analysis." *Journal of Economic History* 68:2 (2008), 355-392.

Ma, Min, and Zhu Ying. 傳統與近代的二重變奏: 晚清蘇州商會個案研究 *(Chuantong yu jindai de erzhong bianzou: Wan Qing Suzhou shanghui ge'an yanjiu [Two Variations on Tradition and the Modern Era: Case Studies of the late Qing Suzhou Chamber of Commerce])*. Chengu: Bashu shushe, 1993.

Mass, William, and Hideaki Miyajima. "The organization of the developmental state: fostering private capabilities and the roots of the Japanese 'miracle.'" *Business and Economic History* 22:1 (1993), 151-168.

Meng, Yue. "Hybrid science versus modernity: the practice of the Jiangnan Arsenal, 1864-1897." *EASTM* 16 (1999), 13-52.

Morris-Suzuki, Tessa. *The Technological Transformation of Japan: From the Seventeenth to the Twenty-first Century*. Cambridge University Press, 1994.

Pines, Yuri. *The Everlasting Empire: The Political Culture of Ancient China and Its Imperial Legacy*. Princeton University Press, 2012.

Ricklefs, M. C., Bruce Lockhart, Albert Lau, Portia Reyes, and Maitrii Aung-Thwin. *A New History of Southeast Asia*. London: Palgrave Macmillan, 2010.

Seth, Michael. J. *A Concise History of Modern Korea: From the Late Nineteenth Century to the Present*. Lanham, MD: Rowman & Littlefield, 2010.

Smits, Gregory. *Visions of Ryukyu: Identity and Ideology in Early Modern Thought and Politics*. Honolulu: University of Hawai'i Press, 1999.

Sokoloff, Kenneth, and Stanley Engerman. "History lessons: institutions, factor endowments, and paths of development in the New World." *Journal of Economic Perspectives* 14 (2000), 217-232.

Summerhill, William. "The development of infrastructure." In Victor Bulmer-Thomas, John H. Coatsworth, and Roberto Cortés Conde, eds., *The Cambridge Economic History of Latin America*. Cambridge University Press, 2006, pp. 293-326.

"Railroads in imperial Brazil." In John H. Coatsworth and Alan M. Taylor, eds., *Latin America and the World Economy Since 1800*. Cambridge, MA: Harvard University Press, 1998, pp. 383-406.

Tanimoto,Masayuki. "From peasant economy to urban agglomeration: the transformation of 'labour-intensive industrialization' in modern Japan." In Gareth Austin and Kaoru Sugihara, eds., *Labour-Intensive Industrialization in Global History*. London: Routledge, 2013, pp. 144-175.

Teich, Mikuláš, and Roy Porter, eds. *The Industrial Revolution in National Context: Europe and the USA*. Cambridge University Press, 1996.

Tomiyama, Kazuyuki. *Ryū kyū ōkoku no gaikō to ōken (The Ryū kyū Kingdom's Foreign Relations and Royal Power)*. Tokyo: Yōshikawa Kōbunkan, 2004.

Wang, Jie. 清末商部研究 *(Qingmo shangbu yanjiu [Research on the Late Qing Ministry of Commerce])*. Shanghai: Renmin chubanshe, 2008.

Westney, D. Eleanor. *Imitation and Innovation: The Transfer of Western Organizational Patterns in Meiji Japan*. Cambridge, MA: Harvard University Press, 1987.

Wong, R. Bin. *China Transformed: Historical Change and the Limits of European Experience*. Ithaca, NY: Cornell University Press, 2000.

Wyatt, David K. *Thailand: A Short History*. New Haven, CT: Yale University Press, 1984.

CHAPTER 15

식민지 해체와 그 유산

프라센짓 두아라
Prasenjit Duara

식민지와 종속 지역을 모두 국민국가로 변화시켰던 탈식민화(decolonization)는 20세기의 가장 중요한 사건 중 하나였다. 그러나 그 과정이 여러 단계와 다양한 형태로 이루어졌기 때문에 "탈식민화"란 용어의 의미는 여전히 모호한 상태로 남아 있다. 이 장에서는 20세기 초부터 1980년대까지 주로 아시아와 아프리카에서 서구 및 일본의 식민 지배로부터 벗어난 독립 운동에 초점을 맞추되, 20세기 이전의 아메리카, 유럽, 호주 및 뉴질랜드에서 일어났던 독립 운동은 논외로 한다. 그러나 중국, 이란, 시암(Siam, 태국) 등 완전히 또는 공식적으로 식민지가 된 적이 없는 이들 국가의 "탈식민화" 과정도 우리의 논의에 포함된다. 이들은 여러 중요한 특징을 공유했으며, 특히 앞서 언급한 반식민지 운동과 세계관을 공유했다. 그 세계관은 시간에 따라 변형되었음에도 불구하고 오늘날까지도 여전히 중요한 의미를 지니고 있다.[1]

좁은 의미에서 탈식민화란 식민지를 통치하던 본국 정부가 자국의 영토와 종속 지역에 대한 제도적·법적 통제권을 현지에 기반을 둔 공식적인 주권 국가로 이양하는 것을 의미한다. 그러나 탈식민화 운동은 훨

---

[1] 이 글에서 인용된 세부 내용의 상당 부분은 이 책에서 가져온 것이다. Prasenjit Duara, ed., *Decolonization: Perspectives from Now and Then* (London: Routledge, 2004).

씬 더 광범위한 의미로, 제국주의가 부정했던 인간적 정의를 요구하는 것이었다. 그 의미에서 탈식민화는 경제사, 사회사, 문화사, 환경사 등 매우 다양한 관점에서 접근할 수 있다. 이 글에서는 탈식민화와 제국주의, 민족주의, 특히 냉전과의 관계에서 정치적 및 이념적 주제에 논의를 집중하기로 한다. 기존에는 이런 주제가 간과되었던 측면이 있었고, 또한 이것이 다른 여러 가지 접근 방식의 관점을 변화시킬 잠재력을 가지고 있기 때문이다.

1905년 러일전쟁에서 일본의 승리는 아시아 국가가 현대 유럽 국가와 군사적으로 겨루어 이겼던 최초의 상징적인 사건으로, 초기 탈식민화 운동에 자극을 주었다. 수많은 반식민주의 저항 운동 단체들은 자신의 운동이 세계적인 운동의 일부이며, 세계를 구원할 프로젝트의 일환이라고 믿기 시작했다. 1955년 인도네시아 반둥(Bandung)에서 개최되었던 아프리카-아시아 연대 회의에서 이 운동은 절정에 달했다. 그러나 특히 아프리카의 소규모 국가들, 카리브해 및 태평양 섬 국가들의 탈식민화 운동은 1980년대까지 계속되었다.

1905년 일본의 승리와 1955년 반둥 회의는 모두 전환의 계기로 평가될 수 있지만, 동시에 반식민주의 운동의 약점과 균열을 드러내기도 했던 양면적인 순간이었다. 두 사건은 우리에게 새로운 시대로 나아갈 이상과 현실적인 노력뿐만 아니라, 반식민지 운동이 개혁하고자 했던 국가 및 기존 제국 시스템 자체의 구조적인 문제를 성찰하도록 촉구했다. 다시 말해서 역사적으로 복잡하고 다양했던 여러 사회들을 재구성하여, 국가에 대한 충성을 요구하는 민족국가 체제로 끌고 들어가는 것이 과연 옳은가 하는 문제 제기가 첫 번째 논점이다. 두 번째 논점은 반식민지 운동이 보편적 인도주의라는 목표를 지향했으나, 실제로 민족국가의 기획은 세계의 자원과 지배세력을 두고 서로 경쟁하도록 설계되었다는 문제다.

이 글에서는 이와 같은 긴장 관계를 염두에 두고 탈식민화의 전반적인 과정을 설명하고자 한다. 후반부에서는 탈식민화 운동을 복잡하게 만들었던 냉전 질서를 통해 이러한 문제들을 재검토할 것이다. 마지막으로 탈식민화 이념과 이상이 탈냉전 시대에 남긴 유산을 고찰할 것인데, 특히 중국 혁명, 그리고 이슬람주의가 반제국주의 운동과 결합된 중동 사회에 어떤 영향을 미쳤는지를 살펴보려 한다.

제국주의와 반제국주의

서구와 이후 일본의 제국주의는 대략 18세기 중엽부터 아시아, 아프리카, 카리브해 및 태평양 섬들로 확산되었다. 그들이 강요했던 잔혹하고 비인간적인 상황은 해당 지역에서 충분히 기록되어 있으며, 특히 독립 운동 세력은 이를 생생하게 증언했다. 칼 마르크스가 지적했듯이 이러한 제국주의는 세계 곳곳을 현대 자본주의 체제로 통합시키는 과정을 의미하기도 했지만, 이는 매우 불평등한 조건에서 이루어졌다. 일반적으로 식민 지배의 주요 수혜자는 식민지 지배자들과, 알제(Algiers, 알제리의 수도), 아크라(Accra, 가나의 수도), 루안다(Luanda, 앙골라의 수도), 케이프타운(Cape Town, 남아공의 수도), 아덴(Aden, 과거 남예멘의 수도), 뭄바이(과거의 봄베이), 콜카타(과거의 캘커타, 영국령 인도의 수도), 상해(上海, 상하이), 홍콩(香港)과 같은 항구 도시에 거주하는 기업가 및 서비스 계층이었다. 이러한 도시들은 대개 제국주의의 상업적 이익과 식민지 내륙을 연결하는 주요 거점이었다. 그곳에서 다양한 계층의 많은 사람들이 물질적 지위 향상을 꿈꾸며 식민지 지배자들의 언어와 기술을 배웠다.

그러나 식민지 지배자와 피지배자를 중개했던 중개인들과 기업가들은 인종차별적인 식민주의로 모욕을 겪었다. 그들의 직업 및 사업 기회, 거주지와 사회적 교류의 범위, 그리고 문화적 정체성에 대한 인정 등에서 식민주의는 매우 구체적인 한계를 부과했다. 알려지기로 상해 등 외국인 거류지의 공공장소에 "개와 중국인 출입 금지"라는 표지판이 걸려 있었다고 하는데, 중국의 지식인들은 그러한 처사에 대단히 분노했다. 피부색이나 출신 배경 때문에 지속적으로 부정당하고 굴욕을 겪는 사람들이 있었지만, 동시에 그들은 마하트마 간디(Mahatma Gandhi)처럼 그렇게 모욕을 주는 행위가 서구의 인문주의와 합리주의에 반하는 모순이라는 점을 명확히 인식한 사람들이기도 했다. 결국 이들은 현대 세계를 충분히 이해했으며, 식민지 지배를 무너뜨리기 위해 자원을 어떻게 동원해야 할지를 알고 있는 사람들이었다.

제국주의적 특권과 이권이 만들어낸 불평등 외에도, 식민지 사회는 기존 공동체의 대대적인 붕괴를 목격했다. 자본주의와 이질적인 문화적 가치가 그들에게 심각한 영향을 미쳤다. 모든 지역에서 농촌 유대의 약화, 마을 산업의 쇠퇴, 급속한 계층 분화 현상이 나타났으며, 현지인 지식인들은 이에 대해 불만을 제기했다. 이들 공동체가 새로운 환경에 얼마나 적응할 수 있었는지는, 그들이 역사적으로 이용 가능한 역량을 얼마나 결집할 수 있었는지, 그리고 제국주의적 통합 과정에서 그들의 위치와 역할이 무엇이었는지에 달려 있었다. 그래서 식민지 사회는 대개 이중적인 사회였다. 한편으로는 외래 문화에 적응이 빠르고 비교적 현대적인 해안 도심 구역이 있었다. 그곳은 비록 불평등한 사회였지만 대도시의 형태로 통합된 사회였다. 다른 한편으로는 과거의 사회 생활 양식, 경제 조직, 착취의 형태가 여전히 존재하는 넓은 내륙 지역이 있었다. 그러나 그곳의 "전통"도 순수한 상태로 유지된 것은 아니었다.

이는 종속이론에서 "생산양식의 결합(articulation of modes of production)"으로 알려진 현상으로서, 현대 자본주의가 자본주의적 가치 생산을 위해 비자본주의적 생산양식 및 착취 방식을 활용하는 것을 의미한다. 식민지 본국은 식민지 지역을 이용하여 세계의 물가 변동이나 플랜테이션 경제에 대응함으로써 도움을 얻었다. 그러나 그로 인한 혜택이 식민지에 돌아가는 경우는 거의 없었다. 다시 말해 식민지 사회 내부의 이중적 격차는 단순히 전통적인 부문과 현대적인 부문의 차이가 아니라, 자본주의 체제에 서로 다른 방식으로 편입된 결과로 이해해야 한다. 양쪽에서 나타나는 생활양식의 격차는 대개 탈식민화 과정에 영향을 미쳤고, 그 과정을 복잡하게 만드는 요인이 되곤 했다.

19세기의 식민지 건설은 사회적 다윈주의(Social Darwinism)라는 논리로 정당화되곤 했다. 국가의 자격을 갖추지 못하고, 문명화된 정치경제적 교류를 할 능력이 되지 않으면 식민지가 된다는 이론이었다. 다시 말해 다윈(Darwin)의 "적자생존" 이론을 인종과 국가에 적용하여, 지배하지 않으면 오히려 지배당할 것이라는 이론으로 제국주의 지배를 정당화했다. 19세기 후반 제국주의 경쟁이 가속화되면서 사회적 다윈주의 논리는 더욱 강화되었다. 특히 독일, 이탈리아, 미국, 러시아, 일본과 같은 후발 자본주의 국가에서 그 영향이 두드러졌다. 이들은 대서양 연안 유럽의 기존 제국주의 강대국들로부터 자원과 시장 점유율을 확보해야 할 입장이었기 때문이다. 20세기에 벌어졌던 두 차례의 세계대전은 일본과 독일 같은 후발 국가들이 제기한 도전으로 촉발되었다.

20세기 초 탈식민주의 운동을 주도했던 대부분의 지도자들이 얻은 교훈은, 글로벌 자본주의 체제에서 생존 및 성공하기 위한 유일한 방법은 사회를 개조하는 것뿐이라는 인식이었다. 즉 자신의 공동체를 진보적인 역사관, 산업 경제, 현대식 제도, 동원 가능한 훈련된 인구를 갖춘 국가로 재편해야 했다. 물론 이를 우려하는 사상가들도 없지 않았다. 마하트마 간디나 라빈드라나트 타고르(Rabindranath Tagore) 같은 중요한 탈식민주의 사상가들은, 자신의 나라를 자본주의 국가로 만들면 그들이 비판했던 산업화와 경쟁의 많은 병폐들이 반복될 거라는 확신을 가지고 있었다. 그러나 이런 사람들은 소수에 불과했다.

더욱이 탈식민주의 운동의 초기 단계 목표가 언제나 독립된 민족국가 수립이 아니었다. 프랑스는 아프리카에서 영국의 연방 체제를 모방했으며, 일본은 동아시아에서 새로운 수사로 연방 제국이라는 정치적 결속의 이념을 만들어냈다. 이는 일부 식민지 백성들의 호응을 얻기도 했다. 그러나 제국주의자들은 결국 권력을 나누는 데 실패했고, 탈식민주의 운동에서 점차 주권 국가의 이상이 지배적인 이념으로 자리 잡았다. 결국 국가의 독립이 탈식민주의 운동의 목표가 되었다.

세계 체제가 독립 국가들로 구성되어 있는 상황에서, 식민지의 백성들은 그들도 국가를 세워 세계적으로 인정받고 국제사회의 일원이 되기를 추구했으며, 주요 측면에서 식민지 지배자의 사회를 자국에 재현하려 했다. 신생 국가는 기존의 국가와 마찬가지로 고유의 전통을 기념하면서도, 아마도 국가 건설의 과정에서 새로운 단계, 이른바 "인식의 세계화"로 진입했을 것이다. 다시 말해 제도와 문화의 전면적인 개편을 통해 세계적인 관념들을 그 나라 식으로 받아들였을 것이다. 예를 들면 헤르츠(hertz)나 킬로(kilo) 같은 기술적 표준, "아동"이나 "범죄자" 같은 인간의 분류와 관련된 개념, 역사적으로 발전하는 단일한 실체로서의 국가들로 이루어진 세계(world)라는 개념 등이다. 그래서 신생 국가들도 예전부터 존재했던 경쟁의 심화나 다른 사회에 대한 공격적인 행동으로 인한 문제들을 피하기가 어려웠을 것이다.

제1차 세계대전(1914-18년)이 끝날 무렵, 정의롭지 못한 서구 자본주의 문명에 대한 비판은 탈식민주의 운동의 중요한 요소가 되었다. 1917년 러시아 혁명과, 1918년 우드로 윌슨(Woodrow Wilson)이 발표했던 민족자결주의를 비롯한 14개 원칙은, 간디, 손문(孫文), 자와할랄 네루(Jawaharlal Nehru) 등 인도와 중국의 지도자들이 주창하던 세계 반제국주의 운동을 고무시켰다. 그 뒤를 이어 더 급진적인 세대가 등장했는데, 중국의 모택동(毛澤東), 베트남의 호찌민(胡志明), 가나의 크와메 은크루마(Kwame Nkrumah), 그리고 알제리의 프란츠 파농(Frantz Fanon)과 1979년 이후 이란의 이슬람 혁명에 영향을 준 잘랄 알리 아흐마드(Jalal Al-i Ahmad) 같은 사상가들이다.

이렇게 해서 1910년대 말부터 반제국주의 운동은 그 특유의 성격을 발전시키기 시작했다. 근본적으로 이 운동은 민족국가(nation state)를 옹호하면서도 사회적 다윈주의를 극복(때로는 흡수)함으로써 해방의 비전을 통합했다. 이 비전은 유럽의 계몽주의 문명관에 비해 대안을 제시하면서 여기에 사회주의적 목표를 결합한 것이었다. 제1차 세계대전의 참상을 겪은 뒤에는 유럽 식민지배자들이 말하던 문명화 주장 혹은 "문명화 사명"을 더 이상 신뢰할 수 없었다. 동서양의 많은 지식인들은 서구의 물질주의와 정복 개념에 반대하는 대안적 문명의 이상을 제시하기 위해 토착 전통으로 눈을 돌렸다. 예를 들어 간디는 힌두 문화의 자급자족과 비물질적 측면에 주목했다. 손문(孫文)은 성왕(聖王)의 평화로운 길인 왕도(王道)를 주창했다. 이후에 크와메 은크루마(Kwame Nkrumah)는 아프리카의 공동체주의를 강조했다. 그러면서도 이들은 전통 문명과 계몽주의의 이성 및 진보주의적 목표 사이에 균형을 이루려 했다. 그들의 국가가 세계 체제에 합류하려 했다면, 이러한 균형은 불가피한 일이었을 것이다.

탈식민주의 비전의 또 다른 측면인 사회주의는 1920년대부터 점점 더 중요해졌다. 이는 코민테른(Communist International)이 식민지 세계를 주목하면서 시작되었고, 1960년대 베트남 전쟁을 통해 절정에 이르렀다. 모택동과 호찌민은 토지와 기타 생산 수단의 완전한 국유화를 통해 사회주의 국가를 건설한 본격적인 혁명가들이었다. 그러나 자와할랄 네루와 같은 다른 대부분의 반식민주의 지도자들은 자본주의의 불평등 계층화를 완화하고 자본주의적 제국주의 비판을 실천하기 위해 사회주의 사회를 구상했다. 이들은 재분배 정책을 포함한 국가의 강력한 개입과 제한된 범위의 사기업을 결합한 혼합 경제 체제를 발전시켰다.

사회주의(물론 이것도 서구의 이념이지만)와 대안적 문명 개념을 조화시키려는 시도는 탈식민화 과정에 중요한 기여를 했다. 정의롭지 못한 세계 체제에 대한 비판과, 바로 그 체제에서 정체성을 인정받아야 하는 문제를 서로 조화시켰던 것이다. 그러나 그 균형을 유지하기란 결코 쉬운 일이 아니었다. 그래서 인도의 근대화론자들은, 단순한 농촌 사회로 돌아가자는 간디의 사상을 무시하거나 억눌러야 했다. 심지어 가장 급진적이고 반(反)전통적인 탈식민주의 목소리를 대표했던 프란츠 파농조차도, 이슬람의 기존 여성관 같은 요소들과 사회주의 혁명을 조화시키는 데 어려움을 겪었다. 잘랄 알리 아흐마드와 같은 이들은 한때 마르크스주의자였지만, 결국 급진적 이슬람 모델로 전향했다. 오늘날의 중국은 명목상 사회주의 국가일 뿐, 경쟁적인 자본주의 국가 체제에 합류하는 길을 선택했다.

정치적으로 탈식민주의 운동이 직면한 큰 과제는 근대 사상의 영향을 거의 받지 않은 내륙 지역과 빈곤 계층의 사람들을 동원하는 일이었다. 그들의 공동체에 속한 많은 사람들에게 민족(국민)국가에 대한 충성은 일상적인 의식과는 거리가 먼 추상적인 개념이었다. 또한 세속 사회의 현대적 프로그램, 국가 교육, 핵가족 제도는 그들이 생각하는 좋은 사회(지역, 언어, 종교, 카스트, 부족, 혈연 연대와 종교 생활 포함)와는 상당히 상충되는 것이었다. 근대화 엘리트들이 보기에 농민과 "민중"이 살아가는 세계는 점점 더 낯설고 불쾌하게 느껴졌으며, 근대성, 역사적 진보, 시민권 등의 새로운 언어는 이들 간의 격차를 더욱 벌려놓았다.

그래서 도시의 지도자들은 빠른 속도로 멀어져가는 두 세계 사이의 격차를 메워야 했으며, 내륙 사회를 자신의 이미지에 맞게 재편해야 했다. 여기에는 근대 인본주의적 사회 개혁 개념과, 자본주의적 노동력 창출의 필요성이 함께 포함되어 있었다. 세계 자본주의 경쟁에서 국가 경제가 성공하기 위해서 혹은 살아남기 위해서 제대로 훈련을 받고 복종할 줄 아는 노동력이 필요했다. 두 가지 과제(인본주의적 이상 및 근대 시민권의 약속 실현, 국제 경쟁력 확보)는 자주 상충되는 양상을 보였다. 균질적인 국민을 만들어야 한다는 과제 앞에서, 사람들의 삶과 세계관을 폭력적으로 변화시키는 사태가 흔히 발생했다. 사람들은 자신에게 어떤 이득이 있을지도 잘 모르는 세계관을 강제로 받아들여야 했다. 그래서 간디 같은 인물은 심지어 현대 산업화의 이상을 포기하고 농촌 개혁과 국가 차원의 자급자족을 주장하기도 했다. 한편 사회주의자들은 경쟁적 자본주의를 포기하고, 보다 평등한 형태의 산업화를 추구했다. 결과적으로 둘 중 어느 쪽도 21세기에는 살아남지 못했다.

제1차 세계대전부터 제2차 세계대전까지

양차 세계대전 사이의 정치경제적 상황 변화로 여러 제국, 특히 대영제국이 받는 압력이 가중되었다. 제1차 세계대전 시기 미국에서 돈을 빌렸던 영국은 전시 부채가 급증했다. 전쟁이 끝난 뒤 영국의 파운드화는 심각한 평가절하에 직면했다. 환율 안정과 국제수지 균형을 위해 1930년대의 영국은 식민지 자원에 점점 더 크게 의존했다.[2] 당시는 또한 식민지에서 반제국주의 운동이 거세게 일어나던 시기였다. 정치경제적 평등의 요구가 점점 더 강해지고 있었다. 제국주의 열강은 식민지나 종속된 영토에 자치권을 비롯한 양보를 약속해야 했다. 때로는 만주국처럼 명목상 독립 국가를 구성하기도 했다. 그러나 이들은 군사적으로는 여전히 본국에 예속되어 있었다. 그래서 본격적인 탈식민화가 시작되기 전에 일종의 민족국가 체제의 제국주의가 만들어졌다. 이들은 제

---

2 Allister Hinds, *Britain's Sterling Colonial Policy and Decolonization, 1939-1958* (Westport, CT: Greenwood Press, 2001), pp. 11, 29.

국의 세계적 패권을 유지 또는 강화하려 했다. 이를 위해 주변 지역을 포함하는 유기적 체제를 재편하는 쪽으로 제국의 전략적 방향이 전환되었다.

영국 파운드화는 제2차 세계대전을 거치는 동안, 그리고 그 이후에도 하락을 지속했다. 파운드화로 벌어들이는 식민지 수익에 의존해야 했던 영국은 인도, 말라야, 남아프리카와 같은 여러 식민지와 묵시적인 계약을 맺었다. 이들 식민지의 수출 수익에 대한 대가로, 영국은 식민지에 사회 복지와 개발 프로그램을 도입함으로써 정치적 자치를 준비해 주기로 했다. 그러나 자치가 곧 독립을 의미하는 것은 아니었다. 1943년에는 식민지 사무국에 자문을 제공하기 위해 사회 복지 자문 위원회(Social Welfare Advisory Committee)가 설립되었다.[3] 그러나 이와 같은 묵시적 계약의 결과는 대부분 식민지의 이익에 반하는 결과를 낳았다. 영국에는 그러한 복지 및 개발 프로그램을 도입할 만큼의 충분한 경제적 자원이 없었기 때문이다.[4]

경제적 및 정치적 요인들 때문에 대영제국의 지속 가능성은 점점 더 악화되었다. 1930년대 대공황으로 농산물 가격이 급락하자 네덜란드와 프랑스 식민지를 막론하고 수출 작물에 주력하던 많은 식민지들이 큰 고통을 겪었다. 같은 시기 정치적 소요와 독립 요구도 강해져 경제적 통

---

3 Kwong-leung Tang, *Colonial State and Social Policy: Social Welfare Development in Hong Kong, 1842-1997* (Lanham, MD: University Press of America, 1998), p. 50.
4 Michael Havinden and David Meredith, *Colonialism and Development: Britain and Its Tropical Colonies, 1850-1960* (London and New York: Routledge, 1993), p. 306; Stephen Constantine, *The Making of British Colonial Development Policy, 1914-1940* (London: Frank Cass, 1984), p. 276.

합을 방해했다. 다시 말해 정치적 자치와 경제적 통합이라는 영국 전략의 핵심 요소들이 서로 충돌하기 시작한 것이다.

그러나 영국이 제국에 대한 희망을 포기하기 시작한 것은 1950년대에 이르러서였다. 구체적으로 말하자면 그 시기는 1947년 인도의 독립부터 1957년까지 이어진 10년간이었다. 1956년, 아랍 사회주의 사상을 만들었던 이집트의 대통령 가말 압델 나세르(Gamal Abdel Nasser)는 수에즈 운하 국유화를 명령했다. 영국-프랑스-이스라엘 연합군은 이집트에 전쟁을 선포하고 수에즈를 점령했다. 그러나 유엔의 신흥 강대국들은 점령군의 철수를 강요했다. 이로써 나세르와 전 세계 반제국주의 운동의 위상이 높아졌다. 또한 이 10년 동안 나이지리아, 코트디부아르, 말라야와 같은 주요 파운드화 흑자 식민지들의 불만도 분명해졌다. 그들은 여전히 본국이 결정권을 쥐고 있는 체제 아래에서 자치 정부 정도로 만족할 수는 없었다.[5]

탈식민지의 가속화 과정에서 양차 세계대전의 역할은 결코 부인할 수 없다. 제1차 세계대전은 반제국주의 운동이 결집할 수 있는 담론적·정치적 조건을 형성했다. 양차 세계대전 사이에는 제국의 경제적 논리가 붕괴되었다. 그리고 제2차 세계대전을 거치면서 당시까지 유지되던 제국주의 체제의 신뢰성이 거의 완전히 무너졌다. 북아프리카에서는 주축국(Axis forces)에 의해, 특히 동남아시아에서는 일본에 의해 전통적인 식민지 강국들이 밀려나는 장면이 연출되었다.(인도를 지배하던 영국도 위협을 느꼈다) 동남아시아에서는 범아시아주의(pan-Asianism) 이념 아

---

5 Hinds, *Britain's Sterling Colonial Policy*, pp. 146, 197.

래 공식적으로 독립국가들이 수립되었다. 제2차 세계대전 당시에는 일본군의 지배 아래 놓여 있던 인도네시아의 지도자 수카르노(Sukarno)와 버마의 지도자 우 누(U Nu)가 민족주의 운동을 이끌면서 일본과 협력하여 서구 세력의 복귀를 막으려 했다. 더욱이 미국과 소련이 부상함으로써 세계 대부분의 지역에서 탈식민화는 시간 문제가 되었다.

아프리카와 아시아에서 전개된 탈식민화 운동의 기본 단계는 다음과 같이 요약할 수 있다. 제2차 세계대전 이전에도 1919년 아프가니스탄에서 영국 보호국 체제가 종료되었고, 1922년 이집트, 1932년 이라크에서 영국 위임통치가 끝나는 등의 여러 발전이 있었지만, 영국은 여전히 이들 지역에 군대를 주둔시키고 정치적 영향력을 행사했다. 주권 이양의 첫 번째 단계는 제2차 세계대전 중 연합국이 중국 국민당(KMT) 정권의 완전한 주권을 인정하면서 시작되었다. 그 과정에서 중국을 반(半)식민지로 전락하게 만들었던 여러 불평등 조약들이 폐기되었다. 미국 의회는 1943년 중국에 남아 있던 미국의 치외법권을 종료시켰다. 그러나 중국은 1945년 일본이 항복하고 중국의 여러 지역에서 일본군이 철수한 후에야 완전한 주권을 회복할 수 있었다. 중국은 또한 유엔과 안전보장이사회에서 의석을 얻었으며, 이 의석은 1971년 대만의 중화민국에서 중국의 중화인민공화국으로 이양되었다.

1945년 일본이 항복을 선언했고, 한국과 동남아시아 여러 지역도 독립하게 되었다. 1946년에는 필리핀이 미국으로부터 독립했다. 그러나 동남아시아에 남아 있던 유럽 세력은 식민지를 되찾으려 했다. 가장 유명한 사건은 인도차이나에서 벌어진 프랑스의 전쟁이었다. 베트남이 공산주의의 지배를 받게 될 것이 명확해지자, 미국이 과거 프랑스의 역할을 이어받았다. 이를 계기로 반식민주의 전쟁과 냉전 체제가 얽혀들었다. 이 문제는 뒤에서 다시 논의하기로 한다. 한국도 마찬가지였다. 한반도는 소련과 중국의 지원을 받는 북한과, 미국과 일본의 지원을 받는 남한으로 나뉘어졌다. 1950년부터 1953년까지, 남북한은 양대 초강대국의 대리전을 벌였다. 양측의 긴장은 오늘날까지도 계속되고 있다.

1947-48년에 이르러 영국은 인도, 스리랑카(실론), 버마를 포함한 남아시아 지역에서 철수하고, 요르단에서 보호국의 지위와 팔레스타인에서 위임통치의 권한을 포기했다. 일부 학자들은 제국주의 강대국들이 서둘러 철수하면서 "분할 후 철수(divide and quit)" 전략을 취하는 바람에 통치권을 두고 대립하는 세력들 사이에 격렬한 갈등이 지속되고 있다고 주장한다. 중동, 인도차이나, 특히 인도아대륙에서 이런 현상이 나타났다. 1947년 인도와 파키스탄의 분할로 100만 명 이상이 살해되었다. 힌두교도와 무슬림들은 강제 이주 혹은 피난을 이유로 고향을 떠나 새로 수립된 국가가 지배하는 낯선 땅에서 살아가야 했다.[6]

1950년대와 1960년대에 아프리카, 아시아, 중동의 많은 식민지와 종속국들이 영국, 프랑스, 포르투갈, 벨기에로부터 독립을 얻었다. 제2차 세계대전 이전에도 사하라 이남 아프리카에서 반식민지 저항 운동이 발달했지만, 아프리카의 반식민지 운동이 뚜렷하게 결집되기 시작한 것은 제2차 세계대전 이후의 일이었다. 남아프리카와 동아프리카에서는 저항 운동의 예봉이 종종 식민지 지배자였던 백인 정착민을 향했다. 그

---

6 Radha Kumar, "The troubled history of partition," in Duara, ed., *Decolonization*, pp. 162-175.

들이 공동체의 토지를 빼앗고 아프리카인들에게 과도한 세금을 부과했기 때문이다. 케네스 카운다(Kenneth Kaunda)는 비폭력과 헌법 개혁을 강조하는 간디주의 정치 모델을 바탕으로 잠비아 독립 운동을 이끌었다. 그러나 남로디지아(현재의 짐바브웨)에서 백인 정착민들은 완강한 인종차별주의적 태도를 포기하지 않았다. 결국 케네스 카운다는 1960년대 중엽부터 비폭력 노선을 포기하고 무장 투쟁을 지지했다. 이 지역의 다른 여러 식민지에서도 상황은 비슷하게 전개되었다.[7]

케냐에서 백인 정착민의 지배에 대한 저항은 1950년대 마우마우(Mau Mau) 반란으로 절정에 이르렀다. 당시의 반란은 무자비하게 진압되었지만 아프리카에서는 제국주의에 맞선 가장 강력했던 무장 저항의 상징으로 기억되고 있다. 지역 전통에 입각한 저항이 표출되는 과정에서 사회주의적 민족주의가 결합되었지만 양측의 동맹은 안정적이지 못했다. 한편으로는 여성의 강력한 참여가 두드러졌다.[8] 서아프리카에서는 제2차 세계대전 직후 도시를 중심으로 현대적인 노동운동이 상당히 발전했다. 이들은 식민 당국에 중대한 위협 세력이 되었다. 기니의 아메드 세쿠 투레(Ahmed Sékou Touré)와 영국령 골드코스트(후에 가나로 독립)의 크와메 은크루마 등 민족주의 및 범아프리카주의 지도자들은 노동자들의 활동과 조직을 토대로 자신의 운동을 크게 발전시켰다.[9]

---

7 Robert J. Young, *Postcolonialism: An Historical Introduction* (Oxford: Blackwell, 2001), pp. 250-251.
8 Ibid. p. 366.
9 Frederick Cooper, "The dialectics of decolonization: nationalism and labour movements in post-war French Africa," in Duara, ed., *Decolonization*, pp. 218-238.

나중에는 뜨거워진 냉전의 일부가 되어버렸던 베트남 전쟁 이외에 탈식민화 과정에서 가장 극적인 사건을 꼽으라면 알제리 전쟁(1954-62년)이다. 베트남 전쟁처럼 알제리 전쟁도 여러 세력이 얽힌 복잡한 전쟁이었다. 이 중에는 유럽계 알제리 정착민인 피에누아(pieds-noir, 검은 발)도 포함되어 있었다. 프랑스와 알제리의 전쟁이 지닌 강력한 상징성과 기억은 프란츠 파농의 저작과 그의 역할에 압축되어 있다.(그림 15-1) 프란츠 파농(1925년-1961년)은 마르티니크(Martinique, 카리브해의 섬)에서 태어나 프랑스에서 교육을 받았으며, 알제리에서 정신과 의사로 일했다. 파농은 알제리 민족해방전선(FLN)의 지도자가 되었으며, 여러 저서를 남겼다. 그중 가장 유명한 책은 1961년에 출간된《대지의 저주받은 자들》(Les Damnés de la Terre)이다. 파농은 탈식민화 운동의 가장 중요한 사상가 중 한 명으로 평가된다. 그 이유는 식민주의가 식민지 지배자와 피지배자 모두에게 미치는 심리적 영향을 깊이 있게 이해하고, 혼종성(hybridity)과 크레올리즘(creolism)의 개념을 반식민주의적 맥락에서 활용했기 때문이다. 파농은 식민주의가 미국 주도의 신식민주의로 전환되는 현실에 민감하게 반응했다. 그리고 반식민지 혁명을 위한 폭력의 사용을 옹호했으며, 그것이 식민지의 정신(지배자와 피지배자 모두의 정신 — 옮긴이)을 파괴하여 "새로운 인간(un homme neuf)"을 탄생시킬 수 있을 것으로 전망했다.

정신의 식민화에 관한 주제 몇 가지를 더 이야기하자면, 마하트마 간디는 아마도 탈식민화 운동의 또 다른 위대한 사상가이자 지도자였을 것이다.(그림 15-2) 오래도록 이어져 오던 인간의 주체성과 개념이 있었는데, 식민주의가 그것을 파괴했다는 것이 간디의 주장이었다. 이는 식

[그림 15-1] 정신과 의사이자 혁명가였던 프란츠 파농의 초상

[그림 15-2] 행진 대열에 함께 가는 마하트마 간디
영국의 소금 독점에 맞서 소금을 만들기 위해 바다로 가는 유명한 행진. 1930년.

민지 지배자와 피지배자 모두에게 해당하는 문제다. 예를 들면 식민지의 과도한 남성성(hyper-masculinity)이 기존의 양성성(androgyny, 兩性性)을 파괴했다는 것이다. 간디는 이를 회복할 방안을 찾고자 했다. 그러나 간디는 폭력에 반대하는 원칙을 고수했다. 간디의 탈식민화 철학과 전략은 식민지 피지배자(지배자도 마찬가지)의 자아를 회복하는 것에서 시작된다. 스와라지(Swaraj)는 정치적 독립을 의미하는 자치(自治)뿐만 아니라 욕망과 비이성에 대한 자기 통제도 의미했다. 간디는 사티아그라하(Satyagraha), 즉 "진리의 힘"에 참여함으로써 개인과 집단은 시민 불복종과 같은 전략을 통해 부당한 정치 권력에 맞서 승리할 수 있다고 주장했다.

다양한 민족주의 운동은 나름의 목표를 달성하기 위해 폭력적 전략과 교육 등 평화적 동원의 방법을 모두 흡수했다. 가나의 크와메 은크루마와 인도의 마하트마 간디와 같은 지도자들은 비교적 평화롭게 대중을 동원하는 데 성공했지만, 중요한 토지 개혁이나 경제적 통합에는 성공하지 못했고, 계층 간 격차나 농촌-도시 간 격차의 문제도 그대로 남아 있었다. 모택동이나 호찌민 같은 혁명적 민족주의자들은 농촌 사회의 불평등을 해소하는 데 성공했지만, 종종 대규모 폭력을 수반했다. 인도네시아의 경우, 네덜란드가 구축한 식민 통치 구조 때문에 수카르노(Sukarno)가 이끌었던 인도네시아 민족주의 운동은 농민들을 동원하는 데 어려움을 겪었다.

탈식민지와 냉전

유엔의 설립, 유엔의 이념인 민족자결의 원칙, 또한 동등한 민족국가들의 공동 운영이라는 이상은 여러 측면에서 탈식민주의 운동의 목표를 대변하는 것이었다. 여러 국가의 발전에 기여한 유엔의 역할을 과소평가해서는 안 되겠지만, 현실적으로 세계 질서는, 특히 유엔 설립 이후 처음 40년 동안은 초강대국(superpower) 사이의 긴장과 경쟁에 좌우되었다. 이는 식민지를 벗어난 국가와 그들의 정치에 상당한 영향을 미쳤다.

소련과 미국 간의 초강대국 경쟁(1947-91년)이 시작되었고, 이후 중국이 자주적인 핵 보유국으로 부상하면서, 이 시대는 냉전시대(Cold War)로 알려지게 되었다. 냉전의 질서가 유엔의 질서와 병행했으며, 오히려 냉전이 훨씬 더 강력한 영향을 미쳤다. 초강대국과 신생 독립국 혹은 전후 탈식민지 국가들의 관계는 부분적으로, 특히 양차 세계대전 사이 제국주의 본국과 식민지 또는 반(半)식민지 국가들의 관계와 비슷한 비대칭적 권력 관계를 보였다. 이러한 초강대국의 후원을 받는 클라이언트 국가들(client-states)은, 형식적으로 주권 국가로 구성되었거나 표면적으로 주권을 갖추었지만, 군사적으로는 초강대국에 의존했다. 이들 국가는 제국주의 열강의 군사적 지배 아래에 있는 것과 유사한 면이 있었다. 그러나 제국주의 열강의 아래에 있는 것과 냉전 초강대국과 관계를 맺고 있는 것은 종속성의 측면에서 많은 차이를 내포하고 있었다. 먼저 몇 가지 유사성에 대해서 살펴보기로 한다.

기본적인 유사성은, 인력과 자원을 대상으로 세계적 경쟁이 벌어지는 가운데, 제국주의 열강이나 냉전 초강대국 모두가 경쟁 시스템에 참여하는 민족(국민)국가였다는 사실에서 비롯된다. 냉전시대에는 사회주의의 사회적 정의와 자본주의적 자유가 대립하여 이념을 우선시했고, 초강대국은 이념을 통해 세력을 동원했지만, 국가적 혹은 제국적 이익 앞에서 이러한 이상은 무시되는 경우가 많았다. 중요한 차이점도 있었다. 초강대국은 탈식민지 국가의 민족주의 세력을 무시할 수 없었다. 초강대국은 클라이언트 국가의 발전을 위해 민족주의 세력과 동맹을 맺고 협력하며, 그들로부터 경제적 이익을 얻는 경우가 많았다. 게다가 초강대국은 오직 두 나라뿐이었고, 신생 독립국들은 식민지 때보다는 더 많은 자율권을 가졌기 때문에, 때로는 양쪽 초강대국을 견제하며 이익을 얻기도 했다. 가나와 이집트가 그랬고, 인도도 어느 정도는 마찬가지였다.

냉전의 질서는 제국주의 일본이 아시아 제국을 건설하려 했을 때의 경험을 이어받은 면이 있었다. 동아시아에서 이미 민족주의가 깨어나고 있는 상황에서, 또한 일본의 범아시아주의(pan-Asianism) 이데올로기가 공감대를 얻기도 하면서, 일본의 군국주의자들은 1930년대에 스스로가 아시아 국가 연합의 지도자일 뿐이라고 자처하였다. 그들은 아시아를 위해 아시아 사회문화를 지배하는 서양 세력을 타도하겠다고 선언했다. 범아시아주의를 내세운 일본 제국주의 정책의 시작은 만주국(1932-45년)의 건설이었다. 만주국은 중국 동북부에 세워진 일본의 괴뢰국으로, 면적이 일본의 4배, 인구는 약 4,000만 명이었다. 중국 대륙에서 강력한 민족주의에 직면했던 일본은, 괴뢰국을 근대적인 방식으로 간접 통치하는 것이 더 효율적이라는 사실을 깨달았다. 일본의 목표는 은행, 교통 인프라, 정당을 포함한 정치 기구, 그리고 무엇보다도 군사를 지배함으로써 괴뢰국을 통제하는 것이었다. 태평양 전쟁 동안 일본은 서구 열강으로부터 아시아를 해방시키겠다고 주장하며, 대동아공영권(大東亞共榮圈)이라는 반제국주의 동맹의 이름으로 전략을 확장해 나갔다. 그러나 일본에 의해 일시적으로 "해방"된 사회는, 그들이 일본의 군사, 경제, 전략적 목표와 인종차별적 태도에 종속되어 있다는 사실을 금세 알아차렸다.[10]

제2차 세계대전 이후 탈식민지 세계의 질서 유지 세력으로서, 소련과 미국은 당연히 민족자결주의의 옹호자였다. 1917년 러시아혁명 이전에도 볼셰비키는 세계의 민족자결 정책, 특히 차르 제국 치하에 있던 수많은 민족의 민족자결을 지지했다. 그들이 민족 혁명을 계급 혁명만

---

10 See Prasenjit Duara, *Sovereignty and Authenticity: Manchukuo and the East Asian Modern* (Lanham, MD: Rowman & Littlefield, 2003).

큼이나 중요하게 인식했을 수도 있지만, 동시에 그들은 민족자결의 활용 방안도 인식하고 있었다. 민족자결이라는 서사를 이용하면 과거 러시아 제국에 속했던 모든 민족을 소련이라는 새로운 국가의 통제 아래 둘 수 있을 것 같았다.

동유럽과 아시아를 아우르는 차르의 영토에 그대로 세워진 소비에트 "제국"이 1980년대에 붕괴되었던 것은 어쩌면 한 세기 전에 시작된 탈식민화 프로젝트의 연장으로 볼 수도 있다. 이 문제를 전면적으로 다루게 되면 탈식민화 이해를 목표로 하는 우리의 논의가 너무 복잡해질 우려가 있다. 다만 여기서 소비에트의 사례를 언급하는 이유는, 초강대국이 민족자결의 원칙에 대하여 취했던 태도와 정책을 보여주기 위해서다. 그것이 신생국가에 대한 소련의 태도에도 영향을 미쳤다. 소련과 미국은 모두 신생독립국의 민족 발전을 지지하는 수사와 정책을 통해 그들에 대한 지배력을 행사할 수 있었다. 소련의 정책은 비록 역효과를 낳았지만, 일정 기간이나마 지배가 가능했던 이유는 바로 그것 때문이었다.

볼셰비키의 목표는 옛 차르 제국에 속했던 민족 공동체, 예컨대 우크라이나, 우즈베크 등에게 "민족적 정체성(nationhood)"을 부여하는 것이었다. 정체성의 범주를 규정하고 당의 구조를 통제함으로써 중앙집권적 통치를 용이하게 하려는 것도 부분적으로는 그 이유였다. 궁극적으로 이러한 민족적 충성심을 "프롤레타리아"의 이익, 즉 공산당에 종속시키면 러시아 외부의 세력을 통제할 수 있을 것으로 믿었다. 그래서 그들은 민족적 구조와 영토적 구조를 아우르는 행정 관리 체제를 만들었고, 당을 통해 민족 엘리트 계층을 양성함으로써 다양한 반발의 가능성을 억제하고 심지어 활용하려 했다. 이러한 행정 관리의 목적은 주변의 여러 민족에게 민족정신을 불어넣는 동시에 그들을 공산주의의 기치 아래 하나되는 소비에트의 나로드(인민)로 만드는 것이었다. 흥미롭게도 이 전략은 궁극적으로 역효과를 불러왔다. 소련은 영토국가와 민족국가의 이념을 근본 범주로 제도화하는 데는 성공했지만, 소비에트 연방에 대한 충성심은 그만큼 강력하게 구축하지 못했다. 그 결과, 1980년대 냉전이 끝날 무렵, 경제 위기와 정치 개혁(glasnost)으로 소비에트 연방 국가의 쇠락이 치명적인 단계에 접어들자, 주변 민족들은 민족국가 러시아의 중심부로부터 독립을 쟁취할 수 있었다.[11]

신생국에 대한 미국의 태도는 소련과는 전혀 달랐다. 그러나 냉전이 강화되고 신생국들이 소련과 사회주의의 매력에 이끌리자, 초강대국의 태도는 뚜렷하게, 또한 급진적으로 변해갔다.

역사적으로 반(反)식민주의를 옹호해 왔던 미국은 약소국에 대해 가부장적인 태도를 지니고 있었다. 예를 들어 1920년대의 미국은 메소아메리카 국가들에 대한 비공식 통제를 강화하려 했으며, 특히 이 지역에서 반미(反美) 민족주의에 직면했을 때 이러한 경향이 두드러졌다. 미국의 관료, 외교관, 그리고 기업 집단이 비공식적 지배를 관철하는 방식은, 금융과 통신 시설에 대한 통제, 천연자원에 대한 투자, 그리고 엘리트 계층의 교육 등이었다. 교육의 내용은 미국식 헌법, "자유 선거," 정통적 비즈니스 사고 방식 등이었다. 1922년에 내무장관 프랭클린 레인(Franklin Lane)은 이렇게 썼다.

---

11 Francine Hirsch, *Empire of Nations: Ethnographic Knowledge and the Making of the Soviet Union* (Ithaca, NY: Cornell University, Press, 2005), pp. 6-8.

"우리 국민은 세계의 관리인으로 신뢰를 받아 왔습니다. … 그것이 우리 미국의 전통입니다. 먼로 독트린(Monroe Doctrine)은 바로 그것을 표현한 것입니다. … 우리가 후진국에 대해서, 자결권보다는 제한된 자결권을, 말하자면 걸음마끈(걸음마를 배우는 아이들을 묶어서 일어서도록 도와주는 끈)을 이야기하는 것도 그 때문입니다."[12]

군사적 개입의 위협은 언제나 가까이 있었고, 실제로 시행이 되기도 했다. 미국은 제2차 세계대전 이전이나 이후를 막론하고, 여러 국가에 대하여 반복적으로 군사 개입을 실행했다.

미국은 유럽의 인종적 제국주의와 거리를 두었지만, 1942년까지 아시아 이민자들에 대한 시민권 제한과 같은 인종차별적 장벽을 지속적으로 세워 나갔다. 제2차 세계대전 이후에도 수십 년 동안, 과연 어두운 피부색의 민족들이 자치를 감당할 능력이 있는가 하는 의문을 제기하는 사람들이 많았다. 탈식민지 과정에서 전 세계는, 이 문제에 대한 미국의 이중적인 태도를 분명히 목격했다. 실제로 미국은 유럽 열강이 식민지에서 제국적 지배권을 회복하려는 시도에 심심찮게 연루되기도 했다.

그러나 유엔 중심의 다국주의 체제에 접어들면서, 식민주의와 인종에 대한 미국의 태도는 중요한 변화를 겪게 되었다. 전후 미국의 태도 변화는 소련과의 경쟁 속에서 탈식민지 신생독립국의 지지를 확보하려는 맥락에서 형성되었다. 이러한 변화의 상당 부분은 냉전 자체에 의

---

12 Quoted in Robert Freeman Smith, "Republican policy and the Pax Americana, 1921-1932," in William Appleman Williams, ed., *From Colony to Empire: Essays in the History of American Foreign Relations* (New York: John Wiley, 1972), pp. 243-275; quote on p. 271.

해 촉발된 것이었다. 미국의 '중산층 문화'를 탐구한 크리스티나 클라인(Christina Klein)은, 미국을 다문화 사회에 기반한 새로운 국가로 급격히 이미지를 변화시켰던 계기가 바로, 아시아를 공산주의에 빼앗길지도 모른다는 두려움이었다고 말한다. 클라인은 문화적 헤게모니라는 개념에 입각하여 아시아 태평양 지역이 미국에서 어떻게 표현되었는지를 검토한 결과, 그것이 냉전 상황에 대한 공감대를 강화했음을 알 수 있었다. 이는 1950년대 미국이 세계 곳곳으로 영향력을 확장하는 데에도 도움이 되었다. 아시아 태평양 관련 문화적 표현은 "감정의 구조(structures of feeling)"를 만들어냈고, 그것이 평범한 사람들의 감정, 경험, 의식의 장에 이념적 구성을 불어넣었다. 클라인이 말하는 "냉전 오리엔탈리즘(Cold War Orientalism)"은 단순히 공산주의를 저지하는 데 그치지 않고, 미국 내외에서 공산화되지 않은 동양인을 미국인과 감정적으로 통합하려는 목적을 지니고 있었다.[13]

미국을 "모든 민족의 나라"로 묘사하는 이미지는 1959년에 발표한 제임스 미치너(James Michener)의 베스트셀러 역사 소설 《하와이(Hawaii)》에서 잘 드러난다. 다문화의 땅 하와이는 폴리네시아인, 일본인, 중국인, 뉴잉글랜드 백인이 어우러진 인종적 이상향의 모델이었다. 일찍부터 시작된 시민의 권리 운동은 이와 같은 환경 속에서 크게 번성할 수 있었고, 탈식민지 운동으로부터 영감을 받은 것도 그리 놀랄 일은 아니었다. 같은 시기 미국의 주요 디자이너들은 "아시안 모던(Asian

---

13 Christina Klein, *Cold War Orientalism: Asia in the Middlebrow Imagination, 1945-1961* (Berkeley, CA: University of California Press, 2003), pp. 7-16.

Modern)"이라는 개념을 알리는 데 깊이 관여했다. 1950-60년대에 도자기, 목재, 풀, 대나무, 옻칠 공예품들이 미국인의 취향에 맞춰 디자인되어 "국제적 모더니즘"을 구현했다. "이는 친근하고 편안한 느낌을 선호하는 미국인들의 감각에 맞춘 것으로, 차가운 유럽 모더니즘 스타일과는 거리가 있었다."[14]

이와 같은 비서구 및 비공산주의 국가와 문화에 대한 새로운 관심의 저변에는, 여전히 불운하고 어린아이 같은 아시아인과 후진적인 민족을 계몽하려는 온정주의적 구상이 깔려 있었다. 클라인(Klein)은 아시아인을 미국의 부모에 비유하여 아이들로 보는 이미지와, 펄 벅 재단(Pearl Buck Foundation)이 주도한 전후 아시아 아동 입양 사업이 아시아에 대한 미국의 개입을 정당화했다고 지적한다. 그러한 담론 속에서 세계는, 태생적 한계를 지닌 인종이나 문화가 아니라, (저마다의 잠재력을 가진) "민족국가들의 가족"이라는 것이 클라인의 주장이다.[15]

특히 냉전 시대 초강대국들을 중심으로 비서구 세계를 묘사하는 담론과 태도가 바뀌었다. 이는 곧 식민지, 유사 식민지, 착취를 경험했던 비서구 세계가 내세운 반식민주의의 승리라 하겠다. 그러나 초강대국들의 온정주의적 발전 담론은 신생국에 대한 새로운 형태의 지배를 은폐하는 경향이 있었다.

냉전의 경쟁 구도는 두 진영으로 갈라진 각국의 정치 구조를 경직되게 만들었다. 신생국의 영토 경계와 제도적 체계는 초강대국의 이익에

---

14 Yuko Kikuchi, "Russel Wright and Japan: bridging Japonisme and good design through craft," *Journal of Modern Craft* 1:3 (2008), 357-382; quote on 372.
15 Klein, *Cold War Orientalism*, pp. 253-263.

맞게 만들어졌다. 그들은 초강대국의 군사적 지원을 받는 경우가 많았다. 초강대국들은 피후견 국가에서 기존의 지배 세력 또는 친(親)초강대국 집단이 국가를 이끌도록 했다. 이는 초강대국의 경쟁에서 상대방을 강화할지도 모르는 불안정한 변화를 막기 위함이었다. 그래서 신생국가에서는 대중 혹은 지배적 민족 집단의 지지를 얻지 못하는 정권이나, 혹은 신구 세대의 열망을 억압하는 군사 집단의 정권이 세워지는 경우가 많았다.

이러한 냉전 질서의 결과로 탈식민화 과정에서 태어난 신생국은 군국주의의 지배와 내전에 시달려야 했다. 1960년 - 1987년 사이 세계 1인당 군비 지출은 약 150퍼센트 증가한 반면, 1인당 국민총생산(GNP)은 약 60퍼센트 증가하는 데 그쳤다. 소련을 포함한 부유한 12개 국가에서는 군사 예산이 1960년 GNP의 6.9퍼센트에서 1984년 5.5퍼센트로 감소했다. 탈식민지 국가들에서는 같은 비율이 3.6퍼센트에서 5.6퍼센트로 증가했다. 소득 수준이 훨씬 낮았던 상태를 감안하면 이는 대단히 큰 군비 지출이었다. 1980년대에도 라틴 아메리카를 제외한 제3세계 국가 중 40퍼센트가 군사정권의 지배를 받았고, 내전으로 대규모 난민이 발생하여 많은 인명 피해가 이어졌다. 초강대국들은 냉전 체제에서, 특히 무기 이전과 판매를 통해 그들을 지원하고 사태에 개입함으로써 자원을 확보하고 정치적 지지를 얻어냈다. 그것이 군사화의 이면에 숨겨진 요인들 중 가장 분명하게 드러난 사실이었다.[16]

---

16 Charles Tilly, *Coercion, Capital, and European States, ad 990-1992* (Oxford: Blackwell, 1992), pp. 209, 221. For some examples from Southeast Asia, see

20세기 전반기부터 진행되어 오던 아시아와 아프리카 곳곳의 반식민주의 운동에 초강대국들도 개입되었다. 대표적인 사례가 베트남 전쟁이었다. 보수적으로 추산하더라도 100만 명이 넘는 베트남인이 사망했으며, 미국은 1965-75년 사이에만 1,100억 달러(2008년 기준 약 6,860억 달러)를 지출했다.[17] 베트남을 지원한(대략 1969년까지) 사회주의 강대국은 소련이 아니라 중국이었다. 1965년부터 1969년 사이 중국은 북베트남에 30만 명 이상의 병력(공병 및 방공 방어 부대)을 파견하는 등 막대한 지원을 제공했다. 한국전쟁(1950-53년)에서도 중국은 소련보다 훨씬 더 적극적으로 개입했다.[18] 한편 미국은 베트남 전쟁으로 재정적, 도덕적 부담을 안게 되었으며, 이는 일본이나 유럽에 비해 미국 경제의 상대적 약화를 초래했다. 전반적으로 냉전은 탈식민지 이후의 세계에 깊은 분열을 초래했다. 이러한 상황은 신생 독립국이 헤게모니에 편입되지 않고 독자적으로 생존할 가능성을 약화시켰다.

신생 독립국이 태어날 무렵의 세계는, 생존을 위해 어느 한쪽 편을 들지 않을 수 없는 심각하게 분열된 세계였다. 동아시아에서 중국과 한국이 일본으로부터, 그리고 동남아시아 국가들이 유럽 식민지 열강으로부터 독립하자, 곧바로 냉전(Cold War)의 분열에 얽혀들었다. 한국과

Anthony Reid, *Imperial Alchemy: Nationalism and Political Identity in Southeast Asia* (Cambridge University Press, 2009).
17 Stephen Daggett, "Costs of major U.S. wars," CRS Report for Congress, Order Code rs22926, July 24, 2008, crs-2, http://fpc.state.gov/documents/organization/108054.pdf.
18 Chen Jian, *Mao's China and the Cold War* (Chapel Hill, NC: University of North Carolina Press, 2001), p. 229.

인도차이나 반도에서는 대규모 "뜨거운(hot)" 전쟁이 발생했고, 동아시아 전반적으로 군사화가 심화되었다. 이러한 분열의 환경 속에서 초강대국의 군사적 지원을 받는 정권들은 국민적 지지를 확보하지 못한 채 고립되는 경향이 있었다. 미국과 동맹국들은 자유와 민주주의를 목표로 내세웠지만, 개발도상국에서 오히려 군사 정권이나 독재자, 군주제 같은 비민주적 정치를 지원하는 결과가 나타났다. 미국의 지원을 받는 피후견 국가들 중 한국에서 1979년 박정희 군사정권에 반대하는 민중(民衆) 운동이 일어나 결국 정권을 무너뜨리는 계기가 되었다. 이후 식민지에서 독립한 동남아시아의 신생국에서 잇달아 민주화 운동이 일어났다.(필리핀: 마르코스 대통령의 1972년 계엄령 선포, 대만: 1987년, 인도네시아: 1998년)

아프리카, 중동, 동남아시아에서 자국의 이익을 보호하려는 서방 열강의 개입(더불어 라틴 아메리카에서 미국의 작전)이 빈번해지면서 지역 사회의 대중이 양극화 및 급진화하는 결과를 초래했다. 아프리카에서 가장 극적인 개입의 사례는 콩고에서 일어났다. 1960년 콩고가 벨기에로부터 독립을 쟁취한 이후의 일이었다. 사회주의 모델로 독립 국가를 건설하고 소련과 동맹을 맺으려 했던 파트리스 루뭄바(Patrice Lumumba)는 결국 유럽과 케네디 행정부의 군사적 지원을 받은 반대파에 의해 축출되고 암살당했다. 미국은 콩고의 광산에 막대한 자금을 투자했고, 콩고는 미국의 거대한 피후견국이 되었다. 인도네시아에서도 비슷한 일이 있었다. 1965년 인도네시아의 지도자 수카르노(Sukarno)와 최대 정당이던 공산당을 대상으로 군부 쿠데타가 발생해 수십만 명이 목숨을 잃었다. 이 사건은 미국 중앙정보국(CIA)의 묵인 하에 이루어졌다.[19]

파키스탄에서는 냉전 때문에 탈식민화, 즉 진정한 자주적 독립의 과정이 심각하게 훼손된 결과가 나타났다. 파키스탄의 학자 함자 알라비(Hamza Alavi)에 따르면, 미국이 페르시아만 인근에 비밀 군사 기지를 설치하는 등 파키스탄과 강력한 군사 동맹을 맺은 것은, 인도에서 오해하는 것과 달리 인도-파키스탄의 경쟁과는 무관한 일이었다. 그보다는 오히려 1950년대 초부터 시작된 새로운 영미 전략의 일환이었다. 즉 소련의 영향력과 지역 내 급진적 민족주의를 막아 걸프 지역의 석유 이익을 보호하기 위한 것이었다. 미국이 파키스탄 군부에 개입한 정도는 매우 심각했다. 1959년 최초의 군사 쿠데타가 일어나기 전부터 이미 민간 정부는 완전히 소외된 상태였다. 미국-파키스탄 관계와 더불어 인도-중국 관계, 소련-중국 관계의 악화는 인도가 비동맹 정책을 표방하면서도 소련 쪽으로 기울게 했다. 인도는 소련으로부터 상당한 군사 및 산업적 지원을 받았다. 미국은 인도-파키스탄 전쟁에서 파키스탄을 노골적으로 지원하지 않기 위해 신중을 기했다. 그러나 방글라데시 독립 전쟁 당시 미국은, 방글라데시 국민의 민주주의와 민족적 염원에 반대하는 파키스탄의 편에 섰다.(파키스탄은 방글라데시의 분리독립에 반대하는 입장이었고, 방글라데시는 결국 독립전쟁을 통해 1971년 파키스탄으로부터 분리독립할 수 있었다. — 옮긴이) 이는 미국의 이념에 비추어 아이러니한 일이 아닐 수 없다. 파키스탄 사회의 광범위한 군사화, 그로 인한 민주적·세속적 세력의 약화는 파키스탄의 건국 이상과는 거리가 먼 방향으로, 오

---

19 Jussi M. Hanhimäki and Odd Arne Westad, eds., *The Cold War: A History in Documents and Eyewitness Accounts* (Oxford University Press, 2003), p. 167.

늘날까지도 그 방향이 지속되고 있다.[20]

아시아와 아프리카에서 신생 독립국에 대한 소련의 개입은, 1979년 아프가니스탄 점령이라는 치명적인 사태에 휘말리기 전까지는 그리 광범위하거나 적극적이지 않았다. 소련은 동유럽의 불안정에 몰두하고 있었다. 폴란드(1956년까지)와 루마니아(1958년까지) 같은 일부 동유럽 지역은 장기간 소련의 군사 점령 상태에 놓여 있었다. 특히 1956년 헝가리 혁명과 1968년 체코슬로바키아에서 일어났던 프라하의 봄을 진압한 사건이 유명하다. 소련은 아프리카, 라틴 아메리카, 아시아의 급진 운동을 지원했지만, 이들 운동은 대체로 자생적 마르크스주의 혹은 좌파 운동으로, 그쪽에서 소비에트 블록의 지원을 요청한 것이었다.

초기 소련 지도자들은 신생 독립국에서 실제로 혁명이 성공할 수 있을지 확신하지 못했다. 그러나 소련은 초강대국으로서의 위상을 위해 이러한 국가들에 영향력을 행사했다. 중요한 것은 이를 소련 사회주의의 목표로 활용하는 것이었다. 1970년대 베트남에서의 공산주의 세력이 승리하는 등 여러 가지 사건을 경험하면서 소련 지도부는 용기를 얻게 되었다. 이후 소련은 에티오피아, 앙골라, 그리고 아프가니스탄(1979년부터 1989년까지)에 이르기까지 더욱 적극적으로 개입하는 노선을 선택했다. 아프가니스탄은 자본주의와 사회주의 이념에 모두 반대하는 이슬람 급진주의 세력의 확산을 대표하는 사례였다. 또한 국가 단위가 냉전 정치의 경계선으로 간주되는 것이 과연 정당한지 의문을 제기하게

---

20 Hamza Alavi, "The origins and significance of the Pakistan-US military alliance," in http://ourworld.compuserve.com/homepages/sangat/HAMZA.htm.

된 사례이기도 하다.[21] (냉전의 경계선은 국경선과 일치했지만, 예컨대 이슬람의 경계선은 국경선과 일치하지 않는다. 국가 단위 전체를 강압적으로 냉전 체제에 종속시키는 것이 옳은 일인지에 대한 문제제기다. —옮긴이)

탈식민지의 유산

냉전 질서에 종속되는 바람에 많은 신생국들은 완전한 주권에 대한 열망, 혹은 진정한 대의 민주주의 제도에 대한 열망을 달성하지 못하는 경우가 많았다. 그들은 스스로 독립국가를 수립하여 민족(국민)국가의 경쟁 체제 속에서 하나의 주체로 인정받고자 했지만, 냉전뿐만 아니라 독립국가의 경쟁 체제 자체도 그들에게는 하나의 장애물이 되었다. 이는 1950년대, 1960년대 그리고 그 이후에도 많은 국가들이 옹호했던 비동맹 운동의 운명을 보면 분명히 알 수 있는 사실이다.

1955년 인도네시아 반둥(Bandung)에서 개최된 〈아시아-아프리카 연대를 위한 반둥 회의〉는 비동맹 운동의 정점이었다. 아시아와 아프리카의 29개 신생 독립국 대표들이 참석했으며, 러일전쟁이 범아시아주의의 출범을 알린 지 50년 만에 개최된 회의였다. 이 회의는 제국주의와 인종차별에 반대하는 연대를 표명하고, 이들 국가 간 경제 및 문화적 협력을 촉진하는 것을 목표로 삼았다. 중국, 인도, 인도네시아가 회의에서 주도적인 역할을 수행했다. 결과적으로 이 회의는 1961년 비동맹 운동의 탄생으로 이어졌다. 비동맹 운동은 티토(Tito, 유고슬라비아), 네루

---

21 Odd Arne Westad, *The Global Cold War: Third World Interventions and the Making of Our Times* (Cambridge University Press, 2007), chapters 7 and 8.

〔그림 15-3〕 반둥 회의에서 대화를 나누는 나세르와 네루

(Nehru), 나세르(Nasser) 등이 이끄는 보다 광범위한 연대 세력으로 성장했다. 참여국들은 초강대국 미국과 소련 중 어느 쪽과도 동맹을 맺지 않겠다는 (비동맹) 입장을 분명히 했다.(그림 15-3 참조)

그러나 비동맹 국가들 사이에 갈등이 발생하자 비동맹 운동은 지도자들이 원했던 만큼의 영향력을 발휘하지 못하였다. 이들 국가 간에 발생한 일부 갈등은 냉전의 결과였다. 탈식민지 국가들의 중립성이나 연대는 거의 찾아볼 수 없었다. 다른 영토 분쟁과 자원 전쟁은 과거 식민지 정책과 영유권 주장에서 비롯되기도 했다. 예를 들어, 1962년 인도와 중국 간의 국경 분쟁은, 식민지 시대 양국 간 국경을 설정했던 '맥마흔 라인(McMahon Line)'의 문제에서 기인한 것이다. 그러나 양국 간의

지속적인 경쟁은 세계적으로 자원과 영향력 확보를 둘러싼 갈등과도 관련이 있다. 이란-이라크 전쟁(1980-88년), 인도-파키스탄 분쟁(1947년, 1965년, 1971년), 인도네시아-말레이시아 분쟁(1962-66년), 중국-베트남 전쟁(1979년), 리비아-이집트 분쟁(1977년) 등은 탈식민지의 과정에서 당사국들 사이의 국제적 갈등이 드물지 않았던 현실을 보여준다.

그러나 냉전과 국가 간 경쟁의 역학이 탈식민지 운동을 약화시켰다고 주장할 수 있겠지만, 거꾸로 탈식민지의 이상이 냉전 종식에 기여한 것도 사실이다. 이 문제는 다른 지면에서 상세히 논의한 바 있으므로, 여기서는 결론의 일부로 간략히 언급하고자 한다. 먼저, 중국의 역할이 냉전 종식에 결정적이었다는 사실은 이제는 명백해졌다. 그런데 이는 의도하지 않은 결과일 수도 있다. 소련과 결별한 이후 중국은 1964년 핵 능력을 갖추면서 잠재적 초강대국으로 부상했다. 중소 관계는 지속적으로 악화되었다. 특히 1960년대 후반 문화대혁명 시기에는 더욱 그랬다. 중국은 핵전쟁 직전 상황까지 도달했다고 믿었다. 그 무렵, 미국 또한 베트남 전쟁에서 큰 피해를 입은 상황이었다. 미국은 삼자 구도로 발전한 냉전 상황에서 중국을 중립화할 기회를 엿보고 있었다. 요약하자면, 1972년 미국과 중국 간의 역사적 화해로 중국의 중립화, 나아가 미국의 중국 지원이 가능해졌고, 이는 소련에 대한 압박과 불균형을 초래했다. 한편, 1979년부터 아프가니스탄 전쟁에 빠져든 소련은 군비 경쟁에서 레이건 행정부에 뒤처졌으며, 레이건 정부는 중국의 군사 핵 프로그램도 지원했다.[22] 여기서 중요한 요소는 소련으로부터 벗어난 중국의

---

22 Shirley Kan, *U.S.-China Military Contacts: Issues for Congress*. Updated May 10,

자주독립이었다. 이는 모택동과 공산당이 표방했던 공산혁명의 목표이기도 했다.

　냉전 종식에 기여한 두 번째 요인은 이슬람주의였다. 1980년대 초부터 무자헤딘(mujahidin)은 미국과 이슬람 동맹국들의 군사적 지원을 받으며 아프가니스탄에서 소련을 몰아내고 탈레반이 권력을 장악하는 데 중요한 역할을 했다. 1979년 이란에서 이슬람 혁명이 성공하자 무자헤딘은 더욱 고무되고 강화되었다. 냉전 시대 근대화 노선은 자본주의 아니면 사회주의밖에 없었다. 이슬람주의는 그에 대한 불만에서 떠올랐다. 그들은 초강대국의 지원을 받는 피후견국가를 거부했다.[23] 탈식민지 시대 사회주의자 혹은 근대화 개혁운동가로 출발했던 이슬람 사상가들 중 냉전시대 양자택일의 선택지에 실망한 사람들이 적지 않았다. 그들은 전통 종교의 구원론과 완전한 탈식민지 요구를 통합하기 시작했다. 오늘날 이슬람 사상과 혁명적 민족주의의 결합이 다소 이질적이거나 심지어 모순적으로 보일 수도 있지만, 1950-60년대의 많은 지도자와 사상가들은 이를 양립 가능한 것으로 여겼다. 실제로 1955년 11월 3일자 〈이코노미스트〉의 보고서에서는 모택동 휘하의 중국 공산주의와 이슬

　2005, CRS Report for Congress, Congressional Research Service, The Library of Congress, Washington, DC. Order Code RL32496/, http://fpc.state.gov/documents/organiza tion/48835.pdf. 군비경쟁과 전략방위구상이 소련에 끼친 영향에 대해서는 다음을 참조. Eric Ringmar, "The recognition game: Soviet Russia against the West," *Cooperation and Conflict* 37:2 (2002), 115-136; 130. Hanhimäki and Westad, eds., *The Cold War*, pp. 274-275.

23　Steve Coll, *Ghost Wars: The Secret History of the CIA, Afghanistan, and Bin Laden, from the Soviet Invasion to September 10*, 2001 (New York: Penguin, 2004).

람 사상이 세계 해방을 위해 협력하고 있다고 언급하기도 했다.

근대화에 대한 환멸 끝에 사상의 융합에 나섰던 대표적 사상가 중 한 명이 잘랄 알리 아흐마드(Jalal Al-i Ahmad, 1923-69년)였다. 그는 마르크스주의에서 이슬람주의로 전향한 인물로, 1979년 이란 혁명보다 한참 전에 사망했지만, 그의 저작은 이란 혁명 전후로 널리 읽혔다. 아흐마드의 관점에서 사회주의 진영은 자본주의 식민지배자들만큼이나 물질주의적이고 탐욕스러웠으며, "잠재적 기업 식민주의자"로서 언제든지 자본주의 진영과 같은 테이블에 앉을 수 있는 집단이었다. 특히 그를 불쾌하게 만든 것은 계몽이라는 미명 하에 이루어지는 위선적 계획들이었다. 그것은 사람들의 문화와 정체성을 빼앗는 행태였다.

"형식적이든 실질적이든, 전체로서의 이슬람, 바로 우리만이 유럽 문명(사실상 기독교와 동의어인 식민주의를 통해 확산되었던)의 확장, 서구 기업의 시장 개척을 저지했다."[24]

탈식민화 시기에 이러한 종교적 호소는 탈식민화 투쟁에 통합되었다. 오늘날 이슬람주의는 더욱 자율적인 운동으로 나아갔으며, 심지어 국가 체제 자체에 반기를 들게 되었다.

중국의 혁명 에너지나 이슬람주의는 모두 제국주의에 맞선 투쟁에서 비롯되었고, 각자의 길에서 자신감을 얻어 성장해 왔다. 이들은 앞서 언급한 탈식민화 이념의 가장 강력한 축이라고 할 수 있다. 냉전 이후 세계 자본주의가 급속히 확산되면서, 그들이 선택한 국가 형태는 주로

---

24 Jalal Al-i Ahmad, "Diagnosing an illness," in Duara, ed., *Decolonization*, pp. 56-63; quotation from p. 62.

세계 자본주의 경쟁력 요구에 부응하도록 변화했으며, 특히 아시아에서는 사회적 계층화가 다시 심화되었다. 사회주의와 문화적 전통이 결합된 사상은, 그 사상이 태동했던 본거지에서는 잊혀져 가고 있다. 그러나 세계 빈곤층 사이에서는 모택동주의(마오주의)나 이슬람 급진주의가 여전히 울림을 주고 있다. 포괄적 탈식민화 운동 속에서 이런 극단적인 선택지 외에도, 오늘날 정의에 대한 요구에 응답할 수 있는 또 다른 사상이나 실험이 존재했는지 여전히 살펴볼 필요가 있을 것이다.

더 읽어보기

Adas, Michael, Peter N. Stearns, and Stuart B. Schwartz. *Turbulent Passage: A Global History of the Twentieth Century.* New York: Longman, 2003.

Anderson, Benedict. *Imagined Communities: Reflections on the Origins and Spread of Nationalism.* London: Verso, 1991.

Betts, Raymond F. *Decolonization.* London and New York: Routledge, 1998.

Chatterjee, Partha. *The Nation and Its Fragments: Colonial and Postcolonial Histories.* Princeton University Press, 1993.

Cooper, Frederick. *Colonialism in Question: Theory, Knowledge, History.* Berkeley, CA: University of California Press, 2005.

Duara, Prasenjit. "The discourse of civilization and pan-Asianism." *Journal of World History* 12:1 (March 2001), 99-130.

Duara, Prasenjit, ed. *Decolonization: Perspectives from Now and Then.* London: Routledge, 2003.

Fanon, Frantz. *Les damnés de la terre [The Wretched of the Earth].* With a Preface by Jean-Paul Sartre. Paris: François Maspero, 1961.

Gandhi, Mohandas K. *"Hind Swaraj" and Other Writings*, ed. Anthony J. Parel. Cambridge University Press, 1997.

Mao Zedong, "On New Democracy" (January 15, 1940). In Timothy Cheek, *Mao Zedong and China's Revolution: A Brief History with Documents.* New York: Bedford/St. Martin's Press, 2002, pp. 76-111.

Marshall, Bruce D. New Haven, ct, and London: Yale University Press, 1973.

CHAPTER 16

인종학살

요한 하우드스블롬
Johan Goudsblom

인종학살 문제

　"제노사이드(genocide)"라는 용어에 대해 확실하게 말할 수 있는 한 가지는, 불과 몇 십 년 사이에 그것이 광범위하게 통용되는 일반적인 용어로 자리 잡았다는 사실이다. 이에 비하면 비슷한 다른 어휘는 사정이 전혀 다르다. 예컨대 "에코사이드(ecocide)"라는 개념은, 환경 파괴와 종의 멸종 수준이 대단히 높아지고 있음에도 불구하고 그리 널리 알려지지 않았다. 또한 "옴니사이드(omnicide)"라는 개념도, 핵전쟁에 의한 인류 전체의 멸종 가능성이 지속되고 있음에도 불구하고, 대중의 의식에서 더욱 멀리 떨어져 있다.

　그러나 제노사이드는 다르다. 이 용어를 어떻게 정의해야 할지를 두고 학자들 사이에서는 여전히 논쟁이 이어지고 있지만, 서구뿐만 아니라 점점 더 많은 세계 시민들이 제노사이드의 의미를 대강이나마 인식하고 있는 듯하다. 이는 공인된 전쟁을 넘어 민족이나 국가 공동체에 대한 인종학살이, 아마도 최근 또는 현대사의 중요한 측면으로 대중이 특별히 공감할 수 있는 주제이기 때문에 그런 것일까? 아니면 오랜 문명사의 기록에 남아 있는, 관련 부족이나 민족(genocide의 어원 genos에 해당하는)의 절멸을 기억하고 있기 때문일까? 제노사이드가 단순히, 우리가 가장 소중히 여기는 어떤 가치의 모독 혹은 남용되는 상황에 대한 공포를 나타내는, 일종의 상징으로 자리 잡은 것은 아닐까?

우선 명확한 용어의 이해를 원한다면 가장 먼저 참고할 인물은 이 용어를 처음 만든 사람일 것이다. 그는 바로 라파엘 렘킨(Raphael Lemkin, 1900-59년)이라는 인물이다. 그가 성인이 될 무렵 그의 조국 폴란드도 다시 독립국(1918년)이 되었다. 1933년 라파엘 렘킨은 국제연맹(League of Nations) 법률 포럼에 국제법 실무 책임자로 참가하여, "야만 행위(Barbarity)"와 "파괴 행위(Vandalism)"를 국제법상 범죄(delicta juris gentium)로 규정하고, 보편적 관할권(universal jurisdiction)을 적용해야 한다고 주장했다. 우리는 그의 주장이 제기될 당시의 시대적 맥락과, 그의 제안이 처음에 실패로 돌아갔던 이유에 주목할 필요가 있다. 이른바 "신유럽(New Europe)"에서(제1차 세계대전 이후 재구성된 유럽 – 옮긴이) 민족(국민)국가들이 수립되면서, 소수자 집단으로 일컬어지게 된 이들의 극심한 소외와 취약한 처지를 라파엘 렘킨은 예리하게 인식하고 있었다. (제1차 세계대전이 끝난 뒤) 1919년 파리 평화회의에서 소수민족 보호를 위한 조약의 틀이 만들어졌다. 이후 잇달아 관련 조약들이 체결되었고, 국제연맹은 소수민족의 언어와 문화를 보호하기 위한 여러 조약의 이행을 감독하게 되었다. 당시에 만들어진 소수민족 보호 조약들이 가장 적극적으로 염두에 두었던 문제는 유대인 문제였다. 라파엘 렘킨도 유대인으로, 국가적 범주를 넘어서는 집단의 일원이었다. 라파엘 렘킨은, 어느 소수민족 집단이 개인적으로나 문화적으로, 혹은 일시적 혹은 지속적으로 물리적 공격에 노출될 경우, 조약만으로는 충분하지 못한 현실을 잘 알고 있었다. 라파엘 렘킨은, 아마도 세계대전이 초래한, 세계사적으로 가장 중대하면서도 장기지속적인 변화에 주목했다. 그 변화란, 과거 다민족 체제였던 제국들이 문화적 동질성을 가진 민족국가로 재편되는 움직임이었다. 유럽과 그 인근 지역에서부터 시작해서, 과거 오스만, 러시아, 오스트리아, 독일 제국의 일부였던 곳에서 후계 민족 국가들이 부상했다. 그 과정에서 새로운 국가적 정체성에 걸맞지 않은 다양한 민족 및 종교 집단이 여전히 내부에 존재한다는 사실이 부각되었다. 나아가 그러한 다양한 집단들이 새롭게 개편되는 민족 사업이나 개발 사업을 방해한다고 인식되기도 했다. 심지어 혁명 이후 소련조차도 "다민족 국가"를 표방했지만, 현실적으로는 갈수록 러시아 중심 지배가 강화되었다. 라파엘 렘킨에게 민족과 민족자결 그 자체는 긍정적인 것이었다. 그러나 1930년대부터 이미 그는 "국제 사회"에 경고의 메시지를 보냈다. 그의 용어로 안보를 확보할 역량이 부족하거나, 주권국가를 건설할 열망이나 수단이 부족한 여러 "민족문화(national culture)"가 있는데, 민족국가(nation state)가 그들을 살해 혹은 압박하려 말살시킬 가능성을 내포하고 있다는 경고였다.

물론 라파엘 렘킨이 제기한 초기의 집단학살(genocide) 개념은 개념 정의와 관련해서 많은 의문의 여지를 남겼다. 그는 처음으로 집단학살(genocide)이라는 용어를 공론화했던 1944년의 저서 《주축국 지배 하의 유럽(Axis Rule in Occupied Europe)》에서 다음과 같이 말했다. 즉 나치가 특정 민족 집단을 공격할 때는 '다양한 행동의 체계적인 실행 계획'을 동반했다. 그 목표는 해당 집단의 '근본적인 생활 기반'을 파괴하는 것이었으며, 궁극적으로는 해당 집단 자체의 소멸이었다.[1] 이러한 나치

---

1 Raphael Lemkin, *Axis Rule in Occupied Europe* (Washington, DC: Carnegie

의 행동은 명시적이지는 않더라도 일종의 전제를 깔고 있었다. 다시 말해 나치에게는 피해 집단이 어떤 식으로든 정체성을 가진 집단이며, 나아가 그들에게 원초적으로 전해 내려오는 어떤 고정된 실체가 있다는 인식이 있었다. 그러나 경험적 관찰은 이와 다른 결론을 시사했다. 예컨대 나치는 유대인을 단일한 인종 집단으로 인식하고 그들을 소멸하는 작업을 시작했다. 그러나 현실적으로 20세기 중엽 유럽 도처에 산재하던 유대인은, 생물학적 특성은 말할 것도 없거니와, 문화적, 종교적, 민족적, 국가적으로 연결되는 공통된 속성 같은 것을 전혀 공유하지 않았다. 이는 집단학살에서 한 민족이나 공동체의 집합적 인식은 가해자의 시각에 따른 것이며, 피해자들의 인식이 반드시 가해자들의 인식과 동일하지 않을 수 있음을 시사한다. 나아가 뒤에서 논의할 쿨라크(Kulak)나 방데(Vendée)의 사례를 보면, 집단학살과 피해자들의 공통된 속성은 거의 혹은 전혀 관계가 없다. 오히려 정권을 잡은 자들이 의도를 관철하기 위한 수단으로 민족 집단의 개념을 이용했을 수도 있다. 즉 특정 지역 혹은 특정 사회적 범주에 속한 사람들이 국가나 사회에 위협이 된다고 규정하기 위해 가상의 민족 집단으로 규정했을 수도 있는 것이다. 더불어 라파엘 렘킨의 초기 개념 일부가 1948년 유엔이 채택한 〈집단학살 범죄의 예방 및 처벌에 관한 협약(Convention on the Prevention and Punishment of the Crime of Genocide)〉에 반영되었다는 점도 주목할 만하다. 이는 그 자체로 새로운 국제법 기구를 위해 헌신적으로, 때로는 단독으로 활동했던 라파엘 렘킨의 노력에 대한 경의의 표시라고도 할 수 있

Endowment for International Peace, 1944), p. 79.

다. 이 협약에서는 집단학살을 '국가, 민족, 인종 또는 종교 집단을 일부 또는 전부 파괴할 의도를 가지고 저지른 행위'로 규정했다.[2]

그러나 이 원칙이 국제법상 보편적인 찬성(universal acclamation)을 이끌어내기는 했지만, 라파엘 렘킨이 추구했던 것처럼 '집단학살(genocide)'을 불법화하는 국제법상 보편적 의무(universal imperative)로까지 이어지지는 못했다. "집단"을 보다 유연하게 해석하는 문제를 두고 1946-48년 당시 협약 초안 작성자들 사이에서 논쟁이 있었고 이후 수정 제안도 있었지만, 문제의 핵심은 그 차원을 넘어서는 것이었다. 협약 위반 사례에도 불구하고 유엔 회원국들이 1990년대까지 반복해서 협약의 발동을 거부했다는 점에서, 이는 오늘날 주권을 보유한 민족국가의 근본문제와 깊은 관련이 있다. 민족국가의 정치적, 사회경제적 잠재력을 실현하고 생존에 성공하기 위해서는 사회적 결속과 단결이 필수적이다. 경쟁을 본질로 하는 국제 체제 속에서 탄생한 민족국가의 정치 엘리트들은 집단 내 "타자"와 관련된 분열을 심각하게 우려할 수밖에 없었다. 지그문트 바우만(Zygmunt Bauman)의 해석에 따르면, 그러한 경향이 실질적으로 국가 존립을 위협하는지 여부와 상관없이, 정권은 반복적으로 이 '문제'를 두 가지 전략 중 하나로 해결하려 했다. 하나는 '동화적(anthropophagic)' 전략으로, 이는 인구 내 모든 이질적 요소를 지배 집단의 복제품으로 강제 동화시키는 방식을 의미한다. 다른 하나는 '배타적(anthropoemic)' 전략으로, 동화가 불가능하거나 바람직하지 않다고 간

---

[2] Frank Chalk and Kurt Jonassohn, *The History and Sociology of Genocide: Analyses and Case Studies* (New Haven, ct, and London: Yale University Press, 1990), pp. 44-49, for full text.

주될 때, 원치 않는 요소들을 국경 밖으로 추방하거나 강제 이주시키는 방식이었다.[3]

여기서 중요한 문제는, 바우만(Bauman)의 분석이 과연 인종학살 (genocide)의 이해에 어떤 도움이 되는가 하는 점이다. 그는 근대 국가의 이면에 숨겨져 있는 구조적 폭력을 분명하게 드러내 보여주었다. 그것이 민족말살 또는 인종학살의 잠재적 전제 조건이 되었다는 설명이다. 예컨대 전통 수렵채집인 혹은 유목민의 경우, 생활관습상 국경을 넘나드는 경우가 자주 있었지만, 해당 국가에서 그들은 가장 토착적인 인구에 속했다. 그럼에도 불구하고 그와 같은 특정 집단이 국가 차원에서 "이방인"으로 규정되었다는 것이 바우만이 제시했던 상당히 유의미한 논점 중의 하나였다. 그러나 바우만의 주장은 언제, 어떻게, 왜 국가가 나서 특정 집단을 대상으로 조직적이고 지속적인 말살 프로그램을 구상하고 또한 실행했는지와 관련해서는 충분한 실마리를 제공하지 않았다. 오히려 그의 이론은 다른 측면에서 가치가 있었다. 즉 그는 근본적인 모순을 강조했다. 1948년 유엔의 세계인권선언 이후, 모든 사람은 개인으로서 차별 받지 않고 정체성을 지키며 살아갈 권리가 있다고 주장하는 지구촌(global village) 정치를 비롯하여, 한편으로 빈말로만 인권 존중을 강조하면서, 다른 한편으로 국가주의자들이 설정한 국가 발전의 "규범적인" 목표를 벗어나 그 바깥에서 활동하거나 혹은 다른 방식으로 운영되는 공동체를 거부하는 태도 사이의 모순이었다. 그래서 순응적이

---

3 Zygmunt Bauman, *Postmodernity and its Discontents* (Cambridge: Polity Press, 1997), p. 18.

지 않거나 혹은 단순히 규범을 벗어나는 집단에 대한 대응 방식에서, 강압적 대처와 전면적인 말살 사이의 간극은 일반적으로 생각하는 것보다 훨씬 좁을 수 있다는 것이 바우만의 주장이었다. 추가로 우리가 주장하는 바는, 인종학살을 자행하는 폭력이 일회적이고 제한적인 현상이 아니라, 근대 세계사의 궤적에서 구조적 모순에 따른 부산물로서 세계 도처에 만연했고, 또한 지속되었다는 점이다. 핵심은 본격적인 인종학살을 촉발한 특정 국가의 위기를 이해하는 것이다. 논점을 구체적으로 추적하기 위해 우리는 먼저 대중이 인종학살로 인식하는 보편적인 사례에서부터 논의를 시작해보려 한다.

홀로코스트와 그 배경

나치에 의해 희생된 유대인은 약 600만 명이었다. 나치가 정권을 장악하고 있던 국가에서 유대인의 약 72퍼센트가 희생된 것이었다. 여기에는 단순히 희생자 수만으로 설명할 수 없는 특별한 의미가 있다.[4] 학살은 여러 국가에 걸쳐 진행되었으며, 전쟁이 지속되었던 4년 내내 학살도 계속되었다. 이 사태가 의도된 청사진에 기반했는지 여부와 관계없이, 유대인 학살은 독일의 유럽 대륙 지배와 분리할 수 없는 필수 요소였다. 학살은 남녀노소를 가리지 않았으며, 노르웨이처럼 유대인 비율이 매우 적은 지역이나, 유대인이 전체 인구의 약 10퍼센트를 차지하던 폴란드와 같은 국가를 구별하지도 않았다. 암호명 "최종 해결책

---

4 Paul R. Mendes-Flohr and Jehuda Reinharz, *The Jew in the Modern World: A DozZcumentary History* (Oxford University Press, 1980), p. 520.

(Endlösung)"은 나치의 실수에서 비롯되었다. 애초의 계획은 대독일공화국에서 유대인을 가려내어 유럽 바깥으로 추방하려는 것이었다. 1941년 독일의 소련 침공이 교착 상태에 빠지면서 지지부진하던 애초 계획의 실행이 더욱 악화되었다. 바르바로사(Barbarossa) 작전(소련 침공 작전 코드명) 도중 유대인 대량학살이 시작되었다. 결국 소련 내 유대인 약 250만 명이 살해되었고, 대부분은 총살을 당했다.[5] 악화되는 독일의 정치·군사적 위기로 대량 학살의 범위가 확대되었다. 이제는 주축국 지배 하에 있는 유럽 전역의 유대인이 학살의 대상이 되었다. 유럽 전역에서 일상적으로 가축 수송용 화물 열차에 유대인을 태워, 독일에 점령당한 폴란드로 보냈다. 1943년 봄부터 1944년 가을까지 아우슈비츠-비르케나우가 학살의 주요 거점으로 기능했다. 이곳을 비롯해서 다른 죽음의 수용소에서도 가스실이 개발되어 말살의 수단으로 이용되었다. 실제로, 죽음의 기계는 세련되지 않았다. 수용소 내에서는 잔인하고 비합리적이며 무의미한 폭력이 자행되었다. 그러나 마치 무슨 산업처럼 철저히 시간표에 맞추어 진행되면서, 겉으로는 학살이 대단히 현대적인 양상으로 보이기도 했다. 나중에는 그런 측면이 홀로코스트의 전형적인 이미지로 남겨졌다. 또 한 가지 전형적인 요소는, 유대인을 인간 이하로 간주하며, '우월한 아리아 인종'을 유대인으로부터 생물학적으로 보호해야 한다는 나치의 주장이었다. 유대인 혈통에 대한 강박적인 집착은 유대인이 서구 문명을 무너뜨리려 한다는 "국제 유대인 음모론"과 결합되었다. 이는

---

5 Yitzhak Arad, *The Holocaust in the Soviet Union* (Lincoln, ne: University of Nebraska Press, and Jerusalem: Yad Vashem, 2009), pp. 521, 524.

현대적이기보다는 철지난 기독교 반유대주의(Christian anti-Semitism), 즉 우주의 악이 이 땅에서 유대인으로 구현된다는 믿음의 부활이었다. 역사적으로 대부분의 유럽 국가에서 유대인 동화 정책이 실시되었고 사회적 통합이 꾸준히 진행되었다. 그 대표적인 사례가 나치 이전 과거의 독일이었다. 그러므로 유대인 고유의 교정 불가능성이나 악마적 성격에 기반한 인종학살이라는 나치의 발상은, 그 자체로 반역사적이며 합리적 판단을 벗어난 행태였다.

"홀로코스트"의 특수성을 거론하기 위해서는 유대인과 다른 민족을 막론하고, 거의 같은 시기에 여러 국가가 자행했던 대규모 학살 사건을 비교해볼 필요가 있다. 이러한 시각에서 나치의 공격은 극단적인 스펙트럼의 끝에 위치하는 것으로 볼 수 있으며, 동시에 20세기 중반에 발생했던, 지리적으로 밀접하게 연관된 연쇄적 대량 학살의 일부로 해석될 수 있다. 당시 유럽 전역에서 유대인을 사회 조직에 위협을 가하는 위험한 존재로 인식하는 정서가 만연했다. 그래서 특히 나치가 주도권을 장악한 유럽의 여러 국가에서는, 엘리트 계층이나 대중의 일부가 나치를 핑계 삼아 독일의 유대인 말살 정책에 협력하거나 직접 가담하기도 했다. 루마니아의 경우처럼 독자적으로 유대인 추방과 학살 정책을 추진하는 경우도 있었다. 이러한 적대시는 유럽 전체의 분위기였다. 롬인(Rom, 집시)에 대해서도 적대감이 확산되어 인종학살의 결과를 초래했다. 오스트리아-헝가리 제국이 해체된 뒤 공백이 발생했던 일부 지역에서, 장차 민족 국가 건설을 준비하는 사람들에게, 타민족 혹은 이른바 "이방인" 공동체를 제거할 기회가 주어졌고, 폭넓은 전쟁 위기가 조성되었다. 크로아티아의 파시스트 조직 우스타샤(Ustasha)는 세르비아인을 공격했고, 세르비아의 민족주의 게릴라 체트니크(Chetnik)는 무슬림을 상대로 싸웠으며, 우크라이나 반란군(UPA)은 볼히니아(Volhynia) 지역(우크라이나 서북부)을 해방시킨 뒤, 지역 내 폴란드인 전부를 제거하려 했다. 이와 같은 사례들은 1939년에서 1945년까지 동유럽에서 펼쳐졌던 극단적 민족주의 운동의 패턴을 대표한다. 극단적 위기 상황 속에서 그들은 단일민족 국가를 향한 마지막 공세를 몰아치려 했다. 반 세기 전 유럽의 제국들이 붕괴될 무렵, 서유럽 지역에서도 비슷한 양상이 나타난 적이 있었다.

그러나 극단적 민족주의 강화를 모두 나치 지배의 결과로 이해하거나, 혹은 파시즘 추종자들이 나치의 인종차별을 모방한 결과로만 해석한다면, 더 포괄적인 흐름을 간과할 우려가 있다. 1920년대 후반에 스탈린은 일국(一國)사회주의 정책을 추진하면서 집단농장 체제를 구축했다. 쿨라크(kulak)라고 하는 농민의 일부 계층(러시아 제국 말기의 부농 — 옮긴이)은 여기에 강력하게 저항하여 당국의 탄압을 받았다. 이후 소비에트 체제로부터 독립적으로 생존이 가능한 국가적 혹은 지역적 공동체를 무력화하기 위한 시도가 이어졌다. 소련은 공식적으로는 모든 민족이 평등하게 참여하는 공화국 연방이었다. 그러나 집단농장 체제 구축 이후 소련은 일부 국가를 대상으로 자원 부족 현상을 조작하거나 기근을 심화시켰다. 특히 우크라이나, 북캅카스, 볼가 지역, 그리고 카자흐스탄이 그 대상이었다. 1932-33년 사이에 발생한 소련 내 사망자는 약 770만 명으로, 그 중 약 400만 명이 우크라이나에서 사망한 것으로 추정된다. 이 사건을 홀로도모르(Holodomor)라고도 하는데, 기근을 통한 대량학살을 의미한다. 그 외 나머지 주요 세 지역에서도 사망자 수는 각각 약 100만 명에 달했다.[6] 이것이 스탈린 체제 아래 소련 내에서 일어났던 대량 학살의 초기 정점이었다. 그러나 그에 못지않게 중요한 것이 이후 민족, 종교, 혹은 특정 공동체에 대한 공격이 더욱 두드러졌다는 사실이다. 1939년 8월, 나치 독일과 소련은 리벤트로프-몰로토프(Ribbentrop-Molotov) 협정을 체결하여 동유럽 주변 지역을 분할하기로 결정했다. 그 이전에도 소련에서는 '대숙청(Great Terror)' 사업이 진행되었으며(1936-38년 사이 진행되었던 소련의 대규모 정치 탄압 사건 - 옮긴이), 그 일환이었던 '민족 작전(national operations)'으로 거의 25만 명에 달하는 소련 시민이 명목상 법적 절차를 거쳐 처형되었다. 그중 대부분은 폴란드계, 발트계 또는 기타 주변 민족 출신이었다.[7] 소련이 동부 폴란드를 점령한 후 2년 동안 폴란드인에 가했던 폭력은, 독일이 서부 폴란드에서 자행했던 폭력에 필적하거나 어쩌면 그 이상이었을지도 모른다. 물론 1941년 독일이 소련을 침공한 이후 수백만 명의 폴란드인, 우크라이나인, 벨라루스인과 소련 전쟁 포로에 대한 대규모 학살에 대한 책임은 나치에 있다. 이는 스탈린의 비밀경찰(NKVD)에 의한 학살을 훨씬 초과하는 수준이었다. 그럼에도 불구하고 소련 비밀경찰이 크림 타타르인, 체첸인, 메스헤트(Meskhet)인과 같은 비교적 소규모의 특정 민족 집단을 전면적으로 추방해 말살하려 했던 행위는, 소련이 러시아의

---

6 Pavel Polian, *Against Their Will: The History and Geography of Forced Migrations in the USSR* (Budapest and New York: Central European University Press, 2004), p. 87.
7 Terry Martin, 'The origins of Soviet ethnic cleansing', *Journal of Modern History* 70 (December 1998), 856.

서부, 흑해, 그리고 캅카스 접경 지역에서 '의심스러운' 인구를 제거하려 했던 사회 공학이 제2차 세계대전 중, 그리고 그 직후에 정점에 이르렀음을 보여준다.

또한 이러한 패턴이 국경을 넘어 확장된 사례를 찾는다면, 캅카스 산맥 남쪽의 과거 오스만 제국 지역에서도 유사한 양상을 발견할 수 있을 것이다. 다만 이 지역에서 집단 학살이 집중적으로 이루어졌던 시기는 1차 세계대전 무렵이었다. 오늘날 대부분의 학자들이 그곳의 전형적인 집단학살 사례로 인정하는 사건은, 통합진보위원회(CUP)가 1915-16년에 아나톨리아 지역의 아르메니아인을 공격했던 일이다. 정치적 이해관계 때문에 이를 부정하는 정부도 일부 있지만, 당시 오스만 제국 내 약 200만 명의 아르메니아인 중 절반 이상이 정권의 직접적 지시 또는 묵인 하에 살해된 것으로 추정된다.[8] 더욱 충격적인 점은, 살해 과정에 다른 기독교 공동체, 특히 시리아계 공동체도 포함되었다는 사실이다. 또한 제1차 세계대전 이후 무스타파 케말(Mustafa Kemal)의 신생 터키 민족주의 정권 치하 아나톨리아 지역에서 그리스인과 쿠르드인을 비롯한 비(非)터키계 민족들에 대한 인종청소가 시도되었고, 실제로 집단학살이 자행되었다. 따라서 1912년경부터 1948년까지 서부 유라시아 주변 지역에서 발생했던 소수 민족 강제 추방과 대규모 학살 사건을 전체적으로 보면, 이는 단순히 개별 사건의 합을 넘어서는 의미가 있는 것으로 보인다. 히틀러나 스탈린, 극단적 이데올로기, 권위주의 정권, 전쟁 등

---

8 Hilmar Kaiser, 'Genocide at the twilight of the Ottoman Empire', in Donald Bloxham and A. Dirk Moses, eds., *The Oxford Handbook of Genocide Studies* (Oxford University Press, 2010), pp. 382-383, for a careful extrapolation.

이 집단 학살의 주요 원인을 제공했지만, 그 자체만으로는 사태를 충분히 설명할 수 없다. 통합진보위원회(CUP)의 테슈킬라트 마수사(Teskilati Mahsusa)는 초기적 형태의 비밀 조직이나 나치의 에스에스(SS)나 소련의 비밀경찰(NKVD) 같은 국가 보안 기구의 역할도 있었으며, 특히 후자는 분명 집단 학살 과정의 전형적인 기획, 조직, 자원 관리자로 활동했지만, 그것만으로는 이 현상을 완전히 설명하지 못한다. 오히려 비교적 짧은 시간에, 특정한 지리적 범위에서 발생했던 살해의 범위, 규모, 강도를 고려할 때, 이는 역사 발전의 특정 단계를 반영하는 것으로 볼 수 있다.

그렇다면 새롭게 형성된 국제 체제에서 패권의 핵심과, 그 체제에 반대하는 도전자들(가장 대표적으로 나치 독일과 소련), 그리고 집단 학살 사이에 어떤 관계가 있었는지에 대한 의문이 제기된다. 1923년 〈로잔(Lausanne) 조약〉에서 서구 열강은 인종학살을 불러 일으키는 "민족 혼합" 문제를 해소하고자 했다.(조약 자체가 영국이 후원했던 그리스의 아나톨리아 침공 실패를 계기로 체결되었다.) 당시 국제 체제의 지도자들은 민족말살 그 자체를 인정하지 않았지만, 다민족 "문제"를 해소하기 위한 대책으로, 민족배제 정책보다 결코 폭력성이 약하다고 볼 수 없는 강제 이주 같은 방안을 긍정적으로 고려했다. 〈로잔 조약〉의 강제 인구 교환, 즉 '강제이주(transfer)'에 관한 규약은 이후의 다른 '민족 혼합 문제 해결' 프로젝트의 모델이 되었다. 1937년 영국이 계획했으나 실행하지 못했던 아랍인-유대인의 팔레스타인 분할안이나, 1948년 신생독립국 이스라엘이 실제로 시행했던 분할정책도 그것을 모델로 삼았다. 제2차 세계대전 이후, 강제 이주 절차는 서방 연합국과 소련이 체결한 합의에 의해 규범화되었다.(얄타 회담과 포츠담 회담 등 – 옮긴이) 그 합의에 따라 동유럽에서 여러 국가들이 재구성되거나, 혹은 영토가 조정되었으며, 도합 1,200만 명 이상의 "소수 민족"이 추방되었다. 주로는 독일계 주민들이었다. 과거 〈로잔 조약〉 때와 마찬가지로, 이러한 폭력적 추방 과정에서 수십만 명의 목숨이 희생되었다.[9]

소위 말하는 "민족 청소"와 "인종학살"은 여전히 중요한 차이가 있다고 말하기도 한다. "민족 청소"의 경우, 주권을 가진 민족 국가가 있으면 최소한 "추방된" 동포를 받아들이고 심지어 시민으로 대우할 준비가 되어 있지만, "인종학살"은 그렇지 않다는 이유에서다. 만약 1947년 영국이 인도와 파키스탄 분할을 승인하지 않았다면, 실제로 발생한 사망자 규모보다 훨씬 더 큰 참혹한 희생이 있었을 것이다.[10] 서구 지도자들의 관심은 새로운 국가 설립 혹은 기존 국가의 재구성에 초점이 맞추어져 있을 뿐, 정치적으로 취약한 공동체 보호에는 소홀했다. 1993년 〈오웬-스톨텐베르그 평화 계획(Owen-Stoltenberg peace plan)〉도 마찬가지였다. 이는 기존에 민족혼합 공동체들로 구성되었던 보스니아를 민족별로 분할하기 위해 제출된 방안이었다. 여기서는 이미 현실화된 집단학살의 결과를 묵인하려는 의도가 엿보인다. 제2차 세계대전 이후 소수

---

9 독일인계 주민에 대한 인종청소로 사망한 인원수는 논란이 큰 주제다. 최근 연구에서는 그 수치를 60만 명으로 제시했다. Pertti Ahonen et al., *People on the Move: Forced Population Movements in Europe in the Second World War and Its Aftermath* (Oxford: Berg, 2008), p. 14. 이전의 그리스-터키 사례에 관해서는 다음을 참조. Rene Hirschon, ed., *Crossing the Aegean: An Appraisal of the 1923 Compulsory Population Exchange between Greece and Turkey* (New York and Oxford: Berghahn, 2003).
10 Ian Talbot, 'The 1947 Partition of India', in Dan Stone, ed., *The Historiography of Genocide* (Basingstoke: Palgrave, 2008), pp. 420-437.

민족 조약을 폐기하고 집단학살 방지 협약에서 추방 관련 내용을 완전히 배제했던 것이, 1990년대 보스니아에서 세르비아계나 크로아티아계 공식 기관 혹은 그 대리인이 최악의 만행을 저지를 수 있도록 판을 깔아주었던 세계사적 배경이 되었다. 많은 사람들은 이를 진정한 인종학살의 사례로 간주할 것이다. 이 모든 사례들은 서구의 모호한 태도와, 현실적이거나 잠재적인 문제에 효과적으로 대응하지 못했던 서구 지도자들의 반복적 실패를 보여주는 것이다. 그렇다면 서구 세력이 예전에 보다 적극적으로 개입했던 사례도 검토해볼 필요가 있지 않을까?

홀로코스트 이전의 인종학살

1923년, 문명사학자 아놀드 토인비(Arnold Toynbee)는 이른바 '서구 공식(Western formula)', 즉 '정치적 개념으로서의 민족 개념'이 구대륙의 여러 제국에 침투하면서 이들 제국을 불안정하게 만들었고, 그것이 소아시아(Asia Minor)에서 그리스와 터키 양측의 잔혹 행위가 일어났던 직접적 원인이라고 지적했다. 토인비 자신도 당시 사태의 현장을 직접 목격한 적이 있었다.[11] 한 세대 뒤에 활동했던 한나 아렌트(Hannah Arendt)는 다소 다른 관점에서 이 사태를 바라보았다. 히틀러주의나 스탈린주의 같은 전체주의의 기원은 19세기 유럽의 선도적 민족국가들이 식민 제국주의로 나아갔던 데서 찾아야 한다는 것이 그의 주장이었다.[12] 세기말에 이르러 서구의 팽창은 절정에 이르렀고, 여러 원주민 반란 사

---

11 Arnold J. Toynbee, *The Western Question in Greece and Turkey: A Study in the Contact of Civilisations* (London: Constable and Company, 1923), pp. 16-17.
12 Hannah Arendt, *The Origins of Totalitarianism* (New York: Meridian, 1958).

건을 진압하는 과정에서 그 힘을 과시했으며, 이는 결국 대놓고 학살을 자행하는 지경에까지 이르렀다. 그것이 가장 집약적으로 드러난 사례는 아마도 1904년부터 1905년까지 독일령 서남아프리카에서 헤레로(Herero)인과 나마(Nama)인에게 가해진 탄압일 것이다.(이는 사망자 수의 문제는 아니다.) 당시 집단학살의 직접적인 원인은 '민족 모델'과는 상충하는 것으로 보인다. 헤레로인 학살은 그 자체로 타자성(alterity) 문제에 의해 촉발된 사태가 아니었다. 오히려 식민 지배자들이 그들에게 하위 신분(subaltern status)을 요구하자, 헤레로인이 이를 거부하며 폭력적으로 저항한 것이 그 원인이었다. 그렇다면 이는 새로운 현상이 아니라, 제국의 지배에 저항하려다 결국 실패한 수많은 민족들이 수천 년 동안 겪어왔던 서사를 반복한 것에 불과하다고 주장할 수 있을 것이다.

그러나 고대의 민족 학살과 현대 제국주의 세계의 민족 학살에는 중요한 차이점이 있었다. 우선, 아프리카, 아시아 일부, 태평양, 그리고 카리브해 지역을 서구 제국주의 세력이 점령했던 현실은, 서구의 경제적·정치적 패권을 통해 세계가 상호 연결되는 여정을 보여주는 증거였다. 이 패권은 그 자체로 민족 말살을 전제로 한 것은 아니었다. 예를 들어 아프리카에서 비교적 세력이 약했던 식민 지배자들은 주로 현지 엘리트 계층을 포섭하거나, 실패할 경우 분할 통치와 같은 다른 전략을 구사하며 현지 인력에 의존했다. 하지만 식민지 프로젝트가 때때로 시장 주도의 급작스러운 자원 수탈을 동반할 때는, 토착 엘리트와 협력하는 척하는 태도마저 완전히 버리고, 사실상 무보수에 가까운 초착취 노동을 위해 전체 인구를 강제로 동원하는 방식을 택하기도 했다. 세기말 아프리카에서 발생한 가장 극악무도했던 대규모 폭력 사망 사건은 소위 콩고

자유국(Congo Free State)에서 특권면허를 가진 기업들이 야생 고무를 채취하기 위해 벌인 살인사건이었다. 민족 학살의 원인이 민족 문제가 아니라 경제적 수탈의 문제였다는 점에서 당시 사태는 아이러니가 아닐 수 없다. 이는 엄밀히 말해 인종학살(genocide)이라기보다는 공포에 기반한 자산 수탈(asset stripping) 행위였다. 그 결과 열대 지역 전체 인구의 대규모 이주와 기근이 발생했으며, 약 500만 명이 사망한 것으로 추정된다.[13] 물론 이것은 인구 소멸에 이를 만한 직접적 폭력과 극도의 착취가 어떻게 맞물려 작용할 수 있는지를 여실히 보여준 사건이었다. 이후 소련의 강제수용소 굴라그(Gulag)와 나치의 노예 캠프에서, 이러한 인종학살과 경제적 수탈의 시너지 효과를 극한까지 시험하게 될 것이다.

정복된 식민지의 토지와 천연자원을 상품화하고, 근대식 생산체제를 갖추어 식민지를 세계 시장에 개방하는 것은 그 자체로 인종학살과 직접적으로 연결되는 문제였다. 열대 아프리카나 메소아메리카 및 남아메리카에서, 특히 후자의 경우 전염병으로 인구가 붕괴한 이후에도, 원주민 인구는 유럽인 정착민에 비해 다수 인구 규모를 유지했다. 그러나 앨프리드 크로스비(Alfred Crosby)가 '신유럽'이라 일컬었던 일부 지역에서는, 정착민의 침입에 저항하는 소규모 공동체가 특히 직접적 인구소멸에 취약했다.[14] 인구소멸을 피하려면 대개 도주하거나 강제로 다른 지역, 즉 '보호구역'으로 이주당하는 수밖에 없었다. 보호구역에서는 원주

---

13 Adam Hochschild, *King Leopold's Ghost: A Story of Greed, Terror and Heroism in Colonial Africa* (London: Macmillan, 1998), pp. 230-233.
14 Alfred W. Crosby, *Ecological Imperialism: The Biological Expansion of Europe, 900-1900* (Cambridge University Press, 1986).

민의 전통적 생활 방식이 작동하지 않아 신체적뿐만 아니라 정신적 집단 붕괴로 이어지는 경우가 빈번했다. 즉 1620년대에서 1630년대 초반 아메리카 동부 해안 지역의 정착민들과 체나콤마크(Tsenacommacah)와 페쿼트(Pequot) 부족 사이에 초기 전쟁이 벌어졌을 때부터 그후 약 300년 동안, 북아메리카 대륙 '앵글로' 세력의 팽창 과정에서 원주민 파괴의 핵심 원인은 조직적인 대규모 인종학살이었다. 이 과정이 누적되어 절정에 이르렀던 시기는 1860년대 중반에서 1880년대 중반 사이였다. 남아메리카 대륙 횡단 철도가 그 무렵에 완성되었고, 서던 콘(Southern Cone) 지역 팜파스에서 아르헨티나와 칠레의 군대가 진입하여 아라우카니아(Araucania) 원주민 저항을 무자비하게 말살해 버렸던 것도 그 시기였다. 당시의 사태는 주로 농업의 이익 때문이었다. 오스트레일리아에서도 1788년 '첫 접촉' 이후 '앵글로' 세력에 의한 원주민의 점진적 소멸 또는 노골적인 말살이 진행되었다. 퀸즐랜드에서 그러한 과정이 절정에 이르렀던 시기는 아메리카와 비슷했다. 원주민 인력으로 구성된 기마 경찰대(Native Mounted Police)를 편성하여 원주민 부족을 쫓아냈으며, 그들의 빈 자리에 수백만 마리의 가축을 위한 영토를 확보하려 했다. 의심할 여지 없이 이러한 모든 경우에서 서구의 인종주의와 우월주의는 원주민을 '야만인'으로 간주했고, 그것이 문화심리적으로 인종학살을 정당화하는 결정적인 역할을 했던 것이다.

    서구의 무기 기술이 발전하면서 원주민과의 만남은 더욱 치명적으로 변해갔다. 특히 후방장전식 소총과 기관총의 영향이 컸다. 간혹 원주민들이 현대식 전투 기술을 배워 활용함으로써 서구의 진격을 늦추는 경우가 있었다. 덕분에 인종학살 대신 협상으로 문제가 해결되는 쪽으로 방향을 돌리기도 했다. 뉴질랜드 마오리족의 경우도 그러한 사례 중 하나였다. 서구 제국주의 팽창 과정에서 원주민 인구의 파괴는 충분히 예견되는 일이었다. 그러나 그 이외에도 인종학살이 자행되는 경우는 많이 있었다. 구대륙 제국들이 불안정화되면서, 특히 러시아, 청(중국), 오스만 제국에 반복적으로 위기가 닥쳐왔다. 이들은 잠재적 외세 침투에 대비하기 위해 기존에 허술했던 국경 지역에서 지배를 강화하려 했다. 18세기 중엽 가장 극적인 인종학살의 사례는 아마도 준가르(Dzungar) 사건이었을 것이다. 청 제국이 오늘날의 중국령 투르키스탄의 변방에 있던 유목 연맹체 준가르를 공격할 때 일어난 학살 사건이었다. 이와 같은 내재적 위협에 대한 청 제국의 불안은 러시아 제국의 불안과도 일맥상통하는 면이 있었다. 후자는 동방진출로 표면화되었다. 그러나 인종학살의 양상이 더욱 뚜렷하게 나타났던 사례는 체르케스(Çerkes)인 강제 이주 사건이었다. 러시아는 1864년 북캅카스 지역에 살던 체르케스인을 오스만 제국의 영토로 강제 이주시켰다. 러시아의 시각에서 체르케스인은 크림 전쟁(1853-56년) 이후 영국의 음모에 동조하는 대리 세력으로 간주되었다. 러시아에서 추방된 체르케스인이 아나톨리아 지역으로 들어가자 이번에는 아나톨리아가 불안해졌다. 특히 심각한 트라우마를 간직한 대규모 체르케스인 난민을 정착시키는 과정에서 어려움을 겪으며 지역 내 공동체들 사이에 긴장이 고조되었다. 이는 이후 1890년대 중엽 최초의 아르메니아인 대학살로 이어지는 계기가 되었다.

이 모든 다양한 사례에서 눈에 띄는 점은, 점점 더 서구의 지배가 강화되는 세계 질서 속에서, 인종학살을 뒷받침했던 것은 두려움이었다는 사실이다. 그것은 바로 약해 보이거나 뒤쳐져서는 안 된다는 두려움이었다. 서구 식민주의자들 스스로도 이러한 신경증에서 자유롭지 않았다. 반대로, 인종 과학(racial science, 당시 유행했던 의사과학적 이론 – 옮긴이)과 사회적 다윈주의가 엘리트 계층의 규범적 담론에 침투하면서 민족의 힘을 입증하려는 요구가 거세졌다. 독일 제국의 황제 카이저 빌헬름(Kaiser Wilhelm) 2세가 헤레로인 진압 명령을 내릴 때 이러한 요구가 구체화되었다. 선진 민족이라면 '미개인'에게 가로막히거나, 심지어 패배하는 모습은 결코 보일 수 없었다. 그렇게 하는 것은 곧 실제 패권 경쟁에서 인접한 제국의 경쟁자들에게 주도권을 양보하는 것과 다를 바 없었다. 인종적 혹은 민족적 우월성을 강조하는 오랜 서사는, 그것이 진정한 권력 의지(Wille zur Macht)로 전환될 수 있을 때에만 가치가 있었다. 게다가 서사에 등장하는 다른 민족들이 가까이 있을 뿐만 아니라 위험하기까지 하다면, 민족 지도자들이 그들에 대해 선제적 조치를 취해야 할 의무는 더욱 커졌다.

과거 1650년대까지 거슬러 올라가, 영국 내전(1642-51년) 이후 이 데올로기를 내세운 "민족국가 영국"이 주변부의 아일랜드를 향해 보복전을 전개했던 방식을 보면, 인종학살의 핵심 요소들이 결합되어 얼마나 치명적인 결과를 초래하는지 알 수 있다. 당시 영국의 크롬웰 정권은 오랜 군주제 전통에 기반을 두었지만 군사적 공화주의(military republicanism)로 급선회했다는 점에서 완전히 새로운 정권이었다. 아직 검증되지 않은 크롬웰 정권에 아일랜드의 불안이 가중되었다. 아일랜드 가톨릭 반군이 같은 가톨릭 국가인 프랑스나 스페인과 결탁하여 반란을 일으킬 가능성이 있다는 소문이 돌았다. 게다가 십여 년 전 아일랜드 반란 당시, 가톨릭 교도들이 잉글랜드에서 건너 온 프로테스탄트 정착민을 학살한 적이 있었는데, 이는 그들의 지배자인 잉글랜드를 배신한 것이라는 비난이 추가되었다. 이로써 크롬웰 정권에 대한 위협은 더욱 증폭되었다. 중대한 위기의 순간을 맞이한 국가가 적대 세력을 설정하고 그를 악마화하는 패턴은 이후의 인종학살 사례에서도 반복적으로 되풀이되었다. 적들은 오래 전부터 공공 복지를 배신하여 오염시키고, 이를 뒤집어 엎어 파괴하려 하는 악마라는 설정이다. 악마화된 피해자의 재산을 몰수하여 지지 세력에게 재분배할 때도 이러한 개념이 정당성의 근거를 제공했다. 나치 독일을 비롯해서 유럽 전역에서 유대인 재산을 수탈할 때 이 같은 논리가 절정에 이르렀다. 또한 국가는 국민과 국가를 방어할 수밖에 없다는 논리를 내세워 스스로에게 면죄부를 제공했다. 아일랜드에서도 같은 정책이 실시되었다. 모든 가톨릭 신자는 섬의 서쪽 변두리로 강제 이주시켰고, 그들로부터 몰수한 토지는 잉글랜드에서 새로 건너 온 "플랜테이션" 농장주에게 제공했다. 이는 한 집단의 구성원 일부가 어떻게 말 그대로 사회의 경계 바깥으로 내몰릴 수 있는지를 여실히 보여준 사례였다. 그러나 역사적으로 잉글랜드는 아일랜드를 식민지로, 아일랜드인을 야만인으로 인식했다. 그런 점에 비추어 이 사건이 과연 전근대적인 식민지적 관점의 연장선상에 있는지, 아니면 근대적 인종학살 국가의 출현을 의미하는지는 애매한 측면이 있다. '재정착' 또한 크롬웰 정권의 역량을 넘어서는 일이었다. 체계적인 민족 청소 프로그램이 성공하기 위해서는 막대한 자원이 필요했기 때문이다. 그러나 150년 후 프랑스의 자코뱅(Jacobin) 정권이 방데(Vendée) 지역 농민 반란을 진압한 사건에서는 근대성의 모순이 첨예하게 드러났다. 국가는 분명 의무를 부담하는 모든 "시민"을 보호하며, 가장 숭고한 인권선언의 원칙을 따른다고 공표했었다. 그러나 시민의 일부가 전체주의적 국가 의제를 거부하고 전통적인 자신의 이해를 선택하자마자, 그들은 남녀노소 가릴 것 없이 반역자이자 체제 전복을 노리는 제5부대로 낙인찍혔고 (스페인 내전에서 마드리드 공격을 위해 4개의 부대를 배치하면서, 배신을 꾀하는 비밀세력을 제5부대라고 지칭한 적이 있었는데, 이후 제5부대는 반역자를 의미하는 관용적 표현이 되었다. ― 옮긴이), 근본적으로 뿌리를 뽑아야 할 제거 대상으로 간주되었다.

홀로코스트 이후의 인종학살

방데(Vendée)의 학살을 통해 우리는 근대 민족(국민)국가의 핵심에 자리한 이분법을 다시 생각해보게 된다. 이 사건은 민족(국민)국가 체제의 성격을 잘 보여주는 사례였다. 즉 민족(국민)국가가 얼마나 쉽게 인종학살에 발을 들여놓을 수 있는지를 보여주었다. 어떤 공동체에 속한다는 것은, 다시 말해 민족(국민)국가 체제에서 평등한 구성원으로서 인정받고 그 권리를 부여받기 위해서는 국가의 규칙을 잘 따라야 한다. 그것이 전제 조건이다. 방데의 사람들은 국가의 규칙을 물리적으로 거부했다. 그래서 그들은 민족(국민)국가 체제에서 전형적인 내부적 위협이 되어버렸다. 뿐만 아니라 거부의 과정에서 방데의 주민들은 국가에 의해 외부 세력과 연결된 강력한 적으로 낙인찍혔다. 이를 통해 그들은 집단적으로 분리되었을 뿐 아니라 불복종의 상징으로 자리매김하게 되었다. 다른 이들이 거기에 동조할지도 모른다는 두려움은 이후 볼셰비키, 이어서 스탈린주의자들의 학살을 정당화했다. 그들은 공동체의 반란에 학살로 대응하면서 분명 방데 사건을 역사적 기억으로 활용했을 것이다. 신생국 터키의 케말주의자들이 쿠르드인을 진압하는 과정에서도 마찬가지였다. 이와 같은 학살은 1945년 이후 전 세계에서 발생했던 반란 진압의 주요 패러다임이 되었다고도 볼 수 있을 것이다. 바버라 하프(Barbara Harff)와 테드 거(Ted Gurr)는 1990년대 중반까지 일어났던 50건 이상의 공격 사례를 분석했다. 그들이 확인한 바로는 50개의 사건이 모두 자칭 민족적 또는 종교적 집단을 겨냥한 것은 아니었다. 그러므로 그들은 이 사건을 설명하기 위해 인종학살 대신 "정치학살(politicide)"이라는 용어를 추가로 제안했다.[15] 그러나 실제로는, 과거 방데의 사례가 그렇듯이 1945년 이후의 정치학살도 대부분 유사한 이유로 인종학살로 보아야 한다. 즉 위기 상황에 처한 국가가 특정 집단의 근본적 '타자성'을 해결하기 위해, 유일한 방법이 물리적 말살뿐이라고 판단하는 한, 그것은 반드시 인종학살로 이어졌다.

더 구체적으로 말하면, 이와 같은 치명적인 공격이 전 세계에서 지속적으로 발생하는 이유는 탈식민지 국가의 정체성 문제 때문이었다. 즉 기존 식민지 상태에서 하나로 묶여 있었던 다양한 민족 집단을 신민지 해방 이후에도 하나로 통합하기 위해 신흥 엘리트 계층이 새로운 국가의 정체성을 만들고자 했고, 이를 시도하는 과정에서 문제가 터져 나왔다. 탈식민지 이후 발생한 긴장들 가운데 일부는, 정권을 장악한 집단이

---

15 Barbara Harff, 'Recognising genocides and politicides', in Helen Fein, ed., *Genocide Watch* (New Haven, ct, and London: Yale University Press, 1992), pp. 27-41, and Barbara Harff and Ted Robert Gurr, 'Toward empirical theory of genocides and politicides: identification and measurement of cases since 1945', *International Studies Quarterly* 32 (1988), 359-371.

희소한 일자리, 토지 및 기타 자원을 지배적 민족 집단에 할당하고 다른 집단을 희생시키거나, 더 나아가 외곽 혹은 멀리 떨어진 지역을 내부적 식민지화의 대상으로 삼았기 때문에 발생한 일들이었다. 극단적인 경우, 차별이나 억압의 영향으로 완전한 분리 독립을 요구하는 운동이 생겨나기도 했다. 그 결과 국가의 위기가 발생하면 정권은 군사력을 동원하여 대량 학살을 통해 문제를 해결하려고 했다. 가장 대표적인 사례가 파키스탄 사태였다. 1971년 서파키스탄은 문화적으로 이질적이었던 동쪽의 뱅골 지역 인구를 대상으로 가혹한 보복 공격을 가했다. 희생자의 수는 최소 30만 명이었으며, 실제로는 그보다 훨씬 더 많은 사람들이 학살당했을 것으로 추정된다. 희생자들 중에는 힌두 소수 민족이 많이 포함되어 있었다.[16] 독립을 막기 위해 가혹한 공격을 가했지만, 역설적이게도 그 때문에 독립국 방글라데시의 탄생을 막지 못했다. 티베트 사태는 정반대의 사례였다. 방글라데시 사태가 일어나기 12년 전 티베트에서는 중국의 모택동주의 집단화 정책에 반대하는 지역적 저항 운동이 일어났다. 그것이 독립 시도로까지 이어지지는 않았지만, 티베트는 민족적으로나 종교적으로 중국 본토와 구별되는, 거의 자치 지역에 가까운 지역이었기 때문에, 북경에서는 티베트의 움직임을 분리 독립을 위한 시도로 이해했다. 티베트의 정치종교적 지도자 달라이 라마가 외세와 결탁했다는 비난이 날로 거세지는 가운데 중국은, 초기부터 무력을 동원하여 티베트에 피비린내 나는 패배를 안겨주었다.

---

16 사망자 수의 다양한 추정치에 대해서는 다음을 참조. Geoffrey Robinson, 'State-sponsored violence and secessionist rebellions in Asia', in Bloxham and Moses, eds., *Oxford Handbook*, p. 468.

앞에서도 언급했듯이, 강력한 정치적 중심부로부터 분리 독립을 요구하거나, 혹은 저항을 통해 중심을 약화시키려는 시도에 대하여, 근현대에 자행되었던 민족말살에 가까운 폭력적 대처가, 과연 전근대에 발생했던 비슷한 종류의 사건과 본질적으로 다른 것인지는 논의를 해보아야 할 문제다. 그러나 이러한 사건이 탈식민지 시대 초기 수십 년 사이에 집중적으로 발생한 것으로 보아, 당시 제3세계의 신생 독립국 정권이 모종의 압박을 받고 있었음을 짐작할 수 있다. 그 압박이란 사회를 하나로 통합해야 한다는 시급한 과제였다. 그것이 신생국으로서 국제 정치경제 체제에 편입되거나 혹은 그와 경쟁하기 위한 전제 조건이었기 때문이다. 압력 밥솥 같은 개발 드라이브는 "가장 빠른 자만이 살아 남는다"는 개념 위에서 추진되었고, 중국의《대약진(大躍進) 운동》이 그랬던 것처럼, 대규모 기근을 자초하기도 했다. 또 다른 경우에는, 지배 집단과 피지배 집단 간의 사회경제적 및 정치적 불평등이 악화되는 결과를 초래할 수도 있었다. 역설적으로, 사회 전반에 교육을 제공하려 했던 근대 국가의 노력이 오히려 피지배 집단에게 국가가 차별을 가한다는 인식을 강화시켰을 수도 있다. 그 결과 점점 더 민족화된 정치적 반대세력이 결집하여 힘을 모았다. 또한 반대 세력의 정치적 인식 또한 넓어져 인식의 범위가 국가의 경계를 넘어섰으며, 심지어 외부로부터 직접적인 지원을 얻을 수도 있었다.

냉전 같은, 심리적으로나 정치적으로 대단히 긴장된 상황 속에서는 그와 같은 결과는 치명적으로 작용했다. 예컨대 과테말라 정부는 마야 고지대의 공동체들을 공격했는데, 1983년 그 탄압이 절정에 달했다. 당시의 사태는 현실적으로는 소수파인 "라디노(Ladino)"의 헤게모니와 상충되는 대안적 풀뿌리 사회 체제를 근절하려는 목적과 관련이 있었다. 하지만 동시에 여기에는 공산주의에 대한 두려움도 포함되어 있었다. 소련이나 쿠바의 지원을 받은 공산주의 세력이 서반구로 확산될 우려가 있었던 것이다. 그래서 미국은 과테말라의 리오스 몬트(Ríos Montt) 정권이나 그 대리인들을 비밀리에 지원했고, 공산 반군을 지지 혹은 지원한다고 의심되는 원주민 집단에 대하여 군사적으로 몰살 작전을 펼치더라도 묵인할 준비가 되어 있었다. 세계적으로 양극단의 대립 구도가 만들어진 상황에서, 1965년 공산주의 전복 세력으로(혹은 이념에 상관 없이 반정부 세력으로) 의심되는 사람들을 막무가내로 학살했던 인도네시아 군부와, 또한 1975년 최근 독립한 동티모르에 지속적으로 침략하여 인종학살에 버금가는 학살을 저질렀던 수하르토(Suharto) 정권이 모두 유사한 논리로 미국의 지원을 얻었다. 소련의 행태도 미국과 마찬가지였다. 1970년대 중엽 에티오피아에 수립되었던 데르그(Dergue) 혁명정부나, 혹은 그보다 소련에서 지리적으로 더 가까운 아프가니스탄에서 탄생한 공산주의 지향의 신생 정권을 지원함으로써 소련은 국제적 영향력을 확대할 수 있었다. 그 결과 미국과 소련 간의 직간접적인 세력 다툼은 아프리카의 뿔 지역과 중앙아시아에서 대규모 지역 불안을 초래했다. 그곳에서 발생한 사망자의 규모가 인종학살 때문인지, 아니면 특정 집단을 대상으로 한 강제 추방이나 기근 때문인지, 또는 반란군과 토벌군 사이에서 사실상 자유 사격 지대에 놓이게 된 주민들의 희생 때문인지를 구분하기란 언제나 쉬운 일이 아니다.

1974년 비정부 전범 재판소(제2차 러셀 재판소 — 옮긴이)에서는, 당시 전형적인 냉전 대결의 현장이었던 베트남에서 미국이 참전한 전쟁 방식은 사실상 인종학살에 해당한다고 주장했다. 이 주장의 진위와 상관없이 우리가 분명하게 말할 수 있는 것은, 공산주의 세력이 정권을 잡고 있던 북베트남의 물자가 미국의 지원 아래 있던 남베트남으로 유입되는 통로를 막기 위해, 미국의 닉슨 정권이 비밀리에 중립국 캄보디아에 대대적인 폭격을 가했던 것이, 결국은 20세기 후반 최악의 학살 정권 중 하나였던 크메르 루즈(Khmer Rouge)의 승리를 앞당기는 데 일조했다는 사실이다. 폴 포트(Pol Pot)의 지도 아래 크메르 루즈는 캄보디아를 농업 중심의 완전히 새로운 국가로 만들고자 했다. 새로 시작하는 "원년(year zero)"이 그들이 내세운 슬로건이었다.(크메르어로 Chhnăm Sony) 이는 모택동주의 중국의 대약진운동(大躍進運動)을 모방한 것이었지만 그를 능가하는 면이 있었다. 구체적으로 대량 학살의 상당 부분은(크메르인 800만 명 중 약 160만 명이 폴 포트 정권 3년 반 동안 목숨을 잃었다) 최악의 전체주의 정권이 전 국민을 대상으로 초래한 공포와 고난의 결과였다. 그러나 캄보디아의 킬링필드 안에는 그들의 표적이 되었던 특정 민족이나 종교 집단이 포함되어 있었다. 베트남인, 무슬림 참족, 불교 승려와 비구니 전원이 그 대상이었다. 아마도 가장 기이한 사례는 동부 지역 인구 전체를 여기에 포함시킨 것이었다. 그들은 민족적으로 크메르인이었지만, "베트남 사상을 가진 육체만 크메르인"이라는 낙인이 찍혀 처형되었다.[17]

크메르 루즈의 폭력은 끊임이 없었고, 종종 선정적이었으며, 분명 인종차별적 요소가 깃들어 있었다. 그들은 국제정치로부터 스스로를 고립

---

17 Ben Kiernan, *The Pol Pot Regime: Race, Power, and Genocide in Cambodia under the Khmer Rouge, 1975-79* (New Haven, ct, and London: Yale University Press, 1996), pp. 458, 3-4.

시키려 했으며, 외부와 연결되거나 교육을 받은 지식인들을 국제 정치 체제의 간첩으로 간주했다. 짧지만 극도로 편집증적이었던 그들의 공포 정치는 학계의 지속적 관심을 불러 일으켰다. 그러나 미국과 크메르 루즈의 관계는 물론 보다 폭넓은 냉전 시대의 계산법을 간과해서는 안 된다. 크메르 루즈가 소련이 지원하는 베트남과 대립한다는 이유로 미국은 크메르 루즈를 상대로 애매한 태도를 취했다. 또한 냉전 시대의 계산법에 따라, 이라크의 사담 후세인 정권을 비롯한 특히 악명 높은 정권들이 서구의 암묵적 지지 이상의 혜택을 얻었다. 서구 세력이 사담 후세인 정권의 안팔(Anfal) 캠페인을 비롯한 대규모 잔혹 행위에 눈을 감은 이유도 바로 그 때문이었다. 사담 후세인 정권은 이란과 장기전을 지속하는 가운데 1987-88년 사이 이라크의 구르드족을 상대로 안팔 캠페인을 자행하여 정치학살인 동시에 인종학살을 저질렀다. 이는 우리에게 두 가지 사실을 상기시켜 주었다. 하나는 독립국가를 건설하지 못한 채 여러 국가에 걸쳐 존재하는 민족의 불안정한 처지와, 다른 하나는 집단학살 방지 협약에 서명한 주요국들이, 1988년 할라브자(Halabja)의 쿠르드족 마을에 대한 독가스 공격 등의 잔혹행위를 기꺼이 외면하는 현실이었다.

냉전에서 현재까지, 그리고 이후

1989-90년 소련 체제가 붕괴했다. 그에 따라 "하나의 세계" 경제 체제가 등장했으며, 신자유주, 자유무역, 거대 도시 중심지가 세계 경제를 이끌어 갔다. 이와 함께 국가 간 더욱 평화로운 관계 수립의 가능성뿐만 아니라, 국제사회가 인종학살이라는 "혐오스러운 재앙"으로부터 인류를 해방시킬 것이라는 기대가 고조되었다.[18] 그러나 결과에 대한 판단은 아

직 유보적이다. 붕괴된 소련의 서부와 남부에서 인종학살 전쟁이 잇달았다. 20세기 전반기 반제국주의 투쟁의 상처가 남아 있는 곳에서 외국인 혐오 문제가 다시 불거졌다. 특히 유고슬라비아 붕괴 이후 보스니아는 세르비아계와 크로아티아계로 분열되었고, 보스니아의 가장 많은 인구를 차지했던 무슬림에 대한 인종청소가 시작되었다. 이는 국제적 관심사가 되었으며, 오랫동안 함께 살아왔던 이웃에 대해서도, 일부 사람들이 얼마나 손쉽게 등을 돌릴 수 있는지를 보여주었다.

일반 대중의 학살 참여는 르완다에서 더욱 두드러졌다. 르완다 학살은 20세기 후기 최악의 인종학살 사례였다. 일반 대중으로 구성된 인터함웨(Interahamwe) 민병대가 마체테 칼로 투치족 남성, 여성, 어린이들을 학살하는 장면이 텔레비전을 통해 방영되었다. 서구 사회에서는 이 장면이 1994년 르완다 학살의 주된 이미지로 자리 잡았다. 그러나 외부 세력이 르완다를 위기 상황으로 몰아넣은 상황에 대해서는 방송에서 거의 다뤄지지 않았고, 그래서 제대로 알려지지도 않았다. 집단학살의 전개 과정은 대개 르완다 애국 전선(Rwandan Patriotic Front, RPF)에 의해 촉발되었다. 그들은 대부분 투치족 2세로 구성되었다. 한 세대 이전에 발생했던 투치족 학살 사태에서 살아남은 난민의 2세들이 우간다에서 르완다로 침공하면서 새로운 폭력 사태가 시작되었다. 더욱 역설적인 이야기는, 르완다 학살이 서구 세계가 르완다의 민주화를 압박하기 시작했던 시점과 맞물린다는 사실이다. 후투족 정권은 일당독재였지만 비교적 안정적이었다. 소련 붕괴 이후 서방 세계는 후투족 정권에 민

18 유엔 제노사이드 협약(UN Genocide Convention) 전문(preamble)에서 인용.

주화를 압박했다. 그러자 르완다의 엘리트 계층과 민중 계층 모두가 그것을 외세의 음모로 이해했다. 소수파 투치족의 패권을 부활시키기 위해 탈식민지 이후 성립한 기존 체제를 무너뜨리려 한다는 두려움이었다. 민족 구성이 유사한 이웃 나라 부룬디에서 민주화 이후 다수파인 후투족이 소수파인 투치족에 의해 대거 학살된 사건 때문에 르완다의 두려움은 더욱 심화되었다. 결국 영국과 미국의 주도 아래 기존 정권과 르완다 애국전선(RPF) 사이의 권력 공유 협정(Arusha Accords)이 체결되었고, 이후 강력하게 국가 차원의 선거를 밀어부쳤다. 그것이 결정적 자극제가 되어 극단주의 세력인 '후투 파워(Hutu Power)'를 일방적 행동으로 몰아가는 결과를 초래했다. 4월 6일에 그들이 쿠데타를 일으켰고, 르완다 애국전선이 그들을 진압하기까지 100일이 걸렸다. 그 사이 후투 파워는 영향권 내에 있는 모든 투치족을 말살하려 했으며, 그들을 보호하거나 명령을 거부하는 사람들도 모조리 제거하려 했다. 르완다의 총 인구는 약 800만 명이었는데, 당시의 사망자가 50만 명이 넘었다.[19] 학살의 속도와 규모는 이례적이었지만, 대부분은 가장 원시적인 무기가 동원되었다. 서구 사회에서는 광범위한 인종학살이 벌어지고 있다는 사실이 국제 뉴스를 통해 방송되는 가운데, 그럼에도 불구하고 이를 막을 수 있는 국제 사회의 무능하거나 무관심한 현실이 크게 부각되었다.(유엔 안전보장이사회가 여러 차례 개최되었지만 실효성이 없었다.)

르완다 사건 이후 인종학살에 대한 국제법적 대응을 강화하기 위해

---

19 다음 연구 성과에서는 현재 널리 통용되고 있는 80만이라는 수치에 의문을 제기했다. Scott Straus, *The Order of Genocide: Race, Power, and War in Rwanda* (Ithaca, NY, and London: Cornell University Press, 2006), pp. 51-52.

일련의 조치들이 취해졌다. 유엔의 지원 아래 구 유고슬라비아와 르완다에서 발생한 인종학살을 비롯하여 국제법상 범죄를 재판하기 위한 특별재판소가 설립되었다. 1998년 로마 규정(Rome Statute)이 채택되어, 4년 뒤 국제법상 독립적인 국제형사재판소(ICC) 설립의 토대가 마련되었다. 2005년 국제형사재판소는 유엔의 요청에 따라 수단 정부의 다르푸르(Darfur) 지역 인종학살 혐의를 조사하기 시작했다. 이후 해당 범죄로 수단의 국가 원수였던 오마르 알바시르(Omar al-Bashir)를 기소했다. 그러나 지금까지도 그에 대한 혹은 그의 정권에 대한 추가 조치는 취해진 바가 없다. 실제로 국제형사재판소의 권한은 제한적이며, 강대국의 정치적 영향력에 의존하고 있다. 이들 국가에서는 인종학살의 예방은커녕 유죄 판결조차 부차적인 문제로 간주하며, 언제나 다른 지정학적 고려 사항을 우선시했고, 앞으로도 그럴 가능성이 크다. 1999년, 코소보에서 세르비아 군이 알바니아인을 상대로 대규모 학살을 자행하자 나토(NATO)가 공습을 감행했으며, 이는 잠시나마 다른 가능성을 시사하는 듯했다. 나토의 행동에는 세르비아계 세력을 약화시킴으로서 구 유고슬라비아 지역 내 민족 간 세력 균형을 조정하고자 하는 의도가 깔려 있었다. 마찬가지로, 2003년 미국 주도의 이라크 침공은 사담 후세인의 인권 침해 전력과는 거의 또는 전혀 관련이 없었다. 더욱이 이러한 침공은 미군의 작전에 대한 다른 강대국, 특히 러시아와 중국의 불간섭을 포함해 거의 면책에 가까운 확신 없이는 이루어질 수 없었을 것이다. 요컨대, 미국(또는 서방)이 인종학살 사건에서 국제 사회를 대표해 행동할 것이라는 가정은, 인종학살 방지 협약 위반이 비교적 약소국에서 발생하는 경우, 또는 개입 자체가 서방 세계의 다른 이익에도 부합하는 경우로 제한된다.

  인종학살의 여파로 연쇄적인 결과가 발생한 경우에는 이러한 개입이 이루어질 가능성이 더욱 희박하다. 1994년 르완다 내전에서 르완다 애국전선(RPF)이 승리하자 과거의 학살 가담자들이 후투족 난민의 틈에 섞여 콩고 민주공화국으로 넘어갔다. 오늘날까지 이어지고 있는 콩고의 대규모 불안정 상황은 대부분 르완다 애국전선이 학살 가담자들을 추적하면서 시작된 일이다. 이어진 분쟁은 다른 아프리카 국가들이 개입할 구실을 제공했다. 그러나 개입의 이면에는 콩고의 방대한 광물 자원과 목재를 차지하려는 의도가 숨어 있었다. 권위 있는 어느 보고서에 따르면, 1998년부터 10년 동안 직접적인 폭력이나 그에 따른 사회 붕괴로 인해 콩고에서 발생한 사망자 수는 540만 명에 달하는 것으로 추산된다.[20] 그곳은 현대 세계에서 가장 심각하고 장기화된 폭력 지대임에도 불구하고, 콩고에서 유엔의 평화유지 활동은 극히 미미했다. 무장 민병대와 군부가 자원이 풍부한 콩고의 동부 지역을 장악하여 공포를 조장하고 있지만, 서방 세계의 관심은 콜탄(coltan, 탄탈륨의 일종) 같은 귀금속의 안정적 공급을 보장하는 데 집중되어 있다. 이러한 자원이 민간과 군사용 전자통신이나 일상적인 휴대전화 제조에도 필수적이기 때문이다. 그에 비하면 지역의 폭력 문제에 대한 관심은 부차적일 따름이다.

  국제법을 통해 인종학살을 방지 및 근절하려 했던 렘킨의 비전이, 갈수록 복잡해지는 근본적이고 구조적인 스트레스 요인 앞에서 얼마나 취

---

20 International Rescue Committee, *Mortality in the Democratic Republic of Congo: An Ongoing Crisis* (New York: IRC, 2007).

약한지를 보여준 대표적 사례가 바로 콩고의 비극이었다. 예컨대 농촌 인구 압력이 토지 부족이나 환경 악화와 결합해 위기를 초래한다는 신(新)맬서스주의 이론이, 르완다 인종학살의 경우에 어느 정도로 깊이 개입되었는지는 더 심도 깊은 연구가 필요한 대목이다.[21] 오늘날 세계 인구는 70억 명을 넘어서 계속 증가하고 있으며, 토지와 수자원은 줄어들고 있다. 이런 상황에서 특히 자급자족 공동체 간의 경쟁이 심화될 것이며, 이는 세계를 확대된 형태의 '르완다'로 만들고 있다. 우리가 현대사의 관점에서 인종학살의 원인을 설명하면서 강조하고자 했던 바는, 이를 지역적 또는 전통적 집단 갈등의 산물로 보는 관점과는 다른 입장이었다. 우리는 인종학살의 근본적 원인이 국가 엘리트 계층의 "발전주의"라고 주장해 왔다. 세계를 주도하는 선진국과 비교하여 "격차를 해소"하고 세계 체제에서 살아남는 것이 그들의 목표였다. 세계는 겉으로는 "규범적"으로 보이지만 실제로는 냉혹한 경쟁 체제이기 때문이다. 그 무엇보다도 핵심적 요인은 엘리트 계층의 두려움이었다. 그들은 국내의 일부 공동체 집단이 (현실적인 혹은 앞으로 건설할) 국가의 조직과 목표 달성을 방해할지도 모른다는 두려움을 가졌다. 그것이 인종학살의 핵심적 기반 역할을 했다. 경제 성장을 목표로 하는 급진주의는 오늘날 환경의 한계에 부딪히고 있으며, 특히 가속화되는 기후변화의 위험성이 명백해지는 만큼, 인종학살의 양상을 변화시킬 변수도 그만큼 더 많아지고 있다.

우리는 방글라데시의 치타공 힐트랙트(CHT) 지역에서 이러한 변화

---

21 다양한 연구 결과를 종합한 내용은 다음을 참조. Jared Diamond, *Collapse: How Societies Choose to Fail or Survive* (London: Penguin, 2005), chapter 10, 'Malthus in Africa: Rwanda's genocide.'

의 초기적 징후를 엿볼 수 있다. 그것은 표면적으로는 1980년대 초 방글라데시 군사 정권이 치타공 힐트랙트 지역에 살고 있던 원주민 산악 부족을 공격한 사건이었다. 이는 문화적 지배 세력인 다수 집단(무슬림)이 자치를 요구하는 이질적 소수민족을 억압하는 전형적인 사례 중의 하나였다. 정권이 저항 세력을 완전히 제거하려 했던 배경에는 자원 확보 문제가 있었다. 치타공 힐트랙트 지역의 물, 석유, 가스, 목재 등은 신속한 국가 산업 개발에 필요한 자원이었다. 그 또한 극단적 폭력을 자행하게 된 과정의 일환이었다. 그러나 인종학살을 불러 일으킨 또 다른 요인이 있었다. 그것은 바로 삼각주 사람들의 이주였다. 갈수록 환경이 황폐해지고 홍수의 위험이 악화되는 삼각주 지역에서, 서구 원조 기관의 도움을 받아 수백만 명의 사람들을 인구가 희박한 산악 지역으로 이주시키는 프로젝트가 진행되었다. 전혀 의도된 바는 아니었지만, 결과적으로 이것은 인종학살의 상황을 촉발했다. 이후 발생한 폭력 행위에는 군에 의한 학살뿐만 아니라 국가가 무장시킨 이주민들에 의해 자행된 폭력도 상당 부분이 포함되었다. 당시 산악 부족들의 완전한 인종말살 직전까지 사태가 악화되었지만, 방글라데시 정권이 군사 정권에서 민간 민주 통치로 전환하면서 가까스로 최악의 사태를 막을 수 있었다. 이는 근본적으로 자연환경의 한계를 초과하는 상황에서 비롯되었는데, 이와 같은 "환경적 한계 초과(environmental overshooting)" 요인은 21세기 초반 수십 년 동안에도 사라지기는커녕 오히려 훨씬 더 악화되었다. 방글라데시는 수도 다카(Dhaka)를 중심으로 경제 성장을 이루었지만, 과밀 인구 중 대다수는 여전히 삼각주 지역에 거주하는 매우 가난한 농민들이다. 기후 변화의 영향이 본격화되면서 이 지역의 상당 부분이 침수될 운명에 놓여 있다. 따라서 머지않은 미래에, 방글라데시 정부는 아마도 1980년대의 시나리오를 반복하며, 국가 주도의 '최후의 수단'을 실행할 가능성이 매우 높다. 즉 치타공 힐트랙트(CHT) 지역을 비롯하여 남아 있는 토지 및 자원을 '확보'하기 위한 국가 차원의 단호한 조치가 시행될 것이다. 주변국의 정황을 보면 이러한 현실을 더욱 분명히 알 수 있다. 인도는 방글라데시를 둘러싼 4,000킬로미터에 달하는 국경선을 따라 강철과 콘크리트 장벽을 건설하고 있는데, 이는 그와 같은 상황을 우려하여 난민 유입을 차단하기 위한 조치로 이해된다.

이와 같은 남아시아의 경우는, 홍수나 가뭄과 같은 환경 문제 때문에 수천만 혹은 수억 명의 사람들이 이동하게 된다면, 그래서 이미 부족한 자원을 두고 경쟁이 치열해져 상황이 불안정하거나 감당하기 힘든 지경에 이르게 된다면, 민족(국민)국가가 어떻게 반응할지를 축소된 형태로 보여준 사례였다. 20세기의 인종학살은 흔히 지나치게 단순한 일로 해석되곤 했다. 즉 자유롭고 암묵적으로 평화로운 세계질서에 반하여 인종차별적 정권이 폭력을 가한 정도로 해석되었던 것이다. 그러나 이러한 해석은 세계 질서의 기원이 폭력적인, 또한 반복적으로 자행되었던 인종학살에 기원한다는 사실을 간과하거나 애써 모르는 체했을 뿐이다. 또한 세계 질서 안에는 도달할 수 없는 목표를 향한 충동이 내재되어 있었음을 망각한 것이다. 예컨대 정치적으로는 사회문화적 획일성을 추구했고, 그것이 보편적으로는 민족(인종)적 동질성 추구로 나타났다. 그 필연적 결과로, 대단히 불평등하고 패권에 의해 결정되는 세계 체제 안에서 살아남기 위해, 또한 경쟁에서 "따라잡기" 위해 질주하는, 무제한 경제 성장 추구 성향이 등장했다. 달성 불가능한 목표의 추구는 오늘날 인

위적 기후 변화에 따른 생물권의 반발이라는 형태로 나타나고 있다. 생물권 위기가 심화됨에 따라, 각국은 자국의 생존을 지키기 위해 점점 더 디스토피아적인 경로를 택할 가능성이 높다. 표준적 발전의 과정에서 원주민들은 언제나 소멸과 파괴에 가장 취약했다. 이외에 난민이나 소수 집단도 사회적 반발이나 권위주의 국가의 탄압에 노출될 우려가 크다. 그들에게는 국가적 실패의 책임을 이미 주변화된 이들에게 전가하려는 경향이 있기 때문이다. 환경의 비정상적 사태가 이어지는 상황에서는, 선진국들은 국경의 불가침성을 확보하기 위해 필사적으로 싸울 가능성이 크다. 전통적인 세계에서는 비교적 유동적인 국경을 넘어 생존을 모색하는 사람도 있었겠지만, 국경이 강화되면 사실상 생존의 기회는 거부될 것이다. 인종학살은 언제나 더 광범위한 체제의 기능적 결함에서 비롯된 부산물이었고, 지금도 그렇다. 결국 환경과 관련된 이러한 상황은 우리에게, 인간과 자연의 화해를 위한 길로 방향을 바꿀 능력과 의지가 있는지, 아니면 마지막으로 벼랑을 향해 도약하는 선택을 할 것인지를 가늠하는 시금석이 될 것이다.

더 읽어보기

Ahonen, Pertti, et al. *People on the Move: Forced Population Movements in Europe in the Second World War and Its Aftermath.* Oxford: Berg, 2008.

Aly, Götz. *'Final Solution': Nazi Population Policy and the Murder of the European Jews.* London: Arnold, 1999.

Andreopoulos, George D., ed. *Genocide: Conceptual and Historical Dimensions.* Philadelphia, pa: University of Pennsylvania Press, 1994.

Bauman, Zygmunt. *Modernity and the Holocaust.* Oxford: Blackwell, 1989.

Bloxham, Donald. *The Final Solution: A Genocide.* Oxford University Press, 2009.
   The Great Game of Genocide: Imperialism, Nationalism, and the Destruction of the Ottoman Armenians. Oxford University Press, 2005.

Bloxham, Donald, and A. Dirk Moses, eds. *The Oxford Handbook of Genocide Studies.* Oxford University Press, 2010.

Carmichael, Cathie. *Genocide before the Holocaust.* New Haven, ct, and London: Yale University Press, 2009.

Chalk, Frank, and Kurt Jonassohn. *The History and Sociology of Genocide: Analyses and Case Studies.* New Haven, ct, and London: Yale University Press, 1990.

Elliot, Gil. *Twentieth Century Book of the Dead.* London: Penguin, 1972.

Fein, Helen. 'Genocide: a sociological perspective'. *Current Sociology* 38:1 (1990), 1–126.

Freeman, Michael. 'Genocide, civilization, and modernity'. *British Journal of Sociology* 46 (1995), 207–223.

Gellately, Robert, and Ben Kiernan, eds. *The Specter of Genocide: Mass Murder in Historical Perspective.* Cambridge University Press, 2003.

Gerlach, Christian. *Extremely Violent Societies: Mass Violence in the Twentieth-century World.* Cambridge University Press, 2010.

Harff, Barbara, and Ted Robert Gurr. 'Toward empirical theory of genocides and politicides: identification and measurement of cases since 1945'. *International Studies Quarterly* 32 (1988), 359–371.

Jones, Adam. *Genocide: A Comprehensive Introduction*, 2nd edn. London and New York: Routledge, 2011.

Kiernan, Ben. *Blood and Soil: A World History of Genocide and Extermination from Sparta to Darfur.* New Haven, ct and London: Yale University Press, 2007.

Kieser, Hans-Lukas, and Dominik J. Schaller, eds. *Der Völkermord an den Armeniern und die Shoah.* Zurich: Chronos, 2002.

Kuper, Leo. *Genocide: Its Political Use in the Twentieth Century*. New Haven, ct, and London: Yale University Press, 1981.

Lemkin, Raphael. *Axis Rule in Occupied Europe*. Washington, DC: Carnegie Endowment for International Peace, 1944.

Levene, Mark. *The Crisis of Genocide: The European Rimlands, 1912-1953*, 2 vols. Oxford University Press, 2013.

Genocide in the Age of the Nation State, 2 vols. London and New York: I. B. Tauris, 2005.

Mann, Michael. *The Dark Side of Democracy: Explaining Ethnic Cleansing*. Cambridge University Press, 2005.

Moses, A. Dirk, ed. *Empire, Colony, Genocide: Conquest, Occupation, and Subaltern Resistance in World History*. Oxford and New York: Berghahn Books, 2008.

Polian, Pavel. *Against Their Will: The History and Geography of Forced Migrations in the USSR*. Budapest and New York: Central European University Press, 2004.

Straus, Scott. 'Contested meanings and conflicting imperatives: a conceptual analysis of genocide'. *Journal of Genocide Research* 3:3 (2001), 349-366.

Shaw, Martin. *What is Genocide?* Cambridge: Polity, 2007.

Snyder, Timothy. *Bloodlands: Europe between Hitler and Stalin*. London: Bodley Head, 2010.

Stone, Dan, ed. *The Historiography of Genocide*. Basingstoke: Palgrave, 2008.

Weitz, Eric D. *A Century of Genocide: Utopias of Race and Nation*. Princeton University Press, 2003.

Zimmerer, Jürgen, ed. Special Issue: 'Climate change, environmental violence and genocide'. *International Journal of Human Rights* 18:3 (2014), 263-390.

CHAPTER 17

공산주의와 파시즘

로버트 스트레이어
Robert Strayer

20세기를 정의하는 현상 중 공산주의(Communism)와 파시즘(fascism)만큼 세계사적으로 중요한 의미를 지닌 것은 없었다. 두 이념은 정도의 차이는 있지만 모두 전 세계적 차원에서 작동했다. 파시즘은 이탈리아와 독일에서 가장 철저하게 구현되었지만, 유럽, 아메리카, 일본에서도 지지자나 모방자가 나타났고, 그 외에도 영향을 받은 이들이 있었다. 1917년 러시아 혁명과 함께 국가적 차원에서 처음 실현된 공산주의는 이후 동유럽, 중국, 동남아시아, 쿠바에 뿌리를 내렸으며, 1970년대에 이르러 전 세계 인구의 약 3분의 1이 추종하는 통치 이념이 되었다. 집권을 하지 않은 공산주의 정당과 공산주의 운동도 여러 지역에서 두각을 나타냈다. 서구의 자유민주주의, 개인의 자유, 사회적 관용 개념에 도전하며 파시즘과 공산주의 정권은 모두 개인과 사회에 대한 국가의 통제를 전례 없는 수준으로 강화했다. 그리하여 "전체주의(totalitarianism)"라는 이름의 새로운 정치 체제가 탄생했다. 홀로코스트, 1930년대 소련의 공포 정치, 중국의 대약진운동과 문화대혁명, 캄보디아의 '킬링필드' 등에서 공산주의와 파시즘은 막대한 규모로 인류의 비극을 초래했다. 이들이 세계 무대에 등장하자 20세기 세계의 거대 분쟁 두 가지가 나타났다. 파시즘은 제2차 세계대전, 공산주의는 냉전을 일으켰다.

세계적으로 폭넓은 지역에서 중요한 영향을 미쳤다는 사실 이외에도, 파시즘과 공산주의가 거의 동시에 등장했다는 점, 그리고 서로가 연관된 측면이 있었다는 점이 세계사 연구자들의 흥미를 끌어왔다. 두 사상은 모두 근대화의 변혁이 가장 먼저 일어났던 유럽에서 시작되었다. 모두가 근대 특유의 문제들, 새로운 형태의 계급 갈등, 자본주의 경제의 불안정성, 민족주의, 사회주의, 인종주의 이데올로기의 대중화 등에서 비롯된 사상이었다. 공산주의와 파시즘의 배경은 지적·문화적 계보상 전혀 달랐지만, 제1차 세계대전 당시 극도의 대립으로 분열되었던 유럽 문화에서 현실 정치 프로젝트로 부상했다는 공통점이 있었다. 당시의 거대한 갈등의 소용돌이는 러시아 혁명의 직접적인 배경이 되었으며, 그로부터 세계의 공산주의가 탄생했다. 제1차 세계대전은 정치적 불만, 사회적 갈등, 불만 가득한 참전 군인들을 낳았고, 그들이 이탈리아와 독일에서 파시스트 운동을 만들었다. 이탈리아와 독일의 파시즘에서는 볼셰비즘(Bolshevism)에 대한 공포와 혐오가 중요한 요소였으며, 소련과 동유럽 공산주의에서는 반파시즘이 중심적 특성이 되었다. 그러나 그들 사이에 항상 적대와 갈등만 있었던 것은 아니다. 히틀러의 독일과 스탈린의 소련은 1939년에 그 유명한 '독소 불가침 조약'을 체결했으며, 양국 간 전쟁은 그로부터 2년 동안 유예되었다. 그들은 서로를 인정했고, 꺼리면서도 존중했으며, 어쩌면 서로의 특정 요소를 차용했을 수도 있다.

공산주의와 파시즘의 비교는 세계사 연구자들의 흥미를 끌었지만, 오랫동안 논란이 많았다. 특히 소련의 공산주의자들과 그 지지자들은 공산주의와 파시즘 사이에서 비슷한 점을 찾으려는 시도에 강하게 반대했다. 그들은 파시즘과 처절하고 피비린내 나는 전쟁을 치르고 승리했기 때문이다. 반면 냉전 시기 서구의 연구자들은 공산주의와 파시즘 모두를 "전체주의적"이고 "범죄적"이라고 평가했다. 심지어 어떤 이들은 파시즘보다 공산주의가 더 악하다고 주장하기도 했다.[1] 그러나 20세기 말 공산주의가 쇠퇴하면서, 두 체제를 좀 더 객관적으로 비교할 수 있는 분위기가 형성되었다. 공산주의와 파시즘 각각에 다양한 내부적 차이가 존재한다는 점이 알려지면서, 두 체제를 비교할 때 중요한 자료들이 제공되었다. 이 두 이념을 효과적으로 비교하기 위해서는 세 가지 관점이 필요하다. 첫째, 이념 자체의 특성, 둘째, 정치적·사회적 운동으로서의 성격, 셋째, 국가가 권력을 행사하는 방식이 그것이다. 이 세 가지 범주는 20세기 세계사를 이해하는 데 중요한 기준이 된다.

이데올로기적 측면

이데올로기는 공적 삶에 대한 사고와 가치, 사회가 어떻게 작동하는지 또는 어떻게 작동해야 하는지에 대한 이해를 포함하며, 역사에 대한 관점과 미래에 대한 비전을 모두 담고 있다. 공산주의의 경우 이데올로기가 더 명확했고 파시즘은 다소 모호했지만, 그러나 양측 모두 이데올로기가 운동의 전망을 규정하고, 운동 및 정권 지도자들의 행동을 정당화했다. 양측의 이데올로기는 특정 문화와 상황 속에서 시간에 따라 변화해 갔다.

20세기 공산주의 이데올로기는 19세기 카를 마르크스(Karl Marx)의

---

[1] See Stéphane Courtois et al., *The Black Book of Communism: Crimes, Terror, Repression* (Cambridge, MA: Harvard University Press, 1999).

사상에 깊이 뿌리를 두고 있었다. 역사를 계급 갈등으로 이해한 마르크스는 산업 자본주의 시대를 엄청난 물질적 진보의 시기로 칭송했으며, 이를 통해 빈곤과 인간 고통의 필요성이 사실상 사라질 수 있다고 보았다. 그러나 이러한 새로운 가능성은 자본주의의 치명적인 결함(사유재산, 불평등 심화, 경제 팽창과 수축의 주기, 격화되는 계급 투쟁, 경쟁적이고 개인주의적인 가치관)에 의해 가로막혔다. 따라서 착취받는 노동 계급의 혁명으로 자본주의가 붕괴할 운명에 처한 것은 당연한 일이었다. 마르크스는 혁명 이후에는 빈곤, 계급, 전쟁, 강제적 정치 권력이 없는 국제적 사회주의 연방이 탄생할 것이라 주장했다. 그것은 진정한 인간의 잠재력이 완전히 실현될 수 있는, 합리적으로 계획된 평등한 공동체일 것이다.

이와 같은 풍부한 사상은 경제적으로 가장 발전한 서유럽 지역에서 탄생해서, 먼저 러시아에 뿌리를 내렸고, 이후 중국과 다른 지역으로 퍼져나갔다. 전파 과정에서 사상 자체는 상당한 변화를 겪었다. 이 때 탄생한 "공산주의"는 이후 19세기 후반과 20세기 초반 서유럽의 특징이었던 "사회민주주의"나 "사회주의" 전통에 입각한 운동과는 구별되는 것이었다.

공산주의를 러시아의 상황에 맞게 조정한 인물은 레닌(Lenin)이었다. 당시 러시아에서는 자본주의적 산업화가 이제 막 시작되었고, 여전히 전제군주제가 존재했으며, 서유럽에서는 점차 확산되던 민주주의와 노동조합 운동의 기회가 러시아에서는 억압되던 상황이었다. 레닌의 이념적 혁신 중 하나는 고전적 마르크스주의 혁명 개념에 변화를 준 것이었다. 19세기 말엽의 많은 유럽 사회주의자들은 혁명의 필요성을 거의 포기한 상태였으며, 점진적 개혁과 민주적 절차를 통해 사회주의가 점차 평화롭게 실현될 수 있을 것으로 믿었다. 레닌은 그렇지 않았다. 러시아 혁명이 발생하기 훨씬 전에 레닌은, 특히 러시아 특유의 전제적 상황에서도 이러한 격변의 필요성이 여전히 유효하다고 주장했다.

더 나아가 그는 그러한 혁명이 오히려 진정한 사회주의 혁명이라고 주장했다. 이와 같은 그의 입장은 기존의 마르크스주의 사상과는 달랐다. 기존 마르크스주의 사상은 경제적으로 발전된 국가에서, 자본주의와 민주주의가 이미 풍요와 자유의 기반을 마련해둔 상황에서 사회주의 혁명이 일어날 가능성이 가장 높다고 보았으며, 자본주의적 발달은 사회주의적 변혁에 필수적인 전제로 여겨졌다. 그러나 레닌이 보기에는 비교적 후진국인 러시아가 바로 자본주의 세계의 약한 고리였다. 러시아에서의 사회주의 혁명이 일어나면, 그것이 더 발전된 선진국의 혁명을 촉발할 것이며, 따라서 세계 공산주의 운동이 일어난다는 것이 레닌의 주장이었다. 이는 경제 발전 단계보다 인간의 의지와 결단에 더 의존하는 혁명적 관점이었다.

레닌의 사상은 정당(Party)의 본질에 관한 제2의 이데올로기 혁신을 필요로 했다. 당시 서유럽의 사회주의 정당들은 규모가 크고 포용적이었다. 또한 각국의 민주주의 정치 체제에서 영향력을 높이기 위해 가능한 많은 당원을 모집하고자 했다. 그러나 레닌은 소규모 정당을 원했다. 즉 조직력이 강하고, 규율이 엄격하며, 혁명의 순간이 찾아왔을 때 이를 포착할 수 있는 직업적 혁명가들이 이끄는 정당이었다. 이와 같은 정당 개념은 두 가지 이유에서 비롯되었다. 하나는 공개적 정치 활동이 불가능했던 러시아 전제 체제의 상황이었고, 또 하나는 노동자 계급에 대한 레닌의 불신이었다. 레닌이 보기에 노동자들은 자본주의 체제 유지를 위한 단순한 개혁 조치에도 쉽게 현혹될 수 있는 사람들이었다.

1920년대 후반 – 1930년대에 스탈린이 집권하면서 추가적인 이데올로기적 혁신이 이어졌다. 낙후된 소련의 상황을 구원해줄 유럽의 혁명 같은 격변은 일어나지 않을 것임이 점점 더 분명해졌다. 더욱이 파시즘의 위협은 갈수록 뚜렷해졌다. 그 결과 "일국 사회주의"라는 개념이 등장했다. 이는 독자적인 전략으로, 자원을 동원하여 신속하게 산업화를 달성하고, 국가를 중심으로 "사회주의 건설"을 추진하자는 의미였다.

마르크스-레닌-스탈린주의로 이어진 공산주의 이념은 상당 부분이 중국 공산주의로 이전되었다. 모택동은 여기에 몇 가지 추가적인 변화를 덧붙였다. 당시 중국의 산업 기반은 차르 체제 러시아보다 훨씬 더 열악했고, 농촌 사회가 압도적이었다. 이런 상황에서 모택동은 농민을 혁명의 중심 계급으로 내세웠다. 고전적 마르크스주의 이론에서는 언제나 산업 프롤레타리아트를 혁명적 변혁의 주체로 간주했다. 모택동의 사상은 여기서 크게 벗어난, 대단히 논란이 될 만한 이탈이었다. 또한 모택동은 과거 마르크스와 트로츠키가 천착했던 "영구혁명(permanenz der Revolution)" 개념을 더욱 발전시켰다. 모택동이 이해한 영구혁명론은, 공산주의의 승리로 역사가 끝나는 것은 아니며, 사회적 모순과 투쟁이 계속되는 한 혁명적 행동이 여전히 필요하다는 의미였다. 애초에 소련의 방식을 모방했던 중국의 결과에 실망한 뒤 모택동의 사상은 더욱 강화되었다. 중앙집권식 국가 통제 아래 도시 산업이 발달하면서 새로운 엘리트 계층이 형성되자, 모택동은 그들에 의해 중국이 진정한 사회주의에서 멀어지게 될 것을 우려했다. 1960년대에 이르러 모택동은 중국이 사실상 "자본주의의 길을 걷고 있다"고 느꼈다. 대약진운동(大躍進運動, 1958-1961)과 문화대혁명(文化大革命, 1966-1976)이라는 대규모 격변의 배경에는 바로 이와 같은 생각이 깔려 있었다.

공산주의 이념은 다양한 변화와 혁신을 거쳤지만, 그 저변에는 몇 가지 기본적인 공통점이 있었다. 어디서나 공산주의는 철저히 현대적 이념이었으며, 과거에 대한 이상화나 낭만적인 시각은 거의 없었고, 산업화와 풍요로운 사회의 미래에 확고히 초점을 맞추었다. 마르크스는 "유토피아적 사회주의"를 단호히 거부했지만, 사실 그의 이념에는 유토피아의 요소가 포함되어 있었다. 소련의 시인 블라디미르 마야코프스키(Vladimir Mayakovsky)는 "우리는 삶을 새롭게 만들 것이다, 당신이 입고 있는 조끼의 마지막 단추 하나까지도"라고 썼다.[2] 공산주의 이념은 사회적 변화 그 이상에 대한 신념이 있었다. 그것은 인간의 의식을 이타성과 집단에 대한 봉사의 방향으로 변화시킬 수 있을 것이라는 확신이었다. 스탈린과 많은 중국의 지도자들은 교사와 작가를 종종 "인간 영혼의 엔지니어"라고 일컬었다. 인간의 행동이 사회와 자아를 모두 변화시킬 수 있다는 믿음은 정통 마르크스주의와는 다소 차이를 보였다. 그러나 이러한 자발적 신념에 대한 믿음과 결과에 대한 확신(마르크스주의가 역사의 법칙에서 도출한 과학적 진리이므로)이 공존하고 있었다. 공산주의는 필연적인 역사적 변화의 흐름에 의해 추진되기 때문에 그들은 승리를 믿어 의심치 않았다.

2 Quoted in Richard Stites, *Revolutionary Dreams: Utopian Vision and Experimental Life in the Russian Revolution* (Oxford University Press, 1989), p. 38.

공산주의 이데올로기에 비하면 파시즘 이데올로기는 훨씬 더 모호하고, 때로는 미완성 상태에 가까우며, 명확하게 정의하기 어려운 경우가 많았다. 파시즘(fascism)이라는 용어 자체는 무솔리니 집권 당시 이탈리아에서 유래했지만 학자들은 훨씬 더 광범위한 현상을 설명하기 위해 이 용어를 사용해 왔다. 그 중 대표적인 사례가 나치 치하의 독일이었다. 히틀러는 이 용어를 거의 사용하지 않았음에도 불구하고 독일 나치는 파시즘의 대표적인 사례가 되었다. 카를 마르크스의 저서를 단일 기원으로 하는 공산주의 이데올로기와 달리 파시즘 이데올로기는 여러 가지 원천에 닿아 있다. 19세기 말엽에 유행하던 다양한 사상이 파시즘에 영향을 미쳤는데, 급진적 민족주의, 인종 이론, 반유대주의 사상, "실증주의"에 대한 철학적 반란, 사회적 다윈주의, 예술의 "미래주의" 등이 그 예이다. 그러나 파시즘 지지자들이 공유하는 핵심 텍스트는 존재하지 않는다.

파시즘과 공산주의 이데올로기는 모두 산업 근대화에 따른 여러 가지 불만, 정치적 자유주의에 대한 혁명적 대응으로 나타났다. 계급, 성별, 정당, 민족 간의 수많은 갈등, 개인주의의 부상과 전통 공동체의 약화, 만연한 물질주의에 대한 반감 등의 문제가 여기에 포함되었다. 1934년 히틀러는 "볼셰비즘과 우리는 차이보다는 공통점이 더 많다"고 주장하며 이렇게 말했다. "무엇보다 그들도 혁명에 진심이다."[3] 무솔리니도 파시스트가 되기 전에는 사회주의자였다. 공산주의자와 파시스트 모두

---

3 Quoted in François Furet, *The Passing of an Illusion: The Idea of Communism in the Twentieth Century* (University of Chicago Press, 1999), pp. 191–192.

기존 정부의 전복, 새로운 가치를 지닌 사회의 창조, 새로운 형태의 인간 의식 형성을 목표로 했다. 양쪽 이데올로기 모두 현재 유토피아의 가능성이 열리는 새로운 시대에 들어섰다는 인식이 있었다. 나치에게 그것은 정화된 아리아인이 유럽에서 새로운 인종 질서를 구축하는 것이었고, 공산주의자들에게 그것은 자본주의의 폐해로부터 인류 전체를 해방시키는 것이었다.

부르주아 사회는 사회가 개별적으로 원자화되는 경향이 있었다. 공산주의와 파시즘 이데올로기는 모두 그에 맞서 집단의 우위를 강조했다. 공산주의는 국제 노동자 집단이, 파시즘은 민족(국가) 집단이 그 중심이었다. 파시즘은 민족(국가)을 자연적이고 유기적인 집단의 단위로 보았다. 민족(국가)이 부패하고 타락하여 분열하게 되는 이유는 제약 없는 자본주의, 정당 정치, 페미니즘, 사회주의, 부르조아 사회의 이기심 때문이었다. 파시즘의 위대한 혁명적 과제는 국가를 정화하고, 갱신하며, 세계 무대에서 위대한 사명을 다하는 것이었다. 이는 공산주의자들이 생각했던 사회의 혁명적 변화가 아니라 문화적 또는 도덕적 변혁에 가까웠다. 그 목표는 민족(국가)의 개조와 "새 사람(neuer Mensch)"의 탄생이었다. 히틀러는 새 사람을 "날씬하고 가냘프고 그레이하운드처럼 민첩하고 가죽처럼 질기며 크루프 강철처럼 단단한" 존재라고 말했다. 다른 우익 이데올로기와 비교했을 때 파시즘의 신선한 매력은 혁명적이며 미래지향적인 태도에 있었다. 파시즘은 민주주의나 공산주의 이념에 맞서 혁명의 신비를 잘 포착했고, 라디오와 영화 등 현대적 커뮤니케이션 기술을 적극 활용했다.[4]

파시즘 이데올로기의 극단적 민족주의는 그들의 열렬한 "부정성"에서 잘 드러난다. 그들은 20세기 초까지 근대 유럽 사상의 대부분을 격렬히 거부하는 태도를 보였다. 공산주의와 마찬가지로 파시즘도 자유주의 정치 이론을 경멸했다. 이는 개인이 계급, 국가, 혹은 민족과 독립해서 존재한다는 사상에 기반을 두기 때문이었다. 민주주의 체제에서 국가는 서로 대립하는 정당으로 분열되며, 탁월함이나 결단력 있는 행동보다는 평범함과 타협을 조장한다고 보았다. 사회주의는 계급 갈등을 조장하고, 페미니즘은 남성과 여성의 대립 관계를 만든다. 고전적 보수주의는 혁명을 두려워하여 미래보다 과거를 중시한다. 그래서 파시즘은 이 모든 사상에 반대했다.

그러나 근대적 삶에 대한 파시즘의 거부는 전면적이지 않았고 오히려 선택적이었다. 말로는 고대 로마 제국이나 중세 독일의 농민 공동체에 대하여 낭만적인 이야기를 늘어놓았지만, 과학, 기술, 산업, 대중 정치, 그리고 근대가 만들어낸 모든 군사적 힘을 받아들였다. 그들이 추구한 것은 전혀 다른 방식의 규율 잡힌 근대성, 민족(국가)에 봉사하는 근대성으로, 자유민주주의 사회의 혼란과 부패를 제거하는 것이었다.

파시즘 이데올로기는 사고, 합리성, 성찰보다는 감정, 신화, 의지, 행동의 언어를 사용했다. 이는 민족(국가) 공동체를 결속시키는 수단으로, 분노, 편견, 피해 의식 등 감정을 자극함으로써 "민족정서의 고취"를 강조하려는 것이었다.[5] 지도자는 민족으로부터 나오며, 민족과 신비로운

---

4 François Furet and Ernst Nolte, *Fascism and Communism* (Lincoln, ne: University of Nebraska Press, 2001), pp. 32-33, 89.
5 Robert Paxton, "The five stages of fascism," in Michael S. Nieberg, ed., *Fascism* (Aldershot: Ashgate, 2006), p. 86.

관계로 얽혀 있는 존재, 민족(nation)의 의지가 개인을 통해 드러난 존재, 세계 속에서 민족의 사명을 다하는 존재였다. 파시즘 사상에서는 투쟁, 폭력, 전쟁이 긍정적인 미덕으로 여겨졌다. 이를 통해 인류는 더욱 고귀한 존재가 되며, 더 강하고 우월한 자가 더 약하고 열등한 자를 지배하게 된다. 《나의 투쟁(Mein Kampf)》에서 히틀러는 이렇게 선언했다. "살고자 하는 자는 투쟁해야 한다.(Wer leben will, der kämpfe)" 군사적 요소에 대한 가치 부여로 남성성이 극도로 강조되자, 이에 상응하는 "여성성으로부터의 도피"와 "부드러움에 대한 병적인 공포"가 생겨났다.[6]

어느 나라에서나 파시즘 사상에서는 이와 같은 내용이 대부분 공통적으로 발견된다. 그러나 독일 또는 나치 버전의 파시즘 이데올로기는, 특히 민족(국가)과 적에 대한 이론이 대단히 독특했다. 히틀러와 나치는 폴키쉬(völkisch), 즉 '민족 사상'으로 알려진 독일 민족주의의 강력한 낭만적 경향을 활용했다. 그들은 이상화된 독일 민족을 상정하고, 그 민족을 신성한 자연 환경과 신비롭게 연결된 존재로 이해하며, 또한 독일 고유의 영혼을 상정하고, 그 영혼이 독일 민족으로 표현되었다고 주장한다. 그들이 말하는 독일의 영혼은 영국이나 프랑스의 합리적 인문주의보다 더 자연적이고, 영적이며, 직관적이고 이상주의적이었다.(그림 17-1) 이러한 사상은 19세기 후반 유럽에서 확산되던 유사과학적 인종주의와 특히 잘 맞아떨어졌고, 히틀러와 나치에 의해 독일 파시즘의 중심적 요소로 자리 잡았다. 이것이 이탈리아나 다른 지역의 파시즘보다 훨씬

---

6 Roger Griffin, *The Nature of Fascism* (New York: St. Martin's Press, 1991), p. 198.

[그림 17-1] 여성의 전쟁 지원을 촉구하는 독일의 나치 홍보 포스터
"너도 도와라(Hilf auch Du mit)!"

더 강하게 나타난 독일 나치의 특징이었다.

나치에게 독일 민족은 단순히 문화, 언어, 또는 법률에 의해 정의되지 않았다. 이는 누구나 습득하거나 받아들일 수 있는 것이었다. 대신 나치가 강조한 민족의 기준은 혈통과 인종에 기반을 두고 있었다. 이는 영구적이고 지울 수 없으며, 오직 출생을 통해서만 상속될 수 있었다. 따라서 인종의 순수성은 절대적으로 중요했다. 그렇지 않으면 열등한 이들과 섞여서 민족이 오염되고 그 영혼마저 타락할 위험이 있었다. 그래서 히틀러는 "강자는 지배해야 하며, 약자와 섞여 자신의 위대함을 희생해서는 안 된다"고 썼다. 히틀러는 유럽의 오랜 반유대주의 전통을 끌어와 유대인을 이러한 오염의 주요 원천으로 제시했다. 그리고 유대인을 자유주의와 "개인의 이기주의", 탐욕스러운 자본주의적 고리대금업의 특성, 그리고 경멸받는 소련 공산주의와 연결시켰다. 그 결과 유대인은 파시즘 이데올로기가 부정하는 모든 것을 구현하는 존재가 되었다. 나치의 위대한 과제는 이와 같은 심각한 위협을 제거해 독일 민족의 위대함을 유지하는 인종적 혁명을 수행하는 일이었다. 이처럼 인종과 "유대인 위협"에 대한 급진적이고 폭력적인 집착을 감안하면, 나치 사상은 정도의 차이는 있을지언정 본질적으로 독특한 형태의 파시즘 이데올로기로 규정된다.

공산주의와 파시즘의 사회운동적 측면

이데올로기는 사회 운동의 기반이었다. 구체적으로는 정치 조직 또는 정당의 형태로 나타났다. 공산당이나 파시스트당도 마찬가지였다. 정당은 이념을 전파하고, 구성원을 모집하며, 반대 세력과 투쟁하고, 때로는 선거에 참여하는 등 국가 권력을 장악하기 위해 전략적으로 움직였다. 사회 운동 세력은 크게 두 종류로 나뉘었다. 하나는 국가 권력을 탈취하여 새로운 정권을 수립하는 노선이었고, 다른 하나는 기존 질서에 반대하면서도 질서 안에서 투쟁하는 노선이었다.

공산주의 운동에서 가장 중요한 나라는 러시아였다. 1917년 러시아 혁명 때 볼셰비키가 권력을 잡으면서 세계 공산주의 운동이 시작되었기 때문이다. 볼셰비키는 이후 소련공산당으로 이름을 바꾸었다. 볼셰비키의 기원은 1903년으로 거슬러 올라간다. 당시 러시아 사회민주노동당이라는 큰 마르크스주의 조직에서 레닌의 주도로 떨어져 나온 작은 그룹이 바로 볼셰비키였다. 이후 10년 동안 볼셰비키는 다른 사회주의 및 마르크수주의 그룹과 치열한 논쟁을 벌였다. 규모가 작고 영향력도 미미했던 볼셰비키지만, 주요 도시의 산업 노동자들 사이에서 어느 정도 지지 기반을 확보했다. 제1차 세계대전이 볼셰비키에게 큰 기회였다. 전쟁 찬성 의견이 갈수록 줄어드는 상황에서, 사회주의를 표방하던 여러 정당들은 여전히 전쟁을 지지하고 있었다. 그러나 볼셰비키는 강력하게 전쟁 종식을 요구했다. 그들의 주장은 소규모 집단을 넘어 많은 사람들의 공감을 얻었다. 전쟁의 엄청난 압박 속에서 1917년 2월, 차르는 결국 권력을 포기했다. 그러나 이후 들어선 정부가 무능력한 약점을 보이자, 급진주의가 점점 더 세력을 모았다. 특히 도시 노동자, 여성, 패배한 군대의 군인들이 급진주의에 가담했다. 그와 같은 절박한 상황에서 볼셰비키는 즉각적 사회주의 혁명과 전쟁 종식을 주장했고, 더욱 광범위한 지지를 이끌어냈다. 결국 볼셰비키라는 소규모 정당은 1917년 10월 국가 권력을 장악했다. 공산주의는 이제 세계에서 가장 큰 나라를 통치하는 집권세력이 되었다.

　러시아의 공산주의 운동과 마찬가지로, 중국의 공산주의 운동도 거대한 혁명적 격변 속에서 권력을 잡았다. 그러나 중국의 격변은 훨씬 더 장기적으로 진행되었다. 중국 공산주의자들은 중앙 정부를 장악하기까지 약 28년(1921-49년)의 투쟁 기간을 거쳤다. 소련의 볼셰비키가 도시 노동자들의 지지를 얻었던 것과 달리 중국 공산주의자들은 농촌 지역 농민들이 주요 지지 기반이었다. 볼셰비키가 제1차 세계대전의 재앙적 상황에서 전쟁 종식을 명분으로 신뢰를 얻었다면, 중국 공산당은 제2차 세계대전 당시 일본 제국주의에 대한 강력한 저항을 통해 지지기반을 확보했다.

　다른 나라의 공산주의 운동도 또한 전혀 다른 상황에서 권력을 잡았다. 동유럽에서는 대부분 제2차 세계대전 직후에 공산주의 운동 세력이 권력을 잡았다. 주로는 나치 점령에서 해방군으로 진주한 소련군에 의해 강요된 결과였다. 반면 유고슬라비아에서는 현지 공산주의자들이 파시스트의 지배를 몰아내고 스스로 해방을 쟁취했으며, 이를 바탕으로 독립적인 공산주의 정권을 수립했다. 베트남에서는 공산당이 1930년에 결성되었고, 프랑스, 일본, 이후 미국까지 제국주의에 맞서 성공적으로 민족주의 투쟁을 이끌었다. 이를 통해 독립 베트남에서 공산주의 정권을 확립할 수 있었다. 쿠바의 공산주의 정권은 공산주의 운동에서 비롯된 것이 아니었다. 1960년대 초 카스트로는 약간의 사회주의적 색채를 가미한 강력한 민족주의 정부를 이끌고 있었다. 미국이 쿠바에 대해 적대 노선을 취하자 피델 카스트로(Fidel Castro)는 이에 맞서 공개적으로 소련과 동맹을 맺었다.

한편 다른 지역에서는 공산주의 운동이 국가 권력을 장악하지는 못했지만 정치적 공간에서 다양한 역할을 수행했다. 제2차 세계대전 중 열렬한 반파시즘 활동을 벌였던 이력을 바탕으로 전후 프랑스와 이탈리아에서는 공산당이 선거에서 상당한 성과를 거두었다. 이러한 상황은 부분적으로는, 공산주의 세력의 확대를 우려한 미국이 이들 두 국가를 지원하게 된 이유가 되기도 했다. 또한 이는 유럽 전역에서 공산주의로 기우는 민심을 되돌리기 위해 다양한 복지 정책을 촉진했을 수도 있다. 1970년대에 프랑스, 이탈리아, 스페인 공산당을 포함하는 유럽 공산주의 동맹은 독자적으로 "인간의 얼굴을 한 사회주의"를 표방했다. 미국에서는 소수 공산당의 활동에도 불구하고 과장된 공포가 조장되었다. 이러한 공포는 1950년대 초반 매카시(McCarthy) 상원의원의 "적색공포(red scare)"를 불러 일으켰다. 이는 이후 수십 년간 미국의 정치 담론에 영향을 미쳤다.

인도네시아에서는 1920년대에 공산당 세력이 조직되었고, 네덜란드 식민 통치로부터 독립을 위한 투쟁에 적극 참여했다. 1960년대 초까지 비집권 공산당 중에서는 인도네시아 공산당이 세계 최대 규모였다. 공산당의 인기가 높아지자 이는 인도네시아 정부와 군부에 위협이 되었다. 1965년 잔혹한 탄압이 가해졌다. 이 과정에서 공산주의자로 의심받는 수십만 명이 학살되었고, 인도네시아 공산당은 사실상 괴멸되었다. 페루에서도 또 다른 비정부 공산주의 운동의 사례를 찾아볼 수 있다. 페루에는 중국의 모택동주의로부터 영감을 받은 조직이 있었다. 흔히 '빛나는 길(Sendero Luminoso)'로 알려진 그 단체는 1980년대 초반 게릴라 전쟁을 시작했다. 이들은 암살과 파괴 공작을 통해 그들의 극단적 이데올로기에 반대하는 다양한 사람들을 희생의 목표물로 삼았다. 이들은 금세 페루 중부의 상당 지역을 통제 내지는 영향력을 행사하게 되었으며, 그 과정에서 수만 명의 희생자가 발생했다. 공산주의 운동을 진압하려는 정부에서도 '빛나는 길'의 폭력에 상응하는 수준의 폭력을 행사했다. 네팔, 남아프리카, 인도 등 다른 지역에서도 자칭 공산주의 운동이 자국의 정치 활동에 적극적으로 참여했으며, 때로는 폭력적으로 행동하기도 했다. 남인도의 케랄라(Kerala) 주와 프랑스 및 이탈리아의 여러 도시에서는 공산당이 오랜 기간 동안 지방 권력을 장악했다.

이탈리아와 독일에서는 파시즘 세력이 정권을 잡았다. 함께 경쟁하던 공산주의 세력과 달리 그들은 기존 체제 내에서, 보수 세력의 지지를 등에 업고 권력을 장악할 수 있었다. 그들이 활동했던 당시의 독일과 이탈리아는 신생국가로 자유주의적 의회민주주의의 뿌리가 깊지 않은 상황이었다. 제1차 세계대전은 심각한 후유증을 낳았다. 정치적 교착 상태, 격렬한 동시에 폭력적이었던 사회적 갈등, 베르사유 조약(독일의 전후 배상 의무를 규정했던 조약)에 대한 반감이 높았다. 이런 불만들이 모여 파시즘 운동이 활발하게 작동할 수 있는 조건을 만들어냈다.

이탈리아에서는 1922년에 파시즘 운동이 신속히 권력을 장악했다. 제1차 세계대전 직후 몇 년 동안 노동자들의 파업과 농민들의 토지 점거가 유행처럼 번지는 과정에서 폭력 사태가 점점 더 심화되었다. 러시아 혁명에 영감을 받은 이탈리아 사회주의자들의 인기도 급상승했다. 승전국이었던 이탈리아는 베르사유 조약을 통해 일정 영토를 얻었지만, 그 결과는 당초 기대에 못 미쳤다. 그에 대한 불만에 기초하여 수많은 우익 민족주의 단체들이 등장했다. 이와 같은 불안정한 상황 속에서

베니토 무솔리니(Benito Mussolini)가 등장했다. 전직 언론인이자 사회주의자였던 그는 카리스마 넘치는 인물이었으며, 1919년에 결성된 혁명적 민족주의 운동(Fasci Italiani di Combattimento)의 지도자였다. 그의 조직은 1921년 본격적인 정치 정당으로 탈바꿈했다. 무솔리니의 운동은 특히 블랙 셔츠(Black Shirts, Camicie Nere)라 불리는 민간 준군사 조직의 활동을 통해 당시의 폭력 사태에 큰 영향을 미쳤다. 이 조직은 좌절한 참전용사와 실업자들로 구성되어 있었다. 또한 무솔리니는 혼란에 빠진 나라에 평화와 질서를 가져오겠다는 약속을 하여 지주들과 기성 권력층의 지지를 확보하는 데 성공했다. 1922년 무솔리니는 로마를 향한 지지자들의 진군을 이끌었다. 비록 실패로 끝났지만 이탈리아 왕국에는 상당한 위협이 된 사건이었다. 국왕은 무솔리니를 초청하여 수상으로서 정부를 구성하도록 했다.(그림 17-2) 최초로 국가 권력을 장악한 파시스트 정권은 준합법적인 방식으로 그들의 목표를 이루어냈다.

   독일에서 나치가 정권을 잡는 과정도 대개 비슷한 상황에서 이루어졌다. 그러나 그들의 전성기는 이탈리아보다 10년이 늦었다. 제1차 세계대전 이후 독일은 엄청난 인플레이션, 불만에 찬 퇴역 군인들, 우익과 좌익 민병대 간의 충돌, 1919년 공산주의 봉기 시도를 겪었다. 베르사유 조약을 수용한 민주 정부는 많은 이들의 경멸과 비난을 받았다. 이러한 상황 속에서 카리스마 넘치는 연설가 아돌프 히틀러(Adolf Hitler)가 이끄는 소규모 정치 단체가 만들어졌다. 히틀러와 나치당은 공산주의자, 착취 자본가, 유대인 등을 적대시하고, 베르사유 조약을 맹렬히 비난했다. 1923년까지 약 5만 5,000명의 당원이 나치에 가입했다. 히틀러는 무솔리니의 로마 진군에서 영감을 얻어 뮌헨에서 유사한 쿠데타를

〔그림 17-2〕 이탈리아 파시즘 운동의 지도자이자 독재자 무솔리니와 휘하의 장군들
1922년 10월 6일 로마 진군 현장.

시도했지만 처참히 실패했다. 이후 1년 동안 감옥에 수감되었던 히틀러는 그곳에서 악명 높은 그의 저서 《나의 투쟁(Mein Kampf)》을 집필했다. 1924년부터 1929년까지 비교적 안정된 정치경제적 환경 속에서 나치당은 서서히 성장을 지속했다. 1929년까지 나치당은 10만 8천 명의 당원을 확보했지만, 1928년 선거에서 전국 득표율 2.6퍼센트에 그쳤다.

그러나 대공황으로 나치에게도 기회가 주어졌다. 대규모 실업, 정치적 교착 상태, 길거리에서 벌어지는 나치와 공산주의 민병대 간의 충돌 속에서 히틀러는 나치당이야말로 경제 위기와 공산주의의 위협에 대응할 수 있는, 유일한 민족(국가)주의 정당이라고 강조했다. 독일의 여러

CHAPTER 17 - 공산주의와 파시즘

은행가, 사업가, 정치 엘리트들의 지지를 바탕으로 나치당은 1932년 선거에서 37퍼센트의 득표율을 기록했으며, 1933년 초 히틀러는 새로운 독일 정부의 총리로 임명되었다. 독일의 보수 세력은 히틀러를 이용하고 통제할 수 있다고 믿었으며, 무솔리니가 그랬듯이 히틀러도 보수 세력의 지원을 받아 합법적으로 권력을 잡았다. 나치 운동이 빠르게 집권 세력으로 전환되자, 보수 세력은 자신의 판단이 얼마나 잘못되었는지를 곧 깨닫게 되었다.

파시스트들이 독자적으로 국가 권력을 장악한 국가는 이탈리아와 독일 두 나라에 불과했지만, 그것이 대공황과 결합되면서 오스트리아, 스페인, 헝가리, 루마니아에서도 파시즘 운동이 상당한 세력을 형성했다. 프랑스, 영국, 벨기에와 같은 비교적 안정적이었던 서유럽의 민주주의 국가에서도 지식인과 소수의 활동가들이 파시즘 또는 준파시즘적인 메시지를 발신했으나, 실제 정치적 영향력은 거의 없었다. 남유럽과 동유럽, 일본, 라틴 아메리카 등 다른 지역에서는 보수 권위주의 정권이 종종 파시즘의 외형을 채택했다. 예를 들면 정당의 국가 통제, 청소년 조직, 민병대, 민족 갱신을 내세우는 명분, 반유대주의, 독일이나 이탈리아와 정치적 유대 관계 강화 등이 그런 요소들이었다. 그러나 이들 정권에서는 특히 나치에게서 두드러졌던 진정한 혁명적 요소를 찾아보기는 어려웠다. 예를 들어 일본에서는 여러 급진적 우익 운동들이 극단적 민족주의, 의회 민주주의에 대한 적대감, 천황 숭배 중심의 엘리트 지도 체제에 대한 신념, 해외 팽창에 대한 헌신이라는 공통점을 공유하고 있었다. 이탈리아나 독일에서와 달리 일본에서는 이런 정당들이 광범위한 대중적 지지를 얻거나 국가 권력을 장악하지는 못했다. 많은 공산주의자들이 오랜 기간 그랬던 것처럼, 파시스트들도 스스로가 세계적 운동의 일부라는 생각은 없었다. 세계 공산주의 운동을 지원하기 위해 소련 주도로 코민테른(1919-43년)이나 코민포름(1947-56년)과 같은 조직이 만들어졌지만, 파시즘 혹은 준파시즘 운동의 경우 비슷한 조직이 등장한 적이 전혀 없었다.

공산주의 정권과 파시즘 정권

파시즘이나 공산주의 운동은, 정권을 장악한 국가에서는 자신의 이데올로기를 구현할 기회를 얻었다. 그 과정에서 20세기 세계가 재구성되었다. 대표적으로 이탈리아, 독일, 러시아, 중국 등의 다양한 사례를 통해 이들의 비교가 가능해졌다.

이들의 모든 사례를 관통하는 가장 자주 언급되는 공통점은, 이들이 자유민주주의 사회는 물론 전통적인 권위주의 국가와도 구별된다는 점이다. 이러한 공통점을 종종 "전체주의(totalitarianism)"라는 포괄적 개념으로 지칭했는데, 개념의 정확한 의미에 관해서는 논란이 있지만, 최소한 전체주의는 일당독재 국가를 지칭하며, 그 정당은 강력한 권력을 가진 개인이 주도하고, 국가는 유토피아와 개혁을 내세우며 사회와 개인의 영역에 침투하여 이를 통제하려 하는 체제를 의미한다. 전체주의 체제는 모두 반대 정당이나 단체를 제거하고, 대중 소통과 교육을 장악했으며, 정당의 통제 아래 청년, 여성, 노동자, 전문직 단체 등 다양한 집단을 위한 대중 조직을 창설했다. 그 결과 사생활과 시민 생활의 법적 보호 영역은 급격히 축소된 반면, 정당이나 국가의 감시 아래 집단적 또는 공적 생활의 영역은 크게 확장되었다.

그러나 다양한 변형이 존재했다. 파시스트들에게는 국가의 우월성이 핵심 가치였지만, 나치당은 적어도 이론적으로는 국가보다 당을 우선시했다. 무솔리니는 이렇게 선언했다. "파시즘은 국가를 절대적인 존재로 간주한다. 이와 비교하면 모든 개인과 집단은 상대적이다. … 국가는 그 자체로 영적이고 도덕적인 실체다."[7] 반대로 공산주의자들에게는 국가권력의 강화가 마르크스주의 이념에 반하는 것으로 간주되었다. 강제적 권위로부터의 해방과 궁극적으로 "국가의 소멸"이 마르크스의 약속이었기 때문이다. 그래서 공산주의자들은 러시아와 중국의 후진적 현실, 선진국을 따라잡아야 할 필요성, 그리고 혁명을 위협하는 자본주의 국가들로부터 혁명을 수호해야 할 의무 때문에 일시적으로 국가 권력을 강화하는 것이라고 합리화했다.

또한 이탈리아와 독일에서는 파시스트 정권을 수립하는 과정에서 군대, 교회, 관료 체제와 같은 전통적 제도와 엘리트 계층을 길들이고, 종종 압박을 가하거나 때로 타협했다. 그러나 이들을 아예 제거하거나 완전히 대체하려고 하지는 않았다. 이탈리아 파시스트들은 전체주의(totalitarian)라는 용어를 창안했지만, 이를 전혀 효율적으로 구현하지 못했으며, 파시스트 치하의 이탈리아는 여전히 반(半)다원주의적 국가로 남아 있었다. 예를 들어 무솔리니는 1929년 라테라노 조약(Patti Lateranensi)을 통해 바티칸과 합의를 이루었는데, 이를 통해 많은 이탈리아인이 가톨릭 신자이면서 동시에 파시스트가 되는 것이 가능했다.

---

[7] Benito Mussolini, *The Political and Social Doctrine of Fascism*, trans. Jane Soames (London: Leonard and Virginia Woolf at the Hogarth Press, 1933).

그러나 교회와 국가 사이의 다양한 갈등은 여전히 지속되고 있었다. 반면 스탈린 치하의 러시아와 모택동 치하의 중국에서는 지주 계층을 철저히 파괴하고 새로운 군대를 창설했으며, 종교 기관을 정면으로 공격했다. 또한 '부르주아 전문가'에 대한 굴욕적 의존을 종식시키기 위해 자체적으로 기술 및 관리 전문가를 양성하는 데 힘썼다.

이처럼 같은 "전체주의"라도 실천 방식에서 파시스트 정권과 공산주의 정권은 서로 달랐다. 경제 통제 방식에서도 이러한 차이가 분명하게 드러났다. 이탈리아와 독일에서는 모두 자본주의 경제의 기본 요소인 사유재산, 이윤 동기, 시장 관계가 유지되었다. 그러나 국가는 국가의 이익을 위해 경제에 개입하여 경제를 직접 규제하고, 통제하며, 지휘했다. 공공사업과 군비 지출, 노동조합과 파업 금지, 임금 및 가격 통제, 보호관세와 수입 제한, 산업 카르텔의 형성, 다양한 은행과 산업에 대한 재정 지원 등은 파시스트 정권이 경제를 관리하기 위해 개입한 기법 중 일부였다.

공산주의 정권은 훨씬 더 나아가 생산수단의 사적 소유를 근본적으로 폐지했다. 농지 소유권은 개인으로부터 몰수되어 국영 농장이나 집단 농장으로 전환되었다. 소련에서 이와 같은 전환이 대대적으로 이루어진 시기는 1928년부터 1932년 사이였다. 광범위한 저항이 잇달았다. 농민들은 이러한 전환을 흔히 농노제로 되돌아가는 것으로 여겼다. 중국에서도 유사한 과정이 일어났다.(1952-56년) 그러나 중국의 농촌 지역에는 오래 전부터 공산당이 조직되어 활동하고 있었기 때문에 전환에 따른 저항과 폭력이 소련보다는 훨씬 더 적었다. 산업 또한 민간 소유로부터 넘어가 국가 당국의 직접적인 통제 아래 놓였다. 국가가 모든 노동자의 고용주가 되었다. 여러 가지 계획들이 "5개년 계획"으로 연이어 시행되었고, 그 속에서 경제의 모든 요소가 세부적으로 규정되었다. 공장이 어디에 위치해야 하는지, 무엇을 얼마나 생산할 것인지, 제품을 누구에게 어떤 가격에 판매할 것인지, 그리고 노동자들이 임금을 얼마나 받을 것인지 등이 그 내용에 포함되었다. 이런 측면에서 공산주의 정권은 파시스트 정권보다 "전체주의적" 성격이 더 강했다.

모든 '전체주의' 정권은 기본적으로 대중의 지지를 얻고자 했고, 변혁의 노력에 대중의 동참을 이끌어 내려 했다. 그러나 여성을 동원하는 방식에서는 파시스트 정권과 공산주의 정권의 차이가 뚜렷했다. 파시스트 정권은 꼭 필요한 자리에 여성을 배치하기는 했지만, 여성에게 주어지는 역할은 제한적이고 범위가 엄격하게 규정되었다. 파시즘은 뿌리 깊은 반페미니즘적 태도를 견지했다. 근대 사회가 유럽 여성에게 가져다준 여성해방의 변화에 반감을 가졌기 때문이다. 파시스트 권위자들은 여성의 노동을 주로 가사노동에 한정시키고 유급 노동 시장에서는 배제하려 했다. 히틀러는 자연법칙에 따라 국가는 남성의 영역이며, 가정은 여성의 영역이라고 믿었다. 심지어 전시 노동력이 부족한 상황에서도 나치 당국은 여성을 공장 노동자로 고용하기를 꺼렸다. 출산율 감소를 우려한 이탈리아와 독일은 모두 모성 숭배를 장려하며, 국가를 위해 자녀를 출산한 여성들을 미화했다. 무솔리니는 이상적인 가족 규모가 열두 명의 자녀를 둔 경우라고 말한 적이 있다. 다자녀 가정에는 재정적 지원과 공개적 명예가 주어졌다. 따라서 파시스트 정권은 낙태, 피임, 가족 계획, 그리고 성교육과 같은 페미니즘적 사고와 연관된 거의 모든 것에 반대했다.

그러나 이러한 관점이 반드시 청교도적인 성적 태도와 일치하는 것은 아니었다. 독일에서는 1930년대 중반에 국가가 후원하는 매춘 시스템이 도입되었다. 이는 건강한 남성들이 성적으로 문란할 것이라는 가정과, 국가의 군사력을 강화하기 위해 군인들이 성적 해소 수단이 필요하다는 믿음에 기반한 것이었다. 히믈러(Himmler)는 국가 인구를 늘리기 위해 아리아인 사이에서 사생아 출산을 공개적으로 장려했다. 한편 1941년에는 모든 피임 도구를 금지한 나치의 정책에서 콘돔을 예외로 인정했다.(한편으로는 출산을 장려하며, 한편으로는 자유로운 성관계를 통한 성적 긴장 해소를 유도하는 등, 국가의 적극적인 성 생활 개입을 의미함 - 옮긴이) 특히 전쟁 중에는 도덕적으로 순결한 아리아인 가족이라는 담론이 밀려나고, 대신 국가의 이익을 위해 성을 활용하려는 의도가 우선시되었다.

공산주의의 여성 동원 방식은, 적어도 초기에는 상당히 다른 틀에서 작동했다. 러시아에서 권력을 장악한 볼셰비키는 국가 주도의 페미니즘이라는 주목할 만한 프로그램을 시작했다. 여러 가지 법률과 명령이 잇달아 발표되어 여성에게 법적 평등과 참정권이 부여되었다. 결혼도 법적 절차로 간주되어 "평등한 시민 간의 자유로운 결합"으로 정의되었다. 또한, 아내가 자신의 성(姓)을 유지할 수 있게 했고, 이혼을 용이하게 했으며, 낙태를 합법화하고, 서자에 대한 법적 차별을 폐지했다. 여성부(Zhenotdel)가 조직되어 여성 교육을 담당했다. 여성들이 보육 시설과 의료 시설을 운영하도록 교육시켰으며, 문해력 향상과 산전 교육도 장려했다. 무슬림 여성에게는 베일을 벗도록 권유했다. 또한 수백 차례의 여성 회의를 통해 여성들이 전통적인 역할을 넘어서는 목표를 추구하도록 격려했다. 여성부에서 발간한 어느 간행물에서는 "여성이 금속 노동자가 될 수 있는가?"라는 질문을 던졌고, 그 답은 단호히 "그렇다"였다. 1949년 중국에서 공산당이 정권을 잡은 이후에도 이와 유사한 움직임이 나타났다. 1950년에 제정된 결혼법은 개인의 의사와 상관 없는 가문 간의 중매 결혼, 어린 신부, 첩 제도와 같은 가부장적이고 유교적인 전통을 직접적으로 공격하는 한편, 과부가 재혼할 수 있도록 허용하고 여성에게 남성과 동등한 재산권을 부여했다.

그러나 공산주의식 페미니즘에도 한계가 있었다. 1930년 스탈린은 '여성 문제'가 해결되었다고 선언했다. 이후 수십 년 동안 여성 문제의 공론화는 거의 허용되지 않았다. 대신 산업화 추진이 우선시되었다. 초기의 여성 해방에 대한 강조는 1930년대에 들어 안정적인 가족 생활을 강조하는 방향으로 대체되었다. 이 과정에서 섹슈얼리티(sexuality)는 '사회주의 건설'이라는 거대한 과업에 종속되었다. 스탈린 시대의 소련은 몇몇 측면에서 히틀러 치하의 독일보다 성적으로 더 억압적이었다. 두 체제 모두 시급한 국가적 이익을 추구하기 위해 일부 핵심 가치를 희생하는 데 주저하지 않았다. 나치 독일이 순결한 가족을, 소련이 여성 해방을 포기한 것이 바로 그런 사례였다.[8] 그러나 서로 다른 측면도 있었다. 파시스트 정책이 여성을 노동력에서 배제하려고 한 반면, 공산주의 당국은 거의 모든 곳에서 기혼 여성을 포함한 모든 여성들에게 가정 밖

---

8 David L. Hoffman and Annette F. Timm, "Utopian biopolitics: reproductive policies, gender roles, and sexuality in Nazi Germany and the Soviet Union," in Michael Geyer and Sheila Fitzpatrick, eds., *Beyond Totalitarianism: Stalinism and Nazism Compared* (Cambridge University Press, 2009), pp. 107-108.

에서 일하도록 적극적으로 권장했다. 이는 공산주의 체제의 특징이었던 대규모 경제 개발 사업을 지원하기 위한 것이었다. 가정 내 가부장제 문제는 국가 체제의 차원에서 거의 해결된 것이 없었다. 그러므로 여성들은 유급 노동에 더해 가사와 육아를 떠맡는 이른바 '이중 부담'을 지게 되었다.

지도자의 독재, 경제 정책, 혹은 여성에 대한 태도보다도 더 분명하게 "전체주의"와 다른 정치 체제를 구분하는 특징은, 변혁의 목표와 결부된 극단적인 형태의 폭력이었다. 파시즘과 공산주의는 모두 "종말론적 구원의 이념"으로부터 영향을 받은 측면이 있었고, 이상사회를 만들기 위해 기존 사회를 재구성하려는 의도가 있었다. 또한 서구 자유주의 국가의 시민들보다 더 완전한, 발전된 인간, 즉 "새로운 인간(neue Mensch)"을 만들어 내고자 했다. 독일의 경우 인종적으로 순수하고 냉철한 나치 친위대의 장교, 소련의 경우 이타적인 노동 영웅(Stakhanovite)이 그런 인간의 전형이었다. 결국 파시즘과 공산주의 체제가 "배제해야 할 인간들이 깨끗하게 제거된 세계"를 추구하는 과정에서 특유의 폭력적 유형이 나타났다.[9] 파시즘과 공산주의 모두 유토피아적 비전을 제시하면서, 그것을 달성하기 위해서라면 어떠한 잔혹한 수단도 주저하지 않는 태도를 보였다. 파시스트는 인류를 고귀하게 만드는 행위의 일환으로 폭력과 전쟁을 찬미했고, 그러한 태도가 극단적인 폭력을 정당화했다. 공산주의에서는 치열한 계급 투쟁이라는 마르크스주의적 개념이 마

---

9 Jörg Baberowski and Anselm Doering-Manteuffel, "The quest for order and the pursuit of terror: National Socialist Germany and the Stalinist Soviet Union as multiethnic empires," in Geyer and Fitzpatrick, eds., *Beyond Totalitarianism*, p. 180.

찬가지로 폭력을 정당화하는 데 동원되었다.

나치 독일에서는 생물학적 또는 인종적 기준에 따라 어떤 사람을 배제하거나 "부적합" 판정을 내렸다. 정신적 또는 신체적 장애인, 동성애자, 로마인, 슬라브 민족이 그 대상이었다. 그 중 가장 대표적인 부류는 유대인이었다. 제2차 세계대전을 일으키기 전, 나치는 "치료 불가능한 병자"와 장애인을 안락사 프로그램에 따라 처형했다. 그 규모만도 10만 명이 넘었다. 그 외에도 이른바 "반사회적 인물들", 즉 범죄자, 부랑자, 매춘부, 포주, 알코올 중독자, 동성애자, 그리고 게으른 자들이 체포되어 강제수용소에 수감되었다. 이 또한 수만 명에 달했다. 이들 중 대다수가 결국 수용소에서 목숨을 잃었다. 그러나 가장 끔찍한 폭력은 전쟁 자체의 맥락에서 형성되었다. 독일 내 유대인에 대한 적극적인 박해와 고립 정책이 이후 정복 지역으로 확장되면서 홀로코스트로 이어졌다. 약 600만 명의 유대인과 수십만 명의 롬인(Rom, 집시)이 목숨을 잃었다. 특정 민족 전체를 지구상에서 말살하려는 시도는 역사상 전례가 없었다. 또한 독일의 지배가 폴란드와 소련 서부 지역으로 확장되면서 약 300만 명의 폴란드인이 처형되거나 살해되었다. 300만 명의 소련군 전쟁 포로가 포로 생활 중에 사망했으며, 약 400만 명의 강제 노동 징용공이 끔찍한 환경 속에서 목숨을 잃었다. 또한 동유럽 점령지에서 약 3,000만 명의 인구를 굶어 죽게 만들 계획을 세우기도 했다.[10] 독일인 정착민이 그곳으로 들어가 살아갈 "생활 공간(Lebensraum)"을 확보하려는 시도의 일

---

10 Stanley G. Payne, *A History of Fascism, 1914-1945* (Madison, WI: University of Wisconsin Press, 1995), p. 382.

환이었다. 나치의 폭력은 몇 가지 점에서 특이한 면이 있었다. 즉 적을 생물학적, 인종적 기준으로 정의했다는 점, 산업화된 방식으로 명백히 집단 학살을 실행했다는 점, 그리고 피해자들로부터 체제에 대한 실질적인 정치적 위협이 전혀 없었다는 점 등이었다.

　소련과 중국의 공산주의 정권 또한 폭력이 만연했으나, 그 정도와 방식은 서로 달랐다. 러시아에서 볼셰비키의 권력 장악 과정에서는 희생자가 비교적 많지 않았다. 그러나 뒤이어 벌어진 내전(1918-21년)에서는 양측 모두 극도의 잔혹성을 보였고, 약 700만-800만 명의 사람들이 목숨을 잃었다. 이 과정에서 공산당은 군사화되었으며, 황폐해진 국가 질서를 회복하는 과정에서 폭력에 의존하는 경향이 강화되었다. 농업 집단화(1928-32년)는 또 다른 폭력을 초래했다. 사회적 격변에 저항이 있었고, 이를 극복하는 과정에서 공산주의 세력은 비교적 부유한 농민들을 '쿨라크(kulak)'로 낙인찍었다. 이들은 대부분 외딴 지역으로 추방되거나 강제 노동 수용소(Gulag)로 보내졌다. 이 과정에서 약 200만 명이 사망했으며, 이후 발생한 기근으로 추가로 500만-600만 명이 목숨을 잃었다. 스탈린 시대 폭력의 절정은 1930년대 후반 '대테러' 시기에 발생했다. 이 시기 수많은 '혁명의 적'들이 굴라그로 보내졌는데, 이들 중 약 400만-500만 명은 끔찍한 환경에서 강제 노동에 시달리다 죽음에 이르렀다. 즉결처형을 당한 사람도 약 100만 명에 이른다. 스탈린 시대의 혼란을 더욱 심화시켰던 것은 폭력적인 민족 청소였다. 소련 사회를 민족적으로 동질적인 영토로 재편하려는 목적에서 이루어졌던 이 사업은 특히 전쟁 중에는 독일군과의 협력을 방지하거나 처벌하기 위한 목적으로 실행되었다. 수백만 명을 추방했음에도 독일에서처럼 대량 학살로 이어지지 않았던 이유 중 하나는, 중앙아시아에 이들을 재배치하거나 방치할 수 있는 공간이 있었기 때문이다. 그들은 그곳에서 스스로 생존해야 했다.

중국에서는 1949년 공산당이 권력을 장악한 직후 몇 년 동안 가장 광범위한 폭력이 발생했다. 이 시기 공산당은 농민들을 동원해 지주들과 대치하도록 했으며, 그들의 재산을 몰수하고 재분배하는 과정을 추진했다. 이 과정은 모택동(毛澤東)이 표현했듯이 "만찬이 아니었다."(革命不是请客吃饭, 혁명은 손님을 초대하는 저녁 만찬이 아니라는 모택동 어록이다. 여유 있는 상황이 아니라는 의미를 강조한 표현. — 옮긴이) 토지 개혁 과정에서 살해된 지주는 100만-200만 명 사이로 추정된다. 1957년에는 약 50만 명이 "우파인사(右派人士)"로 낙인찍혔다. 주로 당 노선에 비판적인 의견을 가진 지식인들이었다. 이는 대체로 그들의 경력을 마감하는 결과를 초래했다. 이들 중 1930년대 소련에서 그랬던 것처럼 많은 사람들이 처형당하는 경우는 드물었다. 대신 "재교육"을 위해 이들을 노동 수용소나 농촌 지역으로 보냈다.(上山下鄕 혹은 下放) 고된 노동을 통해 "농민들로부터 배운다"는 명목이었다. 1950년대 후반의 대약진운동(大躍進運動)은 빠른 경제 발전과 집단 생활을 동시에 추진하기 위해 거대한 농촌 공동체인 "인민공사(人民公社)"를 설계했다. 엄청나게 혼란스러운 과정에 악천후가 결합되어 대기근을 초래했고, 약 3,000만-4,000만 명에 이르는 사람들이 굶주림으로 사망했다. 이 기근은 주로 공산당 정책에 의해 발생한 것이었다. 모택동은 중국 공산당이 혁명적 정체성을 상실하고 있다고 두려워했다. 이는 1966-69년의 문화대혁명으로 이어졌다. 당시 수백만 명의 젊은이들이 "홍위병(紅衛兵)"으로 조직

[그림 17-3] 홍위병
1966년 문화대혁명(無產階級文化大革命)을 시작하며 북경 시내를 행진하는 고등학생과 대학생들이 모택동 주석의 어록을 흔들고 있다.

되었다. 모택동은 점점 더 급진적으로 "자본주의의 길을 걷는 자들(走資本主義道路的當權派, 약칭 走資派)"을 공격했다. 이는 사실상 어떤 방식으로든 불만을 표현한 사람들을 겨냥한 것이었다.(그림 17-3) 거대한 혼란에 휩싸여 약 50만 명이 목숨을 잃었다. 대부분의 사망자는 홍위병의 급진주의를 통제하기 위해 파견된 정부군에 의해 목숨을 잃었다. 홍위병의 활동은 국가를 내전 직전의 상태로 몰아갔다. 수백만 명의 사람들이 굴욕과 고문과 끝없는 갈등에 시달리며 평생 지울 수 없는 상처를 입었다. 이외에도 강제 노동 수용소나 농촌으로 추방되어 고된 육체 노동에 시달린 사람들도 수백만 명에 달했다. 이처럼 중국에서 공산주의 정권이 주도한 인명살상의 규모는 소련보다 훨씬 적었지만, "적"을 찾아내려는 노력은 끊임없이 이어졌다. 특히 문화대혁명 기간에는 이러한 과정이 당국의 통제를 벗어나는 양상을 보였다. 이는 소련에서는 결코 일어나지 않았던 일이다.

파시스트와 공산주의 정권 모두 대규모 폭력을 행사하고 사회적 혼란을 초래했지만, 그 과정은 서로 다르게 작동했다. 파시스트 정권과 마찬가지로 공산주의 정권 역시 유토피아적 비전이 위협받는다는 위기의식이 폭력으로 연결되었다. 그러나 소련과 중국에서 적으로 규정된 대상은 주로 내부에 있었으며, 인종이 아닌 계급의 관점에서 바라보았다. 나치 테러의 희생자 중 약 96퍼센트가 독일인이 아니었지만,[11] 소련과 중국에서 정권의 폭력으로 희생된 사람들은 대다수가 해당 국가의 시민이었다. 게다가 이러한 희생자들 중 다수는 열렬한 공산주의자였으며, 당의 고위 간부이자 정권의 충성스러운 지지자들이었다. 독일에서는 1934년의 "긴 칼의 밤"(Nacht der langen Messer, 사흘 동안 비밀리에 다수의 주요 정치인들을 암살했던 사건 – 옮긴이) 이후 충성스러운 나치 당원들을 위협하는 이와 같은 조치는 더 이상 없었다. 나치 엘리트들은 그만큼 안정감을 누렸고, 스탈린과 모택동 체제 하의 공산주의 엘리트들이 부러워할 만한 상황이었다. 히틀러의 독일에서 배제 대상으로 지목된 이들은 정치 투쟁에서 실제로 아무런 역할도 하지 않은 사람들이었던 반

---

11 Christian Gerlach and Nicolas Werth, "State violence – violent societies," in Geyer and Fitzpatrick, eds., *Beyond Totalitarianism*, p. 175.

면, 공산주의 국가에서는 "적"으로 규정된 일부 인물들(소련의 부하린과 키로프, 중국의 유소기劉少奇와 등소평鄧小平)은 스탈린이나 모택동의 정책에 대안을 제시할 가능성이 있었다. 그러나 이들이 권력자에게 실제로 가한 위협은 지나치게 과장되었다.

나치의 폭력은 그 이데올로기에 내재되어 있었고, 정권 자체에 본질적인 요소로 자리 잡고 있었다. 반면 공산주의 폭력은 그렇지 않았다. 결국 스탈린 치하에서 실시되었던 여러 측면의 폭력적 조치들(광범위한 공포정치, 대량 처형, 자의적인 체포, 굴라그 강제수용소)은 1953년 독재자인 스탈린의 사망 이후 대체로 폐기되었다. 파시스트의 세계에서 "적"의 개념에는 구제의 가능성이 전혀 없었지만 공산주의 체제에서 적은 노동, 자기비판, 혹은 전시 복무를 통해 어느 정도는 구제될 가능성이 있는 사람들이었다. 특히 중국 공산주의자들은 공개적인 자백, 철저한 자기비판, 처벌, 재교육을 포함한 장기간의 과정을 통해 태도를 변화시키기 위한 심각한 노력을 기울였다.

"전체주의"라는 꼬리표는 파시스트와 공산주의 정권 모두에 적용되어 왔지만, 이는 또한 상당한 비판을 받기도 했다. 그 개념으로 각 정권의 본질과 의미를 충분히 설명하기가 어렵기 때문이다. 예컨대 전체주의라는 용어가 처음 등장했던 이탈리아 파시스트 정권은 나치 독일이나 공산주의 국가들에 비하면 전체주의의 정도가 약했다. 무솔리니의 권력은 히틀러, 스탈린, 모택동만큼 절대적이지 않았으며, 전통 엘리트 계층의 지지에 더 많이 의존해야 했다. 이탈리아 파시스트 정권은 다른 전체주의 체제가 그랬던 것처럼 국민들의 개인적 인성 변화를 요구하지도 않았다. 일반적으로는 지도자에게 전적으로 충성하는 체제가 절대 권력을 휘어잡을 수 있고 효율성도 높다고 알려져 있었지만, 최근 학자들의 연구 성과에 따라 이와 같은 전제는 점점 더 약화되고 있다. 예컨대 독일 나치 체제에서 경쟁이 심했던 관료 체제라든가, 소련에서 중심부와 주변부의 갈등, 중국에서 지도부 내 정책적 의견 충돌 등의 연구 성과를 통해 확인된 것처럼, 전체주의 체제에서는 곳곳에 부패와 기회주의가 만연해 있었다.

파시스트 정권과 공산주의 정권은 모두 개인과 사회에 대한 전면적인 통제를 추구했지만, 완벽한 통제란 결코 쉬운 일이 아니었으며, 어느 정도의 '사적인 삶'은 여전히 유지되었다. 그들도 이러한 현실을 잘 알고 있었다. 그래서 사람들이 실제로 무슨 생각을 하는지 파악하기 위해 광범위한 정보원 네트워크를 구축했다. 동독의 슈타지(Stasi)가 그 대표적인 사례였다. 개인의 종교적 신앙과 수행 부문은 전체주의 정권이 침투하기가 특히 어려운 영역이었다. 1937년 소련 당국이 실시한 인구 조사에 따르면, 응답자의 약 57퍼센트가 스스로를 종교적 신앙인이라고 인정했으며, 히틀러의 교회 탄압은 상당한 비판을 불러일으켰다.[12]

기존의 파시즘 체제와 공산주의 체제 연구에서는 흔히 이들 체제가 거의 전적으로 공포와 강압과 테러를 통해 유지되었다고 설명했다. 그러나 최근의 연구에서는 막대한 사회적 폭력을 부정하지 않으면서도, 이들 체제가 의존했던 다른 자발적인 지지의 원천이 있었다는 점을 강조하고 있다. 정권과 사회 사이의 공통된 가치가 일부 존재했던 것은 분

---

12 Sheila Fitzpatrick, "Popular opinion in Russia under pre-war Stalinism," in Paul Corner, ed., *Popular Opinion in Totalitarian Regimes: Fascism, Nazism, Communism* (Oxford University Press, 2009), p. 19.

명한 사실이다. 독일의 경우 베르사유 조약에 대한 반감, 소련에서는 사회적 평등과 복지 제공자로서의 국가, 중국에서는 민족주의와 반제국주의가 그러한 공감대에 해당한다.

게다가 일부 사람들은 이러한 체제로부터 분명히 혜택을 받았다. 독일의 실업자들은 나치의 공장과 건설 프로젝트에서 일자리를 얻었고, 스탈린 체제의 소련에서는 사회적 상승 이동을 경험한 사람들이 있었으며, 중국의 빈농들은 토지를 얻었다. 많은 사람들, 특히 사회적으로 낙인찍힌 이들 중 일부는 체제의 사회공학적 노력과 이념적 목표에 맞추어 자신의 정체성을 적극적으로 재구성하려고 시도했다. 따라서 농촌에서 방금 이주해 온 소련의 도시 노동자들은 "볼셰비키의 언어를 구사하는 법"을 배웠고, 쿨라크(부농) 출신의 사람들은 프롤레타리아 정체성을 얻으려 노력했다. 중국에서는 부르주아 가정 출신의 젊은이들이 열렬한 홍위병이 되었다. 독일에서는 나치 활동가와 일반 시민 할 것 없이 모두가, 카리스마 넘치는 지도자를 중심으로 형성된 민족(국민) 공동체에 참여하기 위해, 자발적으로 "지도자의 뜻에 따른 작업(Führer entgegenarbeiten)"에 나섰다.[13] (나치 독일 시대의 개념으로, 지도자의 명시적 명령이 없더라도 그 취지를 짐작해서 적극적으로 사업에 참여하는 태도를 말함 – 옮긴이) 특히 젊은 층 사이에서, 새로운 세상을 건설하는 데 동참하는 일은 흥분과 목적 의식을 불러일으켰다. 수백만 명의 젊은

---

13 Ian Kershaw, "'Working towards the Fuhrer': reflections on the nature of the Hitler dictatorship," in Ian Kershaw and Moshe Lewin, eds., *Stalinism and Nazism: Dictatorships in Comparison* (Cambridge University Press, 1997), pp. 104-105.

이들이 여기에 이끌려 히트러 유겐트(Hitlerjugend)에 가입했다. 열정적인 소련 청년들은 대규모 산업화 도시 및 시설 건설 프로젝트에 참여했다.(Magnitogorsk) 마찬가지로 헌신적인 중국의 젊은 간부들은 토지 개혁을 수행하기 위해 외딴 마을로 들어갔다. 따라서 모든 전체주의 체제는 내부적으로 상당한 사회적 지지를 얻었다. 그러나 대중의 지지는 시간이 지남에 따라 변동이 심했고, 결국 감소 추세로 돌아섰다.

파시스트 정권과 공산주의 정권의 마지막 비교 지점은 그들의 종말과 관련된 장면이다. 나치 독일과 파시스트 이탈리아는 자국의 황폐화 속에서 군사적 패배와 정복을 통해 붕괴했다. 극단적 민족주의 정권을 벗어난 이탈리아와 독일은 이후 유럽연합의 창립 회원국으로서 일종의 "세계주의적 초국가주의(cosmopolitan trans-nationalism)"를 수용하게 되었다.[14] 제2차 세계대전 패배와 홀로코스트의 폭로 이후 파시즘은 완전히 신뢰를 상실했다. 그러나 같은 전쟁에서 승리한 소련과 중국의 공산주의 정권은 새로운 정당성을 확보했다. 이들은 사회주의와 혁명적 매력에 더해 민족주의적이고 반제국주의적인 정체성을 강화했다. 그리고 그들의 공산주의 사회도 변해갔다. 예전에는 전체주의 정권이 스스로 지속되며, 그 상태에서 벗어날 능력이 없다는 선입관이 있었다. 그러나 스탈린 이후의 소련 사회는 실제로 폭력적이거나 자의적인 특성을 과감히 버렸다. 모택동 이후의 중국도 마찬가지였다. 여전히 공산당이 중국을 통치했지만 모택동 시대의 혼란스러운 격변을 피하고 안정과 경제

---

14 Michael Geyer and Sheila Fitzpatrick, "Introduction: after totalitarianism – Stalinism and Nazism compared," in Geyer and Fitzpatrick, eds., *Beyond Totalitarianism*, p. 33.

성장을 우선시했다. 더욱이 세계 공산주의 운동은 각기 분열되었다. 소련, 유고슬라비아, 중국, 유럽 공산주의자들의 노선은 갈수록 거리가 멀어졌다.

공산주의의 실질적인 종말은 파시즘의 종말과 매우 다르게 나타났다. 공산주의의 경제적 실패와 도덕적 실패는 엘리트와 일반 대중 모두의 지지를 잃었다. 동시에 개혁 운동이나 노골적인 반대 운동이 터져 나왔다. 소련의 경우, 1980년대 중반 미하일 고르바초프(Mikhail Gorbachev)는 실패가도를 달리던 체제를 구하려 노력했지만 상황을 더욱 악화시킬 따름이었다. 결국 지도부조차도 너무나 환멸을 느낀 나머지 체제 붕괴를 막을 수 있는 물리력 동원을 포기했다. 결국 협상을 통해 연방이 해체되었다. 동유럽의 1989년은 기적의 해였다. 불과 1년 동안 각국의 대중 운동은 그들이 혐오하던 정부를 강제로 전복시켰다. 중국에서는 공산당이 권력을 유지하면서도 모택동주의와 연관된 거의 모든 것을 버렸다. 물질적 번영이 점차 확대되는 가운데, 중국은 모택동이 그토록 우려했던 자본주의 노선으로 이끌려 들어갔다. 서구로부터의 문화적 압력과 냉전 시기의 군비 확장이 공산주의 체제 문제를 심화시키는 데 기여했지만, 공산주의의 붕괴나 포기는 주로 내부적인 과정이었다. 이는 많은 이들이 우려했던 장기적인 폭력의 과정 없이, 그리고 파시즘의 피비린내 나는 종말을 동반했던 외부의 군사 개입 없이 이루어진 일이었다.

러시아, 구 소련 공화국들, 동유럽, 그리고 중국에서는 점점 심화되는 사회적 불평등 속에서 가시 돋힌 민족주의가 고개를 들었다. 탈-공산주의 정권은 공산주의 시대 오랜 기간에 걸쳐 형성되었던 가치들, 즉 국제주의적이고 평등주의적인 이상으로부터 등을 돌렸다. 중국, 베트남, 쿠바, 그리고 북한에 공산주의 통치의 잔재가 남아 있긴 하지만, 국제적 갈등의 주요 원천으로서, 현대성의 대안적 형태로서, 그리고 더 나은 세계로 가는 길로서의 공산주의는 이전의 파시즘처럼 역사의 뒤안길로 사라졌다.

더 읽어보기

Brown, Archie. *The Rise and Fall of Communism*. New York: Ecco, 2009.

Corner, Paul, ed. *Popular Opinion in Totalitarian Regimes: Fascism, Nazism, Communism*. Oxford University Press, 2009.

Furet, François, and Ernst Nolte. *Fascism and Communism*. Lincoln, ne: University of Nebraska Press, 2001.

Geyer, Michael, and Sheila Fitzpatrick, eds. *Beyond Totalitarianism: Stalinism and Nazism Compared*. Cambridge University Press, 2009.

Kershaw, Ian, and Moshe Lewin, eds. *Stalinism and Nazism: Dictatorships in Comparison*. Cambridge University Press, 1997.

Neiberg, Michael S., ed. *Fascism*. Aldershot: Ashgate, 2006.

Payne, Stanley. *A History of Fascism, 1914-1945*. Madison, WI: University of Wisconsin Press, 1995.

Priestland, David. *The Red Flag: A History of Communism*. New York: Grove Press, 2009.

CHAPTER 18

세계사 속의 중동

존 오버트 볼
John Obert Voll

중동은 "국제 관계의 핵심이 되는 지역이다. 결과로서 문제가 존재하는 곳이 아니라 국제적 문제가 발생하는 근원이자 출발점이다. 지리적으로 중동은 아시아, 아프리카, 유럽을 연결하는 교량이며, 세계 석유 생산의 중심지이며, 민족 대립의 전장이며, 강대국 경쟁의 주요 무대로서 세계 체제에서 그 역할이 막대하다."[1]

이 글은 20세기 중엽에 타레크 이스마일(Tareq Ismael)이라는 학자가 중동 문제를 설명한 내용이다. 그는 현대 세계사에서 중동이 차지하는 위치를 명확히 제시했다. 중동 지역은 동반구의 중심부에 위치하고 있어 전략적 측면과 문화적 측면에서 모두 특별한 중요성이 있다. 중동의 석유는 현대 산업 사회에 필수적이다. 중동 지역에서 형성된 세계관과 이데올로기는 고대 일신교에서부터 근현대의 급진적 민족주의와 최근의 종교적 부흥에 이르기까지 모두가 세계사에서 중요한 요소로 작용해 왔다. 또한 중동 지역은 강대국들의 갈등의 무대였다. 이집트의 파라오와 바빌로니아 시절부터 19세기 제국주의 시대의 "동방 문제(Eastern Question)"에 이르기까지 이는 변함 없는 현실이었다. 오늘날 "문명의 충

---

[1] Tareq Y. Ismael, *The Middle East in World Politics: A Study in Contemporary International Relations* (Syracuse University Press, 1974), p. vii.

돌(Clash of Civilizations)"이라고 일컬어지는 현대적 갈등도 같은 맥락에 놓여 있다.

　세계를 변화시켰던 근현대의 경험은 중동에서도 예외가 아니었다. 다른 지역과 마찬가지로 중동에서도 도시화가 진행되면서 다수 인구 비중이 농민과 농촌에서 도시로 넘어갔다. 또한 세계 다른 지역과 마찬가지로 성 역할의 변화가 중동 문화에도 영향을 미쳤다. 이러한 사회적 변화는 중동 내 각국에서 서로 다른 형태로 나타났다. 중동이라는 지역 자체가 이러한 글로벌 사회 변혁에서 독특한 역할을 한 것은 아니었다. 근현대 세계사에서 중동이 가장 두드러졌던 부분은 오히려 지정학적 측면과 종교적 부흥의 맥락이었다. 따라서 이 장에서는 근현대 세계사에서 중동과 관련된 지정학적 차원과 종교 및 이념적 차원의 분석에 논의의 초점을 맞추고자 한다.

　중동은 고립되거나 독립적인 지역이 아니라, 현대의 글로벌 네트워크에서 중요한 부분을 차지하고 있다. 중동 고유의 발전 양상은 세계적 흐름을 반영하는 동시에 그것에 영향을 미치기도 한다. 2011년 카이로의 타흐리르(Tahrir) 광장 시위를 비롯한 아랍의 봄(Arab Spring)은 특정 권위주의 정권에 대한 반대 의지를 명확히 드러냈다. 또한 국가 정책에 반대하는 그와 같은 운동은 글로벌 소셜 미디어가 제공한 새로운 시위 도구를 활용했다는 점에서 전 세계적으로 주목을 받았다. 이러한 운동들은 세계의 다른 대중 운동으로부터 영향을 받았으며, 동시에 그들 또한 세계에 영향을 미쳤다. 중동의 사회 운동이나 세계의 사회 운동은 모두 글로벌 요소와 지역적 요소가 결합되어 나름의 성격을 형성했던 것이다.

　중동이라는 지리적 개념이 포괄하는 영토적 범위는 유동적이다. 이는 글로벌 및 지역적 발전의 변화하는 성격을 반영한다. 18세기 중반에는 중동이라 하면 오스만 제국의 지배를 받던 동유럽과 남유럽의 대부분이 포함되었다. 21세기에 이르러 외부 분석가들과 지역 주민들이 중동이라고 부르는 지역은, 일반적으로는 아랍 세계, 튀르키예, 이란을 포함한다. 그러나 이 용어는 신중하게 규정된 개념이라기보다는 편의적으로 사용되는 측면이 있다.[2]

현대 중동 역사를 이해할 때 중요한 요소 중 하나는, 외세와 지역 내 집단 간의 관계 변화다. 외세와 지역 내부적 요소는 흔히 경쟁적인 요인으로 이해되지만, 동시에 양자는 상호 보완적인 관계이기도 하다. 세계사에서 세계적 요소와 특정 지역적 요소의 융합을 나타내기 위해, 다소 어색하지만 유용한 "글로컬리즘(glocalism)"이라는 신조어가 만들어졌다.[3] 글로컬리즘의 틀 안에서는 세계적 요소와 지역적 요소가 상반되는 개념이 아니다. 예를 들어 중동 현대사에서 유럽 제국주의 정책은 지역의 반응을 감안하여 만들어졌듯이, 마찬가지로 발전가도의 지역 내 민족주의 운동 역시 그들이 반대하던 제국주의를 배제하고는 이해할 수 없다.

1750년 이후 중동 근현대사의 주요 사건들은 세계적 요소와 지역적 요소 간의 관계를 잘 보여준다. 이 장에서는 특정 사례를 중심으로, 세계적 요소와 지역적 요소가 상호 보완적으로 연결되어 있음을 보여주고자

---

2 John Obert Voll, "The Middle East in world history," in Jerry H. Bentley, ed., *The Oxford Handbook of World History* (Oxford University Press, 2011).
3 Roland Robertson, "Glocalization: time-space and homogeneity-heterogeneity," in Mike Featherstone, Scott Lash, and Roland Robertson, eds., *Global Modernities* (London: Sage, 1995), p. 40.

한다. 결론적으로 중동의 현실을 분석하기 위해서는 "외부 세력(outside forces)"과 "지역 행위자(regional actors)"를 구분하는 것만으로는 충분치 않다. 그러므로 중동의 지역적 발전이 세계적 흐름의 형성에 어떻게 기여했는지, 그리고 보다 세계적이고 초지역적인 세력이 근현대 중동의 성격 규정에 어떤 역할을 했는지에 대한 이해가 보완될 필요가 있는 것이다.

18세기의 중동

후대의 많은 연구자들은 18세기 중동을 쇠퇴의 시기로 해석했다. 그러나 당시 국력이 전반적으로 쇠락하고 문화가 정체되어 있었다 하더라도, 당시 그곳에서 살아가던 대부분의 사람들에게는 그것이 반드시 명확하게 인식되는 것은 아니었다.

1750년은 오스만 제국에서 향후 20년간 이어질 평화의 시기가 시작되는 해였다.(지도 18-1) 동유럽 전쟁으로 발칸반도에서 영토를 잃었음에도 불구하고, 개혁주의자였던 술탄과 대재상들은 제국의 중심부를 확고히 유지했다. 18세기 말, 술탄 셀림(Selim) 3세(재위 1789년-1807년)는 유럽식 군대를 창설하기 위한 대대적인 개혁 프로그램을 시작했다.

모로코에서는 술탄 무함마드 이븐 압둘라(Muhammad ibn Abdullah, 재위 1757-90년)가 알라위(Alawi) 왕조의 통치를 확고히 했으며, 이 왕조는 21세기까지 존속하고 있다. 그는 종교 개혁에 중점을 두었지만, 그의 정책에는 유럽과의 상업 관계도 포함되어 있었다. 무역 장려 정책의 일환으로 술탄 무함마드는 1777년 미국을 공식 승인했다. 국제 사회에서는 그가 미국을 승인한 최초의 국가 원수였다. 1786년 양국 간 상업

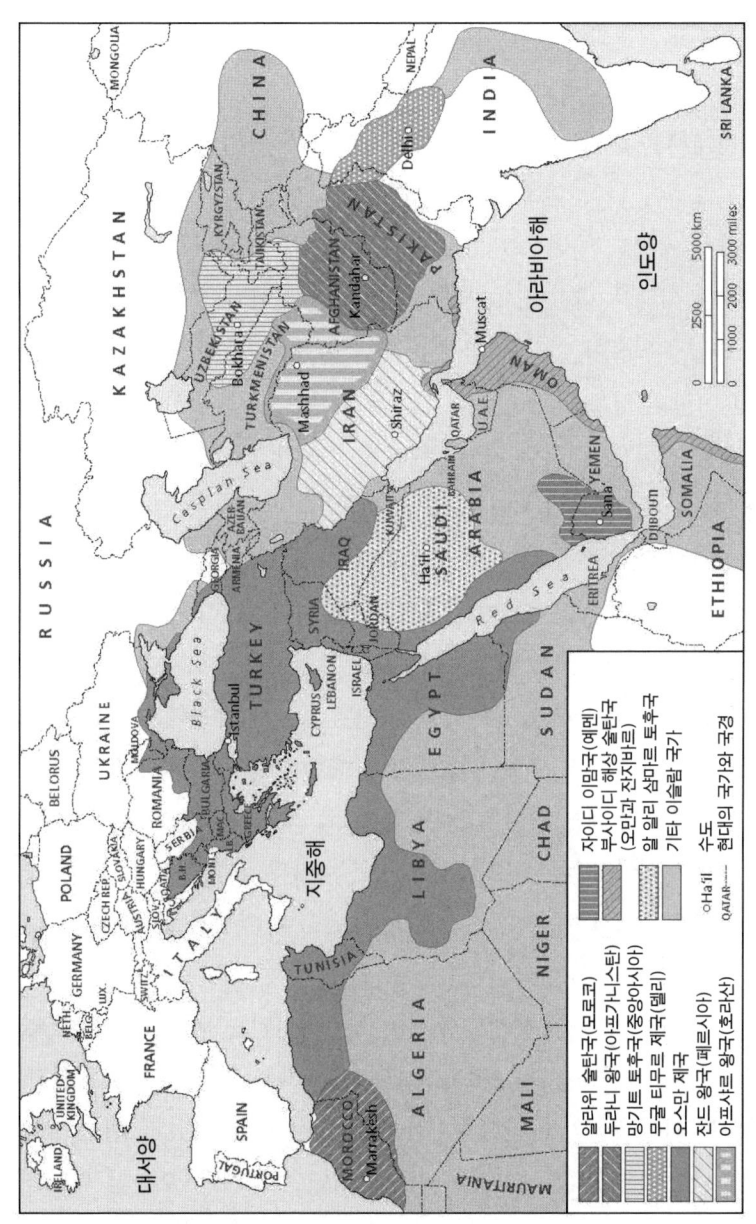

[지도 18-1] 1750년의 이슬람 세계

CHAPTER 18 – 세계사 속의 중동

관련 조약이 체결되었다. 그의 경제 정책 방향 덕분에 알라위 왕국의 국내 정책도 세계적 차원과 긴밀하게 연결되었다.

이란에서는 18세기 전반기에 사파비 왕조가 붕괴되었다. 18세기 중엽에는 그곳이 여러 민족 집단과 군벌들의 전장이 되어 있었다. 이러한 혼란 속에서도 이란은 비단을 비롯한 직물 등의 상품으로 세계 무역 참여를 확대해 나갔다. 18세기 말에 이르러 아가 무함마드 칸(Agha Muhammad Khan)이 이끄는 북서부 이란의 부족 연맹 카자르(Qajar)가 오늘날 이란의 영토를 정복했다. 신생 카자르 왕조는 러시아와 여러 차례 전쟁을 치렀으며, 식민지화의 위기를 극복하고 근대식 중앙집권 국가의 기틀을 마련하며 100년 이상 유지되었다.

이상에서 언급한 중동의 세 국가가 단순히 외세의 침략을 받는 지역 세력에 불과한 존재는 결코 아니었다. 전쟁의 과정에서 이들은 일부 유럽 열강들과 동맹을 맺는 한편, 다른 일부 열강들과는 적대 관계를 유지했다. 그들도 19세기에 형성된 세계 체제의 일부로 참여하고 있었다. 모로코의 술탄 무함마드 이븐 압둘라가 시행한 무역 정책과 마찬가지로, 외부 세계와의 연계는 각국의 국내 정책에도 영향을 미쳤다. 중동 지역의 상황은 러시아, 영국, 프랑스 같은 다른 국가의 정책 수립에도 영향을 주었다. 그러므로 18세기 후반의 중동을 단순히 외세에 통제권을 상실해 가는 과도기적 시대로만 볼 수는 없다.

18세기 후반 중동의 세계사적 위치를 부각시키는 두 개의 사건이 있었다. 하나는 퀴취크 카이나르자(Küçük Kaynarca) 조약(1774년)이었고, 또 하나는 나폴레옹의 이집트 및 시리아 침공(1798년)이었다. 퀴취크 카이나르자 조약은 1768-74년 사이에 일어났던 러시아-오스만 전쟁을 종결하는 조약이었다. 후대의 연구자들은 이 두 사건을 오스만 제국의 쇠퇴를 보여주는 사례로 언급하며, 이를 지역 내부적 맥락에서 이해하려는 경향을 보였다. 그러나 이 사건들은 글로벌 정치의 맥락에서도 조망할 필요가 있다. 퀴취크 카이나르자 조약은 폴란드의 1차 분할 이후 불과 2년 만에 체결되었으며, 이는 유럽 세력 균형 재편 과정의 일부였다. 1795년 3차 분할로 독립을 상실했던 폴란드와 달리, 오스만 제국은 일부 영토를 잃었지만 유럽 국가 체제 내에서 이후로도 150년 동안 생존했다. 오스만 제국은 러시아 제국이나 합스부르크 제국과 마찬가지로 광범위한 다민족 제국의 역사 중 일부였으며, 유사한 문제를 공유했고, 각자의 해결 방안을 통해 상호 영향을 주고받았다.

1798년 나폴레옹이 오스만 제국의 속주였던 이집트를 침공한 것은 글로벌 전략의 일환이었다. 프랑스 군대는 이집트를 방어하던 군대를 쉽게 격파했으며, 일부 학자들은 이를 오스만 제국 쇠퇴의 징후로 보았다. 그러나 오스만 제국은 영국 해군의 지원을 받아 프랑스의 시리아 침공을 저지했고, 결국 프랑스는 1801년 이집트에서 철수했다. 이 사건의 결과는 글로벌 요소와 지역적 요소가 융합된 모습을 반영한다. 오스만 제국의 지휘관 무함마드 알리(Muhammad Ali)는 이집트의 총독이 되어 1805년부터 1848년까지 지역을 통치했다. 그의 근대화 개혁 덕분에 이집트는 오스만 제국으로부터 사실상 독립을 할 수 있었다. 1830년대에 이르러 오스만 왕조의 생존에 가장 큰 위협을 가한 것은 유럽 열강이 아니라 이집트였다.

나폴레옹 시대의 글로컬(glocal)한 성격은 "동방 문제(Eastern Question)"의 중요한 틀을 형성했다. 동방 문제는 유럽 열강이 오스만 제국 영토에서 세력을 확장하는 과정에서 발생한 여러 문제를 가리키는 용어다. 동방 문제는 주로 유럽 외교사 측면에서 논의되곤 하지만, 무함마드 알리(Muhammad Ali)와 같은 중동의 주요 인물들도 여기에 중요한 역할이 있었다. 무함마드 알리는 이집트의 내부 상황을 변화시키는 한편, 그의 정책은 영국과 프랑스의 지역 개입 방식에도 영향을 미쳤다. 1831년에 그는 시리아 지방을 침공하여 오스만 제국에 도전하기도 했으나, 이는 결국 영국이 오스만 술탄을 방어하도록 만들고 오스만 제국 유지에 영국이 개입하는 계기가 되었다. 이는 동방 문제에 관한 외교적 사안에서 중요한 주제로 자리 잡았다. 이처럼 중동에서 일어난 변화는 세계적 외교 관계를 형성하는 과정에서 중요한 요인으로 작용했다.

중동은 세계 경제사에서도 유사한 역할을 했다. 18세기에는 전 세계가 에너지원과 경제 제도 측면에서 여전히 산업화 이전 단계에 머물러 있었다. 어느 지역 경제도 글로벌 무역 네트워크에서 지배적 위치를 차지하지 못했다. 화석 연료에 의존하는 산업 사회가 등장하고, 중동에서 대규모 석유 자원이 발견되기 전, 중동의 중요성은 오랫동안 지속되어 온 역할, 즉 동반구 무역 네트워크의 중심에 위치한 무역 거점 지역이라는 점이었다. 이 요인이 예컨대 나폴레옹이 이집트를 침공하기로 한 결정에 영향을 미쳤으며, 알레포(Aleppo), 스미르나(Smyrna, 현 Izmir), 카이로(Cairo)와 같은 지역 내 주요 도시의 번영에도 중요한 요소로 작용했다.

18세기 동안 이슬람 세계에서는 중요한 종교적 운동들이 발전했다. 수피 형제단(tariqah)은 교사와 설교자들의 네트워크를 통해 대중적 신앙심을 표현하는 연합체로, 이슬람 세계 전역에 퍼져 있었다. 중동 지역

내 활동이 그들의 네트워크에서 중요한 역할을 했지만, 주요 형제단의 경우 초지역적(transregional) 네트워크가 더 큰 중요성을 지니고 있었다. 18세기 후반과 19세기 초에 일부 형제단의 지도자들은 독자적으로 단체를 구성하여 종교적 부흥 운동을 이끌어 나갔다.[4]

예를 들어 나크슈반디야(Naqshbandiyyah) 형제단은 중앙아시아에서 기원했으며, 그 교사들과 여러 중심지의 초지역적 네트워크는 수많은 이슬람 개혁 운동을 뒷받침하는 중요한 틀로 작용했다. 이 형제단에 속한 중국인 마명심(馬明心, 1719년?-1781년)은 중앙아시아를 여행하며 예멘과 메카에서 형제단의 스승들로부터 교육을 받았다. 그 뒤 중국 서부 지역으로 돌아온 그는 무슬림 공동체 안에서 활발한 개혁 운동을 이끌었다. 그 뒤 수피 형제단의 지도자였던 칼리드 알바그다디(Khalid al-Baghdadi, 1776년-1827년)는 나크슈반디야의 하위 분파로서 칼리디야(Khalidiyyah)라는 개혁주의 형제단을 설립했다. 그의 형제단은 시리아와 이라크에서 추종자를 얻었고, 19세기 중엽에는 러시아 제국의 캅카스 확장에 맞선 지하드의 조직적 기반을 제공했다. 다른 형제단 역시 이와 유사한 초지역적 영향을 미쳤던 역사가 있었다.

또 다른 주요 종교 부흥 운동으로 무함마드 이븐 압둘 와하브(Muhammad ibn Abd al-Wahhab, 1703-1791)의 운동이 있었다. 와하비즘은 분명하게 반(反)수피적 입장을 표명했으며, 대중적 신앙의 여러 가지 형태에도 반대하는 입장이었다. 금욕주의적 교사 와하브는 아랍 부

---

4 John Obert Voll, "Foundations for renewal and reform: Islamic movements in the eighteenth and nineteenth centuries," in John L. Esposito, ed., *The Oxford History of Islam* (Oxford University Press, 1999), pp. 509-547.

족 지도자인 무함마드 이븐 사우드(Muhammad ibn Saud)와 협력하여 아라비아 중부에 국가를 세우고 엄격한 종교 개혁 전통을 확립했다. 와하비즘의 이슬람 부흥 운동은 하나의 전통을 형성하여 현대사에서 수많은 활동에 영감을 주었고, 때로는 극단적이며 폭력적인 운동에도 영향을 미치는 등, 21세기 국제 관계의 중요한 부분으로 자리 잡았다.

18세기 후반 중동의 역사는 세계사에서 중요한 부분을 차지한다. 지역 내 발전은 세계적 관계에 영향을 미쳤으며, 거꾸로 변화하는 글로벌 사안들이 지역적 발전에 영향을 주기도 했다. 그러나 이러한 상호작용은 산업화 이전 세계사의 틀 안에서 이루어졌다. 19세기 초에 이르러, 현대사로의 전환은 중동사와 세계사 모두에서 중요한 주제로 부각되었다.

19세기의 중동과 세계의 변화

1790년대 나폴레옹의 등장부터 1914년 제1차 세계대전 발발까지의 약 한 세기 동안, 중동과 세계의 사회는 극적인 변화를 거쳤다. 산업혁명은 서유럽에 경제적·군사적 지배력을 부여했으며, 이러한 변화는 기존 정치 체제를 취약하게 만들고 새로운 정치 질서의 기반을 마련했다. 새로운 세계 질서는 중동 국가와 사회가 글로벌 네트워크에 더욱 긴밀하게 통합되는 양상을 수반했다. 19세기에 일어난 변화의 본질을 이해하기 위해서는 해당 시기 초반과 말기에, 중동 내 주요 3국에서 벌어진 사건을 비교해 보는 것이 좋다.

오스만 제국에서 술탄에 대한 반란은 세기와 더불어 시작해서 세기와 함께 끝났다. 신질서(Nizam-ı Cedid, New Order) 개혁을 추진했던 술탄 셀림(Selim) 3세(1789년-1807년)는 1807년 그의 프로그램에 반대하는 반동 세력에 의해 폐위되었다.(신질서 개혁이란 중앙집권을 강화하고 유럽식 군대를 편성하려 했던 술탄 셀림 3세의 정책 노선이었다. 예니체리 등 보수파의 쿠데타로 황제가 폐위되었다. - 옮긴이) 짧은 혼란기를 거친 뒤 마흐무드 2세(Mahmud II, 재위 1808-39년)가 즉위했으며 다시 유럽 선진국을 모델로 국가 개조를 시작했다. 그의 개혁은 제국 내 중앙 통제를 강화하기 위해 시작되었으며, 근대화를 지향하면서도 권위주의적인 엘리트 계층의 입장을 반영한 것이었다.

한 세기가 지난 후, 전제적 통치자였던 술탄 압둘하미드(Abd al-Hamid) 2세(재위 1876년-1909년)는 1908년 군사 반란에 직면했으며, 이는 청년 투르크 혁명의 발단이 되었다. 혁명 세력에는 입헌주의자, 이슬람 근대주의자, 민족주의자, 서구화된 기술 관료들이 포함되어 있었다. 이들은 모두 19세기의 발전으로 태어난 인물들이며, 세기 초만 하더라도 오스만 제국의 정치에서 어떠한 역할도 하지 못하던 계층이었다. 개혁의 핵심 주제는 권위주의적 중앙집권화에서 자유주의적 입헌주의로 전환하자는 것이었다. 청년 투르크파는 20세기 현대 터키 공화국의 기초를 형성했다.

19세기 초, 카자르(Qajar) 왕조의 정복으로 이란 지역이 통일되었다. 그러나 이 왕조는 인기가 없었으며, 러시아와 전쟁을 치렀고, 유럽 열강과 외교적 긴장으로 위기를 겪었다. 그들의 주요 종교는 다수파 인구의 신앙이자 국교였던 시아파였다. 종교 지도자들은 일반적으로 카자르 샤(왕)의 통제를 벗어나 주요 세력을 형성했다. 19세기 말에 이르러 군주의 권력을 제한하려는 강력한 운동이 결집해, 1905년에서 1911년 사이 헌법 혁명으로 이어졌다. 혁명 연합 세력은 서구화 개혁가, 주요 종교 지도자, 그리고 이란 경제의 핵심이었던 시장을 통제하던 상인들로 이루어졌다. 샤는 이들의 요구에 따라 헌법을 받아들여야 했다. 이러한 사회적 요소들의 연합 자체가 19세기 이란 역사의 과정에서 나타난 독특한 결과였다.

터키와 이란의 헌법 혁명은 세계적 흐름의 일부였다. 제1차 세계대전 이전 10년은 세계적으로 권위주의 정권에 대항한 자유주의 혁명의 시대였다. 새로운 통신 기술은 전 세계 혁명가들이 동료 혁명가들에게서 영감을 받을 수 있도록 도왔다. 1905년 러시아 혁명은 다른 혁명 운동에 자극을 준 초기 사례 중 하나였다. 예를 들어 이란에 주재하던 어느 영국 외교관은 "러시아에서 일어난 사건들이 큰 관심을 끌고 있으며, 새로운 정신이 민중들에게 스며든 것 같다"고 보고했고, 오스만 제국의 야당 신문은 "우리도 러시아인들처럼 노력한다면, 머지않아 술탄의 측근들조차 우리 지지자들로 합류하는 것을 보게 될 것"이라고 주장했다.[5] 포르투갈, 멕시코, 중국에서 일어난 혁명은 러시아, 오스만 제국, 이란의 혁명과 더불어 상호 연결된 자유주의 헌정 운동의 세계적 틀을 형성했으며, 그 과정에서 중동의 단체들은 중요한 역할을 했다. 이러한 발전은 20세기 정치의 무대가 될 새로운 세계-지역적 공론의 장을 형성하는 계기를 마련했다.

19세기 모로코의 역사는 이와 다른 양상이었지만, 그에 못지 않게 중요한 흐름을 보여주었다. 세기 초 술탄 술레이만(Suleiman, 재위 1792

---

5 Quoted in Charles Kurzman, Democracy Denied, 1905-1915: *Intellectuals and the Fate of Democracy* (Cambridge, MA: Harvard University Press, 2008), p. 4.

년-1822년) 치하에서 알라위(Alawi) 왕조는 반란에 직면했으나 국가에 대한 통제를 유지했다. 당시 왕조의 위협은 주로 내부에서 비롯되었다. 한 세기 후의 술탄들은 모로코의 상당 부분을 통제하려던 프랑스와 스페인의 도전에 직면했다. 더불어 왕실은 유럽 금융 기관으로부터 막대한 부채를 지게 되었다. 결국 1912년 모로코에 프랑스와 스페인 보호령이 수립되었으며, 술탄은 실제 권력을 상실한 채 역사적 상징으로 남게 되었다.

보호령을 통한 통제 모델은 이미 튀니지에서 확립되어 있었다. 튀니지는 1881년부터 프랑스의 지배 아래 놓였다. 알제리와 리비아의 상황은 튀니지와 달랐다. 1830년 프랑스가 알제리를 침략했고, 1911년 이탈리아가 리비아를 침공했다. 사정은 달랐지만 이들 지역은 모두 20세기 중엽까지 직접적 식민 통치 아래 놓여 있었다. 이처럼 제국 통치의 다양한 구조는 지역의 조건과 제국주의의 기획이 결합되어 만들어진 결과였다.

이집트에서도 19세기의 시작과 끝은 전혀 다른 발전 양상을 보였다. 공식적으로 이집트는 오스만 제국의 일부였지만, 무함마드 알리(Muhammad Ali)와 그의 후계자들에 의해 사실상 독립적인 지역 강국으로 자리 잡았다. 그러나 1882년 영국에 의해 점령되면서 실질적으로는 대영제국의 일부가 되었다. 제1차 세계대전이 발발할 무렵 영국은 이집트를 보호령으로 선포했으며, 이후 1950년대까지 영국군이 이집트에 주둔했다.

중동에서 일어났던 헌정 질서 수립 운동과 마찬가지로, 19세기 유럽 열강의 중동 진출 역시 유럽 제국주의의 팽창이라는 더 넓은 세계사의 일환이었다. 글로벌 세력과 지역 세력의 상호작용은 중동의 특성을 만들어냈다. 민주적 개혁 운동의 성격에도, 제국주의 지배의 성격에도, 중동 지역만의 독특한 측면이 있었다.

중동이 세계적 문제에 통합된 가시적인 징후 중 하나가 수에즈 운하였다. 지중해와 홍해를 연결하려는 운하 건설 구상은 고대부터 존재하던 것이었다. 운하가 없던 시기에도 양쪽 바다를 잇는 교통로의 중요성은 나폴레옹 제국의 기획에서 강조되었다. 19세기 전반기에 여러 기업가들이 운하 건설 계획을 제안했으며, 이는 1869년 수에즈 운하 완공으로 결실을 맺었다. 수에즈 운하는 빠르게 세계 무역의 필수 연결 고리가 되었고, 제국 전략의 핵심 관심사가 되었다. 영국은 특히 인도와 연결되는 제국의 교통 및 통신을 방어한다는 명분으로 1882년 이집트를 점령했다. 제2차 세계대전 이후 인도가 독립한 뒤에도, 1956년 영국은 운하를 통제하기 위해 이집트 침공에 참여했다.

큰 시야에서 보면 중동 대부분의 지역에서 국제 무역이 상당히 증가했다. 연구 성과에 따르면, 오스만 제국의 무역 가치는 1830년 약 900만 오스만 리라에서 1910-13년 약 4,590만 오스만 리라로 증가했다. 이러한 증가는 "무역의 양상이 지역 내 교환 중심지에서 유럽과의 교역으로 변화"했음을 보여준다.[6] 무역의 주요 내용은 원자재와 공산품 간의 교환으로, 이는 세계 경제 권력의 균형 변화라는 세계적 맥락을 반영한 것이었다.

---

6 Roger Owen and Şevket Pamuk, *A History of Middle East Economies in the Twentieth Century* (London: I. B. Tauris, 1998), p. 4.

19세기의 중동은 주요 이념적·종교적 발전의 일부이기도 했다. 민족 감정과 민족주의 운동의 세계적 확산도 당시의 중요한 발전 중의 한 축이었다. 민족주의 운동은 18세기 서유럽과 중앙유럽에서 발전했으며, 이후 세기를 거치며 전 세계로 확산되었다. 오스만 제국이나 동유럽의 합스부르크 제국 같은 다민족 제국은, 민족주의 담론이 확산되면서 내부 지역의 반발이 커져 중앙 통제가 취약해졌다.

　두 차례에 걸친 세르비아 봉기(1804-15년)는 새로운 시대의 도래를 알리는 첫 신호였다. 결국 1867년 마지막 오스만 제국 군대가 철수하면서 세르비아는 독립을 쟁취했다. 1821년부터 1830년까지 이어졌던 그리스 독립 전쟁에는 서유럽의 관심과 지원이 있었다. 제1차 세계대전이 시작될 무렵, 발칸반도의 과거 오스만 영토 대부분은 독립적이거나 자치권을 가진 민족 국가들의 통제 아래 놓여 있었다. 여러 차례 다국적 회의가 개최되어 새로운 지역 경계가 결정되었으며, 지역 분쟁은 주요 강대국의 정책에 종종 영향을 미쳤다. 가장 극적인 사건은 1914년 오스트리아의 프란츠 페르디난트 대공(Archduke Franz Ferdinand) 암살 사건이었다. 세르비아의 민족주의자가 사라예보에서 저질렀던 이 사건은 제1차 세계대전의 발단이 되었다. 이처럼 지역적 민족주의 사건이 세계적으로 중요한 영향을 미쳤다는 사실 자체가 근대 중동사의 "글로컬(glocal)"한 성격을 말해주고 있다.

　중동의 다른 지역에서는 민족주의 운동이 비교적 더디게 발전했다. 제1차 세계대전 당시 이집트 민족주의자들은 영국의 지배에 반대하는 운동과 정당을 조직했지만, 이는 주로 교육을 받은 엘리트층의 지지를 받았을 뿐이었다. 대중적인 민족주의 정당은 제1차 세계대전이 끝난 이후에야 등장했다. 대(大)시리아 지역(Greater Syria)에서도 민족주의를 표방하는 여러 아랍 지식인 집단이 형성되었다. 이들은 비록 소규모였으나 이후 아랍 민족주의 운동의 기초가 되었다는 측면에서 중요한 의미가 있었다. 또한 터키의 민족주의 사상은 청년 투르크당 혁명에 포함된 여러 사상 중의 하나였다.

중동의 무슬림들 사이에서 이슬람은 유럽 제국주의의 확장에 맞서 정체성을 확립하는 데 중요한 기반이 되었다. 전 세계 이슬람 공동체(우마)에 대한 정체성 의식은 뿌리가 깊었으며, 메카 순례 같은 활동은 신앙 공동체의 결속을 강화했다. 자말 앗딘 알-아프가니(Jamāl al-Dīn al-Afghānī, 1838-97년)는 이 정체성을 근대적 범이슬람주의(pan-Islamism)의 형태로 정립하여, 무슬림이 통치하는 국가들의 정치적 통합을 주장했다. 그의 사상은 세속적 민족주의 사상에 대한 대안을 제시했으며, 생전뿐만 아니라 이후에도 많은 사람들에게 영감을 주었다. 알-아프가니의 중요한 동료 중 한 명이었던 이집트의 학자 무함마드 압두(Muhammad Abduh, 1849년-1905년)는 이슬람 근대주의의 핵심 입장을 정의했다. 압두는 무슬림이 근대적이면서도 신앙을 유지할 수 있으며, 이슬람과 근대 과학이 양립할 수 있다고 주장했다. 그의 사상을 담은 잡지 《알마나르(Al-Manar)》는 자와에서 모로코에 이르기까지 무슬림들에게 큰 영향을 미쳤다.

모더니스트 사상가들은 무슬림 세계의 다른 지역에서도 중요한 역할을 했다. 인도의 사이예드 아흐마드 칸(Sayyed Ahmad Khan)은 알리가르(Aligarh)에 근대식 이슬람 대학을 설립해 무슬림 지성의 주요 전통을 세웠다. 러시아 제국에서는 이스마일 가스프린스키(Ismail Gasprinsky,

1851년-1914년)가 러시아 제국 사회 내에서 지속 가능한 무슬림 정체성을 구축하기 위해 노력했다. 이슬람 근대주의는 중동을 중심으로 하는 국제적인 운동이었다. 세계적 관점에서 보면, 오스만 제국과 이란의 입헌주의자들이 그랬던 것처럼 무슬림 모더니스트들도 세계적 흐름의 일부였다. 그들은 업적은 근대성과 양립할 수 있는 신앙의 관점을 창출하려 했던 전통 종교의 노력과 맥락을 같이하는 것이었다.

19세기를 거치는 동안 기존의 이슬람 조직 형태는 여전히 중요한 역할을 했다. 카이로의 알아즈하르(al-Azhar)와 같은 기존 대학들, 이라크와 이란의 시아파 성지에 있는 학자들의 강학 모임, 메카와 메디나에서 세계 각지의 학자들이 가르치는 전통은 여전히 큰 영향을 유지했다. 19세기 내내, 수피 형제단은 초기 민족주의 운동보다 유럽 제국주의 반대에 더 두드러진 모습을 보였다. 아미르 압드 알 카디르(Amir Abd al Qadir, 1808년-83년)가 이끄는 카디리야(Qadiriy) 형제단은 1830년에 시작된 프랑스의 알제리 정복에 맞선 가장 강력한 저항 세력이었다. 또한 카디리야와 나크슈반디야(Naqshbandiyyah) 형제단은 러시아의 캅카스 확장을 가로막는 저항 세력의 핵심이었으며, 사누시야(Sanusiyyah) 형제단은 제1차 세계대전 직전과 양차 세계대전 사이 이탈리아의 리비아 공략에 실질적으로 저항한 유일한 세력이었다.

마찬가지로 많은 연구자들은 18세기부터 아라비아반도에서 활동을 이어왔던 와하비즘(Wahhabism) 운동을 반제국주의 운동과 무장 저항 세력에 영감을 주었던 금욕주의의 원천으로 보았다. 와하비즘 운동과 직접적으로 관련된 19세기 초엽과 말엽의 여러 사건에 당시의 변화가 잘 반영되어 있다. 1803년부터 1804년 사이, 와하비즘 추종 세력이 메카와 메디나 같은 성지를 점령했으며, 우상숭배로 간주된 민속 종교의 유적을 포함해 예언자 무함마드의 무덤사원을 파괴했다. 그러나 그들이 수립했던 국가는 이후 수십 년 동안 군사적 패배를 거듭했고, 그들과 동맹 관계를 맺었던 사우드(Saud) 가문은 18세기를 마무리하며 유배 생활을 하게 되었다. 1902년, 사우드 왕가의 한 왕자 압드 알-아지즈(Abd al-Aziz)가 기습 공격으로 리야드 점령에 성공하면서 오늘날 사우디아라비아 왕국의 시작을 알렸다. 그는 이 과정에서 금욕적 극단주의보다는 국가 건설에 중점을 두었다.

중동의 역사에서는 네트워크가 중요했다. 수피 형제단과 와하비즘 운동 또한 그러한 네트워크의 일부였다. 뿐만 아니라 그들의 네트워크는 중동을 넘어서는 초지역적(transregional) 성격을 띠고 있었다. 대중적 신앙심이든 금욕주의적 무장 세력이든, 중요한 이념적 발전은 단순히 지역적 특성에 국한되지 않았다. 국제적이며 초지역적이었던 이들의 성격은 근현대 세계사에서도 중요한 요소였다.

19세기 중동의 역사는 변혁의 시대였다. 정치적, 경제적, 종교적 측면에서 모두 중요한 변화가 나타났다. 변화의 특징이라면 세계적 요소와 지역적 요소가 융합된 양상을 보였다는 점이다. 지역 내 집단과 개인이 지역적인 동시에 세계적으로 의미 있는 변화에 참여했다.

제국, 독립, 산업화 : 1914년-1956년

20세기 전반기의 중동은 지속적인 변화를 겪었다. 제1차 세계대전이 시작된 시점부터 1950년대 중반에 이르기까지, 오래된 제국들이 사라지고 새로운 정치적 정체성이 형성되었다. 석유로부터 얻은 새로운 수익과 급격한 도시화로 경제가 변했고, 그에 따라 대다수 사람들의 생활방식도 바뀌었다. 이데올로기적 측면에서 중동의 민족주의는 정체성 정치라는 세계적 흐름을 반영하고 있었다. 중동의 종교 운동은 세속주의와 세계화라는 도전에 대응하며 발전해 나갔다.

20세기 중반의 "현대사"에 대하여, 세계사학자 제프리 바라클로(Geoffrey Barraclough)는 세계적 권력 변화를 다음과 같이 요약했다. "20세기가 시작될 무렵, 아시아와 아프리카에서 유럽 세력이 정점에 달해 있었고, 유럽의 군사력과 상업적 우위를 견딜 수 있는 나라는 없는 듯 보였다. 그러나 60년이 지난 후 유럽의 지배는 흔적만이 남아 있을 뿐이었다."[7]

제1차 세계대전은 다민족 제국이었던 오스만, 합스부르크, 러시아 제국의 종말을 알렸으며, 중동의 지배자는 영국과 프랑스라는 점을 분명히 했다. 새로운 체제 아래 시리아, 레바논, 요르단, 팔레스타인, 이라크 등의 국가가 성립되었다. 그 지역의 사람들은 공식적인 정치적 정체성의 변화를 경험했다. 중동 지식인들 사이에서는 공산주의가 어느 정도 매력을 끌었지만, 20세기 중반까지도 러시아는 이 지역에서 거의 영향력을 행사하지 못했다.

이란에서는 군사 지도자인 레자 칸(Reza Khan, 1878년-1944년)이 1925년에 카자르 왕조를 전복하고 샤(Shah)의 지위에 올라 새로운 왕조를 세웠다. 외세의 입김이 강했지만 왕조의 형식적 독립은 유지되었다.

---

7 Geoffrey Barraclough, *An Introduction to Contemporary History* (Baltimore, MD: Penguin, 1967), p. 153.

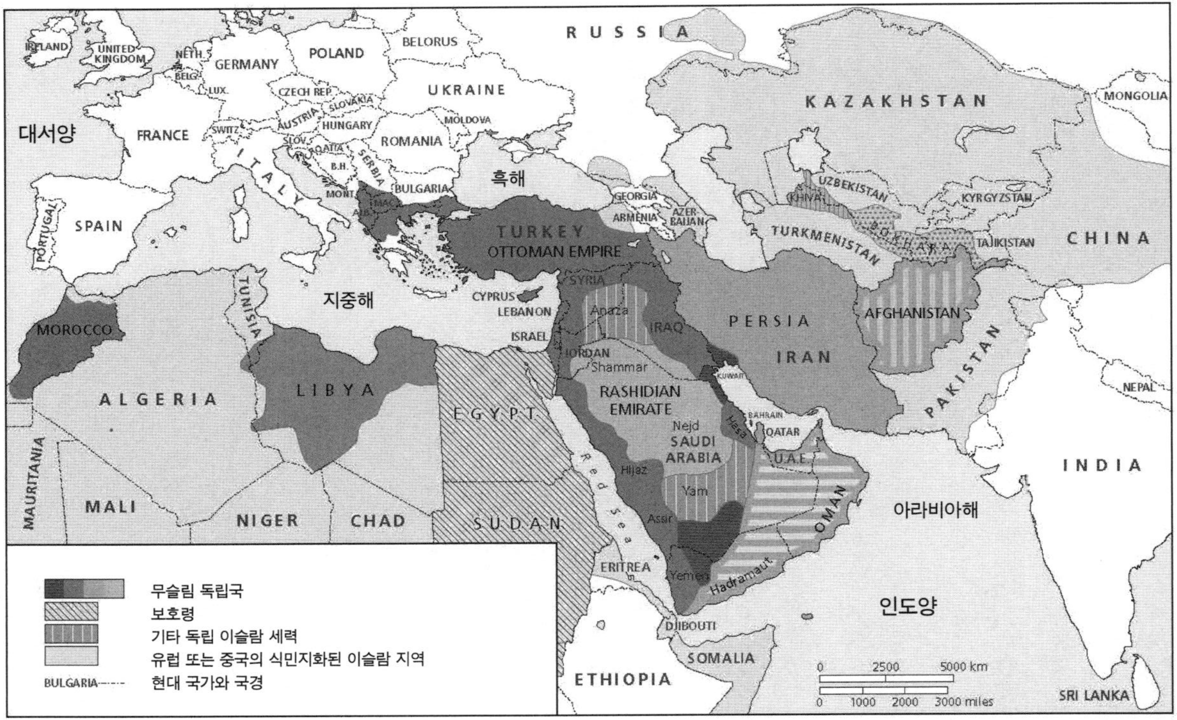

[지도 18-2] 1900년의 이슬람 국가들

무슬림 독립국
보호령
기타 독립 이슬람 세력
유럽 또는 중국의 식민지화된 이슬람 지역
현대 국가의 국경
BULGARIA --------

1925년 당시 무슬림 독립국 7개국 중에서 5개국에서 세속 정부와 세속 헌법이 수립되어 있었고, 예멘과 나지드 술탄국은 신정국가였다. '이슬람'과 '무슬림'이란 종교적이 아닌 문화적 기준으로 사용되었다.

350 생산, 파괴, 접속 2: 정치와 세계의 지역 질서

그의 통치는 권위주의적이었으며, 강제로 근대화 개혁 프로그램이 시행되었다. 그러나 제2차 세계대전이 시작될 무렵, 영국과 소련군의 이란 점령을 막지 못했고, 1941년에 강제 퇴위를 당했다.

새로운 제국주의 지배 체제에 성공적으로 저항한 유일한 국가는 신생 터키 공화국이었다. 터키는 제1차 세계대전의 결과에 반대하여 터키 민족주의자들이 세운 공화국이었다. 연합국, 특히 그리스, 영국, 프랑스에 맞선 독립 전쟁 이후 무스타파 케말(Mustafa Kemal, 나중에는 아타튀르크Atatürk로 일컬어짐)이 대통령으로 올라섰다. 케말은 오스만 제국의 술탄제와 칼리프제를 폐지하고, 터키의 근대화를 목표로 세속주의 공화국을 창설했다. 그의 지도 아래 케말리스트 체제는 사실상 지도자를 중심으로 한 일당 체제로 운영되었다.

양차 세계대전 사이의 케말 아타튀르크와 레자 샤 또한 당시 세계적 주요 흐름과 결코 무관하지 않았다. 제1차 세계대전이 벌어지기 직전 10년 동안은, 혁명을 통해 자유주의 입헌 체제를 수립한 모든 나라에서 권위주의적 지도자들이 정부를 장악했다.

20세기 전반기의 중동은 국가 건설과 개혁이 동시에 진행된 시기였다. 민족주의자들은 외세의 통제로부터 독립을 쟁취하기 위해 노력했다. 제2차 세계대전은 중대한 전환점이었다. 유럽의 지배를 받던 대부분의 지역이 제2차 세계대전 이후 독립을 성취했다. 1960년대 초까지 대부분의 아랍 국가에서는 민족주의 지도자들이 정권을 잡았다. 당시의 신생 독립국은 세계적 운동의 일환이었다. 1945-60년 사이 전 세계 40개 이상의 국가가 독립했다. 신생 독립국이 포괄하는 인구는 세계 인구의 4분의 1을 넘었다.[8]

민족국가라는 개념이 정치 활동을 규정하는 핵심으로 부상했지만, "민족"만이 정치적 정체성의 전부는 아니었다. 일부의 사람들에게는 종교가 정체성의 요체였다. 신생국 사우디아라비아 왕국은 민족이 아니라 종교적 정체성이 기반이었다. 시오니스트 운동 또한 유대인의 고향과 국가 수립을 지향했다. 1948년 이스라엘의 성립으로 그들도 목표를 달성했다. 이라크와 트랜스요르단(현 요르단)에서 새롭게 창설된 국가에서는 하심(Hashim) 가문을 중심으로 하는 군주제가 제도의 핵심이었다. 하심 가문은 예언자 무함마드의 후손이라는 명망에 기반을 두고 있었다. 1951년 유엔에 의해 독립국가로 탄생한 리비아 역시 수피 사누시야 형제단(Sanusiyyah Tariqah)의 지도력을 기반으로 한 군주제 국가였다. 그러나 1950년대에 들어서면서 중동 전역에서는 독립된 민족국가를 추구하는 민족주의 개념이 가장 중요한 정치적 비전으로 자리 잡았다. 이는 중동 이외에 세계의 다른 신생 독립국에서도 마찬가지였다.

20세기 전반기 중동의 사회 구조와 경제는 중요한 방식으로 변화하고 있었다. 이러한 변화는 도시의 증가와 석유 산업의 발전에서 잘 드러난다. 세계사를 돌이켜보면 고대의 도시화가 처음 시작된 곳이 중동이었다. 그때부터 현대에 이르기까지 중동은 수천 년 동안 세계에서 가장 도시화된 지역 중 하나였다. 그러나 대다수의 인구는 농촌 지역에 거주하며 농업에 종사했다. 서유럽에서는 산업혁명과 함께 이러한 균형에 변화가 시작되었고, 20세기 초에는 일부 국가에서 도시 인구가 다수를 차지하게 되었다. 중동 사회도 마찬가지로 20세기 전반기의 이러한 세

8 Ibid.

계적 흐름에 편입되었다.

1947년 기준 중동 주요국의 도시 인구 비중은 이란이 20퍼센트, 이집트가 33퍼센트, 이라크는 35퍼센트에 이르렀다. 이는 여전히 전체 인구 비중에서는 소수에 해당하지만, 1914년에서 1930년 사이 카이로, 알레포, 바그다드, 테헤란, 앙카라와 같은 주요 도시의 인구가 사실상 두 배로 증가했으며, 이후로도 수십 년 동안 지속적으로 빠른 성장을 계속했다.[9] 농업 생산이 국가 경제망에 점점 더 긴밀하게 통합되고, 사람들이 일자리를 찾기 위해 성장하는 도시 산업 단지로 이동하면서, 농촌에서 도시로 이주하는 패턴이 농촌 변화의 일부를 차지하게 되었다. 보수적 입장을 가진 전통적 농민을 대신하여 점차 기업가형 농민과 유동 인구가 농촌을 채워 나갔다. 문해력 상승과 도시화로 여성의 공적 참여가 확대되었다. 이를 통해 여성의 권리를 지지하는 움직임과 새롭게 등장한 세속적·종교적 여성운동이 강화되었다.

20세기 초, 석유는 전 세계적으로 주요 에너지원으로 자리 잡기 시작했다. 1900년 당시 가장 큰 석유 생산국은 미국과 러시아였다. 당시 세계적 생산량이 비교적 많지 않을 때여서 양대 생산국이 세계 생산량의 약 95퍼센트를 차지했다. 20세기 중엽에도 여전히 두 나라가 세계 생산량의 약 60퍼센트를 공급했다. 중동은 석유 수출의 중요한 원천으로 부상했지만, 20세기 전반기에는 중동의 석유 산업이 여전히 개발 단

---

9 Statistics drawn from Charles Issawi, *An Economic History of the Middle East and North Africa* (New York: Columbia University Press, 1982), p. 199, and L. Carl Brown, "The Middle East: patterns of change 1947-1987," *Middle East Journal* 41:1 (Winter 1987), 28.

계에 있었고, 1950년경 세계 생산량의 약 20퍼센트를 공급하는 수준에 그쳤다.[10] 이 시기 세계 석유 산업의 특징 두 가지가 있었다. 하나는 미국과 러시아를 제외한 세계 석유 시장을 서구의 대기업이 사실상 장악하고 있었다는 점이며, 다른 하나는 미국과 러시아 이외에 잠재적으로 중요성이 있는 모든 산유국들이 유럽과 미국의 제국주의적·경제적 권력에 의해 지배되고 있었다는 점이다.

중동에서 상업적으로 활용 가능한 최초의 유전은 1908년 이란 남서부에서 발견되었다. 앵글로-페르시아 석유 회사(Anglo-Persian Oil Company)가 새로 설립되어 이란의 샤로부터 특허를 얻어 회사를 운영했다. 제1차 세계대전 이후 주요 석유 회사들은 중동의 다른 지역에서도 유전 개발을 위한 특허 계약 협상을 시작했으며, 새로운 유전을 운영하기 위한 컨소시엄을 설립했다. 1928년에는 오랜 협상 끝에 주요 회사들끼리 합의를 도출했다. 그 내용은 신생국 이라크의 자원 통제권을 기존의 회사들이 나누어 가지며, 다른 지역에서 독립 회사의 개별 활동을 제한한다는 것이었다. 사우디아라비아의 유전은 1930년대에 미국 기업에 의해 개발이 시작되었으며, 1948년에는 4개 회사의 컨소시엄인 아라비아 아메리카 석유 회사(Aramco)가 설립되었다. 쿠웨이트, 바레인, 카타르 등 걸프 지역의 다른 곳에서도 서구 기업 집단이 석유 생산을 장악했다.

1950년대에 접어들면서 석유 산업의 성격이 변하기 시작했다. 초

---

10 이 수치는 American Petroleum Institute의 통계로, 다음 출처에서 인용했다. Albert L. Danielsen, *The Evolution of OPEC* (New York: Harcourt Brace Jovanovich, 1982), p. 15. 그리고 OPEC 자료는 다음 출처에서 인용했다. Issawi, *An Economic History*, p. 199.

기의 특허 계약은 기업이 주재국 정부에 로열티를 지불하는 방식이었다. 그러나 1948년 베네수엘라가 기업과 수익을 공유하는 방식을 도입하면서 이 아이디어는 곧 중동 전역으로 확산되었다. 사우디아라비아는 1950년에 50:50 수익 공유 협정을 체결했으며, 쿠웨이트와 이라크도 곧이어 이를 따랐다. 제국주의 이후의 독립국 시대 지역 주도권이 글로벌 관계를 재편하고 있었다. 이러한 변화를 극적으로 보여준 사건이 바로 1951년 이란 민족주의 총리 무함마드 모사데그(Muhammad Mossadegh) 정부가 앵글로-이란 석유 회사(구 앵글로-페르시아 석유 회사)를 국유화한 일이었다. 1953년 미국이 지원한 쿠데타로 샤의 권위가 회복되고 새로운 석유 협정이 체결되었지만, 이란의 조치는 세계 경제 관계와 지역 및 세계 정치의 성격 등 모든 측면에서 새로운 시대의 신호탄이 되었다.

    20세기 전반기 중동의 민족주의 운동은 세계 다른 지역과 마찬가지로 주로 민족 자결과 제국주의 지배로부터의 해방을 추구했다. 신생 공산주의 운동이 주장하는 급진적 혁명적 변화가 일정 부분 매력을 끌었지만, 민족주의자들은 사회적 변혁보다는 독립에 더 중점을 두었다. 모로코에서 알랄 알-파시(Allal al-Fasi, 1906-73년)의 지도 아래 등장한 민족주의 정당은 무함마드 5세를 국가의 상징으로 간주하여 군주제와 협력했다. 이집트에서는 1920년대 대중적 지지를 얻은 민족주의 정당 와프드(Wafd)가 중산층과 부유한 이집트인들에 인기를 얻었다. 이들의 목표 또한 독립이었다. 마찬가지로 시리아 대통령을 두 차례(1943-49년, 1955-58년) 역임한 슈크리 알콰틀리(Shukri al-Quwatli)는 다마스쿠스의 부유한 가문 출신으로, 반프랑스 운동에 적극 참여했다.

    기존 방식의 민족주의자들은 기본적으로 독립을 달성하는 데 성공했지만, 1950년대에 들어서면서 혁명적 사회 변화를 제시하는 새로운 세대의 지도자들이 등장하기 시작했다. 1952년 이집트에서 일어난 군사 쿠데타로 가말 압델 나세르(Gamal Abdel Nasser)가 집권한 것은 20세기 후반 새로운 급진주의로의 전환을 보여주는 가장 뚜렷한 징후였다.

이러한 전환은 1956년 수에즈 위기에서 적나라하게 드러났다. 이는 과거의 문제와 새로운 문제를 모두 포함하고 있었다. 새로운 문제는 1948년 이스라엘 건국과 현대 아랍-이스라엘 갈등의 시작에서 비롯되었다. 이스라엘은 1956년 나세르의 정책에 반대하며 이집트를 침공했는데, 이는 21세기에도 다양한 형태로 지속되고 있는 갈등의 일환이었다. 그러나 수에즈 위기는 또한 제국주의 시대의 종말을 상징하는 사건이었다. 영국과 프랑스는 이스라엘과 협력하여 이집트를 침공했으나, 미국과 소련의 제재 위협 및 유엔의 비난으로 철수를 강요당했다. 이는 이 지역에서 영국과 프랑스의 지배에 종말을 알리는 사건이었다.

종교 운동은 20세기 전반기의 민족주의 운동과 함께 발전했으며, 종교와 사회의 개혁을 주장했다. 가장 잘 알려진 단체는 1928년 이집트에서 창설된 무슬림 형제단(Muslim Brotherhood)이다. 이들의 이데올로기는 19세기 모더니스트의 사상을 계승했으나, 현실적으로 종교 교육뿐만 아니라 사회 서비스를 제공하는 조직망을 구축했다. 1950년대 초에는 형제단을 구체제에 대한 혁명적 대안으로 간주하는 사람들도 있었다. 그러나 나세르를 중심으로 한 젊은 군 장교들이 정국의 주도권을 장악했다. 1954년 형제단의 활동이 금지되었지만, 여전히 중요한 지하 운동으로 활약이 계속되고 있다.

다른 이슬람 단체들도 기존의 전통에 새로운 대안을 제시했다. 알제리에서는 일부 종교 학자들(울라마, ulama)이 알제리 울라마 협회를 결성했다. 이는 알제리 민족 정체성의 이슬람적 차원을 강조하는 개혁 단체였다. 1905-11년 사이 이란에서는 입헌 혁명(Constitutional Revolution)이 일어났다. 이 때 시아파의 종교 지도자들이 중요한 역할을 담당했다. 레자(Reza) 샤 시대에 일부 울라마는 간헐적인 시위에 참여했으며, 제2차 세계대전 이후에는 아야톨라 아부 알카심 카샤니(Abu al-Qasim Kashani)가 석유회사 국유화를 지지하는 법적 판결(파트와, fatwa)을 내리기도 했다. 정치에 직접 관여하지 않았으나 장기적으로 중요한 영향을 미친 단체들도 있었다. 터키에서는 베디우자만 사이드 누르시(Bediuzzaman Said Nursi, 1877년-1960년)가 신비주의적이면서도 현대적인 관점에서 《쿠란》 연구를 독려하여 많은 추종자를 얻었다. 또한 여러 수피 형제단은 현대적 환경에 적합한 종교적 실천을 발전시켰다.

20세기 전반기에는 중동이 현대 세계사에 관여하는 방식이 극적으로 변했다. 세기 초의 중동은 유럽의 군사적·경제적 지배를 받는 지역이었다. 그러나 1950년대에 이르러 새로운, 더욱 도시화된 사회들이 형성되었고, 석유 산업의 발전으로 세계 경제에서 중동의 역할이 더욱 강화되었다. 1956년 수에즈 위기는 전통적 제국주의의 종말을 보여주었으며, 이란의 앵글로-이란 석유회사(AIOC) 국유화와 1952년 이집트 혁명은 20세기 후반 새로운 정치의 시작을 알렸다.

가속화되는 중동의 세계화, 1950년대 이후 현재까지

20세기 후반 세계화가 가속화되면서, 중동에서도 다른 지역과 마찬가지로 변화의 과정이 더욱 심화되었다. 중요한 점은, 중동의 지역적 현실이 그 자체로 세계화와 관련되어 있다는 사실이다. 20세기 중반까지만 하더라도 지역 연구의 개념적 틀 안에서 중동 지역의 특수성을 논의할 수 있었다. 그러나 21세기에 들어서면서 중동은 더 이상 명확히 구분되는 정치·문화적 실체로 간주되지 않는다. 그보다는 오히려 더 넓은 세계적 네트워크의 일부 요소들이 위치하는 지리적 장소라는 성격이 더 강해졌다.[11]

중동 지역의 독립 운동은 냉전의 세계적 역학 및 근대 이데올로기 경쟁과 긴밀하게 연결되었다. 석유 산업은 언제나 글로벌한 성격을 유지했지만, 중동의 참여 방식은 시기에 따라 변화를 겪었다. 중동에서도 도시화 같은 사회적 변화가 일어났다. 이 또한 세계적 흐름과 다를 바 없었으며, 노동자의 대규모 이주로 그러한 변화는 더욱 두드러졌다. 예컨대 독일에서는 터키 출신 이주 노동자가 노동력의 중요한 부분을 차지하게 되었고, 남아시아와 동남아시아 출신 노동자들은 걸프(Gulf) 지역의 소규모 석유 생산국에서 중요한 인구 비중을 구성하게 되었다.

중동 지역의 종교 운동은 향후 세계적으로 종교의 중요성이 부활하게 될 미래를 미리 보여주었다. 21세기 중동의 여러 사회에서는 큰 틀에서 세계화가 심도 깊게 진행되는 가운데 근현대의 수많은 요소들이 복합적으로 연결되었다. 이런 상황 속에서 지역 내 뿌리를 가지면서도 세계적 감각을 지닌 개인과 사회가 만들어졌다.

1950년대로 들어서면서 유럽 제국들의 오랜 경쟁이 새로운 두 초강대국, 미국과 소련의 경쟁으로 대체되었다. 세계 각지에서 지역적 발

---

11 Voll, "The Middle East in world history," pp. 449-450.

전은 새로운 갈등(냉전)의 성격을 형성하는 데 중요한 영향을 미쳤다. 제2차 세계대전 종전 후 소련군의 이란 철수 문제를 두고 소련과 미국이 충돌했는데, 이는 미국의 대소련 강경 정책 수립에 큰 영향을 미쳤다. 1947년 미국은 공산주의 세력 봉쇄를 목표로 트루먼 독트린을 발표했다. 이 선언에는 그리스와 터키에 대한 경제군사적 지원도 명시적으로 포함되었다. 이 지역에 대한 소련의 위협을 사전에 막아내기 위한 조치였다. 1950년대에 접어들어 미국은 군사 동맹인 센토(CENTO, 중앙조약기구) 창설을 지원했다. 터키, 이란, 파키스탄, 이라크, 영국의 동맹으로 소련의 중동 확장을 저지하려는 전략이었다. 그러나 1958년 이라크에서 친서방 군주제가 전복되는 등 중동 지역 정세가 변하여 센토(CENTO)의 효과를 약화시켰다. 1979년 이란의 이슬람 혁명 이후 결국 센토(CENTO)도 해체되었다. 소련의 정책 또한 중동 지역의 사건에서 크게 영향을 받았다. 1960년대 아랍 세계에서 급진적 민족주의 지도자들이 부상하자, 중동 지역에 소련의 영향력을 확대할 틈이 만들어졌다.

냉전은 중동의 정치에도 큰 영향을 미쳤다. 1950년대 세계 질서는 양극 체제였다. 그 속에서 일부 신생 독립국들은 비동맹 운동(NAM)을 조직했다. 1955년 반둥 회의(Bandung Conference)는 중요한 전환점이었다. 이 회의에는 네루(인도), 티토(유고슬라비아), 수카르노(인도네시아), 은크루마(가나)와 함께 이집트의 신임 지도자 나세르가 참여했다. 비동맹 운동은 중동 정치가 지역의 틀에서 세계적 틀로 전환되는 과정을 보여준 사례였다. 이 운동의 초기 명분은 1991년 소련 붕괴와 함께 사라졌으나, 이후 주요 산업 강대국을 비판하는 수단으로 다시 활성화되었다. 2012년 테헤란에서 열린 비동맹 정상회의 개막 연설에서 이란의 최고 지도자 아야톨라 하메네이(Ayatollah Khamenei)는 새로운 세계에서 비동맹 회의의 역할을 다음과 같이 정의했다. "최근 우리는 냉전 시대와 냉전 이후 미국 일방주의 정책이 모두 실패하는 과정을 목격해왔다. 이 역사적 경험에서 교훈을 얻은 세계는 새로운 국제 질서로 전환을 시도하고 있으며, 새롭게 만들어지는 질서에서 비동맹 운동은 중요한 역할을 할 수 있고 또 해야 한다. 여기서는 모든 국가의 참여와 동등한 권리가 기반이 되어야 한다."[12] 그의 발언은 지역의 발전이 세계의 틀 속에서 형성되는 것이며, 또한 그 안에 깊이 뿌리를 내리고 있음을 의미했다.

이 맥락에서 중요한 지점은, 급진적 사회 변화를 주장하는 세력과 보수적 개혁 프로그램을 지지하는 세력 간의 경쟁이었다. 1950-70년 사이, 이집트, 이라크, 예멘, 리비아에서 군주제가 전복되었다. 새로 등장한 정권의 대표자는 군사 쿠데타를 통해 권력을 잡은 신세대들이었다. 그들은 다양한 형태의 급진적 사회주의를 주장했다. 이에 대응하여 모로코, 요르단, 사우디아라비아(및 걸프 지역), 이란의 군주제 국가들은 자체적인 사회 개혁 프로그램을 추진했다. 1960년대는 중동 사회를 현대화하는 방법을 두고 경쟁적 프로그램이 부각되던 시대였다.

1970년대에 이르러 급진적 프로그램과 보수적 프로그램에 대한 불만이 모두 확대되는 추세를 보였다. 급진적이든 보수적이든 양쪽 모두 결과적으로 권위주의 정권으로 귀결되었다. 이들 정권은 주요 경제 부문에 국가가 강도 높게 개입하고 통제하는 정책을 펼쳤음에도 불구하고

---

12 International Dar-Ol-Hadith Department, Tehran, "Text of Ayatollah Khamenei's Inaugural Address, August 30, 2012," international@hadith.net, accessed August 30, 2012.

대개는 대중의 기대를 충족시키지 못했다. 정부 부채 증가와 국제 무역 적자를 포함한 경제적 문제들 때문에 국제통화기금(IMF)을 비롯한 국제금융기구가 중동의 현실에 개입되었다. 국제금융기구에서는 경제 "구조 조정" 프로그램을 요구했다. 여기에는 식량 보조금 축소 등 긴축 재정 정책이 포함되어 있어 강력한 대중적 반발을 불러일으켰다. 예를 들어 이집트에서는 1977년 1월 국제금융기구의 압력으로 정부가 차, 설탕, 빵, 식용유, 부탄가스, 담배와 같은 생필품 보조금을 삭감하자 대규모 폭동이 일어났다.[13]

반체제 운동은 이슬람을 기치로 새로운 사회 비전을 구체화하기 시작했다. 긴축 재정 국면에서 국가로부터 소외된 사람들에게 서비스를 제공하면서 이슬람 자선 단체와 운동 조직이 활동 공간을 넓혀 나갔다. 결국 대부분의 중동 국가에서 이슬람의 정체성을 강조하는 조직들이 정치적 영향력을 얻게 되었다. 터키에서는 네즈메틴 에르바칸(Necmettin Erbakan)의 지도 아래 이슬람 운동이 정당을 조직했고(민족구원당, Mill Selâmet Partisi, MSP), 1973년 연립정부의 파트너가 되었다. 이집트에서는 나세르의 후계자인 안와르 사다트(Anwar Sadat) 집권기에 무슬림 형제단이 더 폭넓은 활동의 자유를 얻었다. 이처럼 이슬람 세계 전반에서 이슬람 부흥의 초기적 움직임이 나타났으며, 이는 세계 여러 지역에서 나타난 종교적 부흥 운동의 일환이었다. 중동에서 이러한 경향을 극적으로 확인시켜준 사건이 바로 이란 이슬람 공화국의 수립이었다. 1979

---

13 Marvine Howe, "Egypt is uneasy as Sadat juggles promises of peace and prosperity," *New York Times*, August 23, 1977.

년 아야톨라 호메이니(Ayatollah Khomeini)의 지도 아래 이슬람 혁명가들이 이란의 샤를 퇴위시키고 수립한 공화국이었다.

이후 수십 년 사이 이슬람의 시각과 이를 추종하는 단체들이 중동 정치에서 점점 더 중요한 역할을 맡게 되었다. 일부 지역에서는 민주적 과정에 참여할 기회가 열리면서 이슬람주의 단체들이 더욱 적극적으로 활동했다. 그 결과 이슬람 부흥 운동은 놀라운 성장세를 보였다. 알제리에서는 1991-92년 이슬람구원전선(Front Islamique du Salut, FIS)이 의회 선거에서 승리를 눈앞에 두었으나, 군부가 개입하여 선거를 무효화했다. 터키에서는 에르바칸(Erbakan)의 정당(MSP)이 1990년대에 상당한 지지를 얻었으며, 연립정부에서 그가 잠시 총리를 역임하기도 했다. 2002년에는 에르바칸 정당의 후계 정당(AKP)이 국회를 장악하는 데 성공했다. 한편 이집트, 튀니지, 모로코에서는 극단적이지 않은 이슬람 정당들이 선거에 참여할 수 있었으나, 2011년 아랍의 봄이라는 정치적 변화가 일어나기 전까지는 뚜렷한 성공을 거두지 못했다.

무장 이슬람주의 단체들은 지역별, 중동 전체, 그리고 세계적 차원에서 중요한 요소로 등장했다. 1981년 이집트에서 사다트 대통령을 암살하는 등 악명 높은 소규모 단체들이 꾸준히 명맥을 유지했지만, 글로벌 지하드라는 개념은 1980년대 소련의 아프가니스탄 침공에 맞서 싸우는 과정에서 등장했다. 반소련 저항 운동은 전 세계로부터 이슬람 청년 전사를 모집했다. 여기다가 미국이 무자헤딘(지하드 전사들)을 지원하면서 글로벌 차원이 더해지게 되었다. 국제적 지원은 무장 세력의 세계적 네트워크 형성의 출발점이 되었으며, 그중 가장 중요한 단체가 알카에다(al-Qaeda)였다. 1990년대에는 이러한 단체들 중 일부가 뉴욕, 동아프리카, 예멘 등 곳곳에 테러 공격을 가하며 악명을 떨쳤다. 2001년 9월 11일 세계무역센터(World Trade Center)가 파괴되는 사건(9/11)이 일어나자 이후 미국은 테러와의 전쟁을 선포했다. 이 사건은 중동의 지역적 사건이 어떻게 세계적 행동의 틀에 깊이 엮이게 되는지를 보여주는 가장 명확한 사례였다.

문제의 기원이 뚜렷하게 중동에 있는 갈등조차도 금세 글로벌 문제로 전환되었다. 아랍-이스라엘 갈등은 주요 지역 분쟁의 글로컬(glocal)한 특성을 가장 잘 보여주는 중요한 사례다. 제2차 세계대전 이후 유엔은 영국의 팔레스타인 위임통치 지역을 이스라엘과 아랍-팔레스타인 지역으로 분할했다. 이는 전 세계적으로 확산되었던 시오니즘 운동의 결과였다. 지역 분할에서 비롯된 갈등이 1948년, 1956년, 1967년, 1973년에 심각한 전쟁으로 터져 나왔다. 단지 지역의 당사자뿐만 아니라 국제 사회 전체가 이 전쟁에 끌려 들어갔다. 미국 카터 대통령의 중재로 1979년 이집트와 이스라엘 사이에 첫 번째 평화 조약이 체결되었다. 1990년대에도 유사한 협상과 합의들이 이어졌는데, 이 또한 국제적 성격을 띠었다. 21세기에 들어서도 지역과 세계는 여전히 긴밀하게 연결되어 있었다. 1960년대 예멘 내전, 1970-80년대 레바논 내전, 1980년대 이란-이라크 전쟁 등 사실상 거의 모든 지역적 갈등에도 마찬가지로 세계적 차원이 개입되었다.

중동의 석유 산업은 초기부터 글로벌 네트워크의 일부였지만, 20세기 후반에는 네트워크의 성격이 극적으로 변했다. 20세기 중반에는 중동 석유가 주요 다국적 기업들에 의해 통제되었으나, 이란의 석유 국유화, 수익 공유 협정의 도입 등은 중대한 변화를 예고했다. 1959년, 주요 석유 기업들이 일방적으로 공시 유가를 인하하면서 전 세계 산유국 정부는 상당한 손실을 입게 되었다. 이러한 조치는 산유국 간의 협력 노선을 더욱 강화시키는 결과를 낳았다. 1959년, 아랍연맹은 카이로에서 첫 번째 아랍 석유 회의(APC)를 개최했으며, 이란과 베네수엘라가 참관인 자격으로 회의에 참석했다. 1960년을 기준으로 주요 산유국 5개국, 즉 베네수엘라, 사우디아라비아, 이라크, 이란, 쿠웨이트가 확인된 전 세계 생산 가능 석유 매장량의 3분의 2, 전 세계 실제 생산량의 약 40퍼센트를 차지했다. 이들이 석유수출기구(OPEC)를 설립하여 정책 조율과 협상을 위한 수단으로 삼았다.

아랍연맹(Arab League)이 주최한 여러 회의를 통해 아랍 지역의 조직화 개념이 지속되었다. 이것이 1968년 아랍석유수출기구(OAPEC)의 창설로 이어졌다. 아랍석유수출기구는 1973-74년 아랍-이스라엘 전쟁 기간 동안 생산량 감축과 선별적 금수조치를 조직하여 심각한 글로벌 위기를 초래했다. 그러나 1970년대에는 보다 세계적인 성격을 가진 석유수출기구(OPEC)가 주요 석유 생산국 동맹으로 부상했다. 중요한 변화는 석유 기업의 지배가 종식되고, 지역 중심의 생산국 체제가 아닌 글로벌 차원의 생산국 권력이 새롭게 부상한 것이었다. 이러한 변화 속에서 석유 생산 기업들은 기존의 수익 공유 방식에서 벗어나, 구(舊) 석유 기업들과 협력하는 국영 기업으로 전환되었다. 예컨대 아람코(Aramco)는 1980-81년에 완전히 사우디아라비아 국가 소유로 넘어갔다. 석유수출기구(OPEC)는 주요 지역 생산 기업과 국가를 대표하는 조직이 되었다. 결국 중동 지역의 현지 발전은 다시금 더 넓은 글로벌 네트워크의 일부로 편입되었다.(지도 18-3)

[지도 18-3] 오늘날의 중동 지역

지역 내 주요 사회 변화는 대체로 전반적인 세계적 흐름을 반영하는 양상을 보였다. 21세기 초엽에는 세계 인구의 대부분이 도시 지역에 거주하게 되었으며, 이런 점에서는 중동 지역의 사회도 크게 다를 바가 없었다. 2010년 기준 아랍 세계에서 도시 거주 인구 비중은 56퍼센트에 달했고,[14] 이란과 터키 또한 이와 비슷한 정도의 도시화 과정을 겪었다. 이러한 발전은 사회 전반적 변화의 일환이었다. 20세기 중엽까지만 하더라도 중동 지역 경제에서 농업이 중요한 부분을 차지했으나, 21세기에는 산업 및 서비스 부문이 GDP의 90퍼센트를 차지했고, 농업은 약 10퍼센트 수준으로 축소되었다.[15]

변화하는 노동력의 한 측면은 노동의 지역적 및 세계적 이동성 증가였다. 특히 인구가 적은 산유국에서는 이주 노동력이 경제에서 중요한 요소로 자리 잡았다. 2010년까지 카타르, 아랍에미리트, 쿠웨이트에서 이주 노동자는 전체 인구의 각각 88퍼센트, 70퍼센트, 69퍼센트를 차지했으며, 사우디아라비아에서는 전체 인구의 약 3분의 1에 달했다.[16] 이러한 외국인 노동력의 존재와 석유 수출에서 나오는 수익이 결합되어 민주적 정치 제도의 발전에 실질적인 제한을 가했으며, 소수의 엘리트 시민 계층을 형성했다. 노동 인구의 역외 이주도 또한 중요한 요인이었다. 독일로 이주한 터키 노동자들이 독일 인구의 3.4퍼센트를 차지하고 있으며, 프랑스로 이주한 북아프리카 노동자들은 프랑스 인구의 약 5퍼센트를 차지하고 있다.[17] 산업 경제가 발달한 지역을 향한 노동력의 세

---

14 이 글에서 언급 되는 아랍 관련 통계는 다음 출처에서 인용했다. United Nations Human Settlement Program (UN-Habitat), *The State of Arab Cities 2012: Challenges of Urban Transition* (Nairobi: UN-Habitat, 2012).

15 Ibid. p. ix, and Alan Richards, John Waterbury, et al., *A Political Economy of the Middle East* (Boulder, CO: Westview Press, 2008), p. 59.

16 UN-Habitat, *State of Arab Cities 2012*, pp. 147, 165.

계적 이동은 오랜 역사가 있는 일이었다. 예를 들어 포드 자동차 회사가 위치한 미시간주 디어본(Dearborn)의 2000년 인구조사에 따르면, 인구의 30퍼센트가 아랍 혈통으로 조사되었는데,[18] 이는 제1차 세계대전 이후 포드 공장에서 일했던 아랍인 이주 노동자의 역사가 반영된 결과였다. 지역 사회 및 정치적 삶의 다른 여러 측면과 마찬가지로, 중동의 노동 시장 또한 단지 지역 문제로 한정되지 않으며, 오히려 더 넓은 세계적 발전 과정 속에 통합되어 있다.

21세기 초 수십 년 동안 중동의 역사는 근현대 세계사 속에 위치한 중동사의 본질을 재확인시켜 주었다. 종교적, 정치적, 경제적 변화는 지역의 특징적인 요소와 넓은 의미에서 글로벌한 요소를 모두 포함하고 있었다. 아랍의 봄에 참여한 집단은 이러한 지역성과 세계성의 결합에 대하여 중요한 통찰을 제공해 주었다. 아랍의 봄은 튀니지와 이집트에서 일어났던 사회 운동으로, 그 시작은 대단히 지역적인 사건이었다. 2010년 튀니지의 노점상 모하메드 부아지지(Mohamed Bouazizi)는 지역 경찰관에게 뇌물 상납을 거부하며 분신을 했는데, 사건은 갑자기 벤 알리(Ben Ali) 독재 정권에 대한 저항의 상징이 되어버렸다. 이집트에서는 칼레드 사이드(Khaled Said)라는 젊은이가 인터넷 사용 카페에서 경찰에 폭행당해 사망한 사건이 비슷한 상징성을 지니게 되었다. 독재정권의 탄압 사례가 이 두 젊은이의 희생에 국한된 것은 아니었지만, 이 사건은

---

17 *Encyclopaedia Britannica 2012 Book of the Year* (Chicago: Encyclopaedia Britannica, 2012), pp. 600, 607.
18 U.S. Department of Commerce, *Census 2000 Brief: The Arab Population: 2000* (Washington, DC: U.S. Census Bureau, December 2003), p. 8.

새로운 기술인 소셜 미디어를 통해 유통되었고, 이를 계기로 두 나라의 저항 세력이 전 세계에 알려질 수 있었다.

"아랍의 봄"이라 일컬어졌던 당시의 운동은 2011-12년 사이 전 세계 주요 지역에서 "변화를 요구하는" 대중 운동의 중심축이 되었다.[19] 새로운 포퓰리즘의 특징은 전통적인 정치적 경계를 넘어서는, "지도자가 없는 분노의 폭발"이었다. 튀니지와 이집트 혁명가들의 관점은 코스모폴리탄적인 성격을 띠고 있었다.

"그들은 아랍 야당의 구세대 인물로부터 벗어나 비폭력 저항 전술을 활용했다. 이는 미국 학자 진 샤프(Gene Sharp)가 제시했던 전략이며, 세르비아 반독재 투쟁에 나섰던 청년 단체들의 전략이기도 하다. 아랍의 봄 또한 이러한 흐름으로부터 영향을 받았을 것이다. 또한 그들은 소셜 미디어를 활용하는 실리콘 밸리의 마케팅 전략을 빌어 운동의 전파에 활용했다."[20]

그러나 아랍의 봄에서 나타났던 코스모폴리탄적인 성격은 이집트 및 튀니지의 정체성에 분명하게 뿌리를 두고 있었다.

"아랍의 봄"이 남긴 장기적 결과가 어떠하든 간에, 이 운동 또한 중동 현대사가 보여주었던 글로컬(glocal)한 틀에 포함되었다. 18세기 오스만 제국의 국경 전쟁에서부터 21세기의 아랍의 봄에 이르기까지, 중동의 역사는 현대 세계사라는 더 넓은 서사 속에서 상호작용하는 한 부분으로 이어져 왔던 것이다.

---

19 David Ignatius, "The global discontent," *Washington Post*, October 16, 2011.
20 David Kirkpatrick and David Sanger, "A Tunisian-Egyptian link that shook Arab history," *New York Times*, February 13, 2011.

더 읽어보기

Abrahamian, Ervand. *A History of Modern Iran*. Cambridge University Press, 2008.
Barraclough, Geoffrey. *An Introduction to Contemporary History*. Baltimore, MD: Penguin, 1967.
Bayly, C. A. *The Birth of the Modern World, 1780-1914*. Oxford: Blackwell, 2004.
Brown, L. Carl. "The Middle East: patterns of change 1947-1987." *Middle East Journal* 41:1 (Winter 1987), 26-39.
Clancy-Smith, Julia, and Charles D. Smith. *The Modern Middle East and North AfriCA: A History in Documents*. Oxford University Press, 2014.
Danielsen, Albert L. *The Evolution of OPEC*. New York: Harcourt Brace Jovanovich, 1982.
Esposito, John L., ed. *The Oxford Encyclopedia of the Islamic World*, rev. edn. Oxford University Press, 2009.
Gelvin, James L. *The Modern Middle East: A History*, 3rd edn. Oxford University Press, 2011.
Findley, Carter Vaughn. *Turkey, Islam, Nationalism, and Modernity: A History, 1789-2007*. New Haven, CT: Yale University Press, 2011.
Hefner, Robert W., ed. *The New Cambridge History of Islam, Vol. 6: Muslims and Modernity: Culture and Society Since 1800*. Cambridge University Press, 2010.
Ismael, Tareq Y. *The Middle East in World Politics: A Study in Contemporary International Relations*. Syracuse University Press, 1974.
Issawi, Charles. *An Economic History of the Middle East and North Africa*. New York: Columbia University Press, 1982.
Keddie, Nikki R. *Women in the Middle East: Past and Present*. Princeton University Press, 2007.
Kurzman, Charles. *Democracy Denied, 1905-1915: Intellectuals and the Fate of Democracy*. Cambridge, MA: Harvard University Press, 2008.
Lapidus, Ira M. *Islamic Societies to the Nineteenth Century: A Global History*. Cambridge University Press, 2012.
Lewis, Bernard. *What Went Wrong? The Clash Between Islam and Modernity in the Middle East*. New York: HarperCollins, 2003.
Macfie, A. L. *The Eastern Question, 1774-1923*, rev. edn. London: Longman, 1996.
Mitchell, Timothy. *Carbon Democracy: Political Power in the Age of Oil*. London: Verso, 2013.
Owen, Roger, and Şevket Pamuk. *A History of Middle East Economies in the*

Twentieth Century. Cambridge, MA: Harvard University Press, 1999.
Quataert, Donald. *The Ottoman Empire, 1700-1922*, 2nd edn. Cambridge University Press, 2005.
Richards, Alan, and John Waterbury. *A Political Economy of the Middle East*. Boulder, CO: Westview Press, 2008.
Robertson, Roland. "Glocalization: time-space and homogeneity-heterogeneity." In Mike Featherstone, Scott Lash, and Roland Robertson, eds., *Global Modernities*. London: Sage, 1995, pp. 25-44.
Robinson, Francis. *The New Cambridge History of Islam, Vol. 5: The Islamic World in the Age of Western Dominance*. Cambridge University Press, 2010.
Rogan, Eugene. *The Arabs: A History*. New York: Perseus, 2009.
Tucker, Judith. *Gender and Islamic History*. Washington: American Historical Association, 1993.
United Nations Human Settlement Program (UN-Habitat). *The State of Arab Cities 2012: Challenges of Urban Transition*. Nairobi: UN, 2012.
United States Department of Commerce. *Census 2000 Brief: The Arab Population: 2000*. Washington, DC: U.S. Census Bureau, December 2003.
Voll, John Obert. "Foundations for renewal and reform: Islamic movements in the eighteenth and nineteenth centuries." In John L. Esposito, ed., *The Oxford History of Islam*. Oxford University Press, 1999, pp. 509-547.
"The Middle East in world history." In Jerry H. Bentley, ed., *The Oxford Handbook of World History*. Oxford University Press, 2011, pp. 437-454.

CHAPTER 19

세계사 속의 동아시아

마크 셀던
Mark Selden

중국의 부상은 20세기 후반부터 세계의 주목을 받아왔다. 특히 중국이 경제 대국이자 지정학적 신흥 세력으로 재등장하자 중국에 대한 논의가 확대되었다. 한편에서는 중국을 지배적 글로벌 세력으로 평가했다. 아시아-태평양 지역은 물론 전 세계적으로 중국이 새로운 천년을 주도할 것이라는 전망이었다. 다른 한편에서는 미국과 중국의 충돌 가능성을 경고했다. 이는 미국 패권의 지속을 강조하는 시각이었다. 중국에 비하면 동아시아 지역은 그다지 주목을 받지 못했다. (지역 범위는 이후 구체적으로 다시 논의함) 동아시아의 지정학적, 경제적 중요성의 부활 및 사회적 변혁에 대한 이해도 그만큼 더 낮았다. 그러나 사실 같은 시기 동아시아의 변화는 그 규모, 발전 속도, 지역적 특성 면에서 세계사적으로 유례를 찾아보기 어려운 현상이었다. 이번 글에서는 국가보다는 지역의 역학에 논의의 중점을 두고, 1970년대 이후 세계 경제에서 가장 활발한 역동성을 보였던 동아시아의 부상을 재조명하고자 한다. 이를 위해 그 직전의 역사적 시기를 두 시대로 나누어 그 배경을 살펴보고자 한다. 또한 동아시아 지역주의의 과거와 현재를 검토하여 그 특징을 논의할 것이다. 마지막으로는 급속한 성장과 함께 대두된 몇몇 신화를 분석해 보도록 하겠다.

첫 번째 시기는 1750년부터 19세기 초까지다. 당시의 동아시아는 이전 시대와 마찬가지로 중국 중심의 조공무역 체제를 구성하고 있었고, 무역과 은(銀)의 교환을 통해 역내는 물론 세계와도 연결되어 있었으며, 중국, 한국, 일본, 베트남 등 동아시아 전 지역에서 공통된 문자, 유교 사상, 정치 제도를 공유하였다. 권력의 집중화, 인구의 밀집, 도시 번영의 측면에서 동아시아는 당시 유럽에 필적하거나 오히려 유럽을 능가하는 면이 있었다. 이 시기 동아시아 대부분의 지역은 유럽과 달리 장기간의 평화가 지속되는 중이었다. 18세기 중국은 예외적인 상황으로, 내륙 아시아 깊숙한 곳까지 들어가 영토를 확장했다. 두 번째 시기는 19세기 초부터 1970년대까지였다. 당시 서구의 경제적 활력과 세계적 영향력이 지대했고, 그 여파로 동아시아의 많은 지역이 팽창하는 제국(유럽, 뒤이어 미국과 일본)에 정복되었다. 또한 장기적인 내전과 국제 전쟁 혹은 혁명의 상황에 휘말리기도 했다. 그 과정에서 서구 또는 일본 세력이 동아시아의 광범위한 지역을 차지했다. 청 제국이 붕괴되었고 동아시아 지역의 조공무역 체제도 몰락했다. 그에 따라 동아시아의 정체성과 경제적 역량도 상당히 위축되었다.

　　동아시아 대부분이 침략, 정복, 쇠퇴를 겪는 동안 새로운 세력들이 등장했다. 중국과 동남아시아를 연결하는 화교 자본, 아시아의 제국 일본, 그리고 중국 혁명 세력 등이었다.[1] 19세기 초가 되면서 케네스 포메란츠(Kenneth Pomeranz)가 말했던 "대분기(Great Divergence)"라는 현상

1　Kenneth Pomeranz, *The Great Divergence: China, Europe, and the Making of the Modern World Economy* (Princeton University Press, 2000), p. 5. See also R. Bin Wong, *China Transformed: Historical Change and the Limits of European Experience* (Ithaca, NY: Cornell University Press, 1997).

이 나타났다. "19세기 산업화가 상당히 진전된 이후에야 비로소 유럽이라는 단일 헤게모니 '중심부'와, 반대로 상대적 쇠퇴를 겪었던 동아시아라는 '주변부'의 차이를 인식할 수 있었다"는 것이 포메란츠의 주장이었다.[1] 포메란츠와 왕국빈(王國斌, R. Bin Wong)이 통찰력 있는 비교를 통해 보여주었듯이, 과거 강력했던 동아시아의 정치경제적 기반을 고려할 때, 대분기의 원인을 단순히 유럽의 예외적 우월성만으로 설명하기는 어렵다. 그럼에도 불구하고 당시 세계 정세는 19세기 초부터 1970년에 이르기까지 동아시아 내부의 관계를 근본적으로 변화시켰으며, 세계 경제와 지정학적 측면에서 동아시아의 위상이 하락하는 결과를 초래했다. 서구 제국주의의 파괴적 힘이 밀고 들어오는 와중에 동아시아 내부의 중요한 지역적 유대가 일부 단절되기도 했지만 새로운 유대관계도 형성되었으며, 그것이 이후 부흥과 재결합의 토대가 되었다.

그렇다면 왜 1970년 이후 동아시아는 다른 많은 거대 지역, 특히 식민주의의 파괴적 영향을 경험했던 아프리카, 라틴 아메리카, 중동의 대다수 지역과 달리 지역의 부흥과 활력을 되찾을 수 있었을까? 1970년 이후의 동아시아는 세계 전체적으로 보아 예외적인 상황이었다. 지역의 활력이 되살아났고, 경제의 상호 유대가 강화되었으며, 평화가 장기적으로 지속되었다. 이는 개별 국가적 현상의 단순한 합으로 보기보다는 세계와 지역 사이에서 작동하는 어떤 공통된 과정의 결과로 이해해야 할 것이다. 부분적으로는 오랜 역사적 저력과 전통에서 그 원인을 찾을 수 있다. 1970년에서 1975년 사이는 동아시아의 전환기였다. 그 이전 150년 동안 이어졌던 전쟁 때문에 빚어졌던 동아시아의 분열과, 제2차 세계대전 이후 중국, 한국, 베트남 등지에서 전쟁과 혁명을 불러일으켰던 자본주의와 사회주의 세력의 대립도 이 시기에 막을 내렸다. 이러한 변화는 1970년대 초 미국과 중국 간의 화해로 이어졌다. 이후 세계 정치 및 경제 영역에서 중국의 역할 확대가 가능해졌으며, 중국의 집단주의와 국가 중심 사회 구조가 국가 자본주의와 시장 지향으로 방향을 전환하는 계기가 되었다. 그 결과 지역 및 글로벌 갈등으로 분리되었던 경제의 상호침투가 빠르게 진행되었다. 이는 지역 내 및 글로벌 무역의 급격한 성장을 촉진했고, 세계 제조업의 중심이 유럽과 북미에서 동아시아, 특히 일본, 한국, 중국으로 이동했다. 미·소 갈등은 1989-91년 소련의 붕괴로 종식되었다. 최소한으로 말하더라도 글로벌 지정학적 측면에서 미·소 갈등의 중심성이 약화되었다. 1970년대에 시작된 미·중 대립의 완화는 동아시아의 분열을 지우고 서로를 연결하는 다리가 되었다. 그 뒤로 비교적 평화로운 시대가 이어졌다. 국경은 더 이상 대립의 장소가 아니라 새로운 교류의 장으로 인기를 모았다. 그에 따라 새로운 철도와 도로망이 확산되었다. 그 결과 무역과 투자의 경로가 바뀌었다. 1970년대 이전까지는 동아시아 국가들의 무역과 투자는 주로 서방 국가들과 연결되었다. 그러나 2000년대 이후 가장 역동적인 관계는 동아시아 국가들 사이에 형성되었고, 이후 동남아시아, 중앙아시아, 남아시아로 확장되었다. 경우에 따라서는 과거 정치적 경쟁 관계에 놓여 있던 국가들 사이에도 새로운 연결망이 강화되었다. 예를 들면 중국(중화인민공화국)과 대만(중화민국), 중국과 일본, 그리고 중국과 한국 간의 관계가 이 경우에 해당한다. 1970년대 이후 동아시아 전반에 걸쳐 경제적 부흥이 나타났으며, 초기에는 일본, 한국, 대만, 홍콩, 싱가포르를 중심으로 가장 역동적인 경제 성장과 소득 증가가 이루어졌다. 이후 경제적·지정학적 변화의 중심은 중국과 그들의 경제적 파트너들로 이동했다.

이러한 복합적인 과정을 이해하려면 정치, 사회, 경제적 측면을 모두 살펴보아야 하며, 각각의 측면을 국가적, 지역적, 그리고 글로벌 관점에서 통합적으로 접근할 필요가 있다. 1931년부터 1945년까지는 일본이 지역 내 자급자족을 동아시아에 강요하려 했던 시기다.(1940-45년의 대동아공영권 주장이 그 정점이었다.) 제2차 세계대전 이후에는 자본주의 진영과 사회주의 진영 간 지역적 분열이 이어졌다. 그러나 오늘날에는 경제 및 금융 연결이 내부적으로 더 확장되었고, 이와 더불어 지역 내부와 글로벌 통합이 결합되는 과정에 놓여 있으며, 통합의 중요성이 갈수록 커지고 있다는 점이 주목할 만하다. 평화의 시대에 이와 같은 변화가 일어나기는 했지만 여전히 지역 내 갈등은 남아 있다. 한국전쟁 관련 주요 갈등이 여전히 해결되지 않았고, 일본 제국의 유산으로 인한 영토 및 역사적 기억의 갈등이 남아 있으며, 남중국해와 동중국해의 영토 갈등과 관련된 긴장감이 여전히 지역 질서와 세계 평화를 위협하고 있다. 동아시아는 세계 경제에서 가장 역동적인 지역인 동시에 지정학적 갈등을 내포한 지역이다. 우리 논의의 마지막 부분은 다시 이 문제로 돌아갈 것이다. 새롭게 떠오르는 중국은 미국이 주도하는 지역 질서에 도전하고 있으며, 일본은 다시금 군사적 야망을 드러내며 공세적인 태도를 취하고 있다. 또한 영토 분쟁이 심화되어 지역의 분열을 초래할 가능성도 커지고 있다.

세계 속의 동아시아

글로벌 관점에서 지역 문제에 접근하고자 하는 우리의 시도는 브루스 커밍스(Bruce Cumings)의 견해와 입장을 같이 한다. 그는 지역 문제를 국가별로 분석하는 것이 오해를 불러일으킬 위험이 있다고 지적했다. "문제를 나누어서 보게 되면, 분해의 오류(fallacy of disaggregation) 때문에 지역 난위의 근본적인 단일성과 통합성을 간과할 위험이 있다." 지역의 통합성은 18세기부터 분명하게 드러났고, 특히 1970년대 이후 새로운 활력을 더해갔다.[2] 브루스 커밍스의 견해에 따르면, 오늘날 세계의 어느 지역이든지 그 지역의 특성을 규정하는 지정학적 측면이나 경제적 측면을 이해하고자 할 때는, 개별 국가가 아니라 국가 대 국가, 지역과 세계의 체계적 상호작용을 중점적으로 살펴보아야 한다.[3] 동아시아를 넘어 인접한 중앙아시아와 동남아시아 지역을 아울러 고찰하며, 우리는 카를 도이치(Karl Deutsch)의 세계 지역(world regions) 개념을 채택했다. 그가 말하는 세계 지역이란 여러 국가의 집합으로, 공간적으로 인접하며 다양한 차원에서 상호 의존성이 뚜렷하고, 이러한 의존성이 시간에 따라 발전하는 양상을 보이는 곳이다. 예를 들어 중국 남동부 해안 지역과 일본 및 베트남은 벼 중심 경제라는 공통점이 있고, 중앙아시아 초원

---

2 Bruce Cumings, "The origins and development of the northeast Asian political economy: industrial sectors, product cycles, and political consequences," in Frederic C. Deyo, ed., *The Political Economy of New Asian Industrialism* (Ithaca, NY: Cornell University Press, 1987), p. 46.

3 John K. Fairbank, *The United States and China* (Cambridge, MA: Harvard University Press, 1983); Ssu-yu Têng and John K. Fairbank, *China's Response to the West: A Documentary Survey, 1839-1923* (New York: Atheneum, 1963). See particularly David Landes, *The Unbound Prometheus: Technological Change and Industrial Development in Western Europe from 1750 to the Present*, 2nd edn (Cambridge University Press, 2003); W. W. Rostow, *The Stages of Economic Growth: A Non-Communist Manifesto* (Cambridge University Press, 1962).

은 유목 중심 경제 및 사회라는 공통점이 있다. 특히 중앙아시아는 오랫동안 동아시아와 상호보완적 관계를 맺어왔다. 초원 지역의 말을 얻기 위해 중국 해안 지역의 농산물과 공산품을 교환했으며, 이외에도 동아시아의 지정학적 구도 형성에는 오래도록 중앙아시아의 영향이 있었다. 21세기에는 농업, 산업, 금융, 자원 등 새로운 차원의 상호보완성을 목격하게 될 것이다.

우리는 이 명제를 다른 방식으로 접근할 수도 있다. 우리의 접근법은 존 페어뱅크(John Fairbank)를 비롯한 대다수 영미권 학계의 입장과는 차이가 있다. 그들은 서구에 대응하는 중국(및 아시아)의 방식이 해당 지역 근대화 및 부흥의 핵심이라고 주장한다. 우리의 접근법은 서구의 본질적 우월성을 전제로 하는 학문적 태도와는 결을 달리한다. 또한 18세기 유럽의 자본주의가 번성하던 시기에, 중국과 아시아에서 "자본주의의 싹"을 찾는 과정에서 이 지역 사회의 봉건적 성격을 강조했던 마르크스주의와는 더더욱 방향이 다르다.[4]

중국 중심으로 동아시아와 세계 경제를 다시 보는 우리의 접근법에서는, 중국의 위치를 고려할 때 아시아 대륙뿐만 아니라 해양의 중요성까지 함께 고려한다. 19세기 서구의 도전을 전후로 해양은 더욱 중요한 요인이 되었다. 이 관점에서 보면 동아시아는 중국을 중심으로 동북아시아와 동남아시아를 포함하는 지역 범위다. 이 지역은 19세기 초까지 지역 내는 물론 세계 경제에서도 지정학적으로 중요한 역할을 담당했

---

4 Albert Feuerwerker and S. Cheng, *Chinese Communist Studies of Modern Chinese History* (Cambridge, MA: East Asian Research Center, 1961); Albert Feuerwerker, ed., *History in Communist China* (Cambridge, MA: MIT Press, 1968).

다. 18세기 동아시아의 가장 중요한 변화는 조공에서 조약으로 변한 것이 아니라, 조공에서 무역으로 전환된 것이었다.(지도 19-1)[5]

동아시아 지역주의: 18세기

다케시 하마시타(濱下武志), 왕국빈(王國斌, R. Bin Wong), 케네스 포메란츠(Kenneth Pomeranz), 스기하라 가오루(杉原薫), 앤서니 리드(Anthony Reid), 레너드 블루스(Leonard Blussé), 안드레 군더 프랑크(Andre Gunder Frank) 등의 연구 성과로 볼 때, 16세기-18세기의 동아시아는, 같은 시기 유럽 자본주의의 태동으로 발전하던 서구에 비견할 정

---

5 Linda Grove and Mark Selden, "Editors' introduction: new perspectives on China, East Asia, and the global economy," in Takeshi Hamashita, *China, East Asia and the Global Economy: Regional and Historical Perspectives* (London: Routledge, 2008), pp. 1-8. 전후 일본 학자들의 연구 성과와 주요 논문 번역 전반에 대한 개관은 다음을 참조. Linda Grove and Christian Daniel, eds., *State and Society in China: Japanese Perspectives on Ming-Qing Social and Economic History* (University of Tokyo Press, 1984). 유럽 중심적 근대화 논의는 물론 여기서 소개된 연구 성과는 Takeshi Hamashita를 비롯한 수정주의적 접근의 선행 연구에 해당한다. 일부 연구자들, 예컨대 Victor Lieberman, Martin Lewis and Karen Wigen 등은 동남아시아를 독립된 세계 지역으로 설정하는 데 회의적이다. 동남아시아 내부적으로도 종교적, 문학적, 정치적, 경제적 유산이 서로 이질적이며, 지리적으로도 아시아 본토와 남중국해를 아우르고 있기 때문이다. 한편 Anthony Reid와 같은 다른 학자들은 다양한 외부 영향과 내부의 차이에도 불구하고 지역 정체성을 형성하는 공통된 문화적 기반이 있다고 본다. Victor Lieberman, "Local integration and Eurasian analogies: structuring Southeast Asian history, c. 1350-1830," *Modern Asian Studies* 27:3 (1993), 476; Martin Lewis and Karen Wigen, *The Myth of Continents: A Critique of Metageography* (Berkeley, CA: University of California Press, 1997), p. 175; Anthony Reid, *Southeast Asia in the Age of Commerce, 1450-1680*, 2 vols. (New Haven, CT: Yale University Press, 1988 and 1993). Leonard Blussé는 18세기가 무역에서 '중국의 세기'였다는 점을 인정하면서도 이것이 조공 체제와는 거의 무관하다고 주장한다. *Visible Cities: Canton, Nagasaki, and Batavia and the Coming of the Americans* (Cambridge, MA: Harvard University Press, 2008).

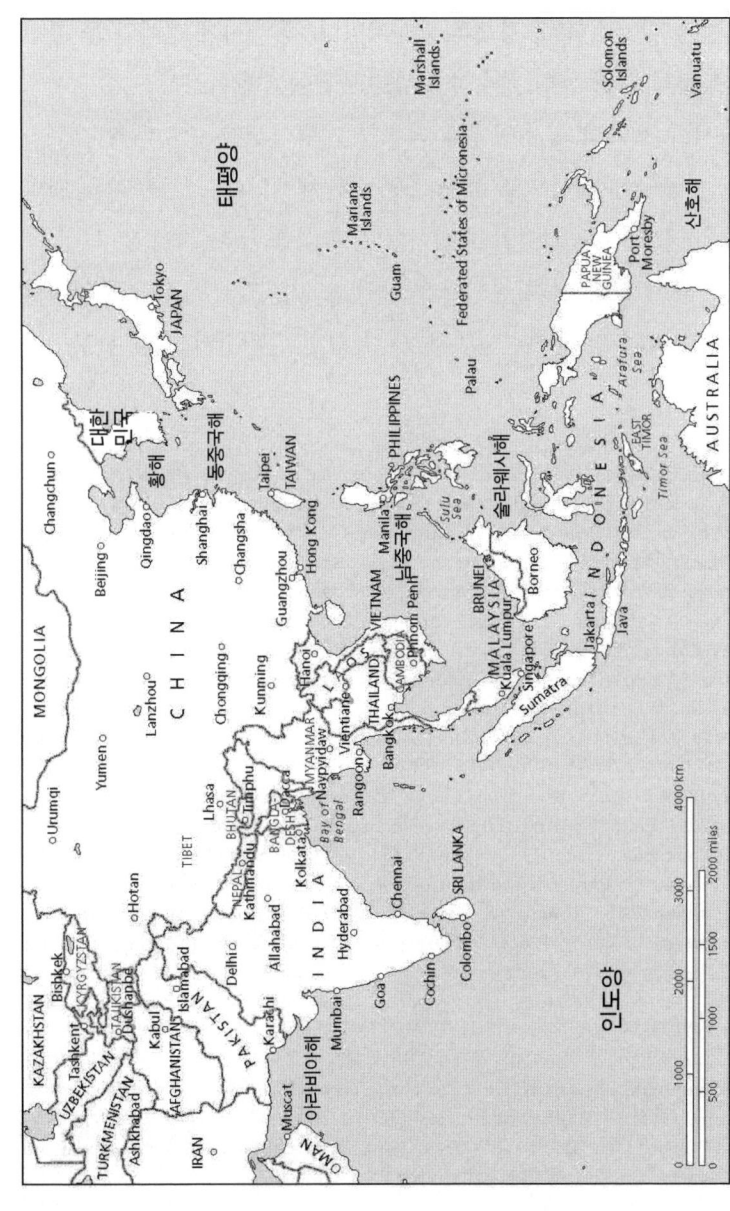

[지도 19-1] 오늘날의 동아시아

CHAPTER 19 - 세계사 속의 동아시아

도로 활발했던 지정학적, 경제적 중심지였다.[6] 동아시아 질서의 두 가지 요소가 독특한 지역적 및 세계적 특성을 만들어냈다.

　동아시아 세계의 정치경제와 지정학을 형성했던 중요한 연결고리 중 하나는 중국을 중심으로 하는 조공무역 체제였다. 조공무역을 뒷받침한 것은 국가 간 공식적인 교섭이었다. 교섭을 통해 지역 및 하위 지역의 질서와 정치적 위계 질서가 규정되었으며, 조공 사절단 주위에서 비공식적 교역의 장이 마련되었다. 또한 합법과 비합법을 넘나드는 광

6　Hamashita, *China, East Asia and the Global Economy*; Giovanni Arrighi, Takeshi Hamashita, and Mark Selden, eds., *The Resurgence of East Asia: 500, 150 and 50 Year Perspectives* (London: Routledge, 2003); Andre Gunder Frank, *ReORIENT: Global Economy in the Asian Age* (Berkeley, CA: University of California Press, 1998); Gary Hamilton, *Commerce and Capitalism in Chinese Societies* (London: Routledge, 2006); Hidetaka Yoshimatsu, *The Political Economy of Regionalism in East Asia: Integrative Explanation for Dynamics and Challenges* (Basingstoke: Palgrave Macmillan, 2008); Mark Beeson, *Regionalism and Globalization in East Asia: Politics, Security and Economic Development* (Basingstoke: Palgrave Macmillan, 2007); Ernst van Veen and Leonard Blussé, eds., *Rivalry and Conflict: European Traders and Asian Trading Networks in the 16th and 17th Centuries* (Leiden: CNVS Press, 2005); Timothy Brook, *The Confusions of Pleasure: Commerce and Culture in Ming China* (Berkeley, CA: University of California Press, 1998); Francesca Bray, *The Rice Economies: Technology and Development in Asian Societies* (Oxford University Press, 1985); Nola Cooke and Li Tana, eds., *Water Frontier: Commerce and the Chinese in the Lower Mekong Region, 1750-1880* (Lanham, MD: Rowman & Littlefield, 2004); Reid, *Southeast Asia in the Age of Commerce*. 조공과 무역 네트워크의 관계 및 조공 체제의 범위와 같은 쟁점들은 역사학자와 경제학자들 사이에서 날카로운 논쟁의 대상이 되어 왔으며, 학술지 심포지엄을 통해 논의되기도 했다. 특히 *Journal of Asian Studies, American Historical Review, Modern China* 등의 학술지 참조. 다수의 일본 학자들도 이러한 쟁점들을 연구한 바 있다. 특히 일본의 발전, 아시아 내 무역, 아시아 경제 간의 연관성에 초점을 맞춘 다음의 책을 참조할 것. Kaoru Sugihara, ed., *Japan, China, and the Growth of the Asian International Economy, 1850-1949* (Oxford University Press, 2005). 최근 중국의 중요한 해석은 다음을 참조. Wang Hui, "The politics of imagining Asia: empires, nations, regional and global orders," *Inter-Asia Cultural Studies* 8:1 (2007), 1-34.

범위한 무역이 존재했다. 근본적으로는 그것이 조공무역 질서를 이끌어가는 원동력이었다. 무역의 범위는 대개 제국의 국경을 넘어 여러 항구 도시들을 연결하고 있었다. 조선, 베트남, 유구(琉球, 류큐)와 중앙아시아 및 동남아시아의 여러 왕국들은 중국과 활발한 조공무역을 진행했다. 그러나 일본은 17세기에서 19세기 사이에 중국으로 어떠한 조공 사절단도 보내지 않았다.

그럼에도 중국과 일본의 직접 교역은 꾸준히 진행되었다. 나가사키(長崎) 항구에는 중국 상인과 네덜란드 상인이 모두 연결되어 있었다. 이외에도 유구, 규슈(九州), 홋카이도(北海道) 등을 통한 비공식 교역이 진행되고 있었다. 마찬가지로 중국 연안에서도 비공식 무역이 이루어졌다. 청 제국은 이를 해적 행위로 간주하기도 했다. 요컨대 청 제국과 일본 당국은 모두 국가 간 교역을 엄격히 제한했지만, 조공무역, 비공식 무역, 도시 간 거래 등 다양한 경로의 교역을 통해 동아시아 경제의 활력이 유지되고 있었다.[7]

조공무역 체제의 영향은 중국의 직접적인 통제 범위를 벗어난 곳까지 미쳤으며, 중국과 상관없이 조공무역 체제가 독자적으로 동아시아의 지정학적 상황을 규정하는 데까지 나아갔다. 예컨대 17-19세기 일본은 중국에 조공 사절단을 파견한 적이 전혀 없었지만, 중국으로 들어가는 유구의 조공 사절단을 은밀히 조종하여 자국의 이익을 도모했으며, 동

---

7 중요한 논점이지만 이 글에서는 다루지 않은 것이, 18세기 중국을 평화와 상대적 번영의 정점으로 이끌었던 청 제국이 만주족의 지도력에 의해 형성되었다는 사실이다. 이는 중국이라는 국가와 민족의 다민족적 성격, 나아가 중앙아시아 및 초원 지역과의 관계, 더불어 동아시아 및 동남아시아와의 관계에 대해 중요한 질문을 제기한다.

시에 도쿠가와 막부를 방문할 유구의 조공 사절단을 조직하기도 했다.[8] 베트남에서도 비슷한 상황이 벌어졌다. 베트남은 정기적으로 중국에 조공 사절단을 보냈지만, 라오스와의 관계를 관리하기 위해 중국과는 별도로 라오스의 조공 사절단을 베트남으로 불러들여 하위-조공 체제를 구축했다.[8] 더욱이 조공을 목적으로 지정된 항구가 있었는데, 여기서는 상인들을 중심으로 지정 항구는 물론 비지정 항구를 연결하는 무역 및 금융 관계가 자연스럽게 형성되었다.

지역 질서의 측면에서 두드러진 특징 중 하나는, 중국이 동아시아는 물론 동남아시아와 내륙아시아를 포함하는 광범위한 지역에서, 평화와 안정을 유지하는 수단으로 조공무역 체제를 보조적으로 활용했다는 사실이다. 어느 지역이든지 중국이 선호하는 통치자를 지원하는 수단으로 조공무역 체제를 이용했으며, 이를 통해 외교 관계의 평화와 안정을 유지하는 동시에 중국의 우위를 보장하고자 했다. 구체적으로 중국은 조선, 베트남, 유구 등 조공 관계국에 직간접적으로 보조금을 지원했으며, 이를 통해 지속적 자원 이전을 보장하고, 조공과 연계된 수익성 높은 무역에 접근할 수 있는 권한을 부여하는 등의 방식을 선택했다.

이러한 방식을 비롯하여 여러 경로를 통해, 16세기 초부터 비교적 번영했던 동아시아에서 독특한 지역 내 정치경제 체제가 형성되었으며, 이는 다시 아시아의 다른 지역, 태평양, 유럽, 북아메리카와 연결되었다. 이러한 사실은 특히 제국주의 재평가 논의와 관련이 있다. 솔(S. B.

---

8 Takeshi Hamashita, "The Ryukyu maritime network from the fourteenth to eighteenth centuries: China, Korea, Japan, and Southeast Asia," in Hamashita, *China, East Asia and the Global Economy*, pp. 57–84.

Saul), 갤러거(J. Gallagher), 로빈슨(R. Robinson), 플랫(D. C. M. Platt), 데이비드 랜디스(David Landes) 등이 시작한 제국주의 재평가 논의(제국주의 수탈론을 수정하여 제국주의와 식민지 관계를 상호의존적 과정으로 설명하려는 경향 – 옮긴이)에서는 아시아의 역동성을 경시하는 경향이 있었다.⁹ 이들은 아시아를 부정적이거나 단순히 외세에 반응하는 존재로 보았으며,¹⁰ 심지어 동서 이분법으로 동양을 배제하는 오리엔탈리즘의 관점을 보였다.

16세기부터 개방적 항구를 중심으로 하는 공간 개념이 등장했다. 이는 국가 경제나 정부의 정책 중심이 아니라 개방된 항구와 그 배후지 중심의 공간 개념이었다. 이와 같은 공간 개념은 조공 체제나 중국과 동아시아를 신세계와 연결해주었던 은(銀)보다 더 중요한 부분이었다. 즉 육지와 바다, 해안 지역과 내륙 지역, 항구 도시와 그 배후지 간의 관계에 대한 새로운 공간적 이해를 요구하는 접근 방식이다.

놀라 쿡(Nola Cooke)과 타나 리(Tana Li), 그리고 찰스 휠러(Charles Wheeler) 등의 연구자들은 자유 무역 패턴을 강조했다. 자유 무역에 따라 중국의 남중국해 연안과 인도차이나를 연결하는 "수상 프론티어(water frontier)"가 형성되었고, 그것이 메콩강 지역 경제 변화에 기여했다는 주장이다.¹¹ 중국, 베트남, 조선, 유구, 내륙아시아, 동남아시아 섬

---

9 Alain Gresh, "From Thermopylae to the Twin Towers: the West's selective reading of history," *Le Monde Diplomatique*, January 2009.
10 Dennis O. Flynn, "Silver in global context," in Dennis O. Flynn and Arturo Giráldez, eds., *Metals and Monies in an Emerging Global Economy* (Aldershot: Variorum, 1997).

지역을 연결하는 네트워크가 존재했는데, 그 네트워크는 조공 사절과는 상관 없이, 혹은 그 주변부에서 형성된 광범위한 무역 네트워크였으며, 지역 경제의 연결을 강화하는 데 기여했다. 조공무역 체제의 중심지들도 종종 중앙 정부의 통제를 상당히 벗어나는 다른 항구나 도시들과 연결되는 무역 네트워크를 형성했으며, 그 네트워크가 다시 세계 경제와 연결될 수 있었다. 이러한 중심지들 중 다수는 20세기를 거치는 동안 새로운 활력을 얻으며 글로벌 도시로 부상했다. 대표적인 사례가 1980년대 이후의 상해(上海), 광주(廣州), 천진(天津)뿐 아니라, 선전(深圳), 홍콩(香港), 싱가포르 등이다. 물론 도쿄(東京)나 서울도 여기에 포함될 수 있다.[12]

중국을 중심으로 하는 광범위한 동아시아 지역은 18세기에, 조공무역 체제를 기반으로 오랜 평화와 번영을 지속하는 중이었다. 이는 같은 시기 유럽 및 그 식민지의 사정과는 전혀 달랐다. 그들은 끊임없는 전쟁과 혼란에 휩싸여 있는 중이었다. 그렇다고 해서 중국을 항상 평화롭고 정복 전쟁이 없었던 국가로 묘사하려는 것은 아니다. 오늘날 중국이 주장하는 영토와 국경의 대부분은 청 제국의 최대 범위에 해당한다. 청 제

---

11 Cooke and Tana, eds., *Water Frontier*; Charles Wheeler, "Buddhism in the re-ordering of an early modern world: Chinese missions to Cochinchina in the seventeenth century," *Journal of Global History* 2:3 (November 2007), 281-302, and "Re-thinking the sea in Vietnamese history: littoral society in the integration of Thuan-Quang, seventeenth-eighteenth centuries," *Journal of Southeast Asian Studies* 37:1 (February 2006), 123-153.
12 See, for example, Saskia Sassen, *The Global City: New York, London, Tokyo*, 2nd edn (Princeton University Press, 2001) and *Cities in a World Economy*, 3rd edn (Thousand Oaks, CA: Pine Forge, 2006).

국은 티베트, 몽골, 신강(新疆), 사천(四川) 등 북부와 서부 지역으로 군사적 팽창에 성공하여 거대 제국의 영토를 확보했다.[13] 그럼에도 불구하고 18세기 중국과 서구 제국의 역동성을 비교하는 것이 의미 없지는 않다. 조공과 민간 무역이 동아시아 지역 질서 유지에 도움을 주었다면, 조선, 일본, 유구, 베트남 등에서 신유학적 질서를 통한 공통된 가치, 정치, 문자 언어, 국가 운영 방식도 못지 않게 중요한 역할을 했다. 여기에는 조공국의 지도자에게 정당성을 부여하거나 혹은 교체하려 했던 중국의 행위도 포함된다. 18세기와 19세기 유럽의 식민 정복자들과 달리, 중화 중심적 질서는 주변부 민족이나 제국 내로 통합된 사람들에게도 문화적 동화를 거의 요구하지 않았으며, 경제적·재정적 착취도 덜했을 가능성이 크다. 또한 중국의 전성기에는 동아시아와 동남아시아를 포괄하는 광범위한 지역에서 일반적으로 평화가 지속되었으며, 전쟁과 정복은 서부 변방 지역에 국한된 일이었다. 포메란츠(Kenneth Pomeranz)가 지적했듯이, 청 제국은 내륙 아시아로 팽창을 추진하던 한 세기 동안 정부 지출의 약 50퍼센트를 전쟁에 할당한 반면, 유럽의 주요국들은 수입의 약 80퍼센트를 전쟁과 채무(대체로 과거의 전쟁 비용) 상환에 사용했다.[14] 그러나 19세기에는 이러한 상황이 역전되었다.

---

13 중국은 18세기에 영토 확장의 정점에 도달하여, 제국의 범위를 북쪽과 서쪽으로 내륙아시아까지 확장했으며 티베트, 몽골, 신강(신장)을 포함시켰다. 또한 동남아시아에도 비공식적인 영향력이 확대 되었다. 반면, 만리장성 이남의 대부분 지역, 특히 중국 연안과 동남아시아 대부분 지역은 오랜 기간 평화를 누렸다.
14 여기서 요점은 중화 중심적 질서와 유럽 중심적 질서에서 전쟁과 평화가 본질적으로 다르다는 주장이 아니다. 19세기에 중국과 그 주변부가 장기적인 전쟁과 종속의 시대로 들어간 반면, 같은 시기 유럽은 대개 전쟁을 주변부로 몰아냈다는 점을 지적하는 것이다.

유럽 제국주의의 침략 이전, 동아시아 지역 질서가 절정에 이르렀을 때 몇 가지 독특한 특징들도 주목할 만하다. 마크 엘빈(Mark Elvin)은 중국이, 최소한 18세기에서 19세기 초엽까지, 높은 수준의 균형 함정(equilibrium trap)에 갇혀 역동적인 유럽 자본주의와 경쟁할 수 없었다고 보았으나, 스기하라 가오루와 케네스 포메란츠는 중국과 일본의 중심 지역에서 소득 및 소비 수준이 18세기 서유럽이나 북아메리카 주요 지역과 비등했음을 보여주는 설득력 있는 자료를 제시했다. 이는 당시 서구의 비교 우위가 아시아의 균형 함정이나 혹은 다른 어떤 정치경제의 내재적 결함에서 비롯된 것이 아님을 시사한다.[15] 여기서 중요한 점은 동서양의 경제와 사회 구조가 동일하다는 것이 아니다. 그보다는 오히려, 하야미 아키라(速水融)와 얀 드 브리스(Jan de Vries)가 강조했던 노동 집약적 "근면혁명(industrious revolution)"의 인구학적 관점이다. 이들은 중국과 일본이 산업화 과정에서 기술적·제도적으로 독특한 경로를 개척했음을 보여준다. 이 경로는 18세기 영국에서 제국주의와 산업화 시대를 견인했던 자본 집약적 경제와는 대조적인 노동 집약적 접근을 특징으로 한다.

---

15 Kaoru Sugihara, "The East Asian path of economic development: a long-term perspective" and Kenneth Pomeranz, "Women's work, family, and economic development in Europe and East Asia: long-term trajectories and contemporary comparisons"; both in Arrighi, Hamashita, and Selden, eds., *The Resurgence of East Asia*, pp. 78-123 and pp. 124-172 respectively. See also Giovanni Arrighi, *Adam Smith in Beijing: Lineages of the Twentyfirst Century* (London: Verso, 2007); Mark Elvin, "The historian as haruspex," *New Left Review* 52 (July-August 2008), 83-109; Akira Hayami, "A great transformation: social and economic change in sixteenth and seventeenth century Japan," *Bonner Zeitschrift für Japanologie* 8 (1986), 3-13.

만주족 통치 하의 중국은 18세기 동아시아와 동남아시아를 포괄하는 광범위한 지역 범위 안에서 지속적인 평화를 유지했으며, 선별적으로 지역 내 일부 정권에 정통성을 부여할 수 있는 가장 강력한 패권 국가로서 권력을 행사했다고 볼 수 있다. 또한 중국은 비단, 차, 도자기와 같은 주요 제조 상품의 수출국이자 세계 은(銀)의 주요 집적지였으며, 문화적·정치적 규범을 지역에 전파하는 발신자였다. 유럽 식민 제국들이 아메리카, 아프리카, 아시아의 먼 지역에 나아가 식민지를 건설했던 반면, 중국은 주변 지역에서 권력을 발휘했으며, 유럽이 식민지에 그랬던 것보다 대체로 중국이 조공국과 무역 파트너들에게 더 큰 자율성을 허용했다. 당시 중국의 힘을 보여주는 지표 중 하나로, 팽창 가도를 달리던 서구 열강들조차 중국에 중대한 군사적 위협을 가한 시점은 19세기 중반 이후, 즉 중국 왕조가 이미 쇠퇴기에 접어든 뒤였다는 점이다.

동아시아 지역 질서의 해체: 1840년-1970년

　　18세기 말 - 19세기 초의 청 제국은 쇠락의 길을 걸었다. 버마, 베트남 등 속국과의 갈등에서도 쇠락의 징후가 표면화되었다. 이런 상태로 청 제국은 서구 제국주의 열강의 도전에 직면해야 했다. 결국 동아시아와 내륙아시아, 그리고 동남아시아 일부를 포괄하여 오랫동안 지속되었던 지역 질서와 평화의 시대가 막을 내렸다.

　　청 제국의 힘이 내부적으로 약화되면서 베트남이나 버마 같은 주변국의 질서를 유지해줄 능력도 그만큼 줄어들었다. 아편 전쟁 이전부터 이미 이런 징후가 나타나고 있었다. 이후 동아시아와 동남아시아 전역에서 발생한 서구와 일본의 침략 행위는 기존 질서를 직접적으로 위협하고 다양한 분열 세력을 불러내는 직접적인 계기가 되었다.[16] 청 제국과 조공 질서가 해체되자, 19세기 후반부터 수천만 명의 중국인이 만주, 동남아시아, 아메리카 등지로 이주했다. 기존 질서의 붕괴로 강력한 신세력들의 등장이 가능해졌다. 해외 노동자와 상인들이 중국 남부 연안 지방으로 은(銀)을 송금했다. 이를 시작으로 이민자들은 국내외에서 중국인 은행 네트워크가 형성되는 기반이 되었다. 우리는 초기 상품의 흐름에서 시작해서 은(銀)의 흐름, 사람들의 이동, 그리고 다시 중국으로 돌아오는 상품과 은의 흐름으로 이어지는 발전 과정에 주목하고자 한다. 가장 많은 수의 이민자는 중국인이었지만, 일본인과 한국인 또한 아시아 전역은 물론 하와이와 아메리카 대륙으로 이주했다. 각 집단은 새로운 노동, 송금, 자본의 흐름과 네트워크를 형성했다. 이러한 지역 발전의 기반에도 불구하고, 지정학적 상황이 지역의 정치경제를 압도했다. 일본 경제가 급성장하는 동안 아시아의 많은 지역은 식민 열강에 종속되었다. 이는 새로운 양강 구도를 형성하는 한편, 조공무역 체제와 관련된 아시아 내 다자 관계를 약화시켰다.

19세기 후반기에 들어 청 제국은 외세의 침략과 연이은 반란으로 마비 상태에 빠졌다. 그 사이 동남아시아의 대부분은 영국, 프랑스, 네덜란드, 포르투갈, 독일, 미국의 식민지가 되었다. 한편 일본 제국도 팽창을 계속하여 1910년까지 홋카이도(1869년), 유구(1879년), 대만(1895년), 조선(1910년)이 일본에 편입되었다. 18세기 동아시아의 오랜 평화는 전

---

16 Wensheng Wang, *White Lotus Rebels and South China Pirates: Crisis and Reform in the Qing Empire* (Cambridge, MA: Harvard University Press, 2014).

통적인 조공무역 질서와 사무역을 기반으로 유지되었다. 그러나 이후 1세기 동안 식민지 전쟁이 평화를 대신했다. 지역 질서의 주류는 기존의 다자 관계에서 중심부 대 주변부로 나뉘는 양자 관계로 바뀌었다. 이런 상황 속에서 지역 통합 경제가 다시 만들어지기는 어려웠다.

미국은 알래스카, 하와이, 필리핀 등 태평양 지역의 주요 영토를 획득하고 산업 강국으로 부상했지만, 미국의 식민지는 제2차 세계대전 이전까지는 영토의 면적이나 인구 면에서 주요 식민 강대국들에 비해 적은 규모였다. 19세기 말의 바다는 영국이 지배하고 있었다. 1870년에서 1900년 사이, 영국은 전 세계에서 470만 제곱마일의 땅을 제국에 추가했다. 이는 청 제국 전체 면적을 초과하는 규모였다. 프랑스는 350만 제곱마일, 독일은 100만 제곱마일을 각각 추가했다. 일본은 이미 홋카이도와 오키나와를 조용히 병합한 뒤, 1895년 중일전쟁, 특히 1905년 러일전쟁에서 결정적인 군사적 승리를 거두며 세계의 무대에 등장했고, 뒤이어 대만과 한국을 식민지화하는 데 성공했다. 이후 일본은 몽골과 만주 지역으로 확장을 도모하던 러시아(이후 소련)의 도전을 막아내야 했다. 그럼에도 불구하고 1895년 이후 일본 제국의 팽창은 계속되었고, 대만, 한국, 미크로네시아, 만주, 중국 본토 등지에서 100만 제곱마일이 넘는 영토를 지배하게 되었다. 그에 비해 미국은 1870년에서 1900년 사이 추가한 영토가 하와이와 필리핀 등 약 12만 5천 제곱마일에 불과했다. 이후 수십 년 동안 미국 중앙 정부는 식민지 획득이나 이를 위한 군사력 확충에 크게 관심을 두지 않았다.[17]

---

17 Walter LaFeber, *The American Age: United States Foreign Policy at Home and*

그럼에도 불구하고 1895년-1945년, 거의 반 세기 동안 미국과 일본의 영토 확장은 동시에 진행되었고, 이들이 아시아-태평양 지역의 양강 구도를 형성했다. 두 경쟁국 간의 충돌은 시간문제였다. 20세기 초 불과 수십 년 사이, 아시아, 아프리카, 라틴 아메리카 국가 중에서는 일본이 유일하게 식민 열강의 반열에 올랐다. 일본은 동아시아 패권국으로 떠올랐으며, 19세기 지역 질서를 붕괴시켰던 유럽 중심의 식민지 질서에 강력한 도전자로 자리 잡았다.

제1차 세계대전부터 아시아-태평양 전쟁에 이르는 기간 동안, 지역 내 패권국으로 등장했던 일본이 지역 통합을 추구했던 방식은, 18세기의 조공무역 질서와 비교해볼 만하다. 이는 첫째, 경제 발전과 사회 변화, 둘째, 전쟁, 민족주의, 반식민주의, 셋째, 지역 역학과 세계 경제와의 연계 등 세 가지 측면에서 살펴볼 수 있다.

서구 식민 열강과 마찬가지로 일본도 식민지에서 자연자원과 인적자원을 적극적으로 채굴하여 자국의 경제 성장을 촉진했다. 동시에 중국의 조공무역 질서나 아시아 지역의 서구 식민지 체제에 비하면 일본은 식민지의 농업 및 산업 개발에 훨씬 더 적극적이었다. 특히 한국, 대만, 만주에서 이러한 개발은 일본의 농업, 자원, 산업적 수요와 밀접하게 연결되었다. 1920년대-1945년 사이 일본은 대규모 이주를 주도했다. 한국, 대만, 중국 대륙에서 일본으로 이주하는 경우가 있었고, 반대로 일본이나 식민지 지역에서 제국의 최외곽 지역으로 이주하는 경우가 있었

Abroad Since 1750 (New York: Norton, 1989), p. 213에 미국과 유럽의 식민지 관련 수치가 제시되어 있다.

다. 특히 1931년부터 1945년까지는 만주로 이주하는 경우가 가장 두드러졌다.[18] 같은 시기 중국계 이주민도 아시아와 아메리카 전역으로 빠르게 확산되었다.

19세기 후반부터 1930년대 후반에 이르기까지, 만주, 한국, 대만의 무역 구조는 급격히 재편되었다. 특히 중국과의 교역이 줄고 일본과의 교역이 크게 확대되었다. 대만의 일본 수출 비중은 1895년 식민지화 당시 전체 수출의 20퍼센트에서 1930년대 후반에는 88퍼센트로 증가했으며, 주요 수출품은 쌀과 설탕이었다.[19] 한국도 비슷한 상황이었다. 1930년대 후반 한국 무역의 일본 의존도가 두드러졌다.[20] 이에 반해 식민지 상호간의 경제적 연계는 미약한 상태였다. 이는 부분적으로는 상호 보완성의 부족 때문이었지만, 무엇보다도 제국의 의도적인 설계가 원인이었다. 이는 유럽 식민 열강들과 일본이 다를 바가 없었다. 일본의 바퀴살형(spokes-and-wheel) 무역 구조는 식민지와 종속국 사이의 무역 보완성이나 이외에 어떤 형태든 경제 통합 발전을 가로막았다. 그러나 프라센지트 두아라(Prasenjit Duara)가 강조하듯, 이와 같은 중앙집권식 산업 구조는 제2차 세계대전 이후 식민지에서 독립한 국가의 발전에 토대가 되었다.

18 Prasenjit Duara, ed., *Decolonization: Perspectives from Now and Then* (London: Routledge, 2004).
19 Samuel Ho, "Colonialism and development: Korea, Taiwan, and Kwantung," in Ramon H. Myers and Mark R. Peattie, eds., *The Japanese Colonial Empire, 1895-1945* (Princeton University Press, 1984), p. 382.
20 Anne Booth, "Did it really help to be a Japanese colony? East Asian economic performance in historical perspective," *Asia-Pacific Journal: Japan Focus*, http://japanfocus.org, May 7, 2007, table 11.

과거의 청 제국과 달리 일본 제국은 식민지 혹은 정복지 주민들을 대상으로 동화정책을 실시했다. 한국인, 대만인, 만주의 여러 민족(몽골인, 회족, 만주족, 한족 등)뿐만 아니라 아이누족과 유구인도 그 대상이었다.[21] 식민지 주민들은 일본어로 교육을 받았으며, 특히 급속도로 성장하는 도시 중심지에서 일본(또는 만주국) 국민이자 신민으로 강도 높은 동화를 강요받았다. 이 모든 면에서 일본은 동아시아의 전통적인 조공무역 체제의 방식과는 완전히 결별했다. 일본이 식민지화하거나 정복한 민족, 특히 대만, 조선, 오키나와의 경우에 시도한 동화 정책은 유럽과 미국의 식민지 지배자들이 시행했던 동화 정책을 넘어섰다. 일본은 엘리트 계층에 국한하지 않고 식민지 주민 전체를 대상으로 동화 정책을 확대 시행하려 했다.

1940년대 초 전성기에 이르렀던 거대한 아시아-태평양 제국 일본에서는, 계획에 따른 것이라기보다 전쟁으로 인한 지정학적 상황 때문에 어쩔 수 없이 극단적인 지역 내 자급자족 체제가 만들어졌다. 일본은 세계 경제의 핵심 지역을 지배하는 연합국들로부터 고립되었고 접근을 차단당했다. 동시에 1931년부터 15년간, 막대한 비용과 소모를 초래한 중일전쟁을 치렀다. 이 전쟁은 결국 태평양 전쟁으로 이어졌고, 일본은 미국 및 미국의 유럽 동맹국들과의 공중전과 해전을 감당해야 했다.[22]

---

21 Hui-yu Caroline Ts'ai, *Taiwan in Japan's Empire Building: An Institutional Approach to Colonial Engineering* (London: Routledge, 2009). Given the large number of Chinese and the inability to suppress armed resistance in the years 1937-1945, assimilation of the Chinese was limited.

22 Sven Saaler and J. Victor Koschmann, eds., *Pan-Asianism in Modern Japanese History: Colonialism, Regionalism and Borders* (London: Routledge, 2008); Sven

제국의 오만한 수사학이 동원되었고, 폭력적 수단으로 아시아의 민족들을 정복하였다. 특히 중국과의 전쟁이나 경쟁 제국들과의 전투에서 일본은 서구 식민 열강들과 다를 바 없는 잔혹한 행태를 보였다. 일본 제국을 미국 혹은 유럽의 제국들과 구별짓는 특징으로는 지리적 요인과 인종적 요인이 있다. 미국과 유럽의 식민주의자들은 인종적·문화적으로 이질적인 민족을 정복하기 위해 지구 반대편까지 건너가야 했다. 이에 반해 일본은 중국, 조선, 대만, 만주, 베트남, 그리고 이후 동남아시아와 인도의 상당 부분까지 비교적 가까운 이웃을 지배하려 했다. 그럼에도 불구하고 제국의 우월성 이데올로기를 만들어야 했다. 심지어 일본인과 외형적으로 거의 구분되지 않는 민족들(특히 중국인과 한국인)과 싸울 때에도 일본의 우월성을 강조했다. 특히 중국과 조선에는 과거 천여 년에 걸쳐 일본의 정치, 경제, 종교, 언어, 문화 발전에 깊은 영향을 미친 민족들이 살고 있었다. 물론 그렇다고 해서 일본이 중국과 조선의 식민지 예속민들에 대해 일본의 우월성 선전을 포기하지 않았고, 저항에 대한 잔혹한 탄압을 주저하지 않았다.

중국 전쟁을 시작으로 일본은 동남아시아와 태평양으로 세력을 팽창했다. 일본이 벌인 전쟁의 성격과 그 결과를 이해하려면 유럽 식민주의와 비교해 보아야 할 것이다. 프리야 사티아(Priya Satia)의 연구에 따르면, "애국심으로 무장한 영국의 정보 요원들은 성경의 땅에서 구원의 단서를 찾으려 했다. 그들은 아라비아 지역 정보를 본국으로 보고했다. 영

Saaler and Christopher W. A. Szpilman, eds., *Pan-Asianism: A Documentary History*, 2 vols. (Lanham, MD: Rowman & Littlefield, 2011).

국인들이 아라비아에 대해 알게 된 것은 주로 이들이 보낸 보고서 덕분이었다." 프리야 사티아의 설명은 1920년대 영국의 이라크 폭격을 이해하는 데 도움을 준다. 그것은 민간인 폭격의 역사에서 랜드마크가 될 만한 사건이었다. 뿐만 아니라 유럽에서 벌어진 두 차례의 세계대전은 유럽 열강의 전쟁 행태가 얼마나 폭력적이었는지를 보여준다. 이런 맥락을 감안한다면, 중일전쟁에서 일본의 잔혹성만을 예외적으로 강조하는 시각은 신중하게 받아들여야 할 것이다. 제2차 세계대전보다 훨씬 이전에, 영국, 프랑스, 독일이 중동과 아프리카를 침략할 때 이미 민간인 폭격이 시작되었다.[23] 프리야 사티아는 영국에 대해 이렇게 말한다. "영국의 행태는 제임스 스콧(James Scott)이 말한 현대 국가 이론에 정면으로 반대되는 방식이었다.(제임스 스콧은 현대 국가가 복잡한 상황을 단순화하고 표준화하여 사회에 대한 가독성을 높인다는 이론을 주장했다. - 옮긴이) 이 정권은 유목민의 땅을 파악하기 위해 집착에 가까운 태도로 현지 정보를 모았다. 그것은 지역의 문제 해결이 아니라 폭력을 정당화할 토대 마련을 위한 노력이었다." 영국인이 기독교 성지에 경외감을 가졌다고 해서 그곳에 살고 있던 민간인에게 폭격을 퍼붓지 않거나 혹은 그들의 나라를 식민지화하지 않은 것은 아니었다. 마찬가지로 일본에도 당나라의 시와 중국 전통 사상에 깊은 존경심을 가진 사람들이 많았지만, 그렇다고 해서 중국인이 일본 제국의 잔혹함으로부터 보호받지는 못했다.[24]

---

23 Yuki Tanaka and Marilyn Young, eds., *Bombing Civilians: A Twentieth-century History* (New York: The New Press, 2009). 여기서는 제1차 세계대전 당시 독일이 비행기가 아니라 제펠린 비행선을 이용해 민간인을 폭격한 사례는 포함하지 않았다.
24 Priya Satia, "The defense of inhumanity: air control and the British idea of

전쟁은 인종이나 문화적 차원을 넘어서는 일이었다. 일본인과 중국인은 인종적으로 유사하고 문화적으로 유대가 있었지만, 그것이 중국 민중에 대한 공격을 완화하지는 못했다.[25] 실제로 1931년부터 1945년까지 이어진 일본의 중국 침략은 모든 식민지 전쟁 중 가장 많은 인명 피해를 초래했다. 공식적이거나 권위 있는 통계가 없는 상황에서, 가장 신뢰할 만한 추정치로는 중국인 사망자가 1,000만-3,000만 명 사이였던 것으로 보고되었다.

전통적 조공 체제 아래 18세기의 동아시아가 누렸던 오랜 평화의 시기와 비교하자면 가장 두드러진 점은, 제국주의 시대 내내 그리고 제2차 세계대전 이후까지 아시아-태평양 지역 전역에서 끊임없이 지속된 혼란이었다. 식민주의와 오랜 전쟁의 시대는 아시아의 민족들에게 세 가지 중요한 유산을 남겼다. 첫째는 식민지 전쟁, 내란, 세계대전으로 인한 대규모의 이주와 파괴, 그리고 생명의 손실이었다. 둘째는 민족주의와 반식민주의 혁명에 대한 자극이다. 이는 초기에는 서구 열강에 대한 일본의 승리(러일전쟁부터 1942년 동남아시아 및 태평양 지역 정복까지)에서 비롯되었다. 이후 태평양 전쟁에서의 일본 패배로 촉발된 민족 독립 운동, 사회주의 운동, 그리고 새로운 국가의 탄생으로 이어졌다. 셋째는 상업화와 산업화였다. 오랜 전쟁의 막대한 희생에도 불구하고, 일본과 그 식민지 및 종속 지역(특히 조선, 대만, 만주)뿐만 아니라 중국의 핵심

Arabia," *American Historical Review* 111:1 (2006), 16-51. 저자는 같은 상황이 80년 후 미국의 이라크 전쟁에서도 물론 적용된다고 지적했다.
25 John W. Dower, *War Without Mercy: Race and Power in the Pacific War* (New York: Pantheon Books, 1986).

지역(양자강 및 주강 삼각주) 및 그에 연계된 상해와 광주에서도 상업과 산업이 발달했다. 이러한 과정은 아시아-태평양 전역에서 전후 경제 성장의 토대로 작용했다.[26]

여러 분야의 역사가들은 제2차 세계대전을 20세기 아시아와 세계 지정학의 주요 분기점으로 간주해 왔다. 실제로 제2차 세계대전은 여러 면에서 그러했다. 이 전쟁은 일본 제국의 패배와 해체를 의미했으며, 미국이 아시아-태평양은 물론 전 세계에서 지배적인 초강대국이자 주요 세력으로 떠오르는 계기가 되었다. 또한 이 전쟁은 민족주의에 영감을 받은 혁명과 독립 운동의 물결을 촉발하거나 활성화시켰다. 이는 아시아·태평양뿐만 아니라 그 너머 세계의 정치 지형을 변화시켰다. 중국, 베트남, 한국에서 공산주의가 주도한 혁명은 전후 동아시아의 획기적 사건이었다. 한편 필리핀, 말레이시아, 네덜란드령 동인도, 버마(미얀마), 인도 등지의 독립 운동은 아시아 다른 지역에 심도 깊은 변화를 가져왔으며, 고전적 식민 제국의 종말을 알리는 신호탄이 되었다.

아시아 지역주의의 관점에서 보면, 1945년을 경계로 중요한 연속성이 존재했다. 제2차 세계대전의 종전은 평화의 시대를 여는 것이 아니라 새로운 전쟁과 혁명의 물결을 일으켰다. 이후 25년 동안 동아시아와 동남아시아는 세계적 분쟁의 주요 무대가 되었다. 한편으로는 미국이

---

26 David Faure, *The Rural Economy of Pre-liberation China: Trade Expansion and Peasant Livelihood in Jiangsu and Guangdong, 1870 to 1937* (Oxford University Press, 1989); compare with Loren Brandt, Debin Ma, and Thomas G. Rawski, "From divergence to convergence: reevaluating the history behind China's economic boom," *Journal of Economic Literature* 52:1 (March 2014), 5-44.

일본과 한국을 점령했고, 다른 한편으로는 중국, 한국, 베트남에서 혁명 전쟁이 발생하면서, 아시아에서는 막대한 희생을 초래한 전쟁의 순환이 이어졌다. 동시에 이러한 전쟁이 분열된 지역에 새로운 가능성을 열기도 했다. '냉전'이라는 용어는 아시아-태평양 지역에는 특히 부적절한 표현이었다. 제2차 세계대전 이후 아시아-태평양 지역은 유럽과 달리 장기적 대규모의 국제 전쟁이 지속되었기 때문이다.

중국, 한국, 베트남에서 벌어진 전쟁과 혁명은 미소 간의 갈등 속에서 진행되었으며, 분단 국가들이 탄생했다. 이는 곧 제2차 세계대전 이후 아시아의 분단을 확립하고 그 지형을 재구성한 결정적인 사건이었다. 신생국 혹은 분단국들은 각각 미국 또는 소련과 일차적인 관계를 맺었고, 이러한 관계는 전후 초기 수십 년 동안 각국의 국제 관계와 경제 전망을 결정짓는 핵심 요소가 되었다. 요컨대 식민주의 시대와 마찬가지로 탈식민 시대 아시아에서도 강대국과 맺는 양자 관계가 중요했으며, 또한 식민지 시대와 마찬가지로 아시아 국가들 사이의 다자적 연계는 거의 없었다. 전후의 혼란이 이어지면서 아시아 국가나 사회들이 수평적 관계를 맺을 기회조차 드물었다. 이 또한 지난 세기의 상황과 다를 바가 없었다. 그러나 같은 시기 탈식민 시대의 질서, 미국의 원조, 시장 접근성, 동맹국 간의 전쟁 계약, 그리고 새로운 정부(예: 두 개의 중국, 두 개의 한국, 홍콩, 싱가포르)의 강제적 자원 동원 등이 결합되어, 지역 내부적으로 심각하게 분열된 상황 속에서도 경제 발전이 촉진될 수 있었다.

동아시아의 상호보완성과 지역주의의 부활, 1970년대부터 현재까지

제2차 세계대전이 끝난 뒤 동아시아의 주요국들은 민족의 독립, 전쟁, 분쟁의 시대를 거치면서도 빠르게 경제를 회복하고 성장을 거듭하여 경제 부흥의 시대를 맞이했다. 한국전쟁 당시 미국의 군수물자 조달 덕분에 일본의 경제가 부흥했고, 1960년대에는 세계 2위의 경제 대국으로 올라섰다. 뒤이어 신흥공업국(대만, 홍콩, 싱가포르, 한국)의 부상이 이어졌으며, 이후 최근 수십 년 동안 중국의 GDP와 무역의 두 자릿수 성장 시대가 지속되었다. 미국 주도의 글로벌 경제에서 일본과 신흥공업국들(NICs)은 1960년대까지 강력한 세력을 형성했다. 그러나 1970년대부터 미국과 중국의 관계가 개방되면서, 이를 계기로 동아시아 지역의 성장과 지역 통합의 가능성은 급격한 변화를 맞이했다.

일본이 아시아-태평양 전쟁에서 패한 이후 중국에서는 국공내전이 벌어졌다. 이 때부터 한국전쟁과 베트남 전쟁에 이르기까지, 미국은 지속적으로 중국 공산당 세력과 충돌했다. 1950년 중국 공산당이 중화인민공화국을 수립하자 미국은 중국 봉쇄를 시도했다. 일본도 미국의 경제 및 금융 제재 정책에 참여하고, 미군의 후방 지원을 통해 미국의 중국 봉쇄를 적극적으로 도왔다. 1970년대 미·중 화해로 중국 고립 정책은 막을 내렸다. 이후 중국은 유엔 안전보장이사회 의석을 확보했으며(1971년), 미국 및 세계 시장에 접근할 수 있게 되면서 다시 국제 무대에 등장했다. 결국 동서 교역과 투자에서 중국은 중심적인 위치를 차지하게 되었다. 이러한 변화는 아시아 전역의 경제적·정치적 유대를 다시 연결하고, 아시아와 글로벌 경제 간의 연계를 강화하는 길을 열었다. 이후 수십 년 동안 여러 가지 측면에서 중요한 발전이 이어졌다. 중국은 아시아 및 세계 경제에 깊이 참여했으며, 특히 세계의 공장으로 세계 경제를 이끄는 견인차 역할을 맡았다. 중국과 한국, 중국과 일본의 관계도 개방되어 더욱 심화되었다. 해외의 화교가 아시아와 중국 및 세계와 중국을 연결하여 무역 및 투자 확대의 가교 역할을 했던 것도 중요한 발전으로 꼽힌다. 제2차 세계대전의 여파로 분단되었던 국가들은 대부분 다시 통일되었다. 1975년 베트남, 1990년 독일이 통일되었고, 뒤이어 홍콩(1997년)과 마카오(1999년)도 다시 중국과 합해졌다. 오직 남북한과 중국-대만의 분단만이 제2차 세계대전의 유산으로 남겨졌다. 그러나 1990년대 이후 중국-대만 간의 분열은 크게 완화되었다. 무역과 투자 형태의 경제적 상호 관여가 심화되었고, 수많은 공식 및 비공식 교류가 이어진 덕분이었다. 이와 같은 심도 깊은 변화는 글로벌 차원(특히 미·중·유럽)뿐만 아니라 지역적 차원(중국·일본·한국 및 중국 본토·대만)에서 지정학적 상황과 정치경제적 상황이 어떻게 서로 맞물리는지를 잘 보여주는 사례였다.

　미국과 중국의 관계는 1970년대부터 개방적으로 바뀌기 시작했다. 이후 가장 주목할 만한 변화 중 하나는 중국과 한국의 관계 개선이었다. 한국은 과거 반공주의 진영의 중심지로 알려져 있었고, 한국전쟁은 물론 베트남 전쟁에서도 한국은 미국과 함께 중국에 맞선 적이 있었다. 그러나 1980년대 이후 한국은 중국의 가장 중요한 무역 및 투자 파트너 중 하나로 부상하게 되었다. 실제로 한국의 입장에서 2008년 이후의 중국 무역 규모는 일본과 미국을 합친 것보다 더 많았다. 2009년 기준으로 중국에서 활동 중인 한국의 기업은 4만 1,000개를 넘어섰다.[27] 한국,

중국, 일본이 서로 무역 및 투자 파트너가 되어 미국과의 무역 규모를 초과했지만, 그럼에도 불구하고 미국은 여전히 동아시아의 경제와 지정학에서 결정적인 역할을 하고 있다. 한국과 일본의 대중국 수출품은 대부분 고부가가치 부품으로, 그것이 다시 스마트폰, 컴퓨터, TV, 기타 전자제품 형태로 가공되어 미국 및 유럽 시장으로 수출된다.

    1970년대 이후 동아시아 경제는 세계 주요 경제 선진국들과 격차를 꾸준히 좁혀왔다. 2013년 국제통화기금(IMF)의 통계에 따르면, 명목 GDP 기준으로 미국이 세계 1위(16.8조 달러), 중국이 2위(9.2조 달러), 일본이 3위(4.9조 달러), 인도가 10위(1.9조 달러), 한국이 15위(1.2조 달러), 대만이 25위(0.48조 달러), 베트남이 57위(0.17조 달러), 북한이 119위(0.14조 달러)를 기록했다. 같은 해 구매력 평가(PPP) 기준으로는, 미국이 1위(16.8조 달러), 중국이 2위(13.4조 달러), 인도가 3위(5.1조 달러), 일본이 5위(4.7조 달러), 한국이 12위(1.7조 달러), 대만이 20위(0.9조 달러), 베트남이 36위(0.48조 달러)였다. 다시 말해 명목 GDP와는 달리 구매력 평가(PPP) 기준으로 볼 때 경제력 순위는, 미국과 일본은 그대로이거나 조금 하락하는 반면 중국, 한국, 대만은 더 올라가는 모습을 보여주었다.[28] 한편 1인당 GDP 기준으로 보면 중국의 순위가 훨씬 낮아지고

---

27 "South Korea Main Economic Indicators, 2006," http://trade.ec.europa.eu/doclib/docs/2006/september/tradoc_113448.pdf; Scott Snyder and See-Won Byun, "China-ROK trade disputes and implications for managing security relations," *Korean Economic Institute Academic Paper Series* 5:8 (September 2010), http://www.keia.org/Publications/AcademicPaperSeries/2010/APS-Snyder-2010.pdf.

28 http://en.wikipedia.org/wiki/List_of_countries_by_GDP%28nominal%29; http://en.wikipedia.org/wiki/ListofcountriesbyGDP%28PPP%29#Lists. 구매력 평가 지수

한국과 대만의 순위는 구매력 평가(PPP) 기준에 비해 훨씬 높아진다.[29]

명목 1인당 GDP 기준으로 동아시아의 부상이 분명히 드러나지만, 개별 국가와 지역 간의 상대적 경제력은 상당한 차이를 보인다. 2013년 국제통화기금(IMF) 추산에 따르면, 주요 국가 및 지역의 명목 1인당 GDP 순위는 미국이 9위(53,100달러), 일본이 24위(38,500달러), 한국이 32위(24,300달러), 대만이 37위(20,900달러)였다. 반면 중국은 83위(6,700달러), 베트남은 132위(1,900달러), 인도는 140위(1,500달러), 북한은 171위(600달러)를 기록했다.

2013년 구매력 평가(PPP) 기준으로 국제통화기금(IMF)의 순위는 미국이 6위(53,100달러), 대만이 16위(39,800달러), 일본이 22위(36,900달러), 한국이 27위(33,200달러), 중국이 93위(9,800달러), 인도가 133위(4,100달러), 베트남이 134위(4,000달러), 북한이 167위(2,600달러)였다.[30] 중국이 동아시아 지역 경제의 핵심 축으로 떠오른 것은 분명하지

(PPP)는 서로 다른 국가의 상대적 비용과 인플레이션율을 고려하기 때문에 전체 경제의 생산성을 나타내는 더 나은 지표다. PPP 계산을 통해 국가 간의 생활비와 인플레이션의 수치 차이를 보정할 수 있다. PPP 기준으로 보면 중국의 경제 성과는 훨씬 더 강력하게 나타난다.

29 https://en.wikipedia.org/wiki/List_of_countries_by_GDP%28nominal%29; https://en.wikipedia.org/wiki/ListofcountriesbyGDP%28PPP%29. 북한 GDP에 대한 통계는 유엔 자료에서 인용했다.

30 https://en.wikipedia.org/wiki/List_of_countries_by_GDP%28nominal%29percapita; https://en.wikipedia.org/wiki/ListofcountriesbyGDP%28PPP%29_per_capita. 북한의 1인당 GDP(PPP 기준)에 대한 통계는 CIA World Factbook (2013)에서 인용하였다. 수치는 100달러 단위로 반올림했다. 1970년 이후 동아시아 지역의 경제적 성과를 북한이 공유하지 못한 것은 한국전쟁이 지속되고, 핵 개발 프로그램에 막대한 비용을 지출했기 때문이다. 한국전쟁 휴전 60년이 지난 지금까지도 평화협정은 체결되지 않았으며, 두 한국은 여전히 분단과 적대적 상태를 유지하고 있고, 미국은 북한에 대한 경제 봉쇄를 주도하며 강화하고 있다.

만, 40년이 넘는 기간 동안 1인당 소득이 빠르게 증가했음에도 불구하고 1인당 명목 GDP나 구매력 평가(PPP) 기준에서 여전히 동아시아의 부유한 국가들에 비해 크게 뒤처져 있다.

유엔 인간개발지수(HDI)는 인구 전체의 전반적인 복지를 더 잘 나타내는 지표로, 동아시아 부흥을 비교하는 또 다른 유의미한 자료다. 2013년 인간개발지수(HDI)는 네 가지 지표를 종합한 것으로, 출생 시 기대수명, 평균 교육 기간(년), 기대 교육 기간(년), 1인당 국민총소득(GNI)을 포함한다. 2013년 인간개발지수(HDI) 상위 그룹에 속한 국가는 미국(5위, 0.914), 한국(15위, 0.891), 일본(17위, 0.890)이었다. 반면 중국은 91위(0.719)로 두 번째 그룹에, 베트남은 121위(0.638), 인도는 135위(0.586)로 세 번째 그룹에 포함되었다.[31] 각각의 지표들을 보면 동아시아가 과거 제국주의 시기 대부분의 지역이 겪었던 침체에서 벗어나 얼마나 부흥했는지를 확인할 수 있다.

한편 주의깊게 살펴보아야 할 또 다른 문제들이 있다. 앞에서 언급한 동아시아 부흥의 과정에서, 과연 수혜자는 누구이며 희생자는 누구인가? 중국과 동아시아의 부상을 찬양하는 문헌자료는 대체로 무역과 투자 분야의 성장 패턴에 초점을 맞추었다. 반면 국가 내부 또는 국가 간에 존재하는 심각한 빈부 격차와 빈곤 같은 문제는 간과하는 경향이 있었다. 급격히 확대되고 있는 소득 불평등 현상은 동아시아와 태평양 전역에서 나타나고 있지만, 수십 년 전만 하더라도 소득 평등의 수준이 높

---

31 http://hdr.undp.org/en/content/table-2-human-development-index-trends-1980-2013.

은 것으로 알려졌던 중국과 미국에서 특히 불평등 현상이 두드러졌다. 국제통화기금(IMF)이 동아시아 주요 경제국의 1인당 GDP(명목 기준)를 계산한 결과, 국가별 소득 수준에 큰 차이가 나타났다. 세계 순위 21위에 오른 싱가포르(35,163달러)를 시작으로, 일본이 22위(34,312달러), 이어 홍콩(29,650달러), 한국(19,751달러), 대만(16,606달러) 순으로 나타났다. 그러나 주목할 점은, 반대편 끝에 위치한 중국과 베트남의 실질 GDP 소득이 아시아에서 가장 부유한 국가들의 소득에 비해 극히 적고, 심지어 구매력 평가(PPP) 기준으로 측정한 자국의 GDP와 비교해도 크게 낮다는 사실이다. 이처럼 더 낮은 소득 수준과 이에 수반되는 대규모 인구가 여전히 극심한 빈곤 속에 살아가고 있다는 사실은, 널리 찬양받은 성장의 한계를 보여주는 단적인 예다. 이를 다른 관점에서 볼 수도 있다. 최근 몇 년간 중국은 "포춘(Fortune) 500"에 이름을 올린 수십 명의 억만장자를 배출했지만 여전히 1인당 소득은 낮은 수준에 머물러 있다. 동아시아에서 1인당 소득 수준이 낮은 국가 목록에는 라오스, 미얀마, 동티모르(Timor-Leste), 북한 등이 포함된다. 이와 같은 중요한 지표에 따르면, 아시아는 수십 년간의 급속한 성장 이후에도 세계에서 가장 가난한 국가, 지역, 그리고 부문(농촌, 소수민족 지역)을 포함하며 심각하게 양극화되어 있다.

산업화, 무역, 소득, 삶의 질의 측면에서 나타난 이와 같은 변화는 지난 수십 년간 이어진 중요한 지정학적 변화를 반영한다. 무역, 투자, 기술 협력 관계는 중국 본토의 중화인민공화국과 대만의 중화민국을 연결하고 있다. 이 두 국가는 거의 한 세기에 걸친 내전을 통해 각자가 중국의 정통성을 주장해 온 당사자들이다. 대만 첨단기술 생산의 핵심이

20년이 채 되지 않는 기간 동안에 해협을 건너 중국 본토로 이전되었다. 대만의 자본과 기술은 중국의 산업화와 수출 추진에 핵심 요소로 작용하고 있다.[32] 대만에 본사를 둔 폭스콘(Foxconn)은 애플, 마이크로소프트, 삼성, 소니, 노키아를 비롯한 다국적 대기업의 전자 제품을 하청받아 여러 지역에서 생산하고 있으며, 140만 명의 산업 노동자를 고용하고 있다. 폭스콘은 중국 내에서는 물론 세계적으로도 가장 큰 규모의 산업 고용주 중 하나다. 전자 산업은 국제 자본, 즉 미국, 일본, 한국, 유럽, 대만 기업들이 중국에 생산을 발주하고 주요 이익을 가져가는 반면, 중국 노동자와 기업이 차지하는 몫은 훨씬 적다는 사실을 잘 보여준다. 그럼에도 불구하고 이러한 관계는 공생관계에 놓여 있다. 대만의 경제적 미래는 중국 본토 산업의 성과와 수출, 그리고 중국 내수 시장의 확대에 크게 의존하고 있다. 2001년 중국과 대만이 동시에 세계무역기구(WTO)에 가입하면서[대만은 중국의 지원을 받아 "중국-타이완(Chinese-Taipei)"이라는 명칭으로 가입] 중국은 빠르게 대만의 주요 무역 파트너가 되었고, 대만 기업들은 중국이 주요 산업 강국으로 부상하는 데 기여했다.[33] 특히 주목할 만한 것은 전 세계 화교 디아스포라였다.

---

32 Yu Zhou, *The Inside Story of China's High-Tech Industry: Making Silicon Valley in Beijing* (Lanham, MD: Rowman & Littlefield, 2008).
33 Yu-huay Sun and Eugene Tang, "Taiwan, China start direct links as relations improve," *Bloomberg,* December 15, 2008, www.bloomberg.com/apps/news?pid=20601080%26sid=aeoan51P.sBg%26refer=asia; JonathanManthorpe, "China-Taiwan trade agreements complex as shared history," *Vancouver Sun*, May 28, 2012, www.vancouversun.com/business/China%B1Taiwan%B1trade%B1agreements%B1complex%B1shared%B1history/6688830/story.html; Michael Roberge, "China-Taiwan relations," Council on Foreign Relations (Backgrounder), August 11, 2009, www.cfr.org/publication/9223/chinataiwan_rela tions.html#p4; Manoj

이는 중국과 대만을 연결하고, 나아가 동남아시아, 미국, 유럽 등에 걸쳐 경제적·금융적 연계를 형성함으로써 두 지역 간 경제적 상호 의존을 촉진했다. 중국과 대만의 국가주의적 대립은 여전히 존재하지만, 그럼에도 불구하고 문화와 경제적 이해관계에 기반한 공통의 목표를 통해 정치적 분열을 극복하려는 시도가 이루어지고 있다.

1970년대부터 아시아 지역 내 다자간 무역과 투자가 심화됨에 따라, 아시아와 유럽 및 아시아와 미국의 관계도 함께 강화되었다. 동아시아 무역 흑자국들과 세계 최대 무역 적자국인 미국 간의 무역은 현재 세계 경제 질서를 대표하는 주요 특징 중 하나를 이루고 있다. 중국, 일본, 한국이 창출한 막대한 무역 흑자는 대규모 미국 무역 적자의 가장 큰 부분을 차지한다. 이들 국가가 보유한 달러 흑자는 주로 미국 국채의 형태로, 또한 직·간접적인 투자의 형태로 미국에 재투자된다. 이로써 미국이 계속해서 자국의 경제적 한계를 넘어선 소비를 지속할 수 있다. 이로써 동아시아 주요 경제국들이 세계 경제에서 중요한 역할을 하고 있음을 알 수 있다. 이는 동아시아 국가들이 태평양을 넘어 미국과 연결됨으로써 미국은 만성적인 무역 적자에도 불구하고 세계 금융 패권을 유지할 수 있는 것이다. 2014년 4월 기준 중국은 미 국채 보유 규모에서 1조 2,600억 달러로 세계 1위를 차지했으며, 일본은 1조 2,100억 달러로 그 뒤를 이었다.[34] 2011년 5월, 미국은 중국이 월스트리트를 거치지 않고

Yadav, "International trade in Taiwan and Taiwan China trade relations," Suite 101. com. May 11, 2010 www.suite101.com/content/interna tional-trade-in-taiwan-and-taiwan-china-relationship-a236159.
34 "Major Foreign Holders of Treasury Securities," www.treasury.gov/ticdata/

미국 국채를 직접 구매할 수 있도록 허용했다. 이로써 달러 안정화에 미치는 중국의 중요성이 강조되었다. 이는 어떤 정부와도 체결된 적이 없는 매우 특별한 합의였다. 중국은 미국의 최대 수출국인 동시에 세계에서 가장 큰 무역 흑자를 보유한 국가이기도 하다.[35] 요약하자면 경제 강국으로 중국의 부상은 미국과의 상호 의존 관계 및 아시아·태평양 지역과 기타 여러 국가들과의 경제적 유대 강화에 기반을 두고 있다.

중국, 일본, 한국이 미국 국채를 대량 매입함으로써 미국의 금리를 낮게 유지하는 데 기여했으며, 위안화 – 달러 및 엔화 – 달러 환율을 안정시켜 4개국 모두의 무역과 성장을 촉진했다. 이를 통해 미국은 이라크, 아프가니스탄 등 여러 전쟁을 동시에 감당할 수 있었으며, 그와 동시에 미국의 제조업 일자리는 중국 등지로 지속적으로 이전될 수밖에 없었다.[36] 중국이 생산 기지로 부상한 것이 애플, 삼성, 소니와 같은 국제적인 대기업의 입장에서 결코 손해가 아니었다. 이들 기업의 제품은 중국에서 생

Publish/mfh.txt.
35 Emily Flitter, "Exclusive: U.S. lets China bypass Wall Street for treasury orders," Reuters, May 21, 2012, www.reuters.com/article/2012/05/21/us-usa-treasuries-chinaidUSBRE84K11720120521.
36 Mark Landler, "Dollar shift: Chinese pockets filled as Americans' emptied," The New York Times, December 25, 2008, www.nytimes.com/2008/12/26/world/asia/26addiction.html? pagewanted=1%26th%26emc=th; R. Taggart Murphy, "Asia and the meltdown of American finance," http://japanfocus.org/_R__Taggart_Murphy-Asia_and_the_Meltdown_of_American_Finance; Kosuke Takahashi and R. Taggart Murphy, "The US and the temptation of dollar seignorage," http://japanfocus.org/_K_Takahashi___R_T_Murphy-The_US_and_the_Temptation_of_Dollar_Seignorage; James Fallows, "Be nice to the countries that lend you money," *Atlantic Monthly*, December 2008, www.theatlantic.com/doc/200812/fallows-chinese-banker.

산되어 월마트 등 대형 유통업체를 통해 유럽과 북미로 수출되고 있다. 오히려 다국적 기업들은 제조업 일자리가 미국, 일본, 한국, 독일 등에서 중국으로 이동하는 상황에서도 여전히 경쟁우위를 유지하고 있다. 동시에 중국은 자본재, 스마트폰, 자동차, 원자재 등 다양한 제품의 주요 시장으로도 부상하고 있다.

중국이 세계 경제로 재진입하고, 동아시아에서 역동적이며 상호 연결된 경제권이 형성된 것은 1970년대부터였다. 이를 가능케 한 계기가 되었던 두 가지 중요한 사건이 있었다. 첫째는 주요 전쟁 지역의 이동이었다. 1940년대 이래로 동아시아는 세계에서 가장 격렬한 전쟁 지대였다. 태평양 전쟁 이후 중국의 국공내전과 한국전쟁, 베트남 독립 전쟁뿐만 아니라 필리핀, 말레이시아, 네덜란드령 동인도에서도 독립 투쟁이 전개되었다. 마침내 베트남 전쟁에서 미국이 패배한 뒤 세계 전쟁의 주요 무대는 동아시아를 벗어나게 되었다. 1975년 이후 세계 전쟁의 중심지는 중동과 중앙아시아였다. 이런 상황은 2000년대 이후에도 변함 없이 계속되고 있다.[37] 물론 아시아 내부의 정치적 갈등은 여전히 남아 있다. 그럼에도 불구하고 1970년대 이후 전반적인 평화와 확대된 문화 및 경제 교류는 아시아 지역 경제의 성장과 심화를 뒷받침했다.[38] 동아시아

---

37 미국의 전쟁이 패권적 결과를 형성하는 데 결정적이었고 지금도 여전히 그러하다는 점에서, 전쟁의 중심지가 중앙아시아와 중동으로 이동했다는 견해는 분명 타당해 보인다. 그러나 아프리카와 라틴 아메리카, 카리브해 지역에서도 다른 군사적 충돌은 물론 계속되고 있다.
38 이는 급속한 경제 성장이 오직 평화로운 환경에서만 일어날 수 있다는 것을 의미하지는 않는다. 일본의 제2차 세계대전 이후 경제 회복과 성장은, 부분적으로는 미국이 한국전쟁과 베트남전쟁 지원을 목적으로 촉진한 산업화의 산물이었다. 일본이 얻은 이익은 한국과 인도차이나의 참화를 대가로 한 것이었다.

에서 가장 위험한 갈등은 한반도의 분단 상황이다. 이는 한국전쟁의 여파가 아직도 해결되지 않은 탓이다. 이외에 영토 갈등도 표면화되었다. 중국과 일본 간의 조어도(釣魚島, 다오위타이/센카쿠 열도) 문제, 한국과 일본 간의 독도 문제, 남중국해를 둘러싼 중국과 베트남, 필리핀 등의 갈등이 이에 해당한다. 이러한 갈등은 모두 지역의 불안을 초래할 가능성을 지니고 있다.

1970년대 이후 동아시아의 경제 상황과 식민지 시대 전반, 특히 1931년부터 1945년까지 일본 제국에 의해 진행되었던 상황을 비교하면 그 차이가 더 구체적으로 드러날 것이다. 스기하라 가오루를 비롯한 연구자들이 지적했듯이, 1890년부터 1937년까지, 그리고 제2차 세계대전 직후에도 동아시아 무역은 비교적 탄탄한 성장을 기록했다. 그러나 당시 무역은 대부분 본국(제국 중심지)과의 교역에 집중되어 있었다. 이에 비해 최근 수십 년간 중국, 일본, 한국, 홍콩, 싱가포르, 대만을 중심으로 아시아 국가들 사이에 이루어진 무역 및 투자 흐름은 매우 속도가 빠르고 다양한 방향으로 확대된 점이 두드러진다. 1988년부터 2004년까지 세계 무역은 연평균 9.5퍼센트의 성장률을 기록했다. 반면 동아시아 내부 무역은 연평균 14퍼센트의 성장률을 보였다. 같은 기간 동아시아가 세계 수출에서 차지하는 비중은 6퍼센트 증가했다. 2012년 아시아 내 무역은 6조 달러 규모의 수출을 기록했다. 이는 전체 수출액의 25퍼센트에 해당하며 계속 증가세를 보이고 있다. 2000년부터 2013년 사이 아세안(ASEAN) 국가들의 대중국 무역 비중은 26퍼센트에서 37퍼센트로 증가한 반면, 미국과의 무역 비중은 2000년 20퍼센트에서 2011년 10퍼센트로 감소했다.[39] 2010년까지 중국은 사실상 모든 아시아 국가의 주요 무역 파트너로 부상했다.

　동아시아 지역 전반의 경제 성장을 이끌었던 몇 가지 역사적 요인과 현대적 요인들이 있었다. 산업화, 1인당 소득의 뚜렷한 증가, 다방향의 활발한 동아시아 경제 체제를 형성했던 주요 요인은 다음과 같다.

- 동아시아에는 과거의 유산이 남아 있었다. 18세기와 그 이전 중국이 동아시아의 중심이었던 시기로부터 비롯된 유산이었다. 당시 동아시아는 오랜 평화와, 고도로 발달한 노동집약형 농업과, 교육과, 조공무역의 경험이 있었다. 중국 경제가 다시 힘을 얻고 일어서기 시작했을 때 이러한 유산은 상당한 뒷받침이 되어 주었다. 덕분에 중국은 다시 한 번 활발한 동아시아 경제의 중심으로 부상할 수 있었다.
- 중국, 일본, 한국인 디아스포라가 형성되어 있었다. 이들은 19세기 이래로 아시아 태평양 지역 전반에 급속히 확산되었고, 그 너머 북아메리카와 유럽 등으로도 진출했었다. 이들이 무역, 기술, 통신, 투자 네트워크를 통해 아시아 내부 경제와 세계 경제를 다시 연결하는 핵심적인 역할을 했던 것으로 보인다.
- 제2차 세계대전 직후 동아시아의 발전 및 사회 변화 전략은, 국가 주도의 축적과 투자가 기본이었다. 평등한 토지 개혁, 보편적 교육, 효과적인 보건 정책이 그 토대가 되었다. 이러한 강점은 특히 중국과 연관되

39　Douglas H. Brooks and Changchun Hua, "Asian trade and global linkages," *ADB Institute Working Paper* 122 (December 2008); "Intra-regional trade of major regions (1988-2007)," fig. 6, p. 10; "Tapping into Asian trade," *Trade Finance Magazine*, July 17, 2013, www.tradefinancemagazine.com/Article/3232494/Tapping-intra-Asia-trade-flows.html.

는 문제지만, 사실 일본, 남북한, 대만에서도 중요한 문제였다. 동시에 이들은 국제 자본에 의한 국내 산업 인수를 차단하는 조치를 취했다. 그러면서도 다른 탈식민지 지역과는 대조적으로 국내 산업 기반을 확고하게 마련하는 데 성공했다. 이러한 접근 방식은 공산주의와 자본주의의 구분과는 상관 없는 국가 발전의 확고한 기초를 구축하는 일이었다. 1970년대부터는 양대 진영의 구분이 더욱 완화되었다.

- 전쟁의 시대가 지나가고 지역 경제가 재결합되자, 마침내 식민지 시대의 분열에서 비롯된 격차들이 해소되기 시작했다. 통합을 촉진한 중요한 요인 중 하나는, 중국이 주변 14개국과의 국경을 따라, 그리고 이를 가로질러 도로, 철도, 댐을 건설한 사업이었다. 그러나 이는 중국의 지배력 확대에 대한 우려와 환경 파괴에 대한 염려도 함께 불러일으켰다. 2014년 7월, 중국은 한국과의 대규모 무역을 가속화할 외환 직거래 시장(원화-위안화)을 도입했다. 한국과의 직거래 시장을 개설하기 전에 중국은, 위안화가 국제 통화로 자리 잡는 과정에서 이미 호주, 뉴질랜드, 영국, 미국, 프랑스, 독일 등과 직거래 협정을 체결한 바 있다.[40]

동아시아 경제의 부활에서 아시아 내부 요인이 중요한 역할을 했다

---

40 Jiyeun Lee, "South Korea, China to discuss starting direct won-yuan exchange," *Bloomberg*, July 2, 2014, www.bloomberg.com/news/2014-07-02/south-korea-china-to-discuss-startingdirect-won-yuan-trading.html; "Korea-China agree on won-yuan direct exchange market worth 13.5 trillion won," *Business Korea*, July 4, 2014, www.businesskorea.co.kr/article/5307/korea-china-summit-korea-china-agree-won-yuan-direct-exchange-market-worth-135-trillion; Xinhua, "Bocom selected to clear yuan in S. Korea," *SinaEnglish*, July 5, 2014, http://english.sina.com/china/2014/0704/715577.html.

하더라도 글로벌 요인의 영향 또한 무시 못할 정도로 컸던 것이 사실이다. 특히 1970년대 이후 미중 관계의 개방은 한국전쟁에 의해 만들어진 분열을 해소할 가능성을 열었고, 동아시아, 특히 중국이 세계 경제에서 빠르게 발전하는 데 기여했다.

중국은 경제적 역량을 강화하고 유엔 안전보장이사회(1971년 이후 상임이사국)부터 세계무역기구(2001년)까지 다양한 국제 무대에서 경험을 축적하며, 지역적 문제 해결을 목표로 하는 여러 지역 지정학적 이니셔티브를 주도해왔다. 여기에는 2003년 시작된 북핵 문제와 한국전쟁의 지속 문제를 해결하기 위한 (현재까지는 성공하지 못한) 6자회담에서 주도적 중재자로서의 역할, 중국, 일본, 한국을 포함하는 아세안(ASEAN)+3 구상을 통해 동아시아와 동남아시아의 통합을 도모하려는 노력(2001년부터), 아세안(ASEAN)-중국의 자유무역협정(FTA, 2010년) 합의, 그리고 중국과 러시아를 중심으로 구소련 국가들이 참여하는 상하이 협력기구(SCO)의 창설(2001년) 등이 포함된다. 또한 2014년에는 이 기구를 인도, 이란, 몽골까지 확장하려는 논의가 진행되었다.[41]

2000년대에 접어들어 동아시아 국가들은 역내 협력 강화를 위한 다양한 조치를 취해왔다. 예를 들면 경제 및 금융 안전, 핵 비확산, 자원 관리, 어업, 테러 방지, 마약 밀수, 해적 행위, 인신매매, 조직범죄 통제, 재난 구호, 환경 악화 방지, 컨테이너 보안 등의 분야가 여기에 포함되었다. 18세기 조공무역 체제에서 중국이 중심적 역할을 했던 것과 달리,

---

41 M. K. Bhadrakumar, "Modi leads India to the Silk Road," August 7, 2014, www.rediff.com/news/column/modi-leads-india-to-the-silk-road/20140807.htm.

동남아시아 국가들은 2000년대 이후 아세안(ASEAN)을 통해 자유무역지대 구축과 같은 신흥 지역주의에서 중요한 능동적 역할을 수행했다. 그러나 동아시아는 서로 다른 식민 제국의 지배를 받았고, 이후 중국, 한반도, 인도차이나에서 벌어진 열전(熱戰)으로 심각한 냉전 구도가 형성되었다. 오랜 기간 분열되었던 아시아 국가들 간의 제도적 연계는 유럽연합의 그것과는 본질적으로 매우 다른 양상을 보일 수밖에 없었다. 이런 상황은 지금까지도 마찬가지다. 동아시아에는 유럽연합에 해당하는 연합체도, 유로화와 같은 공통 통화도, 의회나 최고법원도, 이주의 자유도 존재하지 않는다. 특히 나토(NATO)에 상응하는 범지역적 군사 동맹은 존재하지 않는다. 동아시아 지역주의는 독자적인 경로를 걸어갈 것이다. 게다가 지역적 협력 노력이 좌초될 가능성은 언제든 남아 있다. 영토 갈등은 곧바로 분열과 전쟁으로 이어질 수도 있으며, 역사적 기억에 관한 논쟁도 잠재적 분열의 씨앗이다.

제2차 세계대전 이후 수십 년 동안 일본은 금융, 무역, 정상외교 등을 통해 지역 내 주요 프로젝트를 추진했다. 특히 1960년대 아시아개발은행(Asian Development Bank, ADB)의 설립과 주도에서 일본의 역할이 돋보였다. 이러한 노력은 물론 미국의 영향력 틀 안에서 이루어졌다.[42] 경제적 중요성에도 불구하고 일본은 더 이상 동아시아 무역이나 주요 지역주의 프로젝트의 선도국이 아니며, 아시아 지역주의 분석이나 글로벌 지정학에 관한 연구에서 일본의 존재감이 사실상 사라진 상태다. 그

---

42 Shintaro Hamanaka, *Asian Regionalism and Japan: The Politics of Membership in Regional Diplomatic, Financial and Trade groups* (London: Routledge, 2009), p. 6.

럼에도 불구하고 일본은 여전히 지역 내 비중 있는 행위자로 남아 있다.

지역적·세계적 관점에서의 일본의 상대적 쇠퇴는 세 가지 상호 연관된 요인의 결과라 할 수 있다. 첫째, 지난 20년간 중국의 경제 및 금융은 급격히 성장한 반면, 일본 경제는 1991년 버블 붕괴 이후 수십 년 동안 그에 필적할 추진력을 회복하지 못했다. 둘째, 신흥 동아시아 세계에서 일본은 지역적 리더십을 발휘하는 데 실패했다. 셋째, 일본의 미래는 미일 안보 동맹에 기반한 미국의 영향력에 단단히 묶여 있어, 독자적인 일본의 주도권을 발휘할 여지가 거의 없었다. 미일 관계의 핵심에는 미일 경제 및 안보 관계, 미국의 핵우산에 대한 의존, 일본 본토와 특히 오키나와에 주둔하는 미군(일본이 비용을 부담)이 포함된다. 한국전쟁부터 오늘날 이라크, 아프가니스탄, 페르시아만에서의 전쟁에 이르기까지, 일본은 미국의 모든 전쟁에 재정적·물류적 지원을 담당했다. 요컨대 일본은 동아시아 경제 부흥을 활용하기보다는 미국의 영향력 아래 묶여 있으며, 미국의 전쟁과 미국식 지정학적 우선순위에 종속되었다. 그러나 중국이 그동안 놀라운 성장과 역동성을 보였음에도 불구하고 여전히 중진국 수준에 머물러 있다는 점을 인식하는 것이 중요하다. 중국은 경제 성장을 제약하는 막대한 환경적 한계를 짊어지고 있으며, 내부 불안정 문제가 사회적 저항 증가로 나타나고 있다. 또한 여전히 광범위한 빈곤 지역을 포함하고 있다.

우리의 논의는 1970년대 이후 동아시아 경제의 역동성과 경제 통합의 심화 및 양자의 상호관계에 중점을 두었다. 그러나 동아시아 지역에서는 미중 관계 개선과 베트남 전쟁에서 미국의 패배 이후 역동적이고 더욱 통합된 동아시아 경제가 부상했음에도 불구하고, 새로운 지정학적 긴장이 나타났다. 2000년대 초엽 20년 동안 발생했던 영토 갈등의 원인은 네 가지로 요약할 수 있다. (1)식민지 시대와 아시아·태평양 전쟁의 유산, 특히 일본과 한국, 일본과 중국 사이의 갈등이다. (2)1952년 샌프란시스코 평화조약(SFPT) 체제와 관련된 문제들이다. 미국이 전후 아시아·태평양 체제를 구축하면서 논란이 될 만한 도서 영유권 분쟁을 해결하지 않은 상태로 남겨두었던 문제가 이어지고 있다. (3)1960년대 후반 동중국해와 남중국해에서 석유, 천연가스, 광물 자원이 발견된 문제다. (4)1982년 유엔 해양법 협약(UNCLOS)의 결과로, 섬 영토 확보와 각국의 배타적 경제수역(EEZ) 확장을 위한 글로벌 경쟁이 촉발된 문제다. 현재 진행 중인 4대 영토 분쟁은 대부분 사람이 거주하지 않는 작은 섬을 둘러싸고 벌어진 문제들이며, 대규모 충돌로 이어질 가능성이 남아 있다.[43] 구체적으로 살펴보자면 다음과 같다.

---

[43] 이것이 결코 유일한 영토 분쟁은 아니다. 이 사례들은 새로운 밀레니엄에 부각된 분쟁과, 원칙적으로는 비교적 쉽게 해결될 수 있지만 민족주의로 인해 해결되지 못하고 있는 특정 유형의 도서(島嶼) 분쟁을 보여주기 위해 선정된 것이다. Kimie Hara, *Cold War Frontiers in the Asia-Pacific: Divided Territories in the San Francisco System* (London: Routledge, 2007); John W. Dower, "The San Francisco system: past, present, future in U.S.-Japan-China relations," *Asia-Pacific Journal* 12:8:2 (February 24, 2014), http://japanfocus.org/-John_W_Dower/4079. Kimie Hara, ed., *The San Francisco System and its Legacies: Continuation, Transformation and Historical Reconciliation in the Asia-Pacific* (London: Routledge, 2015); Reinhard Drifte, "The Japan-China confrontation over the Senkaku/Diaoyu Islands- between 'shelving' and 'dispute escalation,'" *Asia-Pacific Journal* 12:29:2 (July 28, 2014); Mark Selden, "Economic nationalism and regionalism in contemporary East Asia," *Asia-Pacific Journal* 10:43:2 (October 29, 2012), http://japanfocus.org/-Mark-Selden/3848.

- 중국, 대만, 일본의 조어도(釣魚島, 댜오위다오 또는 센가쿠열도) 문제. 동중국해의 섬으로 일본이 실효 지배.
- 한국과 일본의 독도 문제. 동해에 위치한 섬으로 한국이 실효 지배.
- 일본과 러시아의 쿠릴 열도 문제. 오호츠크해에 위치한 쿠릴 열도 남부 4개섬으로 러시아가 실효 지배.
- 중국과 베트남, 필리핀 등의 남중국해 문제. 남중국해의 스프래틀리(Spratly) 군도, 파라셀(Paracel) 군도, 스카버러(Scarborough) 암초 등 여러 나라가 영유권을 주장하는 지역.

이러한 모든 분쟁 지역에서 미국은 샌프란시스코 조약 체제의 구축부터 현재에 이르기까지 중요한 역할을 해왔다. 미국은 해당 분쟁 지역에 직접적으로 영토적 요구를 제기하지는 않지만 영향력을 행사하고 있다. 최근 몇 년간, 특히 이러한 분쟁에 대응하기 위해 미국의 오바마 행정부는 중국의 지정학적 도전에 대응하려는 명확한 목적을 가지고 "아시아로의 중심 이동(Pivot to Asia, 아시아 회귀 전략)"의 초기 단계 정책을 추진해왔다.(2015년 기준 - 옮긴이) 이 과정에서 미국은 일본, 한국, 호주, 필리핀과 주요 동맹 및 조약 파트너로서 입지를 재확인 강화했으며, 나아가 베트남에 대한 지원까지 확대했다. 또한 군사기지 네트워크와 압도적인 해군, 공군, 핵 전력을 기반으로 서태평양에서 군사력을 강화했고, 조어도 분쟁에서는 미국의 동맹국인 일본을 지원하기 위해 중국(중화인민공화국)에 공식적으로 대응했다.

이러한 갈등의 결과, 특히 한편으로는 중국(중화인민공화국, 중화민국)과 일본이 맞선 조어도 분쟁과, 다른 한편으로는 남중국해에서 영토,

경계, 석유를 둘러싼 중국의 광범위한 영유권 주장으로 인한 갈등이 전쟁 위험을 고조시켰다. 각 당사국은 군사적 입장을 강화하고, 일본, 한국, 필리핀, 베트남의 경우 국제적 지원, 특히 미국의 지원을 추구하는 가운데 이러한 긴장이 심화되고 있다. 지금까지는 이 문제로 전쟁이 일어나지는 않았지만, 중국의 국력이 강화되고, 미국이 중동과 중앙아시아에서 여러 개의 전쟁에 계속 집중하고 있는 지금, 지역의 정치경제와 지정학적 상황 변화를 나타내는 중요한 지표가 될 것이다.

중요한 질문은 동아시아 및 아시아·태평양 지역에서 미국의 성격과 힘의 본질에 관한 문제다. 데이빗 샴바우(David Shambaugh)는 "아시아 전역에 걸쳐 미국 주도의 안보 체제가 압도적 우위를 점하고 있으며, 여기에는 동아시아의 5개 양자 동맹, 동남아시아, 남아시아, 오세아니아에서의 비동맹 안보 파트너십, 태평양 지역에서의 미군 증강, 미국-인도 및 미국-파키스탄 간 새로운 군사 관계, 그리고 남서아시아와 중앙아시아에서의 미군 주둔과 방위 체제가 포함된다"고 지적했다.[44] 여기에 동아시아 지역 내외에 걸친 다수의 미국 기지의 역할을 덧붙여야 할 것이다. 또한 사실상 독점적 지위를 차지하고 있는 우주 군사화 영역, 핵무기부터 드론 등 첨단 무기 분야에서의 기술적 우위, 그리고 확대된 미일 안보 조약의 개념도 포함되어야 한다. 조약의 확장으로 일본은 군사 활동 범위를 인도양으로 확장하고, 중국과의 긴장이 고조되는 가운데 인도 및 오스트레일리아와의 안보 협력을 모색했다.[45] 미국은 세계에서 가

---

44 David Shambaugh, "China engages Asia: reshaping the regional order," *International Security* 29:3 (2004), 64-99.

장 강력한 무기고를 보유하고 있을 뿐만 아니라, 다수의 태평양 기지, 안보 조약과 동맹, 그리고 모든 잠재적 경쟁국의 군사비를 모두 합친 것보다 더 큰 군사 예산을 운영하고 있다. 이에 반해 중국을 포함한 그 어떤 아시아·태평양 국가나 블록도 이에 대항할 수 있는 포괄적 안보 체제를 갖추지 못하고 있다. 미국은 비용 지출이 막대한 이라크와 아프가니스탄에서 전쟁을 축소하려고 노력하고 있지만, 시리아, 리비아, 파키스탄, 이스라엘/팔레스타인, 이란 등 중동 및 중앙아시아 지역의 여러 갈등은 여전히 미국을 끌어들이고 있다. 장기적으로는 중국이 유일한 잠재적·지정학적 도전자로 부상하더라도, 현재 그리고 앞으로 수년간 세계적 차원에서 미국에 도전할 만한 경제적 또는 지정학적 역량은 턱없이 부족한 상태다. 반면 동중국해와 남중국해에서의 위기는 중국이 100여 년 만에 처음으로 자국 인접 지역에서 중요한 지정학적 역할을 강화하고 있으며, 미국이 구축한 전후 지역 질서에 도전할 가능성을 시사한다. 이들 지역은 과거 중국 중심의 조공무역 체제의 범위와 일치하지만, 향후 이 지역의 국제 관계는 상당히 다른 원칙에 기반할 것으로 예상된다.

---

45 Peter J. Katzenstein, "Japan in the American Imperium: rethinking security," http://japanfocus.org/_Peter_J__Katzenstein-Japan_in_the_American_Imperium__Rethinking_Security; Richard Tanter, "The maritime self-defence force mission in the Indian Ocean: Afghanistan, NATO and Japan's political impasse," http://japanfocus.org/_Richard_Tanter-The_Maritime_Self_Defence_Force_Mission_in_the_Indian_Ocean__Afghanistan__NATO_and_Japan___s_Political_Impasse; Mel Gurtov, "Reconciling Japan and China," http://japanfocus.org/_Mel_Gurtov-Reconciling_Japan_and_China; GavanMcCormack, "'Conservatism' and 'Nationalism': the Japan puzzle," http://japanfocus.org/_Gavan_McCormack-_Conservatism__and__Nationalism___The_Japan_Puzzle.

결론

동아시아는 세계에서 가장 역동적인 경제 지역이다. 지역 차원에서 경제, 금융, 통신, 문화적 유대를 심화하고, 환경, 영토 안보 문제를 개선하려는 노력이 이어지고 있다. 이런 상황을 감안하면 앞으로는 이 지역에서 미국과 일본 주도의 역학 관계가 감소하고 지역 내 협력이 확대되는 방향으로 나아갈 가능성이 엿보인다. 다만 극복해야 할 문제들이 남아 있다. 중국의 부상으로 강화되는 지정학적 갈등, 샌프란시스코 조약과 유엔해양법협약(UNCLOS)이 초래한 분열의 단초, 한반도와 중국-대만 등 분단 국가의 갈등, 식민지 시대 전쟁의 유산에서 비롯된 일본과 주변국의 역사 평가 문제 등이 여기에 포함된다.

새로운 밀레니엄 시대 동아시아에서 과거의 팍스 시니카(Pax Sinica)는 지역의 화합 혹은 패권의 가능성에 대해 어떤 통찰을 제공할 수 있을까? 이는 분명 중국 중심의 질서를 기반으로 한 위계적 모델이었지만, 이후에 등장한 식민지적 질서에 비하면 간섭이 훨씬 덜했다. 18세기 전성기의 동아시아는 오랜 평화의 시기를 누렸고, 핵심 지역은 상대적 번영을 구가했다. 조공무역 체제가 그와 같은 상황에 기여했으며, 결과적으로 세계 무역 네트워크에서도 유리한 위치를 차지하고 있었다. 그러나 18세기의 중국은 서부와 북부 변방 지역을 정복하여 영토를 확장하기도 했다. 이후의 식민지 모델은, 일본 제국은 물론 미국 중심의 모델조차, 그 역동성에도 불구하고 만성적인 전쟁을 종식시키지 못했고, 효과적인 지역적 유대를 형성하는 데 실패했다. 각 모델은 지속적인 전쟁의 시대 속에서 강자와 약자의 일대일 관계를 우선시했다.(약자들 간의 관계가 등한시되었다. — 옮긴이) 만약 중화권, 즉 중국과 중국인 디아스포라를 넘어 동아시아 전반에 걸쳐 광범위한 상호적 경제관계가 새로운 질서를 형성한다면, 아마도 그 질서의 중심에는 중국이 놓이게 될 것이다. 그러나 18세기와는 달리, 수십 년간의 고속 성장을 거듭한 뒤에도 중국의 1인당 소득 수준은 일본과 미국 같은 주요 경쟁국들에 비해 여전히 크게 뒤처져 있다. 중국의 발전 도상에서 나타나는 심도 깊은 사회정치적 문제도 그에 못지 않게 중요하다. 심각한 환경 제약, 지역 간, 민족 간, 계급 간 내부 분열, 권위주의적 정치 등의 문제들이다.[46] 중국의 지속적 급성장이 무조건 보장된 것은 아니다. 2010년대의 중국은 경제적 및 지정학적 측면에서 글로벌 주역으로 부상했으며, 특히 아시아-태평양 지역의 주요 강대국으로 자리 잡았다. 그러므로 동아시아 지역에서 기존 미국 주도의 질서에 도전하고 중국 중심의 지정학적 질서를 구축하려는 시도가 나타날 가능성도 그만큼 더 커졌다. 존 미어샤이머(John Mearsheimer)와 같은 현실주의 국제관계 분석가들은 중국의 경제 성장 추정치를 바탕으로 중국이 동아시아 패권국으로 등장할 것으로 예상했다. 그러나 실제로는 중국의 발전 속도가 둔화되고, 미국이 여전히 지역 강국으로 남을 것이며, 어떤 단일 국가도 절대적 우위를 차지하지 못할 것이라는 전망이 더 설득력이 있다.[47]

---

46 중국의 지속적 부상에 대한 환경적 장애물에 관해서는 다음을 참조. Paul Harris, ed., *Confronting Environmental Change in East and Southeast Asia: Eco-politics, Foreign Policy, and Sustainable Development* (Tokyo: United Nations University Press, 2005); Robert Marks, *China: Its Environment and History* (Lanham, MD: Rowman & Littlefield, 2011).

47 John Mearsheimer, *The Tragedy of Great Power Politics* (New York: Norton, 2001), p. 402. 이것은 Mearsheimer가 중국이 발전 동력을 확장하여 부유한 국가로 성장

우리는 세 시기를 나누어 아시아 지역주의의 논리와 한계를 검토했다. 18세기는 팍스 시니카(Pax Sinica)의 시대였고, 20세기 전반부에 팍스 닛포니카(Pax Nipponica)를 구축하려는 시도가 있었으며, 아시아-태평양 전쟁 이후에는 미국이 팍스 아메리카나(Pax Americana)를 만들고자 노력했다. 그러나 현재의 국면은 기존의 노력과는 다른 측면에 놓여 있다. 이전 두 시기 모두 동아시아는 세계 경제에 통합되어 있었지만, 지배적 강대국의 지정학적 영향력은 동아시아를 중심으로 제한되어 있었다. 2000년대에 들어서면서 중국과 일본 모두 경제와 지정학적 영향력을 전 세계로 확장하기 위해 노력하고 있다. 중국은 아프리카 지역에 깊이 관여하고 있고, 중국과 일본의 해군은 모두 중동 및 아프리카 해안으로 진출했으며, 양국의 필수 에너지 자원 확보를 위해 세계 전역을 탐색하고 있고, 미국과 유럽 경제에 대한 의존도가 높으며, 영토 문제와 주도권 문제를 두고 직접적인 충돌이 빚어지고 있다. 그다지 주목을 받지 못했지만 잠재적으로 매우 중요한 지점은, 양국 모두 야심찬 도전을 시작했다는 사실이다. 중국은 재생에너지, 일본은 스마트 시티에 주력하고 있다. 이는 모두 향후 발전의 승패를 좌우할 글로벌 위기에 대응하기 위한 대책으로 나온 사업들이다. 현재 미국과 중국은 G2로서 세계에서 가장 중요한 양자 관계로 자리 잡고 있으며, 동시에 가장 긴장이 높은 관계가 되어 있다. 그러한 가운데 중국과 일본은 각자 나름의 방식으로 세계 속에서 지정학적 역할을 확장하기 위해 노력하고 있다. 다시 말해 중

할 경우를 가정한 내용이다. 전후 동아시아의 패권 문제에 대한 Mark Beeson의 날카로운 논의는 다음을 참조. "Hegemonic transition in East Asia? The dynamics of Chinese and American power," *Review of International Studies* 35 (2009), 95-112.

국과 동아시아의 세력 확장이 계속된다면, 세계에서 가장 강력한 군사력을 가진 미국조차 이 지역에서 우위를 유지하기 어려울 것이다. 동시에 아시아의 이웃들과 중국의 긴장은 점점 더 고조될 가능성이 높다.

더 읽어보기

Arrighi, Giovanni. *Adam Smith in Beijing: Lineages of the Twenty-first Century.* London: Verso, 2007.

Arrighi, Giovanni, Takeshi Hamashita, and Mark Selden, eds. *The Resurgence of East Asia: 500, 150 and 50 Year Perspectives.* London: Routledge, 2003.

Bagchi, Amiya Kumar. *Perilous Passage: Mankind through the Global Ascendancy of Capital, c. 1492-2003.* Lanham, MD: Rowman & Littlefield, 2005.

Beeson, Mark. *Regionalism and Globalization in East Asia: Politics, Security and Economic Development.* Basingstoke: Palgrave Macmillan, 2007.

Blussé, Leonard. *Visible Cities: Canton, Nagasaki, and Batavia and the Coming of the Americans.* Cambridge, MA: Harvard University Press, 2008.

Cooke, Nola, and Li Tana, eds. *Water Frontier: Commerce and the Chinese in the Lower Mekong Region, 1750-1880.* Lanham, MD: Rowman & Littlefield, 2004.

Cumings, Bruce. *Dominion from Sea to Sea: Pacific Ascendancy and American Power.* New Haven, CT: Yale University Press, 2009.

Duara, Prasenjit. *The Global and Regional in China's Nation-Formation.* London: Routledge, 2008.

Duara, Prasenjit, ed. *Decolonization: Perspectives from Now and Then.* London: Routledge, 2004.

Faure, David. *China and Capitalism: A History of Business Enterprise in Modern China.* Hong Kong University Press, 2006.

Frank, Andre Gunder. *ReORIENT: Global Economy in the Asian Age.* Berkeley, CA: University of California Press, 1998.

Gipouloux, François. *The Asian Mediterranean: Port Cities and Trading Networks in China, Japan and Southeast Asia, 13th-21st Century.* Northampton, MA: Edward Elgar, 2011.

Gordon, Andrew. *A Modern History of Japan: From Tokugawa Times to the Present.* Oxford University Press, 2014.

Gunn, Geoffrey C. *First Globalization: The Eurasian Exchange, 1500-1800.* Lanham, MD: Rowman & Littlefield, 2003.

Hamashita, Takeshi, *China, East Asia and the Global Economy: Regional and Historical Perspectives*, ed. Linda Grove and Mark Selden. London: Routledge, 2008.

Hamilton, Gary. *Commerce and Capitalism in Chinese Societies.* London: Routledge, 2006.

Hayami, Akira, Osamu Saitō, and Ronald Toby, eds. *The Economic History of Japan, 1600-1990*, 3 vols. Oxford University Press, 2004.

Katzenstein, Peter J. *A World of Regions: Asia and Europe in the American Imperium*. Ithaca, NY: Cornell University Press, 2005.

Latham, A. J. H., and Heita Kawakatsu, eds. *Asia Pacific Dynamism, 1550-2000*. London: Routledge, 2000.

Marks, Robert. *China: Its Environment and History*. Lanham, MD: Rowman & Littlefield, 2011.

　The Origins of the Modern World: A Global and Ecological Narrative from the Fifteenth to the Twenty-first Century, 2nd edn. Lanham, MD: Rowman & Littlefield, 2006.

Matthews, John. *Greening of Capitalism: How Asia is Driving the Next Great Tranformation*. Stanford University Press, 2014.

Myers, Ramon H., and Mark R. Peattie, eds. *The Japanese Colonial Empire, 1895-1945*. Princeton University Press, 1984.

Perry, Elizabeth, and Mark Selden, eds. *Chinese Society: Change, Conflict and Resistance*, 3rd edn. London: Routledge, 2010.

Pomeranz, Kenneth. *The Great Divergence: China, Europe, and the Making of the Modern World Economy*. Princeton University Press, 2000.

Pomeranz, Kenneth, and Stephen Topik. *The World That Trade Created: Society, Culture, and the World Economy, 1400 to the Present*, 3rd edn. Armonk, NY: M. E. Sharpe, 2013.

Reid, Anthony. *Southeast Asia in the Age of Commerce, 1450-1680*, 2 vols. New Haven, CT: Yale University Press, 1988 and 1993.

Reid, Anthony, ed. *The Last Stand of Asian Autonomies: Responses to Modernity in the Diverse States of Southeast Asia and Korea, 1750-1900*. New York: St. Martin's Press, 1997.

Rosenthal, Jean-Laurent, and R. Bin Wong. *Before and Beyond Divergence: The Politics of Economic Change in China and Europe*. Cambridge, MA: Harvard University Press, 2011.

Saaler, Sven, and Christopher W. A. Szpilman, eds. *Pan-Asianism: A Documentary History*, 2 vols. Lanham, MD: Rowman & Littlefield, 2011.

Sugihara, Kaoru, ed. *Japan, China, and the Growth of the Asian International Economy, 1850-1949*. Oxford University Press, 2005.

Wade, Geoff. *Asian Expansions: The Historical Experiences of Polity Expansion in Asia*. London: Routledge, 2014.

Wang, Dong. *The United States and China: A History from the Eighteenth Century to the Present*. Lanham, MD: Rowman & Littlefield, 2013.
Wong, R. Bin. *China Transformed: Historical Change and the Limits of European Experience*. Ithaca, NY: Cornell University Press, 1997.

CHAPTER 20

세계사 속의 라틴 아메리카

줄리 찰립
Julie A. Charlip

라틴 아메리카라는 개념은 이베리아인의 아메리카 정복 이후에 나온 것으로, 그 자체가 이 지역이 세계사의 일부임을 증명하고 있다. 식민지로서든 독립 국가로서든, 라틴 아메리카에서는 외부적 이해관계와 내부적 관심사 사이에 끊임없는 줄다리기가 이어져 왔다. 외부적-내부적 매트릭스에 민주주의와 발전, 공정성과 효율성 사이의 긴장이 더해지면 상황은 더욱 복잡해진다. 라틴 아메리카라는 논란의 땅에서 계급, 인종, 민족 갈등을 딛고 일어선 국민국가는, 강력한 외세의 바람 속에서 나름의 정체성과 주권을 확립하기 위한 투쟁을 계속해 왔다. 그러나 이 지역은 단순히 외국의 욕망의 대상만은 아니었다. 라틴 아메리카의 사람들은 다양한 사회 변화를 실험하며 세계 무대에서 중요한 행위자로 자리를 지켜왔다.

식민지 해체

아메리카를 정복한 뒤 불과 몇 세대가 지나지 않아서, 이른바 신세계(New World)의 정착민들은 이베리아 반도에서 방금 건너온 사람들에게 반감을 가지게 되었다. 처음에는 기존 정착민과 신규 이주민의 경쟁 때문에 반감이 생겼지만, 시간이 지나면서 그것이 하나의 이데올로기 성격을 띠게 되었다. 라틴 아메리카의 정착민들은 스스로를 아메리카노스

(Americanos)라 불렀고, 그들의 태도는 토착주의(nativism)의 성격을 띠게 되었다. 그들은 아메리카의 풍경과, 유럽인이 도래하기 전에 존재했던 토착 제국의 위대함과, 신세계 정착민들이 만들어낸 업적을 찬양했다. 18세기에 이르러 아메리카노스는 스페인 혹은 포르투갈에서 건너온 지도자들과 거의 연대감을 느끼지 못했다. 오히려 아메리카노스가 이베리아의 관용에 의존하는 것보다, 이베리아가 아메리카의 부에 의존하는 것이 더 크다는 인식이 강해졌다.

이러한 갈등은 물질적 문제와 이념적 문제 모두에 의해 촉발되었다. 한때 경제적으로 강력했던 이베리아 제국들은 성장하는 영국과 프랑스의 힘에 명백히 뒤처지고 있었다. 1588년 영국이 스페인의 무적함대 아르마다(Armada)를 격파한 이후 스페인은 군사적으로 회복하지 못했으며, 스페인의 합스부르크 군주들은 식민지에서 얻은 은을 유럽 내 분쟁에 무의미하게 낭비해 버렸다. 1700년 카를로스(Carlos) 2세가 후계자 없이 사망하자 스페인에서는 왕위 계승 전쟁이 일어났다. 1713년 부르봉 왕가의 필리프 당주(Philippe d'Anjou)가 스페인 왕위에 오르면서(펠리페 5세) 전쟁이 끝났다. 펠리페(Felipe) 5세는 왕위에 오른 뒤 스페인이 사실상 파산 상태에 이르렀음을 알게 되었다. 이전의 합스부르크 왕가가 식민지에서 얻은 재산을 탕진했기 때문이다. 1739년, 스페인 왕실은 채권자들에게 지급할 자금이 부족해 지불을 중단했다. 펠리페 5세는 지방에 대한 왕실의 통제를 강화했으며, 그의 후계자 페르난도(Fernando) 6세는 새로운 국가 권력을 이용해 식민지 재정 통제를 강화했다. 금전적인 대가를 받고 식민지의 관직을 판매하는 조치도 포함되었다. 그러나 부르봉 왕가의 세 번째 왕이었던 카를로스(Carlos) 3세의 개혁은 아메리카노스의 분노를 불러 일으켰다. 가장 논란이 된 변화는 인텐덴시아스(intendencias, 감독제)의 도입과 가톨릭 예수회(Jesuit)의 추방이었다. 인텐덴시아스란 스페인 본국 출신의 왕실 관리에게 행정, 사법, 재정 분야의 광범위한 권한을 부여하고, 아메리카노스 출신 지방 관리들을 대체하도록 하는 제도였다. 브라질에서도 부르봉 개혁과 유사한 조치들이 시행되었다.

자유무역과 영국의 산업혁명이 유혹하던 시대에 아메리카노스는 스페인과 포르투갈과의 중상주의적 통제에 얽매인 현실에 더욱 불만을 느꼈다. 유럽에서 분쟁이 벌어지면 흔히 식민지가 전장이 되는 경우도 많았다. 7년 전쟁(1756-63년, 오스트리아-프랑스 : 프로이센-영국) 동안 영국이 쿠바를 점령했으며, 1762년에는 항구 아바나(Havana)가 자유무역항으로 개방되었다. 결과는 놀라웠다. 이전 10년 동안 아바나 항구에 정박했던 선박 수를 모두 합쳐도 1,500척에 불과했지만, 개방 이후 10개월 만에 정박한 선박이 1,000척을 넘어섰다.

18세기는 또한 지적 혁명의 시기였다. 왕권신수설이 의문시되었고, 인권에 대한 논쟁이 벌어졌다. 브라질에는 인쇄기가 없었고, 스페인 당국은 식민지 출판물을 검열했다. 그럼에도 불구하고 스페인 식민지 주민들은 몽테스키외, 루소, 로크의 저서를 출판했다. 식민지 엘리트들은 유럽으로 그랜드 투어(Grand Tour)를 나섰다. 그곳에서 이성(reason)과 공공선(common good), 그리고 자율적 통치(self-governance)와 사유재산권을 주장하는 새로운 자유주의 사상을 접했다.

기세등등했던 새로운 사상은 두 가지 인상적인 실험으로 이어졌다. 하나는 1776년 북아메리카 영국 식민지에서 시작된 독립 전쟁이고, 다른 하나는 1789년의 프랑스 혁명이었다. 스페인 식민지의 주민들도 토머스 페인(Thomas Paine)의 저서(미국 독립 전쟁과 프랑스 혁명을 적극 지지했던 작가 – 옮긴이)를 읽었으며, 부러운 심정으로 북아메리카인들이 영국의 중상주의적 굴레에서 스스로를 해방시키는 모습을 지켜보았다. 프랑스 혁명은 처음에는 라틴 아메리카 엘리트 계층의 흥미를 불러일으켰지만, 흥미는 곧 공포로 바뀌었다. 단두대가 작동하고 혁명의 여파가 프랑스 식민지 생도맹그(Saint-Domingue, 현 아이티)로 퍼져나가자 아이티 혁명이 시작되었기 때문이다. 망명한 엘리트 계층은 주인을 전복시킨 노예들의 이야기를 전해주었다. 그들 중 다수가 스페인령 아메리카, 특히 쿠바로 피신했다. 결국 이념보다 실용이 우선이었다. 라틴 아메리카의 엘리트 계층은 혁명의 길을 열어줄 의사가 없었다. 혁명을 하게 되면 원주민이나 아프리카인의 후손, 그리고 점점 늘어났던 혼혈 집단으로 구성된 어두운 피부색의 카스타(Casta) 계층이 엘리트 계층을 가만히 두지 않을 가능성이 컸기 때문이다.[1] (지도 20-1)

그러나 해외에서 벌어진 사건들은 식민지 주민들을 오랫동안 염두에 두었던 독립의 길로 밀고 나갔다. 프랑스 혁명은 1799년 나폴레옹의 통치로 끝났고, 1803년 나폴레옹의 유럽 정복이 시작되었다. 스페인도 이 분쟁에 휘말렸다. 1805년 트라팔가르(Trafalgar) 해전에서 영국 해군에 패배했고, 1806년에는 프랑스의 봉쇄로 경제가 붕괴되었다. 1807년 스페인은 포르투갈을 정복하러 간다는 나폴레옹의 요청을 받아들여

---

1 See also Jaime Rodríguez, "Atlantic revolutions: a reinterpretation," in this volume Part 2, Chapter 12.

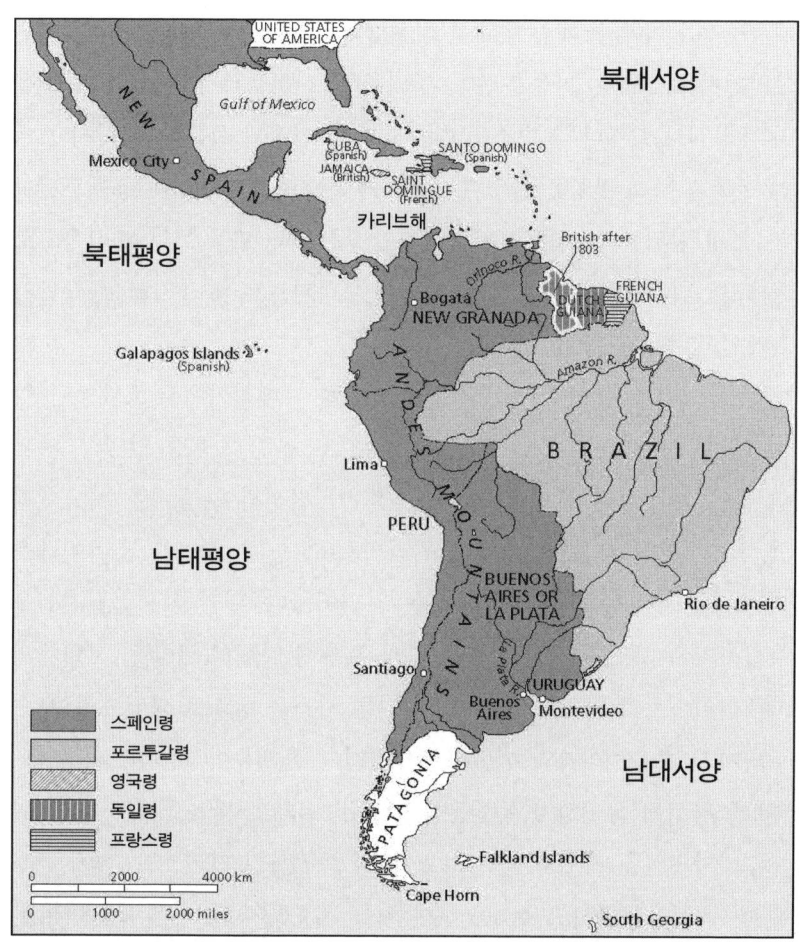

[지도 20-1] 1800년의 라틴 아메리카

나폴레옹 군대의 스페인 통과를 허용했다. 당시 포르투갈의 통치자였던 브라간사(Braganza) 가문은 수천 명의 왕실 신하들과 함께 영국 배에 올라 브라질로 향했다. 프랑스 군대는 리스본 점령에 성공한 뒤 다시 스페인 정복을 위해 방향을 돌렸다. 1808년 카를로스 4세는 아들 페르난도 7세에게 왕위를 물려주고 퇴위했지만, 두 사람 모두 프랑스 감옥으로 유배되었다. 나폴레옹의 형인 조제프 보나파르트(Joseph Bonaparte)가 스페인의 새로운 왕이 되었다.

스페인이 프랑스에 정복되자, 스페인령 아메리카에서 오랫동안 억눌려왔던 아메리카노스는 불만을 행동으로 옮길 기회를 얻었다. 폐위된 왕을 대신하여 훈타스(Juntas, 의회)가 결성되어 통치를 시도했지만, 1810년 돌로레스(Dolores), 카라카스(Caracas), 부에노스 아이레스(Buenos Aires) 등지에서 독립 운동이 일어났다. 반란군은 통일전선을 형성하지 못하고 각지의 상황에 따라 투쟁에 나섰다. 스페인 사람들과 아메리카노스가 싸웠고, 한 지역이 다른 지역을 상대로 싸웠으며, 보수주의자가 자유주의자와 싸웠다. 1814년 나폴레옹이 패하고 페르난도 7세가 왕위에 복귀하자 독립운동은 모두 실패로 막을 내렸다. 페르난도 7세가 반란군에 보복을 가하고, 그가 복귀하기 전인 1812년에 제정된 헌법에도 불구하고 절대군주 통치를 시도하자 다시 독립운동의 불길이 타올랐다. 1824년 페루의 아야쿠초(Ayacucho) 전투 당시, 쿠바와 푸에르토리코를 제외한 스페인령 아메리카는 모두 독립을 선언한 상태였다. 쿠바와 푸에르토리코는 1898년까지 스페인 식민지로 남아 있었다.(지도 20-2)

〔지도 20-2〕 1830년의 라틴 아메리카

CHAPTER 20 - 세계사 속의 라틴 아메리카

새로운 국가의 탄생

독립은 예전 식민지 주민들에게 해답보다는 더 많은 질문을 안겨주었다. 과연 네 개의 부왕령(총독부: Nueva España, Perú, Nueva Granada, Río de la Plata)이 모두 새로운 국가로 전환되어야 할까? 신생국의 국경과 명칭, 시민권의 범위와 권리, 정부 형태, 새로운 국가의 문화적 규범과 정체성까지 모든 것이 불확실했다. 독립을 향한 열망은 스페인 군주로부터의 독립이라는 목표 아래 여러 세력을 하나로 결집시켰다. 이후에 무엇이 올 것인지는 논쟁의 여지가 있었다. 이는 말보다는 무력으로 해결되는 경우가 더 많았다.

초기의 단결은 곧 분열로 이어졌다. 1824년, 네 개의 부왕령은 여섯 개의 국가로 재편되었다. 즉 멕시코, 중앙아메리카 연합주(1823년에 멕시코로부터 분리됨), 그란 콜롬비아(Gran Colombia), 페루, 칠레, 그리고 라 플라타(la Plata) 연합주였다. 이후 20년의 시대적 특징은 이들 국가의 분할이었다. 1825-26년에는 페루에서 볼리비아가 분리되었고, 1828년에는 우루과이가 라 플라타 연합주에서 독립했다. 1830-31년에는 에콰도르와 베네수엘라가 콜롬비아에서 탈퇴했으며, 1836년에는 텍사스가 멕시코로부터 독립했다. 1838-39년에는 중앙아메리카가 과테말라, 엘살바도르, 온두라스, 니카라과, 코스타리카로 분열되었다. 1844년, 아이티에서 도미니카공화국이 분리되었다.

새로운 공화국의 분열은 라틴 아메리카 전역에 걸친 강한 지역주의를 나타내는 현상이었다. 여러 측면에서 독립 전쟁은 내전의 성격도 가지고 있었다. 1810년 라 플라타 지역에서 첫 독립운동이 일어났을 때, 이는 부에노스 아이레스(Buenos Aires)를 중심으로 한 지역적 사건에 불과했다. 반다 오리엔탈(Banda Oriental, 현 우루과이), 알토 페루(Alto Perú, 현 볼리비아), 파라과이의 주민들은 이에 큰 관심을 보이지 않았다. 부에노스 아이레스의 엘리트 계층은 자유 무역을 열망한 반면, 항구 도시 주변 지역은 탁 트인 팜파스와 가우초의 자유를 제공해 주었다. 살타(Salta), 투쿠만(Tucumán), 후후이(Jujuy), 카타마르카(Catamarca)와 같은 내륙 지방은 항구보다는 알토 페루의 광산과 더 밀접한 연관을 가지고 있었다. 이러한 지역적 차이는 독립으로 해결되지 않았다. 1819년 이후 이 지역에서는 다양한 정치 체제가 경쟁했다. 결국 1853년에는 아르헨티나 연방과 부에노스 아이레스 자유국이라는 두 세력으로 좁혀졌다가, 1862년에는 아르헨티나 공화국으로 통합되었다. "아르헨티나"라는 이름은 원래 부에노스 아이레스와 라 플라타 지역 주민들을 가리키는 용어였으며, 국가 전체에서 이 이름이 받아들여지기까지는 또 한 세기가 걸렸다.

신생 독립국의 지도자들은 새로운 국가 정체성을 갈망했다. 그들의 문화는 스페인 문화였지만, 스페인의 억압에서 벗어난 뒤에도 이베리아의 전통과 연관되는 것은 원치 않았다. 그러나 유럽이 아닌 현지의 역사적 전통은 곧 원주민 문화였다. 이런 상황에서 어떤 대안이 가능했을까? 독립운동 지도자 시몬 볼리바르(Simón Bolívar)는 이렇게 설명했다. "우리는 … 원주민도 아니고 유럽인도 아니다. 이 땅의 정당한 주인과 스페인 약탈자 사이에 존재하는 일종의 중간형 인간이다." 현지의 엘리트들이 말하는 "정당한 주인"이란 스페인에게 정복당한 원래의 토착민을 의미할 뿐, 현재를 살아가고 있는 토착민들을 가리키는 말은 아니었다. 아메리카노스는 현대의 토착민을 열등하다고 여겼다. 수 세기 동안 이어진 스페인의 통치로 퇴화된 어리석은 존재라고 믿었기 때문이다. 아메리카의 고대 제국은 고대 그리스나 로마에 해당하는 존재로 찬양을 받는 대상이었다. 그래서 신생 독립국의 이름은 고대의 명칭에서 따왔다. 누에바 에스파냐를 멕시코라 했는데, 이는 멕시카라는 민족 명칭에서 비롯된 말이다. 지방의 명칭도 바뀌었다. 누에보 산탄데르(Nuevo Santander)는 타마울리파스(Tamaulipas), 누에바 갈리시아(Nueva Galicia)는 살리스코(Xalisco)라 했다. 신생 국가 전역에서 깃발, 동전, 주 정부의 장식 등에 고대 원주민을 상징하는 이미지가 등장했다.

그러나 현실 속에서 사람에 대한 대우는 전혀 그렇지 않았다. 원주민이나 아프리카계 라틴 아메리카인, 그리고 혼혈인 메스티소와 물라토의 대우에는 고대 조상들에 대한 존경심이 반영되지 않았다. 리마의 극장 커튼에는 원주민의 이미지가 장식되었음에도 불구하고, 무대는 유럽 문화, 특히 북유럽 문화에 전적으로 할애되었다. 남아메리카의 엘리트 계층은 프랑스의 문화, 영국의 경제적 번영, 그리고 북유럽 문화의 근면성을 찬양했으며, 이를 남유럽의 스페인과 비교했다. 그들에게 스페인은 식민지의 발전을 저해한 후진적인 국가였다. 게다가 브라질을 제외한 모든 신생 국가에서 노예제가 폐지되었음에도 불구하고, 카스타(Casta, 혼혈 계층)는 여전히 저임금 노동자로 일해야 했다. 초기에는 원주민 남성을 포함한 광범위한 계층에 투표권이 주어졌지만, 남아메리카의 엘리트들은 헌법을 놀라울 정도로 자주 개정하며, 곧이어 투표권은 재산을 소유한 백인 남성에게만 제한적으로 주어졌다. 자유에 대한 약속은 독립운동에 하층민의 동참을 이끌어내기 위한 수단에 불과했다. 엘리트 계층은 어두운 피부색을 가진 다수와 이익을 공유하기 위해 독립투쟁에 나선 것이 결코 아니었다.

가장 시급한 문제는 독립한 식민지의 통치였다. 그들이 공화국이 되리라는 보장은 전혀 없었다. 실제로 멕시코와 브라질은 군주제가 되었다. 브라질의 경우, 식민지에서 독립 국가로의 전환은 비교적 평온하게 이루어졌다. 1808년부터 브라간사(Braganza) 왕가의 궁정이 리우 데 자네이루(Rio de Janeiro)에 위치한 덕분에(나폴레옹의 포르투갈 침공을 피해 포르투갈의 왕가였던 브라간사 가문이 브라질로 건너왔다. - 옮긴이) 브라질이 혜택을 누렸다. 1815년에는 브라질을 왕국으로 격상시켜 포르투갈-브라질-알가르브 연합 왕국이 성립되었다. 연합 왕국의 왕 주앙(João) 6세는 1821년까지 브라질에 머물다가, 나폴레옹의 패배 이후 포르투갈의 대표 의회인 코르테스(Cortes)가 귀국을 요청하자 본국으로 돌아갔다. 이후 23세였던 왕자 페드루(Pedro)가 브라질의 섭정이 되었지만, 머지 않아 코르테스(Cortes)는 왕자의 귀국을 요청했다. 이는 브라질을 다시 식민지 상태로 복귀시키려는 시도의 일환이었다. 브라질 사람들의 조언을 받아들인 페드루 왕자는 브라질에 남기로 결정했으며, 1822년 브라질의 독립을 선언했다. 당연히 그는 군주로서의 통치를 계속했으며, 브라질의 입헌 황제이자 영원한 수호자로 즉위했다.

멕시코도 처음에는 군주제를 시도했지만 금방 막을 내렸다. 황제 아구스틴(Agustín) 1세는 과거 스페인 왕실에 충성하는 왕당파였다가 나중에 독립운동 지도자로 돌아선 인물로, 1821년 9월부터 1823년 3월까지 멕시코를 통치했다. 그러나 그가 축출되었던 것은 군주제의 문제라기보다는 모든 신생 독립국들이 직면했던 다른 문제들과 더 큰 관련이 있었다. 아구스틴 1세가 통치하던 나라는 심각하게 분열된 상태였으며, 제한된 자원으로 그 모든 요구를 충족시킬 수는 없었다. 독립 전쟁으로 많은 기반 시설이 파괴되었으며, 주요 수입원이던 광산도 다수가 침수된 상태였다. 곡식은 들판에서 썩어나갔고, 사업체들은 방치되었다.

아구스틴 1세의 해결책은 당시 라틴 아메리카에서 많은 신생독립국 지도자들이 선택했던 시도와 다르지 않았다. 부유한 엘리트 계층의 지지를 얻기 위해 그는 세금을 깎아주었다. 그러나 세금이 부족했던 그의 정부는 군대의 급여를 지급할 자금이 없었다. 새롭게 일어선 취약한 정부를 뒷받침하기 위해서 군대는 필수적인 요소였다. 군대에 급여를 지급하기 위해 그는 지폐를 발행했지만, 이는 결국 인플레이션을 초래했다. 자금 조달에 절박했던 아구스틴 1세는 멕시코가 갚을 수 없는 외채를 끌어다 썼으며, 엘리트 계층과 가톨릭 교회로부터 강제 대출을 받아냈다. 이는 그의 주요 지지자들마저 분노하게 만들었다. 불만은 정치적 혼란으로 이어졌고, 이에 좌절한 황제는 의회를 해산하는 독재적 조치를 취했다. 황제의 정치적 지지자들과 황제의 거리는 더욱 멀어졌다. 최종적인 도전은 외국과 국내 이해관계가 결합된 형태로 나타났다. 기존에 스페인 왕당파였던 아구스틴 1세가 독립 지지로 입장을 바꾸면서 멕시코는 1821년 사실상 독립을 얻었지만, 그 뒤에도 스페인은 여전히 베라크루스(Veracruz) 요새를 점령하고 있었다. 스페인군에 맞선 멕시코군의 지휘자는 안토니오 로페스 데 산타 안나(Antonio López de Santa Anna)였다. 산타 안나는 스페인군과 싸우기 위해 충분한 예산을 요구했다. 아구스틴은 요청을 거부하며 산타 안나를 해임했다. 그러자 산타 안나는 쿠데타를 일으켜 황제를 퇴위시켰다.

아구스틴 1세가 끌어 온 외채는 주로 영국에서 조달한 것이었다. 당시 영국은 대출을 통해 신생국의 경제를 지배하려는 의도가 있었다. 경제적으로 취약했던 신생 국가들은 대출이 필요했고, 영국은 이를 공급할 준비가 되어 있었다. 1822년에서 1824년 사이에 신생국을 대상으로 14건의 대출이 실행되었다. 그러나 이러한 대출은 만성적인 국가 불안으로 부도 사태를 초래했다.

경제적 불안정성의 또 다른 이유로는, 독립 전쟁으로 인한 물리적 파괴와 스페인의 자본 및 투자 손실에서 기인한 부분도 일부 있었다. 게다가 스페인은 손실을 흔쾌히 인정하지 못하고 주저하며 영토를 회복하려 했고, 다른 유럽 국가들은 배상금을 요구하며 침략을 감행했다. 같은 시기 미국은 영토 확장의 방향으로 라틴 아메리카를 주목했다. 멕시코를 예로 들자면, 1829년에 스페인, 1838년에 프랑스, 1846년에 미국의 침공을 막아냈다. 신생국들은 독립 전쟁의 여파에서 회복되기도 전에 다시 전쟁에 휘말렸다. 신생국의 자원과 안정은 더욱 악화되었다.

신생국의 내분으로 상황은 더욱 악화되었고, 이는 만성적인 내전으로 이어졌다. 지역과 중앙의 갈등도 중요한 문제였다. 취약한 중앙정부가 광대한 영토를 통제하려 하다보니 갈등이 심화될 수밖에 없었다. 국민국가(nation state)라는 개념은 당시로서는 새롭고 추상적인 것이었다. 지역 주민들은 마을과 인근 도시, 즉 파트리아 치카(patria chica, 작은 조국)와 자신을 더 밀접하게 생각했다. 산맥과 숲으로 분리된 이들은 물리적으로도 단절되어 있었다. 통신 기술의 한계, 지리적 장벽, 지역 중심적 성향에 가로막혀 새로 들어선 정부의 통치력은 제한적이었다. 신생국은 초창기부터 분열에 직면했고, 텍사스나 유카탄 지역의 분리 시도로 드러났듯이, 분열은 갈수록 심화되었다.

지역 간 갈등은 중앙집권주의(centralism)와 연방주의(federalism)의 대립을 반영했다. 이는 중요한 정치적 갈등 요인이었다. 연방주의자들은 지역 자치를 신봉하며 약한 중앙정부를 지지했으며, 중앙집권주의를 스페인 통치 하에서 겪었던 지배와 유사한 것으로 간주했다. 반면 중앙집권주의자들은 강력한 중앙 통제만이 지역을 통합하여 일관된 국가로 만들 수 있다고 주장했다. 중앙집권주의자들은 대체로 새로운 보수주의 세력을 형성했으며, 라틴 아메리카의 전통을 강조했다. 강력한 통치자(대통령이든 입헌 군주든), 가부장이 지배하는 대규모 아시엔다(hacienda, 대농장), 순종적인 대다수의 민중, 그리고 가톨릭 교회의 권위로 뒷받침되는 사회가 그들의 지향에 포함되었다. 연방주의자들은 새로운 자유당에 합류했다. 공화주의적 제도, 법 앞의 형식적 평등, 민주 정부의 확대, 종교의 굴레를 벗어나는 사회의 세속화를 주장했다. 이러한 정치적 논쟁은 주로 엘리트 계층 사이에서 이루어졌다. 교육을 많이 받고 재산을 소유한 소수의 백인 남성이 그들이었다. 그러나 논쟁은 흔히 전쟁으로 이어졌고, 민중들은 강제로 그 전쟁에 동원되었다.

가톨릭 교회는 결국 자유주의와 보수주의 논쟁의 중심에 놓이게 되었다. 가톨릭 교회는 독립 이후에도 살아남은 유일한 스페인 제도의 산물이었다. 대부분의 라틴 아메리카 사람들은 국가라는 개념을 이해하지 못했을 뿐만 아니라, 자신을 멕시코인이나 볼리비아인으로 여기지 않았다. 그러나 그들은 자신이 가톨릭 신자임을 명확히 인식했으며, 이는 국가의 경계를 초월한 정체성이었다. 결혼, 출생, 사망 등 삶의 중요한 사건은 종교적 의례를 통해 표현되었고, 사람들은 왕실이나 국가의 관리보다 사제들과 더 자주 접촉했다. 새로운 정부는 스스로의 힘이 약했으므로 교회의 권력과 부를 탐냈다. 보수주의자들은 기존 질서를 유지하기 위해 전통적인 교회를 지지했다. 자유주의자들은 교회의 부를 국유화하고, 교육과 결혼, 출생, 사망 기록 관리를 국가가 맡음으로써 정부의 역할을 확대하려 했다.

수십 년 동안 이어진 혼란의 상황 속에서 통제력을 행사할 수 있었던 유일한 존재는 군사적 역량과 카리스마로 사람들의 존경을 받았던 강력한 지도자였다. 그런 존재를 카우디요(caudillo)라 했다. 카우디요의 권력은 개인적인 것이었으며, 선출되었다 하더라도 그의 권위는 정부의 공식적인 메커니즘에서 비롯된 것이 아니었다. 초기에는 지역 기반으로 세력을 모았던 카우디요는, 지지자들의 충성과 중앙 권력의 공백을 기회로 국가의 통제권을 장악할 수 있었다. 멕시코의 산타 안나(Santa Anna)가 그런 인물이었다. 1824년부터 1855년까지 그는 여러 차례 집권에 성공했다. 19세기 초의 카우디요 중에는 아르헨티나의 후안 마누엘 데 로사스(Juan Manuel de Rosas, 1829-52년)와 과테말라의 라파엘 카레라(Rafael Carrera, 재위 1839-65년)가 있었다.

19세기 후반에 접어들면서 라틴 아메리카 엘리트 계층은 이와 같은 혼란의 상황 속에서 국가는 물론 본인들도 번영할 수 없다는 사실을 분명히 인식하게 되었다. 지속적인 전쟁이 경제 활동을 방해했고, 정부가 계속 교체되면서 외국인 투자자들은 투자를 꺼렸다. 새로운 정부가 과연 투자를 보호해줄지는 미지수였다. 이런 문제가 멕시코만큼 극명하게 드러난 곳도 없었다. 수십 년간 지속된 자유주의와 보수주의의 갈등은 개혁전쟁(Guerra de Reforma, 1858-61년)으로 절정을 이루었다. 이는 멕시코를 약화시켰고, 막대한 부채를 남겼다. 그 결과 1838년에 이어

1861년 프랑스가 다시 멕시코를 침략하는 계기가 되었다.

1870-80년대에 이르러, 라틴 아메리카 전역의 대부분 엘리트 계층은, 끝이 보이지 않는 피비린내 나는 내전이 이익보다 해를 더 많이 끼쳤다는 결론에 도달했다. 보수주의자들은 특정 자유주의 지도자를 반드시 지지하지는 않았지만 자유주의적 의제에는 동의했다. 즉 외국인 투자자들은 세속 국가와 연방 체제 및 입헌 정부가 안정을 보장한다고 믿었고, 외국인 투자를 유치하기 위해서는 자유주의적 정치 체제를 받아들여야 했다. 정치적 입장의 차이에도 불구하고 엘리트 계층들 사이에 한 가지 합의가 있었다면, 그것은 개인적 부와 국가적 부의 달성이었다. 안정성은 경제적 번영을 촉진할 것이며, 이는 자유무역과 지역의 비교우위에 집중함으로써 실현될 수 있었다. 다시 말해 그것은 유럽과 미국에 1차 상품을 수출하고, 19세기 산업혁명 공장에서 생산된 공산품을 수입하는 방식이었다.

식민지와 중상주의를 대신해 신생 독립국과 자유무역 체제가 자리 잡으면서, 라틴 아메리카 엘리트들은 직접적으로 부를 축적할 수 있게 되었다. 그러나 신생국들은 예전에 식민지였을 때와 마찬가지로 국제 경제 체제에 깊이 얽혀 있었고, 스스로의 경제적 운명을 통제할 수 있는 능력 역시 여전히 제한적이었다.

수출 경제의 부상

19세기 후기의 핵심 화두는 '진보'였다. 라틴 아메리카에서는 유럽의 이데올로기를 수용함으로써 이를 구현하고자 했다. 오귀스트 콩트(Auguste Comte, 1798년-1857년)의 실증주의, 데이비드 리카도(David

Ricardo, 1772년-1823년)의 비교우위론, 허버트 스펜서(Herbert Spencer, 1820년-1903년)의 사회진화론 등이었다. 이러한 사상들은 라틴 아메리카의 현실에 맞게 조정되어 1880년대부터 1914년까지 라틴 아메리카의 발전에 큰 영향을 미쳤다.

오귀스트 콩트(Auguste Comte)의 실증주의는 극단적 형태의 경험주의로, 추상적 개념에 기반한 철학적 논증을 배격했다. 그는 모든 지식이 관찰 가능한 현상에 기초해야 하며, 이를 분석할 때는 과학적 방법론을 사용해야 한다고 주장했다. 인간 사회는 이를 통해 최신 기술을 수용함으로써 진보할 수 있다고 보았다. 비록 콩트가 경험주의를 옹호한 최초의 철학자는 아니었지만, 그는 인간 사회가 발전 단계를 거친다는 독창적인 역사 이론을 제시했다. 첫 번째 단계는 신학적 단계로, 사람들이 이해하지 못하는 현상을 초자연적 설명에 의존해 해석하던 시기였다. 그 다음은 형이상학적 단계로, 초자연적 설명에서 벗어나 현상을 이론적이며 추상적인 관점에서 탐구하던 시기였다. 마지막으로 실증적 단계에서는 사람들이 과학적 법칙을 이해하고, 기술을 활용해 사회적 진보를 이루고자 했다.

실증주의적 관점은 당대의 최신 기술, 특히 철도와 전신에 대한 엘리트 계층의 집착을 부추겼다. 기술은 국가와 경제를 동시에 강화하는 데 기여할 수 있었다. 전신(電信)을 통해 중앙 정부는 전국의 관리들과 연락을 주고받을 수 있게 했으며, 철도는 정부 대표자들이 국가 전역을 이동하는 데 도움을 주었다. 지역 관료들은 반란이 일어나면 신속히 중앙 당국에 알릴 수 있었고, 중앙 정부는 철도를 통해 군대를 신속히 배치할 수 있었다. 그 결과 쿠바의 독립운동 지도자 호세 마르티(José Martí)가

"이론적인 공화국"이라고 비판했던 국가들이 19세기 후반에는 매우 실질적인 모습으로 변모하게 되었다.

경제적인 측면에서 철도는 국가의 여러 지역을 국내외 시장의 일부로 편입시키는 데 기여했다. 노새를 이용했다면 해안까지 운송할 수 없었던 농산물도 철도를 통해 운송이 가능해졌다. 철도는 라틴 아메리카 전역에서 토지 가치를 상승시켰다. 각국 내 다양한 지역들이 새롭게 형성된 국내의 여러 시장으로 연결되었다. 다만 대다수 인구가 빈곤한 상황에서 모든 지역에 시장이 들어설 수는 없었다.

라틴 아메리카 엘리트 계층은 데이비드 리카도(David Ricardo)의 이론을 따라 경제 개발에 접근했다. 리카도의 비교우위론은 각 국가가 자신에게 가장 적합한 상품을 생산해야 한다는 이론이었다. 그의 고전적인 예시는 스페인과 영국이었다. 두 나라 모두 와인과 직물을 생산할 수 있지만, 스페인은 와인을, 영국은 직물을 더 효율적으로 생산할 수 있다는 것이 그의 주장이었다. 각국이 비교우위에 따라 생산하고 이를 교환한다면 양국 모두 번영할 수 있다고 보았다. 라틴 아메리카의 비교우위는 1차 상품이었다. 예를 들면 곡물, 커피, 설탕, 면화, 카카오, 바나나, 가축, 구리, 은, 주석, 납, 아연, 초석(nitrates, 질소를 포함하여 비료로 사용됨 – 옮긴이), 팜유, 견과류, 목재, 고무 등이었다.

수출 상품의 생산을 확대하기 위해서는 두 가지 요소, 즉 토지와 노동력이 필요했다. 엘리트 계층은 정부를 장악함으로써 국가의 권력을 이용해 이 두 가지 자원을 확보할 수 있었다. 가톨릭 교회나 원주민 공동체 토지인 에히도(ejidos)를 비롯한 법인 소유 토지를 측량하고, 소유권을 명확히 한 뒤, 이를 최고가 입찰자에게 경매에 부치도록 규정한 법안이 통과되었다. 이러한 조치는 수십 년 전에도 시도된 적이 있었다. 그 때도 멕시코 개혁 전쟁(War of the Reform)을 촉발시키는 등 심각한 저항을 불러일으켰다. 그러나 강력하고 안정적인 정부가 들어선 뒤에는 이러한 법들이 실제로 집행될 수 있었다.

캄페시노(campesino, 농민)는 토지를 잃었다. 그들은 엘리트 계층이 운영하는 농장인 아시엔다(hacienda)에 들어가거나, 혹은 플랜테이션에 소속되어 일할 수밖에 없는 처지에 놓였다. 생계를 유지할 토지를 충분히 혹은 전혀 확보하지 못한 상황에서 새로 제정된 부랑자 규제법은 농민들에게 빠져나갈 수 없는 운명의 굴레를 씌웠다. 일정 기간 일자리를 얻지 못한 농민은 부랑자로 간주하는 법이었다. 더욱이 세금은 현물이 아닌 현금으로만 납부하도록 하자, 일자리를 찾아야 하는 농민의 처지는 더욱 압박을 받았다. 고용주는 노동자를 붙잡아 두기 위해 부채노예제(debt peonage)를 도입했다. 먼저 대출을 제공한 뒤 빚을 갚을 때까지 아시엔다를 떠날 수 없게 하는 제도였다. 급여는 종종 스크립(scrip)으로 지급되었다. 이는 아시엔다 내의 상점에서만 사용할 수 있는 화폐였다. 그 상점에서는 물품의 판매 가격이 지나치게 높았다. 상품 비용은 노동자들의 급여에서 공제되었고, 노동자가 사망하면 그 빚은 자녀들에게 대물림되었다. 그러나 기존의 연구에서는 부채노예제의 실효성이 과장된 경우가 많았다. 실제로는 노동자가 아시엔다를 떠나기 어렵고, 군대나 경찰의 지원으로 도망자가 체포될 수 있는 지역에서만 부채노예제의 효과가 있었다. 예컨대 멕시코 유카탄 지역의 에네켄(henequen) 플랜테이션에서는 노동자들이 사실상 노예 상태에 놓여 있었다. 반면 니카라과의 카라소(Carazo)에서는 커피 노동자들이 여러 커피 아시엔다에서 대출을 받은 뒤 떠나는 경우가 많았다. 경찰력이 충분하지 못했던 니카라과에서는 이들을 찾아 돌려보내는 데 어려움을 겪었다.

라틴 아메리카에서 대다수 주민들은 참혹한 노동 환경에 놓여 있었다. 그러나 엘리트 계층은 허버트 스펜서(Herbert Spencer)의 사회진화론을 근거로 삼아 이러한 대우를 정당화했다. 허버트 스펜서는 찰스 다윈(Charles Darwin)의 진화론을 왜곡하여 사회적 "적자생존(survival of the fittest)"을 주장했으며, 사회의 최하층에 속한 사람들은 엘리트들이 도달한 높은 수준으로 진화하지 못한 존재로 간주했다. 이런 관점은 과학적 인종주의(scientific racism)와 우생학(eugenics)이라는 새로운 사상의 형성에 기여했으며, 백인이 아닌 사람들은 본질적으로 열등하다는 믿음을 확산시켰다.

토착민, 흑인, 혼혈 인구에 대한 멸시는 이미 1840년대부터 나타났다. 특히 아르헨티나에서 출간된 사르미엔토(Domingo Faustino Sarmiento)의 저술에서 그러한 사상이 두드러졌다. 《문명과 야만(Facundo, or Civilization and Barbarism)》이라는 책에서 저자는 다음과 같이 말했다. "아메리카의 원주민들은 게으름 속에서 살아가며, 강제로 노동을 시켜도 고되고 장기적인 노동을 수행하지 못하는 모습을 보인다. 그래서 아메리카에 흑인을 도입하자는 견해가 나타났는데, 이는 치명적인 결과를 초래했다. 스페인 사람들도 아메리카의 야생에 방치되어 본능에만 의존해 살아가게 된다면, 그들이 원주민보다 더 에너지가 넘친다고 볼 수는 없을 것이다."[2] 사르미엔토는 이어서 가우초(gaucho)의 미

---

2 Domingo Faustino Sarmiento, *Life in the Argentine Republic in the Days of*

개함을 비난하며 도시의 문명화와 북유럽인들의 근면함을 찬양했다. 그의 견해는 라틴 아메리카 전역에서 공감을 이끌어냈다.

근대화의 일환으로 교육을 확대하면서 엘리트 계층은 하층민들이 그들의 이념에 동화되기를 기대했다. 그러나 교육이 확대되었음에도 불구하고 대부분의 사람들에게는 혜택이 미치지 못했다. 특히 가족의 생계를 위해 어린이들의 노동력이 필요한 상황이었기 때문이다.

라틴 아메리카 정부는 철도, 전신망, 항만 시설을 건설하는 데 필요한 막대한 자금을 확보하지 못했기 때문에 외국 투자자들에게 의존할 수밖에 없었다. 특히 영국 투자자들이 주요 자금을 제공했으며, 멕시코와 중앙아메리카에서는 미국 기업들이 투자에 나서 20세기 초에는 이 지역을 지배하기에 이르렀다. 외국인들은 종종 이러한 인프라를 소유하거나, 최소한 건설 자금 대출 수익을 회수하는 방식으로 통제권을 가졌다. 이들은 또한 토지와 광산을 매입하고, 다른 생산 부문들도 소유했다. 커피 농장은 대부분 라틴 아메리카인들이 소유했지만, 바나나 산업은 미국의 독점적 거점(enclave)이었다. 과테말라에서는 유나이티드 프루트 컴퍼니(United Fruit Company)가 철도, 항만 시설, 그리고 과테말라 전체 토지의 40퍼센트를 소유하게 되었다.

라틴 아메리카의 경제는 1차 산업 생산물의 수출에 중점을 두었지만, 19세기 후반에 소규모 산업화가 추진되기도 했다. 초기에는 농산물(자연물) 가공에 초점이 맞추어졌다. 예컨대 제분소, 설탕 정제소, 육

Tyrants: Or Civilization and Barbarism, trans. Mrs Horace Mann (New York: Macmillan, 1868), p. 11.

류 가공 공장, 무두질 공장, 제재소, 와이너리, 맥주 공장 등이 설립되었다. 이후에는 국내 시장을 염두에 둔 섬유와 가공식품 같은 제품의 생산으로 점차 확대되었다. 토지를 잃은 캄페시노는 도시로 이주해 일자리를 찾았지만, 아르헨티나와 브라질처럼 산업이 빠르게 확장된 국가에서는 이들만으로 노동력이 충분하지 않았다. 그래서 외국 이민을 장려했다. 그렇게 하면 북유럽인의 근면함을 통해 국민성을 "백인화"할 수 있으리라는 기대가 깔려 있었다. 그러나 기대와 달리 이주민은 대부분 이탈리아, 스페인, 동유럽에서 왔다. 이들은 아나키즘, 아나르코 생디칼리즘(anarcho-syndicalism, 노동조합 중심 사회변혁 사상 — 옮긴이), 사회주의, 공산주의와 같은 사상을 함께 가지고 들어왔다.

19세기 후반의 급격한 경제적 변화는 새롭게 통합된 자유주의 국가가 제공한 안정 덕분에 가능했다. 그들의 표어는 "질서와 진보(Order and Progress)"였으며, 브라질 국기에도 이 문구가 새겨졌다. 당시의 지도자들은 현대화된 카우디요(caudillos)로 볼 수 있다. 그들은 대개 선거를 통해 선출되었지만, 선거는 종종 부정으로 얼룩졌다. 현대화된 카우디요의 전형적 사례는 1876년 멕시코에서 대중 선거를 통해 선출된 포르피리오 디아스(Porfirio Díaz)였다. 그는 첫 임기를 무사히 마치고 1880년에 물러났다. 그러나 1884년 선거에 다시 출마해 "승리"했고, 이후 1911년 멕시코 혁명으로 축출될 때까지 모든 선거에서 승리했다. 라틴 아메리카 전역에서 이와 유사한 현대의 독재자들이 권력을 잡았다. 과테말라의 후스토 루피노 바리오스(Justo Rufino Barrios, 1873년-1885년)와 마누엘 에스트라다 카브레라(Manuel Estrada Cabrera, 1898년-1920년), 니카라과의 호세 산토스 셀라야(José Santos Zelaya, 1893년-1909년), 베네수엘라의 안토니오 구스만 블랑코(Antonio Guzmán Blanco, 1870년-1888년)가 모두 마찬가지였다. 정치 체제는 여전히 토지 소유 엘리트 계층이 지배했으며, 투표권은 재산을 가진 남성에다 문맹이 아닌 자로 제한되었다. 모든 의사 결정 과정에서 대다수의 국민들이 배제되었다.

이러한 독재 정권들은 주로 수출 호황으로 거두어들인 수입에 의존했다. 그러나 호황 뒤에는 불황이 따라오는 경우가 많았다. 수출의 성공은 외국 시장에 달려 있었다. 그래서 해외 경기가 침체되면 국내 경제에 심각한 영향을 미쳤다. 게다가 외국 소비자들의 취향은 변덕스러웠다. 페루는 라틴 아메리카에서 최초로 수출 호황을 경험한 국가였다. 주변의 섬에서 구아노(guano)라고 하는 천연비료를 채취하여 수출했다. 구아노란 조류의 배설물이 퇴적된 자연 퇴적물이었다. 구아노 호황은 미국과 유럽 농업 확장에 필요한 비료 수요에 의해 촉진되었다. 1840년부터 1880년까지 2,000만 톤 이상의 구아노가 수출되어 20억 달러의 이익을 창출했다. 그러나 1880년대에 접어들면서 구아노는 매력을 잃었고, 아타카마(Atacama) 사막의 초석(nitrates)이 그 자리를 대체했다. 이 사막은 원래 페루의 영토였으나 남아메리카 태평양 전쟁(War of the Pacific, 1879년-1884년)에서 칠레에 빼앗긴 지역이었다.

수출로 막대한 이익을 거두자 여기에 현혹된 엘리트 계층은 한두 가지 주요 상품에 경제를 집중시켰다. 국내 농업은 소홀히 취급되었으며, 대다수 주민들이 희생한 대가로 엘리트 계층만 부를 축적했다. 이상에서 언급한 19세기 초의 혼란한 상황을 거치며 대중은 더 많은 자유를 얻었을지도 모른다. 분명 시간이 지날수록 정부의 통제는 더 줄어들었다. 그러나 하층민의 경우는 달랐다. 국가가 안정되고 경제가 번영할수록 빈곤에 시달리는 하층민들은 오히려 더 강력한 통제를 감내해야 했다.

19세기의 신식민지

라틴 아메리카의 독립 전쟁이 끝나기도 전에 영국은 이 지역의 부를 탐냈고, 미국은 이 지역의 영토를 탐했다. 첫 번째 개입은 단지 말로 하는 수준에 그쳤다. 1823년 미국이 발표한 먼로 독트린(Monroe Doctrine)이 그것이었다. 이후 20세기에는 이 독트린이 미국 지배의 상징으로 간주되지만 당시에는 비교적 온건한 내용으로 이해되었다. 먼로 독트린의 공표는 영국의 제안으로 시작된 일이었다. 유럽 열강들에게 더 이상 서반구의 식민지화는 불가능하다는 경고를 하는 데 미국도 참여하라는 요청이었다. 그러나 1823년이라는 시점은, 영국이 1812년 전쟁(제2차 독립전쟁) 당시 워싱턴 D.C.를 불태운 지 불과 10여 년밖에 지나지 않은 시점이었다. 먼로 행정부는 영국과 외교적 협력에 나설 의사가 없었다. 대신 미국의 대통령 먼로는 독자적인 선언을 발표했다. 아메리카 대륙의 어떤 공화국에 대한 공격도 미국에 대한 공격으로 간주할 것이라고 내용이었다. 라틴 아메리카의 독립 지도자들은 미국의 지지를 환영했지만, 금세 그것이 공허한 약속임을 깨달았다. 1820년대의 미국은 세계 강대국과 거리가 멀었기 때문이다.

당시에는 영국이 훨씬 더 중요했다. 영국은 라틴 아메리카의 잠재력을 인식하고 있었다. 1824년 영국 외무장관 조지 캐닝(George Canning)은 이러한 견해를 명확하게 표현한 바 있다. "스페인령 아메리카는 자유를 얻었다. 앞으로 우리가 크게 잘못하지 않는 한 그것은 영국이 될 것이다." 캐닝은 공식적이며 정치적인 식민지의 문제를 피하는 대신 경제적 수단을 통한 신식민주의를 주장했다.

영국의 초기 투자, 즉 신생 정부에 대한 대출은 결국 상환되지 못했다. 초기에는 영국의 무역도 별로 나아진 것이 없었다. 1820년부터 1850년까지는 영국산 제품의 판매가 저조했다. 이는 시장에 대한 오해, 높은 관세, 그리고 라틴 아메리카의 불안정성 때문이었다. 그러나 1860년대에서 1880년대에 이르러 영국은 더 큰 시장을 찾아냈다. 특히 섬유 제품이 수출의 70퍼센트를 차지하며 주요 수출품이 되었다. 영국은 옷감과 의류를 수출했으며, 그 중에는 사르미엔토(Sarmiento, 아르헨티나의 제7대 대통령 역임 - 옮긴이)가 크게 감탄했던 프록 코트(frock coat)도 포함되어 있었다. "세련된 스타일, 사치품, 연미복과 프록 코트를 포함한 유럽 의류들은 이곳의 도시에서 괜찮은 자리를 차지하고 있다."[3] 그러나 영국은 우아한 평가보다는 더 적극적으로 소비자 수요를 충족하고자 폰초(poncho)도 공급했다. 이는 사르미엔토가 경멸해 마지 않았던 가우초(gaucho)들이 즐겨 입던 옷이었다.

또한 기계류도 영국의 주요 수출 품목이었다. 이는 19세기 후반 라틴 아메리카의 초기 산업 형성에 활용되었다. 영국은 유리한 무역 협정을 체결했을 뿐만 아니라, 철도와 공공 설비에 직접 투자하고, 은행 및 보험 서비스를 제공했다.

무역에 주로 초점을 맞추었음에도 불구하고 영국은 영토적 관심에서 완전히 자유롭지 않았다. 영국은 니카라과의 대서양 연안을 지배했으며, 1833년에는 아르헨티나의 말비나스(Malvinas, 英 Falkland) 제도를

---

3 Ibid. p. 13.

점령했다.

　미국은 일찍부터 라틴 아메리카의 영토에 눈독을 들였다. 1809년 토머스 제퍼슨(Thomas Jefferson) 대통령은 스페인으로부터 쿠바를 구매하려 했으며, 1850년대에도 다시 같은 시도가 이루어졌다. 언론인 존 오설리번(John L. O'Sullivan)은 19세기 중반 영토 확장을 위한 미국의 노력을 "명백한 운명(manifest destiny)"이라 일컬은 바 있다. 여기서 말하는 운명은 노예 제도와 밀접히 연관되어 있었으며, 미국에 노예를 인정하는 주(state)를 추가하고자 하는 욕망과 결부되었다. 1845년 존 타일러(John Tyler) 대통령은 텍사스 병합을 발표했으며, 이는 텍사스의 독립을 결코 인정하지 않았던 멕시코의 분노를 샀다.(텍사스 분리 이후 멕시코는 누에세스Nueces강을 국경으로 인정했다.) 그러나 1846년 제임스 폴크(James Polk) 대통령은 재커리 테일러(Zachary Taylor) 장군이 이끄는 군대에 누에세스강(Nueces River) 이남으로 남하하라는 명령을 내렸다. 미국은 누에세스강보다 남쪽에 있는 리오그란데(Rio Grande)강이 국경이라고 주장했다. 멕시코는 자국 영토에 진입한 미군을 공격했다. 그러나 미국은 그곳이 미국의 영토라고 주장하며 전쟁을 선포했다. 에이브러햄 링컨(Abraham Lincoln) 하원의원과 같은 인물들의 반대에도 불구하고, 이 전쟁은 대부분의 미국 시민들 사이에서 인기가 있었다. 미군에 맞설 힘이 없었던 멕시코는 1848년 〈과달루페 이달고 조약(Treaty of Guadalupe Hidalgo)〉에 서명하여 영토의 절반을 미국에 넘겨주었다. 미국은 이 전쟁을 "미국-멕시코 전쟁"이라 했지만, 멕시코는 "북아메리카의 남침 전쟁(North American Invasion)"이라는 보다 정확한 표현을 사용했다.

　1850년 미국과 영국이 체결했던 클레이턴-불워 조약(Clayton-Bulwer

Treaty)에서는 남쪽의 이웃들을 대했던 미국의 오만한 태도가 다시 한 번 드러났다. 이 조약에서 두 강대국은 서로의 동의 없이는 니카라과를 가로지르는 운하 건설을 추진하지 않기로 합의했다. 니카라과 대표는 이 논의와 합의에 전혀 참여하지 않았다.

세기가 전환되던 시기에 일어난 두 사건은 메소아메리카와 카리브해 지역의 지배적 강대국이었던 미국의 지위를 여실히 보여주었다. 첫 번째 사건은 1898년의 이른바 "미국-스페인 전쟁"으로, 미국은 쿠바의 자주독립을 막기 위해 군대를 파견했다. 1895년에 시작된 독립 전쟁에서 쿠바는 승리를 눈앞에 두고 있는 상황이었지만, 이 때 미국이 개입했다. 이후 1903년까지 미국은 쿠바를 완전히 장악했다. 새로운 쿠바 정부는 마지못해 쿠바 헌법에 플랫 조항(Platt Amendment)을 추가하는 데 동의했다.(미국의 상원의원 올리버 플랫이 제안한 조항으로, 미국과 쿠바의 관계에서 미국의 이익을 보장하기 위한 내용이다. 경제와 군사 및 주권을 제한하는 내용이 포함되어 있으며, 미국의 공식 법률로 채택되었고, 쿠바에서는 헌법에 포함되었다. — 옮긴이)

1903년, 콜롬비아 의회가 미국의 운하 건설 제안을 거부하자, 미국은 콜롬비아 북부 지방인 파나마에서 벌어지고 있던 분리독립 운동을 지원했다. 미국 군함의 저지로 콜롬비아는 해당 지역에 병력을 상륙시킬 수 없었다. 2주 후 새로 구성된 파나마 의회는 미국에 운하 건설 권리를 부여했다.

운하 문제의 처리가 보여주듯이, 미국의 지역 내 관심은 주로 지정학적 목적에 기반을 두고 있었다. 운하 덕분에 미국은 자국 방어에 필요한 병력 및 물자 이동을 신속하게 할 수 있었고, 메소아메리카와 카리브해를 효과적으로 통제할 수 있었다. 뿐만 아니라 미국은 영국과 마찬가지로 자국 공장에서 생산된 상품을 팔아 라틴 아메리카의 원자재를 확보하고자 했다.

20세기 최초의 혁명

자유 무역과 수출 경제로 라틴 아메리카의 정치와 국제 무역은 더욱 긴밀한 관계에 놓였다. 국내적으로 수출 경제는 새로운 사회 계층을 형성했다. 멕시코와 아르헨티나와 같은 대규모 국가에서는 도시의 산업 노동자 계급이 등장했으며 중산층도 형성되었다. 교사, 사무원, 관료, 사업가, 작가, 지식인, 전문직 종사자 등이 여기에 속했다. 이들 두 집단의 요구는 각기 달랐다. 노동자들은 더 나은 임금과 노동 조건, 그리고 정치적 발언권을 요구했다. 한편 중산층은 양질의 공립학교와 공공서비스를 원했으며, 마찬가지로 정부에서의 발언권을 요구했다. 그러나 엘리트 계층은 두 집단을 모두 권력 체제에서 배제했으며, 임금을 낮게 유지함으로써 이윤을 극대화하고자 했다. 이러한 결정이 멕시코 혁명을 불러일으켰다.

1900년, 포르피리오 디아스(Porfirio Díaz) 정권을 비판하는 글이 등장하기 시작했다. 아나키스트였던 플로레스 마곤(Flores Magón) 가문의 형제들(Jesús, Enrique, Ricardo)이 발행하는 〈레헤네라시온(Regeneración)〉이라는 신문이었다. 1906년 카나네아(Cananea) 구리 회사(소유주 William Greene 대령)와 1907년 리오 블랑코(Rio Blanco) 직물 공장에서 발생한 파업은 정부의 폭력적 진압으로 끝이 났다. 1908년, 포르피리오 디아스 대통령이 어느 인터뷰에서 1910년 재선에 출마하지 않을 것이라고 언급하자, 정치적 경쟁자들이 본격적으로 움직이기 시작했다. 그중 핵심 인물은 프란시스코 마데로(Francisco I. Madero)였다. 부유했던 그의 가문은 국경 지역인 코아우일라(Coahuila) 주에 수백만 에이커의 토지와 철광 및 탄광을 소유하고 있었다. 프란시스코 마데로 또한 다른 북부 엘리트들과 마찬가지로 현직 대통령의 핵심 세력에 속하지 않았으며, 정부 권력에서 배제되어 있었다. 더불어 북부 지역 사람들은 현직 대통령이 외국의 경쟁자들에게 특권을 부여한 것에 불만을 품고 있었다.

1910년 프란시스코 마데로는 대통령 후보로 출마했다. 모두가 짐작하고 있었듯이, 포르피리오 디아스 또한 과거의 언급을 뒤엎고 다시 대통령 후보로 출마했다. 결과는 언제나 그랬듯이 디아스의 승리였다. 디아스는 마데로를 감옥에 집어넣었다. 그러나 마데로는 미국으로 탈출해 혁명을 촉구하는 선언문을 발표했다. 북부 지역의 엘리트를 대표하는 코아우일라(Coahuila) 주지사 베누스티아노 카란사(Venustiano Carranza), 북부 아시엔다 농장 소작농을 이끄는 판초 비야(Pancho Villa), 그리고 토지를 얻기 위해 투쟁하던 남부의 농민들을 이끄는 에밀리아노 사파타(Emiliano Zapata)가 모두 마데로를 지지하고 나섰다. 1910년 11월 14일 봉기가 시작되었고, 끝장을 보는 데 오래 걸리지 않았다. 1911년 5월 26일 포르피리오 디아스는 망명길에 올랐다.

인기가 높았던 마데로는 선거에서 어렵지 않게 당선되었다. 그러나 그의 앞에 놓인 상황은 결코 쉽지 않았다. 지지자들 가운데 우파는 그를 지나치게 급진적이라 여겼고, 좌파는 그를 지나치게 온건하다고 여겼다. 마데로는 자신이 정치적 혁명을 이끌고 있다고 믿었다. 1910년 혁명의 시작을 알렸던 마데로의 선언문 〈산 루이스 데 포토시 계획(Plan de San Luis Potosí)〉에는 토지를 농민에게 돌려주겠다는 선언적 조항이 포함되어 있었지만, 정치적 경쟁자였던 에밀리아노 사파타(Emiliano Zapata)와 만났을 때는 토지 개혁이 자신의 우선순위가 아니라는 점을 분명히 밝혔다. 1911년 11월, 사파타는 자신의 선언문 〈아얄라 계획(Plan de Ayala)〉을 발표하고, "토지와 자유(Tierra y Libertad)"라는 구호로 사람들을 결집시켰다.

불행하게도 마데로는 1913년 2월 빅토리아노 우에르타(Victoriano Huerta)에 의해 축출되고 말았다. 우에르타는 디아스 대통령 휘하의 장군이었다가 이후 마데로의 장군으로 복무했지만, 결국 마데로를 배신했다. 우에르타에 맞서 카란사(Carranza), 비야(Villa), 사파타(Zapata) 등의 지도자들은 대항군을 조직했다. 마침내 1914년 7월 대항군이 승리했다. 그러나 잇달아 터져나왔던 당시의 혁명은 디아스, 마데로, 우에르타의 개인적 정치 권력을 넘어서는 일이었다. 카란사는 북부 엘리트가 지배하는 새로운 질서를 주도하려 했고, 비야는 소작농의 이익을 옹호했으며, 사파타는 무토지 농민의 이익을 대변했다. 비야와 사파타는 모두 하층민의 권리를 옹호했지만, 그들은 힘을 합치지 못했다. 그들의 관심사와 지지 기반이 지역적 차원에 머물렀을 뿐 국가적 비전을 갖추지 못했던 것이 중요한 원인이었다.

카란사는 미국의 지원을 받으며 혜택을 누렸다. 미국은 멕시코 내 자국의 막대한 이익이 혁명 때문에 위협받을 것을 우려했다. 미국은 카란사를 차악으로 간주했다. 그의 노선은 온건한 변화를 지지하면서도 기존 경제 질서를 존중할 것이라 여겼다. 반면 미국이 보기에 비야와 사파타는 위험한 급진주의자였다.

1917년에 이르러 대부분의 전투가 끝났다. 카란사는 제헌의회를 소집하며 자신의 입지를 강화했다. 그러나 그의 기대와 달리 제헌의회는 그가 계획한 것보다 훨씬 급진적인 헌법을 만들어냈다. 당시는 러시아 혁명이 막 시작될 무렵이었다. 멕시코는 세계에서 가장 급진적인 헌법을 도입했다. 헌법은 정부가 시민들의 요구(토지개혁, 노동, 교육, 사회정의, 시민권, 공동체 등 포괄적 의미에서 - 옮긴이)를 충족할 책임이 있다고 명시했다. 제123조는 노동자들에게 폭넓은 권리를 부여했는데, 여기에는 노조 결성 및 파업권, 최저 임금, 최대 근로 시간 관련 내용이 포함되었다. 제27조는 토지 개혁을 규정하며, 디아스 집권 시기 빼앗아갔던 마을 공동체 소유의 토지를 되돌려줄 것을 명시했다

1917년 카란사가 대통령이 되었고, 사파타는 1919년에 암살되었으며, 비야는 1920년에 무기를 내려놓기로 합의했다. 1920년에는 카란사의 총사령관이었던 알바로 오브레곤(Álvaro Obregón)이 대통령이 되었다. 이후 혁명의 폭력적인 국면은 대부분 종결되었다. 대통령 오브레곤은 교육부 장관 호세 바스콘셀로스(José Vasconcelos)와 함께 새로운 문화적 중점 과제를 추진했다. 바스콘셀로스는 농촌 학교와 공공 미술을 후원하며 멕시코 벽화 운동을 시작했다. 위대한 예술가 디에고 리베라(Diego Rivera), 호세 클레멘테 오로스코(José Clemente Orozco), 다비드 알파로 시케이로스(David Alfaro Siqueiros)가 여기에 참여했다. 예술가들은 혁명에 참전했던 멕시코 하층민들을 예술 작품의 주제로 삼았다.

멕시코 혁명의 흥분은 세계의 사람들을 끌어모았다. 미국의 사진작가 티나 모도티(Tina Modotti)와 에드워드 웨스턴(Edward Weston), 언론인 칼턴 빌스(Carleton Beals), 칠레의 시인이자 교육자 가브리엘라 미스

트랄(Gabriela Mistral), 페루에서 아프라(APRA, 미국인민혁명동맹)를 창설한 지식인 빅토르 라울 아야 데 라 토레(Víctor Raúl Haya de la Torre), 페루 사회당을 조직한 호세 카를로스 마리아테기(José Carlos Mariátegui)가 모두 멕시코로 왔다. 베네수엘라의 독재자 후안 비센테 고메스(1908-35년)에 맞서 싸운 살바도르 데 라 플라사(Salvador de la Plaza), 카를로스 아폰테(Carlos Aponte), 마차도(Machado) 형제(Gustavo, Eduardo)에게 피난처를 제공했다. 카사 시몬 볼리바르(Casa Simón Bolívar)는 1920년대 중반 독립운동 지도자 시몬 볼리바르(Simón Bolívar)가 한때 머물렀던 집으로, 이후에도 라틴 아메리카 혁명 망명자들의 거처가 되었다. 이곳에는 베네수엘라 망명자들 외에도 페루의 야코보 후르비츠(Jacobo Hurwitz), 쿠바 공산주의 지도자 훌리오 안토니오 멜라(Julio Antonio Mella)와 그의 아내 올리바 잘디바르(Oliva Zaldívar)가 함께 머물렀다. 스페인 내전 이후, 공화파(Republicanos) 측에서 싸운 참전 군인들은 파시스트 정권을 피해 멕시코로 망명했다. 소련에서 추방된 레온 트로츠키(Leon Trotsky)는 멕시코에서 디에고 리베라(Diego Rivera)와 그의 아내 프리다 칼로(Frida Kahlo), 그리고 프랑스의 작가 앙드레 브르통(André Breton)과 교류하며 피난 생활을 했다. 트로츠키는 멕시코시티에서 스탈린이 파견한 소련의 정보 요원에 의해 암살당했다.

멕시코 혁명은 라틴 아메리카 전역에서 공통적으로 나타났던 문제에 대한 가장 극단적인 반응이었다. 중산층은 정치 권력을 원했고, 농민(campesino)은 자신의 땅을 되찾고자 했으며, 노동 계급은 적절한 임금과 노동 조건을 요구했다. 아르헨티나에서는 육류 포장 공장과 식품 가공 산업이 발달했다. 이를 통해 산업 노동 계급이 점차 성장했다. 정부는 이민을 장려했다. 주로 이탈리아, 스페인, 동유럽 등지에서 온 이민자들은 아나키스트 운동과 사회주의 운동에 참여했으며, 노동조합을 조직했다. 1910년, 독립 100주년 공식 기념 행사와 함께 시위가 진행되었다. 당시 아르헨티나의 대통령 로케 사엔스 페냐(Roque Sáenz Peña)는 아르헨티나 민족주의를 강조했다. 1910년 당시 부에노스 아이레스 인구의 30퍼센트가 외국 태생(뉴욕시의 13퍼센트와 비교)이라는 점을 의식한 것이었다. 1912년, 사엔스 페냐 법(Sáenz Peña Law)은 아르헨티나 시민권을 가진 모든 남성에게 투표권을 부여했다. 대신 기존에 투표권의 전제 조건이었던 재산과 문해력 검증은 폐지했다. 새로운 유권자들은 기존 지주 계급의 영향력을 약화시켰고, 1916년 중산층 후보였던 이폴리토 이리고옌(Hipólito Yrigoyen)을 대통령으로 선출함으로써 새로운 정치의 시대를 열었다.

수출 경제의 몰락

수출 경제의 성과는 고르게 분배되지 않았다. 국제 무역에서 제조품을 수출하는 국가는 1차 산업의 생산품을 수출하는 국가보다 더 많은 수익을 올렸다. 국내적으로는 부유층이 더 많은 토지와 자원을 획득했으며 외국인 투자도 증가했지만, 가난한 농민들(campesinos)은 땅을 잃었고, 급성장 중이던 도시로 이주하는 경우가 많았다. 유럽식 건축물이 도시를 장식했지만, 빈민가 역시 함께 확장되었다. 엘리트 계층은 가난한 다수에 대해 무관심했으며, 외국 시장 접근성에 의존하는 발전 모델의 불안정성에도 별다른 관심을 두지 않았다. 20세기에 들어서서, 라틴 아메리카의 외국 시장 접근을 저해하고, 수출 모델과 자유주의 정치 체제를 가로막았던 세 가지 사건이 있었다. 바로 제1차 세계대전, 대공황, 그리고 제2차 세계대전이었다. 국제적 사건에 휘말린 라틴 아메리카는 경제적 개방성에 따른 대가를 치러야 했다.

제1차 세계대전은 선박 부족과 유럽 수요 감소를 초래했다. 대부분의 라틴 아메리카 정부가 수입 관세에 의존해 재정을 충당하고 있었기 때문에, 그 영향은 치명적이었다. 예컨대 칠레 정부의 수입은 1911년에서 1915년 사이에 3분의 2가 감소했다. 마찬가지로 외국 대출도 끊겼다. 브라질은 1913년에 1,910만 달러의 대출을 받았으나, 1914년에는 420만 달러로 줄었고, 1915년에는 공적(정부) 대출을 전혀 받지 못했다. 전쟁으로 새로운 기회가 주어지기도 했다. 베네수엘라와 멕시코의 석유, 페루의 구리, 볼리비아의 주석, 칠레의 질산염에 대한 수요가 증가했던 것이다. 그러나 그것만으로 수입 가격 상승, 무역 적자, 예산 적자를 상쇄하기에는 부족했다. 그 결과 인플레이션이 발생했고, 실질 임금이 하락했으며, 정치적 격변이 일어났다. 유럽 교역의 축소는 미국으로 진출할 기회를 열어주었지만, 아르헨티나처럼 곡물과 쇠고기 등 미국과 비슷한 품목을 생산하는 국가에는 큰 도움이 되지 않았다. 미국이 제공한 대출에는 정치적 조건이 따라오는 경우가 많았다. 특히 메소아메리카 지역에서 미국은 대출 상환을 보장하기 위해 관세 수입을 관리하는 등 직접 개입을 반복했다.

1920년대 유럽의 경제 회복은 초기에는 라틴 아메리카에 거의 도움이 되지 않았다. 유럽에서는 출생률이 감소했고 상품 수요가 줄어들었다. 라틴 아메리카에 투자했던 외국인 투자자들은 본국의 경제를 재건하는 쪽으로 관심을 돌렸다. 더욱이 전쟁 기간 동안 유럽에 수입 품목이 단절되었고, 그 사이 면화, 고무, 천연 염료, 목재, 질산염 등을 대체할 합성 제품의 자체 개발이 촉진되었다. 라틴 아메리카 생산자들은 새로운 상황에 대응하기 위해 생산량을 늘렸으나, 이는 가격 하락으로 이어졌다. 심지어 석유, 구리, 주석과 같이 전쟁 중에 잘 팔렸던 라틴 아메리카 제품조차도 세계 다른 지역의 제품들과 경쟁하게 되었고, 이로 인해 시장 과잉과 가격 하락이 발생했다.

1926년부터 1928년까지 미국에서 대규모 대출이 유입되면서 라틴 아메리카에서 경기 회복의 기미가 보이기 시작했다. 엄청난 자금이 유입되었던 당시의 대출은 "수백만 달러의 춤(dance of the millions)"이라는 별칭으로 불리게 되었다. 무역도 재개되어 주로 미국, 영국, 프랑스, 독일과의 교역이 이루어졌다. 그러나 1929년 미국 주식시장 붕괴와 그로 인한 세계 대공황으로 라틴 아메리카의 짧았던 회복기도 끝이 나고 말았다.

라틴 아메리카는 다시 한 번 시장 위축을 목격했다. 1928년부터 1932년 사이, 수출 가치는 50퍼센트, 수출량은 65퍼센트 감소했다. 1930년대 쿠바의 대외 무역은 1929년의 10퍼센트 수준에 불과했으며, 우루과이는 20퍼센트 수준에 머물렀다. 그러나 외채 이자는 줄지 않았고, 대부분의 국가가 채무 불이행(디폴트) 상태에 빠졌다.

경제적 어려움에 직면한 실직 노동자들은 정부의 대응을 촉구했다. 라틴 아메리카 정부를 이끌던 자유주의 엘리트들은 대공황이 촉발한 대중 봉기에 제대로 대처할 능력이 없었고, 부유층과 중산층은 사회적 평화를 보장할 독재자에게 정부를 맡기고자 했다. 마침내 라틴 아메리카 전역에서 독재자들이 권력을 잡았다. 쿠바의 헤라르도 마차도(Gerardo

Machado), 니카라과의 아나스타시오 소모사 가르시아(Anastasio Somoza García), 엘살바도르의 마시밀리아노 에르난데스 마르티네스(Maximiliano Hernández Martínez), 도미니카공화국의 라파엘 트루히요(Rafael Trujillo), 과테말라의 호르헤 우비코(Jorge Ubico), 그리고 페루의 아우구스토 레기아(Augusto Leguía)가 그들이었다.

    1930년대에 이르러 라틴 아메리카는 새로운 교역 파트너, 특히 독일, 이탈리아, 일본과의 무역을 통해 점진적으로 경제 회복을 이루기 시작했다. 1938년까지 이들 세 나라는 라틴 아메리카 수출의 55퍼센트를 구매하고, 수입의 45퍼센트를 공급했다. 그러나 이러한 무역 구조 재편은 제2차 세계대전으로 큰 타격을 입었다. 전쟁 물자에 필요한 원자재(석유, 구리, 주석, 질산염) 공급국은 호황을 누렸지만, 설탕, 커피, 바나나와 같은 비필수 작물을 생산하는 국가는 상황이 좋지 않았다.

    세계적 위기는 경제 위기에 대응하는 정부의 역할을 재검토하게 만들었다. 뉴딜정책, 사회주의, 파시즘은 모두 규제받지 않는 자유시장에 대한 대안으로 나온 것들이었다. 이러한 사상은 라틴 아메리카에도 영향을 미쳤다. 경제적 민족주의, 장기경제계획, 세금우대조치 등이 요구되었다. 라틴 아메리카 사람들은 원자재 수출국으로서의 취약성을 재검토했다. 그리고 이를 극복하기 위해 수출 대체 산업화(Import Substitution Industrialization, ISI)로 알려진 다각화와 산업화를 추진하기로 결정했다.

    자유주의는 새로운 정치 철학인 포퓰리즘(populism)에 자리를 내주었다. 포퓰리즘은 주로 도시와 산업 성장에 따른 도시 기반 정치 운동이었다. 새로운 지도자들은 노동 계급, 노동조합, 중산층으로부터 정치적 기반을 구축할 수 있음을 깨달았다. 카리스마 넘치는 지도자가 등장하여 대중의 관심사를 해결하겠다고 약속했으며, 이를 통해 지역 사회 개선, 대중교통 요금 인하, 새로운 고용 및 고용 혜택 확대, 무상 교육 확대를 추진했다. 이 모든 것은 적자 재정을 통해 이루어졌다. 이러한 혜택은 노동자들에게 역사상 가장 좋은 조건을 제공했다. 그러나 포퓰리즘은 위로부터 지휘되는 계층적 체제로, 단일 지도자의 카리스마에 의존했다. 가장 유명한 포퓰리스트 지도자는 아르헨티나의 후안 페론(Juan Perón)이었다. 그는 노동 및 사회보장부 장관으로서 권력 기반을 구축했다. 1946년 "경제 성장과 사회 정의"라는 슬로건을 내걸고 대통령에 당선되었다. 카리스마 넘치는 영부인 에비타(Evita)도 그와 함께 통치하며 큰 영향력을 발휘했다.

경제적 민족주의(포퓰리즘과 같은 맥락의 정치사상 – 옮긴이)의 일환으로, 일부 국가는 자국 자원에 대한 통제권을 강화하려 했다. 브라질의 대통령 제툴리우 바르가스(Getúlio Vargas)는 미국을 설득해 볼타 레돈다(Volta Redonda)에 제철소를 건설하는 국영 철강 산업에 자금 지원을 얻어냈다. 1938년 멕시코의 혁명 지도자 라사로 카르데나스(Lázaro Cárdenas)는 농지 개혁을 통해 수백만 헥타르의 토지를 분배하며 국민들에게 사랑받았던 인물로, 멕시코 노동법을 존중하지 않는 외국 석유회사를 국유화하여 페멕스(PEMEX, Petróleos Mexicanos)를 설립했다.

제2차 세계대전이 끝난 후, 라틴 아메리카 국가들은 수입 대체 상품 자국 생산 기조(수입대체 산업화, ISI)를 계속 이어가기로 결정했다. 전쟁 중 불가피하게 시작되었던 이 전략은 전후에는 경제를 다각화하기 위한 정책적 노력으로 전환되었다. 그들의 전략은 아르헨티나 경제학자 라울 프레비시(Raúl Prebisch)의 지지를 얻었다. 그는 유엔 산하의 새로운 국제기구 중 하나인 라틴 아메리카 경제위원회(ECLA)를 이끌었던 인물이다. 유엔은 제2차 세계대전 이후 새롭게 형성된 국제 질서의 일부였다. 뉴햄프셔 브레튼우즈 회의에서 연합국은 새로운 국제 질서를 합의했으며, 그 내용 중에는 국제부흥개발은행(IBRD, 현재 세계은행), 국제통화기금(IMF), 관세 및 무역에 관한 일반 협정(GATT)이 포함되었다. 새로운 조직 구조는 제2차 세계대전을 초래한 경제적 문제를 해결하기 위해 설계되었던 것이다.

제2차 세계대전에서 파시즘 세력의 패배는 라틴 아메리카에서 독재자를 몰아낼 용기를 불어넣었다. 대공황 시대에 권력을 잡았던 독재자들이 차례로 몰락하기 시작했다. 경제가 회복되면서, 포퓰리즘과 수입대체생산(ISI) 체제로 모여든 대중은 민주적 변화를 요구했다. 이러한 운동의 결과 과테말라, 베네수엘라, 페루에서 민주 정부가 수립되었다. 그러나 1948년경부터 민주적 개방은 다시 점점 닫히는 방향으로 전환되었다. 미국의 지도자들이 라틴 아메리카에서 경제적 민족주의보다는 자유 무역이 자국에 더 이익이라는 입장을 분명히 했다. 미국 정부는 독재자라 할지라도 미국의 이해관계를 지지하는 지도자들을 선호했다.

냉전

제2차 세계대전 이후 짧았던 미국과 소련의 동맹도 끝나고, 냉전이라는 새로운 경쟁의 시대가 시작되었다. 미국은 공산주의에 대한 공포를 조장하며, 이를 전체주의 체제라고 주장했다. 그러나 미국이 실제로 우려했던 것은 시장 문제였다. 공산주의 국가들은 비(非)시장 사회를 추구했다. 그것은 미국 경제의 성장에 장애가 될 소지가 컸다. 미국 경제는 해외 시장을 필요로 했고, 미국 기업은 글로벌 차원에서 자원과 노동을 흡수해야 했다. 미국은 억압 정권이라도 반공을 표방하면 아무런 거리낌 없이 지원을 아끼지 않았다. 라틴 아메리카의 권위주의적 지도자들은 공산주의 위협을 과장하기만 하면 미국의 지원을 얻을 수 있다는 점을 재빨리 습득했다.

　냉전은 두 초강대국 간의 직접적인 전쟁 대신, 대리 국가와 비밀 세력을 통해 은밀하게 전개되었다. 미국 중앙정보국(CIA)은 이란에서 무하마드 모사데그(Mohammad Mosaddegh) 총리를 축출하는 데 성공했다. 그 직후인 1954년, 과테말라의 민주적 정부를 이끌던 하코보 아르벤스(Jacobo Arbenz)가 미국의 시선을 끌었다. 과테말라는 1944년 호르헤 우비코(Jorge Ubico)를 축출하고 후안 호세 아레발로(Juan José Arévalo)가 선출되어 민주주의를 달성했다. 아레발로의 후임자였던 하코보 아르벤스는 과테말라의 경제를 현대화하겠다고 약속했다. 당시 과테말라의 경제는 과테말라인 커피 재배자들과 바나나 수출업체인 미국의 다국적 기업 유나이티드 프루트 컴퍼니(United Fruit Company)가 지배하고 있었다. 유나이티드 프루트는 과테말라 국토의 40퍼센트를 소유했을 뿐 아니라, 철도와 푸에르토 바리오스(Puerto Barrios) 항구의 시설도 장악하고 있었다. 하코보 아르벤스 대통령은 토지를 소유하지 못한 다수의 농민을 위한 농지 개혁을 단행하려 했다. 정부는 토지 수용 보상금으로 평가액을 산출했는데, 근거는 소유주들의 마지막 세금 신고액이었다. 과테말라의 커피 재배 엘리트들이 미국에 도움을 요청했을 가능성도 있다. 어쨌든 그들의 우려는 유나이티드 프루트를 통해 전달되었다. 당시 이 회사는 드와이트 아이젠하워(Dwight Eisenhower) 대통령 행정부와 비정상적으로 긴밀한 관계를 유지하고 있었다. 1954년, 미국 중앙정보국(CIA)은 쿠데타를 통해 하코보 아르벤스 대통령을 축출하고, 독재자 카를로스 카스티요 아르마스(Carlos Castillo Armas)에게 정권을 넘겨주었다. 아르마스는 농지 개혁을 철회하고 전임 대통령 아르벤스(Arbenz)의 지지자들을 박해했다.

짧았던 과테말라의 봄은 이후에 벌어질 일들에 비하면 온건한 개혁에 불과했다. 1959년, 피델 카스트로(Fidel Castro)는 아르헨티나 출신의 에르네스토 "체" 게바라(Ernesto "Che" Guevara)의 도움을 받아 쿠바 독재자 풀헨시오 바티스타(Fulgencio Batista)를 축출하는 혁명 운동을 이끌었다.("체"는 아르헨티나에서 동무를 뜻하는 말로 쓰였으며, 반제국주의 혁명의 동지를 의미하기도 했다. — 옮긴이) 쿠바 혁명은 라틴 아메리카와 미국 모두에게 충격을 안겨주었다. 당시 쿠바는 라틴 아메리카의 국가 중 비교적 번영한 편이었지만, 그 성과의 분배가 균등하지 못했다. 대다수 쿠바인의 일자리는 설탕 수확에 의존하고 있었는데, 연중 3분의 1만 일을 할 수 있었다. 카스트로에 의해 축출된 바티스타는 1952년 쿠데타로 권력을 장악한 이후 독재를 이어갔으며, 20세기의 상당 기간 동안 쿠바를 지배한 인물이었다.(1933년 혁명 이후 쿠바 군 참모장으로서 두각을 나타냈던 그는 1940-44년까지 쿠바 대통령을 역임했다. 헌법에 따라 연임이 불가했지만 1952년 쿠데타로 다시 정권을 잡았다. 그의 독재 정권은 결국 1959년 카스트로에 의해 무너졌다. — 옮긴이)

쿠바 혁명의 영향은 라틴 아메리카 전역으로 퍼져 나갔다. 이 혁명은 좌파 세력에게 중요한 전례가 되었다. 소규모 게릴라 집단도 투쟁을 통해 미국의 지원을 등에 업은 독재자를 무너뜨릴 수 있다는 사실이 입증되었다. 쿠바의 새로운 지도자들은 대대적으로 심도 깊은 변화를 추진했다. 농지 개혁, 공공요금 인하, 연중 고용 보장, 무료 보편 교육과 의료 등이 변화의 내용에 포함되었다. 이러한 개혁의 과정에서 쿠바 정부는 필연적으로 미국 기업들이 소유한 여러 사업체들과 충돌하게 되었다. 이에 대한 보복으로 미국은 쿠바의 설탕 수입 규모를 줄이고, 무역 금수 조치를 취했으며, 외교 관계를 단절했다.

미국 지도자들은 1954년 과테말라에서 아르벤스 대통령을 축출했던 "석세스(성공) 작전(Operation Success)"을 쿠바에서도 재현할 수 있다고 확신했다. 미국에 순종하던 과테말라 정부는 미국 중앙정보국(CIA)에게 훈련장을 제공했다. 과테말라의 한 농장이 그들의 훈련장이 되었다. 침략군은 니카라과 해안에서 출정했다. 당시 대통령 루이스 소모사 데바예(Luis Somoza Debayle)가 직접 나와 이들을 배웅했다. 그러나 쿠바는 피그즈만(Bay of Pigs) 침공에 철저히 대비하고 있었다. 피델 카스트로는 피그즈만 안에 있는 플라야 히론(Playa Girón) 해안에서 직접 군을 지휘했다. 침공은 미국의 참패로 끝났다. 쿠바는 골리앗을 물리친 다윗으로 국제적 영웅이 되었다. 그러나 쿠바의 지도자들은 자국의 독자적인 힘만으로는 생존할 수 없음을 잘 알고 있었다. 결국 쿠바의 민족주의 혁명은 사회주의 혁명으로 변모했다. 유일하게 쿠바에 도움을 줄 수 있는 강대국은 소련밖에 없었다. 소련은 시장 가격보다 높은 값을 지불하고 쿠바의 설탕을 사갔으며, 사회 개혁 자금도 지원했다.

쿠바는 식민주의와 신식민주의를 극복하려는 전 세계 민족주의 단체들에 강렬한 본보기가 되었다. 군복 입은 수염 난 혁명가들의 지도 아래, 대규모의 쿠바인들이 새로운 정부에 참여했다. 아르헨티나 출신의 매력적이고 카리스마 넘치는 인물 체 게바라(Che Guevara)는 1960년에 출간한 저서를 통해 게릴라 전쟁의 신념을 전파했다. 이 책은 게릴라 전쟁을 통해 혁명을 꿈꾸는 미래의 혁명가들을 위한 교본이었다. 1966년, 쿠바의 수도 아바나(Havana)에서는 라틴 아메리카, 아프리카, 아시아 대표들이 참석한 삼대륙 연대회의(Tricontinental Solidarity Conference)가 열렸다. 당시 체 게바라는 이미 쿠바를 떠나 콩고와 볼리비아에서 혁명군을 이끌고 있었다. 그러나 삼대륙 회의에 보내는 그의 메시지가 낭독되었으며, "제2의, 제3의, 수많은 베트남이" 전 세계에 확산되기를 기원했다.(당시 베트남 전쟁은 반제국주의 투쟁을 대표하는 전쟁으로 인식되었으며, 체 게바라의 메시지에서는 반제 투쟁의 세계적 연대를 촉구하는 의미로 베트남이 거론되었다. ─옮긴이)

1960년대 내내 라틴 아메리카의 청년들은 체 게바라의 호소에 응답하며 게릴라 운동에 나섰다. 이러한 움직임은 라틴 아메리카 전역에서 억압적인 군사 정권이 등장하는 구실이 되었다. 미국은 이에 두 가지 방식으로 대응했다. 첫째, '진보를 위한 동맹(Alliance for Progress)' 프로그램을 통해 라틴 아메리카의 개혁을 지원했다. 과테말라에서 미국은 농지 개혁을 공산주의로 낙인찍었지만, 이번에는 오히려 농지 개혁을 장려하기도 했다. 그러나 '진보를 위한 동맹' 프로그램에는 라틴 아메리카의 경찰과 군대를 대상으로 반란 진압 훈련을 제공하는 내용도 포함되어 있었다. 라틴 아메리카의 거의 대부분 지역에 억압의 폭풍이 휘몰아쳤다.

미국은 더 이상의 혁명을 방지하기 위해 라틴 아메리카 전역에서 개혁주의 정부를 지원했다. 그러나 개혁 지향 정치 지도자들이 보기에, 뿌리 깊은 엘리트 계층은 농지 개혁이나 노동 조건 개선에 전혀 관심이 없었다. 중도 성향의 정부들은 기반이 약했고, 대부분 군사 위원회(junta)에 의해 전복되었다. 질서를 유지하고 공산주의를 막아내려면 민간 통치로는 역부족이라는 것이 군부의 판단이었다. 다만 칠레 정부는 예외였다.

칠레는 '진보를 위한 동맹' 프로그램의 모범 사례로 여겨졌다. 미국은 에두아르도 프레이(Eduardo Frei) 대통령의 개혁을 돕고자 했다. 그러나 우파는 프레이 대통령의 중도주의조차 지나치게 급진적이라고 보았고, 좌파는 그를 여전히 보수적이라 여겼다. 1970년 선거에서 중도파의 세력이 약화되자 사회주의자 살바도르 아옌데(Salvador Allende)가 대통령으로 선출되었다. 아옌데는 평화로운 사회주의 혁명을 이루겠다고 약속하며 임금 인상, 토지 분배, 구리 산업 국유화를 추진했다. 이전의 쿠바 혁명과 마찬가지로, 칠레 혁명도 급진적 변화의 가능성으로 전 세계적인 관심을 끌었다. 특히 이번에는 기존 정치 체제 내에서 이루어진 것이 과거와 다른 점이었다. 그러나 오랜 민주주의의 역사를 가졌던 칠레도 1973년 피의 쿠데타를 막지 못했다. 미국 중앙정보국(CIA)은 칠레 우파와 협력해 아우구스토 피노체트(Augusto Pinochet) 장군의 폭력 쿠데타를 지원했다. 이후 피노체트의 독재는 17년 동안 지속되었다. 이 기간 동안 40,000명이 고문을 당했고, 4,000명이 실종되었다. 이 쿠데타는 라틴 아메리카인들에게, 평화로운 변화는 불가능하다는 점을 충분히 인식시켰다.

이외에 라틴 아메리카에서 혁명에 성공한 사례는 니카라과뿐이었다. 산디니스타 민족해방전선(Frente Sandinista de Liberación Nacional,

FSLN)은 1979년 독재 정권을 전복시키는 데 성공했다. 당시의 독재 정권은 1936년 아나스타시오 소모사 가르시아(Anastasio Somoza García)로부터 시작되어 두 아들로 이어지는 세습 체제를 유지하고 있었다. 산디니스타(FSLN)는 농지 개혁을 실행하고, 교육과 의료를 확대했으며, 니카라과 역사상 최초의 민주적 자유 선거를 주관했다. 이들은 혼합 경제와 정치적 다원주의를 지지하며 혁명적 변화의 또 다른 가능성을 보여주었다. 수천 명의 미국인과 유럽인이 니카라과로 들어와서 국가 재건에 참여하고 연대 활동을 벌였다. 미국은 이에 대응하기 위해 미국 중앙정보국(CIA)을 동원했다. 미국은 쫓겨난 독재자의 잔당이었던 잔혹한 국가방위군(National Guard)을 반혁명군으로 조직했다. 그들은 1980년대의 대부분 동안 니카라과를 공포에 몰아넣었다. 쿠바와 칠레에서 그랬던 것처럼 미국은 니카라과에 대해서도 경제 봉쇄를 실시했다. 10년간의 투쟁 끝에 1990년 산디니스타(FSLN)는 선거에서 패하여 정권을 잃었다.

산디니스타 정부의 몰락에는 경제적 어려움이 큰 영향을 미쳤다. 라틴 아메리카에서 1980년대는 "잃어버린 10년"이라는 별명을 얻었다. 1970년대에 중동 산유국들이 자원 통제권을 장악하고 석유 가격을 인상했다. 그들은 수익을 유럽과 미국 은행에 예치했고, 이 자금은 다시 라틴 아메리카의 현대화 정책을 추진하는 정부들에 투자되었다. 당시 채무는 낮은 이자율로 계약되었고, 채무국들이 계속해서 자국 제품을 성공적으로 수출하는 한 상환은 문제가 되지 않았다. 그러나 1979년의 석유 위기가 닥치자 산업화 국가들이 연료비 증가를 감당하지 못하여 세계적 불황을 촉발했다. 이는 곧 라틴 아메리카 제품의 소비 시장 축소를 의미했다. 한편 라틴 아메리카의 부채에 적용된 변동 금리는 두 배 가까이 인상되었다. 1982년 멕시코가 모라토리움(채무상환유예)을 선언했고, 곧이어 많은 라틴 아메리카 국가들이 비슷한 처지에 놓였다.

경제적 충격은 다시 한 번 민주주의 시대를 여는 데 기여했다. 1976년부터 1983년까지 아르헨티나 군부는 국민을 대상으로 "더러운 전쟁(Dirty War)"을 벌였다. 그 사이 30,000명이 실종되었다. 그러나 군부 통치는 그들의 잔혹성 때문이 아니라 경제 실패 때문에 종말을 맞이했다. 독재에 반대하는 단체들이 조직되기 시작했다. 그중 가장 두드러진 활약을 했던 단체는 마요(5월) 광장의 어머니들(Madres de Plaza de Mayo)이었다. 이들은 상징적인 흰색 스카프를 두르고 매주 목요일 대통령궁 카사 로사다(Casa Rosada) 앞에서 실종된 자녀들의 귀환을 요구하며 행진을 벌였다. 궁지에 몰린 군부는 국민의 시선을 돌리기 위해 1982년 포클랜드 제도(Falkland Islands) 회복 전쟁을 개시했다. 당시 그곳에는 영어를 사용하는 주민 2,000명 미만과 60만 마리의 양이 살고 있었다. 그런 머나먼 섬을 방어하기 위해 영국이 직접 나설 리는 없다는 것이 아르헨티나 군부의 판단이었다. 그러나 당시 영국 총리 마거릿 대처(Margaret Thatcher) 역시 심각한 경제 상황으로 국내에서 불만에 직면해 있었다. 그녀 또한 애국심을 고취시키는 전환책이 필요했다. 결국 포클랜드 제도 방어를 위해 군대가 파견되었다. 훈련이 부족했던 아르헨티나 군대는 금세 무너졌다. 아르헨티나 군부는 국가의 수호자라는 유일한 정당성을 잃어버렸다. 결국 1984년 아르헨티나 정권은 민간 정부로 되돌아갔다.(지도 20-3)

[지도 20-3] 오늘날의 라틴 아메리카

신자유주의부터 신포퓰리즘까지

1980년대의 부채 위기에 즈음하여, 라틴 아메리카 각국 정부는 국제통화기금(IMF)에 재정 지원을 요청했다. 지원에는 조건이 따라붙었다. 정부는 부채를 상환하기 위해 국가 지출을 삭감해야 했다. 군사 예산은 당연히 삭감될 수 없었기 때문에, 정부는 사회 프로그램과 버스 요금 같은 공공 서비스 보조금을 삭감했다. 엘리트 계층의 소득을 증가시키고 투자를 장려하기 위해, 권위주의 정부는 노동조합을 억압하고 임금을 낮추는 데 폭력을 사용했다. 이 과정에서 엘리트 계층은 산업화와 경제 다각화에 관심을 줄이는 대신, 1차 산업 생산품 수출에 의존하는 과거의 자유주의 경제 모델로 회귀했다.

국제통화기금(IMF)이 도입한 신자유주의는 1990년대에 "워싱턴 컨센서스(Washington Consensus)"로 알려진 정책으로 더욱 강화되었다. 공공 부문의 민영화, 민간 부문의 규제 완화, 사회적 지출 삭감, 사회 문제에 대한 시장 기반 해결책 장려, 그리고 특히 북미자유무역협정(NAFTA)과 같은 지역 협정을 통한 자유 무역 촉진 등이 당시 신자유주의의 특징이었다. 칠레는 대표적인 신자유주의 성공 사례로 꼽히는 나라였다. 거시경제 성장률이 연간 10퍼센트를 기록했다. 그러나 이러한 성공은 실질 임금의 정체 또는 감소, 사회 복지 혜택의 축소, 비공식 경제와 빈곤의 증가를 대가로 이루어졌다. 그 결과 도시와 농촌의 황폐화, 공동체의 붕괴, 환경 파괴가 이어졌다. 1990년대의 새로운 민간 정부는 신자유주의 의제를 채택했다. 이들은 정치적 민주주의를 지지했지만 경제적 민주주의에는 거의 관심을 보이지 않았다. 결국 1990년대 말에는 이러한 정부에 대한 대중적 도전이 대두되었다.

많은 라틴 아메리카인들에게 신자유주의는 충격적이었다. 그것이 20세기 라틴 아메리카의 특징이었던 경제적 민족주의의 종말을 의미했기 때문이다. 1938년 라사로 카르데나스(Lázaro Cárdenas)의 석유 산업 국유화를 지지했던 멕시코에서도 국영기업을 대폭 줄였다. 1983년 1,050개였던 국영 기업을 2003년에는 210개로 줄였고, 그중 상당수가 외국인에게 매각되었다. 부의 집중화는 더욱 강화되었고, 정부가 급하게 민영화를 추진하면서 많은 사람들이 물과 같은 기본 서비스를 잃게 되었다. 그로부터 10여 년이 지나갈 무렵, 라틴 아메리카 전역에서 대규모 항의가 일어났다. 이는 곧 신자유주의 정권의 붕괴로 이어졌다.

1998년, 우고 차베스(Hugo Chávez)가 베네수엘라 대통령으로 당선되면서 이른바 "핑크 타이드(Pink Tide)"의 시작을 알렸다. 그것은 신자유주의에 도전하는 새로운 라틴 아메리카 지도자들의 물결을 일컫는 말이었다. 쿠바 혁명을 존경했던 차베스는 베네수엘라의 방대한 석유 자원을 빈곤 퇴치 프로그램과 지역 변화 자금으로 활용했다. 21세기 첫 10년 동안 라틴 아메리카 전역에서 신자유주의 정책 철폐를 공약한 후보들이 당선되었다. 브라질에서는 전직 노동운동 지도자 루이스 이나시오 룰라 다 시우바(Luis Inácio Lula da Silva), 아르헨티나에서는 페론주의자인 네스토르 키르치네르(Néstor Kirchner)가 당선되어 IMF에 반기를 들고 국가 부채를 성공적으로 재협상했다. 볼리비아에서는 첫 원주민 출신 대통령 에보 모랄레스(Evo Morales), 에콰도르에서는 미국을 자국 군사기지에서 철수시킨 라파엘 코레아(Rafael Correa)가 당선되었다. 심지어 니카라과에서도 산디니스타(FSLN) 지도자 다니엘 오르테가(Daniel Ortega)가 권좌에 복귀했다. 이들 정부는 신자유주의를 거부하고, 국가 자원의 관리와 사회 서비스 제공에서 정부가 중요한 역할을 맡는 시장 기반 경제를 채택했다.

새로 들어선 각국의 정부는 국민의 선거와 재선을 통해 권력을 잡은 뒤 급진적 개혁으로 새 시대를 열었다. 1991년 소련의 붕괴 이후 라틴 아메리카는 더 이상 냉전의 긴장에 얽매이지 않게 되었다. 9/11 테러 이후 미국은 세계의 다른 지역, 특히 중동에 더 집중하게 되었고, 라틴 아메리카에서 미국의 영향력은 감소했다.

전 세계적으로 에보 모랄레스(Evo Morales)와 우고 차베스(Hugo Chávez)의 이미지는 체 게바라(Che Guevara)와 피델 카스트로(Fidel Castro)의 모습과 함께 영감을 주는 지도자의 상징으로 자리 잡았다. 그러나 라틴 아메리카의 새로운 세대 지도자들은 여전히 역사적 문제들과 씨름하고 있다. 이들은 천연자원 관리, 대다수 국민을 위한 복지 제공, 경제 변혁, 민주주의 발전, 그리고 국가적 이해와 국제적 이해 간의 조화를 추구하며 난제 해결에 매진하는 중이다.

더 읽어보기

Acree, William G., and Juan Carlos González Espitia, eds. *Building Nineteenth-century Latin America: Re-Routed Cultures, Identities, and Nations*. Nashville, tn: Vanderbilt University Press, 2009.

Barr-Melej, Patrick. *Reforming Chile: Cultural Politics, Nationalism, and the Rise of the Middle Class*. Chapel Hill, NC: University of North Carolina Press, 2001.

Beezley, William H. *Judas at the Jockey Club and Other Episodes of Porfirian Mexico*, 2nd edn. Lincoln, ne, and London: University of Nebraska Press, 2004.

Benjamin, Thomas. *La Revolución: Mexico's Great Revolution as Memory, Myth, and History*. Austin, tx: University of Texas Press, 2000.

Bergquist, Charles. *Labor in Latin America: Comparative Essays on Chile, Argentina, Venezuela, and Colombia*. Stanford University Press, 1986.

Bouvard, Marguerite Guzman. *Revolutionizing Motherhood: The Mothers of the Plaza de Mayo*. Wilmington, de: Scholarly Resources, 1994.

Bulmer-Thomas, Victor. *The Economic History of Latin America since Independence*, 2nd edn. Cambridge University Press, 2003.

Burke, Janet, and Ted Humphrey, eds. *Nineteenth-century Nation Building and the Latin American Intellectual Tradition: A Reader*. Indianapolis, in, and Cambridge, MA: Hackett Publishing Company, 2007.

Bushnell, David, and Neill Macaulay. *The Emergence of Latin America in the Nineteenth Century*, 2nd edn. Oxford University Press, 1994.

Canak, William L. *Lost Promises: Debt, Austerity, and Development in Latin America*. Boulder, CO: Westview Press, 1989.

Castro, Daniel, ed. *Revolution and Revolutionaries: Guerrilla Movements in Latin America*. Wilmington, de: Scholarly Resources, 1999.

Charlip, Julie A., and E. Bradford Burns. *Latin America: An Interpretive History*, 9th edn. Upper Saddle River, NJ: Prentice Hall, 2011.

Chasteen, John Charles. *Americanos: Latin America's Struggle for Independence*. Oxford University Press, 2009.

Chomsky, Aviva. *A History of the Cuban Revolution*. Malden, MA: Wiley-Blackwell, 2011.

Coniff, Michael L. *Populism in Latin America*, 2nd edn. Tuscaloosa, al: University of Alabama Press, 2012.

Drake, Paul. *Money Doctors, Foreign Debts, and Economic Reforms in Latin America from the 1890s to the Present*. Wilmington, de: Scholarly Resources,

1994.

Earle, Rebecca, ed. *Rumours of Wars: Civil Conflict in Nineteenth-century Latin America*. London: Institute of Latin American Studies, 2000.

Gleijeses, Piero. *Shattered Hope: The Guatemalan Revolution and the United States, 1944-1954*. Princeton University Press, 1991.

Gonzales, Michael J. *The Mexican Revolution, 1910-1940*. Albuquerque, nm: University of New Mexico Press, 2002.

Gott, Richard. *In the Shadow of the Liberator: Hugo Chávez and the Transformation of Venezuela*. London: Verso, 2000.

Lewis, Paul H. *Guerrillas and Generals: The "Dirty War" in Argentina*. Westport, CT: Praeger, 2002.

Macdonald, Laura, and Arne Ruckert, eds. *Post-neoliberalism in the Americas: Beyond the Washington Consensus?* New York: Palgrave Macmillan, 2009.

McCartney, Paul T. *Power and Progress: American National Identity, the War of 1898, and the Rise of American Imperialism*. Baton Rouge, la: Louisiana State University Press, 2006.

Qureshi, Lubna Z. *Nixon, Kissinger, and Allende: U.S. Involvement in the 1973 Coup in Chile*. Lanham, MD: Lexington Books, 2009.

Rock, David, ed. *Latin America in the 1940s: War and Postwar Transitions*. Berkeley, CA: University of California Press, 1994.

Santoni, Pedro, ed. *Daily Lives of Civilians in Wartime Latin America: From the Wars of Independence to the Central American Wars*. Westport, CT: Greenwood Press, 2008.

Thorp, Rosemary. *Progress, Poverty and Exclusion: An Economic History of Latin America in the 20th Century*. Washington, DC: Inter-American Development Bank, 1998.

Topik, Steven C., and Allen Wells, eds. *The Second Conquest of Latin America: Coffee, Henequen, and Oil During the Export Boom, 1850-1930*. Austin, tx: University of Texas Press, 1998.

Wright, Thomas C. *Latin America in the Era of the Cuban Revolution*. Westport, CT: Praeger, 2001.

CHAPTER 21

세계사 속의 아프리카

프레드릭 쿠퍼
Frederick Cooper

세계사는 아프리카에서 시작되었다.[1] 인류의 기원에 관한 대부분의 이론은, 약 10만-25만 년 전 아프리카에서 생물학적 종으로서의 인간이 출현했고, 거기서부터 전 세계로 퍼져나갔다고 본다. 충분히 과거로 거슬러 올라가면 우리 모두는 아프리카인이다.

아프리카의 유구한 역사는 20세기에 아프리카 해방을 주장하는 논거가 되었다. 1946년 뒤보이스(W. E. B. Du Bois)가 《세계와 아프리카(The World and Africa)》라는 책을 출간했을 때, 그는 아프리카를 세계사의 장구한 흐름 속에 위치시켰다. 기원전 5000년 이집트에서 시작해 에티오피아를 거쳐 9세기 - 16세기의 위대한 아프리카 제국들, 그리고 식민지 정복 직전의 강력한 국가들에 이르기까지, 아프리카의 사람들이 어떻게 환경을 개척하고 정치적 과정을 창의적으로 발전시켜 왔는지를 설명했다. 아프리카 사람들의 역사는 고립된 상태에서 각자 문화를 발전시킨 공동체의 이야기가 아니라, 대륙 안팎의 사람, 상품, 사상이 교류한 이야기였다. 이는 인류 보편의 역사에 기여한 아프리카에 관한 이야기였다. 이러한 주제 중 일부는 이미 오래전에 제기된 바 있었다. 아프리카와 아프리카계 미국인 지식인, 종교 지도자, 정치 활동가들이 이를 논

---

[1] 이 글의 초점은 사하라 이남 아프리카지만 경우에 따라 약간 벗어나기도 할 것이다.

의했으며, 그 시기는 과거 북아메리카의 노예 시대까지 거슬러 올라간다. 인류와 아프리카의 연결을 강조하고, 아프리카 대륙이 세계 문명 속에서 차지하는 위치를 주장하는 것은 곧 노예 또는 해방된 흑인이 단순히 재산으로 취급되는 것을 거부하는 한 가지 방식이었다. 북아메리카 흑인들은 스스로를 '에티오피아인'이라 불렀다. 이는 아프리카의 그 지역에서 많은 노예가 유래했기 때문이 아니라, 그들이 기독교인으로서 솔로몬과 시바 여왕의 이야기를 알고 있었고, 이를 통해 스스로를 기독교 역사라는 거대한 서사 속에 위치시키려 했기 때문이다. 일부 아프리카인과 아프리카계 미국인들은 이집트 문명이 아프리카에 뿌리를 두었고, 따라서 유럽 문명이 아프리카에서 비롯되었다고 주장했다. 1950년대의 지식인 셰이크 안타 디오프(Cheikh Anta Diop) 같은 사람들에게, 아프리카가 세계사의 일부로 위치했었다는 주장은 곧 현재 아프리카인의 정치적 해방을 요구하는 논리의 일부였다.

이러한 사상가들이 직면했던 난제는, 18세기 이래로 아프리카를 제외한 다른 모든 지역의 사람들은, 아프리카라 하면 무엇보다 노예 무역을 떠올린다는 점이었다. 이는 수많은 아프리카인들에게 영향을 미쳤다. 아프리카인의 후손들이 자랑스럽고도 영향력 있는 과거를 주장한 것은, 유럽계 사람들이 퍼뜨린 두 가지 잘못된 믿음에 대한 반론이었다. 15세기부터 19세기까지 일부 유럽인들에게 아프리카인은, 마음대로 착취 가능한 '노예화할 수 있는 타자'였다. 반면 19세기와 20세기의 일부 유럽인들은 아프리카인을 희생자로 간주하며, 탐욕과 팽창주의에 빠진 유럽 사회를 반영한다고 보았다. 노예제 폐지 운동과 함께 후자의 해석이 우세해졌다. 그러나 아프리카인을 노예 무역의 희생자로 보는 유럽인의 시각으로 아프리카인의 명예가 회복되지는 않았다. 오히려 그들은 아프리카인을 노예화로 오염된 존재로 보았으며, 경쟁 세계에서 자유민으로 활동할 능력을 갖추려면 오랜 과정을 거쳐야 할 사람들로 보았다. 19세기 후반 아프리카의 식민화를 주장했던 유럽인들은 인도주의적 관점에서 스스로를 방어하기 위해 노예 무역 논쟁에서 비롯된 이미지를 활용했다. 즉 아프리카인은 노예제의 희생자인 동시에 가해자이기 때문에 정복이 오히려 도덕적으로 정당한 행위라는 주장이었다. 우리는 이러한 논쟁이 역사 속에서 어떤 맥락에 위치하는지를 이해할 필요가 있다. 동시에 논쟁을 넘어서서 노예 무역과 식민화의 실제를 이해할 필요가 있다. 무엇보다도 역사를 통해 아프리카 사람들이 세계 속에서 자신의 삶을 만들어왔던 방식, 그것이 우리가 들여다보아야 할 지점이다.

1750년 이후의 노예 무역

대서양 노예 무역과 관련해서 최근 중요한 연구 성과가 있었다. 즉 노예 무역의 기원을 탐구하며, 서로 다른 세계를 연결한 네트워크의 교차 지점에서 그 뿌리를 발견한 연구였다. 예컨대 이베리아 네트워크와 만딩카(Mandinka) 네트워크의 연결 부위도 그 중 하나다. 15세기 이베리아의 네트워크가 확장되어 기니-세네감비아 해안에 도달했고, 그곳에서 말리 제국에서 시작된 만딩카 무역 네트워크와 서로 연결되었다. 그 과정에서 케이프 베르데(Cape Verde) 제도를 거쳐 해안의 여러 항구에서 혼합 사회(mixed society)가 형성되었다. 이러한 사회의 경제적 기반에서 노예 무역의 비중이 점차적으로 확대되었다. 서중앙아프리카에서 등장한 혼합 사회를 린다 헤이우드(Linda Heywood)와 존 손턴(John

Thornton)이 "대서양 크리올(Atlantic creole)" 사회라 했다. 하지만 이는 고정된 사회적 구조가 아니었으며, 무장 포르투갈 세력과 아프리카 집단 간의 동맹과 갈등이 계속해서 변화하는 양상을 보였다.[2] 이와 같은 교차 지점은 때로 순조로웠고 때로 갈등을 빚기도 했지만, 어쨌든 그 결과는 노예 생산이었다. 아샨테(Asante) 왕국은 초기에 농업 생산과 금 수출을 통해 왕국의 통합을 이루어냈지만, 18세기 중엽에 이르러 노예 수출로 더욱 강력해졌다. 해외 노예 무역을 통해 얻은 수익으로 화약무기를 구입했고, 해외 상품을 수입하여 지지자들에게 나누어줄 수 있었다. 반면 오늘날 나이지리아 동남부에 해당하는 지역에 있었던 아로(Aro) 연맹은 사정이 달랐다. 그곳의 중심지 아로 추크우(Aro Chukwo)의 체제는 왕국이라기보다는 네트워크에 가까웠다. 그들은 울로(ulo)의 연결을 통해 노예화 과정을 통제했다. 울로란 사전적으로는 집(house)을 뜻하지만 사회적으로는 확장된 가문과 비슷한 개념으로, 그들이 고객과 노예, 그리고 노예 신분에서 해방되었지만 울로에 의존하는 일꾼을 관리했으며, 유럽 무역 상인들과 노예 거래를 통제했다. 그 외에도 노예 무역이 철저히 통제되지 못한 사례도 있었다. 그래서 일시적으로 권력이 집중되었다가, 경쟁자들이 노예 시장에 접근하면서 분열로 이어지기도 했

---

[2] "크리올(creole)"이라는 단어가 이 현상을 적절히 포착하는지에 대해서는 논란이 있다. 그러나 서로 다른 네트워크와 정치 구조의 교차점에서 문화적, 인종적 혼합이 일어났다는 점은 분명하다. 앙골라에서는 유럽의 직접적인 군사력이 중요했으나 서아프리카의 다른 대부분 지역에서는 그렇지 않았다. Linda Heywood and John Thornton, *Central Africans, Atlantic Creoles, and the Foundation of the Americas, 1585-1660* (Cambridge University Press, 2007); Toby Green, *The Rise of the Trans-Atlantic Slave Trade in Western Africa, 1300-1589* (Cambridge University Press, 2012).

다. 18세기 후반의 아프리카 전역을 모두 노예 무역에 종속된 상태로 보는 것은 오해일 수 있지만, 당시 기니에서 앙골라에 이르는 해안 지역에서부터 시작해서 내륙 지역으로 뻗어나갔던 노예 무역의 영향력은 대단히 강력했다.

일부 왕과 상인들의 입장에서 노예 무역은 합리적인 선택이었다. 노예를 획득하고 길들이는 과정이 그들의 권력 기반의 바깥에서 이루어졌기 때문이다. 그들은 "자신이 소유한" 인력으로부터 노동이나 수입을 착취하는 대신, 먼 지역을 공격하여 포로를 잡아왔고, 그들을 노예로 팔았다. 이는 직접적 노동 착취를 통해 얻을 수 있는 잠재적 이익을 포기하는 대신, 노예가 일으킬 사회적 문제를 미연에 방지할 수 있는 방법이었다. 외부에서 들여온 노예들이 탈출하거나 반란을 일으켜 지역 사회와 연결되면 곤란한 상황이 벌어질 수도 있는 일이었다. 아프리카의 통치자들이 아프리카인을 직접 착취하기가 어려웠던 당시 상황이, 16세기 이후 유럽 역사의 중심이었던, 그럼에도 가장 추악했던 차원과 맞물리면서 비극이 시작되었다. 사탕수수를 재배하던 카리브해의 섬들처럼, 원주민 인구가 대거 살해되었고, 자발적으로는 어느 누구도 가려 하지 않는 곳에서 탐욕스런 노동력 수요가 있었다. 일부 아프리카의 통치자나 공동체에서는 때로 노예 판매를 거부하기도 했다. 그러나 지역 내에서 어느 한 국가가 노예 무역에 뛰어들게 되면, 그들의 전쟁 및 기습 능력이 크게 향상되었다. 노예가 정치적 갈등의 부산물이었는지 혹은 그 원인이었는지는, 닭이 먼저인지 달걀이 먼저인지 묻는 것과 비슷한 문제다. 포로를 판매할 수 있는 경로와 외부 시장이 제공하는 인센티브가 정치 구조의 성격을 변화시켰기 때문이다. 노예 무역이 극단적 비인간화로 치달았던 대서양 체제는 18세기 후반에 절정에 달했다. 그러나 동시에 노예 무역에 대한 체계적인 반대도 대서양 지역 내에서 형성되기 시작했다.

노예 무역의 인구학적 영향을 정확히 측정하기란 쉽지 않은 일이다. 4세기에 걸쳐 최소 1,000만 명의 아프리카인이 대서양을 건너 운송되었다.(특히 18세기와 19세기 초) 이 과정에서 아프리카 내부의 폭력과 혼란으로 희생된 인구의 수는 훨씬 더 많았다. 수출된 사람들 중 다수가 남성이었지만, 인구의 재생산 능력 손실 또한 매우 컸다. 아프리카 내부에서도 인구 구조의 변화가 일어났다. 일부 노예 무역 국가들은 내부적으로도 노예(특히 여성)를 유지했다. 그러나 그들의 국경 지역에서는 인구가 감소했다. 많은 사람들은 피신을 할 수밖에 없었다. 그들이 선택한 장소는 농사를 짓기에 최적의 장소가 아니라 어느 정도의 보호가 제공되는 지역이었다. 아메리카에서 도입된 새로운 작물(특히 옥수수와 카사바)이 노예 무역의 인구학적 영향을 얼마나 상쇄했는지는 논란이 되고 있는 주제다. 그러나 새로운 작물을 도입했다고 해서 안전이나 정치적 관계 등에 미친 노예 무역의 부정적 영향이 줄어들 리는 없었다.[3]

동아프리카에서도 18세기 후반부터 노예 무역이 크게 확장되었다. 동아프리카 해안을 거쳐 인도양으로 팔려가는 경로였다. 이는 부분적

---

3 이 문제와 기타 인구학적 질문에 대해서는 다음을 참조. John Iliffe, *Africans: The History of a Continent*, 2nd edn (Cambridge University Press, 2007). 노예무역의 인구학적 연구에서 그는 Patrick Manning의 선구적 연구 성과를 활용하면서 동시에 그에 대해 의문을 제기한다. Patrick Manning, *Slavery and African Life: Occidental, Oriental, and African Slave Trades* (Cambridge University Press, 1990).

으로는 유럽이 점유한 인도양의 여러 섬에서 새로운 수요가 일어났기 때문이기도 하지만, 동시에 홍해, 페르시아만, 남아시아 지역으로 노예를 수출하던 기존의 패턴도 확대되었다. 당시의 동아프리카에서는 서아프리카만큼 중앙집권적 왕국이 발달하지 않았다.(부간다 왕국이나 르완다 왕국 등 일부는 제외) 그래서 동아프리카의 노예 무역은 서아프리카보다 훨씬 심각한 수준의 불안을 야기했다. 오늘의 노예 판매자가 얼마든지 내일의 희생자가 될 수 있었다. 해안 지역의 일부 사람들(주로 아프리카-아시아 혼혈 기원의 무슬림)은 내륙에 권력 기반 형성하고, 스와힐리어(Swahili)를 전파했다. 그 과정에서 폭력과 불안정성이 동반되었다. 동아프리카의 사람들은 끊임없이 새로운 후원자나 보호 수단을 찾아야 했고, 새로운 이익 관계를 만들어야 했다. 사하라 횡단 노예 무역도 19세기까지 지속되었지만 대서양 노예 무역처럼 광란의 속도는 아니었다. 북아프리카의 노예 수요, 노예 운송 네트워크, 사막 남쪽에서 노예를 포획하는 군사화된 정치 체제가 사하라 노예 무역을 뒷받침하는 구조였다.

19세기의 혼란

19세기의 과정 전체를 놓고 아프리카를 보면, 새로운 관계와 새로운 경계, 통합과 소외, 포섭과 배제의 복잡한 관계가 두드러진다. 공간과 공간의 연결 못지않게 중요한 점은 그들의 불균형이었다.

대서양 노예 무역이 절정에 이르렀던 시기는 1800년경이었다. 그 무렵 장거리 무역의 규칙에 변화가 시작되었다. 1807년 영국은 자국민의 노예 무역 참여를 금지했다. 또한 다른 국가의 참여를 막기 위한 오랜 캠페인을 시작했다. 1830년대 식민지에서 노예제를 폐지했던 이유는 여전히 논쟁의 대상이 되고 있다. 그러나 이러한 변화가 아프리카에 미친 영향은 노예 폐지론자들이 기대했던 것과는 달랐다. 영국 해군이 서아프리카 해안(그리고 이후 동아프리카 해안까지)을 순찰하면서 노예 무역은 새로운 위험에 직면했다. 그러나 쿠바와 브라질의 일부 지역에서는 플랜테이션과 광산 때문에 신규 노예 수요가 남아 있었기 때문에, 여전히 많은 이들이 위험을 감수하고 노예 무역을 계속했다. 대서양 노예 무역이 완전히 사그라든 것은 19세기 중반에 들어선 이후였다.

그러나 이 과정을 거치는 동안 아프리카 내에서 노예의 가격이 내려갔다. 동시에 유럽의 열대 작물 수요가 증가하면서 아프리카 대륙 안에서 농업 노예제의 중요성이 높아졌다. 다호메이(Dahomey, 서아프리카) 왕국에서는 팜유 수출(윤활제와 비누 원료로 수요가 증가함)로 노예 플랜테이션 농장이 더욱 중요해졌다. 나이지리아 북부에서는 다양한 지역 상업 활동에서 노예가 활용되었다. 또한 지역 전쟁과 이슬람 국가 체제의 안정화로 노예 공급이 더욱 증가했다.(당시 소코토 칼리프국 등의 이슬람 국가에서는 가사 노동 등에 광범위하게 노예를 활용했고, 노예의 국제 무역에도 적극적이었기 때문에, 이슬람 국가 체제가 안정화되면서 노예의 공급과 유통이 더욱 활발해졌다. ─ 옮긴이) 19세기 중엽에 잔지바르(Zanzibar)에서 정향(clove) 생산이 급증했는데, 주로 남아시아와 동남아시아 시장과 연결되었지만, 유럽과 북미 시장으로도 팔려 나갔다. 정향 생산을 뒷받침하기 위해 지역 내 노예 공급이 증가되었다. 또한 유럽인이 통제하던 인도양의 여러 섬에서 사탕수수를 재배했는데, 이 또한 동아프리카 출신 노예 수요의 증가와 연결되었다. 영국이 노골적으로 노예 무역을 억제했기 때문에 구매자들은 "계약노동"으로 위장하는 방법을 이용해서 노예를 수급했다.

노예무역이 금지된 상황에서 그 대안으로 떠오른 합법 무역이 성장했지만, 그렇다고 해서 아프리카 전역의 정치경제적 불균형 상황이 개선되지는 못했다. 부간다(Buganda) 같은 일부 강력한 왕국들은 외부 연결 네트워크의 변화 속에서 더욱 세력을 키웠다. 아샨테(Asante) 등 다른 왕국들은 노예 수출이 줄어들면서 수익도 감소했다. 그들은 왕국 내 노예 반란을 피할 수 있는 가장 확실한 수단을 잃게 될 것을 두려워했지만, 결국 위기를 극복해냈다. 19세기에는 아프리카에서 새로운 형태의 국가 건설 프로젝트가 전개되었다. 그중 하나가 1818년 이후 줄루(Zulu) 왕국의 부상이었다. 이는 해안 지역의 무역 거점으로부터 압력과 유인에 영향을 받았을 가능성이 있지만, 그 양상은 지역적 혁신을 반영하고 있다. 소규모 추장국 출신인 샤카(Shaka)는 두 가지 유형의 혁신을 결합했다. 하나는 기술적 혁신이었고, 다른 하나는 사회적 혁신이었다. 그는 병사들에게 긴 투창 대신 짧은 찌르기용 창을 지급했는데, 이는 공포를 조성하기에 더 적합한 무기였다. 또한 그는 성년식을 치른 시기를 기준으로 연령대에 따라 부대를 조직했다. 초기에는 응구니(Nguni)어 사용자 친족 집단이 그의 주력 부대였지만, 연령대 기준을 적용함으로써 친족 집단을 넘어서는 부대 편성이 가능했다. 왕은 부대를 직접 관할하여 충성심을 이끌어냈다. 샤카의 성공은 지속적인 전쟁과 전리품 획득, 그리고 이를 분배하는 데 달려 있었다. 각 연령별 부대에 특정 여성 집단을 연계함으로써 샤카는 군주로서 생식의 영역까지 통제력을 확장했다. 샤카는 이복형제에게 암살당했지만, 줄루 왕국은 지속되었다. 더 중요한 것은 왕국의 영향이 더 넓은 지역에 충격을 주었다는 점이다.

일부 정치 체제는 패배하여 줄루 왕국에 통합되었고, 다른 일부는 줄루의 전술을 채택하여 이웃들에게 공포를 조장했다. 이러한 과정은 오늘날 탄자니아에 이르기까지 지속적으로 확산되었다. 줄루 왕국은 결국 또 다른 정치적 상황을 맞이했다. 그들로서는 처음 겪어보는 새로운 상황이었다. 즉 케이프(Cape) 지역에서 아프리칸스(Afrikaans)어를 사용하는 백인 정착민들의 "트렉(Trek)"과 직면하게 된 것이다.(트렉이란 남아프리카의 케이프에 건설되었던 영국 식민지에서 아프리칸스어를 사용하는 백인 혹은 보어인들이 당국의 정책에 불만을 품고 내륙 지역으로 대거 이주했던 사건을 말한다. — 옮긴이) 그러나 줄루 왕국의 최후는 영국군의 손에 달려 있었다. 줄루 전사들에게 굴욕적인 패배를 당한 영국군은 이후 전열을 정비하여 다시 줄루 왕국을 공격했고, 1879년 정복에 성공했다. 영국군은 왕국을 13개의 추장 중심 공동체로 분할했다.

남아프리카의 상황보다 더욱 대규모로 전개된 변화는, 18세기 후반부터 시작된 지하드(Jihad)가 이어지면서 사헬(Sahel) 지역의 정치가 변모한 것이었다. 사헬 지역 전반에 걸친 정치 불안이 지하드의 기반이었다. 이는 북쪽으로는 사하라 관통 노예 무역, 서쪽 및 남쪽으로는 대서양 무역의 성쇠로부터 영향을 받았다. 지하드 사상은 이슬람 교사들, 그리고 그들로부터 영향을 받은 정치 엘리트 계층으로부터 전달된 것이었다. 이슬람 교사들의 네트워크는 사막을 가로질러 연결되어 있었고, 또한 사막의 남쪽 가장자리를 따라 퍼져 있었다. 특히 수피 형제단인 카디리야(Qadiriyya) 형제단과 티자니야(Tijaniyya) 형제단의 발전이 네트워크의 확산에 중요한 역할을 했다. 사헬 지역에는 각기 다양한 형태의 정치 체제가 불균형하게 흩어져 있었는데, 지하드 개념에서는 그와 달리 보다 엄격한 이슬람 정치 체제를 추구하려는 열망이 있었다. 가장 강력했던 지하드는 오늘날의 나이지리아 북부 지역에서 풀라니(Fulani)가 주도했던 세력이며, 그들의 이동성이 네트워크 확장에 기여했다. 그러나 이는 특정 민족 운동이라기보다는 보편주의적 이슬람을 표방한 운동이었다. 지하드를 통한 여러 국가의 통합 과정에는 수많은 폭력이 수반되었고, 또한 다수의 노예가 양산되었다. 소코토 지역을 중심으로 에미레이트 체제가 확립되면서 지하드도 막을 내렸다. 이는 지하드 지도자 우스만 단 포디오(Usman dan Fodio)와 그의 후계자들을 중심으로, 영적인 지침과 정치적 지침을 충실히 따르는 체제였다. 이와 같은 방식의 이슬람 운동은 주변의 다른 지역에서도 규모의 확장을 가능케 했다. 니제르강 유역의 마시나(Macina) 지역을 중심으로 이슬람 제국이 형성되었고(마시나 제국), 사헬 서부 지역에서는 엘 하지 우마르(El Hajj Umar)가 1850년대에서 1860년대 초엽에 걸쳐 거대 제국을 수립했다.(토쿠올루르 제국)

아프리카 쟁탈전

19세기 중반, 서유럽의 산업화는 점점 더 발달했고 서유럽의 국부 또한 증가했다. 이들은 상업 네트워크를 통해 아프리카로부터 원자재를 수급했다. 유럽 열강의 앞에 놓인 선택지는 아프리카를 식민지화하거나, 혹은 그곳의 다양한 정치체들과 아예 관계를 맺지 않는 양자택일의 문제가 아니었다. 그렇다면 왜 19세기 후반, 특히 19세기의 마지막 25년 동안 아프리카에서 식민지 쟁탈전이 집중적으로 벌어졌는가? 라이베리아와 에티오피아를 제외한 대륙 전역이 왜 유럽 열강의 식민지 혹은 보호령으로 전락했는가? 먼저 경제적 측면에서 생각해 보면, 상업 네트워크가 발달하여 경제적 접근이 강화될 수도 있지만, 경쟁의 격화로 주요 거점이 차단되었을 수도 있다. 당시 유럽은 경쟁적 정치 단위들로 분열되어 있었고, 아프리카의 권력 분포 또한 매우 불균형적이었다. 이 두 가지 상황을 결합해 보면, 런던이나 베를린 혹은 파리에 앉아 있던 관료들의 입장에서는, 어쩌면 경쟁국이 아프리카의 어느 통치자와 배타적 무역 관계를 형성할 수도 있고, 그렇게 되면 자국은 해당 지역의 자원에 접근하지 못하게 될지도 모른다는 불안감을 가졌을 것이다. 당시 독일이 산업 강국으로 부상하면서, 영국의 해외 무역과 해군력 우위에 위협이 강화되는 중이었다. 아프리카 쟁탈전은 무엇보다도 "선점적 식민지화(pre-emptive colonization)"였으며, 이것이 바로 그 과정이 그토록 신속히 진행된 이유였다. 유럽 열강 중 어느 하나가 움직이기 시작하자마자, 경쟁국들도 반드시 그 뒤를 따라야 했다.[4]

"선점적 식민지화"라는 개념은 아프리카 쟁탈전이 왜 그렇게 격렬했는지를 설명하는 데 도움이 된다. 또한 같은 이유로, 일단 식민지화를 성공한 뒤에는 점령한 영토에서 비교적 활발할 활동을 벌이지 않았다. 아프리카의 광대한 공간, 언어적·민족적 다양성, 그리고 깊이 뿌리박힌 친족 집단, 상업적·종교적 네트워크를 고려하면, 행정 관리보다는 정복이 훨씬 더 쉬운 일이었다. 점령은 진보된 군사 기술(특히 기관총과 전보, 말라리아 항생제 퀴닌 등)을 이용해 병력을 집중하고 주민들을 공포에 몰아넣으며 계속 전진하면 되는 일이었다. 그러나 지속적인 행정 운영을 위

---

[4] 이 주장은 제국의 장기지속적(longue-durée) 역사라는 맥락에서 제시되었다. Jane Burbank and Frederick Cooper, *Empires in World History: Power and the Politics of Difference* (Princeton University Press, 2010).

해서는 세금을 징수하고 노동력을 동원해야 했다. 이를 위해서는 왕, 추장, 친족 집단의 원로 등 현지의 지도자들에게 의존해야 했다. 때로는 유럽인들이 개입해서 "추장"을 만들기도 했지만, 가장 쓸모 있는 지도자는 지역의 틀 안에서 일정한 정당성을 가지고 명령을 내릴 힘을 가진 인물이었다. 광물 자원이 있거나 유럽 농민이 정착할 수 있는 지역 및 도시 지역에서는 식민지 행정이 더 강압적이고 직접적으로 운영되었다.

식민지의 통치와 세계의 연결

식민지화는 상품, 자본, 사람, 사상의 글로벌 회로에 아프리카를 통합하는 방향으로 나아가는 과정이었는가, 아니면 그로부터 멀어지는 과정이었는가? 유럽 열강들은 식민지화를 통해 다양한 상품에 대한 보다 확실한 접근을 보장받기를 기대했지만, 그 성과는 제한적이었다. 식민 지배국들은 강제와 유인책을 병행하여 아프리카인들로 하여금 다른 지역에서 수요가 높은 특정 작물을 재배하도록 할 수 있었다. 그러나 예를 들어 면화와 같은 안정적인 상품을 생산해보려는 시도는 종종 좌절되었다. "식민지" 농업의 가장 큰 성공 사례는 식민지 정부의 통제 범위 밖에서 이루어졌다. 예를 들어 영국령 골드코스트(Gold Coast)의 코코아 농업은 아프리카 농부들이 스위스 선교사들이 가져온 묘목을 활용하고, 친족과 의뢰인의 자원을 동원해 사업을 구축한 결과였다. 식민지 정부는 이로부터 이익을 얻었지만, 이를 창출하거나 형성한 것은 아니었다. 때로는 농업에서 강압이 지속되기도 했다. 예를 들어 모잠비크의 면화나 사탕수수 재배가 그러한 사례였다. 때로 식민지 정부는 백인 정착민들의 토지 약탈과 노동 착취 행위를 지원하기도 했다. 그러나 정작 그들

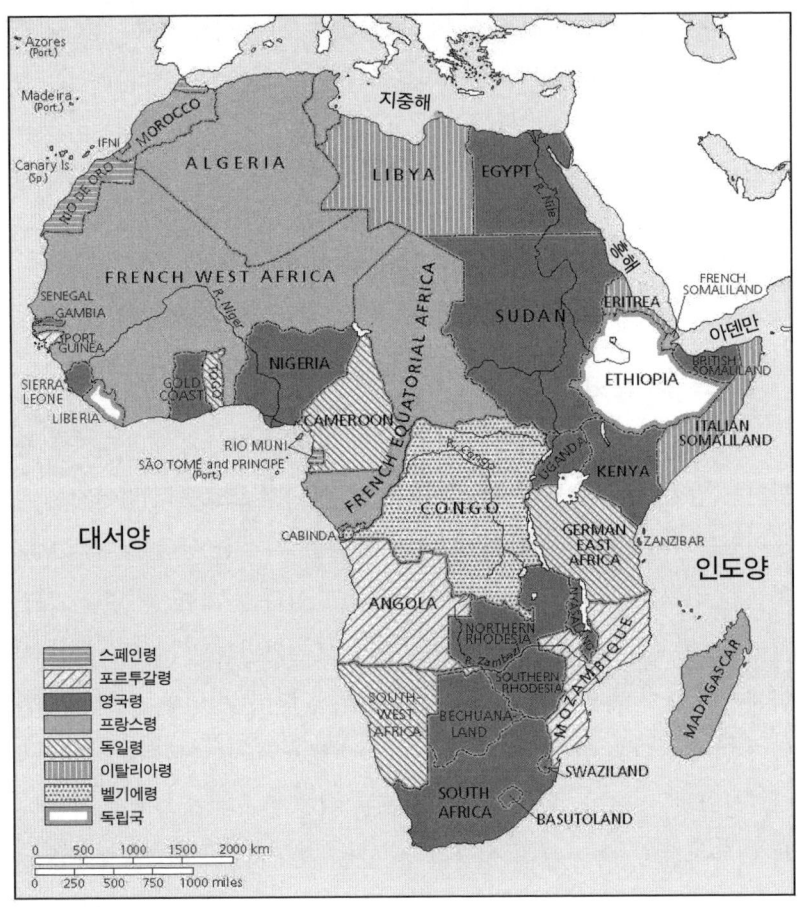

[지도 21-1] 아프리카 분할

의 주요 수입원은 정착민들이 노동을 요구하지 않는 지역에서 아프리카인들이 생산한 농작물이나 동물 가죽에서 나왔다. 농업 부문은 여전히 단편적이고 균일하지 못한 상태로 남아 있었다.

한편 식민지화는 분열 상황을 초래했다. 식민지 쟁탈전 이전에 존재했던 무역로는 이후 아프리카에서 형성된 프랑스, 독일, 영국, 벨기에, 포르투갈 제국의 국경을 넘나드는 경우가 많았다. 이러한 교류를 완전히 차단할 수는 없었지만, 국가 관료들은 교류에 방해가 되었다. 식민지 국경 인근에 거주하던 일부 집단은 대가를 받고 국경을 넘어 물자나 사람의 이동을 조직하는 일을 전문적으로 맡았다. 아프리카 작물을 수출하는 유럽 기업은 생산자를 글로벌 시장에 통합시키는 역할을 했지만, 여기에는 여러 가지 제한이 부과되었다. "제국의 선호도(imperial preference)"라는 측면에서 정책적인 제한이 있었고, 식민지의 무역이 제국의 범위를 벗어나지 못하도록 하는 관세의 제한이 있었으며, 식민지를 다른 열강들이 접근하기 어려운 "제한된 시장(chasses gardées)"으로 만들고자, 자국의 무역회사에 유리한 사회적 네트워크와 사업 방향을 밀어주었다. 식민지에 건설된 철도는 유럽의 여러 지역을 연결하던 철도망이나 심지의 인도의 철도망과도 같지 않았다. 식민지의 철도는 주로 단선 협궤로, 배수 네트워크처럼 설계되어 내부 지역을 해안 항구와 연결하는 구조였다.

철도 선로 근처에 거주하던 아프리카인들은 농작물을 시장에 판매하기에 유리한 위치에 있었다. 혹은 다른 지역의 사람들은 현금 벌이가 어려워 보다 유리한 지역으로 이동해서 임금 노동에 나서야 하는 경우도 많았다. 이주의 패턴은 다양한 형태로 발전했다. 서아프리카 내륙에서 골드코스트(Gold Coast)의 아프리카인이 운영하는 농장으로 가는 경우도 있었고, 중앙아프리카의 구리벨트(Copperbelt) 인근 지역에서 북로디지아(Northern Rhodesia, 현 잠비아)나 콩고(Congo) 남부의 광산 도시로, 남아프리카 전역(포르투갈령 모잠비크와 영국 식민지를 포함)에서 남아프리카공화국의 금광으로, 그리고 여러 농촌 지역에서 다양한 도시로 사람들이 이동했다.[5]

이주는 임금노동에 국한된 문제가 아니었다. "무역 디아스포라(Trade diasporas)"는 식민지 시대 이전부터 존재했었다. 아프리카인들은 사회적 유대 관계를 활용하여 효과적인 장거리 무역 네트워크를 구축해왔다. 하우사(Hausa)나 줄라(Dyula) 등 장거리 무역에 특화된 민족들이 있었다. 이들이 지역 내 상거래를 움직이고 있었지만, 식민지 당국은 그들의 방식을 이해하지 못했다. 무역 디아스포라는 유럽인이 아닌 다른 외부 사람들도 아프리카로 데려왔다. 예를 들어, 식민지 시대 이전에 이미 남아시아에서 동아프리카로 이주한 사람들이 있었다. 대영제국 통치하에서 이들의 존재는 더욱 두드러졌다. 또한 시리아-레바논계(Syrio-Lebanese) 사람들이 서아프리카의 프랑스령 혹은 영국령 식민지로 이주하기도 했다. 이러한 네트워크는, 외부 세계와 연결이 되어 있었고, 지역 공동체를 힘들게 만드는 사회적 의무를 질 필요도 없었기 때문에, 수

---

5 일부 사례에서 이주는 강제적이었다. 예컨대 1946년 강제 노동이 폐지될 때까지 코트디부아르의 백인 농장에 끌려갔던 사례나, 남부 아프리카나 케냐 중부에서도 상당 부분 그런 일이 있었다. 그러나 다른 사례들에서는 장거리 이주를 시작하고 조직하는 주도권이 아프리카인 스스로에게 있었다는 점이 강조된다. François Manchuelle, *Willing Migrants: Soninke Labor Diasporas, 1848-1960* (Athens, oh: Ohio University Press, 1997).

입품을 아프리카의 도시나 마을로 가져올 경우, 상업상 특권적 지위를 차지하고 있는 경우가 많았다. 이를 통해 저렴한 가격에 상품을 얻을 수 있었지만, 지역 주민들이 그들의 틈새 시장에 진입하는 것은 상당히 어려운 일이었다.[6]

식민지 시대 후기에 이르기까지 국가 차원의 교육 노력은 제한적이었지만, 식민지화 이후 종교 단체가 운영하는 학교의 수가 증가했다. 덕분에 일부 아프리카 사람들은 세계의 문학, 언론, 법적 전통, 과학 출판물에 접근할 기회를 얻을 수 있었다. 그러나 식민지 교육 프로젝트는 인색했고, 사람들을 통합하기보다는 분열시키는 결과를 낳았다. 높은 가치를 지닌 기술을 소수의 사람들에게만 제공했기 때문이다. 가족 단위로 보면 상황은 더 복잡했다. 한 가족 내에도 글을 읽을 줄 아는 사람과 모르는 사람이 있었고, 도시에서 일하는 젊은 남성과 마을에 남아 있는 노년 남성 및 여성들이 공존했다.

식민지 시대가 남긴 가장 지속적인 분열 중 하나는 언어의 분열이었다. 아프리카에는 약 800개로 추산되는 언어가 있었다. 또한 스와힐리(Swahili), 하우사(Hausa), 만딩카(Mandinka), 월로프(Wolof)와 같은 일부 언어는 광범위한 지역에서 상인들이 사용하는 링구아 프랑카(lingua franca)로 자리 잡았다. 식민지 정부는 아프리카인들에게 제국의 언어로 소통할 것을 요구했다. 식민지 행정 기구에서 사무직 고용이 선망의

---

6 전 세계 무역 디아스포라에 관한 연구는 아프리카 전문 인류학자 Abner Cohen의 선구적 작업에 많은 빚을 지고 있다. Abner Cohen, "Cultural strategies in the organization of trading diasporas," in Claude Meillassoux, ed., *Development of Indigenous Trade and Markets in West Africa* (Oxford University Press, 1971), pp. 266-284.

대상으로 자리 잡으면서 아프리카는 영어권(anglophone), 프랑스어권(francophone), 포르투갈어권(lusophone) 등으로 분열되었다.

일부 학자들은 식민지 시대에 위계가 더욱 강조되었다고 주장한다. 식민지 정부는 하급 관리나 민간인 직원들이 인종적 경계선을 넘어서는 것을 원치 않았다. 혼혈(miscegenation)은 특히 우려의 대상이 되었으며, 19세기 후반에 특히 두드러졌다. 제국 열강이 그들의 부르주아적 사회 구조(인종적 순혈주의, 중산층 가치 규범 등 - 옮긴이)를 더욱 의식하고 이를 해외에서도 유지하려고 했기 때문이다.(남성성 또한 식민지에서 중요한 차별의 기제였다. - 옮긴이) 식민지의 남성성 개념은 다양한 형태로 나타났다. 유럽인 남성이 아프리카인 여성에게 자신의 의지를 강요할 권리를 주장하는 것, 자신의 자녀를 인정할지 여부를 남성이 결정하는 것 등이 식민지 남성성의 표현이었다. 또한 성적 절제가 지속 가능한 식민지 질서 구축을 위해 필요하다는 개념도 그러한 관점의 일부였다.

세계 질서와 식민지 통치

세계 질서 속에서 식민지의 위치는 얼마나 불안정했는지, 더불어 아프리카의 위치 또한 얼마나 불안정했는지를 밝히는 연구 성과가 점점 더 늘어나고 있다. 학문적 경향 자체가 심각하게 역전되고 있다. 과거에는 식민지를 일국사(一國史, national histories)의 부수적 요소로 간주했었다. 탈식민주의 비평(Post-colonial critique)은 그러한 시대를 거친 뒤에 등장한 것이다. 탈식민주의 비평이 다루고자 하는 주제는, 식민 지배가 아프리카인의 삶의 모든 영역에 걸친 포괄적 권력의 틀이었으며, 강력한 인종주의적 위계질서가 두드러졌다는 사실이다. 탈식민주의 비평 이후 더욱 최근의 연구에서는 식민지 행정 체제의 취약성 같은 주제를 다루었다. 그래서 우월감에 빠진 식민 지배 계층 남성들이 극단적 폭력에 노출되기 더욱 쉬운 상황이었다. 이처럼 최근 연구가 과거의 연구에 비해 식민 통치의 잔혹성이 덜 드러내는 것은 아니었다. 다만 식민지 이데올로기는 지금까지 알려진 것만큼 일관되지 않았으며, 식민지 권력 또한 분열되고 불확실했던 것으로 드러났다.

특히 영국과 프랑스는 초기부터 아프리카를 개혁하려는 태도를 취했지만, 아프리카 사회를 유럽식으로 재구성하거나 체계적으로 착취하는 것이 어렵다는 사실을 금방 깨달았다. 공식적으로는 양국 모두 아프리카 사회에 노예제 폐지를 강요했다. 그러나 해방된 노예와 예전의 주인은 얼마든지 새로운 관계를 만들 수 있었고, 그에 따른 사적 의존 관계도 매우 다양했다. 식민지 당국은 그러한 관계를 변화시키기는 고사하고 이해하기도 어려웠다. 식민지 관리들은 아프리카 엘리트의 후진성과 폭압성을 비난했고, 그래서 유럽의 식민지화가 정당하다고 주장했지만, 이제는 오히려 자신이 그들에게 의존하고 있었다. 영국의 지도자들은 이를 "간접 통치(indirect rule)"라 했고 프랑스에서는 "연합(association)"이라 했지만, 이는 세계적으로 보자면 제국주의의 역사만큼이나 오래된 관행이었다. 수출 작물을 재배하기 시작한 족장이나 가장의 입장에서는, 유럽인 수출 기업이 제시한 낮은 가격에도 불구하고 적당한 수준의 번영을 이루어냈고, 조건부로 식민 체제에 순응할 이유를 얻을 수 있었다. 젊은 남성들도 "전통적인" 마을에서 벗어나기를 원했고, 노예의 후손들도 과거 노예 소유주의 영향력이 강한 지역에서 벗어나 이주하고자 했다. 식민지 경제는 이들을 흡수하여 저렴한 노동력을 활용할 기회를 얻었다. 동시에 세네갈의 땅콩 농장 이슬람 지도자와 같은 새로운 패트론(patron) 계층이 추종자를 얻을 기회가 만들어지기도 했다.(19세기 중엽부터 프랑스 땅콩 수요가 급증하면서 세네갈에서 땅콩 재배가 크게 확대되었다. 이를 기반으로 번영한 이슬람 지도자들은 기존의 노예 소유주와는 다른 방식으로 추종자를 확보했다. — 옮긴이) 그러나 식민지 관리들로서는 이들이 걱정거리였다. 주인 없는 남성들, 나아가 주인 없는 여성들이 위험한 처지에 놓였기 때문이다.

식민지 정부는 그들의 통치 아래 놓인 사람들에 대해 거의 알지 못했다. 그들에 대한 관심의 정도는 크게 달랐다. 인류학의 연구 성과를 활용해 더 많은 지식을 바탕으로, 더 효과적인 행정을 추구하는 관리들도 있었고, 학문적 관찰자보다는 경험에 의해 "원주민을 잘 아는" 백인 행정관이 더 유용하다고 생각하는 관리들도 있었다. 관리들이 보기에 아프리카인은 국가와 직접적으로 관계를 맺는 개인이 아니라, 백인 관리에서 추장으로 이어지는 수직적 통로를 통해 통제해야 할 집단, 즉 "부족"의 일원이었다.(그림 21-1) 제2차 세계대전 이후까지 체계적인 식민지 인구조사가 거의 이루어진 적이 없었다. 그러므로 식민지 인구의 규모는 물론이고 내부 구성에 대해서도 대부분 알 수 없었다. 공식 추정치는 어림잡아도 실제와 큰 차이가 있었을 가능성이 높다. 식민지 정부는 무역 수익과 세수에 관심을 가졌을 뿐이며, 전체 경제 산출량을 측정하거나 이에 관심을 가지게 된 것은 1940년대 후반에 이른 뒤였다. 1930년대에 경제학자들이 영국령 아프리카의 투자 규모를 추정하려 시도한 적이 있었다. 다른 자치령, 다른 유럽 국가들, 혹은 다른 제국들에 대한 투자와 비교했을 때 영국령 아프리카에 대한 투자는 상대적으로 적은

〔그림 21-1〕 프랑스인 관리와 아프리카인 귀족, 1920년경

수준으로 확인되었다. 영국과 프랑스 정부 모두 1920년대에 식민지 경제 개발을 위한 본국의 재정을 투입하자는 논의가 있었다. 프랑스의 경우 1930년대와 1940년대에도 다시 논의가 된 적이 있었다. 그러나 그에 대한 제안은 모두 거부되었다.

1929년 대공황은 식민지 경제의 경직성을 더욱 심화시켰다. 동시에 아프리카의 외진 지역조차 지구 반대편의 사건으로부터 영향을 받는다는 사실이 재확인되었다. 수출이 감소하자 상업 중심지에 있던 아프리카인들은 다시 농촌으로 밀려났다. 이들이 애초에 일자리를 찾아 떠나기 전에 겪었던 문제가 다시 이들을 기다리고 있었다. 수출을 통한 세금 수입이 줄어들자 식민지 정부는 추장들에게 인두세를 징수하라는 압박을 강화했다. 대공황은 농촌 빈곤을 더욱 심화시켰다. 식민지 정부는 이를 전혀 통제할 수 없었다. 광활한 아프리카 농촌 지역을 통해 이러한 긴장감이 충분히 분산되었기 때문이다. 1930년대 후반 대공황에서 회복되는 과정에서 도시, 광산 마을, 철도 거점으로 노동자들이 돌아왔다. 그러나 임금은 여전히 낮았고, 새로운 주택이나 개선된 사회 서비스도 제공되지 않았다. 이 시기에 특히 영국 식민지에서 긴장이 고조되었고, 관리들은 이를 주목하지 않을 수 없었다.

1940년대 이전 아프리카에서는 행정이 빈약했고 투자도 부족했다. 그러나 가장 두드러진 예외는 남아프리카였다. 남아프리카는 독특한 자본주의 발전 경로를 따랐다. 인종의 영향을 크게 받은 것이 가장 큰 특징이었다. 남아프리카가 그렇게 된 데에는 두 가지 이유가 있었다. 첫 번째 이유는 오랜 백인 정착의 역사였다. 그 시작은 1652년의 네덜란드 정착민이었다. 이후 19세기 초 영국이 남아프리카를 점령한 이후에는 다양한 출신의 유럽인들이 이주해 왔다. 19세기 말엽의 남아프리카 백인 인구는 전체의 10-15퍼센트에 달했다. 농장주나 산업 고용주를 비롯해서 경찰과 행정 관리의 인력도 어느 정도 갖추어졌으므로, 국가 체제를 통한 현지인의 관리 감독이 가능한 상황이었다. 19세기 아프리카의 정치는 억압의 시대였다. 케이프 동부의 추장 공동체에서부터 한때 강력했던 줄루 왕국에 이르기까지 사정은 마찬가지였다. 백인 정착민들은 많은 토지를 점유했다. 그러나 일반적으로는 임금 노동자를 고용해 농사를 지을 여력이 부족했다. 대신 그들은 아프리카인 소작농을 선호했다. 소작료는 현물, 금전, 노동력의 형태로 받았다. 네덜란드 정착민의 후손인 아프리카너(Afrikaner)의 군사조직 "코만도(commando)"는 아프리카인을 혹독하게 다루었다. 때로는 그들의 가혹한 손길로부터 아프리카인을 보호해주는 선교 공동체도 있었다. 그들 또한 상당한 토지를 보유하고 있었다.

    1866년 킴벌리(Kimberley) 근처에서 다이아몬드가 발견되면서 모든 것이 변하기 시작했다. 광부들이 그곳으로 몰려들었다. 아프리카인에게 채굴권이 주어지지는 않았지만, 수천 명의 아프리카인이 광산에 고용되었다. 디 비어스(De Beers)라는 기업과 국가 정책에 의해 사실상의 독점이 확립되자, 광산에는 엄격한 통제 체제가 도입되었다. 이는 이후 남아프리카 공화국 체제의 모델이 되었다. 즉 남성 노동자들을 계약으로 묶어 두고, 그들을 기숙사에 가둬 생활하게 했으며, 내부 여권과 같은 역할을 하는 패스북(pass-book)을 항상 소지하도록 하여 이동을 통제했다. 그러나 포르투갈령 모잠비크를 포함한 다른 지역에서도 노동자들이 몰려들었다. 비록 낮은 임금이었지만 저축한 돈을 가져갈 수 있다는 가능성을 보고 오는 사람들도 있었고, 때로는 고향에서의 강제 노동을 피해서 오는 사람들도 있었다. 1886년 비트바테르스란트(Witwatersrand)에서 금이 발견되자 유사한 노동 통제 방식이 사용되었다. 이 경우 규모가 훨씬 커져 때로는 10만 명에 달하는 광부들이 동원되었다. 백인 광부 인력도 중요한 생산요소였다. 그들은 우월한 지위와 근로 조건을 지키기 위해 노력했다. 광산과 관련 산업 및 서비스의 식량 수요 때문에 옥수수 시장이 확대되었다. 이는 농업이 더욱 자본주의적인 형태로 전환되도록 동기를 부여했다. 그 과정에서 소작농을 쫓아내고 장비를 구입했으며, 필요에 따라 임금 노동자를 고용하게 되었다.

제국의 우산 아래 아프리카너들은 스스로 공화국의 형태를 갖추어 나갔다. 영국 정부의 개입이 점점 더 강화되자, 마침내 아프리카너 엘리트 계층과 영국 정부의 충돌이 현실화되었다. 그 절정이 보어전쟁(Anglo-Boer War)이었다. 1899년-1902년까지 영국은 상당한 어려움을 겪은 끝에 전쟁에서 이겼다. 이후 영국 정부는 "재건(Reconstruction)" 작업에 착수하여 분리된 공간 질서를 구축했다. 이에 따라 아프리카인은 백인을 위해 일할 때를 제외하고는 족장들의 통치 아래 "보호구역(reserves)"에 거주하도록 규정되었다. 아프리카너 엘리트들은 곧 체제 안에서 자신의 자리를 찾았다. 이를 일컬어 "금과 옥수수의 동맹(alliance of gold and maize)"이라고 한다.(금은 금광을 소유한 영국인을, 옥수수는 아프리카너 농장주를 의미한다. - 옮긴이) 1910년경에 이르러 영국 정부는 이들이 영국 및 국제 자본과 연결된 경제에 성공적으로 편입되었다고 확신했고, 남아프리카를 대영제국 내 자치령으로 허용했다. 얀 스머츠(Jan Smuts)와 같은 아프리카너 출신 장군들의 지도 아래 이러한 동맹은 영어와 아프리칸스어를 사용하는 엘리트들의 공통된 이익을 유지하는 데 성공했다. 백인 정착민의 후손인 아프리카너 노동자와 농민은 아프리카너 민족주의에 강한 공감대를 형성하고 있었다. 영국 정부는 이들을 달래기 위해 주로 아프리카 흑인을 희생시키는 방식을 선택했다.

남아프리카에서 토착 아프리카인 농민에게 허용된 토지는 전체 농지의 13퍼센트에 불과했다. 그마저도 공동 소작제로 운영되는 토지였다. 그 외의 지역에서는 아프리카인이 토지를 소유하거나 임차하는 것이 금지되었다. 예외적으로 노동 소작농(임대료를 노동력으로 지불)은 가능했다. 이 체제에는 일부 틈새와 허점이 있었다. 도시의 아프리카인 거주 지역이나 비교적 방치된 농촌 지역, 혹은 백인 소유주가 상대적으로 관대한 지역에서는 아프리카인도 어느 정도 자율성을 누릴 수 있었다. 그러나 갈수록 통제가 강화되었고, 보호구역의 인구 과잉이 심화되면서, 정치경제적 억압 위에 생태적 재앙이 중첩되었다.

아프리카의 다른 지역에서는 인종 문제가 그렇게 명확하지도 않았고, 일상적인 관습에 그렇게 깊이 얽혀 있지도 않았다. 이는 백인의 인구 비중이 작은 경우가 많았기 때문이다. 최근 학계의 연구 성과에서는, 19세기와 20세기의 식민 통치에 "과학적 인종주의(scientific racism)"가 수반되었다는 주장에 의문을 제기하고 있다. 헬렌 틸리(Helen Tilley)의 연구에 따르면, 20세기 대영제국에서도 인종의 생물학적 근거에 대한 과학적(학문적) 합의가 존재하지 않았다. 인종의 분류 자체를 완전히 부정하는 입장도 있었고, 인류를 생리학적으로 구분하더라도 인종 간의 서열화를 부정하는 입장도 있었다. 혹자는 백인이 어떤 면에서든 우월한 능력을 가지고 있음을 입증하려 했다. 프랑스에서도 일부 과학자들이 인종 간의 서열을 명확하고 상세하게 분류한 사례가 있었지만, 다른 저명한 학자들이 이를 학문적으로 반박했다.

프랑스 입법자들은 몇 가지 예외를 제외하고, 인종을 법적으로 인정하거나 제도화하지 않으려 했다. 문제는 신분에 관한 것으로, 국적자와 시민권자의 신분상 구분이 있었다. 프랑스의 1865년 헌법(Sénatus-consulte du 14 juillet 1865)에서는 원칙적으로 프랑스 국적자(sujets)와 시민권자(citoyens)를 구분했다. 주로는 알제리 식민지의 상황을 염두에 둔 조항이었는데, 식민지의 모든 사람은 프랑스 국적자가 되었지만, 시민권자가 되기 위해서는 이슬람 율법이나 "관습법"을 따르지 않고 프랑스의 민법과 프랑스식 생활 방식을 따른다는 사실을 관리들에게 입증해야 했다. 그러나 시민권자가 되기를 원하는 사람은 거의 없었고, 그것을 실제로 받아들이는 사람은 더더욱 없었다. 국적자 신분에게는 정치적 권리가 주어지지 않았다. 그러나 신분의 의미는 단순하지 않았다. 시민권 없이 국적만 보유한 사람들은 프랑스인 관리의 자의적 처벌에 노출되거나 때로는 강제 노동에 동원되기도 했다. 프랑스 제3공화국(1870년-1940년)의 일부 정치 지도자들은 이러한 신분의 차별이 공화주의 이념과 모순된다는 점을 고민했다. 그럼에도 신분상의 차별은 여전히 유지되었다. 1870년대부터 사하라 이남 아프리카를 정복하면서 새로운 민족들이 국적자의 신분으로 편입되었다. 세네갈 식민지에서는 네 곳의 특권적 지역(Quatre Communes)이 존재했다. 이 곳에서는 프랑스인 관리들이 더 많은 사람들을 자신의 편으로 끌어들이려 했다. 그래서 그곳의 원주민들에게는 적어도 부분적으로 시민권(투표권 포함)을 허용했다. 그러면서도 개인적인 문제는 이슬람 법정의 관할 아래 두도록 했다.

불공정한 차별은 아프리카 사람들의 일상적 현실이었다. 식민지 통치자들은 이러한 현실과 자신들이 가진 이상 사이에서 모순된 감정을 느꼈다. 그래서 아프리카를 어떻게 변화시킬 것인가 하는 문제는 항상 논란의 대상이었다. 선교사들은 아프리카 사람들을 교육하면 변화시킬 수 있다고 믿었지만, 그들이 백인과 동등한 지위에 도달할 수 있을 것이라곤 생각하지 않았다. 농장주나 광산 소유주들은 아프리카 사람들을 단지 착취의 대상으로만 여겼다. 하지만 선교사들은 때때로 이들의 잔혹한 착취와 학대를 폭로하기도 했다. 그중에서도 가장 악명 높은 사례는 20세기 초 벨기에 국왕 레오폴 2세의 지원 아래 콩고에서 일어난 기업들의 약탈 행위였다. 일부 식민 관리들은 아프리카 사람들이 다양한 역할을 맡겨서 활력 있는 경제 구조를 만들고자 노력했다. 그러나 대부분의 관리들은 혼란을 두려워했고, 정착민들의 로비에 쉽게 흔들렸다. 특히 알제리, 케냐, 영국령 남아프리카와 중앙아프리카에서는 정착민들의 영향력이 컸다. 많은 유럽인들은 아프리카 사람들이 원시적이기 때문에 가난할 수밖에 없다고 여겼다.

1930년대 중반이 되자, 이러한 관점은 더 이상 유지하기 어려웠다. 제국 곳곳에서 사회적 갈등이 터져 나왔고, 그 원인을 단순히 아프리카 사람들의 성향 때문이라고 설명하기가 힘들어졌기 때문이다. 특히 1935년부터 1938년 사이, 영국령 서인도제도에서 파업과 시위, 폭동이 잇따랐다. 바베이도스, 자메이카, 가이아나, 트리니다드 지역의 플랜테이션 농장 노동자와 석유 노동자 등 다양한 계층의 사람들이 시위에 참여했다. 공식적인 조사에 따르면 이러한 갈등의 주요 원인은 낮은 임금과 열악한 사회 복지, 차별, 기회의 부족 등으로 나타났다. 다시 말해, 이는 빈곤에서 비롯된 뿌리 깊은 분노가 표출된 것이었다. 서인도제도는 이미 수백 년 동안 영국의 지배를 받아 온 곳이었고, 영국 정부는 1830년대에 이루어진 노예 해방을 자랑스럽게 생각하고 있었다. 하지만 정작 1938년에는 노예 해방 100주년 기념 행사를 취소해야 했다. 자유가 가져온 빈곤이 주민들의 분노를 자극할 것을 우려했기 때문이다. 비슷한 시기에 북로디지아, 케냐, 탕가니카, 골드코스트 등 다른 영국 식민지에서도 대규모 파업이 벌어졌다. 이런 사건들을 종합해 보면, 제국 전역에서 비슷한 문제가 반복적으로 일어났던 셈이다. 식민 초기의 공식 보고서는 문제의 원인을 "부족사회에서 태어난 사람들의 본성" 탓으로 돌렸지만, 이미 수백 년간 영국의 지배를 받은 서인도제도에도 그런 설명을 적용할 수는 없었다. 결국 제국 체제가 전 세계적으로 유사한 문제를 만들어냈다는 사실을 인식하게 되면서, 런던의 관료들은 빈곤 문제에 대해 다시 한번 깊이 고민하지 않을 수 없었다.

그 결과로 식민지 정책에서 전환점이 마련되었다. 그것이 바로 1940년의 "식민지 개발 및 복지법(Colonial Development and Welfare Act)"이었다. 이 법에 따라 생산 촉진 프로젝트 지원으로 본국의 자금이 식민지에 제공되었다. 그러나 제2차 세계대전 이후까지도 그다지 많은 자금이 투입되지는 않았다. 우선적으로 주택, 교육, 도시 시설, 교통 등 사회 서비스 제공에 초점이 맞추어졌다. 학문적 연구 또한 활성화되었다. 프랑스도 제2차 세계대전 이후 비슷한 프로그램을 도입했다. 포르투갈 역시 개발 열풍에 동참했지만 유럽 본토에서 백인들을 아프리카 식민지로 데려오는 방식이었다. 영국이나 프랑스의 아프리카 식민지에서는 아프리카인이 숙련 또는 반숙련 노동자 역할을 맡았지만, 포르투갈의 경우 백인 이주자들이 그 일을 대신했다. 벨기에는, 적어도 구리가 풍부한 카탕가(Katanga) 지역에서 임금 노동자들에게 최소한의 사회 서비스를 제공했다. 그러나 노동자들에게 노동조합이나 정치적 권리를 부여하지는 않았다. 결국 벨기에는 프랑스와 영국의 조치와는 다른 길을 걷게 되었다.(아래에서 다시 논의함)

제2차 세계대전 이후 아프리카의 개발 패러다임은 다른 지역에서 시행되었던 경제 사상이나 정책을 답습했다. 예를 들면 케인스 경제학, 댐 건설, 토양 보전 계획, 공중 보건 조치, 마셜 플랜(Marshall Plan) 등이었다. 이러한 조치들이 식민지에서 체계적으로 적용되자, 세계 질서에 근본적인 변화를 가져왔다. 세계 속에서 식민지와 탈식민지 국가가 차지하는 위치는 "개발"이라는 키워드로 정의되었다. 그런 관점에서 그들이 극복해야 할 당면 과제는 "저개발(underdevelopment)"의 문제였다. 한편 노동자들의 저항이 지속되자 프랑스와 영국의 관리들은 그것을 하나의 사회 문제로 인식하게 되었다. 그렇다고 노동자들을 도시 밖으로 몰아낼 수도 없었다. 현실적으로 가능하지도 않았고 가능한들 이익도 없었다. 그들이 생각해낸 대안은 새로운 도시 노동자 계층을 만들어내는 것이었다. 교사, 간호사, 노동감독관(심지어 노조 활동가)이 지원해서 노동자들에게 도시 생활을 교육하면, 세대가 거듭하는 가운데 새로운 사회 계층이 형성될 것으로 믿었다. 물론 그들에게는 더 높은 임금과 복지 혜택을 제공해야 했다. 그러나 노동자들은 자신에게 제공되는 지원을 종종 예기치 못한 방식으로 활용했다. 지원금을 밑천으로 노동자의 아내가 시장에 나가 장사를 하기도 했고, 영향력 있는 지역 지도자("빅맨")의 혈연 조직을 강화하는 데 이용되기도 했다. 그러는 가운데 일자리에 비해 훨씬 더 많은 이주민들이 도시로 몰려들었다. 많은 사람들이 안정된 일자리를 얻지 못했다. 도시 풍경은 정규직과 비정규직이 혼재된 복잡한 양상을 띠었다. 일자리를 얻을 가능성이 거의 없는 젊은 남녀들은 반식민주의 정치 운동이나 정치인의 지지 기반이 되어 주었고, 심지어 폭력 조직에까지 가담하게 되었다. 결국 도시는 불안정한 공간이 되었으며, 문화적 창의성과 정치적 긴장이 공존하게 되었다.

탈식민지: 민족국가의 세계로?

18세기부터 20세기 중엽까지, 세계사의 주요 줄거리 중 하나는, 제국 체제에서 민족 국가 체제로 이행된 거대한 세계적 전환의 이야기다. 그 이야기의 결말은 명확하다. 약 200개의 민족국가는 각자가 주권을 주장하고 있으며, 우리는 현재 그러한 민족국가로 구성된 세계에서 살아가고 있다. 그러나 이러한 관점을 과거로 투영하는 것은 위험하다. 1945년만 하더라도 이와 같은 결과를 원했던, 혹은 예상했던 아프리카인은 그리 많지 않았다. 당시에는 아프리카 식민지의 해방이 범아프리카의 단결이나 세계 혁명과 같은 다른 형태가 될 것이라고 생각하는 사람들이 있었다. 또한 제국 체제 내에서 해방이 가능하다고 보는 사람들도 있었다. 특히 프랑스령 아프리카에서, 피지배자와 시민권자 간의 구분을 없애 평등한 관계를 만들면 해방을 실현할 수 있다는 견해였다. 1945년에는 사람들이 원하지도 않았던 정치 체제를, 1960년대에는 왜 그렇게 많은 사람들이 받아들이게 되었을까? 만약 민족국가 체제(national order)가 자연스러운 것이라면 이런 질문조차 제기될 필요가 없었을 것이다.

세계의 상황이 변했다. 프랑스는 인도차이나를, 네덜란드는 인도네시아를 일본에 빼앗겼다. 그 뒤 제2차 세계대전에서 일본이 패하면서 공백이 만들어지자, 호찌민과 수카르노가 이끄는 혁명 운동이 즉각 빈 자리를 채웠다. 프랑스와 네덜란드는 동남아시아 식민지를 회복하고자 했지만, 이미 커져가는 독립운동 때문에 뜻대로 되지 않았다. 인도는 협상을 거쳐 1947년 식민지 상태를 벗어났다. 다른 식민지 지배자들이나 아프리카의 정치 지도자들은 동남아시아와 인도의 상황을 보고 그것을 대안으로 인식했다. 한편 식민지 본국에서도 이데올로기의 변화가 있었다. 나치와 전쟁을 겪는 동안 유럽에서도, 세계를 백인이 통치해야 한다는 오만방자한 신화도 마침내 설득력을 잃어갔다.

제2차 세계대전 이후 아프리카 자원에 대한 유럽의 수요는 그 어느 때보다 더 커졌다. 그러나 유럽의 열강들은 정치적으로 진보적인 이미지를 구축해야 할 필요가 있었다. 양쪽 모두를 충족하기 위해 각종 개발 정책들이 만들어졌다. 아프리카의 다른 나라들과 마찬가지로 남아프리카 연방에도 해방의 바람이 불었다. 그러나 1948년 선거에서 아프리카너(네덜란드계 정착민의 후손) 민족주의 정당이 승리하면서 이후의 방향은 다르게 흘러갔다. 적극적인 경제 개발과 동시에 원주민에 대한 가혹한 경찰 통제를 실시했다. 거주지를 엄격히 제한하고, 부족 집단을 세분화했으며, 도시 및 연방 내에서 이동의 자유도 박탈했다.

아프리카인의 정치적 구심점이 공식 정당만 있었던 것은 아니다. 그러나 정당은 문해력이 있는 식자층, 농민, 노동자를 저항 운동으로 모아냈다. 나이지리아와 예전의 골드코스트에서는 기존 엘리트 조직이 대중 정당으로 변신했다. 개인뿐만 아니라 다양한 네트워크와 조직이 정당을 통해 연결되었다. 프랑스령 아프리카에서 1946년에 조직된 아프리카민주협회(Rassemblement Démocratique Africain, RDA)가 주목할 만한 조직이었는데, 개별 지역 정당을 하나로 묶어 프랑스령 아프리카 전체 차원에서 활동할 수 있는 기반이 되었다. RDA와 레오폴드 상고르(Léopold Senghor)가 이끄는 세네갈 정당을 포함한 경쟁 세력 모두의 중점은 프랑스 시민권 획득이었다. 프랑스에서 1946년 헌법을 제정할 때 소수의 아프리카인도 의원으로 포함되었다. 당시 식민지는 "해외 영토"로 명칭이 바뀌었다. 아프리카계 의원들은 지지자들과 함께 해외 영토의 모든 주민들에게 시민권을 부여하라고 압박했다. 오래도록 혐오의 대상이었던 국적자와 시민권자의 차별은 폐지되었고, 별도의 사법 체계와 강제 노역도 함께 철폐되었다. 그러나 프랑스 입법부에서 아프리카계는 소수에 불과했으며, 각 해외 영토 의회는 거의 권한이 없었다. 선거권은 보편적으로 주어지지 않았다. 1940년대와 1950년대 정치 운동의 중심 과제는 시민권 확대였다. 목표는 모든 시민의 사회경제적 평등 추구, 해외 영토의 자치권 확보, 프랑스 제국을 평등한 연방(federation) 혹은 연합(confederation)으로 전환하여 더 큰 공동체에서 민주적 참여를 보장하는 것이었다.

영국령 아프리카에서는 정치적으로 토지 문제가 더 중요했다. 관리들은 정치적 활동을 지역 의회로 모이도록 하고, 간접 통치를 부활시켜 개혁을 추진하려 했지만 성공하지 못했다. 정치 운동은 곧바로 각 식민지의 중심에 집중되었다. 그들은 입법 의회를 진정한 입법 기관으로 전환하고, 아프리카인에게 행정 권력을 넘길 것을 요구했다. 벨기에령과 포르투갈령 아프리카에서는 거의 모든 정치적 활동이 차단되었다. 그렇다고 해서 탈식민화를 막을 수는 없었다. 다만 그 과정을 지연시키고 더 폭력적으로 만들었을 뿐이다.

사회적 행동은 필연적으로 정치적일 수밖에 없었으며, 정치적 행동 또한 반드시 사회적 의미를 내포했다. 1945년부터 1950년까지 파업의 물결이 이어졌다. 프랑스는 제국 전역의 통일성을 강조했지만, 노동조합은 그렇다면 노동자가 동일한 임금과 혜택을 받아야 한다는 주장으로 이념의 방향을 전환시켰다. 정치 지도자는 노동자를 지지 기반으로 여겼고, 노동조합은 정치적 행동이 목표 달성에 유리하다고 판단하여 세력을 확장할 수 있었다. (그러나 노동운동 내부적으로는 노선 갈등이 있었다. ─ 옮긴이) 한편에서는 노동자의 평등(백인과 흑인을 포함한)을 강조했고, 다른 한편에서는 아프리카인의 연대를 강조했다. 이는 서로 다른 개념이었고, 양자 사이의 긴장은 갈수록 심화되었다. 마찬가지로 농민운동 내부의 양상도 다양했다. 예를 들면 식민지 농업 프로젝트의 간섭에 반대하는 운동, 토지 문제를 둘러싼 갈등, 식민지 작물 마케팅 조직이 농민들에게 시장 가격 이하로 지급한 대가에 대한 반발 등이었다. 개별적 운동이 성공할 때마다 주최측의 잠재적 세력 강화가 가능했다.

크와메 은크루마(Kwame Nkrumah), 레오폴드 생고르(Léopold Senghor)와 같은 지도자들은 식민지 국가의 불평등부터 굴욕에 이르기까지 다양한 불만을 바탕으로 정치적 지지 기반을 구축할 수 있었다. 프랑스와 영국은 정치사회적 운동을 세심하게 설정된 경계 안에 가두고자 했다. 폭압적인 방식으로 그들의 대책은 어느 정도 성공을 거두었다. 특히 1947년 마다가스카르 반란과 1950년대 후반 카메룬 독립운동에 대한 프랑스의 탄압, 그리고 1952년부터 대략 1957년까지 케냐에서 발생한 마우마우(Mau Mau) 반란에 대한 영국의 진압이 대표적 사례였다. 그들은 제기할 수 있는 내용의 한계를 미리 설정해 두었다. 예를 들어 당국이 받아들일 준비가 되기 전에는 독립을 요구할 수 없었고, 공산주의적이거나 "원시적"인 이름으로 운동을 벌였을 경우 요구를 제기할 수 없었다. 그러나 두 강대국 모두 완전히 원하는 방식대로만 정치활동을 통제할 수는 없었다. 영국령과 프랑스령 아프리카 모두 참여와 캠페인의 물결을 막을 수 없었고, 정치적 참여 확대와 물질적 지원 개선을 요구하는 목소리는 점점 더 커졌다.

영국령과 프랑스령 아프리카에서 선거를 실시하자, 정치인들은 가능한 모든 사회적 연대를 동원하려 했다. 영국령 나이지리아와 골드코스트(현재의 가나), 그리고 프랑스령 세네갈에서는 교사, 공무원, 임금 노동자들이 이미 기반을 형성하고 있었다. 초기 정치인 세대는 공적 혜택을 활용해 지지층을 구축했다. 이는 수직적 연대였고, 정치인과 지역 또는 민족 연고를 연결하는 경향이 있었다. 따라서 선거에서도 민족적 논리가 강하게 작용했다. 1950년대 초엽에는 아프리카 정치인들이 현지 입법 기구에서 제한된 권력이나마 얻을 수 있었다. 이조차 현지인들에게는 매력적으로 보이기 시작했다.

한편 다른 식의 정치적 연대, 예를 들면 범아프리카주의나 이슬람 형제단은 변화하는 식민지 체제에서 어떠한 대표성이나 매력도 가지지 못했다. 영국과 프랑스는 "극단주의자"를 배제하고자 했다. 이러한 제국의 관심은 "온건파"의 활동 공간을 넓혀 주었다. 크와메 은크루마나 이후의 조모 케냐타(Jomo Kenyatta)와 같은 인물들은 대중의 충분한 지지를 결집시키는 동시에 기존 경제 및 정치 제도에 대한 존중을 보여주었다. 그리하여 결국 "위험한 선동가"라는 낙인을 벗고 "책임 있는 온건파"의 이미지를 구축할 수 있었다.

끝없이 계속된 요구는 결국 영국과 프랑스를 "요구의 덫"에 빠뜨렸다. 노동자들은 유럽 출신 노동자들과 똑같은 임금을 원했고, 참전 용사들은 유럽인과 동등한 연금을 요구했다. 학생들은 평등한 교육 기회를 얻고자 했으며, 농민들은 세계 시장 가격에서 공정한 몫을 달라고 했다. 이미 1951년과 1952년 무렵부터 프랑스와 영국의 관리들은 개발 정책의 부진한 결과에 불만을 표하기 시작했다. 공공 지출이 민간 투자를 유도하지 못했고, 열악한 기반 시설 때문에 건설 자재조차 제대로 들여오기 어려웠다. 게다가 훈련받은 인력도 턱없이 부족했다. 항구, 광산, 철도 같은 분야에서는 노동조합의 힘이 커지면서 인건비가 증가했다. 유럽 국가들은 새로운 식민지 비전, 즉 생산 방식과 생활 방식을 바꾸려 했지만 아프리카 사회는 강하게 저항했다. 당시 아프리카는 구리, 코코아, 커피 등 수출품 생산이 급격히 증가하면서 식민지 시대 중 가장 두드러진 경제 성장을 경험하고 있었다. 하지만 이런 아프리카 경제의 활력은 유럽 관리들이 기대했던 것과는 다르게, 훨씬 더 복잡하고 혼란스러운 갈등 양상으로 나타났다. 결국 개발 프로젝트는 기대했던 정치적 효과를 이루지 못했다. 오히려 개발 과정에서 새로운 갈등이 생겨났다. 개간 사업이나 현금 작물 재배로 토지 이용이 더 집중화되자 소작농에 대한 탄압이 뒤따랐다. 케냐의 마우마우(Mau Mau) 반란이 일어난 주요 원인도 바로 이 문제였다. 한편 서아프리카에서는 코코아 농장주와 운송업자들이 개발 프로젝트의 성공 사례로 꼽혔다. 하지만 이들조차 얻은 수익을 유럽 기업에 대항하는 데 사용했고, 식민지 통치를 비판하는 정치적 활동을 지원하는 등, 유럽 국가들의 의도와는 다른 방향으로 나아갔다.

　1956-57년경 프랑스와 영국 정부 및 언론은 과거에는 해본 적이 없었던 새로운 작업에 착수했다. 바로 제국의 비용과 이익을 냉정하게 계산해보는 것이었다. 계산 결과 양국 정부는 식민지에서 벗어날 방안을 고민하기 시작했다. 제2차 세계대전 이후 개발에 대한 이념 덕분에 이와 같은 입장의 전환이 비교적 용이했다. (문명화와 달리) 개발은 기원과 출신 문화에 상관 없이 모든 사람들에게 열려 있는 보편적 가능성을 의미했다. 그래서 유럽의 엘리트 계층은, 식민지 당국의 직접적 통제가 없

더라도 아프리카인 스스로 "현대" 사회로 나아가는 길을 따를 것으로 확신했다. 그들은 아프리카와 유럽의 긴밀한 관계가 유지되기를 희망했다. 그러나 이를 냉소적으로 보는 입장도 없지 않았다. 여러 복잡한 문제에 대한 책임을 유럽 정부가 아니라 아프리카 정부에 떠넘기려는 속셈으로 해석했기 때문이다.

사하라 이남 아프리카의 식민지 중에서는 영국령 골드코스트(현 가나)가 독립의 선두에 섰다. 1957년이었다. 프랑스령 아프리카에서는 1960년 여름까지 프랑스 연방의 형태를 만들기 위한 노력이 지속되었지만, 구체적인 방법에 대해서 내부적으로 합의에 도달하지 못했다. 결국 방향을 틀어 독립을 위한 양자 협상이 진행되었다. 한편 조약을 통해 과거 프랑스 시민권자로서 아프리카인이 누렸던 권리의 일부, 특히 프랑스로 이주할 수 있는 권리 등을 일정 기간 동안 유지하고자 했다.(지도 21-2)

국제 사회에서는 탈식민화가 새로운 규범이 되었다. 일찍이 독립했던 인도 등의 국가들은 유엔과 기타 세계 포럼을 활용해 식민 제국의 규범을 서서히 약화시켰다. 카메룬이나 탕가니카와 같은 위임통치 지역의 정치 운동 세력은 독립 이전에도 국제 포럼에 접근할 수 있었다. 이후 더 많은 국가가 독립함에 따라 반식민주의 정치를 요구하는 목소리가 더욱 커졌다. 1955년 인도네시아에서 개최된 반둥 회의(Bandung Conference), 1958년 가나에서 열린 범아프리카 인민회의(All-African People's Congress)가 대표적이었다.

제국의 권력이 예전 같지 않게 되자, 영국령 남로디지아(Southern Rhodesia, 현 짐바브웨)의 백인들은 스스로 특권을 지켜야 했다. 그래서

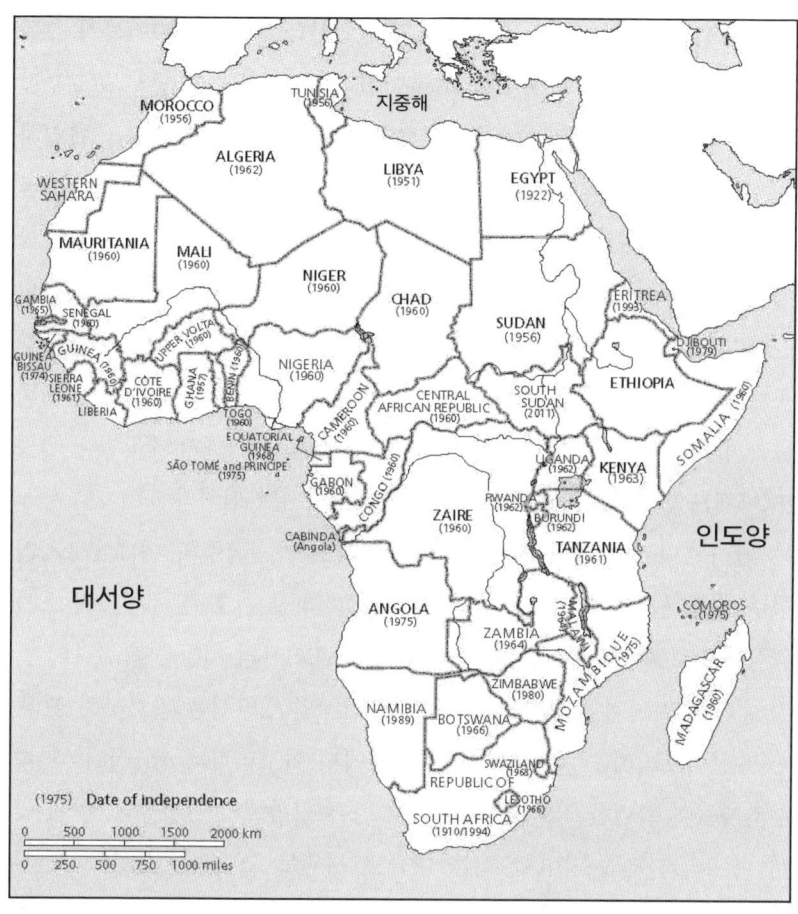

〔지도 21-2〕 아프리카의 탈식민화

그들은 1965년 영국으로부터 독립을 선언했다. 이후 1979년까지 그들은 아프리카 게릴라 운동 세력과 추악한 전쟁을 벌였다. 당시 포르투갈 본국은 독재 체제였다. 그들은 아프리카 식민지의 정치 운동을 탄압하는 데 아무런 거리낌이 없었다. 그러나 포르투갈령 아프리카의 이웃 국가들이 이미 독립을 한 상태에서, 그로부터 지원을 받은 무장 투쟁을 막아내고 식민 지배를 지속하기는 쉽지 않았다. 아프리카에서 포르투갈의 반혁명 시도는 실패했고, 이를 계기로 포르투갈 본국도 1974-75년경 독재 체제로부터 해방되었다. 식민 통치가 종식되면서 탈식민지 독립국들과 마찬가지로 프랑스, 영국, 벨기에, 포르투갈 등 과거 제국의 본국들도 이제는 민족국가의 성격이 그 어느 때보다 강화되었다.

남아프리카의 백인 지배 체제는 오래도록 제국주의 이데올로기의 범주에 잘 들어맞았다. 그러나 제2차 세계대전 이후 영국과 프랑스가 공식적으로 제국주의 이념을 부정했고, 아프리카의 개발을 촉진하며 일정 수준의 정치적 포용을 허용해 식민 지배의 정당성을 확보하려 했다. 반면 남아프리카는, 특히 1948년 선거에서 아프리카너(Afrikaner) 민족주의자들이 실권을 장악한 이후 전혀 다른 방향으로 나아갔다. 이에 맞서 아프리카 민족회의(ANC)는 대규모 시위를 조직하고, 교통 차단과 임대료 지불 거부 투쟁, 공개 성명 발표 등의 수단을 통해 포용적 민주 사회를 향한 용감한 투쟁을 계속했다.

아프리카의 여러 지역에서 벌어진 사건들로부터 영향을 받아, 1950년대 후반에 범아프리카회의(Pan-African Congress)가 결성되었다. 이들은 정치적 권력에 대한 아프리카인의 명확한 요구를 제시했다. 1960년 남아프리카 공화국 샤프빌(Sharpeville)에서 평화적 시위대가 잔혹하게 학살된 이후, 아프리카 민족회의와 범아프리카회의는 모두 지하로 숨어야 했다.(1961년 5월 3일에 남아프리카 연방이 남아프리카 공화국으로 전환되었다.) 남아프리카 공화국에서는 자본주의 기업이 비교적 충분히 발달해 있었다. (1970년대에는 유엔의 경제 제재가 시행되었다. — 옮긴이) 국제적 고립에도 불구하고 인근의 로디지아 혹은 포르투갈의 식민지보다는 남아프리카 공화국이 경제를 훨씬 더 원활하게 유지할 수 있었다. 남아프리카 공화국에 거주하던 백인들은 비교적 부유한 형편이었고, 스스로를 서구 기독교 문명의 대표로 여겼으며, 외부 세계에서 그들을 그렇게 받아들이지 않는 현실을 인정하기가 어려웠다. 국제 제제 때문에 남아프리카 공화국의 기업들은 아프리카의 다른 지역 시장에 접근하지 못하는 등 사업 기회를 잃었고, 자본 조달에도 어려움을 겪기 시작했다. 1980년대의 남아프리카 공화국에는 폭력이 만연해 있었다. 도시의 통치 체제를 정지시키려는 아프리카 민족회의(ANC)의 활동이나, 빈곤층 사이의 사회적 긴장이 모두 폭력을 유발했다. 이러한 폭력은 백인의 심각한 사기 저하를 초래했다. 실용적(경제적) 측면과 도덕적 위기가 결합되어, 1990년대 초엽에 남아프리카 공화국 정부와 아프리카 민족회의(ANC)의 협상이 시작되었다. 결과적으로 선거가 실시되었고, 다수결로 통치자가 결정되었으며, 소수 집단의 권리, 특히 재산권이 보호되었다. 오래도록 남아프리카 공화국 정권은 아프리카인의 권리를 인정하지 않았지만, 이제는 개인의 권리를 인정하는 데 근거하여 정권이 들어섰다. 백인들이 오래도록 부정했던 그것이, 이제는 오히려 사회 속에서 백인의 지위를 보호해주는 최종적 방어막이 되었다.

1994년 4월, 남아프리카 공화국의 아프리카인들은 처음으로 대거 투표에 참여하여 만델라와 아프리카 민족회의(ANC)를 권좌에 올렸다. 그 이후로 주로 공공 부문 고용을 통해 부유한 아프리카인(흑인) 엘리트 계층과 중산층이 등장했다. 공식적으로 일자리, 임금, 교육의 평등이 제도화되었으며, 주로 빈곤한 아프리카인들이 거주하는 도시 및 준도시 지역에 전기와 물을 공급하는 사업에 상당한 진전이 이루어졌다. 그러나 남아프리카 공화국은 지금도 여전히 세계에서 가장 불평등한 사회 중 하나로 남아 있다. 세계 시장에 더 긴밀하게 통합되면서 남아프리카 공화국의 일부 산업은 경쟁력을 잃었지만 광업 부문은 여전히 국가적으로 가장 중요한 산업으로 남아 있다. 남아프리카 공화국에서 토지를 소유하지 못한 프롤레타리아가, 사하라 사막 이남 아프리카의 다른 어떤 지역보다 많아졌고, 그것이 높은 실업률로 이어졌다. 정부와 관련되지 않더라도 부자가 될 가능성은, 적어도 아프리카에서는 남아프리카 공화국이 가장 큰 편이다. 그래서 남아프리카 공화국의 엘리트 계층이 형식적으로나마 민주적 통치 참여를 인정할 수 있을 것이다.

아프리카 대부분의 지역에서는, 1940-50년대 영국과 프랑스가 해결하지 못했던 문제들이 여전히 남아 있다. 사회경제적 발전을 가로막는 구조적 장벽을 어떻게 극복할 것인가? 식민지 체제가 종식되면서 신생 독립국들은 미국과 소련 중에서 발전 모델을 선택했으며, 자본주의 또는 공산주의 모델의 우월성을 입증하려 노력했다. 이러한 과정에서 탈식민지 신생 독립국의 엘리트 계층은 세계 체제에서 일정한 역할을 할 수 있는 여지를 얻어냈다. 그들은 개발 과정에서 주로 자국의 이익을 주장했으며, 과거 식민 열강과 새로운 냉전 강대국 사이에서 균형을 모색했다.

민족국가의 세계?

탈식민화는 지역적 및 전 지구적 정치 투쟁에서 시작되었다. 그리고 결과적으로 전 세계적으로 주권의 의미를 재정의했다. 그러나 탈식민지화에는 한계도 존재했다. 탈식민화는 국내적으로 사회적 또는 정치적 불평등을 종식시키지 못했으며, 식민지 시대에 형성된 정치적 인식의 틀도 바꾸지 못했다. '식민주의'는 텔레비전을 끄듯이 단번에 끝낼 수 있는 현상이 아니었다. 이후의 모든 문제를 곧바로 '아프리카'의 책임으로 돌리는 것도 잘못이다. 마찬가지로 아프리카의 운명이 식민주의의 '유산'에 의해서만 결정된다고 이해하는 것도 오류에 해당한다. 새로운 아프리카 정부의 불안, 탄압을 일삼는 경직된 태도는 식민 통치에 맞섰던 다양한 운동에 대한 인식과 두려움을 반영한 것이며, 그에 못지않게 식민주의적 권위주의를 내면화한 결과였다. 아프리카에서는 독립국의 시민권에 대한 높은 기대가 있었다. 이를 충족하기란 쉽지 않은 일이었다. 이를 알고 있었던 아프리카 신생국 지도자들은 우려에는 이유가 있는 것이었다. 식민지 정권이나 그 후속 정권 모두가 일종의 관문 국가(gatekeeper state)였다. 즉 이들 정권은 국내와 국외의 연결을 관리하는 일은 잘 했지만, 수도, 통신망을 설치하거나, 상업 또는 광업 중심을 벗어나 통치 권력을 관철하는 데는 어려움을 겪었다. 내부의 사회운동이 정권과는 별도로 외부와 이어지는 연결망을 활용하는 것이 정권으로서는 두려운 일이었다. 탈식민지 관문 국가는 과거 식민지 정부보다 더 능숙하게 권력의 중개인들을 관리했고, 외세의 지원을 확보하여 국내를 통치하는 후견주의(clientelism) 관계를 구축하는 데 더 능숙했다. 그러나 외부의 강제력을 동원할 수 없는 상태에서는 도전에 매우 취약했다. 탈식민지화 직후부터 반복적인 쿠데타와 군사 정부, 시민 행동에 대한 탄압의 순환이 시작되었다.

그럼에도 불구하고 아프리카 국가들은 1960년대와 1970년대에 일정한 성과를 거두었다. 경제 성장률이 높지는 않았지만 긍정적인 수준을 유지했고, 문해율이 상승했으며, 유아 사망률은 감소했고, 기대수명은 증가했다. 아프리카의 높은 인구 증가율은 생산 자원에 큰 부담을 주었다.[7] 1970년대 중엽 세계 경기가 침체 국면으로 들어가면서 아프리카 국가들 대부분의 현실이 드러났다. 그들 대부분이 경제적 자립을 달성하지 못했고, 특히 주요 농산물과 광물 자원의 세계 시장 변동에 취약했다. 국제 금융 기구는 아프리카 국가들의 취약성을 더욱 심화시켰다. 그들은 재정 위기를 구제하는 대가로 "구조 조정"이라는 조건을 부과했다. 이는 장기적으로 아프리카 경제 회복력을 뒷받침해야 할 교육과 보건 서비스 분야의 투자를 약화시켰다. 남부 및 동부 아프리카 일부 지역에서는 에이즈(AIDS)가 유행하여 기대수명 증가 추세가 역전되었다. 구조 조정으로 보건 서비스가 거의 해체된 경우도 있어 유행병 대응은 더욱 어려웠다. 외국의 원조 기관들은 근본적인 국가 역량 재건보다 당면한 문제에 초점을 맞추는 경향이 강했다. 2000년 이후에는 상당수 아프리카 국가에서 경제 성장률 통계가 긍정적으로 전환되었다. 일부 국가

---

7 대부분의 학자들은 20세기 후반 아프리카의 많은 지역이 세계에서 가장 높은 인구 성장률을 기록했다고 동의하지만 정확한 수치를 산출하기는 어렵다. 이전의 수치는 대개 소급 추정치이고, 1940년대 이후 실시된 인구조사도 모두 신뢰할 수 있는 것은 아니다. GDP 수치 또한 여전히 문제가 있어, 1인당 소득의 추세를 명확히 파악하기가 어렵다. Morten Jerven, *Poor Numbers: How We Are Misled by African Development Statistics and What to Do About It* (Ithaca, NY: Cornell University Press, 2013).

들은 괄목할 만한 신장세를 보이기도 했다. 이는 무엇보다도 중국을 비롯한 신흥 시장에서 아프리카의 광물 및 농산물 자원 수요가 증가한 덕분이었다. 폭넓은 경제 성장과 빈곤 감소가 나타나고 있다는 증거도 일부 있지만, 그것이 단순히 또 다른 수출 성장 주기인지 아니면 더 깊은 구조적 변화를 의미하는지를 판단하기에는 아직 이른 편이다.

지난 수십 년을 돌아볼 때, 1945년을 기준으로, 향후 아프리카의 세계적 위상이 얼마나 크게, 그리고 얼마나 빠르게 변화할지 예측한 사람은 거의 없었다. 제2차 세계대전 이후 20년도 채 되지 않은 동안, 정치 질서에서 당연시되던 식민지 제국이 부당한 권력의 상징으로 전환되었고, 상상조차 어려웠던 아프리카인의 자치 또한 당연시되었다. 같은 시기 정치 활동가들이 다양한 미래, 다양한 해방의 형태, 그리고 국가 간과 국가 내부의 불평등 해결을 위한 다양한 방식을 상상했다는 점도 중요한 측면이다. 아마도 그 시기에 열렸던 가능성들은, 아프리카의 과거뿐만 아니라 미래에 대해서도 무언가를 시사하고 있을 것이다.

더 읽어보기

Allina, Eric. *Slavery by Any Other Name: African Life under Company Rule in Colonial Mozambique.* Charlottesville, va: University of Virginia Press, 2012.
Allman, Jean Marie. *The Quills of the Porcupine: Asante Nationalism in an Emergent Ghana.* Madison, WI: University of Wisconsin Press, 1993.
Anderson, David. *Histories of the Hanged: Britain's Dirty War in Kenya and the End of Empire.* New York: Norton, 2005.
Austin, Gareth. *Labour, Land and Capital in Ghana: From Slavery to Free Labour in Asante, 1807-1956.* Rochester, NY: University of Rochester Press, 2004.
Bayart, Jean-François. *The State in Africa: The Politics of the Belly,* 2nd edn. Cambridge: Polity Press, 2009.
Beinart, William. *Twentieth-century South Africa,* 2nd edn. Oxford University Press, 2001.
Berman, Bruce, and John Lonsdale. *Unhappy Valley: Conflict in Kenya and Africa,* 2 vols. London: James Currey, 1992.
Bernault, Florence. *Démocraties ambiguës en Afrique Centrale: Congo-Brazzaville, Gabon: 1940-1965.* Paris: Karthala, 1996.
Berry, Sara. "Hegemony on a shoestring: indirect rule and access to agricultural land." *Africa* 62:3 (1992), 327-355.
  No Condition is Permanent: The Social Dynamics of Agrarian Change in Sub-Saharan Africa. Madison, WI: University of Wisconsin Press, 1993.
Branche, Raphaëlle. *La torture et l'armée pendant la guerre d'Algérie.* Paris: Gallimard, 2001.
Burbank, Jane, and Frederick Cooper. *Empires in World History: Power and the Politics of Difference.* Princeton University Press, 2010.
Cain, P. J., and A. G. Hopkins. *British Imperialism, 1688-2000.* Harlow: Longman, 2002.
Cohen, Abner. "Cultural strategies in the organization of trading diasporas." In Claude Meillassoux, ed., *The Development of Indigenous Trade and Markets in West Africa.* Oxford University Press, 1971, pp. 266-284.
Comaroff, Jean, and John Comaroff. *Of Revelation and Revolution, Vol. 1: Christianity, Colonialism, and Consciousness in South Africa.* University of Chicago Press, 1991.
Conklin, Alice. *A Mission to Civilize: The Republican Idea of Empire in France and West Africa, 1895-1930.* Stanford University Press, 1997.

    In the Museum of Man: Race, Anthropology, and Empire in France, 1850-1950. Ithaca, NY: Cornell University Press, 2013.

Cooper, Frederick. *Citizenship between Empire and Nation: Remaking France and French Africa, 1945-1960.* Princeton University Press, 2014.

    Decolonization and African Society: The Labor Question in French and British Africa. Cambridge University Press, 1996.

    From Slaves to Squatters: Plantation Labor and Agriculture in Zanzibar and Coastal Kenya, 1890-1925. New Haven, CT: Yale University Press, 1980.

    Plantation Slavery on the East Coast of Africa. New Haven, CT: Yale University Press, 1977.

Cooper, Frederick, and Randall Packard, eds. *International Development and the Social Sciences: Essays on the History and Politics of Knowledge.* Berkeley, CA: University of California Press, 1997.

Cooper, Frederick, and Ann Laura Stoler, eds. *Tensions of Empire: Colonial Cultures in a Bourgeois World.* Berkeley, CA: University of California Press, 1997.

Coquery-Vidrovitch, Catherine. *Les Africaines: histoire des femmes d'Afrique noire, du XIXe au XXe siècle.* Paris: Éditions Desjonquères, 1994.

Dike, K. O. *Trade and Politics in the Niger Delta.* Oxford University Press, 1956.

Diop, Cheikh Anta. *Nations nègres et culture: De l'antiquité nègre égyptienne aux problèmes culturels de l'Afrique Noire d'aujourd'hui.* Paris: Éditions Africaines, 1954.

Dubois, W. E. B. *The World and Africa: An Inquiry into the Part which Africa has Played in World History.* New York: Viking, 1946.

Eltis, David. *Economic Growth and the Ending of the Transatlantic Slave Trade.* New York: Oxford University Press, 1987.

Falola, Toyin. *The Political Economy of a Pre-colonial African State: Ibadan, 1830-1900.* Ile-Ife: University of Ife Press, 1984.

Feierman, Steven. *Peasant Intellectuals: Anthropology and History in Tanzania.* Madison, WI: University of Wisconsin Press, 1990.

Ferguson, James. *Expectations of Modernity: Myths and Meanings of Urban Life on the Zambian Copperbelt.* Berkeley, CA: University of California Press, 1999.

Freund, Bill. *The African City: A History.* Cambridge University Press, 2007.

Giliomee, Hermann. *The Afrikaners: Biography of a People.* Charlottesville, va: University of Virginia Press, 2003.

Glassman, Jonathon. *Feasts and Riot: Revelry, Rebellion, and Popular Consciousness on the Swahili Coast, 1856-1888.* Portsmouth, nh: Heinemann, 1995.

War of Words, War of Stones: Racial Thought and Violence in Colonial Zanzibar. Bloomington, in: Indiana University Press, 2011.

Green, Toby. *The Rise of the Trans-Atlantic Slave Trade in Western Africa, 1300-1589.* Cambridge University Press, 2012.

Guyer, Jane. *Money Matters: Instability, Values and Social Payments in the Modern History of West African Communities.* Portsmouth, nh: Heinemann, 1995.

Hamilton, Carolyn, ed. *The Mfecane Aftermath: Reconstructive Debates in Southern African History.* Johannesburg: Witwatersrand University Press, 1995.

Hamilton, Carolyn, Bernard Mbenga, and Robert Ross, eds. *The Cambridge History of South Africa, Vol. 1: From Early Times to 1885.* Cambridge University Press, 2010.

Harries, Patrick. *Work, Culture, and Identity: Migrant Laborers in Mozambique and South Africa, c.1860-1910.* Portsmouth, nh: Heinemann, 1994.

Heywood, Linda, and John Thornton, *Central Africans, Atlantic Creoles, and the Foundation of the Americas, 1585-1660.* Cambridge University Press, 2007.

Hiskett, Mervyn. *The Sword of Truth: The Life and Times of the Shehu Usuman dan Fodio.* Oxford University Press, 1973.

Iliffe, John. *Africans: The History of a Continent,* 2nd edn. Cambridge University Press, 2007.

Isaacman, Allen. *Cotton is the Mother of Poverty: Peasants, Work, and Rural Struggle in Colonial Mozambique, 1938-1961.* Portsmouth, nh: Heinemann, 1996.

Jerven, Morten. "African growth recurring: an economic history perspective on African growth episodes, 1690-2010." *Economic History of Developing Regions* 25:2 (2010), 127-154.

Poor Numbers: How We are Misled by African Development Statistics and What to Do About It. Ithaca, NY: Cornell University Press, 2013.

Klein, Martin. *Slavery and Colonial Rule in French West Africa.* Cambridge University Press, 1998.

Kriger, Norma. *Zimbabwe's Guerrilla War: Peasant Voices.* Cambridge University Press, 1992.

Last, Murray. *The Sokoto Caliphate.* New York: Humanities Press, 1967.

Lindsay, Lisa. *Working with Gender: Wage Labor and Social Change in Southwestern Nigeria.* Westport, CT: Heinemann, 2003.

Lindsay, Lisa, and Stephan Miescher, eds. *Men and Masculinities in Modern Africa.* Portsmouth, nh: Heinemann, 2003.

Lodge, Tom. *Black Politics in South Africa Since 1945.* New York: Longman, 1983.

Politics in South Africa: From Mandela to Mbeki. Bloomington, in: Indiana University Press, 2003.

Lovejoy, Paul. *Transformations in Slavery: A History of Slavery in Africa*, 3rd edn. Cambridge University Press, 2012.

Lydon, Ghislaine. *On Trans-Saharan Trails: Islamic Law, Trade Networks, and Cross-Cultural Exchange in Nineteenth-century Western Africa*. Cambridge University Press, 2009.

Manchuelle, François. *Willing Migrants: Soninke Labor Diasporas, 1848-1960*. Athens, oh: Ohio University Press, 1997.

Mann, Greg. *Native Sons: West African Veterans and France in the Twentieth Century*. Durham, NC: Duke University Press, 2006.

Mann, Kristin, and Richard Roberts, eds. *Law in Colonial Africa*. Portsmouth, nh: Heinemann, 1991.

Manning, Patrick. *Slavery and African Life: Occidental, Oriental, and African Slave Trades*. Cambridge University Press, 1990.

Marseille, Jacques. *Empire colonial et capitalisme français: histoire d'un divorce*, new edn. Paris: Albin Michel, 2005.

McCann, J. C. *Green Land, Brown Land, Black Land: An Environmental History of Africa, 1800-1990*. Portsmouth, nh: Heinemann, 1999.

McCaskie, T. C. *State and Society in Pre-colonial Asante*. Cambridge University Press, 1995.

McKittrick, Meredith. *To Dwell Secure: Generation, Christianity, and Colonialism in Ovamboland*. Portsmouth, nh: Heinemann, 2003.

Miers, Suzanne, and Richard Roberts, eds. *The End of Slavery in Africa*. Madison, WI: University of Wisconsin Press, 1988.

Nugent, Paul. *Africa Since Independence*. Houndmills: Palgrave Macmillan, 2004.

Nwokeji, G. Ugo. *The Slave Trade and Culture in the Bight of Biafra: An African Society in the Atlantic World*. Cambridge University Press, 2010.

Ochonu, Moses. *Colonial Meltdown: Northern Nigeria in the Great Depression*. Athens, oh: Ohio University Press, 2009.

Osborn, Emily. *Our New Husbands are Here: Households, Gender, and Politics in a West African State from the Slave Trade to Colonial Rule*. Athens, oh: Ohio University Press, 2011.

Peterson, Derek. *Creative Writing: Translation, Bookkeeping, and the Work of Imagination in Colonial Kenya*. Portsmouth, nh: Heinemann, 2004.

Posel, Deborah. *The Making of Apartheid, 1948-1961: Conflict and Compromise*.

Oxford: Clarendon Press, 1991.
Priestley, Margaret. *West African Trade and Coast Society: A Family Study.* Oxford University Press, 1969.
Ranger, Terence. "Nationalist historiography, patriotic history and the history of the nation: the struggle over the past in Zimbabwe." *Journal of Southern African Studies* 30:2 (2004), 215-234.
  Revolt in Southern Rhodesia, 1896-97: A Study in African Resistance. Evanston, IL: Northwestern University Press, 1967.
Reid, Richard. *Political Power in Pre-Colonial Buganda.* Oxford University Press, 2002.
Robinson, David. *The Holy War of Umar Tal: The Western Sudan in the Mid-Nineteenth Century.* Oxford University Press, 1985.
  Paths of Accommodation: Muslim Societies and French Colonial Authorities in Senegal and Mauritania, 1880-1920. Athens, oh: Ohio University Press, 2000.
Robinson, Ronald, and John Gallagher. *Africa and the Victorians: The Official Mind of Imperialism.* New York: St. Martin's Press, 1961.
Ross, Robert, Anne Mager, and Bill Nasson, eds. *The Cambridge History of South Africa*, Vol. 2: 1885-1994. Cambridge University Press, 2011.
Ruedy, John. *Modern Algeria: The Origins and Development of a Nation*, 2nd edn. Bloomington, in: Indiana University Press, 2005.
Saada, Emmanuelle. *Empire's Children: Race, Filiation, and Citizenship in the French Colonies*, trans. Arthur Goldhammer. University of Chicago Press, 2012.
Searing, James F. *West African Slavery and Atlantic Commerce: The Senegal River Valley, 1700-1860.* Cambridge University Press, 1993.
Seekings, Jeremy, and Nicoli Nattrass. *Class, Race, and Inequality in South Africa.* New Haven, CT: Yale University Press, 2005.
Shepard, Todd. *The Invention of Decolonization: The Algerian War and the Remaking of France.* Ithaca, NY: Cornell University Press, 2006.
Sheriff, Abdul. *Slaves, Spices, and Ivory in Zanzibar: Integration of an East African Commercial Empire into the World Economy, 1770-1873.* Athens, oh: Ohio University Press, 1987.
Thénault, Sylvie. *Histoire de la guerre d'indépendance algérienne.* Paris: Flammarion, 2005.
Thomas, Lynn. *Politics of the Womb: Women, Reproduction, and the State in Kenya.* Berkeley, CA: University of California Press, 2003.
Tilley, Helen. *Africa as a Living Laboratory: Empire, Development, and the Problem*

of Scientific Knowledge, 1870-1950. University of Chicago Press, 2011.
Trapido, Stanley. "Landlord and tenant in a colonial economy: the Transvaal 1880-1900."*Journal of Southern African Studies* 5:1 (1978), 26-58.
van Beusekom, Monica. *Negotiating Development: African Farmers and Colonial Experts at the Office du Niger, 1920-1960*. Portsmouth, nh: Heinemann, 2002.
van Onselen, Charles. *The Seed is Mine: The Life of Kas Maine, a South African Sharecropper, 1894-1985*. New York: Hill & Wang, 1996.
Vansina, Jan. *Antecedents to Modern Rwanda: The Nyiginya Kingdom*. Oxford University Press, 2004.
Vaughan, Megan. *Curing Their Ills: Colonial Power and African Illness*. Cambridge: Polity Press, 1991.
The Story of an African Famine: Gender and Famine in Twentieth-century Malawi. Cambridge University Press, 1987.
White, Luise. *Speaking with Vampires: Rumor and History in Colonial Africa*. Berkeley, CA: University of California Press, 2000.
Wilks, Ivor. *Asante in the Nineteenth Century: The Structure and Evolution of a Political Order*, 2nd edn. Cambridge University Press, 1989.
Willis, Justin. *Mombasa, the Swahili, and the Making of the Mijikenda*. Oxford: Clarendon Press, 1992.
Worger, William. *South Africa's City of Diamonds: Mine Workers and Monopoly Capitalism in Kimberley, 1867-1895*. New Haven, CT: Yale University Press, 1987.
Zewde, Bahru. *A History of Modern Ethiopia, 1855-1991*, 2nd edn. Athens, oh: Ohio University Press, 2001.

CHAPTER 22

세계사 속의 미국

이안 티럴
Ian Tyrrell

미국의 역사는 초창기부터 세계사와 긴밀하게 연결되어 있었다. 1776년 이전 식민지 시대의 북아메리카는 프랑스, 스페인, 영국 등 제국의 야망이 펼쳐지던 무대였고, 여기에 여러 원주민 부족의 갈등과 협력이 겹쳤다. 결국 대륙 간 갈등의 수혜자로 미국이 탄생했으며, 미국 또한 다양한 형태의 제국 중 하나로 발전하게 되었다. 1867년 알래스카를 매입할 무렵의 미국은 세계적으로 제국에 버금가는 규모의 인구와 천연자원을 보유했고, 세계의 무역, 이주, 투자 면에서 중요한 역할을 담당하고 있었다. 독립 이후 미국은 유럽 주도의 국제 체제에 부분적으로 참여하고 있었지만, 독립국가가 수립되기 훨씬 전부터 이미 미국은 세계적으로 상당한 중요성을 차지하고 있었다. 지리적으로 볼 때 19세기 미국의 대외 관계는 주로 북대서양 지역에 초점이 맞춰졌다. 그러나 아시아-태평양 지역 역시 공화국 체제의 미국이 성장 초기 단계부터 중요한 교류의 무대였다. 당시의 미국이 다른 민족들과 맺은 교류의 폭은 이미 세계적 수준에 근접해 있었다.

세계사(World history)는 "세계화(globalisation)"보다 더 폭넓고 보편적인 개념이다. "세계화"라는 용어는 현대사에 치중하고, 변화의 과정을 일방적이고 단선적인 것으로 전제한다는 점에서 비판을 받아왔다. 그럼에도 불구하고 19세기의 미국이 이른바 "빅토리아식 세계화(Victorian globalisation)" 내지는 "제국적 세계화(imperial globalisation)"로 일컬어지는 현상으로부터 깊은 영향을 받았던 사실을 부정할 수 없다. 이는 대영제국의 경제적 영향력을 의미하는 표현이었다. 그러나 이 글에서 사용되는 "세계화(globalisation)"란 순전히 경제적 성격에 국한된 것이 아니다. 우리가 말하는 세계화의 의미에는 불균등하고, 우발적이며, 역전 가능한 속성이 모두 포함된다. 세계의 긴밀한 연결은 경제적, 정치적, 문화적 관계를 포함하는 복합 사회 형성의 과정으로 다루는 것이 가장 적절하다. 19세기 미국은 대부분의 분야에서 개방된 사회였다. 그래서 무역, 이주, 자본의 흐름 등을 통해 당시 새롭게 부상하던 글로벌 경제에 통합되었다. 사회문화적 변화도 그와 같은 국제적 흐름에 긴밀하게 연결되었으며, 그에 따라 미국의 시민사회도 국내를 넘어 국제 교류에도 깊이 관여했다. 그러나 미국의 정치와 외교는 전혀 그렇지 않았다. 고립주의 정책이 주류였으며, 대 유럽 관계만 개방적이었다. 19세기 말에서 20세기 초로 넘어갈 무렵, 미국을 비롯한 선진국들은 국경을 강화하고, 정치 체제를 정비했다. 그리고 힘을 이용하여 다른 국가나 민족과 관계를 맺었다. 이는 제국의 입장에만 입각한 일방적 관계였다. 세계의 열강들이 무역과 자원 획득을 두고 경쟁을 벌였다. 이후 20세기 중엽에 이르기까지, 수십 년 동안 두 차례의 세계대전이 벌어졌고 경제 대공황이 발생했다. 그와 같은 상황 속에서 글로벌 경제와 사회에서는 통합의 힘과 분리의 힘이 줄다리기하는 가운데 미묘한 균형이 만들어졌다. 제2차 세계대전 이후 세계적 경제 통합이 다시 성장했으며, 정치와 경제의 관계는 더욱 긴밀해졌다. 그 속에서 미국은 정치, 외교, 군사 분야에서도 국제주의적 경향을 띠게 되었다. 마침내 1970년대에는 "새로운 세계화(new globalisation)"라고 일컬어지기도 하는, 한층 강화된 글로벌 통합의 물결이 일어났다. 이는 경제, 사회, 정치에 깊은 영향을 미쳤으며, 21세기 초까지도 여전히 그 영향을 미치고 있다.[1]

제국과 혁명

현대 세계사의 주요 주제 중 하나는 여러 제국의 권력 확산과 그들의 갈등이다. 독립 공화국 미국의 기원을 이해하려면 북아메리카, 카리브해, 그리고 대서양 경제의 지배권을 두고 벌어졌던 여러 유럽 제국들의 경쟁이라는 맥락을 살펴보아야 한다. 17세기와 18세기 초를 거치는 동안 북아메리카에 건설된 영국의 식민지는 확장을 계속했다. 1750년경 영국 세력은 서쪽에서는 프랑스와 원주민 연합 세력에 의해, 남쪽으로는 스페인에 의해 확장이 가로막혀 있었다. 1750년대에 일어났던 7년 전쟁은 많은 사람들이 사실상의 세계대전으로 평가하는데, 유럽, 아

---

1 이 글에서 논의된 발전의 세계적 맥락을 다룬 핵심 연구는 다음을 참조. Emily S. Rosenberg, ed., *A World Connecting, 1870-1945* (Cambridge, MA: Belknap Press of Harvard University Press, 2012). 세계화의 다양한 개념적 구분에 대해서는 A. G. Hopkins, ed., *Globalization in World History* (London: Pimlico Books, 2002); Kevin H. O'Rourke and Jeffrey G. Williamson, *Globalization and History: The Evolution of a Nineteenth-century Atlantic Economy* (Cambridge, MA: MIT Press, 1999); Bruce Mazlish and Ralph Buultjens, eds., *Conceptualizing Global History* (Boulder, CO: Westview Press, 1993); Geoff Eley, 'Historicizing the global, politicizing capital: giving the present a name', *History Workshop Journal* 63:1 (2007), 154-188; Gary B. Magee and Andrew S. Thompson, *Empire and Globalisation: Networks of People, Goods and Capital in the British World, c. 1850-1914* (Cambridge University Press, 2010). 세계화에 대한 강력한 비판에 대해서는 Frederick Cooper, 'What is the concept of globalization good for? An African historian's perspective', *African Affairs* 100 (2001), 189-213을 보라.

시아, 북아메리카 등지에서 영국 동맹과 프랑스 동맹 사이에 일어난 전쟁이었다. 특히 북아메리카에서는 영국 대 프랑스-원주민의 전쟁으로 나타났다. 오대호(Great Lakes) 지역의 이로쿼이(Iroquois) 연맹처럼, 유럽 경쟁자들의 갈등을 교묘히 이용해 원주민의 영토와 경제적 독립을 유지하던 세력도 있었지만, 전쟁의 결과로 프랑스, 영국, 그리고 일부 원주민 부족들 사이의 다자간 권력 균형이 무너지고 말았다.[2] 프랑스-원주민 동맹은 더 이상 영국계 정착민들의 팽창주의적 야망을 저지할 수 없었다. 영국계 정착민을 공격할 세력은 사라졌다. 정착민들도 더 이상 방어를 위해 영국에 의존할 필요가 없어졌다. 그러나 영국 정부는 안전 비용을 식민지 정착민들이 부담해 주기를 원했다. (영국령 아메리카 식민지의 대표자는 영국 의회에 참여하지 않았다.) 그래서 "대표자의 의견이 반영되지 않은 과세(taxation without representation)"를 둘러싼 재정적, 이념적 갈등이 발생했다. 그것이 독립선언과 독립전쟁(1775-83년)의 원인이 되었다.

미국은 반식민주의 혁명으로 탄생했다. 이는 1776년부터 1825년 사이 대서양 권역에서 일련의 혁명을 촉발하는 계기가 되었다. 잇달아 터져나온 혁명은 라틴 아메리카의 포르투갈령 및 스페인령 식민지의 독립

---

2 Richard White, *The Middle Ground: Indians, Empires, and Republics in the Great Lakes Region, 1650-1815* (Cambridge University Press, 1991); Fred Anderson, *Crucible of War: The Seven Years' War and the Fate of Empire in British North America, 1754-1766* (New York: Vintage Books, 2001); James Axtell, *The Invasion Within: The Contest of Cultures in Colonial North America* (Oxford University Press, 1985); Timothy J. Shannon, *Iroquois Diplomacy on the Early American Frontier* (New York: Viking, 2008).

으로 마무리되었다. 자연권(natural rights) 사상과 멀리 떨어진 권력에 대한 반대(opposition to distant authority)가 미국 혁명의 분위기를 달구었다. 이는 향후 프랑스의 군주정 논쟁에도 영향을 미쳤다. 당시 프랑스 군주정에는 루이 16세 시대 절대왕권의 영향이 강하게 남아 있었다. 미국 혁명에서 선언한 평등 사상은 노예제 폐지 목소리에 불을 지폈다. 노예 무역으로 유입된 노예는 당시 미국 남부 지역과 대서양 권역의 경제를 떠받치는 기반이었다. 평등주의 이념을 쉽게 억제할 방법은 없었다. 이는 신생 독립국인 미국 연방 가운데 북부의 여러 주에서 노예제 폐지로 이어졌다. 이는 또한 생도맹그(Saint-Domingue, 현 아이티)의 반란에도 영향을 미쳤다. 1789년 프랑스 식민지였던 생도맹그에서는 프랑스 혁명의 여파로 자유민 흑인과 노예들의 반란이 일어났다. 마침내 노예 식민지에서 백인 지배에 저항한 성공 사례가 만들어졌고, 최초의 독립 공화국 아이티(Haiti)가 수립되었다. 아이티 혁명은 신생국 미국 연방에 영향을 미쳤다. 남부의 여러 주에서는 노예 반란과 저항에 더욱 강경한 태도를 취했다. 이 혁명은 1787년부터 1789년 사이에 제정된 미 연방 공화국의 헌법에 이미 반영되었던 노예제의 법적 체제를 더욱 공고히 하는 계기가 되었다.[3]

---

3 David Brion Davis, *Slavery and Human Progress* (Oxford University Press, 1984) and *The Problem of Slavery in the Age of Revolution, 1770-1823* (Ithaca, NY: Cornell University Press, 1975); Laurent Dubois, *Avengers of the New World: The Story of the Haitian Revolution* (Cambridge, MA: Belknap Press of Harvard University Press, 2004); Alfred N. Hunt, *Haiti's Influence on Antebellum America: Slumbering Volcano in the Caribbean* (Baton Rouge, la: Louisiana State University Press, 1988); Eugene Genovese, *From Rebellion to Revolution: Afro-American*

독립 이후 1790년부터 1815년까지 미국의 안전과 번영은 프랑스 혁명 이후의 국제 관계로부터 심도깊은 영향을 받았다. 영국과 프랑스의 경쟁은 영국과 미국의 갈등으로 이어졌다. 특히 1800년 나폴레옹의 집권과 이후 나폴레옹 전쟁 시기에 그들의 갈등은 더욱 심화되었다. 미국과 유럽의 교역은 큰 타격을 입었다. 영국이 공해상에서 미국 선박을 나포하여 미국 국적을 주장하는 선원을 강제로 징집하는 사건이 발생하자 마침내 영미 갈등은 폭발적 국면으로 접어들었다. 미국의 선전포고로 1812년 영미 전쟁이 시작되었고, 주요 전장은 영국령 캐나다(어퍼 캐나다와 퀘벡)였다.[4] (미국은 독립선언 이후에도 영국과 스페인에 의해 외교적, 경제적, 군사적 자주권이 제약된 상태였다. – 옮긴이) 스페인의 국력이 쇠퇴하면서 스페인령 식민지에서도 반란이 일어났고, 영국은 전장에서 교착상태에 빠져들었다. 이제 미국에게 마침내 완전한 독립을 실현할 수 있는 기회가 찾아왔다. 그 후 영국의 캐나다 지배는 여전히 유지되었지만, 유럽의 어떤 강대국도 미국에 간섭할 만한 힘은 없었다. 원주민 부족의 희생을 바탕으로 미국은 서부 확장을 시도했다. 유럽의 어느 제국도 이를 저지하지 못했다. 분명 북아메리카 대륙의 세력 균형은 원주민보다는 유럽계 이주민에게 유리한 방향으로 바뀌어갔다. 먼로 독트린(Monroe Doctrine)에는 유럽 열강의 아메리카 간섭을 강력히 경고하

Slave Revolts in the Making of the Modern World (New York: Vintage, 1979); R. R. Palmer, *Age of the Democratic Revolution*, 2 vols. (Princeton University Press, 1959-1964); Christopher Brown, *Moral Capital: Foundations of British Abolitionism* (Chapel Hill, NC: University of North Carolina Press, 2006).
4 Alan Taylor, *The Civil War of 1812: American Citizens, British Subjects, Irish Rebels, & Indian Allies* (New York: Knopf, 2010).

는 내용이 포함되었다. 이와 같은 대륙 차원의 안보 강화를 뒷받침한 것은 영국의 해군력과 영국의 외교적 지원이었다. 이는 미국의 정책인 동시에 영국의 정책이기도 했다.[5]

건국 초기의 국가 경제

1776년 이전 아메리카의 영국령 식민지와 영국 및 유럽은 광범위하게 교역을 하고 있었다. 그러나 당시 영국은 엄격한 중상주의 체제(mercantilist system) 아래 있었고, 영국 식민지의 무역은 모두 영국 선박을 이용하고 영국 항구를 거쳐야 했다. 18세기 식민지 경제의 발전은 주로 담배 산업에 의거했다. 당시 남부의 농장주들이 영국 상인들로부터 점점 더 많은 빚을 끌어 쓰게 되었는데, 설상가상으로 토양이 황폐해지는 문제도 발생했다. 이는 19세기 남부의 주요 작물이 담배에서 밀로 전환되었던 중요한 이유 중 하나였다. 밀 재배는 노예 노동 의존도가 낮아서 윤리 문제가 덜했고, 외국 자본 의존도도 더 낮았다.[6] 사우스캐롤라이나에서는 쌀이 대규모로 재배되었다. 아마도 서아프리카에서 이주해온 노예들이 가져온 기술로 재배가 가능했을 것으로 추정된다. 여기서 생산된 쌀은 유럽으로 수출되었다. 또한 북아메리카의 숲은 모피 산업의 기반이 되었다. 벌목한 목재는 영국으로 수출되어 영국 해군의 조선 재료로 사용되기도 했다.[7]

---

5 Jay Sexton, *The Monroe Doctrine: Empire and Nation in Nineteenth-century America* (New York: Hill & Wang, 2011).
6 Allan Kulikoff, *Tobacco and Slaves: The Development of Southern Cultures in the Chesapeake, 1680–1800* (Chapel Hill, NC: University of North Carolina Press, 1986).

독립 이후 초기의 미국에서는 해외 무역이 경제 발전에 필수적이었다. 그런 면에서 당시의 미국은 해양 국가였다. 멕시코나 캐나다를 상대로는 국경 지역에서 무역이 가능했지만, 이외의 지역과는 반드시 선박을 통해 화물을 운송할 수밖에 없었다. 현실적으로 캐나다 무역도 선박을 이용하는 경우가 많았다. 중서부 확장 지역에서 생산된 상품을 실은 바지선이, 1825년 이리 운하(Erie Canal)가 개통된 이후로는 오대호(Great Lakes)를 거쳐 대서양으로 연결되었다.[8] 그러나 대서양이 끝이 아니었다. 미국의 상업적 비전은 세계를 아울렀다. 1790년대 이후로 미국은 세계의 모든 대양에서 다양한 국가 또는 민족과 무역을 이어가고 있었다. 이 과정에서 미국은 기존 대영제국의 무역 경로를 활용했으며, 그들의 경험과 지식을 통해 이익을 얻었다. 미국의 매사추세츠(Massachusetts) 지역에는 유명한 무역 및 포경 중심지들이 있었다. 미국의 무역은 여기서 시작해서 남태평양과 인도, 그리고 중국까지 확장되었다.[9] 태평양 포경선단에서 잡은 고래에서 고래 기름을 얻었는데, 이는

---

7 John Brooke, 'Ecology', in Daniel Vickers, ed., *A Companion to Colonial America* (Malden, MA: Wiley-Blackwell, 2006), p. 60; Robert G. Albion, *Forests and Sea Power: The Timber Problems of the Royal Navy, 1652-1862* (Cambridge, MA: Harvard University Press, 1926); Judith A. Carney, *Black Rice: The African Origins of Rice Cultivation in the Americas* (Cambridge, ma, and London: Harvard University Press, 2001).

8 Peter Bernstein, *Wedding of the Waters: The Erie Canal and the Making of a Great Nation* (New York: Norton, 2005).

9 Gordon Greenwood, *Early American-Australian Relations: From the Arrival of the Spaniards in America to the Close of 1830* (Melbourne University Press, 1944); Rosemarie Zagarri, 'The significance of the "global turn" for the early American republic: globalization in the age of nation-building', *Journal of the Early Republic* 31 (Spring 2011), 1-37; James R. Fichter, *So Great a Profit: How the East Indies*

당시 매우 귀중한 연료로 사용되었다. 고래고기와 고래수염도 폭넓게 거래되었다. 한편 중국 무역에서는 차, 비단, 도자기가 주요 거래 품목이었다. 중국으로 수출된 상품은 에게해 연안의 터키 이즈미르(Izmir)에서 구입해온 아편, 미국의 숲에서 채취한 인삼, 그리고 태평양의 섬에서 얻은 백단향(과도한 채취로 금세 고갈되었다)과 해삼 등이었다.[10]

미국의 경제 발전은 19세기 초 영국의 산업화와 밀접하게 연결되어 있었다. 당시 영국의 산업화는 글로벌 경제를 이끄는 원동력이었다. 섬유 산업(면직물과 모직물)의 성장과 함께 영국의 제조업이 전반적으로 확장되었으며, 미국에서 생산되는 원자재가 영국 시장으로 팔려 나갔다. 영국의 산업 도시들이 날로 성장했다. 동시에 식량 수요도 증가했으며, 미국의 밀과 옥수수 생산 확대는 유럽 산업 인구의 식량 보급에 중요한 역할을 했다. 의복과 관련해서도 사정은 마찬가지였다. 1790년대에 업랜드 코튼(upland cotton) 품종이 소개되자 미국 남부의 농민들은 재배지를 엄청난 규모로 확장했다. 원래 목화 재배 지역은 해안선을 따라 좁고 긴 띠 모양을 형성했는데, 업랜드 코튼은 이를 벗어나 내륙에서 재배할 수 있는 품종이었다. 농지 확보를 위해 미국 연방 정부는 특히 1820년 이후로 이른바 "문명화된 5개 부족(five civilized tribes)"을 강제 이주시켰다.[11] 유럽의 목화 수요 증가가 그들에게 이와 같은 재배 동

Trade Transformed Anglo-American Capitalism (Cambridge, MA: Harvard University Press, 2010).
10 Yen-P'ing Hao, 'Chinese teas to America - a synopsis', in Ernest R. May and John K. Fairbank, eds., *America's China Trade in Historical Perspective: The Chinese and American Performance* (Cambridge, MA: Harvard University Press, 1986), p. 22.

기를 부여한 것이었다. 1793년, 목화솜에서 씨앗을 분리하는 조면기 (cotton gin)가 개발되자 업랜드 코튼의 수확 효율성이 높아졌으며, 남부 지역의 노예는 값싼 노동력을 제공했다.

1815년 이후 유럽에서 미국으로, 특히 영국으로부터 많은 자본이 유입되었다. 미국은 영국과 언어와 관습법 전통이 같아서 투자와 사업을 늘리는 데 유리했다. 특히 19세기 초에는 영어를 함께 사용하는 것이 큰 장점이었다. 당시 미국으로 온 이민자들 가운데 영국인이 많았기 때문이다. 영국은 운하 건설 같은 초기 교통시설 투자에 참여했다. 당시 미국 서부에서는 농장이 빠르게 늘어나고 있었는데, 운하 덕분에 서부의 농산물이 유럽 시장까지 쉽게 수출될 수 있었다. 이후 1850년대부터 철도가 중요해졌으며, 1870년대부터는 영국이 철도 건설에도 많은 투자를 했다. 남북전쟁 이후 영국 투자자들은 미국 서부 지역의 농장과 목장 부지를 사들이며 토지 개발 사업에도 적극 참여했다.[12]

노예제

1780년 - 1804년 사이 미국 북부의 여러 주에서 노예제 폐지 법률

---

11 The Cherokee, Seminole, Creek, Choctaw and Chickasaw. See Grant Foreman, *Indian Removal: The Emigration of the Five Civilized Tribes of Indians* (Norman, ok: University of Oklahoma Press, 1932); Francis Paul Prucha, *The Great Father: The United States Government and the American Indians* (Lincoln, ne: University of Nebraska Press, 1984).

12 James Belich, *Replenishing the Earth: The Settler Revolution and the Rise of the Anglo-World, 1783-1939* (Oxford University Press, 2009); Mira Wilkins, *The History of Foreign Investment in the United States to 1914* (Cambridge, MA: Harvard University Press, 1989).

이 의회를 통과했다. 1808년부터 미국은 노예 무역을 금지했고, 더 이상 국제 노예 무역에 참여하지 않았다. 그러나 미국 경제는 본질적으로 면화가 주도하고 있었으며, 노예제는 면화 사업 성공의 핵심 요인이었다. 1810년 기준 노예 인구는 100만 명이었는데, 남북전쟁 무렵에는 거의 400만 명에 가까웠다. 아프리카에서 신규로 수입되는 노예도 있었지만 대개는 아프리카 노예의 후손들이었다. 1600년부터 1808년 사이 미국으로 수입된 아프리카인은 약 60만 명이었다. (그 이후에도 카리브해 연안이나 아프리카 지역으로부터 노예가 불법적으로 유입되었다. 그 수를 정확히 파악하기는 어렵지만, 최대 5만 명에 이를 가능성이 있다.) 같은 시기 아메리카 대륙 전체적으로는 약 1,000-1,100만 명의 노예가 수입되었으므로, 미국의 노예 수입 규모 60만 명은 그 중 극히 일부에 불과했다. 미국 남부 지역에서 노예 인구가 늘어났던 이유는, 성비가 비교적 균형을 이루었고, 농장주들이 사실상 노예 가정을 장려했기 때문이다. 서인도 제도나 브라질의 사탕수수 플랜테이션 농장에 비하면 미국 남부의 담배나 목화 재배 농장의 노동 조건은 상대적으로 덜 가혹한 편이었다. 또한 아프리카계 미국인 노예들에게 영향을 미치는 질병도 카리브해 열대 지역의 식민지만큼 심하지는 않았다. 기존에 아프리카에서 아메리카로 운송된 노예 중 미국으로 수입된 노예는 6퍼센트에 불과했지만, 1825년을 기준으로 아메리카에 남아 있던 아프리카 노예의 후손 중 25퍼센트가 미국에 거주하고 있었다. 노예 해방과 관련한 미국의 법률은 서인도 제도나 라틴 아메리카에 비해 훨씬 엄격했다. 서인도 제도와 라틴 아메리카의 경우, 백인 정착민의 대규모 이주가 없었고 숙련 노동력이 부족했기 때문에 노예들에게 기술 습득을 장려했다. 숙련 기술을 확보한 노예들은 노동 조건을 협상하거나 해방을 요구할 여지가 있었다. 북아메리카의 노예제는 역설적으로 카리브해보다 더 관대하면서도 동시에 더 가혹했다. 아프리카 노예 수출 지역에서도 자체적으로 노예제가 존재했다. 북아메리카와 카리브해를 막론하고 전반적으로는 아프리카보다 아메리카의 노예의 처지가 더 가혹했다. 아프리카의 노예는 주로 가정에서 일했지만 아메리카에서는 가정을 벗어나서 일했고, 아프리카에서는 주로 과시적 소비의 일환으로 노예를 부렸다면 아메리카에서는 이윤 추구를 목적으로 노예를 사용했기 때문이다. 이른바 '신세계'의 노예제는 목화나 사탕수수 같은 대서양 권역 시장의 현금작물과 깊이 연관되어 있었다.[13]

인구 / 이민

미국은 자유 노동자와 계약노동자 이주 측면에서도 세계 경제와 밀접하게 연결되어 있었다. 세계의 이주 시스템은 유럽의 과잉 인구가 북아메리카, 남아메리카, 오스트랄라시아 지역으로 이주하는 구조였다. 1815년부터 1920년대까지 미국은 이와 같은 세계의 이주 시스템과 직

---

13 Ira Berlin, *Many Thousands Gone: The First Two Centuries of Slavery in North America* (Cambridge, MA: Belknap Press of Harvard University Press, 1998); Philip D. Curtin, *The African Slave Trade: A Census* (Madison, WI: University of Wisconsin Press, 1969); Stanley L. Engerman and Eugene Genovese, eds., *Race and Slavery in the Western Hemisphere: Quantitative Studies* (Princeton University Press, 1975); Paul Lovejoy, 'The volume of the Atlantic slave trade: a synthesis', *Journal of African History* 23:4 (1982), 473-501; David Eltis, *The Rise of African Slavery in the Americas* (Cambridge University Press, 2000). For global aspects, see Janet J. Ewald, 'Slavery in Africa and the slave trades from Africa', *American Historical Review* 97 (April 1992), 465-485.

접적으로 연결되어 있었다. 유럽인들이 주로 이주하는 여러 지역을 때로 '신유럽(Neo-Europes)'이라 일컫기도 했다. 신유럽에서는 질병과 전쟁 등으로 인해 원주민 인구가 감소 혹은 소멸하거나, 피지배 민족이 되기도 했다. 1815-60년 사이 500만 명의 이민자가 미국에 도착했다. 주로 북서 유럽에서 이주해온 사람들이었다. 이민자들의 주요 출신지는 독일, 아일랜드(1845년 이후), 영국이었다. 1850년대에는 태평양 연안의 금광 지역에서 중국인들이 중요한 인구 구성 요소로 부각되었다. 1870년경 캘리포니아의 중국 출신 이민자는 약 5만 명으로, 인구의 8퍼센트를 차지했다. 당시 미국 전역에서는 총 10만 명의 중국 출신 이민자들이 있었다. 대서양과 태평양은 이주의 패턴이 달랐고, 이는 미국 이민에서도 마찬가지였다. 여러 요인이 있었지만 무엇보다 광동(廣東, Guangdong) 지역의 인구 압력 때문에 그곳의 중국인들이 계약노동의 형태로 해외로 나가는 경우가 많았다. 해당 지역은 이미 수십 년 전부터 국제 무역과 연결되어 있었으므로, 그 지역 사람들은 북아메리카의 경제적 기회에 대해서도 잘 알고 있었다. 유럽에서는 산업의 기계화로 일자리를 잃은 숙련 노동자들과, 농촌에서 생계 유지가 어려워 도시로 나왔던 사람들 중의 일부가 대서양을 건넜다. 1845-48년 사이 발생한 감자 기근 이후 많은 아일랜드인들이 아메리카로 이주했다. 여기서 우리는 복합적 이주 경로를 보여주었던 대표적인 패턴을 확인할 수 있다. 미국으로 직접 건너 간 아일랜드인도 있었지만, 캐나다와 영국으로 갔다가 다시 미국으로 이주한 아일랜드인도 있었다. 미국에 도착한 아일랜드인들은 대부분 도시에 정착했으며, 대개 비숙련 노동자로 일했다. 그러나 스칸디나비아 출신 이민자들은 특히 미국 중서부 지역으로 들어가 농지를 개척했다.[14] 미국은 19세기 유럽 이주민의 약 65퍼센트를 받아들였다. 그러나 특히 1870년 이전에는 유럽의 대규모 이주민 중 상당수가 미국이 아닌 다른 지역으로 향했다. 게다가 '중국인의 미국 이주'는 '중국인의 대대적인 해외 이주 가운데 극히 일부에 불과했다'.[15] 어느 경우든 미국이 유일한 '원거리 이주의 목적지'는 아니었지만, 유럽인들에게 여행의 편의성과 비용 측면에서 가장 유리한 해외 목적지였다.[16]

미국 남북전쟁(1861-65년) 이후 이민자 수는 더욱 증가했다. 1924년까지 미국에 도착한 이민자는 3,200만 명에 이르렀다. 1800년부터 1914년까지 미국에 들어온 이민자의 통계를 보면 출신지가 주로 남동유럽과 동유럽이었다.(남북전쟁 이후 급증한 이민자의 경우에도 이러한 맥락은 변함이 없었다. — 옮긴이) 이는 여러 측면에서 이전 시기와는 다른 특징을 보였다. 이들은 주로 이동성이 매우 높은 노동 인구였다. 대개 대서양을 왕복하는 경우가 많았으며, 귀환율(repatriation rate)은 국적에 따라 25퍼센트부터 90퍼센트를 넘는 경우까지 다양했다.[17] 1882년에 중

---

14 Adam McKeown, 'Global migration, 1846-1940', *Journal of World History* (June 2004), 5, www.historycooperative.org/journals/jwh/15.2/mckeown.html, accessed 5 June 2005; Jan Lucassen and Leo Lucassen, eds., *Migration, Migration History, History: Old Paradigms and New Perspectives* (Bern: Peter Lang, 1997); Yong Chen, 'The internal origins of Chinese emigration to California reconsidered', *Western Historical Quarterly* 28 (Winter 1997), 520-546; Maldwyn Jones, *American Immigration* (University of Chicago Press, 1959); Philip A. M. Taylor, *The Distant Magnet: European Emigration to the USA* (New York: Harper & Row, 1971); Adam McKeown, *Chinese Migrant Networks and Cultural Change: Peru, Chicago, Hawaii, 1900-1936* (University of Chicago Press, 2001).
15 Yong Chen, 'Internal origins of Chinese emigration', 530.
16 Taylor, *Distant Magnet*.
17 Mark Wyman, *Round-Trip to America: The Immigrants Return to Europe*,

국인 배제법(Chinese Exclusion Act)이 제정된 이후 중국인의 미국 이민은 거의 완전히 차단되었다. 이후 중국 이민자 대신에 일본인이 일부 유입되기도 했지만, 이들 역시 1908년 이후 대부분 차단되었다.(1907년부터 1908년까지 미국 이민 제한을 위한 일본 정부와 미국 정부의 신사협정이 잇달아 체결되었다. ─ 옮긴이) 이민 제한주의자들은 1890년대부터 남유럽과 동유럽 이민도 막으려는 시도를 했었다. 그러나 현실적으로는 1921-24년 사이에 점진적으로 유럽 출신 이민 제한 조치가 실행되었다. 이민할당제에 따라 국적별로 이민을 제한했으며, 아시아로부터의 이민은 금지되었고, 서반구 범위 안에서의 이민만이 허용되었다.[18]

이러한 이민의 패턴은 유럽과 미국 모두에 이익을 가져다주었다. 유럽은 이민으로 잉여 농업 인구를 해소할 수 있었다. 또한 이민자들이 본국으로 송금한 돈으로 미국에서 (이주 노동자를 활용해서) 제조한 저렴한 공산품을 구입할 수 있었다. 미국은 이러한 노동자를 직접 양육하거나 교육할 필요가 없었다. 이민자들은 대체로 의욕적이고 유능한 노동자로 평가되었다. 또한 이민자들은 그 자체로 지식과 실용적 기술을 가진 인적 자본이었고, 그들이 가지고 온 자금을 통해 추가로 금융 자본이 유입

1880-1930 (Ithaca, NY: Cornell University Press 1993); John Bodnar, *The Transplanted: A History of Immigrants in Urban America* (Bloomington, in: Indiana University Press, 1985).

18 Andrew Gyory, *Closing the Gate: Race, Politics, and the Chinese Exclusion Act* (Chapel Hill, NC: University of North Carolina Press, 1998); Erika Lee, *At America's Gates: Chinese Immigration During the Exclusion Era, 1882-1943* (Chapel Hill, NC: University of North Carolina Press, 2004); Mae M. Ngai, *Impossible Subjects: Illegal Aliens and the Making of Modern America* (Princeton University Press, 2004).

되었다. 유럽인 이민자들과 달리 중국인 이민자들은 주로 자율성이 제한된 계약노동자들이었지만, 그럼에도 불구하고 중국으로도 송금이 계속되었다.

이민뿐만 아니라 인구 구조 또한 당시 급격한 인구 증가의 원인이었다. 19세기 초 인구 구성 상 젊은 인구의 비중이 높았다. 영아 사망률 감소와 개선된 보건 상태, 그리고 농촌 지역의 높은 출산율 등이 합쳐져서 전체적으로 출생률이 높은 상태로 유지되었다. 인구 증가에는 이것이 이민보다 더 큰 기여를 했다. 1800년 평균 가구당 출생아 수는 약 7명이었으나, 1860년에는 6명, 1900년에는 3.5명으로 감소했다. 이민과 자연 증가가 결합되면서 인구는 1790년 390만 명에서 1860년 3,140만 명, 1910년 9,220만 명으로 급격히 증가했다. 급속한 인구 증가로 1860년에는 미국이 영국의 인구를 추월했다. 영국의 인구는 1790년 800만 명, 1860년 2,300만 명이었다. 이러한 인구 증가는 서부에서 투기적 토지 취득과 건축 붐을 촉진했으며, 경제 성장에도 기여했다.[19]

서부의 "확장"

1803년 루이지애나 매입(Louisiana Purchase, 프랑스로부터) 이후 미국의 영토는 로키산맥에서 미시시피강까지 확장되었다. 그러나 미래에 미국의 남서부 주가 될 지역은 여전히 스페인 영토(1824년 이후 멕시코 공화국, Los Estados Unidos Mexicanos)로 남아 있었으며, 이는 1846년 멕시

---

19 Belich, *Replenishing the Earth*; Daniel Scott Smith, 'Family limitation, sexual control, and domestic feminism in Victorian America', *Feminist Studies* 1:3/4, Special Double Issue: Women's History (Winter-Spring, 1973), 40-57.

코 전쟁(Mexican War)이 발발하기 전까지 지속되었다. 전쟁의 결과 캘리포니아와 뉴멕시코 지역이 미국의 통제 아래 들어갔다. 같은 해 영국과 협상해서 워싱턴과 오리건 지역도 미국의 영토로 편입되었다. 알래스카(1867년 러시아로부터 매입)를 제외하면 이제 미국의 대륙 내 경계는 거의 완성되었다. 협상이나 무력을 통해 영토를 획득했던 이 모든 과정은 미국 정부의 의도적인 노력의 결과였다. 미국 정부에서는 1845년부터 팽창주의적 기조가 추진되었다. 이를 '명백한 운명(Manifest Destiny)'이라 하는데, 그 내용은 (신의 뜻에 따라) 미국이 북아메리카 대륙의 중심을 확보해야 한다는 이념이었다.[20]

1800년 이후 미국이 서부로 팽창할 당시, 동부에서는 이동식 농업과 수렵채집 생활을 하던 원주민이 있었고, 서부에는 말을 이용한 수렵 생활을 하는 원주민들이 있었다. 첨단 기술을 갖춘 백인 정착민 사회가 급속히 성장하는 과정에서 원주민들과의 충돌은 불가피했다. 미국은 자신의 영토 확장이 다른 제국들의 행태와는 다르다고 여겼다. 그러나 이는 19세기 중엽 이후 러시아의 시베리아 및 중앙아시아 팽창, 또는 1870-80년대 아르헨티나와 브라질의 영토 확장과 유사한 면이 있었다. 1830년대에 이르러 미국은 동부 지역의 원주민을 일부 강제적으로 미시시피강 서쪽으로 이주시켰다.[21] 당시 미국의 정치 세력은 농지 소유권을 기

---

20 Thomas Hietala, *Manifest Design: American Exceptionalism and Empire* (1985; Ithaca, NY: Cornell University Press, 2003).
21 See e.g. Anthony F. C. Wallace, *Jefferson and the Indians: The Tragic Fate of the First Americans* (Cambridge, MA: Belknap Press of Harvard University Press, 1999).

반으로 하고 있었다. 그래서 원주민은 그들의 사회 바깥에 위치하는 존재로 간주되었다. 원주민들도 농사를 지었다. 그러나 특히 1840년대 이전 동부 지역에서 주로 이루어진 농업 형태는 이동식 자급농업이었다.[22] 당시 백인 정착민들의 '팽창'으로 그레이트 플레인스(Great Plains) 지역에서 더 큰 갈등을 빚게 되었다. 그곳에는 주로 유목 생활을 하며 들소를 사냥하던 원주민 부족들이 살던 곳이었다. 남북전쟁 이후 그레이트 플레인스의 원주민 부족들은 1880년대까지 정착민의 팽창에 계속해서 저항했다. 원주민들은 항상 백인들과 교역을 해왔으며, 세계 시장에서 모피용으로 거래된 비버(beaver) 등 북아메리카 동부 지역의 자원 고갈 과정에도 자발적으로 참여했다. 그러나 그레이트 플레인스 원주민들의 주요 식량원이었던 들소의 개체수 감소는 상당 부분 백인들 때문이었다. 그 속도는 사실상 멸종에 가까울 정도로 빠르게 진행되었다. 미국은 군대를 동원하여 원주민들이 자급자족할 수 있는 사냥 능력을 제거하려 했다. 목적을 달성한 것은 의도치 않게 백인 사냥꾼들이었다. 그들은 미국 동부와 세계 시장에 판매하기 위해 들소 가죽을 채취했다. 들소의 뼈는 비료로 사용되었다. 동부 지역에서 산업 성장이 가속화되면서 기계 동력 전달용 벨트의 원재료였던 들소 가죽 수요도 급증했다. 1870-80년대 들소 사냥이 거의 멸종에 가까운 정도까지 이르게 되었던, 어쩌면 가장 중요한 원인이 바로 그것일 수도 있다. 이후 남아 있던 거의 모든 원주민들이 보호구역으로 강제 이주되었다. 남서부 지역의 원주민 부족

---

22 William Cronon, *Changes in the Land: Indians, Colonists, and the Ecology of New England* (New York: Hill & Wang, 1983).

들은 멕시코 국경을 교묘히 이용해가며 미국의 정착민들을 괴롭혔다. 그러나 결국 1886년에 이르러 이들 역시 항복하게 되었다.[23] (1886년 아파치족 지도자 제로니모의 항복으로 게릴라전이 막을 내렸다. – 옮긴이)

서부 지역 '정착민'의 팽창이 언제나 국가 주도로 이루어진 것은 아니지만 국가의 지원이 없지 않았다. 미군 기병대가 국경 분쟁을 관리했지만, 군대의 규모가 작은 반면 관리할 영토는 광대했기 때문에 백인과 원주민의 관계를 효율적으로 조율하지 못했다.[24] 정착민과 유목민 사이에 약탈이나 소규모 충돌이 발생했으며, 이후 군대가 가서 보복 공격을 가하는 양상이 빚어졌다. 이와 같은 패턴이 1790년대부터 1880년대까지 미국 서부 전역에서 반복되었다. 토머스 제퍼슨은 당시의 "확장" 과정을 "자유의 제국(empire of liberty)"으로 이해했다.(유럽의 다른 제국들과 달리 원주민에게 자유를 준다는 의미 – 옮긴이) 여기에는 새로운 영토가 미국의 주권에 편입되어 주(state)로 승격될 것이며, 그렇게 되면 그곳 원주민들에게 완전한 시민권이 주어질 것이라는 전제가 깔려 있었다. 뉴멕시코와 애리조나가 1912년에 속령(屬領, status of territory)에서 정식 주(州, state)로 승격되면서 제퍼슨이 말했던 통합이 마무리되었다. 미국은 스스로가 시민이 아닌 피지배자를 기반으로 했던 유럽 제국들과

---

23 Jeffrey Ostler, *The Plains Sioux and U.S. Colonialism from Lewis and Clark to Wounded Knee* (Cambridge University Press, 2004); Pekka Hämäläinen, *The Comanche Empire* (New Haven, CT: Yale University Press, 2008); Andrew C. Isenberg, The Destruction *of the Bison: An Environmental History, 1750-1920* (Cambridge University Press, 2000), p. 130.
24 Stephen J. Rockwell, *Indian Affairs and the Administrative State in the Nineteenth Century* (Cambridge University Press, 2010).

는 다른 방식의 제국이라고 주장했다. 그러나 미국에서도 원주민들에게는 시민권이 주어지지 않았다. 다만 예외적으로 자신의 부족 정부와 토지에 대한 권리를 완전히 포기하면 시민권을 주었다. 토지를 경작하는 원주민들은 이동식 생활이 아니라 정착 생활을 했지만, 그들도 대부분 1924년 "원주민 시민권법(Indian Citizenship Act)"이 제정된 이후에야 시민으로 인정받았다.

남북전쟁

미국의 서부 확장은 남부와 북부의 갈등으로 이어졌다. 노예 소유주들은 개발할 땅을 원했고, 또한 남아도는 노예 인력을 자유롭게 거래할 시장을 필요로 했다. 그들은 노예를 서부로 데려가려 했으며, 북부의 자유 노동자들은 그들의 요구에 강하게 저항했다. 1848년 멕시코 전쟁이 끝난 후 새롭게 획득한 서부 지역(캘리포니아, 유타, 뉴멕시코 등)을 노예 허용 지역(slave state)과 자유 노동 지역(free state) 중 어느 쪽으로 지정할지를 두고 논란이 일어났다.(당시 미국은 주 단위로 앨라배마, 미시시피, 조지아, 사우스캐롤라이나, 루이지애나 등 노예 허가 지역과 매사추세츠, 뉴욕, 펜실베니아, 오하이오 등 자유 노동 지역으로 나누어져 있었다. — 옮긴이) 이 갈등으로 미국 사회에서 노예제를 둘러싼 긴장이 더욱 심화되었고, 결국 남북전쟁(1861-65년)으로 비화되었다. 이런 측면에서 남북전쟁은 유럽의 산업화와 밀접하게 연결되어 있었다. 산업의 발달에 따른 유럽의 식량 수요, 그리고 섬유 생산을 위한 원자재 수요가 막대한 미국 농산물 수요로 이어졌고, 그것이 서부 개척의 동기를 부여했으며, 노예제 지지 세력과 반대 세력 간의 투쟁을 불러일으켰다.

남북전쟁 그 자체뿐만 아니라 그 결과로 주어진 노예제 폐지도 세계사에서 중대한 전환점이었다.[25] 북부 주에서는 남북전쟁 이전에 이미 노예제가 폐지되었지만, 남부 주에서는 여전히 노예제가 경제적으로 효율적이고 수익성이 좋은 제도로 남아 있었고, 미국 헌법에도 깊이 뿌리를 내리고 있었다. 이후 영국령 서인도제도에서는 1833년에 노예제가 폐지되었고(노예들은 1838년까지 계약노동자로 일해야 했다), 프랑스 제국에서는 1848년에 폐지되었다. 그러나 브라질에서는 1888년까지, 스페인령 서인도제도(쿠바에서는 1886년까지), 그리고 아프리카 일부 지역에서는 노예제가 여전히 유지되고 있었다. 한편으로는 세계적으로 면화(cotton) 수요가 존재했고, 다른 한편으로는 노예제에 대한 윤리적·경제적 반대가 존재했다. 양쪽의 세계적 균형을 결정적으로 흔들어버린 사건이 미국 남북전쟁에서 노예옹호론자들의 패배였다. 또한 남북전쟁은 세계 경제를 변화시켰다. 그 여파로 새로운 면화 생산지가 개발되어야 했다. 1860년대 영국은 이집트와 인도에서, 러시아는 중앙아시아에서 새로운 공급원을 찾았다. 남북전쟁 이후에도 미국 면화는 여전히 경제적으로 중요했다. 그러나 이전처럼 세계 시장을 지배하지는 못했다. 외국과의 경쟁으로 남부의 경제적 기반이 약화되어, 결국 1880년대부터 1910년대까지 '뉴 사우스(New South)' 운동을 통해 제조업 발전을 추구할 수밖에 없었다.[26]

25 Richard Carwardine and Jay Sexton, eds.,*The Global Lincoln* (Oxford University Press, 2011); Stig Förster and Jorg Nagler, eds., *On the Road to Total War: The American Civil War and the German Wars of Unification, 1861-1871* (Cambridge University Press, 1997).

자연환경의 변화

서부로 사람들이 이주하면서 삼림이 파괴되었고 환경에 큰 변화가 있었다. 변화의 물결은 그에 앞서 동부 지역부터 시작되었다. 1750년대부터 1860년대까지 여러 차례에 걸쳐 숲이 농경지로 변했다. 유럽인들이 정착하기 훨씬 전부터 원주민들은 사냥에 편리한 환경을 만들기 위해 불을 이용했고 (firestick farming), 그것이 숲의 구성을 바꾸어 놓았다. 하지만 1600년대 이후로 숲의 제거가 더 광범위하고 체계적으로 이루어졌다. 1900년 무렵에는 동부 낙엽수림의 90퍼센트 이상이 사라졌다. 미국 전체적으로 보더라도 원시림의 절반을 잃었다.[27] 일부 숲은 남아 있거나 다시 자라났지만, 원시림의 수준은 급격히 감소했다. 1880년대 이후 미드웨스트(Midwest)의 북부 지역, 태평양 연안 지역, 그리고 남부 지역 순으로 숲이 훼손되었다. 서부 확장의 과정에서 숲의 훼손 목적은 80퍼센트가 농업이었다. 이 과정에서 나무를 벌목하기보다는 태워버리는 경우가 많았다. 서부 개척 당시 광대한 토지에 비해 정착민의 노동력이 워낙 부족했기 때문에, 기존 자원을 낭비하여 신속하게 농지를 조성하는 것이 당시의 특징적 현상이었다. 예컨대 껍질을 벗겨 나무를 고사시키거나(girdling) 불을 지르는 방식을 사용했는데, 이렇게 하면 토양에 질소를 공급할 수 있었다. 철도 건설에도 막대한 양의 목재가 소비되었

---

26 Sven Beckert, 'Emancipation and empire: reconstructing the worldwide web of cotton production in the age of the American Civil War', *American Historical Review* 109 (December 2004), 1405-1438.
27 Michael Williams, *Deforesting the Earth: From Prehistory to Global Crisis* (University of Chicago Press, 2003), p. 322.

다. 철도 침목은 물론 1860년 이전에는 기관차 연료로도 목재가 사용되었다. 벌목한 목재는 건축 자재로 사용하기 위해 시카고와 같은 주요 도시로 운송되었다.[28] 태평양 연안의 목재는 오스트레일리아와 필리핀까지 수출되기도 했다. 삼림 파괴는 미국만의 문제가 아니었다. 19세기 캐나다, 러시아, 오스트레일리아에서도 비슷한 과정이 진행되었다. 영국령 인도에서는 티크(teak) 나무 숲이 차 농장으로 전환되고 있었다. 하지만 미국의 숲은 경질목과 연질목이 적절히 혼합되어 경제적으로 유리한 조건이었다. 강과 운하를 통해 접근할 수 있었고, 특히 1860년대 이후 철도 덕분에 개발이 더욱 용이해졌다.

숲을 제거하고 농경지를 개발하는 과정에서 삼림 폐기물을 태워 비료로 사용했으며, 그 결과 농지가 비옥해졌다. 농산물 생산을 위해 막대한 에너지가 투입되었기 때문이다. 그 혜택은 미국 동부와 유럽의 식품 소비자들에게 돌아갔다. 이러한 과정은 사실상 식량, 즉 열량(calorific content)의 형태로 유럽에 에너지를 수출한 것과 다름없었다. 경제 전반과 마찬가지로, 농업 역시 태양 에너지를 기반으로 하는 것이었다. 에너지 고갈 때문에 남부 지역 면화나 담배 농장에서 토심을 회복시킬 방안이 필요했다. 그래서 1860년대 이전부터 이미 구아노(guano)를 이용한 비료가 대규모로 수입되고 있었다.(구아노는 조류의 분변 화석으로, 비료로 사용되었으며, 당시 페루에서 대량 생산되고 있었다. ─옮긴이) 구아노 화석이 많이 쌓여 있는 이른바 '구아노 섬(Guano Islands)'을 확보할 필요

---

28 William Cronon, *Nature's Metropolis: Chicago and the GreatWest* (New York: Norton, 1991).

성이 커지자, 미국은 1850년대에 태평양의 일부 무인도를 획득하게 되었다. 이것이 미국의 최초 해외 '팽창'이었다.[29]

광범위한 삼림 파괴 때문에 남북전쟁 이후 미약하나마 삼림 보존을 위한 법 제정이 시도되었다. 본격적인 제도적 성과는 루스벨트(Theodore Roosevelt, 재임 1901년-1909년) 대통령 시기에 이루어졌다. 당시 유럽에서도 삼림 보존에 관심이 높아졌다. 생물의 서식지와 삼림 등 천연자원 상실이 경제 성장에 미치는 영향을 우려하는 목소리가 있었다. 이것이 미국과 유럽의 공통된 관심사 중 하나였으며, 미국의 자연보호 정책과 태도는 이러한 인식 속에서 강화되었다. 이후 미국에서 자연을 보존하자는 입장과 개발을 전제로 효율적으로 이용하자는 입장 사이의 긴장이 점점 더 뚜렷해졌다.

산업화

미국의 산업화는 1820년대에 북동부 지역에서 시작되었다. 기반은 직물 산업이었다. 당시 산업의 발전은 대개 수력 에너지를 활용했다. 1830년대 말엽에서 1840년대 초엽 경제 불황의 시기를 겪으면서 구조조정 등을 통해 미국의 산업은 더욱 공고해졌다. 그러나 화석연료를 바탕으로 결정적인 산업화가 이루어진 시기는 1880년대부터였다. 이후 석탄 사용량이 급증했다. 주로 펜실베이니아와 웨스트버지니아 동부 지

---

[29] Dan O'Donnell, 'The Pacific guano islands: the stirring of American empire in the Pacific Ocean', *Pacific Studies* 16 (March 1993), 43-66; Christina Duffy Burnett, 'The edges of empire and the limits of sovereignty: American guano islands', *American Quarterly* 57:3 (2005), 779-803.

역에서 생산된 석탄이 주를 이루었고, 조명용으로 사용된 등유가 석탄을 보완했다. 저렴한 석탄과 철을 바탕으로 중서부 지역과 일부 남부 지역까지 미국의 산업화가 확대되었다. 동부와 미드웨스트(Midwest) 지역의 공장들은 철도를 통해 서부의 광산, 동부의 시장으로 연결되었고, 여기서 다시 전 세계로 연결되었다.

미국의 생산력 증가는 저렴한 원자재, 이민자들이 제공하는 풍부하고 비교적 저렴한 노동력, 그리고 수익 극대화를 목표로 하는 자본집약적 생산 과정에서 비롯되었다.[30] 국내 시장을 통해 생산의 전문화 및 합리화가 촉진되자 대규모 기업이 조직되었다. 막대한 초과생산을 소비하기 위해 미국 정부는 해외 시장 개방을 위해 노력해야 했다. 초기에는 외교를 통해 상호 무역을 권장했지만, 나중에는 금융 압박과 실제 군사 개입을 통해 무역을 강화해 나갔다.[31]

글로벌 경제의 강자

세계적인 강대국으로 부상하기 훨씬 전부터 이미 미국은 세계 무역에서 중요한 역할을 담당하고 있었다. 19세기를 거치는 동안 미국은 특히 영국을 포함한 유럽과 활발히 무역을 이어갔으며, 동시에 아시아와

---

30 Gavin Wright, 'The origins of American industrial success, 1879-1940', *American Economic Review* 80:4 (September 1990), 651-668; Edward B. Barbier, *Scarcity and Frontiers: How Economies Have Developed through Natural Resource Exploitation* (Cambridge University Press, 2011), pp. 394-402.
31 Alfred Chandler, *The Visible Hand: The Managerial Revolution in American Business* (Cambridge, MA: Harvard University Press, 1977); Walter LaFeber, *The New Empire: An Interpretation of American Expansion, 1860-1898* (Ithaca, NY: Cornell University Press, 1963).

라틴 아메리카로부터 수입을 확대했다. 독립 이후 초기에는 총 생산량(GDP)의 약 15퍼센트가 수출되었던 것으로 추정되며, 19세기 후반에도 국민총생산(GNP)의 약 14퍼센트가 수출입 무역에 관련될 정도로 무역의 비중이 높았다.[32] 당시 미국은 '세계 무역에서 지나치게 큰 비중'을 차지하고 있었다. 1880년부터 1900년까지, 미국은 세계 원자재 수출 물량의 약 16퍼센트를 생산했다. 또한 세계 원자재 교역 물량의 약 9퍼센트를 수입했다. 1900년 당시 미국 인구는 세계 인구의 4.7퍼센트에 불과했지만, 수출입 물량 모두 인구 비중을 훨씬 웃도는 수준이었다.[33]

미국은 중요한 글로벌 시장을 보유하고 있었지만, 인구 규모(1910년 기준 9,200만 명)로 볼 때 국내 시장 또한 방대한 규모였다. 1860년부터 1933년까지(1913-21년 제외) 공화당 주도의 정치 체제 아래 광범위한 보호관세 정책이 도입되었다. 이는 국내 시장을 강화 및 활성화했지만 외교 및 무역 정책을 복잡하게 만들었다. 국내 시장은 생산 부문에서 규모의 경제를 실현할 수 있는 기반을 제공했다. 덕분에 미국 상품은 세계 시장에서도 높은 경쟁력을 갖출 수 있었다.[34]

역동적인 국내 시장에도 불구하고, 혹은 어떤 면에서는 그로 인해,

---

32 J. T. R. Hughes, *American Economic History*, 2nd edn (Glenview, i l: Scott Foresman, 1987), p. 365; Ben J. Wattenberg, ed., *Historical Statistics of the United States: From Colonial Times to the Present* (New York: Basic Books, 1976), p. 887; J. Potter, 'Atlantic economy, 1815-1860: the USA and the Industrial Revolution in Britain', in A. W. Coats and R. M. Robertson, eds., *Essays in American Economic History* (London: Edward Arnold, 1969), pp. 14-48.
33 Hughes, *American Economic History*, pp. 367-368.
34 Benjamin O. Fordham, 'Protectionist empire: trade, tariffs, and United States foreign policy, 1890-1914', unpublished paper, Cornell University, 2011.

자본 유입이나 이민의 측면에서 확인할 수 있듯이, 남북전쟁 이후 미국의 경제 성장은 여전히 유럽 경제와 밀접하게 연관되어 있었다. 실제로, 미국 경제는 대서양 권역 경제 사이클에 점점 더 긴밀하게 동기화되었다. 이는 특히 1873-77년, 1893-96년의 심각한 경제 공황에서 뚜렷하게 나타났다.[35] 1860년대부터 미국은 새롭게 등장한 글로벌 통신망과 긴밀하게 연결되었다. 그 시작은 1866년 대서양 해저 케이블 설치의 성공이었다. 1869년 대륙횡단 철도와 1861년 미국의 대륙횡단 전신선과 더불어 대서양 해저 케이블은 샌프란시스코와 런던을 신속하고 안전하게 연결해 주었다. 1872년에는 영국이 건설한 해저 케이블이 인도, 호주, 홍콩, 일본까지 확장되면서 효율적인 글로벌 시스템이 구축되었다. 이는 무역 결제를 위한 금의 운송과 시장 정보 전달에 필수적 기반이었다.(당시 무역은 금본위제에 기반을 두었기 때문에, 무역 불균형이나 채무 정산을 위해 실제로 금이 국가 간에 운송되었다. 예를 들어 미국이 유럽에서 상품을 수입해 무역 적자가 발생하면, 이를 상쇄하기 위해 금을 유럽으로 보내야 했다. 대서양 케이블을 통해 시장 정보와 금융 거래 내역이 빠르게 공유되었고, 이를 바탕으로 금의 이동이 효율적으로 이루어졌다. — 옮긴이)

미국은 유럽 및 세계 경제와 점점 더 긴밀히 연결되었지만, 그 관계 내에서의 세력 균형은 1880년대부터 1920년까지 점진적으로 변화했다. 1900년 무렵 미국의 국가 경제 규모는 세계 최대였다. 미국의 제조

---

35 Brinley Thomas, *Migration and Economic Growth: A Study of Great Britain and the Atlantic Economy* (Cambridge University Press, 1954) and *The Industrial Revolution and the Atlantic Economy: Selected Essays* (London: Routledge, 1993); O'Rourke and Williamson, Globalization.

업은 경쟁 상대였던 유럽보다 더 효율이 높았다. 미국 상품이 유럽으로 밀물처럼 밀려 들어왔다. 전통적으로 대영제국 안에서는 산업 생산 상품은 영국산이 시장을 장악하고 있었지만, 이제는 미국이 그마저도 잠식했다. 그 결과, 1885-86년 이후로 미국은 거의 언제나 무역 흑자를 기록했다. 미국의 국내 시장은 강력한 보호 장벽 안에 있었고, 이를 기반으로 경쟁력을 갖춘 상품들이 수출 시장에서 무역 우위를 차지했다. 이는 일부 유럽 국가들의 위기감을 불러 일으켰다.[36]

무역에서 유리한 지위를 위협하는 유일한 요인은, 유럽 자본의 이자,[37] 보험료, 그리고 대부분 외국 선박을 이용했던 무역 운송 비용이었다. 독립 이후 초창기의 미국의 해상 운송은 무역의 90퍼센트를 감당했다. 그러나 이는 1860년 이후 점차 줄어들었고, 제1차 세계대전 무렵에는 미국의 해상 운송이 감당하는 물량이 10퍼센트 이하였다. 제1차 세계대전은 미국에 무역 흑자뿐만 아니라 국제수지 흑자도 가져다주었다. 미국은 제1차 세계대전 이전부터 이미 라틴 아메리카를 상대로 순 채권국이었으며, 유럽과 세계를 상대로도 더 이상 채무국이 아니라 채권국이 되었다. 이러한 경제적 우위는 미국 경제와 세계 경제에 미래의 문제를 초래했다. 당시 미국 경제에는 분명 수출입의 불균형이 존재했다. 국내 생산성이 높아 수출을 많이 했지만, 그에 대한 반대 급부로 수입을 많이 하지는 않았다. 오히려 관세 장벽을 높여 수입을 어렵게 만들었다.[38]

36 Fred A. McKenzie, *The American Invaders* (1902; New York: Arno Press, 1976).
37 Mira Wilkins, *The History of Foreign Investment in the United States, 1914-1945* (Cambridge, MA: Harvard University Press, 2004).

노동과 국가

대서양 양안에서 국제 경쟁이 심화되었고, 또한 노동자의 이동 증가에 대한 우려가 커지는 가운데, 대서양 권역의 여러 국가에서는 관료제 강화가 가속화되고 있었다. 유럽의 여러 국가들은 자국 노동력의 이민에 더욱 신중해졌다. 특히 유럽의 군대가 확대되면서 충원 인력이 필요해지자, 인력의 측면에서 국가 효율성과 국제 경쟁에 대한 관심이 높아졌다. 이는 특히 1890년부터 1914년까지 이어진 유럽 제국주의의 확장 국면에서 두드러졌다. 이러한 추세는 노동자와 급진적 선동가들에 대한 감시 강화, 본격적인 여권(passport) 관리 제도의 도입, 그리고 국경 단속 강화로 나타났다. 미국은 이러한 변화에 대응하는 동시에 이를 주도하는 역할을 했다. 동시에 이민에 따른 사회적 긴장에 대한 인식도 높아지고 있었다.[39]

당시 미국에서는 노동운동이 발전하고 있었다. 이는 궁극적으로 국가의 형태에 영향을 미쳤다. 1930년대 이전까지 노동조합의 주축은 전문 기술을 보유한 숙련 노동자들이었다. 그럼에도 불구하고 미국에서는 격렬한 파업, 직장 폐쇄, 폭력 사태 같은 일들이 벌어졌다. 1900년 이후 사회주의 운동의 여파로 갈등은 더욱 심화되었다. 미국 사회당(Socialist Party of America)은 서유럽의 유사 정당들에 비해 규모가 작았다. 그러나 노동 계급인 블루칼라 계층이 물리적 세력으로 존재한다는 사실(비록 통합된 계급의식 집단은 아니었지만)은 무시할 수 없는 현실이었다. 중산층

---

38 Fordham, 'Protectionist empire'.
39 John C. Torpey, *The Invention of the Passport: Surveillance, Citizenship and the State* (Cambridge University Press, 1999).

개혁가들은 심화되는 사회적 분열을 극복하기 위해 노력했으며, 이러한 흐름에서 '진보운동(Progressive Movement)'이 등장했다. 이는 주로 유럽에서 발전했던 운동으로, 사회 개혁 사상에 기반하여 노동 환경과 건강 조건을 개선하려는 시도였다. 이러한 흐름의 일환으로 자본주의에 대한 부분적인 규제가 시행되기도 했지만, 노동자들의 삶을 개선하기 위한 미국의 사회 개혁 조치는 1930년대까지 거의 전적으로 연방 정부가 아닌 주 정부 차원에서 이루어졌다.[40] 미국은 강력한 중앙정부를 구축하지 않았다. 미국이라는 국가 전체는 각각의 주(state)로 쪼개진 조각보와 같았다. 이런 점에서 미 연방은 유럽의 여러 국가들과 뚜렷한 차이를 보였다.[41] 미국이 강력한 국가 체제로 통합된 것은 뉴딜 정책(New Deal)과 제2차 세계대전 이후 국가 안보 기구가 성장한 이후의 일이었다.

공식적 제국과 비공식적 제국

미국의 국가적 성장에 중요한 기여를 한 요인 중 하나는 공식적인 제국 체제의 구축이었다. 1898년 미국은 쿠바 독립을 둘러싼 미국-스페인 전쟁의 결과로 필리핀, 푸에르토리코, 괌을 획득했다.(1895년부터

---

40 Daniel T. Rodgers, *Atlantic Crossings: Social Politics in a Progressive Age* (Cambridge, MA: Belknap Press of Harvard University Press, 1998).
41 On the American state, see Theda Skocpol, *Protecting Soldiers and Mothers: The Political Origins of Social Policy in the United States* (Cambridge, MA: Harvard University Press, 1992); Richard Bensel, *Yankee Leviathan: The Origins of Central State Authority in America, 1859-1877* (Cambridge University Press, 1990); Stephen Skowronek, *Building a New American State: The Expansion of National Administrative Capacities, 1877-1920* (Cambridge University Press, 1982); Brian Balogh, 'The state of the state among historians', *Social Science History* 27:3 (2003), 455-463.

쿠바에서 독립을 요구하는 반란이 일어난 가운데 1898년 쿠바의 항구 아바나에서 미국 전함이 침몰되는 사건이 발생하자 미국은 스페인에 전쟁을 선포했고, 전쟁의 결과 미국은 스페인 영토의 일부를 획득했으며 쿠바는 명목상 독립을 얻었다. - 옮긴이) 이 때부터 미국은 카리브해 지역에서 주요 강대국으로 자리 잡았으며, 이 지역의 소규모 국가들에 대해 종종 군사적 개입이나 재정적 압박을 가했다. 그 중 아이티와 쿠바는 1934년까지 사실상 미국의 보호국 상태에 놓였다. 미국은 또한 태평양 강국으로 부상했다. 1898년에 하와이(Hawai'i)를, 1899년에 아메리칸 사모아(American Samoa)를 병합하였다. 미국은 태평양 권역의 광범위한 이해관계를 차지하고자 했다. 파나마 반란 세력 지원도 같은 취지의 일환이었다. 1903년 콜롬비아의 파나마 주에서 반체제 인사들이 반란을 일으켰는데, 미국이 그들을 지원했으며, 그 대가로 파나마 운하 건설을 위한 영토 통제권을 확보했다. 1914년 운하가 개통되자 미국 함대는 이를 통해 태평양과 대서양을 오갈 수 있었다. 또한 이 운하는 미국과 동아시아를 연결하는 무역 잠재력을 크게 향상시켰다. 1917년 이후, 미국은 해외에서 직접적인 영토를 추가로 획득하지는 않았지만, 확장된 해군을 위한 기지와 잠재적인 재급유 지점을 확보하여 해양 제국의 전통을 이어갔다. 또한 미국은 쿠바 내의 군사 기지를 유지할 권리를 보유했다. 이는 무역의 해상 경로를 보호하기 위한 것이었다. 이러한 거점들을 바탕으로 제2차 세계대전 이후 미국에서 '군사 기지의 제국(empire of bases)' 정책이 만들어졌다. 이는 상업적 목표보다는 군사적 목표를 중점으로 하는 정책이었다.[42]

메소 아메리카에 대한 투자나 원자재 수급을 위해 미국은 주로 비공식 제국 체제를 활용했다. 경제적 압박과 위협이 그 수단이었다. 이미 1900년대 혹은 1910년대 초반부터 미국에서는 특히 커피, 바나나, 기타 열대 과일, 고무 등 열대지방 생산물 때문에 그러한 정책 수요가 있었다. 1920년대 미국 사회의 대중 소비문화는 '열대 지방의 황폐화'와 밀접한 연관이 있었다.[43] 열대 지방의 자원이 시장에서 거래 가능한 상품으로 전환되는 과정에서 생태계 전체에 영향을 미쳤고, 자원으로부터 소외된 사람들의 생계 방식을 변화시켰다.

탈-세계화 경향과 그 모순, 1920년대부터 1950년대까지

제1차 세계대전(1914-18년) 참전으로 미국은 거의 100년 만에 처음으로 유럽 정치에 깊이 발을 들여놓게 되었다.(1823년 먼로 독트린은 유럽 열강의 아메리카 간섭을 거부했으며, 이후 미국 또한 유럽에 관여하지 않는 고립주의를 선택했었다. — 옮긴이) 이후 1919-20년 무렵 미국 내에서는 유럽 정치 참여 문제로 거센 반발이 일어났다. 결국 베르사유 조약 (제1차 세계대전 종전을 위해 미국 대통령이 주도했던 조약이었다. — 옮긴이)에 대하여 미국 의회가 비준을 거부했다. 미국은 조약에 따라 설립된 국제연맹에도 가입하지 못했다. 그러나 미국과 유럽의 경제적 통합은, 예

---

42 Alfred W. McCoy and Francisco A. Scarano, eds., *Colonial Crucible: Empire in the Making of the Modern American State* (Madison, WI: University of Wisconsin Press, 2009); Chalmers Johnson, *The Sorrows of Empire: Militarism, Secrecy, and the End of the Republic* (New York: Henry Holt, 2004).

43 Richard Tucker, *Insatiable Appetite: The United States and the Ecological Degradation of the Tropical World* (Berkeley, CA: University of California Press, 2000).

전과 같지는 않았지만 꾸준히 유지되었다. 그러다가 마침내 1929년 미국에도 세계 대공황의 여파가 심각하게 밀어닥쳤다. 조약에 따라 패전국 독일은 유럽의 여러 국가에 배상금을 지급해야 했다. 이 상황에서 미국은 유럽 국가들에 대출금 상환을 압박했다. 결과적으로 미국의 입장은 대공황 발생에 기여한 셈이 되었다. 대공황이 닥쳤을 때 미국은 유럽의 다른 나라들과 마찬가지로 경제적 민족주의와 보호주의 정책을 채택했다. 이는 경제적 쇠퇴를 가속화시켰다. 미국 정부는 지출을 조절하여 공황에 대응하고자 했다. 그러나 미국 정부의 조치는 다른 유럽 국가들만큼 광범위하지 않았다. 그럼에도 불구하고 연방정부의 지출이 급증하고 경제 및 사회에 대한 정부의 개입이 강화되면서 연방의 민족(국민)국가적 성격이 강화되었다.[44]

대공황, 그리고 뒤이어 벌어진 제2차 세계대전 때문에 세계화는 지역별로 그 궤적과 영향이 더욱 불균형해졌다. 1920년대부터 1950년대까지 미국은, 이민, 자본의 흐름, 무역 등 세계사의 핵심 이슈에서 비중이 줄어들었다. 1924년 제정된 이민법(Immigration Act)은 미국 인구 구조를 통제하려는 중요한 시도로 평가된다. 그로부터 30년 동안 미국 인구는 더욱 백인 중심적으로 변했고, 자국 출생 비율이 높아졌으며, 어느 정도 내향적인 성격을 띠게 되었다. 국제 무역이 미국 GDP에서 차지하는 비율은 1930년에 10퍼센트로 하락했으며(과거에는 15-20퍼센트 — 옮긴이), 1950년대까지 이 수준을 유지했다.[45] 대공황 시기에는 유럽에 투

---

44 Jeffry A. Frieden, *Global Capitalism: Its Fall and Rise in the Twentieth Century* (New York: Norton, 2006).

자된 미국 자본의 회수가 증가했고, 독일에서 나치 정권이 등장하면서 현지 미국 기업의 사업이 중단되는 상황이 발생했다. 또한 다가오는 전쟁 위기에 대한 반작용으로 정치적 고립주의가 확산되었다. 이는 미래의 유럽 분쟁에 미국의 개입을 막는 법률의 제정으로 이어졌다. 1935년부터 1937년까지 여러 차례에 걸쳐 중립법(Neutrality Acts)이 제정되었다.

그럼에도 불구하고 미국은 제2차 세계대전에 휘말렸다. 미국의 국익과 일본의 전략적 목표가 서로 충돌했기 때문이다. 미국은 자국의 이익을 위해 (중요한 무역 파트너였던 — 옮긴이) 중국의 영토 보전을 원했지만, 일본은 중국을 침략했다. 결국 미국은 전 세계적으로 군사적 개입에 나설 수밖에 없었다. 1943-45년 사이 서유럽, 1942년 북아프리카, 1941-45년 태평양에서 미군이 전투에 참여했다. 세계대전을 거치는 동안 미국의 정치적 고립주의는 곧 미국 주도의 국제주의와 다자간 협력으로 대체되었다. 이러한 국제주의는 유엔 설립으로 구체화되었다. 또한 같은 맥락에서 1947년에는 관세 및 무역에 관한 일반협정(GATT)이 체결되었다. 미국은 자유 무역을 통해 안정적 자본주의 세계를 구축하려 했다. 그러나 1947년 소련의 야망이 위협으로 가시화되자, 미국은 서유럽에 대한 군사적·재정적 지원을 확대했다. 제2차 세계대전에서 연합국이 승리한 뒤 서유럽과 동아시아 전역에 미군 기지가 설립되었고, 그에 따라 해외에서 미국의 존재가 공고해졌다. 또한 유럽에서는 북대서양조약기구(NATO), 중동에서는 비록 오래 가지는 못했지만 중앙조약기구

---

45 Ngai, *Impossible Subjects*; Alfred Eckes, Jr and Thomas Zeiler, *Globalization and the American Century* (Cambridge University Press, 2003), p. 109.

(CENTO), 동남아시아에서는 동남아시아조약기구(SEATO)와 같은 집단 안보 체제도 만들어졌다. 한국전쟁(1950-53년) 참전은 동아시아에서 공산주의 세력 저지를 위한 미국의 의지를 보여주는 사례였다. 이와 함께 라틴 아메리카를 비롯한 해외 여러 지역에서 미국의 투자가 증가했고, 해당 지역에서 미국 문화의 영향력도 확대되었다. 동시에 반미 감정도 고조되었다.

에너지 및 대량 소비주의

제2차 세계대전 이후 미국은 서유럽과 일본의 재건 계획을 수립했다. 그 일환으로 해당 국가 경제의 현대화를 촉진하고 국내 소비 증진을 위한 기술 투자에 힘썼다. 대량 소비주의(mass consumerism) 전파도 그러한 계획의 일부였다. 이것이 경제 성장을 위한 미국식 해법이었다. 미국식 해법은 1950년대에 많은 나라에 수출되었다. 이 시스템은 이미 몇십 년 전부터 미국에서 자리 잡고 있었다. 1914년부터 헨리 포드(Henry Ford)가 개척한 자동화 생산 시스템은 산업화 생산품의 가격을 낮췄다. 이는 1920년대에 전기 제품과 같은 가정용품, 그리고 개인 교통수단의 대대적 보급을 통해 소비자 기반을 확장하는 배경이 되었다. 미국 기업들은 이 시기에 유럽에서 교두보를 확보했다. 특히 포드(Ford)와 제너럴 모터스(General Motors) 같은 미국 기업들은 유럽에 지사를 설립하고 수출을 확대했다. 제이 월터 톰슨(J. Walter Thompson) 등 미국의 광고 회사들이 유럽에서 미국 제품을 홍보했다. 그러나 유럽에서 시장 소비자는 상류 중산층으로 제한되어 있었다.[46] 그러다가 제2차 세계대전 이후에는 대량 소비주의 개념이 광고를 통해 확산되어 점차 유럽, 대영제국,

일본으로 퍼져 나갔다.

　대량 소비주의의 기반은 저렴한 에너지였다. 제2차 세계대전 종전 시점의 미국은 세계 에너지의 약 45-50퍼센트를 소비하는 국가였다. 1920년대부터 국내외, 특히 라틴 아메리카에서 진행된 석유 탐사를 통해 저렴한 에너지가 확보되었다. 이는 미국의 경제 성장과 제2차 세계대전에서 군사적 우위의 토대가 되었다. 자가용 보급이 확대되자 교통 수단에 사용되는 주요 에너지원이 석탄에서 석유로 대체되었다. 제2차 세계대전 이후에는 식량과 산업 제품 운송에서도 석유가 중요한 역할을 하게 되었다. 또한 1960년대에는 석유가 플라스틱 제조에도 중요한 자원으로 자리 잡았다. 이로 인해 에너지 분야에서는 두 가지 변화가 나타났다. 첫째, 절대적인 에너지 소비량이 급증했다. 이는 소비자 혁명이 본격화되었기 때문이다. 둘째, 세계 에너지 소비에서 미국의 비중이 줄어들었다. 제2차 세계대전의 피해를 딛고 다른 선진국에서도 경기 회복이 시작되었기 때문이다. 세계 에너지 소비 중 미국이 차지하는 비중은 1973년 37퍼센트까지 줄었고, 20세기 말에는 약 25퍼센트로 더 줄었다. 그러나 세계 인구의 5퍼센트에 불과한 미국이 제2차 세계대전 이후에도 여전히 매우 높은 비율의 에너지를 소비했다는 사실은 여전히 두드러진 특징으로 남아 있다.

　선진국의 에너지 사용이 절대적으로 증가하면서 석유 매장량에 대한 압박이 커졌다. 미국과 외국의 석유 회사들은 접근을 다각화하기

46　Victoria de Grazia, *Irresistible Empire: America's Advance through Twentieth-century Europe* (Cambridge, MA: Harvard University Press, 2005).

위해 전 세계 구석구석에서 탐사를 벌였다. 미국식 포디즘(American Fordism)을 뒷받침했던 가장 중요한 에너지원이었던 석유를, 1920년대부터는 국내 생산량만으로는 더 이상 충분히 수급하기 어려웠다. 미국의 석유 수입은 중동에 대한 미국의 관심을 끌어올렸다. 중동의 본격적인 석유 개발은 1950-60년대에 이루어졌다.(발견은 이미 그 이전에 되어 있었다.) 당시는 미국의 국내산 석유 공급이 감소하던 때였다. 이후 미국의 전략적 관점에서 중동은 더욱 중요한 지역으로 부상했다. 자국의 전략적 이익에 따라 미국은 중동에서 독재 정권(특히 이란, 1953-79년)을 지원했고, 더불어 이스라엘도 지원했다. 미국의 외교와 군사 개입의 측면에서 중동은 가장 논란이 뜨거운 지역으로 변모했다. 1960-70년대에 걸쳐 미국의 글로벌 영향력은 군사적, 정치적 복잡성을 야기했으며, 이는 경제와 자원의 심각한 문제로 이어졌다.

국가 자원의 투입과 산출을 분배하던 정치경제 시스템은, 1940-60년대에는 뉴딜 정책과 케인즈주의가 결합한 형태였다. 뉴딜(New Deal) 정책이란 노동자와 농민 등 특정 집단에, 군사적 케인즈주의(military Keynesianism)는 군사비와 우주 연구 분야에 연방 정부의 예산을 지출하는 정책이었다. 이러한 두 가지 접근법이 미국의 경제 성장을 촉진했다. 미국 연방의 적자 예산과, 1947년 이후 냉전을 대비한 재무장(한국전쟁(1950-53년)과 베트남전쟁(1963-73년) 등 실제 전쟁 포함)이 미국의 경제 성장을 도왔고, 1960년대 말까지 번영의 토대가 만들어졌다. 대외적으로는 〈브레튼 우즈 협정(Bretton Woods Agreement)〉 체제가 만들어졌다. 1944년에 체결된 이 협정에 따라 국제 통화 시스템이 통제되었고, 달러가 사실상 세계 금융 시스템의 기축 통화가 되었다. 브레튼 우즈 체제는 1971년까지 지속되었다. 미국의 군사정치적 헤게모니 아래 브레튼 우즈 체제는 두 세대에 걸쳐 세계 경제의 번영을 이끌어 갔다.

1970년대에 세계 경제사에서 중요한 시스템 위기가 발생했다. 위기의 중심에는 미국이 있었다.[47] 경제성장을 뒷받침하던 외국 석유의 수입이 불안해졌고, 베트남 전쟁으로 군사 및 사회적 비용 지출이 과다해 인플레이션이 나타났으며, 동아시아와 유럽의 경제 성장에 따른 세계 경제의 주기적 변화와 지역적 변화가 모두 맞물리면서 위기가 나타났던 것이다. 이러한 여러 가지 압력 때문에 미국 경제는 경기 침체와 고도 인플레이션 시대로 접어들었다. 정부의 지출과 임금 인상이 생산 능력과 서비스 범위를 초과해버려, 더 이상 "총과 버터"의 번영(즉 군사비와 복지비 지출 병행)을 지탱할 수 없었다. 미국 경제의 악화로 제2차 세계대전 이후 지속되어 왔던 국제 경제 시스템도 붕괴되었다. 미국은 영국을 비롯한 다른 선진국들과 같은 노선을 취해, 경제 및 금융 규제를 완화하고 국가의 권한을 축소하기 시작했다. 그 결과 경기 침체는 일단 중단되었다. 이후의 성장은 대체로 고르지 못했고 두 차례의 후퇴도 있었지만, 1984년부터 2008년까지는 경제가 대체로 안정적인 시기였다. 이 시기의 경제는 군사비 지출 중심의 케인즈주의에 크게 의존했으며, 컴퓨터 혁명이 3차 산업(주로 화이트칼라) 부문의 구조를 재편했다. 한편 블루칼라의 제조업 일자리는 지속적으로 줄어들었다.

---

47 Daniel Sargent, 'The United States and globalization in the 1970s', in Niall Ferguson, Charles Maier, Erez Manela and Daniel Sargent, eds., *The Shock of the Global: The 1970s in Perspective* (Cambridge, MA: Belknap Press of Harvard University Press, 2010), chapter 2.

새로운 세계화

1970년대 이후의 세계를 일부 연구자들은 "새로운 세계화(new globalisation)"의 시기로 평가한다. 이는 사람들 사이의 연결성이 대단히 강화되었던 시대적 특징을 염두에 둔 표현이다. 이 시기에는 경제 규제 완화, 자유 무역, 개발도상국으로부터 대규모 이주의 재개, 자본의 이동성 강화 등으로 민족(국민)국가의 권력이 약화되었다. 상품과 서비스의 국경 간 이동이 증가했으며, 미국의 세계 무역 참여도 더욱 확대되었다. 로널드 레이건(Ronald Reagan, 재임 1981-89년) 대통령이 미국의 국가주의와 지정학적 우위를 강조했음에도 불구하고, 미국 경제는 세계와 점점 더 긴밀하게 통합되었다. 미국의 산업적 우위가 약화됨에 따라 동아시아와 라틴 아메리카로부터 수입이 점차 증가했고, 더 저렴한 노동력을 활용하기 위해 미국의 일자리가 해외로 이전되었다. 대외 무역은 1970년 GDP의 10.8퍼센트에서 1980년에는 20.5퍼센트, 2000년에는 26퍼센트로 증가했다.[48]

새로운 세계화(new globalisation)는 초국가적 비정부기구의 확산을 통해서도 나타났다. 특히 인권, 대중문화, 환경 문제와 관련하여 세계 시민 사회(global civil society)의 초기 형태를 형성하는 데 새로운 세계화의 기여가 있었다.[49] 통신기술의 발달이 그 과정에 도움이 되었다. 1960-70년대에는 인공위성 기술, 그리고 전신 케이블 시스템에 뒤이어 월드

---

48 Eckes and Zeiler, *Globalization and the American Century*, p. 209.
49 Akira Iriye, *Global Community: The Role of International Organizations in the Making of the Contemporary World* (Berkeley, CA: University of California Press, 2002); Mazlish and Buultjens, eds., *Conceptualizing Global History*.

와이드 웹(World Wide Web) 같은 새로운 통신 기술들이 개발되었다.

레이건 시대에는 소련의 영향력을 견제하려는 대통령의 노력과 함께 새로운 냉전 단계에서 미국의 권위와 활력을 세계 무대에서 재확립하는 모습이 나타났다. 정치적으로 미국은 주요 국제적 역할을 강화했으며, 군사적으로는 국방비 지출을 늘렸다. 1991년 소련이 붕괴하면서 미국은 유일한 초강대국으로 남게 되었다.

그러나 미국의 패권에는 여전히 근본적인 문제가 남아 있었다. 미국의 산업은 외국의 원자재를 너무 많이 소비하며, 그 의존도는 갈수록 심화되고 있다. 이는 미국 산업의 경쟁력 약화와 맞물리는 문제다. 1971년에서 1972년 사이에는 연속적으로 무역수지 적자가 나타났으며, 1985-86년부터는 경상수지 적자가 나타나기 시작했다. 세계화는 이른바 제3차 산업혁명이라 불리는 새로운 기술(컴퓨터와 기타 전자 기기를 통한 3차 산업의 합리화)을 뒷받침했고, 1990년대의 꾸준한 경제 성장을 촉진했다. 하지만 동시에 미국 일부 지역에서는 경제 탈산업화가 심화되었다. 특히 섬유(노스캐롤라이나와 사우스캐롤라이나)와 철강(미드웨스트와 미드애틀랜틱) 등 경쟁력이 낮은 오래된 산업이 외국의 경쟁에 밀려 쇠퇴했다. 지역에 따라 경제 성장의 편차가 있었고, 그 여파로 정치적 우위가 남부와 남서부로 이동했다. 이는 새로운 세계화가 내부 정치 및 지역 균형에 어떻게 영향을 미칠 수 있는지를 보여주는 사례였다.[50]

---

50 Steven High, *Industrial Sunset: The Making of North America's Rust Belt, 1969-1984* (University of Toronto Press, 2003).

유일 헤게모니: 1991년과 그 이후

1991년 소련의 붕괴로 미국의 주요 지정학적 경쟁자가 제거되었고, 미국은 세계 유일의 초강대국으로 남았다. 정치인들과 여론 주도층은 미국이 냉전에서 '승리'를 얻었다고 믿었다. 처음에는 프랜시스 후쿠야마(Francis Fukuyama)의 사상을 통해 자유를 위한 투쟁의 종말이라는 개념이 유행했다. 이러한 관점에서 보면 자유민주주의 문명이 승리하여 저항의 흔적만 남았다는 해석이 가능했다. 인터넷의 확산으로 교역이 이념을 넘어선다는 인식이 강화되었고, 교역과 함께 비교적 평화로운 시대가 다가 올 것이라는 기대를 모았다. 클린턴 대통령이 집권했던 1993년부터 2001년까지는 번영의 시기였다. 이 때는 세계 경제와 더욱 긴밀한 통합이 특징적이었다. 북미자유무역협정(NAFTA)이 체결되어 멕시코 및 캐나다와 지역 간 초국가적 무역이 확대되었다. 주식시장은 활황을 맞았고, 미국의 국내총생산(GDP)은 이 기간 동안 전례 없는 성장을 기록했다. 그러나 국제 세계의 분열과 투쟁을 무시할 수는 없었다. 동유럽과 중동에서는 오래된 민족 갈등이 해결되지 않았으며, 종교적 관용이 통하지 않는 많은 사회에서는 위협이 여전히 남아 있었다. 새로운 세계 질서가 모습을 드러내기 시작했으나, 세계 속에서 미국의 위치 변화에 대한 전체적 의미가 직접적으로 분명하게 드러나지는 않았다.

2001년 9월 11일 알카에다(al-Qaeda)가 세계무역센터를 공격했지만 세상은 바뀌지 않았다. 이는 단지 글로벌 연결성을 심화시켰을 뿐이다. 미국은 중앙아시아에서 추가적인 군사 기지를 획득했고, 공식적으로 '군사 기지의 제국(empire of bases)' 정책을 통해 세계 패권을 확장했다. 그리고 이라크와 아프가니스탄에서 해외 전쟁을 수행했다.[51] 미국이라는 '제국'은 여전히 세계 최고의 군사 강국으로 남아 있었고, 실제로 그 경제적 및 군사적 역할은 이전보다 더 중요해졌다. 물론 새로운 천년의 첫 번째 10년이 끝날 무렵 중국이 부상하여 제국에 도전했다. 경제적 권력은 변하는 중이었고, 미국의 권력은 서서히 약화되고 있었다. 그러나 2007년부터 서브프라임(subprime) 대출 문제에서 비롯된 금융 위기는 미국 경제의 건전성이 글로벌 성장과 안정에 얼마나 중요한 영향을 미치는지를 다시 한 번 보여주었다. 미국 외부의 사건과 프로세스는 미국 내부의 정치와 경제에 지속적으로 영향을 미쳤고, 그 반대의 경우도 마찬가지였다. 미국과 세계는 긴밀하게 연결되어 있었으며, 분리는 불가능했다.

---

51 Johnson, *Sorrows of Empire*.

더 읽어보기

Beckert, Sven. *Empire of Cotton: A Global History.* New York: Random House, 2014.

Bender, Thomas. *A Nation Among Nations: America's Place in World History.* New York: Hill & Wang, 2006.

Bender, Thomas. ed. *Rethinking American History in a Global Age.* Berkeley, CA: University of California Press, 2002.

Berlin, Ira. *Many Thousands Gone: The First Two Centuries of Slavery in North America.* Cambridge, MA: Belknap Press of Harvard University Press, 1998.

Cronon, William. *Changes in the Land: Indians, Colonists, and the Ecology of New England.* New York: Hill & Wang, 1983.

Nature's Metropolis: Chicago and the Great West. New York: Norton, 1991.

Davis, David B. *The Problem of Slavery in the Age of Revolution, 1770-1823.* Ithaca, NY: Cornell University Press, 1975.

de Grazia, Victoria. *Irresistible Empire: America's Advance through Twentieth-century Europe.* Cambridge, MA: Harvard University Press, 2005.

Eckes, Alfred, Jr, and Thomas Zeiler. *Globalization and the American Century.* Cambridge University Press, 2003.

Ellwood, David. *The Shock of America: Europe and the Challenge of the Century.* Oxford University Press, 2012.

Förster, Stig, and Jorg Nagler, eds. *On the Road to Total War: The American Civil War and the German Wars of Unification, 1861-1871.* Cambridge University Press, 1997.

Howe, Daniel Walker. *What Hath God Wrought: The Transformation of America, 1815-1848.* Oxford University Press, 2008.

Iger, David. *The Great Ocean: Pacific Worlds from Captain Cook to the Gold Rush.* Oxford University Press, 2003.

Johnson, Benjamin H., and Andrew R. Graybill, eds. *Bridging National Borders in North America: Transnational and Comparative Histories.* Durham, NC: Duke University Press, 2010.

Kennedy, David. *Freedom from Fear: The American People in Depression and War, 1929-1945.* Oxford University Press, 1999.

Lake, Marilyn, and Henry Reynolds. *Drawing the Global Colour Line: White Men's Countries and the International Challenge of Racial Equality.* Cambridge University Press, 2008.

Logevall, Fredrik. *Embers of War: The Fall of an Empire and the Making of America's Vietnam*. New York: Random House, 2012.

McCoy, Alfred W., and Francisco A. Scarano, eds. *Colonial Crucible: Empire in the Making of the Modern American State*. Madison, WI: University of Wisconsin Press, 2009.

Manela, Erez. *The Wilsonian Moment: Self-Determination and the International Origins of Anticolonial Nationalism*. Oxford University Press, 2007.

Meinig, D. W. *The Shaping of America: A Geographical Perspective on 500 Years of History*, Vol. 3: *Transcontinental America, 1850-1915*. New Haven, CT: Yale University Press, 2000.

Ngai, Mae M. *Impossible Subjects: Illegal Aliens and the Making of Modern America*. Princeton University Press, 2004.

Roberts, Timothy. *Distant Revolutions: 1848 and the Challenge to American Exceptionalism*. Charlottesville, va: University of Virginia Press, 2009.

Rodgers, Daniel T. *Atlantic Crossings: Social Politics in a Progressive Age*. Cambridge, MA: Belknap Press of Harvard University Press, 1998.

Rosenberg, Emily S., ed. *A World Connecting, 1870-1945* (A History of the World, general eds. Akira Iriye and Jorgen Osterhammel). Cambridge, MA: Belknap Press of Harvard University Press, 2012.

Taylor, Alan. *The Civil War of 1812: American Citizens, British Subjects, Irish Rebels, & Indian Allies*. New York: Knopf, 2010.

Tucker, Richard. *Insatiable Appetite: The United States and the Ecological Degradation of the Tropical World*. Berkeley, CA: University of California Press, 2000.

White, Ashli. *Encountering Revolution: Haiti and the Making of the Early Republic*. Baltimore, MD: Johns Hopkins University Press, 2010.

White, Richard. *The Middle Ground: Indians, Empires, and Republics in the Great Lakes Region, 1650-1815*. Cambridge University Press, 1991.

Wilkins, Mira. *The History of Foreign Investment in the United States to 1914*. Cambridge, MA: Harvard University Press, 1989.

Williams, Michael. *Americans and their Forests: A Historical Geography*. University of Chicago Press, 2003.

Zolberg, Aristides. *A Nation by Design: Immigration Policy in the Fashioning of America*. Cambridge, MA: Harvard University Press, 2006.

CHAPTER 23

태평양 경제사

라이오넬 프로스트
Lionel Frost

바스코 다 가마(Vasco da Gama)가 유럽에서 인도로 가는 희망봉 항로를 개척한 때는 1499년이었다. 이후 3세기 동안 세계 무역의 가치는 연평균 1퍼센트씩 성장했다. 이는 무역을 가로막는 요소들, 즉 무역을 억압하는 정치적 장벽이나 독점 정책에도 불구하고 이루어진 성과였다. 1800년 이후에는 제약이 다소 완화되었다. 운송 비용이 감소했고, 기술의 변화가 있었으며, 명시적 혹은 암묵적으로 시장 개방이 강요되기도 했다. 또한 유럽의 여러 무역 국가에서는 수입 수요(import demand, 국내 수요에서 국내 공급을 뺀 나머지)가 증가했다. 경제 성장으로 산업 생산을 위한 원자재 수요가 확대되었고, 소득 증대로 '이국적' 사치품 수입 기호가 증가했기 때문이다. 반면 비유럽 무역 지대에서는 수출 공급(export supply, 공급 수준에서 국내 수요를 뺀 나머지)이 증가했다. 인구 증가, 자본과 노동의 이동성 확대, 생산성 향상, 변방의 미개척 지역 진출로 인한 생산량 증가 등이 원인이었다. 그 결과 세계 무역은 급격히 성장했고, 1800년부터 1992년까지 연평균 3.7퍼센트의 성장률을 기록했다.[1] 제2차 세계대전 이후 태평양 횡단 무역(transpacific trade)의 성장은 세계 경

---

[1] Kevin H. O'Rourke and Jeffrey G. Williamson, 'Once more: when did globalisation begin?', *European Review of Economic History* 8:1 (2004), 112.

제의 주요 특징 중 하나였다. 1965년 태평양 횡단 무역의 가치는 대서양 횡단 무역(유럽과 미국-아시아 간 무역)에 비하면 59퍼센트에 불과했으나, 1985년에는 그 수치가 124퍼센트에 달했다.² 태평양 경제사를 검토하는 우리의 논의에서는, 중국-일본-미국 세 지역의 수요공급 변화 및 무역 장애물 제거 문제에 초점을 맞추어 보고자 한다. 우리의 논의에 포함될 지리적 범위는 선택적이다. 태평양 연안 중에서도 주요 강대국으로부터 정치경제적 변화의 영향을 받는 지역들, 예컨대 라틴 아메리카, 아시아의 다른 지역들, 태평양 연안의 러시아, 캐나다, 오스트레일리아, 뉴질랜드 등은 심도 있게 언급되지 않을 것이다.

1750년 기준 중국과 일본의 인구는 총 2억 4,400만 명이었다. 이는 유럽(1억 4,000만 명)의 거의 두 배에 달했으며, 태평양 지역 전체 인구의 약 86퍼센트를 차지했다.³ 중국에서는 이른바 강건성세(康乾盛世, 강희제부터 건륭제까지)의 번영을 뒷받침했던 많은 요인들이 있었다. 아메리카 대륙에서 수입된 은, 그리고 땅콩, 옥수수, 고구마 같은 새로운 작물, 만주와 서역(西域)의 영토 개척, 남중국해 연안 국가들과의 무역, 경제적으로 독립적이며 시장지향적이었던 농민 계층, 낮은 세금, 높은 수준의 공공재 투자, 궁정과 관료 조직의 역량 및 활력 등이었다.⁴ 일본의

2 Kaoru Sugihara, 'The Second Noel Butlin Lecture: labour-intensive industrialisation in global history', *Australian Economic History Review* 47:2 (2007), 142.
3 Colin McEvedy and Richard Jones, *Atlas of World Population History* (Harmondsworth: Penguin, 1978), pp. 18, 167, 181.
4 William T. Rowe, *Saving the World: Chen Hongmou and Elite Consciousness in Eighteenthcentury China* (Stanford University Press, 2001), pp. 1-2; Kenneth Pomeranz, *The Great Divergence: China, Europe, and the Making of the Modern World Economy* (Princeton University Press, 2000); R. Bin Wong, *China*

상업 및 무역 활동, 농업 생산성, 영양 상태와 평균 수명 수준은 유럽과 비슷한 수준이었다.[5]

유럽의 상인들이 보기에 중국과 일본은 은 및 기타 상품을 팔고 비단, 도자기, 차와 같은 사치품을 살 수 있는 부유한 시장이었다. 포르투갈은 동남아시아의 후추와 고급 향신료 무역을 장악하고 있었지만, 그런 그들도 중국으로 진출할 수 있는 관문은 마카오(澳門) 한 곳뿐이었다. 그 위치는 광주(廣州) 남쪽으로 100킬로미터 정도 떨어져 있는 주강(珠江) 어귀였다. 포르투갈 상인들은 1535년 그곳에 배를 정박하고 항구를 개발할 수 있는 권리를 얻었다. 일본은 1569년에 나가사키(長崎) 만의 인공섬 데지마(出島)에서 포르투갈 상인들의 활동을 허용했으나, 1639년에는 이들을 추방했다.(저자의 연대 서술에는 오류가 있다. 마카오는 1535년이 아닌 1557년경부터 본격적 무역 거점이 되었고, 데지마는 1569년이 아니라 1636년경 조성되어 네덜란드 상인을 위한 무역기지로 사용되었다. 포르투갈 상인은 1571년부터 나가사키를 주요 항구로 이용했으며, 기독교 선교 문제로 1639년에 추방되었다. - 옮긴이) 아메리카의 스페인령 뉴스페인과 페루에서는 은이 풍부했다. 스페인은 거기서 동양으로 연결되

Transformed: Historical Change and the Limits of European Experience (Ithaca, ny, and London: Cornell University Press 1997); Jean-Laurent Rosenthal and R. Bin Wong, *Before and Beyond Divergence: The Politics of Economic Change in China and Europe* (Cambridge, MA: Harvard University Press, 2011); Andre Gunder Frank, *ReORIENT: Global Economy in the Asian Age* (Berkeley, ca, and Los Angeles: University of California Press, 1998); Robert B. Marks, *Tigers, Rice, Silk, and Silt: Environment and Economy in Late Imperial South China* (Cambridge University Press, 1998), pp. 163-176.

5 Susan B. Hanley, *Everyday Things in Premodern Japan: The Hidden Legacy of Material Culture* (London: University of California Press, 1997).

는 항로를 모색하다 1571년에 마닐라에 무역 거점을 건설했다. 이로써 스페인은 태평양 횡단 무역의 기회를 얻었다. 멕시코의 항구 아카풀코(Acapulco)에서 출발해서 은의 수요가 높았던 중국으로 이어지는 노선으로, 대개 1년에 한 차례 무역선을 운항했다. 스페인은 중국 해안에서도 마카오와 같은 무역 거점을 건설하려 했고, 심지어 중국 전체를 정복하려 야심찬 계획까지 세웠지만 모두 무산되었다.[6] 네덜란드 동인도회사는 17세기 초 이슬람 무역 거점이었던 자야카르타(오늘날의 자카르타)에 요새화된 도시를 건설하고 이름을 바타비아(Batavia)로 바꾸었으며, 믈라카(Melaka)도 점령했다. 대만에는 중국 무역을 위한 거점을 건설했다. 그것이 포르트 젤란디아(Fort Zeelandia)였다. 그들은 일본의 데지마에서도 '팩토리'(factory, 위탁 창고와 사무소)를 운영했지만, 일본인과의 접촉은 대단히 제한적이었다. 영국 동인도회사는 중국 항구도시의 성벽 바깥에 위치한 폐쇄된 구역에서 팩토리를 운영했다. 그곳에는 중국 세관 관리의 지시를 받는 중국인 중개상 집단(公行)이 있었는데, 영국인들의 팩토리는 중개상들의 엄격한 감독을 받아야 했다. 1757년 청나라 정부는 광둥(廣東, Canton)을 서양 상인들에게 허용된 유일한 공식 항구로 지정했다. 외국인에 대한 경계심을 늦추지 않은 상태에서 차(茶)를 수출하고 은(銀)의 유입을 증대시키기 위한 조치였다. 단일 '창구' 역할을 하는 항구의 존재는 외국 상인들에게 유리하게 작용했다. 관세를 비롯한

---

6 Manel Ollé Rodríguez, 'Early Spanish insertion into Southeast Asia: the Chinese factor', in Peter Borschberg, ed., *Iberians in the Singapore-Melaka Area* (16th to 18th Century) (Wiesbaden: Otto Harrassowitz KG, 2004), pp. 23-34.in global history', *Australian Economic History Review* 47:2 (2007), 142.

기타 수수료 비용을 예측할 수 있었기 때문이다. 또한 그곳을 통해 중국 상인들이 내륙에서 조달한 상품을 안정적으로 확보할 수 있었다.[7]

유럽인들은 공해에서 군사력의 우위를 확보했지만, 연안 수역에서는 아시아인들이 더 유리했다. 항구에 접근할 때는 아시아인들이 사용하던 평저선 소형 선박(junk)이 더 좋았다. 19세기에 이르러서는 유럽인들도 강이나 수심이 얕은 연안 수역에서 안정적으로 전쟁을 수행할 수 있는 능력을 갖추었다. 강에서는 증기 동력을 사용하는 배를 운항했고, 그에 맞게 무기도 개선되었다.[8] 한때 유럽 계몽주의 사상가들 사이에서는 중국의 청(淸) 제국이 계몽된 통치 형태이자 문명의 모델로 널리 존경받았다. 그러나 점차 공격적으로 변한 서구인들의 눈에 그들은 어느새 경멸의 대상으로 전락하고 말았다.[9] 1839년부터 1842년까지 이어진 아편전쟁 이후, 영국은 중국의 다섯 개 항구를 강제로 개방하고 홍콩에 식민지를 세웠다. 1853년 매튜 페리(Matthew Perry) 제독이 이끄는 네 척의 '흑선'(Black Ships)이 에도(江戶)만에 도착하자, 일본은 두 개의 항구에 미국의 자유로운 접근을 허용하는 조약을 체결했다.

---

7 Leonard Blussé, *Visible Cities: Canton, Nagasaki, and Batavia and the Coming of the Americans* (Cambridge, MA: Harvard University Press, 2008); John L. Cranmer-Byng and John E. Wills, Jr, 'Trade and diplomacy with maritime Europe, 1644-c. 1800', in John E. Wills, ed., *China and Maritime Europe, 1500-1800: Trade, Settlement, Diplomacy, and Missions* (Cambridge University Press, 2010); Paul A. Van Dyke, *Merchants of Canton and Macao: Politics and Strategies in Eighteenth-century Chinese Trade* (Hong Kong University Press, 2011).
8 Daniel R. Headrick, *Power Over Peoples: Technology, Environments, and Western Imperialism, 1400 to the Present* (Princeton University Press, 2010), p. 88.
9 Ashley Eva Miller, 'Revisiting the Sinophilia/Sinophobia dichotomy in the European Enlightenment through Adam Smith's "duties of government"', *Asian Journal of Social Science* 38:5 (2010), 716-737.

진보주의 역사학자들은 근현대사를 긍정적으로, 즉 유럽에서 비유럽으로 "문명"이 확산된 과정으로 보지만, 수정주의 역사학자들은 유럽 제국주의가 초래한 폭력과 생태적 파괴를 부정적으로 본다. 그러나 이들의 역사 해석은 모두 유럽의 식민지화 모델에 기반을 둔 유럽 중심적 관점이라는 점에서는 차이가 없다. 그들의 논의에서는 동양의 필연적 패배라는 전제가 내포되어 있다. 동양문화의 기술적 열세, 경제적 후진성, 정치적 보수성 때문에 유럽의 식민지 개척자들에게 패할 수밖에 없다는 의미다.[10] 그들의 관점은 유럽을 우월한 '내부'로 간주하며, 유럽의 혁신이 '외부' 즉 비유럽 세계로 확산된 것으로 본다.[11] 그러나 현실 속에서는 그렇지 않았다. 아시아의 무역상, 항해사, 해적, 투자자, 그리고 상인 귀족들은 과거의 학자들이 생각했던 것보다 훨씬 더 오랜 기간 동안 유럽인들과 경쟁해왔다. 아시아의 생산, 무역, 통치는 아시아만의 경제적 변화의 방식을 만들어냈다. 그러나 그 방식을 이해하고자 한다면, 유럽의 개입과 그에 대한 아시아의 반응을 별도로 분리할 수는 없다.[12] 외국인들이 늘어나면서 그들이 가져온 신기술은 외래 요인(exogenous factor)에 불과했다. 아시아의 지역마다 전통과 통치 제도가 달랐기 때문에 외래 요인은 지역마다 서로 다른 반응을 이끌어냈다.(지도 23-1 참조)

10 Robert Markley, 'Riches, power, trade and religion: the Far East and the English imagination, 1600-1720', *Renaissance Studies* 17:3 (2003), 494.
11 J. M. Blaut, *The Colonizer's Model of the World: Geographical Diffusionism and Eurocentric History* (New York: Guilford Press, 1993).
12 John E. Wills, Jr, 'Maritime Asia, 1500-1800: the interactive emergence of European domination', *American Historical Review* 98:1 (1993), 83-105.

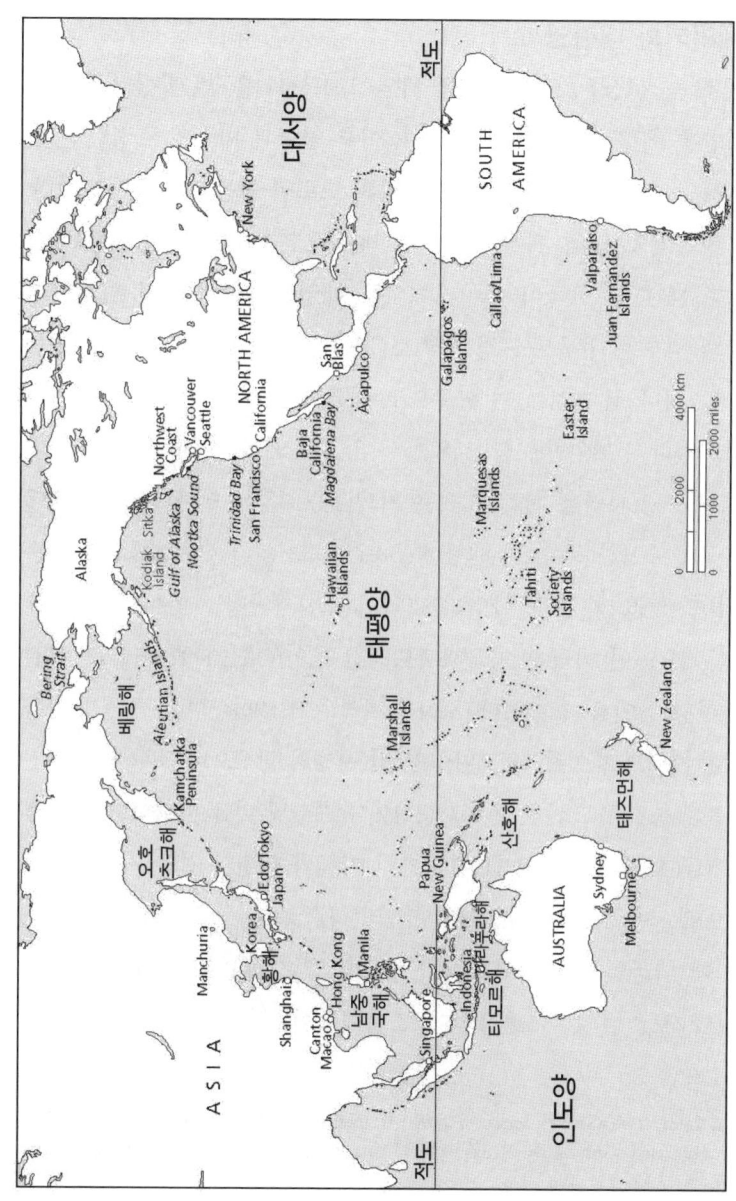

[지도 23-1] 환태평양

CHAPTER 23 - 태평양 경제사

587

아메리카와 태평양

제임스 쿡 선장은 1770년대에 하와이(Hawai'i)를 '발견'했고 북아메리카 해안을 베링 해협까지 탐험했다. 이후 영국과 미국의 포경선원 및 물개와 해달 사냥꾼들이 저마다 태평양의 고립된 공동체로 몰려들었다. 그들은 전통적인 교역 체계를 혼란에 빠뜨렸고 치명적인 전염병을 확산시켰다. 1803년 미국이 루이지애나를 매입하기 이전까지 미시시피강 서쪽의 영토는 대부분 프랑스의 소유였다. 뉴스페인(New Spain, 또는 누에바 에스파냐, 현 멕시코)는 서쪽으로 대륙의 분수령(로키산맥) 너머까지 확장되었다. 1786년에서 1848년 사이, 뉴스페인의 알타 칼리포니아(Alta California) 지역을 거쳐간 배는 거의 1,000척에 달했다. 값싼 해달 모피를 구할 수 있는 누트카 해협(Nootka Sound)이나 싯카(Sitka)로 가는 배, 아니면 아메리카 포경 산업과 교역의 중심지였던 하와이로 가는 배들이었다. 1846년 미국은 영국과 〈오리건 조약(Oregon Treaty)〉을 체결하여 태평양 연안을 확보했다.(오리건 지역은 1818년 영미간 협정에 따라 공동 점유 지역으로 설정되었으나, 빈번한 분쟁의 발생으로 1846년 오리건 조약을 통해 북위 49도선을 경계로 확정했다. 오늘날 미국-캐나다 서부 국경의 기초가 된 조약 – 옮긴이) 그 이전까지 미국의 태평양 연안 지역에서는 국제적으로 자유 교역이 이루어지고 있었다.[13]

초기에 미국인들은 동아시아를 유럽인의 시각으로 바라보는 경향이 있었다. 보스턴의 어느 상인이 표현했듯이, 동아시아는 '지구의 동

---

13 David Igler, *The Great Ocean: Pacific Worlds from Captain Cook to the Gold Rush* (Oxford University Press, 2013).imagination, 1600–1720', *Renaissance Studies* 17:3 (2003), 494.

쪽 끝'에 위치한 곳으로 인식되었다.[14] 독립 이전의 미국인들은 "항해법(Navigation Acts)"의 제약을 받았는데, 이 법에 따르면 선박은 영국 소유이며 영국 선원들에 의해 운항될 경우에만 영국 항구에 입항하거나 출항할 수 있었다. 미국에서 중국으로 항해한 첫 번째 선박은 미국 독립전쟁에서 퇴역한 함선으로, 이름이 '엠프레스 오브 차이나(Empress of China)'로 변경되었다. 이 선박은 1784년에 뉴욕을 출발했다. 은, 인삼, 납을 비롯한 여러 상품을 싣고 희망봉을 경유해 광주(廣州, 광저우, Canton)로 향했던 15개월 간의 왕복 항해는 매우 위험한 모험이었다. 그러나 이 선박이 돌아올 때는 차, 도자기, 비단이 가득 실려 있었다. 수익이 높았고 항해는 성공이었다.[15] (최초의 항해에서 이용한 항로는 대서양-희망봉-대서양을 거쳐 중국까지 가는 항로였다.) 최초의 성공 이후 미국 상인들의 중국 교역은 점점 더 활발해졌다. 이들은 상거래 목적으로 해달 가죽, 백단향(sandalwood), 해삼(bêche-de-mer)을 사냥하고 채집했으며, 하와이에서 화물을 집결시켜 광주(廣州)로 운송했다.[16] (여기서는 최초의 항해와 달리 태평양 횡단 항로를 의미한다. — 옮긴이) 미국 상인들은 경쟁 상대였던 영국 상인에 비해 중국까지 운송하는 화물 비용이 더 낮았다. 그래서 미국 상인들은 중국 시장에서 더 저렴한 가격을 제시할 수 있었

---

14 John Curtis Perry, *Facing West: Americans and the Opening of the Pacific* (Westport, CT: Praeger, 1994), p. 47.
15 John W. Swift, P. Hodgkinson and Samuel W. Woodhouse, 'The voyage of the Empress of China', *Pennsylvania Magazine of History and Biography* 63:1 (1939), 24-26.
16 J. R. McNeill, 'Of rats and men: a synoptic environmental history of the island Pacific', *Journal of World History* 5:2 (1994), 299-349.

다. 영국 상인들은 벵골 지역에서 나는 아편을 중국에 팔아서 무역 균형을 맞추어야 했다. 1839년 아편 무역 문제 해결을 위해 청나라 황실에서는 임칙서(林則徐)를 흠차대신(欽差大臣)으로 임명하여 광주(廣州)로 파견했다. 그는 아편 밀매 종식을 위해 1,500톤의 아편을 압수하고, 이를 소금과 석회를 섞어 대형 물구덩이에 집어넣어 폐기하는 조치를 취했다.[17] 영국은 평저선 증기선 군함 네메시스(Nemesis)호를 투입했다. 영국은 우수한 화력을 발휘하여 대운하를 장악했고, 중국에 자유무역 조약 체결을 강요했다. 북태평양에서 미국 선박의 존재감이 점차 커질 무렵 페리 제독(Commodore Perry)은 '세계로 가는 고속도로'를 구상했고, 그 중에서 일본은 중간 기착지였다. 즉 미국 본토를 가로질러 캘리포니아를 거쳐 하와이, 일본, 상해로 이어지는 경로였다.[18]

1844년 중국의 조약항이 미국 상인들에게 개방된 시점부터 1869년 첫 대륙횡단철도가 완공될 때까지의 기간은 미국이 상업적 해상 강국으로서 역사적 절정을 누리던 시기였다. 1848년 1월, 미국이 멕시코로부터 영토를 획득하는 평화 조약이 체결되기 불과 1주일 전에 금광이 발견되었다. "땅이 돈을 토해낸다"는 소식은 5월까지 비밀로 유지되었다. 대부분의 미국인들은 11월이 되어서야 캘리포니아의 금광 발견 소식을 알게 되었다.[19] 그때는 이미 태평양 건너편에서 온 사람들이 금광 현

---

17 Maurice Collis, *Foreign Mud: Being an Account of the Opium Imbroglio at Canton in the 1830s and the Anglo-Chinese War that Followed* (New York: New Directions Books, 1946).
18 Perry, *Facing West*, pp. 59-60.
19 T. J. Stiles, *The First Tycoon: The Epic Life of Cornelius Vanderbilt* (New York: Alfred A. Knopf, 2009), p. 171; H. W. Brands, *The Age of Gold: The California*

장에서 일하고 있었다. 샌프란시스코에서 출발한 한 스쿠너(schooner)선이 호놀룰루(Honolulu)에 소식을 전했고, 그곳에서 다시 태평양 전역의 항구로 소식이 퍼져나갔다. 골든 게이트(Golden Gate)에서 뉴욕까지는 16,000해리 떨어져 있었지만(파나마 운하가 개통되기 전, 남아메리카 남단을 돌아 가는 항로의 거리 — 옮긴이), 아카풀코(Acapulco, 멕시코), 카야오(Callao, 페루), 발파라이소(Valparaíso, 칠레), 호놀룰루(Honolulu, 하와이), 광주(廣州), 시드니(Sydney, 오스트레일리아)는 모두 그 거리의 절반도 되지 않았다. 시드니(Sydney)에서 출발한 가장 빠른 범선은 샌프란시스코(San Francisco)까지 10주 만에 도달할 수 있었지만, 미국 동부에서 (대서양을 건너) 희망봉(Cape of Good Hope)을 경유하여 시드니까지 가는 항로는 최대 5개월이 걸릴 수 있었다.[20] 뉴욕에서 증기선을 타고 파나마로 이동한 뒤, 차그레스강(Chagres River)을 통나무 카누로 거슬러 올라가고, 산악 지대를 노새 행렬로 넘은 후, 파나마시티(Panama City)에서 다시 증기선을 이용하면 약 7주 만에 샌프란시스코(San Francisco)에 도착할 수 있었다. 이 경로는 비용이 더 많이 들었으며, 열대 질병에 감염될 위험이 높았다. 샌프란시스코에 도착한 사람들 가운데 약 7만 5,000명은 해상 경로로 들어왔으며, 육로로 들어온 사람도 10만 명 이상이었다.[21] 1850년, 미국 해운 업계의 거대 자본가가 자금을 지원하여 파나마를 횡단하

    Gold Rush and the New American Dream (New York: Doubleday, 2002), pp. 45-47.
20 Geoffrey Blainey, *The Tyranny of Distance: How Distance Shaped Australia's History* (Melbourne: Macmillan, 1966), p. 140.
21 Karen Clay and Randall Jones, 'Migrating to riches? Evidence from the California gold rush', *Journal of Economic History* 68:4 (2008), 999-1000.

는 철도 건설이 시작되었다. 이 철도는 길이가 불과 47마일(약 75.64킬로미터)에 지나지 않았지만 건설에 5년이 걸렸으며, 매우 높은 수익성을 입증했다. 캘리포니아 금광에서 운을 시험해본 뒤 돌아온 채굴자들은 호주에서 금 탐사를 가속화시켰으며, 1851년 멜버른(Melbourne)에서 금이 발견되자 그곳은 세계에서 가장 빠르게 성장하는 도시로 탈바꿈했다.[22] 신속하게 호주로 이동하고자 하는 수요가 늘어나자 미국에서 넓은 돛을 가진 클리퍼선(clipper ships)이 건조되었다. 풍향이 좋을 때면 금을 찾는 사람들을 싣고 멜버른(Melbourne)으로 향했던 선박들은 다시 신속하게 중국으로 항해한 뒤, 더 많은 이민자와 화물칸에 차(茶)를 가득 싣고 돌아왔다.[23] 1852년경 약 25,000명의 중국인이 캘리포니아에 거주하고 있었다. 이들은 대부분이 주강(珠江) 삼각주 지역 출신이었다. 1857년에는 비슷한 수의 중국인이 빅토리아(Victoria) 금광에서 일하고 있었다. 캘리포니아에 기반을 둔 중국 회사들, 그리고 이후 시애틀(Seattle)과 밴쿠버(Vancouver)에서 활동한 중국과 일본 회사들은 언어 능력과 태평양을 가로지르는 네트워크를 활용하여 미국과 캐나다 대륙횡단철도 건설을 위한 노동자를 모집했다. 북아메리카에 기반을 둔 아시아 상인들 덕분에 미국에서 중국과 일본 시장에 접근하기가 용이했으며, 캘리포니아와 호주에 거주하던 중국 이민자들은 귀중한 농업 노동력을 제공했

---

22 Geoffrey Blainey, 'A theory of mineral discovery: Australia in the nineteenth century', *Economic History Review* 23:2 (1970), 289-313; Graeme Davison, 'Gold-rush Melbourne', in Iain McCalman, Alexander Cook and Andrew Reeves, eds., *Gold: Forgotten Histories and Lost Objects of Australia* (Cambridge University Press, 2001), pp. 52-66.
23 Blainey, *The Tyranny of Distance*, pp. 174-205.

다.[24] 1881년에 알래스카(Alaska)에서도 금이 발견되었다. 미국은 이 지역을 1867년에 러시아로부터 매입했다.

미국의 부가 급격히 증가했음에도 불구하고, 제1차 세계대전 이전 한 세기 동안 세계 경제의 지도적 위치는 영국이 유지하고 있었다. 나폴레옹 전쟁 이후 세계 무역이 불안정해지고 민간 자본 형성이 위축되자 영국 경제 성장도 둔화되었다. 그러나 전쟁이 끝난 후 영국은 다시 새로운 시장과 원자재 공급원을 모색할 여유를 갖게 되었다.[25] 1840년대에도 영국의 증기선이 칠레의 발파라이소(Valparaíso)까지, 또는 페루의 카야오(Callao)까지 운항했으며, 이 지역에서 밀, 구리, 구아노(guano) 수출에서 영국 상인들이 중심적인 역할을 했다.[26] 1850년에서 1869년 사이, 증기선 설계의 혁신을 통해 영국은 세계 최고 조선국의 지위를 다시 확립했다. 스크루 프로펠러가 패들 휠을 대체했고, 목재 대신 철판이 사용되었으며, 복합 엔진(compound engines)이 도입되어 석탄 소비를 줄였다. 미국의 조선업자들은 여전히 돛과 목재를 고수하고 있었다. 1869년 수에즈 운하가 완공되기 전까지 영국의 대중국 무역은 돛을 사용하는 선박에 의거했다. 증기선에 필요한 만큼 충분한 양의 석탄을 싣고 항

---

24 Kornel S. Chang, *Pacific Connections: The Making of the U.S.-Canadian Borderlands* (Berkeley, ca, and Los Angeles: University of California Press, 2012); David Haward Bain, *Empire Express: Building the First Transcontinental Railroad* (New York: Penguin, 1999), pp. 205-208; Yong Chen, *Chinese San Francisco 1850-1943: A Trans-Pacific Community* (Stanford University Press, 2000), p. 52.
25 Jeffrey G. Williamson, 'Why was British growth so slow during the Industrial Revolution?', *Journal of Economic History* 44:3 (1984), 687-712.
26 W. M. Mathew, 'Peru and the British guano market, 1840-1870', *Economic History Review* 23:1 (1970), 112-128.

해할 수가 없었기 때문이다. 수에즈 운하가 개통 후 불과 10년 이내에 중국 차 무역에서 운하를 이용하는 영국 증기선들이 미국의 클리퍼선(clippers)을 몰아냈다.[27] 1840년에서 1913년 사이 국제 화물 운임은 연평균 약 1.5퍼센트씩 하락했다. 그럼에도 불구하고 유럽 시장에서 아시아산 상품의 가격 마진이 줄어들었다. 대체 공급원이 개발되었기 때문이다.[28] 전신 케이블이 중국의 해안 도시들을 연결하자, 가격 차이에 대한 신속한 정보가 제공되었고, 무역과 자본 흐름이 더욱 빨라졌다. 1819년 토머스 스탬퍼드 래플스 경(Sir Thomas Stamford Raffles)은 싱가포르(Singapore)에 무역 기지를 건설했다. 또한 1833년 영국은 아메리카 남단의 케이프 혼(Cape Horn) 근처 포클랜드 제도(Falkland Islands)에 식민지를 건설했다. 이로써 영국은 태평양에 대한 실질적인 통제권을 확보하게 되었다.

캘리포니아와 오스트레일리아에서 발견된 금은 통화량을 증가시켰다. 그에 따라 해외 국가들의 영국 제품 구매력도 높아졌다. 영국의 투자자들은 벌어들인 자본을 정부 채권에 투자했고, 1차 산업 생산 지역의 철도 건설에도 자금을 투입했다. 안정적인 재산권, 법치주의, 민주주의, 이주 비용 감소 등으로 자유 정착민의 흐름이 확대되었다.[29] 농촌 생

---

27 Max E. Fletcher, 'The Suez Canal and world shipping, 1869-1914', *Journal of Economic History* 18:4 (1958), 561.
28 Kevin H. O'Rourke and Jeffrey G. Williamson, *Globalization and History: The Evolution of a Nineteenth-century Atlantic Economy* (Cambridge, MA: MIT Press, 1999), pp. 35-36; Jan de Vries, 'The limits of globalization in the early modern world', *Economic History Review* 63:3 (2010), 728-729.
29 Timothy J. Hatton and Jeffrey G. Williamson, *Global Migration and the World Economy: Two Centuries of Policy and Performance* (Cambridge, MA: MIT

산물을 가공하고 환적하는 과정에서 샌프란시스코(San Francisco), 멜버른(Melbourne)과 같은 도시가 성장했으며, 도시에 모인 자본은 철도와 배후지의 1차 산업 개발에 투입되었다.[30] 환경 개혁과 관리의 혁신에 따라 농업의 수익성이 좋아졌고, 이를 통해 외부 시장에 고기, 유제품, 과일 공급을 늘릴 수 있었다. 소규모 농장이나 대형 기업 모두 시행착오를 겪어가며 환경의 도전에 대응했으며, 신문과 농업 협회를 통해 태평양을 가로지르는 교류가 가능했고, 신기술 정보가 확산되었다.[31] 이와 같은 풍요로운 자원은 서구 경제에 새로운 생산 가능성을 제공했다. 덕분에 영국과 미국은 농업에서 제조업으로 전환할 수 있었다.

조약항과 아시아 경제의 발전

남경조약(南京條約, 혹은 난징조약, 1842년)은 영국이 중국에서 상인의 자유무역권을 보호하기 위해 무력 사용 의지를 내보인 사례였다. 홍콩(香港)은 영국의 식민지가 되었으며, 광주(廣州, 광저우, Canton),

---

Press, 2005).
30 Lionel Frost, '"Metallic nerves": San Francisco and its hinterland during and after the Gold Rush', *Australian Economic History Review* 50:2 (2010), 129-147.
31 Ian Tyrrell, *True Gardens of the Gods: Californian-Australian Environmental Reform, 1860-1930* (Berkeley, ca, and Los Angeles: University of California Press, 1999); Lionel Frost, 'The Correll family and technological change in Australian agriculture', Agricultural History 75:2 (2001), 217-241; Douglas Sackman, *Orange Empire: California and the Fruits of Eden* (Berkeley, ca, and Los Angeles: University of California Press, 2005); David Igler, *Industrial Cowboys: Miller & Lux and the Transformation of the Far West, 1850-1920* (Berkeley, ca, and Los Angeles: University of California Press, 2001); Steven Stoll, *The Fruits of Natural Advantage: Making the Industrial Countryside in California* (Berkeley, ca, and Los Angeles: University of California Press, 1998).

하문(廈門, 샤먼, Amoy), 상해(上海, 상하이, Shanghai), 영파(寧波, 닝보, Ningpo), 복주(福州, 푸저우, Foochow)의 다섯 개 항구에서는 무역 권리가 허용되었다. 또한 이후 관세율을 변경하려면 영국의 동의를 얻어야 했다. 1844년에는 이와 같은 무역 특혜를 미국과 프랑스에도 확대하는 조약이 체결되었다. 양자강 유역에서 상거래 중심지였던 상해는 이후 해외 무역 중심지로 급변했다. 영국 상인들은 차와 비단 거래 자금을 조달하기 위해 계속해서 아편을 판매했다. 제2차 아편전쟁(1856-60년)이 벌어지자 영국과 프랑스 군대는 광주(廣州)를 폭격하여 점령했다. 이후 북경(北京)으로 진군하여 황제의 여름 궁전(圓明園)을 약탈하고 불태웠다. 그 결과로 체결된 조약에 따라 더 많은 항구가 영국, 프랑스, 미국 상인들에게 개방되었다. 한편 러시아는 블라디보스토크(Vladivostok)를 영토로 확보하여 태평양 연한 항구를 건설할 수 있게 되었다.[32] 미국의 페리(Perry) 제독이 도착한 이후 일본 정부 관료들 사이에서는 서구에 저항할 능력이 안 된다는 상황인식이 우세했다. 1858년부터 1869년 사이 일본은 대부분의 유럽 열강과 '불평등 조약'을 체결하여 요코하마(橫浜), 나가사키(長崎), 하코다테(函館), 오사카(大阪), 고베(神戶) 등지에 개항장을 설립했다. 프랑스는 1858년에 인도차이나 정복을 시작했고, 영국은 1874년부터 1895년까지 말레이 반도 통치를 점진적으로 강화했으며, 네덜란드는 자와섬에서 지배권을 강화하고 수마트라, 보르네오, 몰루카 제도에 식민지를 건설했다. 시암(Siam, 현재의 태국)은 독립을 유지

---

32 John J. Stephan, *The Russian Far East: A History* (Stanford University Press, 1994).

했지만, 1855년 영국과 체결한 조약에 따라 전국을 서구 무역에 개방해야 했다.

조약항에서 외국인은 자국 영사의 관할권만 따를 뿐이었다. 외국인들은 조약항에 설치된 '외국인 거류지(foreign settlements)' 또는 '조계지(concessions)'에 거주했다. 그곳은 기존 도시와 인접했지만 철저히 분리된 유럽식 소규모 마을이었다. 이와 같은 분리 구조는 서구인들을 보호하는 동시에 현지에 미치는 서구 문화의 영향을 제한하는 결과를 가져왔다.[33] 외국인들은 자신의 우월성을 확신했지만, 그들과 거래하던 중개상인들은 현지 주민들로부터 폭력을 당하기도 했다. 1863년 어느 관찰자는, "일본의 모든 상인은 자신의 머리 위에 칼이 매달려 있다는 것을 알고 있다"고 언급하기도 했다. 1870년 천진(天津, 톈진, Tianjin)에서는 폭도들이 21명의 외국인을 살해하는 사건이 벌어졌다. 1900년에는 의화단(義和團) 운동(Boxer Rebellion)이 일어나 북중국 지역에서 수백 명의 외국인이 살해되었다.[34] 일본은 서구의 추가적인 시장 개방 요구에 저항하며, 경제 발전을 위한 '부국강병(富國强兵)' 정책을 실시하여 '불평등 조약'을 철폐하려는 노력을 기울였다. 마찬가지로, 1870-80년대 중국의 '자강운동(自强運動)'은 서구 열강에 대응하기 위해 군사력을 강화하

---

33 Marie-Claire Bergère, *Shanghai: China's Gateway to Modernity* (Stanford University Press, 2009), pp. 32-36; Linda C. Johnson, *Shanghai: From Market Town to Treaty Port, 1074-1858* (Stanford University Press, 1995), pp. 320-321.
34 J. E. Hoare, *Japan's Treaty Ports and Foreign Settlements: The Uninvited Guests 1858-1899* (Folkestone: Japan Library, 1994), p. 10; J. K. Fairbank, 'Patterns behind the Tientsin massacre', *Harvard Journal of Asiatic Studies* 20:3/4 (1957), 480-511; John E. Schrecker, *The Chinese Revolution in Historical Perspective*, 2nd edn (Westport, CT: Praeger, 2004), pp. 162-163.

려는 개혁으로, 그들의 슬로건 또한 '부국강병(富國强兵)'이었다.[35] 동남아시아의 주요 상업 도시는 경제 구조와 인종 구성 면에서 거의 차이가 없었다. 독립국이었던 시암(태국)의 방콕(Bangkok)이나 식민지였던 프랑스령 인도차이나의 사이공(Saigon, 오늘날의 호찌민) 등지에서는 모두 아시아 다른 나라의 이주민 공동체가 경제 활동(금융, 현지 상품의 가공과 운송 등)을 주도하고 있었다. 주요 상업 기관, 즉 은행, 해운 사무소, 상사 등은 유럽인들이 장악하고 있었다.[36]

1853년 미국 페리(Perry) 제독의 함대가 도착하기 전, 일본 중앙정부(幕府)는 외국 선박의 침입에 대비하여 대포를 설치하고 해안 감시탑과 요새를 구축했다.[37] 일본의 일상생활을 뒷받침했던 시스템은 지역별 전문화와 연안 해운이었다. 도쿠가와 막부는 해외여행을 금지하고 거의 완벽한 쇄국정책을 추구했다. 1868년, 일군의 사무라이 집단이 엄격한 도쿠가와 시대의 신분 제도를 타파하고 젊은 천황을 명목상의 통치자로 복위시켰다. 이후 일본은 자유무역 정책을 채택하고 서구 모방을 추진했다. 그러나 서구에 비해 일본이 유리한 점도 있었다. 바로 전통적 농촌

---

35 Kozo Yamamura, 'Success illgotten? The role of Meiji militarism in Japan's technological progress', *Journal of Economic History* 37:1 (1977), 113-135; Richard J. Samuels, *'Rich Nation, Strong Army': National Security and the Technological Transformation of Japan* (Ithaca, NY: Cornell University Press, 1994); Schrecker, *The Chinese Revolution*, p. 143.
36 Ian Brown, *The Élite and the Economy in Siam, c. 1890-1920* (Oxford University Press, 1988); Porphant Ouyyanont, 'Underdevelopment and industrialisation in pre-war Thailand', *Australian Economic History Review* 52:1 (2012), 43-60.
37 Robert G. Flershem, 'Some aspects of Japan sea shipping and trade in the Tokugawa period, 1603-1867', *Proceedings of the American Philosophical Society* 110:3 (1966), 182-226.

의 활동 기반이었다. 한정된 토지에 많은 숙련 노동력을 투입하는 것이 일본 고유의 방식이었다. 일본의 산업화는 대개 가내수공업에 의거했는데, 근대 산업 발달 지역은 일반적으로 농촌 지역이었다. 농촌에서는 인프라 비용이 낮고 인적 사회적 자본이 축적되어 있었다. 이곳에서 노동은 단순히 저렴한 것이 아니라, 그 효율성에 비해 저렴했다.[38] 일본에서 생산된 소비재 상품은 아시아 시장에서 다른 나라의 농산물과 교환되었다. 메이지 시대의 일본에서는 비단과 차의 수출 가격이 상승한 반면, 면직물, 실, 철 제품의 수입 가격이 상대적으로 하락하여, 교역 조건이 6배 이상 개선되었다.[39]

일본 산업화의 근간에는 민간 부문과 공공 부문이 모두 참여했다. 개방 정책에 따라 일본은 산업혁명의 성과를 받아들일 수 있었다. 예를 들면 증기 기관이나 선진 기계공학 등이었다. 그것을 일본의 노동 구조에 최적화된 방식으로 변형하여 적용했다. 유럽과 아메리카의 기계는 자본 집약형이었다. 여기에 일본식 변형이 가해졌는데, 예를 들면 동력 직조기의 틀을 강철에서 목재로 바꾸는 식이었다. 소득이 증가함에 따라 가

---

38 Sugihara, 'The second Noel Butlin lecture', 130-135; J. I. Nakamura, 'Human capital accumulation in premodern rural Japan', *Journal of Economic History* 41:2 (1981), 263-281.
39 J. Richard Huber, 'Effects on prices of Japan's entry into world commerce after 1858', *Journal of Political Economy* 79:3 (1971), 614-628; Daniel M. Bernhofen and John C. Brown, 'An empirical assessment of the comparative advantage gains from trade: evidence from Japan', *American Economic Review* 95:1 (2005), 208-225; Yasukichi Yasuba, 'Did Japan ever suffer from a shortage of natural resources before World War II?', *Journal of Economic History* 56:3 (1996), 544-545; Jeffrey G. Williamson, *Trade and Poverty: When the Third World Fell Behind* (Cambridge, MA: MIT Press, 2011), p. 47.

사 활동에 기반한 소비 패턴이 변화했고, 식품 가공 및 조리 제품, 재봉 및 의류 제작 장비에 대한 새로운 수요가 생겨났다.[40] 해운이나 무역업 등의 분야에서는 자이바츠(財閥)라 불리는 가족 소유의 대규모 재벌 기업들이 등장했다. 이들은 규모의 경제를 활용하여 사업을 다각화하고 신기술에 투자했다.[41] 메이지 정부에서는 1870년에 공부성(工部省, 코부쇼)을 설립하고, 스코틀랜드 출신 엔지니어(Henry Dyer)에게 지도를 맡겼다. 철도, 등대, 선박수리, 항구 건설 및 조선소에 대한 직접 투자를 통해 모든 공학 분야를 공부성에서 관장했다.[42] 1880년대 초부터 일본의 군부는 '무기 독립'을 목표로 삼았다. 공공 자금을 지원하여 서구의 기술과 전문 지식을 수용하는 중심지로 병기창, 조선소, 공장 등의 설립과 확장을 추진했다. 이는 조선, 기계 및 공작기계 산업의 민간 기업 제품 수요를 증가시켰다. 적어도 1894년까지 메이지 시대의 경제적 성공은 대규모 공공 지출의 결과라기보다는, 교육과 인프라 같은 공공재에 대한 전략적 투자와 함께 '민간 부문이 자체적으로 발전하도록' 맡긴 데서 비롯되었다.[43]

중국에서도 일본과 마찬가지로 19세기 후반에 무역이 경제에서 더

---

40 Masayuki Tanimoto, 'The role of housework in everyday life: another aspect of consumption in modern Japan', in Penelope Francks and Janet Hunter, eds., *The Historical Consumer: Consumption and Everyday Life in Japan, 1850-2000* (Basingstoke: Palgrave Macmillan, 2012), pp. 27-55.
41 John P. Tang, 'Technological leadership and late development: evidence from Meiji Japan, 1868-1912', *Economic History Review* 64 (2011), 99-116.
42 Masami Kita, 'The Japanese acquisition of maritime technology from the United Kingdom', in A. J. H. Latham and Heita Kawakatsu, eds., *Intra-Asian Trade and the World Market* (London and New York: Routledge, 2006), pp. 46-74.
43 Yasuba, 'Did Japan ever suffer from a shortage', 549.

욱 중요한 요소가 되었다. 두 나라 모두 1870년에는 수출이 GDP의 1 퍼센트 미만이었다. 이는 아시아의 다른 나라 혹은 라틴 아메리카 국가들보다 낮은 수준이었다. 1913년까지 중국의 수출 비중은 2.6배로 증가하여 아시아나 라틴 아메리카 평균보다 높아졌다. 이러한 성과는 일본과 비교할 때만 다소 적은 편인데, 일본의 경우 수출 비중이 8.3배 증가했다.[44] 중국 북부 내륙의 방직 중심지에서는 여성 노동자가 수입된 면사를 가지고 전통 직기를 이용해 천을 짰지만, 산업의 성장이 일본의 유사한 기업들만큼 빠르거나 광범위하지는 않았다.[45] 두 나라는 모두 인구가 급증하여 농업 생산성을 높이는 데 어려움을 겪었다. 1750년에서 1850년 사이, 중국 인구는 약 2억 1,500만 명에서 3억 8,000만 명으로 증가했다. 토지를 찾는 사람들은 산비탈로 올라가거나 홍수 위험이 높은 간척 호수 인근으로 이동하거나 혹은 대만으로 이주했다.[46] 청 제국 정부는 황하의 홍수 방지 예산을 줄였으며, 1840년부터 1911년 사이에만 기근, 홍수 및 기타 자연재해로 인한 사망자가 총 1,700만 명에 달했다. 그 중 90퍼센트가 1875년 이후에 발생했다.[47] 태평천국 운동(Taiping Rebellion) 때문에 약 2,500만 명이 사망했으며, 특히 양자강 유역에서

---

44 Williamson, *Trade and Poverty*, p. 47.
45 Linda Grove, 'International trade and the creation of domestic marketing networks in North China, 1860–1930', in Shinya Sugiyama and Linda Grove, eds., *Commercial Networks in Modern Asia* (London: Curzon Press, 2001), pp. 96–115.
46 McEvedy and Jones, Atlas of World Population History, p. 170; G. William Skinner, 'Sichuan's population in the nineteenth century: lessons from disaggregated data', *Late Imperial China* 8:1 (1987), 75.
47 Kenneth Pomeranz, 'Chinese development in long-run perspective', *Proceedings of the American Philosophical Society* 152:1 (2008), 91.

큰 피해를 입었다. 소주(蘇州, Suzhou)나 한구(漢口, Hankow) 같은 도시는 각각 약 100만 명의 주민이 살고 있었으나, 난리통에 도시 전체가 파괴되었다.[48] 청일전쟁(1894-95년) 이후 대만이 일본에 할양되었고, 새로운 양보 조치를 통해 독일, 벨기에 및 기타 외국인들이 조약항 배후 지역 깊숙이까지 들어와 철도와 광산에 투자할 수 있게 되었다.[49] 엘리트 계층과 대중의 반발이 결집되자, 1911년 지방 정부들이 저마다 독립을 선언하면서 청 왕조는 붕괴되고 말았다. 일본은 근대 제국주의 시대에 유일한 비서구 식민 열강으로서, 이웃 영토를 점령하여 전략적 구역을 형성하고, 이를 통해 값싼 식량을 확보하며 일본 수출품의 시장을 창출했다.[50] 마크 피티(Mark Peattie)가 지적했듯이, 일본의 국내 개혁은 '퇴락하고 부패한 아시아 문명을 변화시키려는 꿈'을 꾸는 아시아 사람들에게 새로운 틀을 제공했다. 마크 피티에 따르면 일본은 '전략적 방어선(cordons of advantage)'을 구축할 계획이었다. 일본 본토에서부터 방사형 구조로 뻗어 나가며 인접 지역에서는 영토를 점령하고, 그 다음 지역에

48 Peter J. Carroll, *Between Heaven and Modernity: Reconstructing Suzhou, 1895-1937* (Stanford University Press, 2006), p. 4; William T. Rowe, *Hankow: Commerce and Society in a Chinese City, 1796-1889* (Stanford University Press, 1984), pp. 38-42.
49 John E. Schrecker, *Imperialism and Chinese Nationalism: Germany in Shantung* (Cambridge, MA: Harvard University Press, 1971), pp. 220-225.
50 Samuel Pao-San Ho, 'Colonialism and development: Korea, Taiwan, and Kwantung', in Ramon H. Myers and Mark R. Peattie, eds., *The Japanese Colonial Empire, 1895-1945* (Princeton University Press, 1984), pp. 347-358; Chih-ming Ka, *Japanese Colonialism in Taiwan: Land Tenure, Development, and Dependency, 1895-1945* (Boulder, CO: Westview Press, 1995); Mitsuhiko Kimura, 'The economics of Japanese imperialism in Korea, 1910-1939', *Economic History Review* 48:3 (1995), 555-574.

서는 종주권을 확보하여 완충지대를 만든다는 전략이었다. "이처럼 국가 안보를 추구하는 과정에서 일본은 오히려 전략적 '문제'에 봉착하게 되었다. 그 전략은 일본 국내 정치에도 고통을 안겨주었을 뿐만 아니라 외교 관계도 망쳐버렸다."[51]

태평양 전쟁과 그 후

1910년 일본은 한반도를 병합했다. 그 이전에 일본은 1894-95년에는 청일전쟁, 1904년에는 러일전쟁을 통해 중국과 러시아를 한반도에서 몰아냈다. 이후 일본이 계속해서 중국으로 뻗어나가는 문제를 두고 내부적으로 논란이 벌어졌다. 온건파는 영국 및 미국과 협력을 통해 투자와 무역을 확대하는 방안을 선호했다. "그 반대편에는 팽창주의자와 군국주의자들이 있었다. 이들은 중국의 민족주의와 저항을 억누르고, 필요하면 전쟁도 불사하여 영국과 미국을 아시아 대륙에서 몰아내야 한다는 입장이었다."[52] 팽창주의자들이 보기에, 국내의 인구 압박(population pressure)과 국내 원자재 및 연료 부족은 군사적 확장을 불가피하게 만드는 요인이었다. 그러나 실제로 이런 문제들이 일본 경제 성장에 장애가 된 시기는 1930년 이후였다.[53] 일본의 수출 무역은 경공업 제품이 주를 이루었으며, 그에 필요한 원자재가 수입의 대부분을 차지했다. 철광

---

51 Mark R. Peattie, 'The Japanese colonial empire, 1895-1945', in Peter Duus, ed., *The Cambridge History of Japan*, Vol. 6: *The Twentieth Century* (Cambridge University Press, 1988), pp. 220-221.
52 Saburō Ienaga, *The Pacific War, 1931-1945: A Critical Perspective on Japan's Role in World War II* (New York: Pantheon Books, 1978), pp. 9-10.
53 Yasuba, 'Did Japan ever suffer from a shortage', 550-556.

석과 석탄은 다른 아시아 국가들로부터 수입했지만, 중소 규모 기업들은 거의 대부분이 전기 모터를 사용했기 때문에 천연자원의 수입 수요를 줄일 수 있었다. 군사력을 증강하는 동안 중공업이 성장했다. 중공업은 많은 자원을 소모했지만 아시아로부터 자원 수급은 안정적이지 못했다. 일본의 입장에서 만주국(滿州國)은 중요한 지역이었다. 산업의 잠재력도 있었지만 미래 소련과의 경쟁에서 전략적 요충지였다. 1937년 일본군은 만주국을 넘어 중국을 침공했다. 상해에서 3개월간 전투를 벌인 후 일본군은 당시 중화민국의 수도였던 남경(南京, 난징)으로 진격했다. 1941년 6월 독일이 소련을 침공하자 일본은 프랑스령 인도차이나(Indochina)로 병력을 파견했고, 네덜란드령 동인도(Dutch East Indies)로부터 석유와 기타 자원을 확보하는 등 중국을 우회적으로 포위 압박하려 했다. 미국을 비롯한 서방 연합국은 일본에 제재 조치를 취했다. 일본으로 석유 수출을 금지했으며, 일본의 자산을 동결했다. 이는 일본이 미국, 영국, 네덜란드와 전쟁을 벌이거나 중국에서 패배를 받아들이라는 압박이었다.

일본 국민은 황제의 권위를 인정했다. 이를 기반으로 육군과 해군 참모부는 거의 완전한 권력을 행사하고 나섰다. 일본 군부는 신중한 관찰자들을 위협하고 처벌했다. 국가의 이익이 무엇인지 해석할 권리는 오직 군부가 독점했다. 일본 군대의 징집병들은 대개 시골 마을 출신이었다. 마을에서는 국가에 대한 절대적인 충성과 집단에 대한 개인적 이익의 종속이라는 가치문화가 유지되고 있었다. 이를 위반하면 마을 집단으로부터 사회적 배척을 받았다.[54] 아이리스 장(Iris Chang, 張純如)은 자신의 저서 《남경 대학살(Rape of Nanking)》에서, 통제되지 않는 군사적 모험주의(military adventurism)의 저변에 순수한 악 그 자체(pure evil)가 자리잡고 있었다고 말했다.[55] 일본은 잔혹하고 비인간적인 폭력을 통해 중국과 동남아시아에서 강압적 권위를 행사했다. 이는 연합국에 뿌리 깊은 증오의 씨앗을 뿌렸다. 연합국에서는 일본의 완전한 패배 이외에는 어떤 것도 받아들일 수 없다는 결의가 싹텄다.[56] 일본 군부는 인종적 고정관념에 빠져 있었다. 그들은 중국인은 나약하고, 미국인과 영국인은 이기적이라는 편견을 가지고 있었으며, 전쟁이 적들의 사기를 꺾어놓을 것이라 믿었다. 1941년 12월 7일, 일본군 항공기가 진주만과 영국령 말라야(Malaya, 오늘날의 말레이시아)를 침공했다. 이후 싱가포르와 마닐라에 주둔하고 있던 영국군 및 미군의 항복을 이끌어냈다.

일본의 침략과 추가 공격 가능성은 연합국을 결집시켰다. 제2차 세계대전은 집단과 개인의 충성을 초월하는 공동체 의식과 참여 의식을 만들어냈다. 전쟁 동원으로 노동력과 자본이 전쟁에 집중되었고, 잠재적 자원이 활성화되었다. 진주만 공격 이후, 미국의 샌 쿠엔틴 주립 교도소(San Quentin State Prison) 수감자들은 자원하여 군용 직물과 가구를 제작하고 잠수함 방어망을 짜는 일을 했으며, 앨커트래즈(Alcatraz) 교도소 수감자들은 육군과 해군의 세탁물을 처리했다.[57] 맥아더(Douglas

---

54 R. P. Dore and Tsutomu Ōuchi, 'Rural origins of Japanese fascism', in J. W. Morley, ed., *Dilemmas of Growth in Prewar Japan* (Princeton University Press, 1971), pp. 181-209.
55 Iris Chang, *The Rape of Nanking: The Forgotten Holocaust of World War II* (New York: Basic Books, 1997), p. 4.
56 John W. Dower, *War Without Mercy: Race and Power in the Pacific War* (New York: Pantheon, 1986).

MacArthur) 장군의 지휘 아래 연합국의 남서태평양 사령부가 오스트레일리아의 멜버른에 주둔했다. 수만 명의 오스트레일리아 사람들이 민방위 직책에 자원했으며, 군인 및 제조업 노동자들에게 숙소를 임대했다.[58] 골드러시 이후, 캘리포니아와 오스트레일리아에서는 자원 채굴로 얻은 부를 생산 분야에 재투자했다. 그에 따라 이들 지역에서는 인구가 증가하고 제조업 및 서비스 산업이 확장되었다. 이들 경제는 모두 20세기 전반기에 산업 구조의 변화를 겪었다. 기술의 변화에 따라 기존의 자원 기반 산업은 비중이 줄어들었고, 소비재(내구 소비재와 단기 소비재) 생산과 엔터테인먼트, 레저 산업이 더 큰 수익을 가져다 주었다.[59] 1914년 파나마 운하(Panama Canal)가 개통되었고, 제1차 세계대전 동안 조선업 붐이 일어나자, 미국 태평양 연안의 여러 도시에서 경제적 기회가 고조되었다. 1919년 해군이 함대의 절반을 태평양으로 배치했을 때, 여러 도시가 해군 기지를 유치하기 위해 경쟁했다.[60] 정부 투자로 확대된 산

---

57 Roger W. Lotchin, *The Bad City in the Good War: San Francisco, Los Angeles, Oakland, and San Diego* (Bloomington, in: Indiana University Press, 2003), pp. 51–52.
58 Kate Darian-Smith, *On the Home Front: Melbourne in Wartime, 1939–1945*, 2nd edn (Melbourne University Press, 2009).
59 Richard Walker, 'California's golden road to riches: natural resources and regional capitalism, 1848–1940', *Annals of the Association of American Geographers* 91:1 (2001), 167–199; David Merrett and Simon Ville, 'Tariffs, subsidies, and profits: a re-assessment of structural change in Australia 1901–39', *Australian Economic History Review* 51:1 (2011), 46–70; Ian W. McLean, *Why Australia Prospered: The Shifting Sources of Economic Growth* (Princeton University Press, 2013), pp. 176–183.
60 Roger W. Lotchin, *Fortress California, 1910–1961: From Warfare to Welfare* (Urbana, il, and Chicago: University of Illinois Press, 1992).

업 기지는 이후 일본의 공격에 대한 연합국의 반격에서 결정적인 뒷받침을 할 수 있었다. 자원이 부족했던 일본은 지속적 산업 발전이 어려운 상황이었다. 칼 애보트(Carl Abbott)가 말했듯이, "1940년부터 1945년까지, 천 달러면 고급 자동차를 살 수 있었던 시대에 휴스턴, 포트워스, 위치타, 시애틀, 포틀랜드, 샌프란시스코, 로스앤젤레스, 샌디에이고 등의 도시는 각각 10억 달러 이상의 전쟁 물자 계약을 체결했다."[61] 헨리 카이저(Henry Kaiser)는 리치먼드(Richmond)에서 수심이 깊은 샌프란시스코만에 접해 있던 공터에 조선소를 건설했다. 전쟁이 끝나는 날까지 그 조선소에서 25만 명의 노동자를 고용했고 1,490척의 선박을 생산했다.[62] 평화의 시기가 찾아왔을 때, 미국과 오스트레일리아의 공장 및 노동자들은 심각했던 주택 문제를 완화하는 데 중요한 역할을 했다. 전쟁 때문에 가정을 꾸리지 못했던 사람들이 새로운 가정을 만들었고 시장은 급성장했다.[63]

---

61 Carl Abbott, 'The federal presence', in Clyde A. Milner II, Carol A. O'Connor and Martha A. Sandweiss, eds., *The Oxford History of the American West* (Oxford University Press, 1994), p. 482.
62 Mel Scott, *The San Francisco Bay Area: A Metropolis in Perspective*, 2nd edn (Berkeley, ca, and Los Angeles: University of California Press, 1985), pp. 245-246; Mark S. Foster, 'Giant of the West: Henry J. Kaiser and regional industrialization, 1930-1950', *Business History Review* 59:1 (1985), 9.
63 Gerald D. Nash, *The American West Transformed: The Impact of the Second World War* (Bloomington, in: Indiana University Press, 1985); Marilynn S. Johnson, *The Second Gold Rush: Oakland and the East Bay in World War II* (Berkeley, ca, and Los Angeles: University of California Press, 1993); Paul W. Rohde, 'After the war boom: reconversion on the U.S. Pacific Coast, 1943-49', NBER Working Paper No. 9854 (2003), www.nber.org/papers/w9854, accessed 27 March 2012; Kate Darian-Smith, 'World War 2 and post-war reconstruction, 1939-49', in Alison Bashford and Stuart Macintyre, eds., *The Cambridge History*

1945년 일본의 무조건 항복 이후, 맥아더 장군이 이끄는 미군은 황폐화된 일본을 점령하고, 승자와 패자 모두가 '위로부터의 민주 혁명'을 강요했다.[64] 개정 헌법에서는 군대 보유를 금지하고 여성의 참정권을 확대하는 등 시민의 자유를 보장했다. 이를 통해 일본은 자유주의 국가가 되었다.[65] 일본의 미군정 경제 고문이었던 조셉 도지(Joseph Dodge)는 디트로이트의 은행가로 일본 전후 경제 안정의 임무를 맡았다. 그는 일본이 "공산주의와 민주주의 세계의 충돌에서 중요한 경계선이며, … 공산주의에 확고하게 맞서기 위해서는 자립 민주 일본이 되어야 한다."고 말했다.[66] 조셉 도지(Joseph Dodge)의 미국 원조 기금(US Aid Counterpart Fund)은 마셜 플랜과 유사한 방식으로 운영되었다. 구체적으로 말하자면, 미국의 원조 물품을 일본 시장에 판매하여 자금을 조성하고, 그것을 일본 예산으로 이전하여, 우선 산업에 장기 저리 대출을 제공했다. 1949년 일본 정부는 민간 수출 부문을 활성화하기 위해 새로운 기관들을 설립했다. 특히 국제무역산업성(MITI)이 대표적이다. 극심한 인플레이션이 만연했던 시기에 도지는 국가 예산의 균형을 맞추기 위해 공공 부문을 축소하고 노동조합의 권리를 제한했다. 한국전쟁과 그에 따른 미

of Australia, Vol. 2: *The Commonwealth of Australia* (Cambridge University Press, 2013), pp. 105-109.
64 John W. Dower, *Embracing Defeat: Japan in the Wake of World War II* (New York: Norton, 1999), p. 69.
65 Eiji Takemae, *The Allied Occupation of Japan* (New York: Continuum International, 2002); Mire Koikari, 'Rethinking gender and power in the US occupation of Japan, 1945-1952', *Gender & History* 11:2 (1999), 313-335.
66 Quoted by Howard B. Schonberger, *Aftermath of War: Americans and the Remaking of Japan, 1945-1952* (Kent State University Press, 1989), p. 201.

국의 군수품 수요는 일본에서 경제 호황을 불러 일으켰다. 1950년부터 1953년까지 일본은 미국으로부터 23억 달러에 달하는 '특별 조달금(special procurements)'을 받았으며, 이는 1945년부터 1951년까지 받은 미국 원조 총액을 초과하는 금액이었다.[67] 1952년 미군정이 종료될 때쯤, 일본은 영구적으로 비무장 상태가 되었으며, 자유주의 이념이 법률에 뿌리를 내렸다.

냉전 시대의 일본은 계속해서 노동 집약적 산업에 집중했다. 고급 노동력과 자원의 효율적 활용으로 이를 유지할 수 있었다. 한국전쟁으로 경제 호황이 일어나자 일본의 철강, 조선, 자동차 산업이 부활했다. 많은 기업이 설비를 업그레이드했으며, 미국의 품질 관리 기법 도입이 권장되었다. 동아시아 전역에서는 일본 기술의 확산과 화교들의 상업적 역량이 합쳐져 '기러기형(雁行形態) 경제 발전 모델'이 나타났다.[68] (한 국가의 경제가 발전하면 다른 국가의 경제가 그 뒤를 순차적으로 따르게 되는 경제 발전 모델. 일본의 경제학자 아카마츠 간메이赤松要가 제시한 개념이다. — 옮긴이) 일본에서는 임금이 상승했고, 중국에서는 정치가 불안정했다. 섬유 등 노동집약적 저기술 산업은 한국, 대만, 홍콩 등 인건비가 저렴한 곳으로 이전되었다. 일본의 산업은 가정용 전자제품과 같은 고부가가치 산업으로 전환되기 시작했다. 일본의 식민지였던 한국과 대만에는 과거 일본의 인프라와 교육 투자가 있었다. 이들 국가는 냉전 시기가 되어 그로부터 혜택을 얻을 수 있었다. 냉전 동맹에 편입된 국가에는 군사

---

67 Dower, *Embracing Defeat*, p. 542.
68 Sugihara, 'The Second Noel Butlin Lecture', 140.

및 경제적 지원이 유입되고 무역이 촉진되었다. 한편 농민들에게 유리한 토지 개혁이 이루어져 농업 생산성도 증가했다.[69] 숙련된 저임금 노동력과 높은 저축률을 기반으로 섬유 및 기타 제조업 수출도 급격히 증가했다. 1980년대에 이르러 가격 탄력성이 더 높은 전기 및 전자제품으로 점점 더 투자가 몰렸다. 미국 기업들은 더 저렴하고 빠르고 신뢰할 수 있는 공급처와 생산지를 찾고자 했다. 일본의 사례를 따라 한국은 미국 자동차 시장에 도전했다. 그들은 합리적인 가격에 우수한 품질과 더불어 이탈리아 디자인을 적용한 자동차를 내놓았다.[70]

중국의 경제 성장은 아시아의 다른 나라들에 비해 시작이 늦었다. 1980년대 말에서 1990년대에 비로소 개방과 분권화 정책이 시행되어 무역과 외국인 직접 투자가 촉진되었다. 청(清) 제국의 몰락 이후 중국에서는 여러 군벌이 영토의 지배권을 두고 서로 다투었다. 국민당(國民黨, KMT)은 1927년부터 1937년까지 중국을 통치했지만, 지방에서 권위를 확립하기 어려웠다. 어쩔 수 없는 상황에서 지방의 자율성이 주어졌지만 그것이 오히려 경제 성장을 촉진하기도 했다. 특히 상해(上海, 상하이)와 그 주변 양자강 하류 지역에서 경제 성장이 두드러졌다.[71] 1949

---

69 Robert Wade, *Governing the Market: Economic Theory and the Role of Government in East Asian Industrialization* (Princeton University Press, 1990), pp. 82-84.
70 David Halberstam, *The Reckoning* (New York: Avon Books, 1986).
71 Wong, *China Transformed*, pp. 166-177; Thomas G. Rawski, *Economic Growth in Pre-war China* (Berkeley, ca, and Los Angeles: University of California Press, 1989); Ronald Suleski, *Civil Government in Warlord China: Tradition, Modernization and Manchuria* (New York: Peter Lang, 2002); Debin Ma, 'Economic growth in the Lower Yangzi region of China in 1911-1937: A

년 중화인민공화국이 수립되자 많은 기업가와 숙련 노동자들이 중국을 떠났다. 영국령이었던 홍콩으로 인구가 유입되어, 1945년 60만 명이던 홍콩 인구가 1950년에는 200만 명을 넘어섰다.[72] 한국전쟁에 참전한 이후 중국은 국제적으로 고립되었으며, 기술과 재정을 소련에 의존했다. 모택동(毛澤東, 마오쩌둥)은 중공업 산업 기반을 구축했다. 산업의 국유화, 경제개발 5개년 계획, 시장의 자유를 허용하지 않는 고정된 가격 체계 등이 모택동 경제의 토대였다. 외국 무역은 국가가 독점하였으며, 목표는 자급자족이었다. 예외적으로 필요한 생산재는 다른 공산 국가로부터 수입했다. 국영기업은 주택, 교육, 의료를 제공하고 노동자들에게 일자리를 보장했다. 대약진운동(1958-62년) 기간 동안 1억 3,000만 개의 가족 농장이 2만 6,000개의 인민공사로 전환되었다. 개별 인민공사의 노동자 수는 평균 6,700명 규모로 구성되었다. 노동자들은 인민공사를 떠나는 것이 금지되었고, 생산량 증가에 따른 인센티브는 없었다. 3년간의 흉작이 이어져 약 3,000만 명의 초과 사망자가 발생했으며, 줄어든 신생아 수는 3,300만 명에 달했다.[73] 재앙에 가까운 사태 이후 1960년대와 1970년대에는 통계 정보가 부족했고, 그마저도 정치적 이유로

quantitative and historical analysis', *Journal of Economic History* 68:2 (2008), 355-392.
72 E. G. Pryor, 'A historical review of housing conditions in Hong Kong', *Journal of the Hong Kong Branch of the Royal Asiatic Society* 12 (1972), 108-109.
73 Angus Maddison, *Chinese Economic Performance in the Long Run: Second Edition, Revised and Updated, 960-2030* ad (Paris: OECD, 2007), p. 19; Justin Yifu Lin, 'Collectivisation and China's agricultural crisis in 1959-1961', *Journal of Political Economy* 98:6 (1990), 1228-1252; Wei Li and Dennis Tao Yang, 'The Great Leap Forward: anatomy of a central planning disaster', *Journal of Political Economy* 113:4 (2005), 840-77.

왜곡되었다. 그래서 이 시기의 중국 경제 성과를 평가하는 데 어려움이 있다. 매디슨(Maddison)은 1952년부터 1978년까지 중국의 1인당 GDP가 연평균 2퍼센트를 조금 넘는 완만한 속도로 성장했다고 추정했으며, 이는 주로 생산 과정에 노동력 자원 투입 증가에 따른 것이었다.[74] 문화대혁명(1966-69년) 기간 동안에는 고등교육이 심각하게 훼손되었다. 그러나 초중등 교육의 입학률이 증가했고 보건 수준도 향상되어 노동력의 질은 향상되었다.

1976년 모택동 사망 이후 중국은 경제 특구를 개설했다. 그곳에서는 세제 혜택이 제공되었고, 외국 무역과 투자를 개방했다. 여기서부터 중국도 아시아의 '기러기' 대열에 합류했다. 농업 생산 통제가 완화되고 시장 기반 인센티브가 도입되면서 노동 인구가 농촌에서 도시로 빠져나갔다. 덕분에 도시에서는 서비스 부문 성장의 제약이 일정정도 해소되었다. 농가 소득 증가로 국내 저축이 늘어나고, 개선된 주택과 다양한 소비재 수요가 창출되었다. 1978년부터 2003년까지 중국의 1인당 GDP는 연평균 6.6퍼센트 성장했으며, 이는 1952년부터 1978년까지 일본의 성장률과 거의 비슷했다.[75] 그러나 1인당 소득이 전반적으로 증가했음에도 경제 성장의 혜택은 주로 중국의 해안 도시와 그 배후 지역에 집중되었다.[76] 기존에 존재했던 의료와 주택 분야의 사회적 안전망은 폐기되었

---

74 Maddison, *Chinese Economic Performance in the Long Run*, pp. 67-68.
75 Ibid. p. 68.
76 Ravi Kanbur and Xiaobo Zhang, 'Fifty years of regional inequality in China: a journey through central planning, reform, and openness', *Review of Development Economics* 9:1 (2005), 87-106.

다. 변화를 선호하는 사람들과 전통적 방식을 고수하던 사람들 사이의 긴장은 1989년 시위로 폭발했다. 북경을 중심으로 일어난 시위에는 학생 및 노동자들이 참여했다. 시위의 진압 과정에서 대학살이 벌어졌다. 이후로도 경제 개혁의 방향은 유지되었다. 그러나 중국을 통치하는 공산당은 인권 문제, 높은 여아 사망률, 환경 파괴와 같은 문제들을 해결하지 못했다.

결론

제1차 세계대전이 일어나기 전 한 세기 동안 세계 경제는 큰 변화를 겪었다. 무역 비용이 감소하고 개방 시장이 확대되면서 전 세계의 소비자와 생산자는 상업적 교환으로 연결되었고 그로부터 최대의 이익을 누릴 수 있었다. 애덤 스미스(Adam Smith)가 예측한 바와 같이, 시장이 구매자와 판매자 간의 자발적 상호작용에 기반하여 운영될 때, 참여자의 이익과 사회 전체의 복지가 극대화되었다. 구매자는 거래를 통해, 즉 판매자가 제시한 가격을 수용하거나 거부함으로써 의지를 표현했다. 판매자는 비용을 최소화하면서도 소비자의 기대와 변화하는 수요를 충족할 수 있는 방안을 찾아 생산을 조정했다. 제1차 세계대전 이전에도 그랬듯이, 제2차 세계대전 이후 다시 한 번 경제가 발전했다. 이번에는 태평양 지역을 중심으로 상품, 자본, 인력, 사상의 이동이 자유로워졌으며, 실질소득수준이 증가하고 변동성이 줄어들었다.

태평양 지역에서 무역의 성장 과정은 마찰이 없는 순조로운 과정이 아니었다. 무역은 질병을 확산시켰고, 전통적인 생활 방식을 파괴했으며, 폭력과 전쟁을 정당화하는 데 이용되었다. 시장 개방의 동력은 영국과 미국의 산업화였다. 이는 무역 참여가 제한적이었던 사회에 영향력을 행사할 동기와 수단을 제공했다. 자국 정부의 지원을 받았던 무역 회사와 독립 상인들은 자원 활용에 유리한 입장이었고, 목적을 달성하기 위해 권력을 행사할 수 있었다. 대규모 이주, 새로운 농업 지역의 개발, 금광의 발견은 새로운 자본을 창출했다. 이는 기존에 이미 유럽에 유리했던 세계의 세력 불균형을 더욱 심화시켰다. 메이지 시대 일본은 자유무역을 실시하고 서구 기술을 도입했다. 전통적인 기술과 사회적 관계망이 오히려 무역 확대에 활용되었고, 마침내 독자적인 식민 강국으로 성장했다. 일본의 중국 침략과 진주만 공격은 연쇄적인 사건들을 촉발시켰으며, 태평양 지역 전반에 걸쳐 새로운 경제적 기회가 만들어졌다. 미국 정부는 연합국의 전쟁에 참여하여 지출을 확대했고, 미국의 산업 역량이 강화되었다. 이는 제2차 세계대전 이후 전례 없는 경제 호황이 일어났던 중요한 이유 중의 하나였다. 미국의 일본 점령과 지속적인 원조는 기술 변화를 촉진했으며, 이는 아시아의 다른 지역으로 확산되었다. 중국인 디아스포라(diaspora)는 태평양 지역 전역에 걸쳐 무역의 기법을 전파했다. 18세기 중반 이후 외부의 충격이 태평양의 역사를 만들어냈다. 충격의 여파로 제도적 변화를 위한 기회가 제공되었다. 이후 태평양 지역 여러 공동체의 사회경제적 변화는 대체로 일정한 경로를 따르는 경로의존적 성향을 보였다.

더 읽어보기

Abbott, Carl. 'The federal presence'. In Clyde A. Milner II, Carol A. O'Connor and Martha A. Sandweiss, eds., *The Oxford History of the American West*. Oxford University Press, 1994, pp. 468-499.

Blainey, Geoffrey. *The Tyranny of Distance: How Distance Shaped Australia's History*. Melbourne: Macmillan, 1966.

Blussé, Leonard. *Visible Cities: Canton, Nagasaki, and Batavia and the Coming of the Americans*. Cambridge, MA: Harvard University Press, 2008.

Chang, Kornel S. *Pacific Connections: The Making of the U.S.-Canadian Borderlands*. Berkeley, ca, and Los Angeles: University of California Press, 2012.

Darian-Smith, Kate. *On the Home Front: Melbourne in Wartime, 1939-1945*, 2nd edn. Melbourne University Press, 2009.

Eiji, Takemae. *The Allied Occupation of Japan*. New York: Continuum International, 2002.

Flynn, Dennis O., and Arturo Giráldez, eds. *The Pacific World: Lands, Peoples and History of the Pacific*, 1500-1900, 17 vols. Aldershot: Variorum/Ashgate, 2009.

Hanley, Susan B. *Everyday Things in Premodern Japan: The Hidden Legacy of Material Culture*. London: University of California Press, 1997.

Hatton, Timothy J., and Jeffrey G. Williamson. *Global Migration and the World Economy: Two Centuries of Policy and Performance*. Cambridge, MA: MIT Press, 2005.

Hoare, J. E. *Japan's Treaty Ports and Foreign Settlements: The Uninvited Guests 1858-1899*. Folkestone: Japan Library, 1994.

Igler, David. *The Great Ocean: Pacific Worlds from Captain Cook to the Gold Rush*. Oxford University Press, 2013.

Jones, Eric, Lionel Frost and Colin White. *Coming Full Circle: An Economic History of the Pacific Rim*. Boulder, CO: Westview Press, 1993.

Kimura, Mitsuhiko. 'The economics of Japanese imperialism in Korea, 1910-1939'. *Economic History Review* 48:3 (1995), 555-574.

Lotchin, Roger W. *The Bad City in the Good War: San Francisco, Los Angeles, Oakland, and San Diego*. Bloomington, in: Indiana University Press, 2003.

McLean, Ian W. *Why Australia Prospered: The Shifting Sources of Economic Growth*. Princeton University Press, 2013.

McNeill, J. R. 'Of rats and men: a synoptic environmental history of the island Pacific'. *Journal of World History* 5:2 (1994), 299-349.

Nash, Gerald D. *The American West Transformed: The Impact of the Second World War*. Bloomington, in: Indiana University Press, 1985.

Pao-San Ho, Samuel. 'Colonialism and development: Korea, Taiwan, and Kwantung'. In Ramon H. Myers and Mark R. Peattie, eds., *The Japanese Colonial Empire, 1895-1945*. Princeton University Press, 1984, pp. 347-398.

Peattie, Mark R. 'The Japanese colonial empire, 1895-1945'. In Peter Duus, ed., *The Cambridge History of Japan*, Vol. 6: *The Twentieth Century*. Cambridge University Press, 1988, pp. 217-270.

Perry, John Curtis. *Facing West: Americans and the Opening of the Pacific*. Westport, CT: Praeger, 1994.

Sugihara, Kaoru. 'The Second Noel Butlin Lecture: labour-intensive industrialisation in global history'. *Australian Economic History Review* 47:2 (2007), 121-154.

Tyrrell, Ian. *True Gardens of the Gods: Californian-Australian Environmental Reform, 1860-1930*. Berkeley, ca, and Los Angeles: University of California Press, 1999.

Walker, Richard. 'California's golden road to riches: natural resources and regional capitalism, 1848-1940'. *Annals of the Association of American Geographers* 91:1 (2001), 167-199.

Wills, John E., Jr. 'Maritime Asia, 1500-1800: the interactive emergence of European domination'. *American Historical Review* 98:1 (1993), 83-105.

Wong, R. Bin. *China Transformed: Historical Change and the Limits of European Experience*. Ithaca, ny, and London: Cornell University Press 1997.

Yasuba, Yasukichi. 'Did Japan ever suffer from a shortage of natural resources before World War II?' *Journal of Economic History* 56:3 (1996), 543-560.

케임브리지 세계사 16

생산, 파괴, 접속 2
정치와 세계의 지역 질서

2025년 10월 25일 1판 1쇄

존 로버트 맥닐·케네스 포메란츠 편집
류충기 옮김

펴낸곳 : (주)소와당笑臥堂 | 신고 번호 : 제313-2008-5호
주소 : (03994) 서울시 마포구 연남로 13(영상빌딩 3층)
전화 : (02)325-9813
팩스 : (02)6280-9185
전자우편 : sowadang@gmail.com

저작권자와 맺은 협의에 따라 인지를 생략합니다.
값은 뒤표지에 적혀 있습니다.
잘못 만든 책은 서점에서 바꾸어 드립니다.

ISBN 978-89-6722-044-0 94900
ISBN 978-89-6722-028-0 94900 (세트)